U0458985

中国古牌坊研究

孙玉良 孙蔚璐◎著

线装书局

图书在版编目（CIP）数据

中国古牌坊研究 / 孙玉良，孙蔚璐著．-- 北京：线装书局，2022.1

ISBN 978-7-5120-4858-4

Ⅰ．①中… Ⅱ．①孙… ②孙… Ⅲ．①牌坊 – 研究 – 中国 – 古代 Ⅳ．① K928.71

中国版本图书馆 CIP 数据核字 (2022) 第 013270 号

中国古牌坊研究

ZHONGGUO GU PAIFANG YANJIU

作　　者：孙玉良　孙蔚璐

责任编辑：曹胜利

出版发行：线装书局

地　址：北京市丰台区方庄日月天地大厦 B 座 17 层（100078）

电　话：010-58077126（发行部）010-58076938（总编室）

网　址：www.zgxzsj.com

经　　销：新华书店

印　　制：济南书来书往印刷有限公司

开　　本：787mm × 1092mm　1/16

印　　张：40.5

字　　数：596 千字

版　　次：2022 年 1 月第 1 版第 1 次印刷

印　　数：001—500 册

线装书局官方微信

定　　价：326.00 元

作者简介

brief introduction

孙玉良 字崖璞，号赛实，1947年出生，汉族，滨州人。1968年高中毕业；1987年北京人文函授大学毕业；1995年南京林业大学结业。副研究馆员。曾任滨州市（县级）图书馆馆长；滨州市城市建设历史咨询委员会委员；滨州市音乐家协会常务理事；中国中小城市图书馆协会常务理事；中国建筑学会室内建筑设计师学会会员；中国文艺家学会理事；香港世界华人文学艺术研究会会员。

1970年尝试音乐创作，歌曲“俺的家乡多美好”获惠民地区创作奖，后十几首歌曲在市、省、国家级刊物上发表。发掘整理的“黄河号子”被列入山东省非物质文化遗产，山东省首届民歌大赛荣获一等奖，随滨州中海合唱团赴韩国参加文化交流、曾在山东、台湾、中央电视台播放；创作舞蹈“剪窗花”（孙建中词）荣获全国中老年人艺术展演大赛“牡丹花金奖”；打击乐“九龙翻身”、西河大鼓“小两口争灯”刊登在《中国民族民间器乐曲集成》上。数篇论文被省级以上书刊、报纸发表。《校园美术字与图案》一书被评为滨州市精品工程，出版了《信息与知识的使者》（与他人合作）、《滨城区民间音乐》《杜受田故居》《滨城区域文化通览》（与他人合作）、《蒲台史话》《中国帝王陵寝》《王德荣与滨州民间剪纸》《凤凰古城探究》《中国古牌坊研究》等著作。业绩被《中国专家大词典》《中国专家人才库》收录。

个人简介

brief introduction

孙蔚璐 女，1997年3月出生于山东滨州，2016年加入中国共产党。本科就读于广西民族大学汉语言文学专业，研究生就读于英国阿伯丁大学电影、视觉文化与艺术管理专业，毕业后于青岛西海岸新区影视产业发展中心工作。在校期间担任校学生会副主席，获广西壮族自治区优秀毕业生、广西民族大学优秀共产党员等称号，获得校级一级奖学金等荣誉。本科期间负责“情系忻城，与爱童行”教育志愿活动，累计扶贫帮扶110余人，荣获全国大中专学生暑期社会实践三下乡优秀组织奖、广西民族大学暑期“三下乡”社会实践活动一等奖，荣登2017年新浪微博教育话题排行榜第一名；2016年担任中国东盟博览会志愿者，2017年担任中国东盟博览会女性创业高峰论坛主持人。硕士期间主持2020年阿伯丁孔子学院华人春节联欢晚会，在校期间参与制作微电影《春和景明》获得网易云音乐*新片场短片制作大赛最佳人气奖。生活中热爱写作，个人作品《时间》《蓝色的夜》等曾发表于《华声晨报》《华星诗坛》等刊物。

2016年8月与老伴朱恒秀在济南大明湖大门前留影

作者孙玉良与孙蔚璐在滨州赵氏节孝坊复制牌坊前合影

全家福照片，前左小外孙女郭宸希、老伴朱恒秀、作者、大外孙女郭宸昕，后排自左向右爱孙女孙蔚璐、儿媳王敬、儿子孙元杰、贤婿郭涛、女儿孙艳敏。

当歌曲和传说都已沉寂，已无任何东西能使人们回想一去不返的古代民族时，只有建筑还在说话。

苏联美学家尤里·鲍列夫

安徽歙县棠樾牌坊群

四川隆昌南关牌坊群

四川隆昌北关牌坊群

山东桓台新城“四世宫保”砖牌坊

山西原平县朱氏节孝坊

歙县潜口民宅内的“方氏宗祠牌坊”

北京雍和宫正前方“寰海尊亲”牌坊

沈阳清皇太极昭陵石牌坊

孔庙大门前“棂星门”牌坊

山西翼城县石四牌坊

山西曲沃县望母楼木制牌坊

重庆市北碚区水土镇
大地村节孝牌坊

安徽歙县大学士许国八脚牌坊

西安都城隍庙背立面图

江西济美石雕牌坊（取自乐途旅游网）

安徽绩溪县许氏宗祠门前节妇牌坊

山东安丘县庵上牌坊

山东桓台“四世宫保”牌坊上的砖雕文臣

修葺前的“黄阁重纶”牌坊

浙江省温州市泰顺县上洪村林氏节孝牌坊

北海公园北侧“华藏界”牌坊立面

五台山龙泉寺门前的龙柱石牌坊

牌坊下枋梁上的超高浮雕“鱼龙曼衍”

节孝牌坊上的戏剧人物

开封山陕会馆鸡爪牌坊局部雕刻

浙江千岛湖水下门坊

北京雍和宫牌坊雕刻彩绘“龙凤戏珠”

千岛湖水下门坊中间月梁上雕琢的坐龙

国子监前东首“成贤街”牌坊

四世宫保牌坊“文臣”雕刻像

“坤维正气”节孝坊前立面

西递晖公祠迪吉堂门坊

安徽歙县灵山村翰苑坊

九襄牌坊柱耳与飞角

颐和园苏州街上双牌坊

北京香山碧云寺中山纪念堂后第二座石牌坊

苏州文庙棂星门

桓侯宫门坊牌匾右侧的雕塑

四川隆昌好善乐施坊“圣旨”匾额的镂空雕刻

节孝坊正面牌匾

桓侯宫山门坊

陶雕牌坊楼顶上的吻兽

福建泉州市“急公尚义”坊

澳门大三巴牌坊

孔林“万古长春”牌坊

苏州人民街北塔寺前立面

前言

中国古牌坊源远流长，博大精深，是人类文明中唯一绵延千余年没有中断的古老文明，且又是世界上唯独中国才有的建筑。它集历史、传统文化、建筑艺术和建筑技术于一体，不仅是一种装饰符号和模式语言，也承载着无数个动人心弦的故事，蕴含着一种独具特色的文化精神。成为当时州府衙前、豪宅大院前、寺观庙宇前、陵墓神道前及重要场所出入口的标志性建筑。作为时代文明进化的物质载体，牌坊数量庞大、造型各异、内容多元，反映出不同历史时期的经济状况，也折射出不同历史时期的科学技术发展水平。

从黑龙江畔至南沙群岛，从青藏高原到东海岸边，中华大地深深地栽培着华夏文明的根脉，积淀生成了丰厚的文化资源。从血脉相承的华夏之根，到感天动地的黄河之魂；从享有中外的道教圣地，到无与伦比的古建宝库，古牌坊身上都已表现出超过它作为建筑本身的价值和意义——将历史学、艺术学、宗教学、建筑学、美术、哲学、考古学、民族学、地域旅游学等许多不同学科的价值联系在一起。因此，从不同角度全方位地去研究我国古牌坊，这是一件不容易的事情。

认真品味一座座古牌坊上的风字匾（额匾）、牌匾，花心板上的铭文及立柱上的楹联，就像读一篇篇鲜为人知的历史，观看一场场无声的话剧，联想一段段凄婉悲壮的故事，感受中国民俗传统“牌坊文化”的魅力，而后不由自主地凛然兴起，肃然增敬，为它们的完美结构、雕琢精湛、雄伟壮观而心荡神迷，可佩心服。

余年已古稀五六，历经五个春秋，万里跋涉，忍心梗、脑梗塞疾，不辞劳苦地踏遍23个省，94个县、市、区，寻觅了370余座牌坊，拍下了3000多张照片，走访了百余位有关人士，现场记录万余文字，查阅了数十部典籍，精选出1600余幅照片，324座具有代表性的各个时代不同地域、不同结构、不同造型、不同材质、不同工艺的牌坊记录在册。按照结构与材质相结合的方式进行分类，从内到外地剖析、从雕刻技艺上阐述、从绘画艺术上探究，将牌坊所处地址、年代、修葺或搬迁保护过程等内容做了较为详尽的论证。让读者能进一步了解牌坊的来龙去脉，饱经风霜的磨练历程。相信读者能从中领略到先人智慧，感叹其精湛技艺，体味其建造艰辛，崇尚其可贵精神，传承其文化内涵。其中有余独见之处，也算是对我国古代文化、东方文化的拓展，希望能给中国古文化工作者，建筑爱好者，道、佛教研究者提供参考借鉴。

谨奉拙笔，以作前言，尚请读者不吝赐教。

Preface

The Chinese ancient archway has distant and stream long history which contains broad and profound culture. It is the only ancient civilization in human culture that has stretched for more than a thousand years without interruption. Worldwidely, the unique architecture can only be found in China. It integrates history, traditional culture, architectural art and technology,which is not only a decorative symbol and pattern language, but also a building carries countless touching stories and contains unique and special cultural spirit. It became the landmark architecture at the entrance or in front of important places, such as the state government,the mansions,the temples and the holy mausoleums. As a material carrier of the evolution with civilization through the ages, archways are vast in number, varied in shapes and diverse in content, which reflects the economic situation in different historical periods, as well as the level of scientific and technological development in different dynasties.

From the banks of the Amur River to the Nansha Islands, from the Qinghai–Tibet Plateau to the East China sea, the land of China has deeply cultivated the roots of Chinese civilization and has accumulated a wealth of cultural resources. From the roots of Chinese history inherited by blood to the spirit of the earth moving Yellow River; from the Taoist sacred land at home and abroad to the unparalleled treasure vault of ancient architecture, the ancient archway has shown its value and significance beyond its own building—linking the value of many different disciplines such as history, art, religion, architecture, painting, philosophy, archaeology, ethnology and regional tourism. Therefore, studying Chinese ancient archway in different angles and perspectives is not a easy task.

Carefully study the horizontal inscribed board (plaques), tablets, inscriptions on centerboards and couplets carved on columns of ancient archways is like reading a little–

known history, watching a silent drama, associating a poignant tragedy, and experiencing the charm of the traditional Chinese folklore "archway culture". Then, involuntarily, people would rise with awe and reverence, admired and fascinated by the perfection of its structure, exquisite carvings, grandeur and spectacular.

I have experienced over seventy–five times spring and autumn in my life. The latest five years, I have endured the pain caused by heart attack and cerebral infarction diseases, traveled through 23 provinces, 94 cities no matter how hard it was. Over 370 archways I' ve traveled to, over 3,000 photographs I' ve taken, over a hundred people related to the subject I' ve talked to, more than 10,000 words on the spot I' ve recorded, more than dozens of canonical books I' ve consulted to. Having gone through all those hardship, I selected more than 1,600 photographs, 324 representative archways of different eras, regions, structures, shapes, materials and techniques and eventually recorded them in this book. It is classified according to the combination of structure and material, analyzed from inside to outside; expounded from carving skills; explored from painting art and demonstrated all these memorial archways in detail: addresses, ages, repair records and the relocation protection process. Readers can further understand the history of the memorial archway. It convinced me that the reader will be able to appreciate the wisdom of our ancestors, marvel at their exquisite skills, affected by the hardships of their construction, revere their valuable spirit, impart and inherit their cultural connotations.

The book contains my personal insights and unique views, which can also be regarded as the expansion of our ancient and oriental Chinese culture. I hope it would be served as a reference for practitioners striving for ancient Chinese culture; hobbyists fascinated by Chinese traditional architecture, scholars and researchers ploughing in Taoism and Buddhism.

Sincerely, with my humble understandings as the preface, I would appreciate your genuine comments and suggestions.

总 述

古牌坊又称牌楼，古名“绰楔”，又称“绰削”“绰屑”。作为中国特色建筑文化之一，是封建社会为表彰功勋、科第、德政和忠孝节义所建造的物体。有的设立在宫观庙宇前，以其作为大门，也有的用来标明地名，还有的作为家祠附属建筑物，昭示家族先人的高尚美德和丰功伟绩，兼祭祖先功能，是一种带有门洞的纪念性建筑物。一般用木、砖、石等材料建成。尽管它不能居家住爨，又不能遮风避雨；既不能祭祀神佛、祖宗，又不能祈福求安，也就没有使用价值。而且从建筑学的角度来说，牌坊只有中国才有，且为建筑中一小品，而无庞大建筑实体。虽然在人们的日常生活中起不到多大作用，但与其他建筑有所不同，它那造型的多样性，用途的特殊性，鲜明的标志性，一直在社会中扮演着重要角色。它不仅有独出匠心的外观造型、千变万化的斑斓色彩、独出心杼的审美价值、多种多样的社会功能，而且具有古老深厚的文化底蕴和极为丰厚的人文内涵。它承载着历史的过渡，铭刻着时代的标志，展示了中华民族发展、融合、进步的轨迹，又展现了古代先人跳动的脉搏；启迪着我们当代炎黄子孙探讨、认识先人走过的路径；激励着我们绘就未来绚丽多彩的美好画卷；谱写中华民族腾飞的雄壮凯歌。因此，千百年来，无论是在中国还是在国外其他地方，牌坊已成为中华民族的文化象征，成为中华文化的一种独具特色的人文景观，在中国古老的历史文化中有独步当世的地位。正因如此，我国人民千余年来还珍藏密敛地保护着历代数百座古老沧桑的牌坊，这些历史的身影、时代的见证，给我们编纂了价值非凡的通史方志，为人类谱写了牌坊历史的篇章。成为中华民族文明形象的标识，屹立在祖国大地上，昂昂自若，气贯长虹，义高云汉，受到万人宠爱。

一、牌坊起源与发展

我国建筑学家梁思成[①]先生曾说："牌坊为明清两代特有之装饰建筑，盖自汉代之阙、六朝之标、唐宋之乌头门、棂星门演变成型者也。"对牌坊的渊源做了明确的阐明。

从1959年开始发掘的二里头文化遗址[②]曾出现了宫殿，配殿、厢房、大门、墓葬、水井、制陶、铸铜，及骨、石制品的手工业作坊等遗迹。从大门遗址看，发掘简报介绍是单排九个直径约40厘米的铜柱，据此，可复原为八间没有屋顶的牌坊形式，其门扇可能是木条或与木板混用的。这种门因其形制像车衡（古代车前的横木），故称"衡（横）门"。关于"横门"，如今很难找到第二处遗址与照片，但在古籍里的答案却甚多。目前我们所看到的古代典籍中有关"横门"的最早记载是《诗·陈风·横门》中载："横门之下，可以栖迟"；《汉书·玄成传》中载："圣王贵以礼为国，宜优养玄成，勿枉其志，使得自安于横门之下"；又载："横门，横一木于门上，贫者之居也"；晋陶潜[③]《癸卯岁十二月中作》诗："寝迹衡门下，邈于世相绝。"唐刘沧[④]《赠隐者》诗："何时止此幽栖处，独掩衡门长绿苔"；宋沈括[⑤]《梦溪笔谈·故事》"衡门十人，队长一人，选诸武力绝伦者为之，上御后殿，则执檛（马鞭）东西对立于殿前，亦古之虎贲人门之类也。"由此看来记录横门的书籍甚多，"横门"无疑已具备构成牌坊的基本要素，堪称牌坊的原始雏形是决定无疑的。

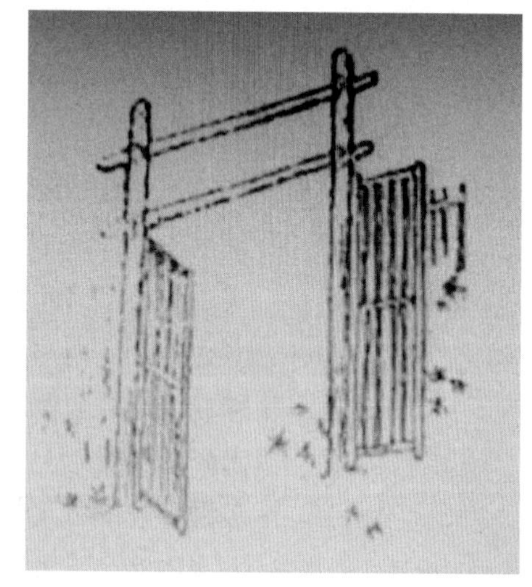

古代衡门绘图

阙门的出现应与衡（横）门相差时间不远，阙门只不过是用在宫殿、帝王及贵族富豪的陵墓前，规模庞大，建造精致而已。所谓阙，《辞海》中解释："以两阙之间有空阙，故名阙或双阙。"阙门发展至汉代，已经成熟，无论造型、结构，材质，做工工艺上已具备一定的建造法制。西汉景帝刘启的汉阳陵南阙门就是很好的物证，它以独具特色的建筑风格，精美绝伦的艺术手段，再现了当年文景盛世，可领略西汉博大雄风，汉阳陵阙门是目前发现时代最早，级别最高，规模最大的帝陵陵阙建筑遗址。东汉恒帝元嘉元年（151）始至灵帝建宁元年（168），从山东嘉祥县的武氏墓出土的石阙及许多汉画像石上的石刻看，正如武梁碑文中所说："雕文刻画，罗列成行，摅骋技巧，委蛇有章"，充分反映了东汉时期我国工匠们的高超技艺水平。阙门的应用时间很长，从汉代前期一直延至宋代，河南巩义市西村乡常封村之北的北宋太祖赵匡胤的永昌陵神道前，阙门遗址仍存约4米高的堆积物，由此可见，至北宋时期帝陵神道前仍建有阙门。

山东嘉祥汉代石阙

"标"即"表"，也就是现在华表的雏形。古时候称"谤木""诽谤之木""纳谏之木"。古代的诽谤并非贬义词，《说文》曰："就是说公开表达不满为谤，私下表达不满为诽。"二字本身含有"进谏"之意。尧、舜二帝为了纳谏，在交通要道上设立木柱，让平民百姓在上面书写对部落首领的施政建议，以治理天下为戒，同时又成为地域的标识。所以"诽谤木"相当于现在的"意见箱"。由于尧帝设立了此物能及时听到百姓们的疾苦之音，才管理好了天下。《尚书·尧典》中对尧帝智才大加颂扬，称赞他本领超众，神通广大。司马迁在《史记》中富有激情地评价尧帝："其仁如天，共知（智）如神。就知如日，望之如云。富而不骄，贵而不舒。"尧殁舜继，舜令人在朝廷上设立木牌，让众臣以"诽谤木"纳谏。因舜帝名字叫"重华"，所以"诽谤木"逐渐被人们称之为"华表"。后来随着庶民百姓的使用，制造者装饰得越来越华丽，成为一种具有一定标志性的建筑物。于是便把它运用至横门上，成为横门上的一种装饰构件。

《清式营造则例》上的石阙

从春秋到唐代我国许多城市都采用里坊制度，但在汉代称"里坊"为"闾里"，"闾"在《尔雅·释宫棋》里解释："闾、里门、侣也，二十五家相群闾。"根据《管子》和《墨子》的记载来看，春秋至战国时期各国都城已有以闾为单位的居住方式，如明代的《三才图会》中的闾里图，就画出了明代人心目中的闾里之门。这种闾里为定居的生活方式沿袭至东汉，魏国曹操开始规划建设邺城时，实行城防之制。邺城中一条横贯东西的大道，路北为魏宫城，贵苑及贵族区。路南为纵横交错道路之间的居民区，称为“坊”。隋朝时期京城内的“坊”又改称“里”。但唐武德七年（624）又下令将邑中的“里”改为“坊”。虽然名称改来改去，但“里”“坊”仍为居民居住区域规划的基本单位。原来的坊与坊之间都设置了围墙，互不相通，要想这坊去那坊，必须去坊门才可到达，这座门称为“坊门”。唐代长安城，除宫城外，城邑内有108个里坊，较大的坊四面各开一门，坊内有纵横街道可通达四坊门。较小的坊只修一条街道，联通东西两坊门。唐代诗人白居易的《失婢》诗中写得很清楚：“宅院小墙庳，坊门贴榜迟”。这个时期坊门的发展已较为精致，形制已将基本形成的华表柱被移植到坊门上去，有方形、圆形、六棱形，然后用一至三根横梁枋将华表柱连接起来，显得坊门威严壮观了许多。后来人们又增添了木板栅或木板门，又将华表柱顶进行美化装饰，形成了一种新式的坊门。由于两根华表柱顶端用乌头作顶，故称“乌头门”，见李明仲[⑥]（李诫）的《营造法式》第六册卷第三十二“小木做制度图样”。另甘肃敦煌431窟中壁画上的乌头门是最早出现的具体形象。在古籍文献中最早出现乌头门之名是北魏杨之的《洛阳枷蓝记》上，有乌头门的形象记载。全国著名的汉魏洛阳城内专供皇帝、皇后礼佛的永宁寺的北门为乌头门。乌头门由于不断地在上面修饰雕琢，越来越壮观俊美，气势威严，许多富人贵族家庭建造宅第时纷纷仿建，成了彰显其家族兴旺发达，人财两旺的象征。致使唐代在“唐六典”中明文规定：不为六品官职以上者，不得建造乌头门。限制了乌头门的使用范围。

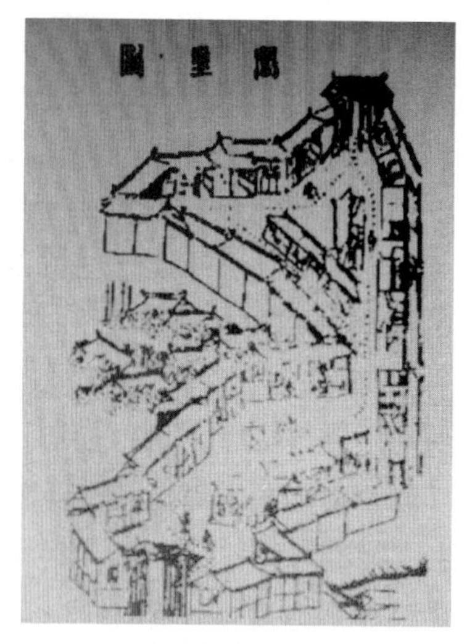

三才图会中的闾里门

李明仲《营造法式》上的乌头门

棂星门的外观造型、内部结构与乌头门相近似，其建造的根本区别在于额枋的数量上，乌头门有大、小两架额枋，棂星门只有一架断面为矩形的额枋。如在南宋赵构的《高宗北使图》中看得较为明显。今江苏省苏州市原平江府的《平江府图》中都有灵星门及里坊制向街巷制过度的形象。

“棂星门”又名天田星。《后汉书》中记载，汉高祖祭天祈年，命祀天田星。天田

苏州文庙棂星门

星是二十八宿之一“龙宿”的左角，因为角是天门，门形为窗棂，故而称门为棂星门。皇帝祭天时，要先祭棂星。袁枚[⑦]在《随园随笔》中说：“后人以汉灵星祈年与孔庙无涉，又见门形为窗灵，遂改为棂。”汉高祖命祭天先祀棂星，至宋仁宗天圣六年（1028），筑郊台外垣，置棂星门，像天之体文庙中的棂星门是在明太祖洪武十五年（1382）以后出现的，它象征祭孔如同尊天。后来人们又将棂星解释为天镇星、文曲星、魁星。古人认为“天镇星主得士之庆，其精下为灵星之神”，以棂星命名孔庙大门，象征着孔子可与天上施行教化、广育英才的天镇星相比，又意味着天下文人学士汇集于此，统一于儒学的门下，从此，全国各地兴建孔庙必建棂星门，其造型多以山东曲阜棂星门为范例（详见第二章第十三节），后来发展为多种造型。有四柱三楹冲天式、六柱五楹冲天式、四柱三楹牌楼式、八柱六楹三座牌坊为一体的冲天式牌坊，等等，丰富多彩，各俱式样。

随着棂星门建造的不断发展，外观造型越来越美观，文庙、道观、陵墓等庄严肃穆场合门前都建此门，一时内成为标志性建筑，失去了它的防卫功能。棂星门上的门栅或门扇逐渐被拆除或直接不安装，只用其华表立柱、大小额坊、花心板、华带匾或风字匾（额匾）等构成各具形态的牌坊。坊门上建起了古代建筑的楼顶，将宫殿建筑楼顶上的吻兽、戗兽及跑兽等分别设置在牌坊楼顶上，从而形成了另一种式样；于是分为两种造型的牌坊，一种是华表柱冲天高于楼顶，另一种是华表柱至龙门枋和大额枋底面，其上设置三座或五座楼顶，甚至有的设置七座、九座、十一座楼顶，称为牌楼。经过千余年地演变，才使牌坊从一座简单结构形式，逐渐添加了许多元素符号，一件没有任何装饰、纪念等功能的小小建筑物体，逐渐赋予了许多具有象征意义的标志性建筑。至明清时期，牌坊的发展达到鼎盛，其标志之一是出现了大量的四柱三楹三楼、五楼、七楼、九楼、十一楼等冲天式牌坊和楼顶式牌楼，还有六柱五楹牌坊，八柱、十二柱，等等，各种式样、不同材质的牌坊。其标志之二是牌坊开始高密度涌现，出现了许多蔚为壮观的牌坊群、牌坊县、牌坊城、牌坊乡、牌坊村，它们分布在全国各地，以其独具特色的造型和标识，显得格外别致，古朴典雅，用她那无声的语言将历史与时空联系在一起。

二、牌坊结构与内涵

牌坊，虽然为中国建筑中一小品，但它自成一体，别具风采，而且集石雕、木雕、绘画、书法等于一体，融古人的社会生活理念、封建道德观念、民风民俗于一体，具有瑰丽的艺术魅力，很高的审美价值和丰富而深刻的历史文化内涵，其结构是它表现外部美的主要根源。它由简洁的阙门、横门、标、棂星门发展、演变而来，且吸收了很多的艺术技巧，融入了各个时期的文化符号，将中华民族艺术精华展现得淋漓尽致，令人赞口不绝。木作匠师们的精湛技艺将立柱、花心版、垂花、风字匾、横匾等雕琢成了艺术品，玲珑剔透，引人入胜；瓦作师傅们的砌体，横平竖直，灰浆饱满，弧度一致，圆直吻顺；书法家们的杰作，妙笔回春，力挽狂澜，遒劲有力，刚柔结合，令人赞叹不已；彩绘艺术家们的绘画，精妙绝伦，笔笔画出了龙凤呈祥、双龙戏珠、丹凤朝阳、八仙过海、圆头柿蒂、鱼鳞旗脚，等等，形象逼真，栩栩如生，令人心醉，使牌坊华贵艳丽，光彩夺目；皇帝御笔及官宦贤人的题词，功韵娴熟，妙笔生花，使结构严谨的通体牌坊词形华丽，如同锦篇绣帙，摄人心魄。

牌坊上的构件复杂多样，看上去眼花缭乱，难以分辨。但仔细分析，并非庞杂。其基本结构就是基础石、抱鼓石、夹柱石、立柱、大、中、小额枋、龙门枋、花心板、斗栱、栱眼壁、楼顶、冲天柱等，这些都是框架主要构件。立柱为牌坊的主要承载体，整体荷载通过额枋、龙门枋传给立柱，由立柱传给基础石，再传于地面，所以柱脚（柱的底部）必须由夹柱石或抱鼓石来稳固，方能保证牌坊的永牢不倒，出于直立状态。夹柱石位于立柱脚的四面，一般雕琢成须弥座形状，昂、卧莲分上下，中间束腰，腰中刻卷草缠枝，还在顶端用带铁圈固，有的在顶端琢寿比南山的圆雕。多部分牌坊在立柱前后置抱鼓石，表现形式多种多样，有雄狮抱绣球、雌狮戏幼狮、雄狮下山、幼狮玩耍、幼狮在雌狮背上要绣球等。一座牌坊一种式样，大同小异，各具形态。还有的牌坊在侧柱外面设置侧面抱鼓石，多为平板抱鼓石，双线刻圆鼓，断面琢圆弧，较为简洁，起到加固牌坊之用，并无装饰意图。

牌坊上的立柱，有双柱、四柱、六柱、八柱、十柱、十二柱等不同数量，主要是根据立坊人的意图，最主要的还是由经济基础所决定，如安徽歙县许村镇环泉村的金氏、贺氏双节孝牌坊，坊主人的节孝贞操，人生的动人故事，很值得建造一座庄严肃穆，华丽富贵的牌坊来表彰宣扬二人的节操与孝敬婆母的高尚情操。由于立坊人的为官清廉，大部分积蓄用于乐善好施，经济条件受到限制，故，修建了一座双柱单楹简洁的双节孝牌坊（详见第一章第四节）。再看山西省原平县大牛店镇杨武村的朱氏节孝牌坊，两坊相比差别甚大。朱氏节孝坊为四柱三楹六楼式建筑，通体牌坊浮、深、透雕结合，其图案内容丰富多彩，雕琢技艺娴熟，整座牌坊吞云吐雾的高大气势，在现存的国内古牌坊中名列前茅。牌坊坐落在高0.96米的须弥座上，须弥坐前设置了四尊罗汉背抗底座，一副力大无穷的姿态，个个壮气凌云，豪迈冲霄。四根戗柱通体雕刻混作缠柱龙，戗柱底端，斜蹲一雄狮，与龙门枋上的雕龙首一上一下，相互对应。上下额枋琢有双龙腾飞在云雾中，显得更加威武壮观，气贯长虹。六座楼顶参差有别，两次间上窄下宽，明间檐下四踩斗栱，大斗方栱，整齐划一。多部分构件满雕花卉、蟠龙、金刚、麒麟、狮子等图案，并有二十四孝图的典故。牌坊各构件，件件雕刻精致，姿态优美，造型逼真，构图讲究。其根本因由，是立坊人武访畴多年为官，官至中议大夫、山西延榆绥兵道、加盐运使衔，晚年又在沧州西河书院讲学，积蓄丰厚，为孝敬其母，经皇上下旨，建起节孝坊，旌表慈母节孝贞操。封建社会里皇帝旌表臣民的高尚品德、乐善好施、政绩卓著、节孝烈行等，大部分为圣旨下传后，由坊主本家负担建坊的所有费用，朝廷或地方官府助资的极少，唯有功绩卓著，事迹突出者，朝廷或地方官府出资建坊。

一座牌坊无论立柱多少，都是由大小额枋、龙门枋将荷载传递至立柱，立柱再传给基础。大小额枋和龙门枋与立柱是通过榫卯的形式结合在一起，榫卯上注入手工制作的胶，胶凝固后非常牢固，如桐油与石灰粉比例恰当，碾压时间充足，能坚持百年有效。花心板是安装在大小额坊之间，两额枋的上下皆有石槽放置花心板。许多大额枋上都设置龙门枋，龙门枋较额枋宽厚，它是直接落在立柱的顶端，而非以榫卯相接，因此承载力较强，龙门枋上的斗栱和栱眼壁均落在其上。斗栱之上安装楼面，楼面分三种：一种是一块整体石板三面雕刻滴水瓦当，中间另置一长方形条石作大脊，脊两端饰吻兽，明间大脊中间饰刹尖，次间大脊外端饰吻兽；另一种是楼顶前后分置两块石板，大脊压缝。这种工艺皖南与赣北较多；再一种是斗栱与楼顶为一整块大方石，在方石上雕刻斗栱、檐桁、滴水瓦当、筒、布瓦，将其安装在龙门枋上。

古代人立牌坊是一件非常重要的事，绝非无缘无故之举。每一座牌坊都富有丰富含义，且蕴藏着深厚文化底蕴，而这含义和底蕴主要靠砖雕、石雕、木雕、堆塑、琉璃图案、彩绘艺术等隐喻手法来表现，如：

龙，象征皇权、尊贵。世上本无此物，是三皇之首太昊发明。约六、七千年前，中原大地上的部落首领太昊平易近人，与邻邦和睦相处，能忍辱负重，高风亮节，他的崇高品德赢得周围邻邦部落的好评，各部落纷纷投奔他而来，自愿归顺于他的领导，于是他把各部落的图腾归纳在一起，组成了一个图腾——龙。因此龙具有鹿角、驼头、蛇身、鲤鳞、牛耳、虾眼、鹰爪、狮尾等特点。现在龙的形状虽经数千年的演变，但万变不离其宗，仍具有以上特征。由此发展，我们中华民族成为龙的传人。

凤凰，亦作“凤皇”，寓意吉祥、华贵。古代传说中的百鸟之王。雄的叫“凤”，雌的叫“凰”，总称为凤凰，亦称为丹鸟、火鸟、鹍鸡、威凤等。常用来象征祥瑞，凤凰齐飞，凤凰戏牡丹，是吉祥和谐的象征，自古就是中国文化的重要元素。凤凰和龙的形象一样，愈往后愈复杂，最初在《山海经》中的记载仅仅是“有鸟焉，其状如鸡，五采而文，名曰凤皇”，甚至还有食用的记载，《大荒西经》[h]：“沃之野，凤鸟之卵是食，甘露是饮”，《证类本草》[i]云“诸天国食凤卵，如此土人食鸡卵也”，宋代凤髓被列为八珍之一。而到最后却有了麟前鹿后，蛇头鱼尾，龙文龟背，燕颌鸡喙，成了多种鸟兽集合而成的一种神物。自秦汉以后，龙逐渐成为帝王的象征，帝后妃嫔们开始称凤比凤，凤凰的形象逐渐雌雄不分，整体被“雌”化。称皇帝为龙，皇后为凤凰，“龙凤呈祥”。

狮子，是力量和威力的象征，是我国民俗文化中最为常见的吉祥神兽，是智慧的化身，是百兽之王，有吉祥、繁荣、生生不息的寓意，象征地位、尊严、平安。

鹿，“禄”字谐音。常被用作牌坊上雕刻图案。以象征升官晋爵，高官厚禄。

鱼，与“余”谐音。连年有余，吉庆有余。常与池塘，荷花连在一起组成图案，雕刻绘画在牌坊上，以象征金鱼满堂或连年有余；同时，鲤鱼跳龙门又是读书人金榜题名，荣登仕途的代名词，因此，鲤鱼跳龙门也常用于雕绘牌坊图案，以象征科举之地，金榜题名。

鸱吻，又称吻兽，带鱼尾的称卷尾吻。传说鸱吻是龙的第九个儿子。龙生九子未成龙，成了九个怪物。九龙子爱吞，善于扑救火灾，玉皇大帝把它安排在屋脊上，为了防止它逃跑，用宝剑将它安插在大脊两端，故，吻兽的后面有一个剑把。

戗兽，是古代中国建筑戗脊下端上一个兽件，用于歇山顶和重檐建筑上。戗兽是兽头形状，有的头上戴两条胡须。戗兽将戗脊分为兽前和兽后，兽头前方安置蹲兽（跑兽），是戗脊与山脊的分水岭，一般来说戗兽之下为房内金柱顶。它起到固定屋脊的作用，同时也有严格的等级限制度。

仙鹤，寓意延年益寿。与松树一起寓意松鹤延年。与鹿和梧桐寓意鹤鹿同春。仙鹤在古代是“一鸟之下，万鸟之上”，仅次于凤凰的“一品鸟”，明清一品官吏的官服编织的图案就是“仙鹤”。同时鹤因为仙风道骨，为羽族之长，自古被称为“一品鸟”，寓意第一。

麒麟，亦作“骐麟”，简称“麟”，是中国古籍中记载的一种动物，与“凤、龟、龙”合成“四灵”，是神的坐骑。古人把麒麟当作仁寿、瑞兽。雄性称麒，雌性称麟。现实生活中常认为长颈鹿是麒麟的原型，用来比喻杰出的人。麒麟属火，象征太平、丰年、福禄、长寿、美好。麒麟送子，是中华传统民俗文化，盼麒麟送子就是中国古代的生育崇拜之一。我国古代以麒麟为龙子，盼望生得“麒麟儿”，麟儿就是民间瑞祥与美好期望。

蝙蝠，寓意为一只蝙蝠“富从天降”，“福运到来”。两只蝙蝠加寿桃，是福寿临门。五只蝙蝠加寿桃，寓意五福捧寿，五福即：长寿、富贵、康宁、好德、善终，有幸得到这五福，为幸福。一群蝙蝠象征幸福、福气满堂，延绵长久之意。牌坊上蝙蝠组成的图案很多，多以它们的谐音为代表好兆头或来源于美好的历史故事而成为深受人们喜欢的象征、图腾或图案。

象，善解人意、勤劳能干。聪明灵性的象，在中国传统文化里与“祥”字谐音，故被赋予了吉祥的寓意，在傣族人民的心目中是更吉祥与力量的象征。几千年来，人们与大象结下了不解之缘，喜欢大象，崇拜大象。在中国传统文化里，象被赋予了更多吉祥的寓意，如以象驮宝瓶（平）为“太平有象”；以象驮插戟（吉）宝瓶为“太平吉祥”；以童骑（吉）象为“吉祥”；以象驮如意，或象鼻卷如意为“吉祥如意”。古人云：“太平有象”，寓意“吉祥如意”和“出将入相”。

悬鱼，是宋式小木作装饰的饰件。就如“雀替”“斗栱”等构件一样，既体现了结构上的需要，又体现了装饰作用。悬鱼的存在加强了山墙博风板的整体性，使之更加牢固美观。悬鱼的来历还有一段动人心魄的故事：

据《后汉书·羊续传》中载：羊续，后汉泰山平阳（今山东泰安）人，为官清廉奉法。羊续在南阳郡太守任上，廉洁自守，赴任后数年未回家乡探亲。一次，他的夫人领着儿子从老家千里迢迢来到南阳郡看望丈夫，不料被羊续拒之门外。原来，羊续身边只有几件布衾和短衣以及数斛麦，根本无法招待妻儿，遂不得不劝说妇人和儿子返回故里，自食其力。羊续虽然历任庐江、南阳两郡太守多年，但从不受贿谋取私利。他到南阳郡上任不久，他属下的一位府丞给羊续送来一条当地有名的特产——白河鲤鱼。羊续拒收，推让再三，这位府丞执意要太守收下。当这位府丞走后，羊续将这条大鲤鱼挂在屋外的柱子上，风吹日晒，成为鱼干。后来，这位府丞又送来一条更大的白河鲤鱼。羊续把他带到屋外的柱子前，指着柱上悬挂的鱼干说：“你上次送的鱼还挂在这儿，已成了鱼干，请你一起都拿回去吧。”这位府丞甚感羞愧，悄悄地把鱼和鱼干取走了。此事传开后，南阳郡百姓无不称赞，敬称其为“悬鱼太守”，从此再无人敢给羊续送礼了。明朝于谦有感此事曾赋诗曰：“剩喜门前无贺客，绝胜厨内有悬鱼。清风一枕南窗下，闲阅床头几卷书。”后来木匠师傅们便把博风板之间的这种装饰品称“悬鱼”传至清末民初。

獬豸，是我国古代传说中的一种猛兽，与狮子同类，长一独角，性忠，见人斗则不触理者，而专触无理者。它能辨曲直，又有神羊之称。是勇猛、公正的象征。

螭，传说古代龙的九子之一，嘴大，肚大，能吃，不排，肚子能容纳很多水，在古代建筑中用在楼顶四角上，月台的散水口，牌坊戗柱的外侧。这种装饰表达了古人的一种精神寄托，希望螭能够散水，保护家园。

二十四孝图，即二十四孝子的孝举，闻名中华大地，誉传千秋万载。名列魁首者为孝感动天的舜；亚者为亲尝汤药的汉文帝刘恒；季者为孔子弟子啮指心疼的曾参；四者为棒打芦花现狠心，为促使家和却孝敬继母的闵子骞；五者为孔子弟子仲由弃高官厚禄，不远百里为父母担米而食，数十年坚持不懈；六者为鹿乳奉亲的郯子；七者为楚人戏彩娱亲的老莱子；八者为汉代卖身葬父的董永；九者为汉代的埋子养母的郭举；十者为东汉姜诗孝顺待母，妻子庞氏奉婆勤谨以涌泉跃鲤供养婆母；十一者为东汉汝南人蔡顺拾葚供母的孝行；十二者为刻木事亲的东汉丁兰；十三者为三国时期的天文学家陆绩；十四者为行佣供母的东汉人江革；十五者为东汉时期扇枕温衾九岁年龄的黄香；十六者为三国时魏国闻雷泣墓的王裒；十七者为恣蚊饱血，不让蚊虫叮咬父母的晋朝孝子吴猛；十八者为晋朝卧冰求鲤的孝子王祥；十九者为晋朝年仅十四岁勇敢扼住虎脖救父的杨香；二十者为三国时期吴国感天动地哭竹生笋的孟宗；二十一者为南北朝时期南齐尝粪忧心的庚黔娄；二十二者为唐朝乳姑不怠的唐夫人；二十三者为宋朝弃官寻母的朱寿昌；二十四者为宋代的书法家黄庭坚常年为母亲清洗便桶的行动，放下官架笃诚尽孝。二十四孝图，含仁怀义，孝风浓郁，充分体现了我国人民千百年来孝文化的传承延续，扎根在中华疆域，根深蒂固。

仙人嘲凤，为楼檐角上最顶端之饰品。嘲凤为龙的三子，平生好险又好望，牌坊角上的走兽是它的遗像。嘲凤，不仅象征着吉祥、美观和威严，而且还具有威慑妖魔、清除灾祸的含义。常用其形状在牌坊上作为装饰（仿宫殿角上的装饰品）。嘲凤的安置，使整座牌坊的造型既规格严整又富于变化，达到庄重与生动的和谐，宏伟与精巧的统一，它使高耸的牌坊平添一层神秘气氛。《渊鉴类函·鳞介·龙》四引（明陈仁锡）《潜确（居）类书》："龙生子……嘲凤好险，置殿角上。"仙人是姜太公，卒后归天，玉皇大帝无法安排，便让他骑在嘲凤背上，监督着嘲凤，别让它掉至檐下。

八仙和暗八仙，八仙是指汉钟离、曹国舅、吕洞宾、韩湘子、蓝采和、何仙姑、铁拐李、张果老八位仙人。暗八仙是指他们各所持的器物。（详见第二章第三十一节）

古牌坊上，除雕刻许多现实生活中存在的实物和人们想象的动、怪物之外，书法成为牌坊上不可缺少的艺术之作。牌匾、花带牌、风字牌（额匾）、花心板、立柱、大小额坊、龙门枋上都有书法题名，通过题名、落款、介绍坊主人简历及对其一生评价，等等，来彰显坊主人的功德政绩、乐善好施、节孝情操、学业成就即标明地域胜迹。特别重要的是皇帝御笔的"圣旨""恩荣""圣恩""旌表""政德"等牌匾、花带牌、风字牌等，更是彰显牌坊的亮点、要位，显示主人的尊贵。如：四川省自贡市大安区新民镇董家村的"杨邱氏贞节牌坊"（详见第二章第八十三节），上有御笔题"圣旨"正楷二字；龙门枋下刻 "贞节"正楷两个大字，次间各饰一匾，左次间花心板题书"柏节"、右题书"冰心"各正楷二字。明间楹联题书："秀阁秉精英，百年磨练风霜古；盛朝崇节义，奕世光荣雨露深"。次间楹联："冰心一片寒霜肃，柏节千秋炳日光。"楹联夸赞坊主人操贞持节的一片冰洁之心，其高尚情操，有如千年劲松的古柏焕发出丽日般光华。两副楹联对仗工稳，书法俊秀飘逸。通体摆布一派高雅、富贵气魄。四川省自贡市大安区新民镇董家村的张氏节孝牌坊（详见第二章第九十六节），前后两面布满书法，行、楷、隶俱全。额匾书正楷“圣旨”二字，龙门枋上书中楷“光绪二十年癸卯仲春月谷旦”。上花心板阳刻“帝鉴坤贞”行楷四个大字。下花心板题书“邑绅李春霖继妻新犀新展新柏之母张氏节孝坊”。次间花心板上分别为阴刻 “冰清”“玉洁”各正楷二字，四根立柱上分别题书楹联，通体牌坊融建筑、绘画、书法、雕刻、文学于一体，具有很高的美学和文学价值。再如贵州省兴义市鲁屯村的“贞寿之门牌坊”（详见第二章第八十八节），是为旌表102岁的李汝兰之母而建。兴义府知府仇效忠特调三县知县，一县训导亲笔题书十一副楹联颂扬其贵举与百寿。十一副楹联布满整座牌坊，不但是群英荟萃展书艺，而更是中华文化倾韵魂。通体牌坊上，正、草、隶、篆笔皆美，字字珠玑，丝毫不乱，幅幅如此，洵属可贵。再如四川省隆昌县城北关“仁心善政”牌坊，明间楼檐下额匾为阴刻正楷“德政”二字。龙门枋下阴刻“仁心善政”四个行楷大字。中额枋上刻“邑侯刘大老爷官印光第德政坊”。下花心板上书中楷小字介绍坊主人的善举功绩，四根坊柱上各刻楹联，以书法为主，雕刻图案较少，充分展示了当地文人之才智与书法技艺（详见第二章第一百四十节）。自贡市自流井区舒平镇磨刀岭村的四柱三楹五楼式的“两世冰操坊”和浙江省舟山市普陀区的“海岸牌坊”等都具有以上几座牌坊的特点，以书法题词为坊主人歌功颂德，明辨是非，崇尚封建社会的仁义礼智，信德忠孝。用宣扬儒家、道家、佛家的文化来促进社会的封建文明与道德观念的建立，促进封建社会的进展。

以上这几座牌坊，不但是整体构思设计灵活巧妙，出类拔萃，而牌坊上的这些词汇深藏若虚，意广才疏，书法章法自然，气韵生动，通观整体从容不迫，得心应手，使艺术风格同文字内容有机结合起来，充分表现了笔者对牌坊主人的怏然自豪之情怀，情文并茂，心手合一，气韵生动，奉为观者学习的典范。那不是牌坊，就是古代思路广播，文采风流，贤人良才的书法艺术展览。

三、牌坊分布与种类

牌坊的分布很广，据不完全统计主要分布在北京、安徽、山东、山西、四川、浙江、江西、陕西、重庆、广东、福建、江苏、湖南、湖北、河南、河北、辽宁、广西、内蒙古、贵州、甘肃、台湾、澳门等二十多个省市自治区，九十余个县市。以安徽、山东、北京、山西、四川等几个省市为最多。安徽省《歙县志》中载：境内至今还保存有101座古牌坊，大部分比较完整，分布在全县境内各个村庄角落，以南部较多。那里虽没有都市生活那么繁华，但却隐藏着许多座从沧桑岁月中穿梭而来，带着怡然自得的闲散时光与厚重的历史文化，在那层峦叠嶂的山区里，默默无闻地等待后人去发掘、探究，传承它们的艺术精华。特别是歙县棠樾牌坊群，七座四柱三楹石牌坊曲线形排列，绵延数百米，高高地耸立在入村的大路上。它们分别是：鲍灿牌坊、慈孝里牌坊、汪氏节孝牌坊、乐善好施牌坊、吴氏节孝牌坊、天鉴精诚牌坊、鲍象贤牌坊。七座牌坊连成一片，冲天式与牌楼式交错相应，气势恢宏，蔚为壮观，空前绝后，其古牌坊数量为全国各牌坊群之首。其次为四川隆昌县，全县境内现存古牌坊17座，南关牌坊群六座石牌坊相距不足200米。北关牌坊群共五座牌坊前后不足150米。其余六座牌坊分布在各乡村。古时隆昌县虽小，但地理位置要冲，因驿道而设县，故牌坊而出名。经历朝历代天灾侵袭，受“文革”摧残，十七座石牌坊能较完整地保存下来，多亏隆昌人民群众的苦心呵护和文物部门的管理。近几年经政府主管部门维修，这些古朴典雅，风格别致的古牌坊又焕发青春，以崭新如初的雄姿，融入现代化环境中，成为隆昌县对外开放的窗口，年复一年，日复一日地接待着海内外的游客，促进了隆昌的经济腾飞，也带动了周边地区经济贸易的迅猛发展。

北京北海公园的大西天牌坊群，四面各有一座四柱三楹七楼的琉璃牌坊。它们分别是：南面的“证功德水牌坊”；西面的“安养示谛牌坊”；北面的“妙境庄严牌坊”；东面的“神州宝地牌坊”。四座牌坊大小尺寸与造型设计基本相同，砖石砌体，外贴琉璃片，每座牌坊上三个拱门皆设置白色大理石嵌门洞沿。拱形门洞沿上雕琢着缠枝牡丹，与红色墙体形成鲜明对比。每座牌坊上部七座大小有别、参差不齐的琉璃瓦楼顶，歇山式楼面，楼下三踩单昂斗栱，壮丽严俊，气度非凡，一派皇家气魄。

浙江省乐清市仙溪镇南阁村牌坊群，在村内主街道130米内顺街排列着五座六柱单楹三楼石木混合结构式的牌坊。依次为“进士坊”“恩光坊”“方伯坊”“尚书坊”和“会魁坊”。五座牌坊的结构、造型及材质基本相同，红色额匾一目了然，每座牌坊小巧玲珑，少许的装饰别有风采，江南风格突出，独树一帜，成了闽南沿海地区一道靓丽风景线，吸引着全国各地游览者和文物爱好者往返于南阁大街上，目不暇接，流连难舍。

古牌坊是我国千余年来形成的文化艺术载体之一，自诞生那天起，就非常牢固地屹立在崇山峻岭、江河两岸的驿道，道观庙宇门前，陵墓神道和人员出入频繁的地方，至明清时期发展到顶峰。结构多种多样，造型各具千秋，材质因地制宜，规模参差不一。有的保存数百年不毁；有的数十年不拆自塌；也有的被人为破坏；还有的村镇、城市规划被拆除……据笔者调查，走访、了解和查阅资料，全国现有500余座古牌坊（新中国建立后重建者不计算在内）。最早的牌坊是山西省襄汾县旧县城内的鉴察坊和翊镇坊，建于唐代贞观年间（627—650）；浙江省宁波市鄞州区东前湖镇韩岭村庙沟后山石牌坊建于南宋至元代，横省石牌在宁波市鄞州区五乡镇联合村省岙自然村仙人山上，两座石牌坊均为双柱单楹一楼式石质建筑，从国家文物专家鉴定结果来看，并结合宋代李明仲的《营造法式》进行比较、分析，这两座牌坊确为宋至元时期，至于具体年代有待于对墓主人（墓主人为南宋丞相史崇之父）的进一步考证才能确定（详见第一章第三十四节和第三十六节），两座牌坊的发现对研究我国宋、元时期建筑提供了很好的实例，有极大研究价值。2001年6月25日，国务院公布为全国重点文物保护单位。另有陕西省西安市大清真寺内的对应小牌坊，相传始建于唐代；北京国子监大门前左右两座牌坊建于元大德十年（1306）；山东省邹城曾子庙前牌坊，传说建于周考王时期，历经各代修葺；孔庙前棂星门传说始建于宋仁宗时期；山东省济南市长清区五峰山上的隆寿宫牌坊，建于金泰和年间（1201—1209）；四川省富春县文庙前棂星门始建于北宋初年，经历代修葺，至今保存比较完整。数十座古代牌坊已失去记载，据传说始建较早，但无证据，有待今后通过其他渠道考察证实。

中国民族之多，地域之广为世界之最。由于各地民族民风各有所异，故而建造的牌坊也各具形态，从材质、结构、工艺等方面，可以说：八仙过海，各显神通，充分调动了当地能工巧匠、贤才良师，利用他们各自优势，智慧技艺，建造起各式各样不同材质、不同造型的牌坊。这些小小的建筑，与中国古典宫殿相比是小了许多，虽然是小角度，却是多元素，有绘画、有线刻，有浮雕、深雕、更有透雕、镂雕，看上去不生涩，也不乏味，好像是看到了历史、艺术与社会生活的汇流、交融，成为中华历史文化的标识。这些古牌坊的分布很广，其数量也很多，笔者耗费了近五年的时光，考察了解了378座不同功能、不同结构、不同材质的古牌坊，约占全国古牌坊总数的72%。它们分布在全国各地。以安徽省、山东省、北京市、山西省、四川省、浙江省较多。安徽省现保存下来的古牌坊占全国古牌坊的23%，新中国成立后第一册《歙县志》中记载，有101座完整、较为完整的古牌坊分布在全县城乡村落，闻名全国的棠越牌坊群就坐落在这里。山东省占11.2%、北京市占10.6%、山西省占10%、四川省占9.5%、浙江省占7%。西藏自治区、新疆维吾尔自治区、黑龙江省、海南省极少。其他各省、自治区、直辖市的古牌坊仅占全国现存古牌坊的28.7%（此数仅供参考）。

牌坊分类较为复杂，广义上讲只有两大类：一是冲天式，立柱出头，也称柱出头式牌坊，这种牌坊皖南与赣北较为普遍，如安徽省歙县的金殿传庐牌坊、古徽州城内的许国八脚（八柱）牌坊、灵山翰苑牌坊、尚书牌坊、雄村的光分列爵牌坊等；山东省东阿县江楼镇魏庄村的孝子牌坊；曲阜孔庙第一道大门金声玉振牌坊；湖北省丹江口市静乐宫门前的六柱三楹四壁冲天式牌坊；北京颐和园内的霏香、荇桥头的云岩、绮霞牌坊等。二是牌楼式，立柱至大额枋或龙门枋之下，牌坊的最高点是明间顶楼大脊上的刹尖，而不是柱顶。这种类型的牌坊有四柱三楼式，四柱五楼式、六柱五楼式，还有六柱七楼式，最高级别是六柱十一楼式。我国北方较多，南方相对较少。如：北京市昌平区十三陵的明成祖朱棣长陵神道前的石牌坊就是六柱五楹十一楼牌楼式大石牌坊，它是全国石牌坊之首，宽28.86米，高15米（详见第三章第二节）。另见山东省曲阜孔林神道前的万古长春六柱五楹七楼牌楼式石牌坊（详见第三章第十九节）；安徽省歙县富竭乡丰口村的郑氏世科牌坊（详见第二章第九十七节）、许村镇许村内的三朝典翰牌坊（详见第二章第六十二节）；湖北省钟祥市博物馆前的少司马六脚牌坊（详见第三章第十六节）；山东省安丘县安上牌坊（详见第二章第二节）；贵州省兴义市鲁屯村的贞寿之门牌坊（详见第二章第八十八节）；河北省邯郸市振头关帝庙前牌坊（详见第二章第五十一节）；河南省巩义市康百万庄园东门前牌坊（详见第二章第七十六节）；北京市中山公园内的保卫和平牌坊（详见第二章第九十一节）；颐和园东门前的涵虚牌坊（详见第二章第一百三十八节），等等，有的为石质，有的为木质，有的为石木混合结构，均为牌楼式牌坊。

从狭义上分类比较复杂，一种是材质的区别，首先说木质牌坊，立柱、戗柱、额坊、斗栱、桷子、飞椽望板等均为木材制作。立柱地下部分采用柏木桩，称为地丁，地丁之上用基础石，石上立柱，柱脚四周用夹固石围抱，再用带铁圈固。街巷内的楼顶出檐较短，做成悬山或庑殿式。冲天式牌坊的立柱要冲出楼顶的高度，柱顶覆以云罐（又称毗卢帽），以防风雨侵蚀虫蛀。街巷之内的牌坊楼顶多用布板瓦。有的立柱前后两面设置须弥座，座上雕琢狮子，狮子背后有两块与须弥座连成一体的长方形石块，与立柱固为一体。如；江苏省南京市秦淮区水西门内的朝天宫棂星门即是如此；甘肃省定西市陇西县巩昌镇北关一心村的头天门牌坊；山东省曲阜市孔庙西侧的阙里牌坊；邹城市亚圣庙棂星门；陕西省西安市都城隍庙有感有应牌坊；河南省开封市龙亭区徐富街陕山会馆内的大义参天鸡爪（六脚）牌坊；北京市北海公园内的荟萃、堆云牌坊；颐和园东门涵虚牌坊等均为四柱、六柱等不同结构的木质牌坊。二种为纯石材牌坊，整体牌坊均为石材加工雕琢而成，这种材质的牌坊我国近千年来，在古牌坊中占比例最大，约占70%余。先人们利用其材质坚实耐腐，防划耐撞，抗风顶雪的优点，因地制宜的条件，就近选取密实度较强，不易风化，抗折、抗拉、抗压力较高，又容易雕琢的石材来建造石牌坊。让牌坊主人的丰功伟绩、德政良风、贞节情操、孝老抚子等高尚美德永留世间，千秋不朽，万载永存。如：北京市香山碧云寺中山纪念堂后第二座石牌坊；河北省易县西陵镇龙泉村的道光皇帝慕陵前石牌坊；山东省嘉祥县城南满硐乡南武山之阳曾子庙前牌坊、门前左侧三省自治牌坊、门前右侧一贯心传牌坊；山东省泰安市岱宗牌坊；安徽省歙县富竭镇徐村原徐氏宗祠前牌坊：安徽省黄山市徽城区潜口镇蜀源村有三座牌坊，徐氏节孝牌坊、方氏百岁牌坊和双柱单楹三楼式的赞宪牌坊；浙江省绍兴县陶堰镇浔阳村的秋官里进士牌坊；山西省侯马市上马办事处张少村的卫氏节孝牌坊等等，皆为石质牌坊，无有任何他物设置其上。这些牌坊至今较完整之因缘，其中主要因素，是工匠师傅们的选材占据了相当大的成分。三种为砖质牌坊。这种牌坊一般情况下基础为石材，石材之上用砖砌体，工匠师傅们通过在砖体上雕琢各式各样的动植物图案，再按照所处位置安装其上。楼顶设置布板瓦挂楼面，上面雕琢吻兽、刹尖、戗兽、仙人嘲凤，等等。砖牌坊在我国建造较少，笔者在考查中只寻觅到八座砖牌坊。山东省淄博市桓台县新城镇南北街上的四世宫保砖牌坊，在做工、雕刻、造型等方面可为精品（详见第七章第一节）；另有辽宁省鞍山市千回仙人台中会寺山门砖牌坊（详见第七章第二节）；甘肃省甘谷县大石乡贯寺村的家祠牌坊（详见第七章第三节）；山西省运城市永济城西街东姚村的清标彤管砖牌坊（详见第七章第五节）等均为砖砌体牌坊。四种为琉璃牌坊，主要分布在我国北方，南方几乎没发现。多用于佛寺建筑中，现存琉璃牌坊以北京为最多，基本为四柱三楹七楼式建筑。其结构是在石材基础上砖砌体约3.5米高，四柱之间留有三个拱形门洞，洞沿用汉白玉大理石嵌边，且阳雕缠枝花草，墙基为须弥座式样，上下昂、卧莲花，束腰处雕连串宝珠，四根立柱底座的束腰部分要比墙体部分高出0.8米左右。墙体中的前后八根立柱称喇叭柱，通体上下贴琉璃质片至龙门枋和大额枋。龙门枋和两次间的大额枋之上各镶嵌书法牌匾名字，两次间花心板上各镶嵌烧制精细的二龙戏珠图案。三座主楼以明间最高，两次间稍矮，两夹楼与两边楼更矮。七座楼均以琉璃饰面。斗栱、檐桁、椽子、飞椽、大脊、吻兽等皆为琉璃构件。阳光照耀，金碧辉煌，威武壮丽。五种是门坊，设置在祠堂前、高大房屋门洞上的门坊，就像在房屋的墙壁上镶嵌了牌坊前面的一半，是与墙体同时砌为一体，既装饰了房屋的外观造型，又遮挡了门洞和墙体不受雨雪侵蚀。还有极少数的陶雕牌坊、嵌瓷牌坊和水下牌坊，即四川省达江市开江县任市镇街口的刘氏、江氏节孝牌坊，俗称“陶雕牌坊”。嵌瓷牌坊位于四川省隆昌县渔箭镇王家店大柏林即彭家大院天井内的墙体上（详见第九章第三节）。该牌坊以青砖砌筑，各种图案、花草、盘龙、腾龙等均以嵌青花瓷为主，兼嵌其他颜色瓷片。镶嵌精致入微，做工细腻别致，实为稀世珍品，独一无二。该牌坊非同全国其他古牌坊之功能，唯该大院主人观赏玩乐而建造，故称“嵌瓷观赏牌坊”。水下牌坊坐落在浙江省千岛湖水下原狮城内，约今淳安县境内（详见第九章第一节）。1955年10月我国电力工业部建设新安水电站，开闸放水前，搬迁单位未来得及拆除的古牌坊至今还完整无损，悄然沉立在近百米深的水下。2009年11月国家水下摄影家吴立新先生在这里拍下了这座浮雕、深雕及镂空精雕，豪华至极，带有座龙首“圣旨”额匾的节孝牌坊的照片，摘选于上以飨读者。

从结构上分类，主要是根据牌坊的承重载体——立柱的数量上来区分，有双柱单楹、四柱三楹、六柱五楹、八柱八楹、十二柱多楹等不同结构的牌坊。首先看双柱单楹单楼木质牌坊，它是由两根立柱、大小额坊和一座楼顶组成，如北京市颐和园东门木质牌坊（详见第一章第三十一节）、安徽省歙县中学右侧的双柱单楹三楼组成的尚宾石质牌坊（详见第一章第十二节）、歙县虹光村双柱单楹三楼冲天式石质贞心矢日牌坊（详见第一章第三十九节）；都是双柱单楹。有的为单楼，有的为三楼，有的为柱不出头，有的为柱冲天的冲天式牌坊。有的为木质，有的为石质。再看四柱三楹式牌坊，它是由四根立柱六根大小额枋或一架龙门枋，或三架龙门枋构成的。如山东省邹城市亚圣庙的四柱三楹三楼木质开来学牌坊，就是四根立柱六架大小额枋，明间一架龙门枋和三座楼顶而构成一座完整的牌坊（详见第二章第三十六节四）；如安徽省歙县桂林镇新管村的女贞崇祀牌坊，同样是四柱三楹式牌坊，但它就建成了三架大月梁枋，一架中额枋，三架小额枋而无龙门枋的三楼冲天式牌坊（详见第二章第八十六节）；再来看夏禹陵入口牌坊，位于浙江省绍兴市东南六公里的会稽山麓。四柱三楹无顶楼，带有原始棂星门的风韵。三楹中明间只有一架龙门枋和一架小额枋，两次间各一架小额枋，明间设两扇木门扇，两次间分别用木板条填补（详见第二章第二十五节），构成了一座四柱三楹冲天式牌坊；还有一座四柱三楹五楼式石质牌坊，它是坐落在安徽省歙县富堨乡塘槐村（详见第二章第八节）的龙兴独对牌坊，由四根立柱，四架龙门枋，六架大小额坊加五座顶楼结构而成；四柱四楹石牌坊只有两座石质牌坊，无其他材质牌坊。有一座“济美牌坊”，位于江西省宜春市奉新县会埠乡招边村，是一座四柱四楹四面十六楼组成的石质牌坊，国内罕见，唯独一座（详见第四章第五节）。另一座位于安徽省歙县城关区丰口村，为四柱四楹八楼式石质牌坊（详见第四章第四节）。再者是六柱五楹石牌坊与木、石质混合结构牌坊，有两种结构形式：一是六柱排成一字形，如河北省遵化市东陵满族乡兴隆泉村同治皇帝惠陵前牌坊，六根石质方形立柱，中间五座木质阁楼，楼下设置木门框（详见第三章第五节）。二是六根立柱平面成两个三角形对称排列，俗称“鸡爪牌坊”，又称“六脚牌坊”。这种结构式牌坊主要分布在赣北、晋南一带，数量较少。如江西省宜黄县凤岗镇桥下村谭伦的大司马牌坊（详见第三章第一节）；抚州市临川区邓坊镇锦溪村的父子兄弟叔侄同朝牌坊（详见第三章第七节）；山西省运城市绛县南樊镇西堡村的节孝牌坊（详见第三章第二十一节）；湖南省常德市沣县车溪乡于家村节孝牌坊（详见第三章第十七节）等都是六柱五楹牌坊的鲜明代表。

八柱八楹牌坊很少，只有几座，最具代表性的是闻名全国的安徽省歙县徽城内许国八脚牌坊，风格独特，别无他例（详见第四章第一节）；广东省珠海市前山镇梅溪村陈家花园内的乐善好施牌坊（详见第四章第二节）；结构、造型别具一格，独具匠心的金昭牌坊，位于浙江省永嘉县岩头镇岩头村（详见第四章第三节）等等均为八柱牌坊。

十二柱多楹牌坊主要分布在闽南，其他地方甚少。福建省漳州市新华东路岳口街上的勇士简易牌坊，是清圣祖康熙帝为收复台湾做出巨大贡献的蓝理名将而敕建（详见第五章第一节）；急公尚义牌坊，位于福建省泉州市东门仁风街东岳庙前古大路间，是清康熙年间大学士李光地为旌表八世祖李森所建（详见第五章第二节）；广东省广州市佛山祖庙内的十二柱五楹四楼石、木混合结构的灵应牌坊和四川省自贡市富顺文庙的三合一冲天式牌坊均为这种类型。

四、牌坊功能

在中国古代漫长的封建社会中，牌坊这种中国独有的建筑类型是封建礼教的象征之一，是传统礼制文化的产物。立牌坊是“旌表德行，承沐后恩，流芳百世”之举，对于当时的人们来说是赐予个人最高规格的荣誉，是古人修身的最高追求。牌坊有很多功能，用于旌表嘉奖功臣、良将、名贤、科第、节妇、孝子、善人、义士和长寿老人等。在封建社会中，牌坊的教化作用影响广泛，一座座牌坊就是一个个的道德楷模，指引后人效仿他们做人行事、积善育德。这种教化手段对维护当时的统治秩序和推崇封建礼教起了积极作用。节孝牌坊一方面体现妇女贞操守节和母慈子孝的传统美德，另一方面也是封建统治阶级束缚妇女的见证。在我国封建社会中，节孝牌坊是各类宣传封建礼教牌坊中数量最多的一种。节孝妇们背后的辛酸也是常人无法想象的。但无论如何，她们对子孙及家族的奉献精神是伟大的，值得尊敬和颂扬，且具有深刻的教化、寓意。

牌坊的功能可分五种：

一是政绩功德牌坊，为表彰朝廷内文武大臣名将们卓越功勋、地方衙署官员德政业绩、刚正不阿的忠臣、赤心报国为人民的英贤豪杰和科举考试中金榜题名者而立。如：安徽省歙县古徽州城中的“豸绣重光”牌坊是为旌表同族中两位监察御史功绩而立；坐落在歙县第一小学旁的“父子明经”牌坊是旌表凌琯、凌尧伦父子二人明经及第而立；山东省烟台市蓬莱县“父子总督”牌坊，是为旌表戚继光父子二人功绩而建造；四川省隆昌县南关牌坊群中的“李吉寿德政”牌坊是为歌颂其“挥仁义之师，保卫民众的英勇事迹”而建造；位于广东省广州市中山大学内的“乙丑牌坊”，是为表彰梁士济、李觉斯、罗亦儒等七位进士而立；江西省抚州市临川区邓坊镇锦溪村的“父子兄弟叔侄同朝”牌坊，为曾栋、曾益、曾栻、曾亨应四人同朝为官而建造…… 诸如此类，举不胜举。

二是为庆寿而建牌坊，家中有耄耋、期颐老人、四世或五世同堂之家庭，为庆贺长辈延年益寿，五世同堂而立牌坊纪念祝福。像广西壮族自治区梧州市岑溪市水文镇南禄村的百岁老人刘运昌正逢百岁之年，又喜得五世之孙，全家族人兴高采烈地聚资建坊，题名“五世衍祥”牌坊（详见第二章第十四节）；安徽省歙县许村的许世积享年101岁，夫人103岁，夫妻双双期颐高寿。大明朝廷下旨赐建起了“双寿承恩”牌坊（详见第二章第六十三节）；河南省新乡市平原路与和平路交叉路口向东300米处的

"七世同居"牌坊，为旌表当时布政司经历赵珂军七世同居和功德而建（详见第二章第一百四十七节）；四川省隆昌县城南关牌坊群中的"升平人端牌坊"，即为百岁老人舒承涕而建（详见第二章第四十一节）；还有广东省中山市黄圃镇镇一村"百龄流芳牌坊"现仍屹立于百岁老人文林郎何羽祥玄曾孙后裔何祥吉家门前（详见第二章第七十八节）。

三是节孝牌坊，首先说节孝的定义，民国八年（1919）台湾省彰化县人吴德功编纂的《彰化节孝册》对"节孝"概念有一个明确的解释："妇人嫁后，夫死殉死者曰烈妇。未过门闻夫死而守节至六年者曰节妇，身殁可报请旌表。若现存节孝妇，守至五十岁始可报请旌表。但凡节妇或养公姑育子，使夫祀不绝，故谓之孝。"节孝牌坊的建立，源于封建礼教对女性贞操节孝观念的推崇及对忠贞守节妇女的褒扬，这对于维护封建秩序和推行"三纲五常[k]""三从四德"[l]等礼教思想具有一定的积极意义。但反过来讲，却对中国女性追求自我价值和幸福生活造成一定程度上的束缚甚至摧残。这就是特定的社会环境造就特殊的建筑体来为当时的统治阶级服务。许多建于明清时期的节孝牌坊，由于建造对象的限定性和建造原因的特殊性，拥有着独一无二的人文价值，能够将我国古代节孝、烈妇、孝子的高贵品德及民风民俗淋漓尽致、活灵活现地展现在每一座牌坊之上。节孝牌坊的雕刻中体现着祖先崇拜和图腾文化，渗透着儒、道、佛等传统思想以及祈福求平安等的传统观念，随着社会不断发展，经济持续繁荣，思想进步开放，人们不再过多地关注古牌坊的建造对象和原因，而是用现代眼光审视牌坊特殊的装饰之美，其建筑的意义和价值也随之发生变化。

节孝牌坊分三种情况：一种是贞节坊。坊主人婚后几年内男方去世，舍下幼小儿女，女方忠贞不改嫁，将儿女抚养成人，名传乡里，官府通过查清核实后，上报朝廷，皇帝下圣旨建坊旌表，如 "杨邱氏贞节牌坊"即是最好的见证（第二章第八十三节）；二种是节孝坊。坊主人婚后几年内男方去世，舍下幼小儿女与年迈公婆，女方忠贞之对待，抚养子女成人，孝敬公婆至寿终，一生勤俭持家，如四川省自贡市大安区董家村的张氏节孝坊（详见第二章第九十六节），坊主人张氏事迹感动朝廷，皇帝下旨旌表，"建坊入节孝祠"。再如山西省运城市永济市城西街道东姚温村的"诏恩褒节牌坊"（详见第二章第六十七节），张氏之行感动朝廷，皇上下旨立坊旌表；三种是孝子坊。安徽省歙县许村镇潭渡村孝子黄芮的"旌孝牌坊"，又称"孝子坊"（详见第二章第一百零三节）；山东省东阿县江楼镇魏庄村的"魏惠饶孝子坊"（详见第二章第十九节），以牌匾题字"天良笃挚"和"纯孝行成"来评价坊主人的高贵品德；还有一种特殊节孝牌坊，牌坊的两面各旌表一人，此坊坐落于四川省自贡市自流井区舒平镇磨刀岭村外的磨刀岭上。一面为婆，一面为媳，可称婆媳节孝牌坊（详见第二章第一百三十三节）。正面为王宇智之妻李氏，牌匾题书为"两世冰操"；背面为王宇智之子王恂信之妻吴氏，牌匾题书为“一门劲节”。婆媳二人之夫均于婚后不久去世，两代守寡，抚养幼子孝敬婆母，成为节孝典范。时任四川总督吴棠，向朝廷请建节孝坊未果。光绪六年（1880）四川总督丁保祯又再奏请朝廷始建此牌坊。隆昌县南关镇牌坊群中有三座节孝总坊，一座为5人成坊。二座是多人同坊，人数多达188人。三座是男女共坊，这三座节孝总坊共受朝廷旌表的有355人。牌坊上雕琢的图案纹饰，均突出“节孝”主题。立柱上的楹联与图案纹饰相互对应，端庄俊秀，笔笔生辉的楹联高度颂扬了节孝妇们的高尚情操，守节尽孝的白发丹心。有一副短联：

行高冰洁，操与霜整；明景内映，郎节外新。

此联赞扬节孝妇行为高尚如冰之洁，操守严禁入霜之肃；她们坚贞的志守精神藏于心中，她们明朗的节孝行为展现于外，模范于世。还有一副长联：

高行待纂修，他年志乘成时，竹素管彤，二百载更添贞妇传；
芳徽留姓氏，次日门闾表处，兰馨莲洁，千万世犹闻节母风。

上联是说等待几年将她们的事迹整理成章后，印刷出来，那白纸黑字，彤管彩笔的文章就会为自清开朝二百余年来的历史增添传记；下联是说，牌坊上留下了节孝妇们清芳美行的高尚气节，就是到了千万年后也能听到她们节孝情操的事迹。

安徽省歙县内的原徽州府节孝祠现已不存在，但徽州府节孝祠门前的节孝总坊尚存，即在今新南街应公井（俗称八眼井）巷口，徽州府知府黄曾源主持修建于清光绪三十一年（1905），青石额枋镌刻着 “徽州府属孝贞节烈65078人”，号称徽州妇女的集体祭碑，名曰“孝贞节烈坊”（详见第七章第九节）。用于旌表全徽州府有记载的孝贞节烈者。这是全国节孝牌坊中表彰节孝妇人数最多的总牌坊。其特殊性在于并非像以往那样一人一坊或一坊多人、一方数百人纪念表彰节孝妇们的牌坊。而是用于旌表整个徽州府有记载的孝贞节烈者。由此可见，中国封建社会里不知有多少节妇烈女们独帐孤影，犹如青鸾失伴，对镜无声的悲惨遭遇实在令人感旧之哀，伤悲心脾。她们不仅仅代表徽州的孝贞节烈妇女，更代表中华民族的孝贞节烈妇女。

综上所述，所有的贞孝节烈牌坊，似乎都在暗示一个道理——把欲望控制起来、把慈爱生发出来，以静制动！从中不难理解，无论贞节、节孝、节烈牌坊，突出的是一个“节”字，重在“节制”！贵在行动！每一座牌坊下，埋葬的不仅仅是某一位伟大母亲的养育之恩、某一位妇女的“自愿”守寡，更是一个女人原本鲜活的生命和青春……

四是陵墓道前牌坊，是为表达对死者和先人的纪念、颂扬之情，立于陵园大门、墓道上、陵前。如江苏省南京中山陵前的“博爱”牌坊；辽宁省沈阳的昭陵石牌坊；山东省泰安市岱岳区满庄镇东林西村金牛山之阳的萧大亨墓前牌坊；河南省安阳市袁林墓道前牌坊等等，都属于陵墓道前牌坊。

五是古迹名胜牌坊，多用于名山大川、园林苑囿及名人遗迹之处，以使山水园林胜景更具魅力，更富有人文内涵。如北京颐和园东门外的“涵虚”牌坊（详见第二章第一百三十八节）；江苏省苏州市北塔公园的“报恩寺”木石混合结构牌坊（详见第二章第一百二十节）；山东省泰安市泰山前的“岱宗坊”（详见第二章第五十二节）等等都为古迹名胜牌坊。

功德牌坊与节孝牌坊中，有一种构件特别重要，那就是牌坊正间顶楼檐下的额匾，又称“龙凤匾”，不但四周的雕刻非常讲究，其厦内的题字也具有一定的文化内涵，视其字，便知牌坊档次高低。第一种：“御书”，最高档次，皇帝下圣旨并由国库拨款修建，皇帝亲笔为牌匾题字。如第五章第一节的“勇士简易牌坊”，是清圣祖康熙皇帝为在收复台湾中做出重大贡献的名将蓝理而建造的。龙凤匾上“御书”二字，周边为三龙捧匾，“勇士简易”为康熙大帝亲笔所书；第二种：“御制”，是高档次，皇帝下圣旨，国库拨款修建。如第二章第七十二节中的“慈孝里坊”，龙凤匾上题书“御制”。建于明弘治四十年(1501)，为鲍宗岩、鲍寿孙父子在被宋军逮捕后，父子二人争死的高贵举动而建，明永乐皇帝御制；第三种：“恩荣” ，为高档次，皇帝下圣旨，地方政府出资修建。如第五章第八节“闽粤雄风牌坊”，是康熙六十一年(1722)赐许凤所立。第四章第一节，安徽歙县许国的“八脚牌坊”、位于古徽州城阳和门东侧，是明万历皇帝下旨，地方政府出资为少保兼太子太保、礼部尚书许国所建；第四种：“圣旨”，为较高档次：皇帝下圣旨，由自己出资修建。极少数朝廷拨银，笔者考察了370余座牌坊中，节孝坊占50%，只有一座皇帝下旨拨银资助，请参阅第二章第一百五十八节，申氏节孝牌坊。这种档次的牌坊为最多，可占总牌坊数量的50%， 为较高档次。如第一章第四节的“双节孝牌坊”，是为安徽省歙县许村镇环泉村故民徐继业妻金氏妾贺氏而建。另有山东省安丘县的“安上牌坊”，是为马若愚之妻王氏所建的节孝坊。再者是第二章第七十一节的“方氏百岁坊”，是旌表敕赠儒林郎候选州同鲍德承妻、敕封泰安人方氏百岁坊，均是龙凤匾上题有“圣旨”的牌坊；第五种：“诰命”为普通档次，是朝廷颁布命令，自己出资修建。如第二章第一百零一节的夫子大夫牌坊，在安徽省歙县郑村镇稠墅村，是旌表奉政大夫汪克明与其子奉政大夫汪懋功的牌坊；第六种：“敕建”为皇帝口头答应，自己出资修建；第七种：“圣恩”为皇帝口头答应，自己出资修建。第八种：“旌表”，为地方政府所表彰的人自己出资修建。还有一些庙宇、纪念性建筑物、有意义的特定建筑群体大门前等，有的饰有额匾，也有的没有额匾，各具式样，各有特点。

五、牌坊流派

千百年来，由于不同地区人们不同的生活习惯和文化差异，给中华大地上留下了各具特色的牌坊。全国大体可分为六个流派。不同流派的牌坊以其独具特色的历史文化积淀，书写出了各自的牌坊故事。它们精致，或恬静，或威严，或朴实，是现如今修建的牌坊永远无法超越。让我们一起走进它们，去倾听古老文化的声音，感受各个流派的厚重文化、博大雄姿和各种艺术精华。

（一）京派牌坊。其特点，石、木结构，对称分布，如意吉祥。京派牌坊的尊贵，源于它历经700余年演变而来的四合院。院落宽绰舒朗，四面房屋独立，大到皇宫王室，小至平民住宅，每一处雕饰，每一笔彩绘都是北方文化的无价之宝，牌坊便具有它的许多特色。历史上北京曾有千条街道小巷，数百座牌坊耸立在那里，成为平民百姓生活、劳动的载体，有深厚的历史价值。当你经过牌坊之时，会肃然起敬，被它那五彩缤纷的绘画，精诚所至的雕刻，整洁威严的宏伟姿态所感动，作为中华儿女而感自豪。它的宏伟宽阔，似步入庄严绚丽，富丽堂皇的宫殿，令人赞口不绝，领先于全国各派牌坊之首。像北京市中山公园的“保卫和平”牌坊（见第二章第九十一节）；北海公园“积翠”牌坊（见第二章第九十五节）；颐和园内昆明湖畔万寿山前的云辉玉宇牌坊等等（见第二章第四十七节）。京派牌坊不仅局限于北京地域，而山东、河北、河南亦有。如山东省泰安市岱庙玲珑牌坊（见第二章第三十八节）、山西洪洞县大槐树牌坊（见第二章第六节）、明十三陵、河北省易县的清西陵、遵化县的清东陵等等，都具有一定数量的京派牌坊。

（二）皖（徽）派牌坊。包括安徽省、江西省北部、浙江省和江苏省的西部等地区。它的尊贵之处，在于脱离了皖派建筑白墙灰瓦的主要特点后，转移为以石、木、砖雕为突出特点的牌坊建筑。容纳了当地民俗文化加中华文化中精典故事为雕刻的主要内容，大量调用民间艺人，广泛吸收了能工巧匠的技艺，建造起数百座造型别样，结构巧妙，装饰丰富多彩的牌坊。如安徽省歙县罗田乡洪坑村的进士洪本仁牌坊（见第二章第六十九节）；歙县桂林镇殷家村的殷尚书牌坊（见第二章第二十九节）；歙县许村镇许村的五马牌坊（见第二章第二十八节）、位于歙县郑村镇牌边村过塘汪氏节孝牌坊（见第一章第六节）；歙县潜口民宅内的方氏宗祠牌坊（见第二章第十七节）；位于江西省丰城市董家村（见第三章第三节）宋良翰牌坊（部分已损）；位于江西省抚州市临川区腾桥镇厚源村的曾氏节孝牌坊（见第二章第五十节）等等都具有皖派牌坊的鲜明特点。

（三）苏派牌坊。它的尊贵在于其存在了千余年的苏式园林其特点中背角高翘的楼顶，江南风韵的门楼，曲折蜿蜒，藏而不露。苏派牌坊是浙苏一代的建筑风格集大成者。

像江苏省苏州万寿宫牌坊（见第二章第一百五十二节），三座楼顶脊角高翘，高于明间楼顶的刹尖，玲珑剔透，险峻高雅；苏州市人民路宝塔寺前的牌坊，也是四柱三楹五楼式牌坊，各楼脊角似万寿宫牌坊的翘角，就像苏州园林曲折蜿蜒，置身其中，四周流淌着的是“曲径通幽处，禅房花木深”，给人“万籁此俱寂，但余钟磬音”之感。直露中有迂回，舒缓处有起伏，让人回味无穷；浙江省宁波市鄞州区前湖镇韩岭村庙沟后山上的庙沟石牌坊（见第一章第三十四节）的楼顶四角虽然起翘较苏州万寿宫牌坊的脊角较小，但与京派牌坊的四角起翘还是高了不少，仍显高雅俊俏，险而有味。

（四）闽粤派牌坊。在源远流长的生土夯实基础上发展到极致，从规模宏大的单体建筑，发展成小巧玲珑的牌坊建筑体，经过了一段漫长的改革过程，逐渐形成了体态各异，依山傍水，错落有致，风格独特的多柱牌坊，充分体现了当地劳动人民的高超技艺与丰富的文化内涵。原始的横门、棂星门，只有2—4根立柱，在社会经济贸易逐渐发展中，闽粤牌坊吸取各派别之优，剔除自己之缺，上升至多柱的高端水平。从福建省福清市城关利桥街的“黄阁重纶牌坊”（见第五章第七节）至佛山祖庙内的十二柱“灵应牌坊”（见第五章第四节），由八柱三楼发展为十二柱四楼，显然是牌坊发展的进步。福建漳州市的“勇士简易牌坊”（第五章第一节）、“探花牌坊”（第五章第三节）、“两京赐历牌坊”（第五章第五节）至广州“中山大学校门牌坊”（第五章第六节）均为十二根立柱。十二根立柱产生了牌坊的更多支点，取代了二、四柱牌坊夹柱石、抱鼓石的辅助作用，增强了牌坊的稳定性，提高了牌坊的抗风雨雪的荷载能力，减少了柱脚的用工成本，将节约的工时运用到牌坊上部，使其更加精致细腻，光彩夺目。这一举措足以说明闽粤牌坊在长期发展中的进步，在牌坊改革与提高中留下了一道闪光的身影。

（五）晋派牌坊。不仅是指山西一带，还包括陕西、甘肃、宁夏、青海一部分，只是在山西一带的牌坊建筑风格比较成熟，保存下来的数量之多，实在令人敬佩。晋派牌坊的装饰艺术，石雕、木雕、砖雕等工艺集地域环境、传统文化、精神象征于一体，是中国古代雕刻艺术的宝库。山西省现存的古牌坊多数集中在晋南一带，晋北较少，其总数量可与安徽省相媲美。从石雕、外观造型的技艺来说，可谓首屈一指，领先国内。坐落在山西省原平市大牛店镇杨武村的四柱三楹六楼结构的“朱氏节孝牌坊”，是很好的一座具有文物研究和观赏价值的晚清石雕佳作。设计独居匠心的是牌坊的四层六座楼顶，从下至上，一层左右各一座，二层坐中一座，三层左右各一座，四层顶楼一座（见第二章第五十五节），其斗栱独创一派，别具风采，精雕细琢，无与伦比；运城市解州关帝庙门前石牌坊也是风格迥异，精致入微的石雕佳品；关帝庙内的结义园木质牌坊结构复杂，造型独具风采，四柱牌坊后设置了方形阁楼与牌坊紧密结合为一体，加强了牌坊整体的稳固性，不难看出先人们的智慧和技艺，令人感佩直至；保存古建筑较多的还是襄汾县旧县城内，其他建筑不论，只说现存牌坊，就有鉴察坊和翊镇坊两座坐落在城隍庙大门左右，各距大门不足20米。这两座牌坊除立柱前后夹柱石为石质外，其他构件皆为木质结构而成，坊体虽无雕刻，但三座楼顶做工独具匠心，每一层栱体上都带有圆头昂，且平顶科、柱顶科、转角科造型精致入微，与京派牌坊区别明显。楼顶皆为砖雕花脊，鸱吻带背兽，戗脊带戗兽。晋派风格显而易见；五台山龙泉寺前石牌坊，虽然造型为普通的四柱三楹三楼式建筑，但其结构、雕刻、各配件的搭配上呈现出威武雄壮的官宅气魄，整体效果与朱氏节孝牌坊相比有过之而不及；最令人惊叹的还是曲沃县望母楼牌坊，十六根圆形立柱上承担着多座顶楼，楼顶乱而有序，横纵交错，上下起伏跌宕，异同结合，绝笔绘画，五彩缤纷，木作差宗，鬼斧神雕，精致别论。昼观楼体，天日高齐，霏霏霭霭，摇摇曳曳。夕阳眺望，如香烟缭绕，时聚时散，晚霞斜映，色彩纷繁。多历年稔，深得人民群众赞扬，实为人间宝物遗留今世。

（六）蜀派牌坊。也包括云南、贵州、重庆市境内的多风格牌坊。这里融合了多民族智慧的吊脚楼作为巴楚文化的活化石，依山靠河就势而建，丝檐走栏自成一派，看似随意，却十分讲究，成为千年的一种特殊建筑。蜀派牌坊在京派牌坊基本元素的基础上增添了许多少数民族的风格，并改良了构件的造型，注入了当地民俗的各种符号，显得更加高大美丽，鲜有其比。就重庆市北碚区水土镇大地村的节孝牌坊为例，除了具备徽派四柱三楹五楼的基本要素外，其坊体上增添了许多深雕、镂空雕外，还缩小了楼顶脊角高翘的弧度，去掉了戗脊、戗兽，抬高了大脊高度，繁华增大了吻兽、刹尖，使二者连为一体，刹尖便成为牌坊的制高点，挺拔险峻，独树一帜。两次楼与两梢楼原博缝板处改为柱耳，并在其上雕琢了细致入微的图案。楼下斗栱由繁变简，每组斗栱成为梯形倒置的石方块，石方块前后面上雕刻了各种各样的图案，显得楼顶稳固耐牢，更具地域特点；最引人入胜的是雅安县汉源九襄牌坊，坐落在原成都南雅安县古代丝绸之路的官马大道上。牌坊的脊檐颇具想象力，两面各有九条龙，远观宛如熊熊燃烧的烈焰。而这18条龙，嘴里叼着长剑的剑柄，长剑沿着咽喉而下，直抵盘龙的腹内，似乎是要竭力表现龙的威武雄壮，敢吞兵戈之胆。同时，每层两侧的飞檐如火焰一般凌空闪耀，层层递减，缩小至顶端既合成一个宝塔型，均匀而集中，协力同向，聚而不散，蔚为壮观；再如四川省自贡市自流井区光大街大福180号院内的“冰雪盟心牌坊”、自贡市自流井区舒平镇磨刀岭村的“两世冰操牌坊”、重庆市渝北区双龙大道二支巷巴渝民俗文化村的“龙溪节孝牌坊”，等等，都具有鲜明的蜀派牌坊特点，并为这一带保护较为完整，雕刻艺术精致的稀有文物，为文化遗产研究和欣赏提供了极有价值的实物。

牌坊虽不能遮风避雨，也没什么实际功能，但它却具有其他建筑物所不能代替的作用，其造型与本身内涵十分丰厚。在国际上无论是哪个国家，只要有牌坊的地方，就代表着中华儿女聚集的地方。这是外国人欣赏中国牌坊之美丽，宏伟壮观之气势，结构合理之巧妙，文化底蕴之深厚而仿建或聘请中国匠师们建造之物。这些牌坊都是新中国成立后建造的，因它们已成为中外友好的使者，国家与国家之间建立互通有无，双方共赢的桥梁，故在此一提，不列入正文。如1988年在加拿大唐人街建有“中华门”牌坊；英国伦敦的爵禄街头、街尾及高田街上于1985年和1987年分别建起三座牌坊；英国曼彻斯特“中国城”中心竖立着一座“曼彻斯特中国城”中英文字的牌坊；美国首都华盛顿的华埠商业区耸立着一座目前美国最大的中国式牌坊；日本横滨市的中华街共有七款彩色不同的中国牌坊；英国利物浦于2000年1月31日建成了利物浦乐华牌坊；毛里求斯路易港市中心皇家大道上，1997年“香港回归”前建立了一座高大的牌坊；澳大利亚卡勃拉玛打市的中式牌坊，耗资35万澳元所建，筹建时间长达四年，甚至有人认为是全澳最美观的一座中式牌坊等。这些牌坊在异国他乡，树立起了中国在世界上的光辉形象，洋溢着中华民族千百年深厚的文化底蕴，成为中华民族文明的象征，它向世界展示着中国的崛起，人民的自强。从此，中华民族昂昂自若，敢于拼搏，勇于攀登，最终昂首雄立于世界之巅。

美国唐人街牌坊

毛里求斯路易巷唐人街牌坊

牌坊文化是整个中华文化不可缺少的一种文化现象，它必须有一个持续性和延续性。牌坊文化不是平面的，而是立体的，即在一个区域性集体空间里，必须存在这个空间的历史发展。发展的早期阶段它仅仅是供人们通过一个极其简单的结构形式，起到应有的作用。没有明确的装饰、纪念等功能，在以后的发展中，逐渐赋予它各种象征意义。随着时间的发展，牌坊从设计上开始思考如何才能更体现建造者的意图，如何才能结合传统并表现得更为气魄和别具一格，更加引人注目。到了明清时期，牌坊发展至最活跃，数量最多，质量最佳阶段。中华大地上矗立起了数千座不同材质、不同结构、不同造型、不同功能的牌坊，蔚为壮观，成为

加拿大中华门牌坊

中华民族文化的一种代表。

新中国成立后，由于城市和乡村的不断发展，人民群众思想意识的不断变化，有许多古牌坊得不到人们的重视，加上自然损坏，特别是“文革”期间，有的举着“破四旧，立四新”的旗子，毁掉了相当数量的古牌坊。抹掉了历史之印证、艺术之画卷、达官贤人之政绩、孝子节妇之情操。特别是改革开放的前十几年，发生了激烈变化，一时间趋向西洋化，“外国月亮比中国月亮圆”的论调，波浪涌起，占据了上风，拆除牌坊建洋楼，扒掉牌坊修马路。对中国古牌坊的幸存大举摧残之行，以种种借口拆除，将其构件运往他地，或建房筑坝，或修桥铺路。我国建筑学家梁思成先生在1998年出版的《中国建筑史》序言中说：“以客观的学术调查与研究唤醒社会，助长保存趋势，即使破坏不能完全制止，亦可逐渐减杀。这工作即使为逆时代，它却与在大火之中抢救宝器名画同样有急不可溶缓的性质。这是珍护我国可贵文物的一种神圣义务”。由此可见，保护古牌坊的责任是文物主管部门和广大人民群众义不容辞的责任。

综上所述，无论现今世人如何看待牌坊背后的故事，但牌坊是中国古代独特的文化现象，它已成为代表中国古代建筑艺术符号，使其对研究中国传统文化有着深远的意义，每一座牌坊都运用了很多百姓视为吉庆祥瑞的动物、植物图案，表达了避凶趋邪，祈福求祥的民俗信仰。形成了造型俊美、装饰精美、意境梦美及蕴藏了的深厚文化内涵。人们在欣赏这些代表着民风民俗牌坊的同时，更多赞叹工匠们精湛的雕刻技艺，以及丰富的画面内容。随着时间的推移和人们思想的不断进步，牌坊的教化作用正在不断淡化，建筑功能性不断削弱的同时，许多牌坊结构部件开始只起到装饰的作用。所以，从这个意义上说，牌坊上的装饰艺术，凝结了更多的是中华传统艺术文化而非封建道德的僵死教义，在现代化的今日看来，淡化的是过去的封建礼教，而不断强化的则是牌坊赋予人们的审美功能，而且，这些富有深刻文化底蕴的装饰图案和铭文字画，都是研究中华传统艺术文化最好的人文资源。

注解：

① 梁思成（1901年4月—1972年1月），籍贯广东新会，生于日本东京，毕生致力于中国古代建筑的研究和保护，是建筑历史学家、建筑教育家和建筑师。梁思成曾任中央研究院院士（1948年）、中国科学院哲学社会科学学部委员，参与了人民英雄纪念碑、中华人民共和国国徽等作品的设计。

梁思成第一任妻子是林徽因，1919年相识，1928年成婚，育有一女（梁再冰）一子（梁从诚）；第二任妻子是林洙，1948年相识，1962年再婚。

② 二里头文化遗址，是指以河南省洛阳市偃师二里头遗址一至四期所代表的一类考古学文化遗存，是介于中原龙山文化和二里岗文化的一种考古学文化。

③ 陶潜简介，陶渊明（约365—427），字元亮，晚年更名潜。一说名潜，字渊明。自号五柳先生，卒后亲友私谥靖节，世称靖节先生。

④ 唐刘沧（约公元867年前后在世），字蕴灵，汶阳（今山东宁阳）人。生卒年均不详，比杜牧、许浑年辈略晚，约唐懿宗咸通中前后在世。体貌魁梧，尚气节，善饮酒，好谈古今，令人终日倾听不倦。唐大中八年（854），刘沧与李频同榜登进士第。调华原尉，迁龙门令。刘沧著有《新唐书艺文志》诗集一卷传于世。刘沧中进士时已白发苍苍。所作的《秋日过昭陵》结联云："那堪独立斜阳里，碧落秋光烟树残。"在他之前，唐人把唐太宗的陵墓写得这样凄凉的不多。胡震亨云："刘沧诗长于怀古，悲而不壮，语带秋意，衰世之音也欤？"（《唐音癸签》卷八）

⑤ 沈括（1031—1095），字存中，杭州钱塘（今杭州）人，北宋科学家、政治家。仁宗嘉进士。神宗时参与王安石变法运动。熙宁五年（1072）提举司天监，次年赴两浙考察水利、差役。熙宁八年（1075）出使辽国，驳斥辽的争地要求。次年任翰林学士，权三司使，整顿陕西盐政。后知延州（今陕西延安），加强对西夏的防御。元丰五年（1082年）以宋军于永乐城之战中为西夏所败，连累被贬。精通天文、数学、物理学、化学、生物学、地理学、农学和医学；他还是卓越的工程师、出色的军事家、外交家和政治家；同时，他博学善文，对方志律历、音乐、医药、卜算等无所不精。他晚年所著的《梦溪笔谈》详细记载了劳动人民在科学技术方面的卓越贡献和他自己的研究成果，反映了我国古代特别是北宋时期自然科学的辉煌成就。《梦溪笔谈》不仅是我国古代的学术宝库，而且在世界文化史上也有重要的地位。

⑥ 李明仲（1035—1110），（李诫），郑州管州人（今河南郑州新郑市），北宋著名建筑学家。曾主持修建了开封府廨、太庙及钦慈太后佛寺等大规模建筑，编写了中国第一本详细论述建筑工程做法的著作《营造法式》。除主要从事建筑工作外，还一度任职虢州知州，在地方甚有政绩。大观四年二月（1110）逝世，终年76岁，葬于新郑梅山。

⑦ 袁枚（1716—1798），字子才，号简斋。晚年自号仓山居士、随园主人、随园老人。钱塘（今浙江杭州）人，祖籍浙江慈溪。清朝乾嘉时期代表诗人、散文家、文学批评家和美食家。袁枚少有才名，擅长写诗文。乾隆四年（1739）进士及第，授翰林院庶吉士。乾隆七年（1742），外调江苏，先后于溧水、江宁、江浦、沭阳共任县令七年，为官政治勤政颇有声望，但仕途不顺，无意吏禄。乾隆十四年（1749），辞官隐居于南京小仓山随园，吟咏其中，广收诗弟子，女弟子尤众。嘉庆二年（1798），袁枚去世，享年82岁，去世后葬在南京百步坡，世称"随园先生"。

⑧《大荒西经》是《山海经》中一部分。上面记载着许多中国历史上传说的人物，传说大荒是在西北海以外，大荒的一个角落有座断裂而不合拢的山，叫周山。有两头黄色野驴守护着

它。有一条水流名叫寒暑水，寒暑水的西面有座湿山，东面有座幕山，还有一座禹攻共工国山，等等。

⑨《证类本草》是约1082年唐慎微编成的《经史证类备急本草》的简称，共三十二卷，距今九百余年，收药一千七百四十六种，其中六百多种是前代本草书中未曾记载的。

⑩ 豸（zh ì）绣，是古时监察、执法官所穿的绣有獬豸图案的官服；借指监察、执法官。解豸（xi è zh ì），是中国古代神话传说中的神兽，体形大者如牛，小者如羊，类似麒麟，全身长着浓密黝黑的毛，双目明亮有神，额上通常长一角。獬豸拥有很高的智慧，懂人言知人性。它怒目圆睁，能辨是非曲直，能识善恶忠奸，发现奸邪的官员，就用角把他触倒，然后吃下肚子。它能辨曲直，又有神羊之称，它是勇猛、公正的象征，是司法“正大光明” “清平公正”“光明天下”的象征。

⑪ 三纲五常，是中国儒家理论文化中的重要思想，最早源于孔子，儒教通过三纲五常的教化来维护社会的伦理道德、政治制度，在漫长的封建社会里起到了极为重要的作用。但是，在规范社会道德的同时也成为封建统治者禁锢劳动人民思想的枷锁，使得其中的愚忠思想滋生蔓延。三纲，君为臣纲、父为子纲、夫为妻纲。五常，仁、义、礼、智、信。

⑫ 三从四德，是行为进行的规范要求。成语解释为：是中国古代妇女应有的品德。三从出自《礼记·丧服·子夏传》，既未嫁从父；既嫁从夫；夫死从子。四德出自《周礼·天官·九嫔》，既妇德、妇言、妇容、妇功。

目　录

第一章　二柱单楹牌坊

第二章　四柱三楹牌坊

第三章 六柱五楹牌坊

第四章 多柱四面牌坊

第五章 十二柱多楹多面牌坊

第六章 门牌坊

第七章　砖牌坊

第八章　琉璃牌坊

第九章　其他牌坊

第十章　损毁牌坊

第一章　二柱单楹牌坊

第一节　古紫阳书院牌坊

古紫阳书院牌坊，位于安徽省歙县徽城镇古城,歙县中学校内的华屏山南坡上，坐北面南，为二柱单楹冲天式牌坊,建于清乾隆五十五年（1790），邑人曹文埴倡议复建。牌坊立柱与大小额坊以榫卯交叉结构而成，大、小额枋之间有一牌石匾镶嵌在中间，牌匾上的题字为曹文埴亲笔书“古紫阳书院”五个行楷大字，简洁明快，遒劲有力。龙门枋跨越立柱，两端超出立柱外侧20—30厘米。两端各有一小立柱立于其上，与龙门枋下立柱成一条直线，自下至上按一定比例由粗渐细，像一根整体柱子。小额枋与立柱交接处的雀替，以榫卯结合，接点严密无缝。龙门枋中间有一石雕宝葫芦立于其上，为牌坊刹尖，高于两侧立柱。立柱之下前后各有平板抱鼓石将立柱夹抱在中间，岿然不动。再下面为50厘米 ×40厘米 ×120厘米的长方形条石，三者紧密地结合在一起，内有榫卯连接，榫卯内注入人工造胶（黏合剂：以石灰加入桐油后用木捶捶打，直至粘性增大）组成一个牢不可破的整体，将自身重量、风荷、雨荷等全部传递给石条，石条传递给山坡。牌坊虽小,但设计简洁明快，朴实大方，结构简洁、格调典雅、端庄秀丽,与书院的风格协调一致。古朴典雅的牌坊矗立在翠竹丛林，山清水秀的优雅环境中，蔚为壮观。

古紫阳书院牌坊

徽州紫阳书院建立于宋代，是全国闻名的书院之一。南宋淳祐六年（1246）为纪念朱熹始建。属于徽商集资,在原文公祠的旧址上重建。书院内还专设朱子殿、尊道堂等建筑。朱熹，字元晦，一字仲晦，号晦庵，别称紫阳。朱熹原籍徽州府婺源县，其父朱松迁居福建，朱熹在建阳考亭作“紫阳书堂”，并自撰《名堂室记》：“紫阳山在徽州城南5公里，先君子故家婺源，少而学于郡学（徽州府学宫）因往游而乐之，既来闽中，独思之不置，故尝以‘紫阳书堂’者刻其印章，盖其意未尝一日而忘归也……”因此，后人都以“紫阳”称朱子，朱子之学也称紫阳之学，皖、闽、苏、浙、赣等地也纷建紫阳书院以纪念朱子，而本县所建的紫阳书院，不仅应紫阳学术之流，抑且得紫阳山之源，它的用意更非一般，以“紫阳”命名的书院可比。徽州紫阳书院始建于府城南门外（今歙县水电局一带），并得宋理宗皇帝御题“紫阳书院”匾额。元代三移院址。明正统九年（1444）迁于县学后之射圃，正德七年（1512）知府熊桂亲自主教，肄业40余人，其中唐皋廷对第一（状元），一时传为佳话（现在学校大门前四柱三楹牌坊上的匾额就有“状元”二字）。正德十四年（1519），知府张文林谓：“以紫阳名书院，不在其山，义不相称”，另建书院于紫阳山中，亦名紫阳书院。清康熙皇帝御题“学达性天”匾额、乾隆皇帝御题“百世经师”和“道脉新传”两匾额以示褒奖，此后书院年久失修，现仅存遗址。乾隆五十五年（1790），曹文埴、鲍志道捐资扩建县学后书院名曰“古紫阳书院”。

古紫阳书院印匣“圣学昌明”

坐落在翠竹茂盛的山坡上的古紫阳书院牌坊

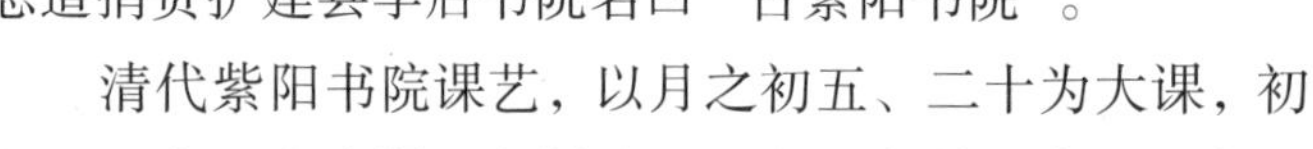
清代紫阳书院课艺，以月之初五、二十为大课，初六、二十一为小课，大课试八股文，小课试诗赋、古文、经解、策论。入学生员由府内6县选送，通常正额生80名，童生40名。紫阳书院还设有讲会和塾讲组织，名流学者聚会讲道的组织称讲会，类似今天的“学会”，明代万历年间，制定《紫阳会约》12条。讲会设会宗、会长、会正、会赞、会通等职司，分月会与大会两种：月会在月之初八、二十三；大会在每年农历九月十三日至十六日。讲会内容为六经、四书、先贤著述和语录；塾讲是徽州六县加强塾师学术修养，提高素质的一种训练组织，清代制定的《塾讲规约》为：尚道德、定宗派、持敬、绎注、力行、习六艺、育英才、务谦虚、防间断，每年举行塾讲7次，6县塾师轮流参加。明代程敏政先生[①]曾赋诗：

千载山堂依故墟，儿童能识紫阳朱。
乡贤依附襟裾末，县令周旋俎豆馀。
恩典近延徽国谱，奎文犹刻理宗书。

平生学道全无似，九拜趋庭愧小儒。

现古紫阳书院牌坊仍完好无损地屹立在歙县中学校园内，见证着历史的发展与叱咤风云的变幻，真是流芳古韵永长存，文赋今朝瞰未来。

第二节　清泰陵二柱门牌坊

二柱门牌坊，为清代世宗雍正皇帝泰陵明楼前牌坊，是祭祀皇帝时哭泣的地方，位于河北省易县西陵镇五道河村附近的泰陵园内。宽4.6米，高6.9米，为双柱单楹石木混合结构冲天式牌坊。两条方形石立柱断面边长约60厘米，自下而上按一定比例逐渐收分，至顶端各有一尊望天吼相向蹲坐，威严地守候在石柱上，严阵以待，为泰陵看家护院。望天吼，雕琢技艺娴熟，形象逼真，栩栩如生。小额枋与大额枋之间有方形木质雕琢的镂空图案。庞大的大额枋上托着五踩斗拱的单檐，楼顶桔黄色琉璃瓦昂、

清泰陵二柱门牌坊

卧成排，三层筒瓦高的大脊两端鸱吻衔脊，短山脊上的戗兽与鸱吻遥相呼应，彰显出皇陵不凡气魄。小额枋下四扇木门两固定两开敞，开敞者大于固定者，方形削棱形的石柱高高屹立，宽矮的抱鼓石底座稳牢坚固，成为二柱门不可分割的一部分。

泰陵坐北面南，背靠泰宁山（后改永宁山），南北长二千五百米。始建于公元1730年8月19日，竣工于1736年9月16日。历时六个春秋，耗白银二百四十万两。地上建筑物以南向北为：五孔拱桥、石牌楼三座、大红门、具服殿、三孔平桥、神功圣德碑、七孔拱桥、石像生、龙凤门、三孔拱桥、三路三孔拱桥、神道碑亭、东西朝房、东西值班房、隆恩门、陵寝门、二柱门、石五供、方城明楼、宝城、宝顶，宝顶之下为地宫。二柱门牌坊在泰陵中并非大型建筑，但它的造型、结构却独具匠心，典雅美观，在清陵中别具一格。

第三节　雪阴贞松牌坊

雪阴贞松牌坊，位于安徽省歙县桂林镇慈姑村，为二柱单楹三楼式牌坊（俗称牌楼），建于清咸丰年间（1851—1862），坐北面南，宽4.2米，高6.8米，大额枋上面的牌匾刻有："雪阴贞松"四个正楷大字。大、小额枋之间的花心板上刻有"旌表故儒赆赠登仕佐郎汪氏廷元配妻孺人"，中间楼顶之下额匾上刻有"圣旨"二字。下部分底座与"紫阳书院牌坊"底座基本相同。整座牌坊无雕刻，朴素典雅，各部位比例适当，结构严谨，是一座不可多得的古代石牌坊。现为歙县重点文物保护单位，牌坊除两侧楼顶大脊被损，右侧大脊已无存之外，其他皆保存完整。

"雪阴贞松坊" 正面

楼顶侧面

花心板、牌匾“雪阴贞松”、额匾上的“圣旨”二字

第四节　双节孝牌坊

双节孝牌坊

双节孝牌坊，位于安徽省歙县许村镇环泉村，清代嘉庆年间（1796—1821）建。为二柱单楹结构牌坊。月牙形小额枋上有两个石质圆球托着花心板，花心板上镌刻着“旌表故民徐俊业继妻金氏妾贺氏双节孝坊”，龙门枋上立有石质嵌边的“圣旨”额匾，额匾顶部安放着四角翘起的石板，中间立有宝葫芦为刹尖。龙门枋两端蹲坐着两只猫头鹰，似严阵以待，守护家园。此坊无大额枋，柱脚部四块抱鼓石紧抱立柱，岿然不动。牌坊保

存完整，看似构造简单明快的双节孝坊，有一段鲜为人知的故事在当地久传不衰：

双节孝牌坊月梁上的花心板

清乾隆晚年，环泉村徐俊业家境贫穷，父母含辛茹苦地抚养着兄妹7人，父亲常年有病，无缘参加体力劳动，家务重担全落在母亲一人身上，俊业看在眼里，记在心中，暗下决心长大定要担当重任，让全家人过上好日子。十几年后，父亲病故，俊业发奋读书，立志成才。母亲为了找一位家庭帮手，俊业不满十六岁，母亲就给他娶妻金氏，直到二十余岁妻子未生子女，母亲有些担忧，唯恐断子绝后，便又给他纳妾贺氏。两年后盼望已久的孙儿降临人间，起名旺胜，全家人高兴万分。第三年徐俊业乡试榜上有名，高中举人，第四年又高中进士，由知县升为庆州知府，谁知继业做官忘家，在外另择偶成家，连续十几年未探故里。金氏与贺氏在家和睦相处，抚养儿子读书成人，孝敬婆母如亲生母亲，母亲年老多病，金、贺氏轮流值班，衣不解带，煎汤熬药，问寒问暖，不离床前，十余年过去老母离世，儿子旺胜也做了县官。数年徐俊业的双妻便撒手人寰。一天，儿子听说父亲做官后一次未曾返故，又另择偶成家，气愤填膺，恨不得立刻见到父亲一评公理。回忆双母对自己的关怀教育，现在又不能奉前尽孝，后悔莫及。亲笔写了呈书送递朝廷，嘉庆皇帝御笔准奏建“节孝坊”。本来不富裕的旺胜没有多少积蓄，以仅有的俸禄聘请匠师为双母立了“双节孝牌坊”以示纪念。双节孝牌坊虽不宏伟壮观，也没有华丽堂皇之势，但，金氏、贺氏的贞洁情操，孝敬老人的故事却流芳千秋，万代颂扬。

双节孝牌坊顶上、“圣旨”匾额

像金氏、贺氏这样的妻、妾和睦相处，终生相伴，共孝老人，一同抚养独生儿子者甚少，他们非但是封建社会孝文化的典范，而也是当前建立和谐社会的楷模；是全国人民，乃至世界人民大团结、大互助的榜样。人与人和睦相处、家庭与家庭互帮互助，国与国之间友好往来，共同建立幸福家园，同创美好理想，这不是全世界人民的梦想吗？

“双节孝坊”成为孝敬老人，赡养子女，建立和谐社会的标识，现为全国重点文物保护单位。

第五节　对应小牌坊

对应小牌坊，位于陕西省西安市大清真寺内六角亭牌坊前，在通往两侧厢房的小路两旁，高2.38米，宽1.2米，为双柱单楹一楼式建筑。两立柱断面为正方形，边长24厘米，削棱2厘米。一架小额枋以榫卯结构与两柱相连，楼顶比较简单，在一块石板中间雕有一条大脊，四条戗脊，四面雕有滴水瓦当，但无雕刻脊兽和跑兽，额枋上雕有花朵与卷芯草，简洁明快，朴素大方。花心板上刻有回文，两立柱与牌坊两侧面栏板的小望柱紧紧相连，该牌坊为全世界最小牌坊。

大清真寺是伊斯兰文化和中国文化相融合的结晶。该寺院始建于唐天宝元年（742），历经宋，元，明，清各代的维修保护，形成经典的格局。该寺属陕西省重点文物保护单位，1988年又晋升为全国第三批重点文物保护单位，1997年5月荣获西安市旅游十大景观之一。

清真寺中轴线上的对应小牌坊

对应的小牌坊

小牌坊上部的回文

第六节 汪氏节孝牌坊

汪氏节孝牌坊，位于安徽省歙县郑村镇牌边村过塘，建于明正德年间（1506—1522）。宽3.6米，高6.8米，是一座二柱单楹三楼牌坊。基础为长方形条石0.48米×0.48米×2米。双柱立在基础石上，前后各有一方抱鼓石加固稳定，小额枋断面为椭圆形，其上有四朵云纹雕刻的图案托着花心板，花心板上刻有“旌表吴廷佐妻汪氏节孝”。额匾下的牌匾上刻有“冰霜比洁”，顶部额匾阴刻“圣旨”行楷二字，笔法娴熟，用笔有力，从结构严谨的字体上不难看出笔者深厚的书法功底和文化底蕴。三楼简洁的单面斗栱造型，朴素大方，楼顶虽只有一块平石板，但仍不失美观。该牌坊无大额枋，饰有较小型的龙门枋。各楼栱眼壁处分别装饰一块镂空回字形石板点缀了空缺，使得楼顶玲珑剔透，甚是美观。三座楼各大脊端的鱼尾吻装点了楼顶，四尊鱼尾吻灵巧活泼，给整座牌坊带来了活力，小巧玲珑，整洁美观，建筑造型的优美与建筑物的主题协调融洽，相得益彰。牌坊现下保存完整。

▲ 汪氏节孝牌坊

◀ 立柱下方的抱鼓石

花芯板

第七节　赞宪牌坊

“赞宪坊”抱鼓石

赞宪牌坊，位于安徽省歙县潜口乡蜀源村口，为二柱单楹三楼式建筑，宽4米，高7.3米，明嘉靖四十年（1561）建。花岗岩石柱，断面呈正方形，边宽0.40米，削棱约10厘米，底座雕有云纹图案，线条流畅，结构匀称，底座上安装抱鼓石金刚腿，与抱鼓石上的图案相得益彰，比肩共存。楼顶为青石板。与前几座双柱单楹牌坊不同的是，“赞宪坊”立柱底部，各有一个略大于立柱平面的方形柱墩，分上下两部分，上大下小，以线刻为分水岭、上做微凹形处理，下做收腰处理，高矮与抱鼓石下部成一条直线。花心板上刻有楷书“赞宪”两字，为旌表蜀源人鲍镇在广西观察检校任上之政绩而建，属于公德牌坊。

现为安徽省重点文物保护单位。保护完美无损，一旁立有保护标志碑。

蜀源“赞宪坊”

赞宪坊侧面

第八节　尚书府牌坊

绩溪县龙川乡浒里村“尚书府”牌坊

尚书府牌坊，位于安徽省绩溪县龙川乡浒里村内，建于清康熙年间（1662—1723），为二柱单楹三楼式牌坊。宽3.2米，高6.8米，小额枋下雀替已无，楼顶雕刻的吻兽还清晰可辨。中间花心板刻有“尚书府”三个正楷大字已有所模糊。额匾刻有“恩荣”二字。三楼顶滴水瓦当已被腐蚀的模糊不清，两侧楼山墙部分已被邻居家修建房屋堵塞，看不见。中间楼顶大脊两端安装鱼尾吻，其图案也模糊不清，自然损毁严重。

现已处在民房的通道拐弯处，没有保护措施，未见保护标志，牌坊损毁较为严重。

尚书府牌坊顶部的匾额“恩荣”

尚书府牌坊背面横梁上的“鸱吻衔梁”

第九节 节凛冰霜牌坊

节凛冰霜牌坊，位于安徽省绩溪县华阳镇北大街，是为旌表胡成相妻方氏所立的节孝坊。宽3米，高7.5米，为二柱单楹三楼式建筑，明晚期建造。两立柱前后的抱鼓石保存完整，基础底座雕刻有简洁明快的图案，小额枋断面近似椭圆形，且带有月牙状，当地人称“月梁”。花心板分上下两部分组成，下部分较小，上书“旌表故儒士胡成相妻方氏节孝”。上部分较大，书有“节凛冰霜”四个行楷大字，洋洋洒洒，功力踏实而又变化自如，实属一幅不可多得的书法精品。两侧刻有篆字“母女”图案，笔画圆润，结构严谨，布白得当，其构思巧妙，意为婆媳二人团结友爱，亲如一家，且母在上，女在下，充分体现了中华民族少敬老，小敬大，尊老敬祖的优良传统和久传不衰的民风民俗。顶部三楼保存一般，两侧楼外端已损，鱼尾吻不见，其部分大脊已无，各楼下饰有制钱石雕图案。中间一楼左侧鱼尾吻已无，大脊倾倒，只存有“圣旨”额匾和两侧的二龙戏珠与外侧的“万”字图案，保存较完整，整体看上去，龙门枋以下部分保护较好，以上部分保护较差。

绩溪县节凛冰霜坊

◀ 方氏节孝坊的圣旨额匾

方氏节孝坊上的“节凛冰霜”牌匾

现为绩溪县重点文物保护单位，立有保护标志碑。

第十节　成贤街牌坊

“成贤街”牌坊

“成贤街”牌坊牌匾

“成贤街”牌坊上的垂花柱

“成贤街”东端牌坊位于北京市东城区国子监、孔庙大门前的成贤街东首，造型、尺寸、雕刻、彩绘完全与西端牌坊相同。宽6.8米，高9.6米，为双柱单楹三楼冲天式牌坊。向内走接近孔庙与国子监大门附近还有两座同样的牌坊，上书国子监，也为双柱单楹三楼冲天式牌坊，只是牌匾上“国子监”三个大字与其他牌坊有别。

“成贤街”牌坊与其他双柱牌坊不同，双柱两侧各有一根垂柱，与双柱的大小额枋紧紧相连，垂柱下端各雕一朵倒垂莲花，故称垂柱。垂柱与立柱之间有楼顶，故称双柱三楼，因双柱高过三楼顶，柱顶设置云罐（毗卢帽），直冲蓝天，故称冲天柱，所以牌坊称为双柱单楹三楼冲天式牌坊。通体除柱墩为石质，其他皆为木质构造，全坊均彩绘，楼顶为三踩双昂结构，斗栱飞檐，立柱与垂柱顶端云纹缠绕，柱顶宝珠立上，整座牌坊五颜六色，富丽堂皇，为中华文化圣地所在的这条街道增添了无限光彩。现为北京市重点文物保护单位。

第十一节　程氏节孝牌坊

程氏节孝牌坊，位于安徽省绩溪县华阳镇北大街，是为旌表胡洪炬妻程氏所立的节孝牌坊，清代所建。牌坊与方氏节孝坊相距80米。其造型、尺寸，结构基本相同，其异处只有牌匾上的内容不同，此牌坊龙门枋与小额枋间的花心板雕琢着“旌表故儒胡洪炬妻程氏节孝”十二个行楷大字，中间牌匾上雕琢着“光昭彤史”四个大字，额匾上为皇帝御笔“圣旨”二字，额匾两旁深雕二龙戏珠，下面为汹涌澎湃的海水。三座顶楼在单面斗栱的承托下，安然无恙，四尊鱼尾吻各吞衔着楼顶上的大脊，为这座牌坊增添了不少的壮观，威严。不同之处是顶部两侧楼下方没有像方氏节孝坊一样安装带有雕琢的制钱图案，而是只安装一块石质平板。牌坊底座长方形的条石上，卷草图案清新悦目，俊美飘逸，简洁明快。构图虽简单，但雕琢的图案高标卓识，才能深渊。整座牌坊是一件很好的古代艺术珍品。

胡洪炬妻程氏节孝坊

现为绩溪县重点文物保护单位，保护完整。

简洁明快的线刻抱鼓石

“圣旨”额匾

第十二节　尚宾牌坊

尚宾牌坊，位于安徽省歙县徽城镇歙县中学大门右侧，为二柱单楹三楼式牌坊，宽约3.8米，高约5.3米，两根方形立柱截面边宽各38厘米，削棱8厘米，建于明成化十二年（1476），为花岗岩石料。牌坊大、小额枋之间花心版上书有“京闱乡贡进士江衷之门”十个大字，南北两面上部龙门枋之上均刻有“尚宾”两个大字，背面镌刻着“风云庆会”四个大字，小额枋上镌刻牡丹纹饰图案，大额枋镂雕双凤朝阳图案。南面小额枋中间刻有鲤鱼戏游，中间鲤鱼较大，体态肥胖，游姿优美，两侧鲤鱼较小，游姿各异，额枋两端刻有大小方合牡丹图案。大额枋上刻有双凤朝阳图案，两端刻有二连图头图案。上端龙门枋下部分雕琢印莲花瓣，印莲花瓣由中间向两侧倾斜，花瓣刻划细腻，大小均匀。牌坊两侧楼顶有一组转角斗栱承载着楼顶的全部负荷。中间额匾被一组一分为二的斗栱紧紧抱着，明显具有宋、元斗栱制作特点。又在其两侧各镶嵌一只簪花，三楼顶面四角微微翘起，各有滴水瓦当装饰，四尊鱼尾吻分别吞衔着大脊，画龙点睛地装饰着楼顶的大脊两端，均称协调，美不胜收。抱鼓石以下的基础石上，云纹托底，稳而坚固，使牌坊岿然独立于县学右侧已600余年。比弘治十二（1499）年的贞白里牌坊要早23年。

徽州城内“尚宾坊”

尚宾坊抱鼓石与底座

“尚宾坊牌匾”

现为歙县重点文物保护单位，保护较为完整。

第十三节 鲍氏节孝牌坊

鲍氏节孝牌坊，位于安徽省歙县古徽城镇，天启年间（1621—1628）建，为二柱单楹三楼牌坊。该牌坊为大青石质，宽约3.10米，高约7.2米，双立柱立在长方形的基础石上，前后各有一块平板抱鼓石夹戗，抱鼓石上均无雕刻。小额枋两端与立柱相接处，各有一简单雕刻的雀替，四角棱均做弧形处理，断面呈椭圆形。花心板的上方无大额枋，有一用凹形角装饰的龙门枋，以榫卯的结构形式横卧在两根立柱上，每端探出立柱约30厘米，以榫卯结合而连为一体。上花心板雕刻着“节孝”正楷二字，字的两侧为立坊人的官职与姓名。下花心板上刻着“旌表赠奉议大夫许立德妻太宜人鲍氏贞节”。龙门枋之上雕有“圣旨”二字的匾额，匾额两侧各有浮雕升龙一条，腾空驾雾，欲欲待飞。再向两侧，左右各有两组斗栱承托楼顶，楼檐上无滴水瓦当，唯有楼脊上各有一鱼尾吻兽。“圣旨” 额匾之上，为三组斗栱承托起一座与两侧相同的楼顶。三层楼共七组单面斗栱，背面花心版上刻有“父子口口”，后两个字已无法辨认，其他皆与前面相同。

徽城镇鲍氏节孝坊

“圣旨”额匾

“圣旨”额匾、花心板

整座牌坊无深雕镂琢，唯有匾额两侧的双龙，雕刻的精致别论，其他做工朴素大方，结构严谨，简洁明快。

第十四节　三世承恩牌坊

三世承恩牌坊，位于安徽省歙县徽城镇古城内东街中心，宽约3.6米，高约7.8米，大青石质，为二柱单楹一楼冲天式牌坊。建于明万历年间（1573—1620）。

三世承恩牌坊

牌坊的双柱与抱鼓石立在底座石之上，底座石已被路面埋入地下，看不清面目，抱鼓石无任何雕刻，两柱之间，小额枋断面呈椭圆形，与花心板之间由四朵雕花相隔，雕花约有12厘米大小。花心板有上下两块，其上雕刻行书字体“三世承恩”四个大字，刚劲有力，落落大方，其下字体已模糊不清。花心板上一架扁形的龙门枋跨过两立柱的顶端，探出立柱的外边约8—10厘米，龙门枋之上由于小立柱以榫卯的结构形式与其结合在一起，像一根立柱一样直通顶端。“恩荣”额匾镶嵌在单面四组斗栱的中间，“恩荣”二字两侧各雕琢一条升龙，腾飞欲起。楼顶四角微翘，一块长方形的条石作屋脊，无吻兽、无挂瓦，简单朴实。

三世承恩牌坊背面牌匾

“三世承恩牌坊”正面牌匾

第十五节　无名节孝牌坊

无名节孝牌坊，位于江苏省苏州市山塘街小河岸边，高3.85米，宽3.15米，为双柱单楹三楼式牌坊。现只剩两根方形立柱、龙门枋和三架大、中、小额枋。大额枋顶上的龙门枋跨两立柱顶端，探出立柱约60—70厘米，下棱角雕有莲花纹饰。三楼不知何时被毁，其构件荡然无存。两立柱的棱角分别做了圆弧处理，光滑无瑕疵，柱中间雕有楹联，阳刻正楷大字，左边“纶綍九重名高松柏”，右边“楷模百事节励冰霜”。根据现场分析，此节孝坊约清咸丰年间至光绪年间建造，除楼顶被破坏，其他皆完整。

无名节孝坊

无名节孝坊楹联下联“楷模百事节励冰霜”

无名节孝坊楹联上联“纶綍九重名高松柏”

第十六节　国子监牌坊

国子监牌坊，位于北京市东城区成贤街，国子监和孔庙大门前左右两侧，牌坊的结构、材质、尺寸、造型、彩绘与成贤街两端的牌坊完全相同，唯一的区别，是中间牌匾的题名不同，两端牌坊题名为“成贤街”、中间两座牌坊题名为“国子监”。

牌坊立柱与垂柱顶端望兽

国子监大门以东牌坊立面

国子监大门以东牌坊上的牌匾

成贤街元朝已有，大德十年（1306）在此建成孔庙和国子监。明朝属崇教坊。清朝属镶黄旗，称“成贤街”。民国时期称国子监。1965年整顿地名称国子监街。“文化大革命”中一度称红日北路九条，后复称国子监街。

第十七节　悟竹源牌坊

悟竹源牌坊，位于安徽省歙县西溪南乡悟竹源村，清光绪二十三年六月（1897）建。宽3米，高5.1米，为双柱单楹石牌坊，顶楼已被破坏，究竟几楼难以确定。大、小额枋之间的花心板上雕刻着“旌表汪廷晖妻吴氏节孝”十个双线刻正楷大字，刚劲有力。小额枋上琢有戏剧人物与孔雀图案，清晰可辨，栩栩如生。柱基石为一块约长1.2米，宽约0.6米的条石横卧在立柱与抱鼓石

悟竹源牌坊花心板

之下，抱鼓石上有简单石刻，清晰明了，不难看出匠工们简洁而明快的设计与施工，清丽新奇，俊美飘逸。牌坊整体虽不完整，但仍不失当年之美。

悟竹源牌坊抱鼓石

悟竹源牌坊立面

第十八节　丹桂传芳牌坊

丹桂传芳牌坊，位于山西省晋城市沁水县土沃乡西文兴村，该村居住着唐代思想家、文学家柳宗元的后裔，形成了柳氏血缘村落。关帝庙门坊、丹桂传芳牌坊、青云接武牌坊全坐落在这个村中。

丹桂传芳牌坊，为双柱单楹单楼石牌坊，宽3.1米，高6.05米。双柱前后各有一块高1.2米，宽与立柱相同的长方形条石，顶部各有一只狮子，左雄狮踩绣球，右雌狮戏幼狮。两立柱之间分别有大、中、小额枋，小额枋与中额枋间的花心板上刻有“庚子科柳琭”五个行楷大字。中额枋与大额枋中间书有“丹桂传芳”四个大字。楼顶下为三踩斗栱，立柱顶上为双踩斗栱。楼顶面大脊两端各有一尊吻兽吞着大脊，整座牌坊玲珑剔透，秀丽大方。

现为山西省重点文物保护单位，保护较为完整。

立柱前后的抱鼓石与石狮

抱鼓石上的雌狮

“丹桂传芳”牌坊

第十九节　香山碧云寺木质牌坊

木质牌坊位于北京市海淀区香山碧云寺内，中山纪念堂后面第一座牌坊，为双柱单楹单楼两侧带袖壁式建筑，民国二十七年（1938）建，宽4.8米，高5.4米。整座牌坊坐落在九级台阶之上，两立柱下各有一块长方形的巨石作基础石，基础石之上竖起立柱，立柱前后各有两块抱鼓石，牢牢地将立柱结合在一起，抱鼓石上各雕刻着精致的图案。该牌坊两立柱之间

木制坊的袖壁

木制坊立柱前后的抱鼓石

香山碧云寺木制坊

无大小额枋，只有两立柱顶上一架龙门枋以卯榫的结构形式架在柱顶上，严丝合缝，像长在一起。立柱前后各有一对戗柱戗着立柱，使其不能倾斜。龙门枋之下有一圈门框，两侧称门框，上面称上坎，下面称门槛。楼顶称庑殿式屋面，灰色筒瓦与布瓦，屋脊、戗脊上有鸱吻箭把、戗兽、龙、凤、天马、无仙人嘲风，翘角下带螭兽，是庑殿装饰较全的楼面。龙门枋、斗栱、桷椽顶端等均饰小点金彩绘，显得牌坊更加庄严肃穆，绚丽多彩。

两侧袖壁均为砖砌墙体，墙体之上封檐挂瓦，墙体以红为底色，砖雕角花“单龙戏珠”，中间饰以三龙戏珠的菱形砖雕，古朴典雅，落落大方。

第二十节　贝程氏节孝牌坊

贝程氏节孝牌坊，位于江苏省苏州市山塘街，是一座双柱单楹三楼结构式牌坊，现仅存双柱、大、中、小额枋、龙门枋和框架牌匾，三楼早已被毁。牌坊高4.9米，阔3.2米。立柱上的抱鼓石早已不复存在，现已在双柱的前面与左右两侧更换了仿制的抱鼓石。两根立柱上端各有两个4x8厘米的卯孔，分析可能是安装簪花或柱耳之处。

节孝坊牌匾

小额枋两端雕鸱吻衔梁，中间双狮戏绣球。中额枋雕二龙在波涛中戏珠，确有一番奔腾之势，龙飞凤翥，雄奇不可阻挡。大额枋雕双凤云中翱翔，展翅高飞，直冲云霄。龙门枋上线刻莲花图案，镶嵌着淡绿色“节孝”二字的牌匾。牌匾之上的框架梁上雕琢着五只仙鹤，以不同的优美姿态自由地翱翔。

节孝坊下、中、上枋梁上的浮雕

贝程氏节孝坊

第二十一节　吴氏世科牌坊

吴氏世科牌坊，位于安徽省歙县徽城中山巷内，高7.2米，宽3米，为双柱单楹三楼式牌坊。世科坊与其他双柱牌坊不同，它有自己的特点，其他双柱牌坊都是立柱与抱鼓石直接立在基础石上，而世科坊的立柱与抱鼓石，却立在一块经过精雕细刻的艺术品之上，这一独特的形式，构思巧妙，手法独具匠心，丰富了我国牌坊建筑艺术。四只雄性幼狮体态健壮，口衔绸带，目不苟视，全始全终地坚守本职，无怨无悔地承受着落在它们背上的千斤重量，永无休止。世科坊的另一个特点，它是根据所在环境而定尺寸，由于巷子窄小，把牌坊设计的窄而高，同样具有威严壮观之感。小额

世科坊牌匾与“恩荣”额匾

枋较高，大额枋仅是小额枋的二分之一。

花心板与小额枋用两朵花图案隔开，花心板上书有吴氏家族历代贤人姓名，由于时间之久，多数贤人的姓名已模糊不清，无法辨认，只有部分姓名可以识别："永乐乙酉贡生吴士侯、弘治乙卯文魁乙未进士吴漳、弘治戊午贡生吴淮、嘉靖丁酉贡生吴训、嘉靖辛酉亚魁吴天洪、万历甲辰文魁进士吴国仕、崇祯壬午贡生吴圣钦、顺治甲午贡生吴圣……"

徽城中山巷"世科坊"

大额枋之上，一架龙门枋落在双立柱顶上，以榫卯结构探出立柱两侧各约10公分。龙门枋之上托有三座顶楼，两侧楼之间的牌匾上书有"世科"行书二字，为双线阳刻。顶部楼下额匾上书有"恩荣"行书二字，为皇帝御赐。二者字体结构严谨，遒劲有力。三座楼顶各系一块平板石雕刻而成，大脊两端各安装鱼尾鸱吻，庄严肃穆，一派皇家气魄。

世科坊的卧狮底座

第二十二节　大义参天牌坊

大义参天牌坊，位于山西省运城市常平关帝庙内的南北路中间，为双柱单楹单楼式木制牌坊，宽3.8米，高8.2米。牌坊坐落在两座砖砌方形台基上，台基边长3.6米，高0.66米，台面为条石嵌边，青砖铺面。牌坊的两根立柱分别立在台基上，立柱下面各有抱鼓石辅助，用一条带铁将它们牢牢地捆在一起。粗壮的立柱顶端，各有三根戗柱分别用两根横木穿插将戗柱与立柱连为一体，将牌坊加固的稳如泰山。

大义参天牌坊的抱鼓石

牌坊大、小额枋之间的花心板上书有“大义参天”四个正楷大字，为双线阳刻，古朴典雅。楼顶有五踩连为一体的斗栱将其托于高空，用深黄和绿色琉璃瓦饰面，屋脊两端各有一鸱吻口衔大脊，中间安装雄狮驮宝葫芦，两侧各镶一仙鹤与海马。戗脊中间立一戗兽，顶端立一仙人，四角各系一铜铃。牌坊因多年未复彩，更显得古香古色，旧颜韵浓。

关帝庙侧面“大义参天牌坊”

大义参天牌坊上的牌匾

解州关帝庙为武庙之祖，创建于隋开皇九年（589），宋、明时曾扩建和重修，清康熙四十一年（1702）毁于火，经十余年修复毕。总面积22万平方米，共有房舍200多间，是现存规模最大的宫殿式道教建筑群和武庙，被誉为“关庙之祖”“武庙之冠”。庙内悬挂有康熙御笔“义炳乾坤”、乾隆钦定“神勇”、咸丰御书“万世人极”等匾额。庙内所有建筑均为全国重点文物保护单位。2012年被联合国教科文组织列入世界文化遗产名录。

第二十三节　方氏节孝牌坊

方氏节孝牌坊，位于安徽省绩溪县家朋乡磡头村中小河北岸，为双柱单楹三楼式石质牌坊，宽3.3米，高7.4米。双立柱之下各有一方形柱墩，立柱前后各立一对平板抱鼓石，上有简单石刻，与立柱组成一体，抱鼓石宽约0.22米，高约2.1米。该牌坊由小额枋、龙门枋与立柱组成框架，两者之间的花心板上书有“节孝坊”三个阴刻行楷

牌坊横梁上线刻“旌表故儒许树潘妻方氏节孝”

方氏节孝坊顶部

绩溪县家朋乡磡头村“方氏节孝牌坊”

大字，不知出自哪位书法大师的笔下？笔力遒劲，风姿冶丽，是难得的一幅书法珍品，左侧小字为“旌表故儒许树潘妻方氏节孝”。小额枋下靠近立柱处各设置一件雀替，体量不大，却玲珑剔透。龙门枋之上共有三座楼，两侧楼之间的额匾书有数十个篆字，由于时间之久，已模糊不清难以辨认。两侧楼顶各有一块平板石，三面雕有滴水瓦当，两角翘起，似飞檐。顶楼为一块平石板，四面雕滴水瓦当，四角翘起，无鸱吻跑兽。古朴典雅的二柱单楹牌坊，古色古艳，散发着历史文化的芳香。

第二十四节　祇树林下小牌坊

祇树林下小牌坊，位于北京市颐和园万寿山山腰上的宫殿丛林中，为双柱单楹单楼冲天式牌坊，宽2.8米，高7.6米。立柱之下有两块长方形护柱石，用一根带铁将立柱底部与护柱石紧紧地结合在一起，加强了牌坊的稳固性，两根立柱直冲云天，柱顶用青铜包顶，毗卢帽装饰，由小额枋处始至柱的上半部分，饰蓝、黄、绿彩绘，下半部

颐和园“祇树林”琉璃坊下的小牌坊

祇树林下小牌坊背面

分涂红色，这种冲天式牌坊，无龙门枋构件，只有大、小额枋，两者之间有五块镂空雕刻构件嵌在其中，并饰彩绘。大额枋之上四踩双昂斗栱，檐檩上饰椭子、飞椽，其顶绘有万字与梅花图案。山墙饰博风板，楼顶罩绿色琉璃瓦，鸱吻箭把、戗兽、仙人样样俱全。小巧玲珑的木制牌坊巍然屹立在万寿山坡上，不失皇家之气魄，更不逊色于山顶上“祇树林琉璃牌坊”之华丽。

第二十五节　豸绣重光牌坊

豸绣重光牌坊，建于明崇祯年间，位于安徽省歙县古徽州城大街中，为二柱单楹三楼石质牌坊 ，高9.2米，宽3.8米。两立柱与四块平板抱鼓石坐落在一块长1.8米，宽0.6米，高0.4米的长方形条石上，并且以条石凿卯，抱鼓石开榫的结构形式牢牢地结合在一起。两根立柱上部分，其下为一根巨大的断面为椭圆形的小额枋，其上为方形的龙门枋横跨与两立柱之上，并且向两端各探出0.30厘米。小额枋与龙门坊之间饰两块青石板组成的花心板，花心版上部雕琢“豸绣重光”四个正楷大字。意思是：江应

“豸绣重光坊”侧立面

徽州城“豸绣重光坊”

晓、江秉谦二人为官清廉，办事公证，曾遭奸臣诬陷，后澄清事实，真相大白。“豸绣”为明朝御史补服，“重光”为重新得到朝廷的信赖。下半部分雕琢着“赠文林郎山西道监察御史江应晓庚午进士山西道监察御史江秉谦”。花心板的背面雕“龙章再锡”，其他与前面相同。

龙门枋之上设置三座楼，两侧楼之间立一方形额匾，上刻“敕命”正楷二字，两侧雕有二龙戏珠图案。额匾之上为中间顶楼，三楼造型相同，两侧楼有两组平板斗拱托起楼顶，中间楼顶有三组平板斗栱托起楼顶，三楼顶各有大脊，楼脊两端各有吻兽装饰。该牌坊虽窄而高大，但不失宏伟壮观之势。

第二十六节　陶高氏节孝坊

陶高氏节孝坊，位于江苏省苏州市相思街小河岸边，高4.8米，阔2.82米，为二柱单楹三楼石质结构。双柱断面均为方形，边长约40厘米，下宽上窄，有下至上，从中间向上部分的内侧削棱5厘米。牌坊顶部分大、小额枋和龙门枋，小额枋雕刻鸱吻衔梁，大额枋浮雕为双凤腾飞，由于时间之久，浮雕已模糊不清，看上去雕工较为粗糙。牌坊顶部的三座楼与小柳贞巷节孝坊相同。牌坊背面的大小额枋雕刻莲花图案，左右两楼之间的方石板上有阴刻隶书“节孝坊”三个大字，整座牌坊保护基本完好。

陶高氏节孝坊背面

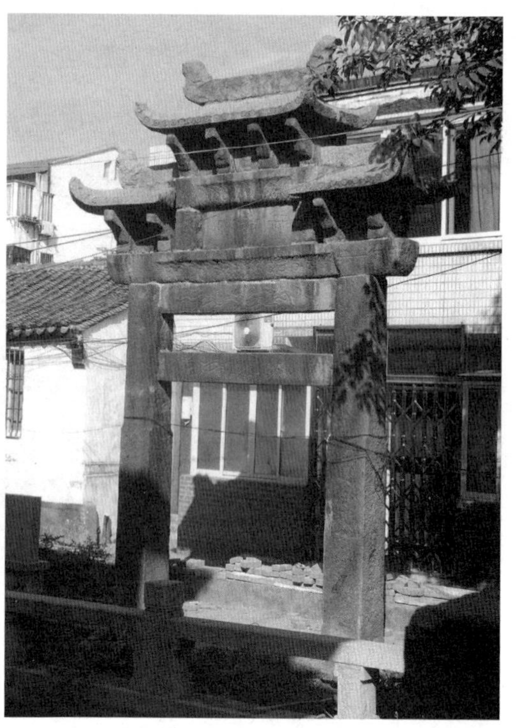

陶高氏节孝坊

第二十七节　知鱼桥牌坊

知鱼桥牌坊，位于北京市颐和园的谐趣园内，高3.80米，宽2.3米，是一座最小型的双柱单楹单楼石质建筑。牌坊的抱鼓石上有简单的石刻，抱鼓石下置束腰形基础石，而立柱却落在基础石下面的卧底石上。立柱的上部分只有小额枋而没有大额枋，立柱顶上一架龙门枋横跨于两立柱顶端，并且各探出立柱约0.45米。龙门枋与小额枋之间的花心板上有乾隆皇帝御笔“知鱼桥”三个字，两立柱上面前后各书楹联。龙门枋上设单踩斗栱，斗栱之上笔直的两根檐檩前后各一根，檐檩上安装椽子飞椽，楼顶灰色筒瓦与布板瓦交错使用。大脊简单明了，鸱吻箭吧、戗兽、龙、凤俱全，四角四个螭兽看家护院。小巧玲珑的牌坊，精巧细致，鲜亮透彻，煞是美观。

颐和园里谐趣园内的“知鱼坊”牌匾

谐趣园内的“知鱼桥”“知鱼坊”有历史渊源,《庄子·秋水篇》:庄子与惠子游于濠梁之上，庄子曰:“鯈鱼从容是鱼之乐也”惠子曰:“子非鱼安知鱼之乐?”庄子曰:“子非我，安知我不知鱼之乐?”桥台石坊上有乾隆题写的“知鱼桥”三个字，龙门枋上镌刻着乾隆咏知鱼桥的御制诗:

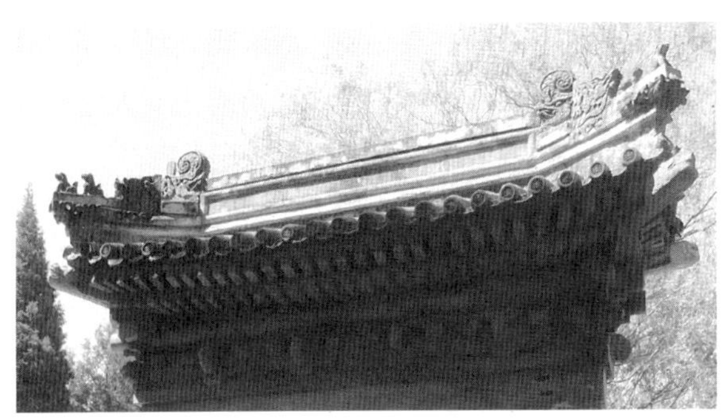
颐和园的谐趣园内的“知鱼坊“楼顶

屟步石桥上，轻鯈出水游。
濠梁真识乐，竿线不须投。
子我嗤多辨，烟波匪外求。
琳池春雨足，箐藻任潜浮。

牌坊立柱的东西两侧均刻有对联，它们分别是:

廻翔凫雁心意喜;新茁苹蒲意总闲。

月波潋滟金为色;风濑琤琮石有声。

颐和园里谐趣园内的“知鱼坊”

两联均摘自乾隆诗句。前联意思是仰观飞翔的水鸟，心增喜悦之情;俯视水草日日更新，益添悠闲之趣。后联意思为湖水在月光的映照下，金光闪烁;风吹湖岸参差的石块，琤琮作响。知鱼桥桥身低矮，更加接近水面，漫其上，真有与鱼对话的欲望。

谐趣园修得这么好，乾隆园中赏景喝酒，大宴群臣。酒醉吐狂诗“人说苏杭赛天堂，我说此园赛苏杭。乐在此园当园主，哪个稀罕做皇上。”此事传至东海蓬莱两个仙人耳中，驾鹤前来，大吃一惊，果真是人间仙境，非同一般。一个仙人说：“仙兄，我以为蓬莱仙境天下第一，今天才知道，这谐趣园一点也不比蓬莱差。”另一位仙人说：“此园盛景，美中不足，我给他画龙点睛吧。”说着，把手里的龙头拐棍向天上一扔，拐棍化作一条白龙，在谐趣园上空盘绕了几圈，然后一头扎进湖里，龙身变成了一座汉白玉石桥，龙头变成了一座桥头上的牌坊。两仙人在此布景没想到惊动了看园子的老太监。老太监看到这儿，惊得目瞪口呆，失声喊了一声“妙！”两位仙人各自一笑，跳上一朵盛开的荷花，化作两朵祥云飞走了。天亮后老太监将此事禀报乾隆皇帝，皇帝来到谐趣园，园中果真多了一座漂亮的石桥与一座小巧玲珑的牌坊。这两座建筑物与周围环境十分协调，谐趣园变得更加迷魂夺魄了。乾隆皇帝不由自主地走到桥上，提笔在牌坊上题写了“知鱼桥”三个字，瞅了半个时辰，仰天一笑，拂袖而走。

第二十八节　方氏节孝牌坊

方氏节孝牌坊，位于江苏省苏州市仓街小柳贞巷路北民房中，宽2.20米，高4.60米，为双柱单楹三楼结构式建筑，由两根方形立柱，小、中额枋和一架龙门枋组成。龙门枋

小柳贞巷方氏节孝坊上的额匾与牌匾

小柳贞巷方氏节孝坊

之上四块板式斗栱托起两块外侧卷曲的石板，石板上竖立着四块同次楼一样的斗栱，斗栱承托起一块较大的两端卷起的石板做中央楼面，这就是顶楼，顶楼面中间立起一大脊，大脊上无任何雕刻，楼顶下板式斗栱中间的额匾被水泥堵着，只有上面露出额匾边框，（一般节孝牌坊均为皇帝御笔下诏，方能建立，皆为“圣旨”二字），下为“节孝坊”三字的牌匾。中额枋上雕琢双凤相向飞翔，小额枋上雕刻着二龙戏珠。两根立柱上有阴刻楹联一副，字迹模糊不清，难以辨认。方氏节孝牌坊小巧玲珑，保护较完整。

方氏节孝坊上下枋梁的雕刻

第二十九节　吴氏贞节坊

吴氏贞节坊，位于安徽省歙县岩寺镇洪下长林，建于乾隆六年（1741），是为旌表洪宪韶妻吴氏贞节孝行而建，为两柱单楹冲天式石质牌坊，高8.50米，宽4.06米，全青石砌筑。二柱脚前后各饰两块抱鼓石金刚腿，平面无雕刻。小额枋与龙门

吴氏贞节坊背面额匾、牌匾、花心板

吴氏贞节坊

枋之间的花心板上刻有“旌表洪宪韶妻吴氏贞节”十个行楷阴刻大字，规整庄严。龙门枋的牌匾正面题书“仁德馨闲”各四个正楷双线刻大字，背面书有“纶音褒节”。正间楼檐下正、背两面中央额匾刻有“圣旨”二字，字的两侧各雕有升龙一条。龙门枋之上共立四根方形石柱，分别高出楼顶约1.2米，直冲云天。故为冲天式牌坊。

吴氏贞节坊正面花心版上题字与牌匾

吴氏贞节坊现为安徽省重点文物保护单位，是目前歙县保护最完整的一座“二柱单楹三楼冲天式”牌坊。

第三十节　青云接武牌坊

青云接武牌坊，位于山西省晋城市沁水县土沃乡西文兴村内，与“丹桂传芳”牌坊相距30米，立在柳氏大门的左右两侧，两牌坊遥相呼应。它们的造型、结构、材质、尺寸、雕琢技艺基本相同，为双柱单楹单楼石质牌坊，高6.05米，宽3.1米。唯一不同之处是立柱前的雄狮造型，“丹桂传芳”牌坊前的

“青云接武”牌匾

青云接武牌坊

雌狮是用一前爪抚摸着一只幼狮，而“青云接武”牌坊立柱前的雌狮一前爪踩绣球，另一前爪却抚摸着一只幼狮，两只前爪都在动作，并且雌狮张口瞪眼，牙齿全部暴露在外，似哭非哭，似笑非笑，独具匠心的造型与神情，令人赞叹不绝。小额枋梁中额枋之间书有：“丙午科柳遇春”六个白色大字。中额枋与大额枋中间题书“青云接武”四个白色行楷大字，一目了然，端庄大方。

青云接武牌坊斗拱

柳氏民居是集南北风韵于一体的明清文化奇观，在研究我国北方人文历史、古建筑史、文化、艺术等方面具有很高的价值。这里至今还生活着柳氏后人，是研究三晋名门望族的“活化石”。

第三十一节　颐和园东门牌坊

颐和园东门牌坊，位于北京市颐和园东门，是一座双柱单楹一楼式牌坊，宽4.85米，高4.46米。两根立柱前后各有一对抱鼓石，上面深雕鼓纹、卷草，正前方石鼓上雕琢着狴犴首，以示理论是非。立柱前后共有四根戗柱，两根一组斜侧方向戗在立柱上端，加固了牌坊的稳固性。大额枋上十组平顶科五踩四昂斗栱分立其上。两额枋之间以小立柱将其分割为十一个方格，各方格以镂空图案填补栱眼间隙。门洞内木框

颐和园东门牌坊

“仁寿门”门坊抱鼓石雕刻

颐和园东门门坊袖壁上的三龙升空

仁寿门坊两侧袖壁上的角花

共分三间，中间较宽供游客出入，两侧门封闭。大、小额枋之间悬挂一额匾，上书两种文字，一种满文，一种汉文，曰：“仁寿门”。木制门框的上坎饰有四朵平板簪花，与门框同为红色黄边。

檐檩上椽子飞椽样样俱全。楼顶筒瓦与布板瓦、鸱吻、戗兽、跑兽、螭兽俱全。牌坊两侧带袖壁，袖壁宽7.2米，高5.2米，下带须弥座，无昂莲、卧莲，中间雕卷草，袖壁四角各雕一条独龙行云，中间菱形图案上深浮雕结合的三龙戏珠，雕琢精致，栩栩如生。

第三十二节　贝氏节孝牌坊

贝氏节孝牌坊，位于江苏省苏州市山塘街。为两柱单楹三楼式结构建筑，宽3.2米，高3.95米，现存两根立柱、大、中、小额枋和龙门枋，顶楼早已无存，中间门洞用方形青砖砌堵。龙门枋下面的大额枋雕有双凤展翅飞翔，中额枋雕有二龙戏珠，小额枋上雕琢雄狮戏绣球，工艺精致，做工细腻，栩栩如生。根据其结构分析，贝氏节孝坊应有仿木结构的三座楼顶，斗栱、椽子、飞椽、撩檐、滴水瓦当、大脊、戗脊等，不知何时被损。节孝牌坊的两侧袖壁基础以与牌坊相同的石材垒砌，中间部分采用方形青砖斜形砌筑，小缝平整，做工细致。袖壁上部屋顶之下两层砖雕装饰，底层雕有房屋、树木和人物，上层为仿木结构的砖质斗栱。袖壁壁顶滴水瓦当样样俱全，部分已被毁，幸存者多已变形，横倒竖卧，七长八短，杂乱无序的待在上面，无人修葺。

贝氏节孝牌坊左侧袖壁

苏州市山塘街贝氏节孝牌坊

第三十三节　父子明经坊

父子明经坊，坐落在安徽省歙县上路街中段，歙县行知小学旧址一旁，建于明万历十六年（1588年），是一座功名牌坊。为双柱单楹一楼冲天式结构建筑，高9.5米，阔3.7米。两根高高的立柱，由下至上逐渐收分，两柱之间，有小额枋、中额枋、龙门枋、楼顶梁和楼顶组成。横断面为椭圆形的小额枋表面光滑无瑕，无雕刻。花心板分上下两块，南面上边一块雕刻着“三世承恩”，下注“诰赠中大夫四川布政使司右参政凌社

父子明经坊

孙、凌相、四川右参政诰授中大夫升陕西按察使司右参政”，北为“父子明经”，下注“嘉靖壬戌科进士凌馆”。万历时进士凌琯，官陕西按察使，其子举人凌尧伦官金华同知，祖父凌相诰赠中大夫。凌琯、凌尧伦父子皆为明经及第，故为“父子明经”，凌氏三代同享皇恩，故称“三世承恩”。

父子明经坊

明经，汉朝出现的选举官员的科举项目，始于汉武帝时期，至宋神宗时期废除。被推举者需明习经学，故以“明经”为名。明经由郡国或公卿推举，被推举出后须通过射策（汉考试方法之一，选仕的一种以经术为内容的考试方法。主试者提出问题，书之于策，覆置案头，受试人拈取其一，叫作“射”；按所射策上的题目作答。）以确定等第而得官，汉代设置这一科，为儒生进入仕途提供了渠道。各朝代的“经”有所差异，如汉武帝尊崇儒学，“经”就专指儒家经典。而唐朝时，《礼记》《春秋左传》称大经，《毛诗》《周礼》《仪礼》称中经，《周易》《尚书》《春秋·谷梁传》称小经。唐代科举以经义取仕谓之明经，以诗赋取仕谓之进士。明经就是通晓经学之意，到了明清时代，明经便作为贡生的别称了。

科举考试始于隋代，由于公开进行，有规定的知识结构作为公认的主要录取标准，在一定程度上允许平等地公开竞争，尽管此制当时尚不完备，但已显示出其选拔人才的一定优越性。明经科、进士科是主要的应试科目。进士科，百人仅取一、二人；而明经科主要考核对经典之记忆，常十取一、二，故有“三十老明经，五十少进士”之称。由此可见，“满腹经纶”和“饱读诗书”都是不容易的事。

父子明经牌坊已四百余年，榫卯松动，石材老化，特别是处在交通要道，人员流动非常频繁，过路者都存在一定危险。2017年8月政府出资修葺一新，旧貌换新颜，既保护了文化遗产，又解除了人民群众不安全的隐患。

第三十四节 庙沟后石牌坊

庙沟后石牌坊背立面

庙沟后石牌坊，位于浙江省宁波市鄞州区东前湖镇韩岭村庙沟后山上。为双柱单楹一楼石牌坊，柱高3.28米，面阔3.29米，总高约4.7米，立柱少部分已被埋在土中，均为石结构。为墓道牌坊，墓道早无，牌坊后虽有几座坟墓，非为原墓，原墓主人更不知何人？牌坊两立柱截面均为方形，边长43厘米，四角削棱5厘米。龙门枋之上共有四组三踩斗共，第一层与第二层之间有一条约18×8厘米的小横梁将四组斗拱连为一体，第二层与第三层与下同。转角科上未有第一层斗拱，二、三层斗栱各向前有一单昂，长度约30厘米。四角各有一斜撑从两立柱的棱角上安装一斗承担着楼顶传递下来的重量。楼面为平板石，只在檐处雕琢了瓦当滴水。大脊两端共有四条较短的戗脊，无戗兽。大脊基本成中间低，两端高的弧形状，两端安装虎头。石牌坊的构件安装方面，如单栱素方，转角列栱，及使用上昂形斜撑，翼角起翘显著等，皆为宋代做法，在我国建筑史上有重要价值。显然正处于我国木牌坊向石牌坊转型过程中。从这些重要部位上分析与宋代李明仲的《营造法式》基本吻合。“庙沟后山石牌坊”应属于宋元时期所建造，与横省石牌坊有许多相同之处，在时间上相差不远。

2001年6月25日，经国家文物部门批准，被列为第五批全国重点文物保护单位。

庙沟后石牌坊侧面

石牌坊飞檐上的特殊戗兽

石牌坊前面的斗栱

第三十五节　程氏节孝坊

程氏节孝坊，坐落在安徽省歙县许村村东沙组，高5.5米，阔4.1米，为双柱单楹三楼式冲天牌坊。建于清代，哪一年还待进一步考察而定。前面龙门枋之上的牌匾雕刻着“旌表节孝”四个正楷大字，下面花心板上书有“旌表故儒童许可玑之妻程氏节孝坊”的字样。背面牌匾雕刻有“冰寒玉洁”四个大字，其下与前面内容相同。小额枋断面基本呈椭圆形，表面光滑无瑕，与花心板相邻之处有四朵花瓣衔接，不知何时损毁两朵，现只剩两朵较完整。龙门枋跨两立柱顶端，向左右两侧探出25厘米左右。龙门枋之上小立柱外侧安装两件似雀替般的角花图案。中间牌匾两侧之上各饰一块平板，平板两侧卷起，代替楼顶。在龙门枋中间各立一根高于两侧立柱的方形小立柱，之下由四块板形斗栱擎托着楼顶，立柱直冲天空。两根立柱下面前后各有一对板形抱鼓石紧抱立柱，板形抱鼓石高约1.4米，宽约70厘米，厚约16厘米。整座牌坊简洁明快，朴素大方，不失壮观之势，彰显了牌坊主人勤俭持家，贞洁清白的气节。

程氏节孝坊

◀ 牌坊的面东花版书“冰寒玉洁”，下书“旌表故儒童许可玑之妻程氏节孝坊”

程氏节孝坊的上部分

第三十六节　横省石牌坊

横省石牌坊，位于浙江省宁波市鄞州区五乡镇联合村省岙自然村仙人山东坡上，坐西面东。仙人山三面高山环绕，北为海拔387米的灵峰山，西南面紧靠海拔239米的双峰山。三山环抱，修竹蔽日，横省牌坊隐于其中。东南面地域开阔，距离横省村约1华里余。牌坊后约60米处有隆起的土堆，为当地墓葬，据有关资料记载；南宋昭兴二年（1132）鄞县史氏望族史师禾（南宋丞相史祟之父）死后葬于此。坊前有原始铺设的鹅卵石小路，由山脚下直通牌坊门前，第次升高，曲径而上。山脚下建有史望族史师禾的功德寺院寿国寺，寺已早毁，只剩牌坊。这里山光秀丽，环境幽雅而自然形成了山川独特风貌，是史氏望族一烘托陵墓空间环境的重要因素。

横省石牌坊前立面

横省石牌坊为二柱单楹一楼式结构，经有关专家勘探测量，通体高5.04米，面阔3.03米，中轴线呈偏东南13° 布局。现牌坊高3.59米，立柱面分别为39—42厘米，抹

横省石牌坊柱顶上的斗栱

横省石牌坊上的滴水瓦当与飞檐

角宽6.5厘米，阑额总长3.1米，断面34×22厘 米，上皮修成弧形，阑额（内面）两端下方有大门轴，既有坊门，当有坊垣。

横省石牌坊侧立面

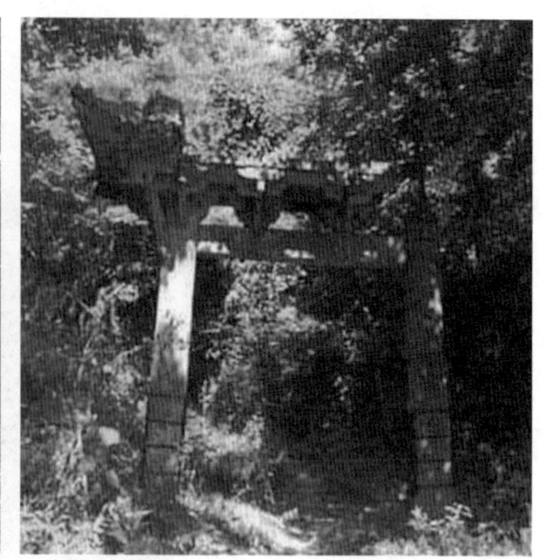
横省石牌坊修复前的形状

斗栱的铺作二朵形制为六铺作双杪单下昂，重心用重栱，第一跳华栱从额枋中出挑，偷心造。昂嘴呈琴面，雀台甚小。耍头饰云纹。栌斗连同正心重栱一起，上挑华栱从栌斗口出跳，正心重栱和一高仅8厘米的素枋托平铺的遮椽板。铺作层总高72厘米（即栌斗底皮至撩檐枋上皮），皆为足踩栱，其中踩高11.8厘米，踩广8.2厘米，栔高8厘米。柱头铺作（转角科）的形制与补间铺作基本相同。令栱与瓜子栱出跳相列、并身内作鸳鸯交手状。下昂有45° 出跳的丁头栱及斜撑形上昂、平盘料承托，斜撑末丁头栱间端施鞾楔。但与补间铺作相比，栌斗连同柱头的位置进一步上升，其上皮直接与平铺的遮椽板相连，两跳华栱都从柱头出跳。由于是仿木结构的石牌坊，所有铺作由于是上下两部分构造整合，上部由慢栱、瓜子栱、令栱、下昂、耍头以及交互斗、泥道栱两端的散斗、柱头枋、承檐枋、撩檐枋和遮椽板组成一个整体；下部分由栌斗、两杪华栱和泥道栱组成另一个整体。楼顶两端歇山皆采用搏风板，中间雕悬鱼图案。大脊两端皆有戗脊，戗脊下端安装狮首。

在调查研究中，由于横省牌坊破损比较严重，除了以上提到的地方，另外还有几处也存在受损，如阑额右侧1/3处有一道1.5毫米的裂缝，直接威胁着牌坊的安全，究其原因，首先是中心偏高，稳定性较差。经估算，仅撩檐枋以上的重量达20吨左右。与此相关，由于拼接构件的灰浆流失，石质风化和牌坊安装时用于调整构件位置的铁钉锈蚀，使构件发生移位，失去平衡或应力变化，从而导致坍塌。

从以上牌坊的结构来看，并结合宋代李明仲的《营造法式》进行比较、分析，该牌坊应为宋至元时期，至于具体年代有待于对墓主人的进一步考证再来确定。

横省牌坊与庙沟后山石牌坊的发现，对研究我国宋、元时期建筑提供了很好的实例，有极大研究价值。2001年6月25日，国务院公布为全国重点文物保护单位，现有保护标志碑立在牌坊一旁。

第三十七节 潜德声闻牌坊

潜德声闻牌坊，位于安徽省歙县洪坑村，清乾隆六年（1741）建造，为旌表该村洪宽韶妻吴氏节孝而建。高8.45米，阔4.05米，为双柱单楹三楼冲天式结构，全为青石砌筑。立柱下有卧底石。二柱前后均饰四块抱鼓石与立柱紧紧结合在一起，抱鼓石断面为曲线弧状，表面带有花瓣图案。正面上方牌匾刻有“纶音褒节”四个大字，下面为“旌表洪宽昭妻吴氏贞节”。牌坊背面上的牌匾刻有“潜德声闻”四个大字，下面与前面相同。顶部前后额匾刻有“圣旨”二字。民国《歙县志》载“洪宽韶妻吴氏，洪源人，夫亡抚孤，守节终身。”

歙县虹光村“潜德声闻坊”

潜德声闻牌坊是原洪坑七座牌坊之一。明朝的四脚麻石牌坊、四脚世科牌坊、清朝四脚进士牌坊、清朝两脚节孝牌坊、明朝四脚木制牌坊、明朝四脚石牌坊两座。现只存“世科”“进士”及节孝牌坊四座。洪坑往西从里管到童坑，为以前的官道，整条路依山而行，途中有亭，叫“塔岭亭”。该亭始建于明朝。传说洪远进京赶考，在塔岭亭休息时丢失一本书。洪远进京后为丢书烦恼时，“塔岭亭”对面的宏军菩萨就把书送到京城。洪远担任工部尚书后回家时，把宏军菩萨改名大圣菩萨，并将宏军菩萨寺庙修葺一新。

“潜德声闻”牌坊次间的顶楼结构

“潜德声闻”牌坊的抱鼓石

第三十八节　宗人主义牌坊

宗仁主义牌坊，位于江苏省苏州市山塘街787号兰园门前，为二柱单楹冲天式牌坊。高4.6米，阔4.2米。每根立柱前后与两侧，各有一块带回纹形浮雕图案的抱鼓石与立柱连为一体，非常坚固。立柱上刻有楹联一副：“鹿车世泽钟人傑，虎阜清芬挹地灵。”两立柱之间分设大、中、小额枋，大中额枋之间设牌匾一块，中间阴刻四个正楷大字“宗人主义”左边为“大总统题给”，右边落款为“中华民国八年三月”。中小额枋之间阴刻中楷大字记事“宗汉石家，皖歙迁居吴下六代于此，顷存在虎阜之侧草创本祠，置田赡族养荷。国务总理兼内务总长钱公能训呈奉大总统转给宗人主义四字坊额，永垂不朽，谨志原题沕示百人。中华民国八年四月十五日鲍宗汉记。”这是当时中华民国众议院议员鲍宗汉在此置田赡族，创建鲍世传德义庄的纪念实物，牌坊简洁壮观，朴实大方，具有较高的历史纪念意义和研究价值。

宗人主义坊牌坊

“宗人主义牌坊”中间绛龙雀替

宗人主义牌坊的回字图案抱鼓石

第三十九节　贞心矢日牌坊

贞心矢日牌坊，坐落在安徽省歙县洪坑村，建于清嘉庆二十一年（1816），高8.56米，阔4.15米，为双柱单楹三楼冲天式结构。立柱前后及左右两侧都有高1.35米，宽0,75米，厚0.18米的石板紧紧地与立柱结合，组成一体。小额枋与龙门枋之间的花心板上雕刻着“贞心矢日”四个大字，背面为“劲节凌风”四个大字。小额枋上书有“旌表故儒洪栾朴妻吴氏节孝”，正背两面相同。龙门枋之上的四根小立柱距楼顶约2米余，冲天部分较高。比潜德声闻坊高1米余。花心板下面雕回纹，花心板边与小额枋之间无缝隙。两侧楼之间有镂空雕饰，三座楼各楼之间的平板斗栱之间栱眼用回纹镂空雕件连接，既稳固又美观。

歙县虹光村“贞心矢日坊”

“贞心矢日坊”牌匾与花心板

贞心矢日牌坊抱鼓石

第四十节 吴氏节孝牌坊

吴氏节孝牌坊，位于福建省漳州市龙文区水仙大街以东的客运中心后门外。建于清雍正辛亥年（1731），为双柱单楹牌坊，原位置在此以外的200米处，因建客运中心而移至此地。牌坊高5.1米，宽3.81米，是为旌表考授迪功郎林重光之妻吴氏立。（迪功郎是古代一种休职的官职名称，正八品。）两根立柱截面为正方形，边长35厘米，前后无抱鼓石，各有一块厚12厘米，高1.2米的方形石夹抱着立柱，龙门枋与小额枋之间的花心板上雕有“节孝”正楷二字，龙门枋之上以两条升龙镶嵌“皇恩”二字的额匾，端庄大气，巍然竖立在龙门枋中间，额匾之上立一宝葫芦为刹尖。

漳州吴氏节孝坊前立面

《漳州府志》中载：“林重光妻，重光死，时年二十八，事姑尽孝，有强盗袭其夫祖坟，护坟断指。”遥想当时吴氏在其父死后，以一介女流，断指护坟之事，必定轰动漳州城，其坚贞的孝举博得了世人同情，最后赢得皇恩而立坊旌表。

正面楹联（左一）

正面楹联（右二）

柱内楹联(左一）

牌坊背面楹联左

牌坊背面楹联右

第四十一节　清真寺五座牌坊

清真寺五座牌坊，位于陕西省西安市鼓楼西北的化觉巷内，又称“化觉巷大清真寺”。五座牌坊坐落在大殿前月台的前面三座，左、右两侧各一座。高约4.5米，宽约2.8米，皆为双柱单楹冲天式牌坊。分别由立柱、小额枋、龙门枋、底座、抱鼓石、柱顶、刹尖等构件组成。结构虽简单，但不失大雅之气势，殿前三座牌坊的中间一座较高大，刹尖为宝珠火焰，两侧为佛像，花心板上雕刻着回文。左侧花心板上雕有“祝延圣寿”四个正楷大字，右侧花心板上雕刻着“教隆千古”四个行草大字，结构严谨，刚劲有力。

月台上右侧牌坊

月台上左侧牌坊

清真寺礼拜大堂前月台上的五座双柱单楹牌坊

第四十二节　古之楚庭牌坊

古之楚庭牌坊，位于广东省广州市越秀公园内，百步梯东侧，中山纪念碑下面，始建于清顺治元年（1644），同治六年（1867）重建。牌坊正面（东面）的牌匾上题书：“越秀奇峰”四个大字；背面题书：“古之楚庭”，皆为隶书字体。牌坊高5.2米，宽2.7米，为双柱单楹单楼式建筑。两根立柱由四块抱鼓石夹抱，大额枋上为庑殿式楼顶，琢有筒瓦、滴水、瓦当，中间有脊，脊两端饰吻兽，中央以鳌鱼宝珠为刹尖。俗话讲得好：“麻雀虽小，五脏俱全。”该牌坊临近观音山顶，凝神伫立，默默无闻地等待着游客到来。越秀诸峰也一览无余，城中街衢如在脚下，历史上为“羊城八景”之一的“越秀奇峰”景点就在于此。楚庭又与一个远古的传说相连，传说古时候有五位仙人身穿五彩衣，骑着五彩羊，手拿一茎六穗的优良稻种，降临“楚庭”，将稻穗赠给这里的百姓，并祝福这里的百姓永无饥荒，年年风调雨顺，五谷丰登，说完后，五位仙人瞬间腾空而去，不见踪影。五只羊则变成了石头，从此以后，楚庭人民照仙人的嘱托，将稻

“古之楚庭”牌坊正面

古之楚庭牌坊牌匾

越秀公园的“古之楚庭”牌坊

种下地育秧，插秧移栽，管理施肥，年年喜获丰收，百姓日子就像“芝麻开花节节高”，日子越过越好。“吃水不忘挖井人”，当地人民为了纪念这传播稻种的五位仙人，修建了一座“五仙观”，逢年过节前来焚香烧纸，感念仙人。传说“五仙观”就是今日“楚庭”所在地。由此才有了“羊城”“穗城”之称。

第四十三节　贞白里牌坊

贞白里牌坊，坐落在安徽省歙县郑村，始建于元末，明弘治和嘉靖年间、清乾隆年间曾重修。为双柱、龙门枋、大小额枋、花心板、三座顶楼、额匾等组成的石质建筑。高8米，宽4.4米，进深1.6米，为二柱单楹三楼式牌坊。石柱内侧带有安装门框的卯口，从前装有木栅门。二楼额匾上有元代翰林国史院编修程文等撰写的“贞白里门铭”，旨在元代理人郑千龄一家三代乡贤。一楼牌匾上有“贞白里”三个篆刻大字，为“奉政大夫佥浙江东海右道肃政廉访司事余阙书”。小额枋上雕刻隐约可见为“狮子滚绣球”，乾隆二十年（1755）桂月重修字样。花心板上为明弘治十二年（1499）徽州府知府张祯

贞白里牌坊楼顶

贞白里牌匾

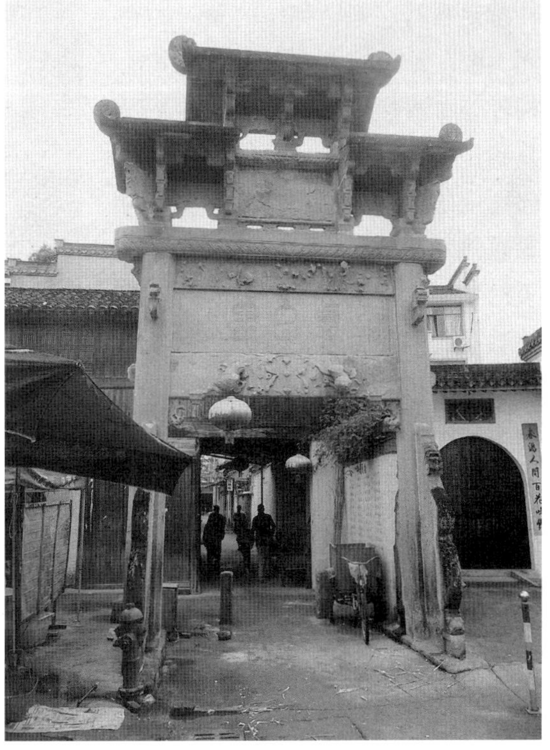

郑村的“贞白里坊”

和歙县知县朱谏重立；嘉靖六年（1527）重修。该牌坊简约明快，朴实大方，是我国元代牌坊中极少见的历史文物，有较高的研究价值。

第四十四节　赵氏节孝牌坊

赵氏节孝牌坊，位于山东省莱芜市莱城区苗山镇五色涯村南北大街中间，建于清同治二年（1863），通体牌坊采全用花岗石构筑而成，为双柱单楹三楼式建筑。总高6.2米，底部进土深1.7米，门洞使用宽度1.4米，门高2.33米，挑檐最宽处5.32米。该牌坊小巧玲珑，设计别出心裁，一般双柱牌坊的两根立柱都是从基座起至牌坊的龙门枋底面，再在龙门枋上设置斗栱或其他构件，而该牌坊的两根立柱的高度只到了小额枋的中间，就设置了伸向两侧的挑梁。又在挑梁上设置两根较短的立柱，龙门枋落在两根较短的立柱上，使龙门枋以上的全部荷载压着两侧挑梁，给挑梁一个反弹力量，使其能承担两侧楼的荷载。两根立柱的前后及外侧的夹柱石，普通为两米左右的高度，为了承担侧楼对挑梁的压力，立柱左右两侧的夹柱石不得不从基座一直通向挑梁底面，一是来分担侧楼对挑梁的部分压力；二是抗戗着牌坊来自左右两侧的风荷，加之立柱前后的夹柱石，将整座牌坊牢牢抱紧，使其稳如泰山，坚如磐石。这是古代匠师们巧用力学的神秘之处。通体牌坊共用大小石料99块。整体牌坊共雕刻狮子12个，楼顶角上系铜铃8个，悬挂青铜质钟4个，琢有大小神像15尊，精雕各种图案20副，题书楹联两副，南面牌匾为阳刻“柏节松龄”四个行楷大字，顶楼正中阴刻“圣旨”正楷二字，字体工整，遒劲力刚，结构严谨。北面牌匾为阴刻“旌表白之妻赵氏节孝坊”十个大字。每一石柱、额枋、牌

五色村赵氏节孝牌坊背面

匾都饰有精美的图案。正间楹联写的是："茹蘖含冰一片贞心光日月，幽芳劲节百年人瑞祝华嵩。"牌坊上浮雕与透雕相间，阴刻与阳刻结合。其中的玉皇图、二龙戏珠、文房四宝、花卉鸟兽等，雕刻细致，形象逼真，具有一定的历史研究价值和艺术欣赏价值。

赵氏节孝牌坊南面牌匾

赵氏节孝牌坊的总名称是"旌表白之妻赵氏节孝坊"。说的是150余年以前，五色崖村的一位白姓村民，娶了一位赵氏女子为妻，两人婚后感情和谐，相敬如宾，并生育两子，日子过得舒舒坦坦，其乐融融。可是天有不测风云，人有旦福祸夕，三年后，白姓丈夫因病而亡。之后赵氏一直寡居，贤惠持家，侍奉年迈的公婆，扶养年幼的双子，任劳任怨，操劳一生。赵氏死后，其子白丹彩知母勤俭持家，贞节情操，便千方百计筹划为母立坊，得到当时莱芜县令的鼎力支持，经层层承奏，最终同治帝被白氏事迹所感动，下旨立坊。此事轰动十里八乡，被传为美谈。

赵氏节孝牌坊夹柱石上的佛手

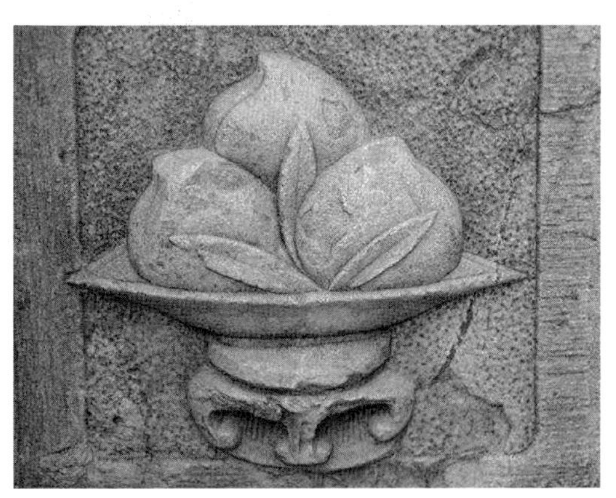

赵氏节孝牌坊夹柱石上的寿桃

注解：

①程敏证，字克勤，号篁墩居士、留暖道人。南直隶徽州府人，为南京兵部尚书程信之子。十余岁时，以"神童"之名别推荐入朝，后皇帝特招其入翰林院读书。成化二年考中进士，此后入朝为官，官至礼部右侍郎。后来因为在主考礼部会试之时，被诬鬻题而下狱。出狱后愤恚发病去世，死后追赠礼部尚书。

二柱单楹牌坊分布一览表

名 称	结 构	保护级别	详细地址	修建时间
古紫阳书院牌坊	双柱单楹冲天式	国家级	安徽歙县中学内	清乾隆年间
清泰陵二柱门	双柱单楹一楼冲天式	世界文化遗产	河北易县西陵镇五道河村	清雍正年间
雪阴贞松牌坊	双柱单楹三楼式	县级	安徽省歙县桂林镇慈姑村	清咸丰年间
双节孝牌坊	双柱单楹阁楼式	国家级	安徽省歙县许村镇环泉村	清嘉庆年间
对应小牌坊	双柱单楹一楼式	国家级	陕西省西安市大清真寺内	始建唐代
汪氏节孝牌坊	双柱单楹三楼式	县级	安徽歙县郑村镇牌坊村过塘	明正德年间
赞宪牌坊	双柱单楹三楼式	省级	安徽歙县潜口乡蜀源村	明嘉靖年间
尚书府牌坊	双柱单楹三楼式	县级	安徽绩溪县龙川乡浒里村内	清康熙年间
节凛冰霜牌坊	双柱单楹三楼式	县级	安徽省绩溪县华阳镇北大街	明晚期
成贤街牌坊	双柱单楹三楼式	省级	北京市东城区国子监街东端	明永乐年间
程氏节孝牌坊	双柱单楹三楼式	县级	安徽省绩溪县华阳镇北大街	清代建
尚宾牌坊	双柱单楹三楼式	县级	安徽歙县城县中学大门右侧	明成化年间
鲍氏节孝牌坊	双柱单楹三楼式	县级	安徽省歙县古徽城镇	明天启年间
三世承恩牌坊	双柱单楹一楼冲天式	县级	安徽歙县徽城内东街中心	明万历年间
无名节孝牌坊	双柱单楹三楼式	县级	江苏苏州山塘街小河边	咸丰至光绪
国子监牌坊	双柱单楹垂柱式	省级	北京市东城区成贤街	元大德十年
悟竹源牌坊	双柱单楹三楼式	县级	安徽歙县西溪南乡悟竹源村	清光绪年间
丹桂传坊牌坊	双柱单楹一楼式	省级	山西晋城沁水土沃西乡文兴村	——
碧云寺木质牌坊	双柱单楹一楼式	国家级	北京香山碧云寺中山纪念堂后	民国年间
贝程氏节孝牌坊	双柱单楹三楼式	县级	江苏省苏州市山塘街	清代

名　称	结　构	保护级别	详细地址	修建时间
吴氏世科牌坊	双柱单楹三楼式	县级	安徽歙县徽城中山巷	清雍正年间
大义参天牌坊	双柱单楹一楼式	省级	山西运城盐湖区解州镇常平村	隋开皇年间
方氏节孝牌坊	双柱单楹三楼式	县级	安徽绩县溪县家朋乡磡头村	清代
祇树林下小牌坊	双柱单楹三楼式	国家级	北京颐和园万寿山腰上宫殿下	清代
豸绣重光牌坊	双柱单楹三楼式	县级	安徽省歙县古徽州城大街中	明崇祯年间
陶高氏节孝牌坊	双柱单楹三楼式	市级	江苏省苏州市相思街小河岸边	清代
知鱼桥牌坊	双柱单楹一楼式	世界文化遗产	北京颐和园内谐趣园知鱼桥头	清乾隆年间
方氏节孝牌坊	双柱单楹三楼式	县级	江苏省苏州市仓街小柳贞巷	清代
吴氏贞节坊	双柱单楹三楼式	县级	安徽省歙县岩寺镇洪下长林	清乾隆年间
青云接武牌坊	双柱单楹一楼式	县级	山西晋城沁水县土沃西文兴村	明永乐年间
颐和园东门牌坊	双柱单楹一楼式	国家级	北京市颐和园东门	清康熙年间
贝氏节孝牌坊	双柱单楹三楼式	县级	江苏省苏州市山塘街	清代
父子明经坊	双柱单楹一楼式	县级	安徽歙县行知小学旧址一旁	明万历年间
庙沟后石牌坊	双柱单楹一楼式	国家级	浙江宁波鄞州区东前湖镇韩岭村	南宋
程氏节孝坊	双柱单楹三楼式	县级	安徽省歙县许村东沙组	清代
横省石牌坊	双柱单楹一楼式	国家级	浙江宁波鄞州区五乡镇省岙村	南宋
潜德声闻牌坊	双柱单楹三楼式	县级	安徽省歙县洪坑村	清乾隆年间
宗人主义牌坊	双柱单楹冲天式	县级	江苏省苏州市山塘街787号	民国
贞心矢日牌坊	双柱单楹冲天式	县级	安徽省歙县洪坑村	清嘉庆年间

名 称	结 构	保护级别	详细地址	修建时间
吴氏节孝牌坊	双柱单楹小阁楼式	县级	福建省漳州市龙文区水仙大街	清代
清真寺五座牌坊	双柱单楹式	省级	陕西西安市鼓楼西北化觉巷内	明代
古之楚庭牌坊	双柱单楹一楼式	广州市级	广东省广州市越秀公园内	清顺治年间
贞白里牌坊	双柱单楹三楼式	省级	安徽省歙县郑村	元末
赵氏节孝牌坊	双柱单楹三楼式	省级	山东莱芜城区苗山镇五彩涯村	清同治二年

第二章 四柱三楹牌坊

第一节 衡王府石牌坊

衡王府石牌坊，位于山东省潍坊市青州市五里镇玲珑路以西。这里曾是明朝衡王府遗址。衡王，名祐楎。明成化宪宗朱见深第七子。母亲庄懿张德妃。成化二年（1466）被册封为衡王。现存的两座石牌坊为原衡王府南大门前牌坊，也是文武官员叩拜衡王时出入衡王府的大门。当地人俗称"午朝门"。两座牌坊一南一北，造型一样，结构相同。相距近50米。前一座正前上方书"乐善道风"，背面书"象贤永誉"。后一座前面上书"孝友宽仁"，背面书："大雅不群。"虽然这两座牌坊都叫"衡王府石牌坊"，但是名字不太准确。从现存的牌坊结构看，这石质部分只有底座、石柱、大小额枋、花心板。从牌坊整体结构分析，它应还有顶层木质部分——五楼。为"四柱三楹五楼式牌坊"。楼顶面覆盖着蓝色琉璃瓦与鸱吻箭把、戗脊、跑兽等，是两座与大殿、寝殿及府门相匹配的豪华牌坊。在清顺治三年（1646）清政府以"谋反"罪剿灭衡王府时，将大部分木建筑物拆毁，残留部分也因长年失修而倒塌失落，只留下现在的石质部分。随后被人们称为"衡王府石牌坊"。原来应为石、木结构牌坊，它们见证了明代王朝的胜败兴衰与叱咤风云的变化。

衡王府以这两座石牌坊为轴线，各建筑物向两侧延伸，合理的布局和中国传统的宫廷建筑法则，使这片王府建筑群体气势磅礴，巍巍壮观，堪称珍贵的历史遗物。石牌坊四柱三楹，由二十八块巨石组成的框架上，雕有荷花、牡丹、

青州市的衡王府前"孝友宽仁"牌坊

缠枝等花卉图案。底座上层与底层对齐，琢狮子、麒麟图案，每块底座巨石有狮子十二，麒麟二，形态奇伟，惟妙惟肖。石柱方形，分立在底座之上，中间二柱各高5.8米，两侧二柱各高3.9米。每柱南北各立有麒麟一对，高1.9米，昂首蹲立，栩栩如生，每坊8只。四柱上方各嵌巨石牌匾，前后各书有不同匾名，牌匾均为剔底阳刻，字形宽博，笔画流畅，匾上下浮雕均为二龙戏珠。这两块匾的存在，可使人们联想到王府昔日的辉煌。王府规模宏大，威势赫赫，坐镇青州近150年，清初寿光名士安致远在其《青社遗闻》中写衡王府："青郡衡藩故宫，最为壮丽。"描写了衡王府的巍巍雄姿。

衡王府门前的"乐善道风"牌坊

"孝友宽仁"牌匾

孝友宽仁牌坊立柱前的麒麟

岁月沧桑，历史无情。威势赫赫的衡王府随着明王朝被推翻而消亡，顺治元年(1644)王府的最后一王朱由椒降清。而后王府的两次被抄，第一次在顺治三年(1646)《益都县图志大记》中载："夏五月，衡王世子与其宗鲁王、荆王谋反，皆伏诛。"清王朝以谋反之由首抄衡王府,府内资财多被抄走。第二次在康熙初年，时为吏部侍郎的冯溥上书清帝，说衡王府后裔不尊王法，扰乱地方，残害百姓，请帝下令将衡王府及其子孙彻底抄斩。"瓦砾成堆，禾黍苍然"，"奇花怪石尽归侯门，画栋朱梁，半归禅刹。"一座浩大的王府转眼间化成平地！

第二节　庵上牌坊

庵上牌坊，又称“节动天褒坊”，位于山东省潍坊市安丘县埠子镇庵上村。现为山东省重点文物保护单位。该牌坊建于清道光九年（1829），是庵上村马若拙为其兄马若愚之妻王氏所立节孝坊。相传有江苏扬州雕刻艺术家李克勤、李克俭兄弟二人设计，率徒8人，历时14年精心建造。石牌坊为四柱三楹三楼式建筑，高12米，宽9.35米。有底座、坊身、坊顶三部分组成。用多块石灰岩垒砌而成。对接严密，结构严谨，浑然一体，坚实牢固，宏伟壮观。正面顶部额匾刻“圣旨”二字，中部龙门枋与小额枋之间的花心板上刻“节动天褒”四个大字，字的两侧刻“旌表愚童马若愚妻王氏节孝坊”十三个小字。背面刻“贞顺流芳”，其他字与正面相同。坊上题字均为高密县翰林单兰亭所书，字体端庄优雅，遒劲有力。雕刻内容丰富多彩，有矫健昂首的麒麟、吞云吐雾的青龙、情趣盎然的狮子、神态潇洒的八仙、冉冉若飞的蝙蝠，还有争奇斗艳的四季花卉、生态各异的人物。特别是八仙人物，惟妙惟肖，栩栩如生，此牌匾下四组谐音吉祥祈福动植物图案，如六（鹿）合（鹤）同春、太师（狮）少保、挂印封（蜂）侯（猴）、父子拜相（象）。其中“挂帅封侯”一组尤为精彩，运用难度较大的镂空雕法，琢刻出一对玲珑剔透的鸟笼悬于枝头，笼中画眉鸟迎风鸣叫，鸟笼随风摆动；又雕猴子去捅黄蜂窝的调皮活泼之状，极富情趣。石坊的最高顶部，雕有麒麟昂首负宝顶状，凌空欲飞。石坊设置力度合理适当，主次分明。独具匠心的艺人采用浮雕、深雕、透雕等技法，精心设计，仔细雕琢，将这些景物安排的和谐贴切，恰如其分，引人入胜。可谓工艺卓超，思路广博，手法巧妙，成为一座造型美观大方，外貌雄伟壮观的精品，不愧为“天下无二坊，除了兖州是庵上”之说。

山东安丘庵上牌坊

《马氏族谱》中记载，马若拙（1788—1849），字子扑，号慧斋，太学生。例授修职郎，候补县丞。其兄马若愚（1784—1804），字智斋，例赠弟登仕郎，候选州吏目。马家是当地大户，经媒人说和马若愚与诸城大北杏村翰林之女王氏定亲。然而，结婚之日天公不作美，下起了大雨，这在旧社会是非常不吉利的。马家老爷认定新娘子不祥，因此，在王氏被娶到马家后，马家便不让新郎与新娘在一起居住。婚后三年夫妻未同房，马若愚因此郁闷而身亡。尽管王氏与马若愚是名义夫妻，但在封建社会礼教束缚下，王氏得秉承礼教，留在马家矢志守节，以长媳的身份侍奉公婆。她秉承三从四德，被邻里夸为“奉亲守制，节孝两全”，其实内心极为痛苦和悲伤。因此，在侍奉公婆十几年后，便离开了人寰。王氏父母在马若愚亡时就曾想把女儿从马家要回去，但由于马家有财有势，再加上“从一而终”封建礼教的束缚，此想法从未实现。现在，女儿郁郁而亡，王氏父母再也忍受不住内心的悲愤，求得一道圣旨，要求马家为女儿建一座牌坊，以表女儿品德贞淑清洁。皇命不可违，马家只好拆巨资聘请艺匠为王氏修建牌坊。

庵上牌坊左次间“大清道光”与次间楼顶构造

庵上牌坊右次间前“乙丑岁建”与雌狮戏幼狮

“节动天褒”牌坊从设计到竣工整整用了十四年的时间。据说马家每天要付出三筐铜钱，年长之久，如此巨大的耗资，马家渐渐支撑不住，对工匠照顾也逐渐不周到。对此，工匠们颇为不满，相处之下，他们心中暗暗把怨愤，发泄到石牌坊的雕刻上。据行家分析，一是有四只狮子刻成蝙蝠头冲地。在中国古代民俗中，蝙蝠意为福，其头冲下寓意为马家福到头了；二是荷叶挑大梁。“节动天褒”牌坊明间小额枋下与立柱相接的地方有两个雀替为薄薄的荷叶图案，其寓意是马家将支撑不住富裕的日子了，要墙倒屋塌；三是门神悬空。“节动天褒”牌坊明间两柱内侧各刻一门神。按常理说，是神则驾云，是人则踏地，但是这两个门神，既没腾空，也未踏地，吊在半空之中，给人以两头无着落的不祥之感；四是螭吞祖坟。在牌坊的四个角上各有一只螭，相传螭是传说中的动物，大嘴，大肚，光吃不排，贪得无厌。“节动天褒”坊东南、东北、西南角上的螭都闭着眼睛，闭着嘴，唯有西北角上的螭张口瞪眼，据说马家的祖坟就在西北角方向，螭兽目瞪口张冲向祖

庵上牌坊侧立面

坟是一件不吉利的事，象征着从此马家开始走向没落，欲有家衰族灭之象征。可见当时工匠们内心却有怨言难诉，将所有不满情绪发泄在牌坊上。

由牌坊引出的民间故事：

（一）、“节动天褒”牌坊建成后，180余年来历经风雨，惨遭劫难。但，除少数几处被损坏外，其他多部分基本保存完整，当地百姓都信其有灵性。在石坊背面牌匾“贞顺流芳”四字的“贞顺”二字之上缺损少部分，据说是当年日本侵略中国时，驻扎在对面小山上的日本鬼子，看着“节动天褒”牌坊不顺眼，用小钢炮对准牌坊开了两炮，想炸毁牌坊，岂不知牌坊却岿然未动，一个鬼子觉得不可思议，便好奇地来到牌坊前看个究竟。就在这时，牌坊额坊上的石龙滚落下来，不偏不歪正巧砸在鬼子的头上，鬼子顿时脑浆迸出，一命呜呼。从此，鬼子再也不敢冒犯这座牌坊了。

（二）、新中国成立后，三五反运动刚刚开始，村内有一人酒后爬上牌坊，手抱龙头想照相，突然龙头与人一起从牌坊上滚落下来。据旁观者说，开始下落时是龙头在下，人在上，待落地时，却变成了龙头在上，人在下。诚然，这两个传说并不一定真实，但却反映了当地百姓珍惜这座有历史价值的文化遗产，近200年来它受到当地群众的珍惜、保护，谁要是破坏它、损伤它，就会受到社会的惩罚，绝没有好下场。

第三节　清昭陵石牌坊

清昭陵石牌坊，位于辽宁省沈阳市皇姑区北陵大街北陵公园内，故又称“北陵石牌坊”，是昭陵主要建筑之一，昭陵始建于公元1643年8月，至顺治八年（1651）才竣工，石牌坊是通往昭陵的起点，为四柱三楹三楼式牌楼，全石结构。它

清昭陵石牌坊

与福陵的牌坊不同，福陵牌坊是居中轴线两侧各一座，而昭陵则是居中轴线之上，只有一座。石质牌楼巍然而屹立在十步石台阶之上。全高15米，长14米，楼顶三条正脊，八条垂脊，脊上共安装六个鸱吻，垂脊上有跑兽、仙人，檐下为仿木结构的单昂五踩斗栱，额枋、龙门枋、大小额枋、栏板、铺首、雀替等均为仿木石雕，明间龙门枋、大额枋、小额枋浮雕云龙戏珠、轮螺、伞盖、花罐、鱼肠等佛八宝，以及缠枝花莲、番草等吉祥纹饰。四根立柱前后共有八尊雄狮，张口舌出，双目圆瞪，巍然蹲立在八个须弥座上，雄狮胸前各系一铜铃。三楹之间的云朵雀替下分别立一根正方形石柱，以助立柱的负荷。四根立柱顶部一根分三段的大龙门枋联通三楹，其上分别雕琢了三组二龙戏珠，手法巧妙，技艺高超，使用了平雕、圆雕、浮雕、透雕等各种雕刻手法，纹饰清晰，雕龙逼真，是一件雕刻艺术珍品。

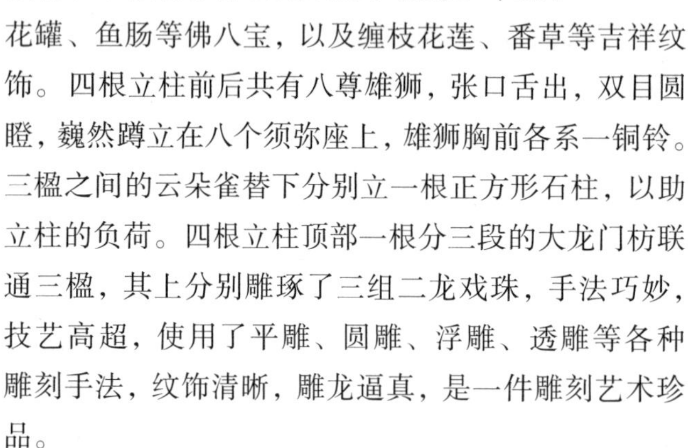

昭陵石牌坊斗栱

清昭陵石牌坊石雕

整座牌楼，气势壮观，结构严谨，雕文刻镂，富丽堂皇，其精致程度令人赞不容口，匠师们的娴熟技艺在这里表现得淋漓尽致，独特的构思与设计出类拔萃，独具匠心。

第四节　金声玉振牌坊

金声玉振牌坊，位于山东省曲阜市中心，是圣人孔子庙前第一牌坊。四柱三楹三楼冲天式结构。高5.6米，宽14米，建于明嘉靖十七年（1538）。四根八棱石柱顶上饰有莲花宝座，宝座上蹲立着四尊古朴的独角兽，前双腿直立，面向正前方，威严肃穆，严阵以待。独角兽又称“辟天邪”，俗称“朝天吼”“怪兽”。牌坊各楹之间无大小额枋，只有一大型长方形石板将四根石柱连接为一体，三块大石板之上建有三楼顶，仿筒瓦、布瓦、滴水、瓦当样样俱全。两侧石板上浅雕云龙戏珠，明间大石板上题书“金声玉

“金声玉振”牌坊 立柱顶端上的望兽

孔庙大门前第一座牌坊“金声玉振”牌坊

振”四个大字，笔力雄健，端庄大方，是明嘉靖十七年（1538）著名书法家胡缵宗所题。

“金声玉振“坊匾额

亚圣孟子曾对孔子有过评价：“孔子之谓集大成，金声之玉振之也。金声也者，始条理也；玉振之也者，终条理也。”“金声”“玉振”表示奏乐的全过程，以击钟（金声）开始，以击磬（玉振）告终。以此象征孔子思想集古圣先贤之大成，如同奏乐，以金钟发声，以玉磬收韵，集众音之大成一样。赞颂孔子对文化的重大贡献。因此，后人把孔庙门前的第一座石牌坊命名为“金声玉振”。

孔庙是中国最大的庙宇，修建于公元前478年，即孔子去世的第二年。逐渐成为供奉孔子及其他圣人的纪念场所。在历代王朝更迭中被称作文庙、夫子庙、至圣庙、先师庙、先圣庙、文宣王庙，尤以文庙知名最为普遍。由于孔子创建了儒家思想，对于维护社会统治安定所起到的重大作用，历代封建王朝对孔子尊崇备至，鲁哀公将孔子的故居三间辟为收藏孔子生前衣冠琴书等物的场所，并派兵守护，一年四季祭祀。当时建筑非常简陋。到了汉代刘邦于公元195年12月自淮南经鲁地，亲自以太牢（以猪羊牛上供）之礼祭祀孔子，开创了帝王之祭的先河。后汉采取“罢黜百家，独尊儒术”的文化政策，儒家学说成了显学，在中国古代开始有了正式地位。祭祀孔子的活动成了各朝代帝王不可缺少的常典。他们不断扩建孔庙的建筑规模和面积，使其成为今天的九进院落，占地327.5亩的恢弘建筑群体。大成殿上的明显柱采用青石深雕的形式，且规格高过故宫一切殿宇的龙柱，由此可以看出孔子的特殊地位，别无他例。

第五节　母子节孝牌坊

母子节孝牌坊，位于山东省蓬莱市戚继光故里。是明朝廷旌表戚继光祖母闫氏贞节、父亲戚景通孝廉而建。为四柱三楹五楼石质牌楼。建于嘉靖四十四年（1565），牌坊高9.5米，宽8.3米，进深2.7米。四根方形削棱立柱立于底座之上，八块厚重的抱鼓石牢牢地与立柱结合在一起，坚不可摧。大、中、小三架额枋以榫卯的结构形式插入立柱，严丝合缝。额枋之间有两块花心板，上花心板上书有“旌表赠特进荣禄大夫右都督戚宁妻一品夫人贞节闫氏；诰赠特进荣禄大夫中军都督府右都督荐举孝廉戚景通”阴刻正楷大字，下花心板上是修建牌坊人的姓名。龙门枋之上是“母子节孝”牌匾，明间楼檐下额匾双线刻“圣旨”两个正楷大字。背面与正面相同。

母子节孝牌坊

母子节孝牌坊次间下枋梁上的镂雕獬豸

次间上下枋梁上的透雕麒麟

三架额枋上各雕有不同的图案，均系镂空雕刻，小额枋中间雕一只獬豸，象征母子坚持正义，声张真理，清贞洁白，两端各雕一尊九龙子鸱吻首，牢牢地吞衔着额枋，为其担当重任，保驾牌坊永不歪倒、倾斜。中额

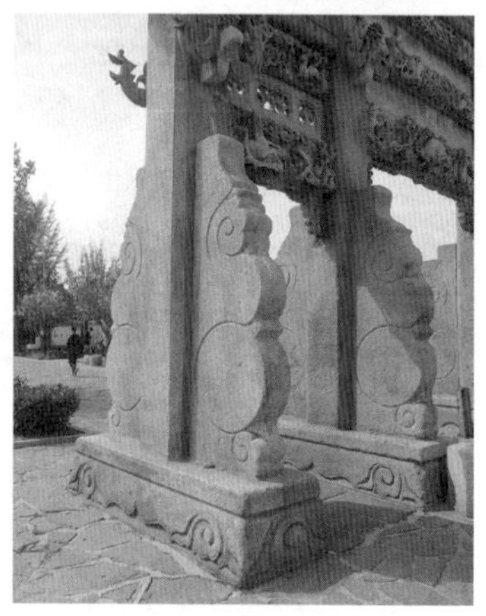

母子节孝牌坊底座与抱鼓石

枋上透雕凤凰展翅，两端云朵飘飘，腾飞踏雾。大额枋上透雕仙鹤独立，远眺湖面，涟漪遥远，云霞漫天，茫茫无边。

四根立柱中间部位各透雕一对凤凰戏牡丹，八对凤凰栩栩如生，以簪花的结构形式设置在立柱中间，从整体上观望，画龙点睛，恰如其分，生动传神。左次间小额枋上雕有两只麒麟戏宝珠，大额枋上琢有双凤翱翔。右次间小额枋上雕有两只獬豸破水而出，只只活灵活现，栩栩如生。

左右二层楼顶各有平板斗栱三组连接为一体，承担着楼顶的多部分重量，斗栱的转角科分担了楼顶的部分荷载。整座牌坊雕刻精致，无与伦比。其雕刻技艺，巧夺天工，是不可多得的艺术珍品。现为全国重点文物保护单位，保护较为完整。

第六节　大槐树牌坊

大槐树牌坊，位于山西省洪洞县大槐树寻根祭祖园内，建于民国三年（1914），为纪念洪洞县大槐树周围移民，追祖寻踪，怀念故乡而建。牌坊的正面与背面各有牌匾一个，正面为“誉延嘉树”，说的是随着大槐树后裔的捻转迁移，大槐树在海内外也享有盛誉；背面的牌匾上书“阴屁群生”，说的是大槐树的生灵世世代代庇护着移民的后裔，庇护着大槐树下的芸芸众生。牌坊宽8.65米，高7.78米，进深2.3米，四根柱下各有四座灰砖墙与立柱砌为一体，加强了牌坊的稳固性。

山西大槐树牌坊

牌坊为四柱三楹三楼木结构式建筑，四根立柱前后各有一垂花柱连接，与楼顶组成一组完整、牢固的整体，坚不可摧，遇风不倒，与震不歪。牌坊虽无斗栱，普通彩绘美化了檐檩椽椽，使前檐部分装饰的五彩缤纷，艳丽多彩。特殊的结构形式显得牌坊牢不可破，庄严肃穆，蔚为壮观，两次间各有一副楹联，意深情重，充分体现了大槐树移民深厚的文化底蕴。

前面楹联是“西汾北霍旧河山碧翠清流四面环荟萃人文称乐地云烟过眼故乡关”说的是虽然世间之事如过眼烟云，时光飞逝，但远方的游子无论身处何方都不会忘记自己美丽的家乡。因为孕育我们这棵神圣大槐树的洪洞县拥有秀丽风光。另一侧为“古道清槐倚夕阳浮屠突兀插云傍窝名老鸹相传久高建丰碑姓字香”说的是夕阳西下，无论是我们的脚下，这充满历史气息时古道，还是那傲然挺立的青槐，还是那云雾缭绕中直插云霄的石径幢，还是那新塑大槐树上那巨大的老鸹窝，个个都是在真实地向我们讲述着当年那段移民的往事，语重情深，意义深远。

山西大槐树牌坊牌匾

大槐树牌坊侧面

牌坊背面镌刻的“荫庇群生”，在这阴庇的庇为什么不写遮蔽的蔽，而要用这个字呢？这是有一定的原因的：在辛亥革命时期，袁世凯为复辟帝制当皇帝，就命三镇总兵卢永祥进攻山西革命军，卢军南下，进军平阳（现临汾一带），所到之处肆意抢掠无所不为，唯独到了大槐树下，纷纷下马膜拜，士兵都相互传言，回到故乡老家了，因为他们大都是从中原招募而来的，都是大槐树下的移民子孙，到了洪洞，非但不抢掠，反而将在别处抢来的之钱财供施于大槐树下，凭着大槐树，洪洞人民避免了一场灾难，人们都说托了大槐树的福，沾了移民祖先的光，视大槐树为保佑一方平安的神树。人们把树看成神，自然也就用庇佑的“庇”了。

背面的楹联“木本水源流泽长依依杨柳认村庄行人还里前宗记遗爱深情比召棠”这里的召棠取自一个典故：西周时召伯巡行南方，经常在甘棠树下听取老百姓的疾苦，为老百姓排忧解难，人们不但敬重他，也加倍敬重甘棠树，看到这棵甘棠树就像看到召伯一样，如今那棵甘棠树早已不复存在，但这个词语却流传3000多年，可以说这是中华民族的一棵精神树。如今的大槐树和这座牌坊成为一种寄托乡情及象征移民祖先的神物，可与西周的甘棠树相媲美。楹联意思是：木有本，水有源，古槐后裔代代相传，但从来没有忘记故乡。游子们回到家乡，寻觅着先人的踪迹，对家乡大槐树的眷恋，如同老百姓对甘棠树那样的喜爱、呵护。另一侧楹联“移民往事当年拄杖穿云窅夕烟嘉木扶疏堪纪念犹留经塔耸巍然”。回忆当年600年前，移民先祖携手拄杖、步履蹒跚地走向茫茫远方的凄惨场景，每一位移民后裔无不唏嘘感叹，现如今终于回到老家，看见三代槐树依然茂盛，神奇经塔（石经幢）依耸丛立，老家亲人一如往昔的热情，也算是对当年辛酸经历的一种宽慰。

牌坊现为陕西省重点文物保护单位，保护完整无损。

第七节　丞相状元牌坊

歙县富竭塘槐丞相状元牌坊

丞相状元牌坊，位于安徽省歙县富竭乡塘槐村南，宽8.2米，高9.8米，为四柱三楹三楼式石质牌坊。明间宽3.6米，两次间各宽2米。两立柱底部有卧底石与基础石，基础石长2.30米，宽0.55米，高0.60米，卧底石周边大于基础石5厘米，多部分被埋在土内。四根立柱前后共设八块抱鼓石，高约2.1米，抱鼓石上无任何雕刻。四根立柱之间分别安装大、小额枋各一架，小额枋断面为椭圆形，小额枋与立柱接点处有一浮雕雀替，小额枋外表无棱，表面光滑。大额枋前后雕有长方形图案。大额枋、小额枋之间的花心板上雕有双线阳刻“状元坊”三个正楷大字，两次间楼顶下两板式斗栱之间各雕有“亚卿”“学士”，中间额匾上雕有“丞相”二字。三座楼顶分别由平板斗栱托起，中间

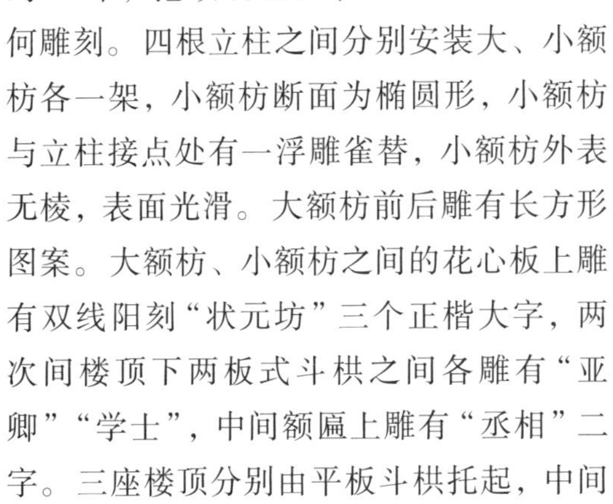

牌坊背面

牌坊斜前立面

丞相状元牌坊侧楼转角斗栱

楼顶带有转角科斗栱，简洁明快，朴实大方。

丞相状元牌坊是旌表本村程氏家族遗留下来的功名牌坊。丞相是指程元凤，状元是指程扬祖，以及亚卿程元岳，程元岳是程元凤的胞弟，学士程念祖是程元凤的侄子四位功成名就者。

程元凤（1199—1268）南宋大臣。字申甫，号讷斋，安徽歙县人，出生书香门第，精通诗词，具有较高的文学造诣。理宗绍定二年（1228）程元凤考中进士，被任命江陵府教授，以后历任太学博士、宗学博士、秘书丞、著作郎、监察御史、殿中侍御史，以忠诚正直著称。所著《纳斋文集》若干卷，留于后世。

第八节　龙兴独对牌坊

龙兴独对牌坊，与丞相状元牌坊在同一个村内，都属功德牌坊。高11.2米，宽7.8米，为四柱三楹三楼式石质牌坊。是安徽省歙县富堨乡槐塘村明初贤儒唐白云故宅门前的牌坊。

龙兴独对牌坊

唐白云，名桂芳，字行，曾任紫阳书院院长。1358年底，明太祖朱元璋至徽州，宣召贤儒，访问民事，曾与唐白云谈论天下之道。明正德年间，朝廷为唐白云建立此牌坊以作纪念。牌坊高大宏伟，鳌鱼吻兽饰脊，挑檐下仿木斗栱，额枋、雀替均雕镂华丽，做工精细，明间二柱外基础石上立蹲狮一对。额匾上书“龙兴独对”正楷四个大字。龙凤匾上刻铭文一篇，记述朱元璋与贤儒唐白云对话内容。牌坊背后为一座高台，高出牌坊前地平面约1.5米，之上有雕刻精致的石狮一对，比牌坊前的石狮大了不少，雕琢技艺精湛，设计独具匠心。左边一只为雄狮，威严自信地蹲坐在须弥座上。右掌按着一个大绣球，右边有一雌狮，自以为是的蹲坐在那里。左边掌上站一幼狮，前掌抬起，紧靠母狮的前腿，看上去与母狮亲昵无比，这两尊狮子像是唐家的卫士，蹲立在这里严阵以待，守护着家园。

龙兴独对牌坊次间楼与斗栱

龙兴独对牌坊次间雀替和上下枋梁上雕刻

龙兴独对牌坊前那一对狮子，看上去比台上的狮子小了不少，蹲立于中间两立柱之前，彰显出牌坊的肃穆威严。两次间立柱前各有一抱鼓石，高约2.3米，宽约0.9米，厚约0.18米。牌坊的中间小额枋已断裂，在额枋下由立柱内侧的两根小立柱架起了一架新梁，支撑起已断裂的额枋，修复如旧。小额枋上雕刻“双狮戏球”，是根据民间狮子滚绣球的传说而创作的，双狮中间一绣球，已损毁，绣球周围的彩带也被毁，双狮头部被毁，牌坊整体构思巧妙，姿态优美，虽有破损，但不失俊美。小额枋之上有三幅透雕图案，空灵秀美，别具一格，用两块石雕花瓣分割，两侧各雕刻动植物图案，恰如其分，摆布均匀，协调一致。再向上是花心板，花心板之上的大额枋上雕有“龙凤戏牡丹”，虽有部分缺损，从残留部分仍能看出，可与小额枋上的雕琢技艺相媲美。两次间小额枋上各雕一对凤凰戏牡丹。四根立柱前的中部各雕有一只簪花。三楼顶下各雕仿木结构的斗栱，并带有转角科斗栱。整座牌坊的设计不但具有一般牌坊的结构形式，而且创造性地发挥了设计师的独到之处，同时也展现了匠师们的精湛技艺和独具风韵的技艺。是我国牌坊中的一件奇葩作品。

第九节　节妇牌坊

节妇牌坊，位于安徽省绩溪县家棚乡家棚村小河的南岸，坐落在许氏宗祠大门前，宽8米，高11米，为四柱三楹五楼式石质牌坊。牌坊底部分别有四块长1.8米，宽0.6米，高0.58米的卧底石承受着牌坊的全部重量，每块卧底石上都雕有古朴典雅的简单图案。卧底石上的抱鼓石下端用单线雕出了鼓的圆形轮廓，上部分别雕出了浪花纹饰，与绩溪县华阳大街旁的程氏节孝坊和方氏节孝坊的抱鼓石纹饰相似。牌坊的大、小额枋雕琢精致，特别是明间小额枋的“双狮戏绣球”，以透雕的立体形式，调出了双狮戏绣球的动人场景，二狮之间彩绸缠绕绣球，双狮起舞，翘首相望，蠢蠢含灵，似动非动，栩栩如生。两次间的小额枋上各雕一单狮戏绣球，仍趣味浓厚，饶有兴趣。两次间的花心板，以透雕的手法，雕出了方胜连三头的图案，被镶嵌在

绩溪县家朋乡磡头村许氏宗祠门前节妇牌坊

节妇牌坊背面明间与南间

“节妇牌坊”牌匾

两额枋之间，使整座牌坊产生了一种剔透之感。明间大额枋上以深、透雕的高超技艺雕出了二龙戏珠，宝珠在上，龙首高昂，龙须飘浮在浪花上，精美绝伦。中间的花心板上书有“节妇坊”三个行书大字，活泼从容，气韵生动，给牌坊增加了无穷的活力。

三楹牌坊的各楹全由龙门枋，大小额枋与立柱以榫卯形式结合于一体，前面雕有从中间向两端的斜形浪花、莲花瓣，造型独具一格，两次间龙门枋之下为大额枋。顶楼之下为一额匾，上书“恩荣”二字。五楼顶全饰鳌鱼尾吻兽，四角翘起，威严壮观。节妇牌坊无论是整体设计、施工雕刻，构件安装，均严尊建筑法则，恪守技术要领，才建造出世上罕见稀有，独树一帜的牌坊，为一件不可多得的文物珍品，具有一定的保存和研究价值。

第十节 曾子庙前牌坊

曾子庙前牌坊，是一座石质四柱三楹冲天式牌坊。位于山东省嘉祥县城南17公里满硐乡南武山之阳，现为山东省重点文物保护单位。庙前牌坊是宗圣曾子庙前主体建筑之一，宽11.2米，高6.1米。牌坊四根立柱断面为八棱形状，按一定比例，下大上小，中间两根立柱顶端雕有莲花花瓣，莲花瓣中间饰宝珠。花瓣上蹲坐一望天吼，两只望天吼同向庙前张望。四根立柱之间有三块大型石板以榫卯的结构形式与立柱结合成一体，空隙地方用我国古代人工制作的胶黏合于一体，牢不可破。明间石板上琢有三个红色正楷大字“宗圣庙”。整座牌坊由抱鼓石、柱顶、立柱、云纹穿插组合而成，中间刹尖与云穿插同高。其他无任何雕琢装饰，简洁明快，不失大度风韵。

曾子，春秋末年我国思想家（前505—前435），姒姓，曾氏，名参（shēn），字子舆，鲁国南武城（今山东嘉祥县）人。孔子晚年弟子之一，儒家学派的重要代表人物，夏禹后代。倡导以“孝恕忠信”为核心的儒家思想，“修齐治平”的政治观，“内省慎独”的修养观，“以孝为本”的孝道观至今仍具有极其宝贵的社会意义和使用价值。曾子参与了编制《论语》，撰写《大学》《孝经》《曾子十篇》等作品。周考王六年（前435）去逝，享年71岁。曾子在儒学发展史上占有重要地位，后世尊为“宗圣”，成为配享孔庙的四配之一，仅次于“复圣”颜渊。

宗圣曾子庙前牌坊

宗圣曾子庙前牌坊抱鼓石

宗圣曾子庙前牌坊中间上半部分

宗圣庙可追溯到周考王十五年（前426），原名“忠孝祠”。正统九年（1444）重建曾庙确认此处，后改“宗圣庙”。明弘治十八年（1505）扩修，正德九年（1514）完工。明嘉靖、隆庆年间曾两次毁于战火。明万历七年（1579）曾子六十二代孙曾承业奏请重修，这次重修，奠定了现在的规模和布局。

第十一节　父子总督牌坊

父子总督牌坊位于山东省烟台市蓬莱县戚继光故里大门右侧，为明代朝廷旌表戚继光父子功绩而建。大型花岗岩石质，建于明嘉靖四十四年（1565）。高为9.5米，宽8.3米，进深2.7米，四柱三楹五楼石质结构建筑。与“母子节孝坊”一东一西相对而立，两者相距150米。四块稳定的底座条石与八块抱鼓石紧密地抱着方形立柱，稳固地屹立在路中，明间两根立柱间有一架龙门枋横跨两立柱之上，以榫卯形式结合在一起，严丝合缝，两端向立柱两侧延伸出80厘米。龙门枋之上牌匾书“父子总督”四个正楷大字，刚劲有力。

牌坊次间大小额枋上的雕刻

父子总督牌坊正间大、中、小额枋上的深雕

父子总督牌坊前立面

龙门枋下有雕琢精美的大、中、小额枋，各雕琢着不同精美图案。小额枋上雕琢着双狮戏绣球，绣球在花环中间，两只狮子分列两旁，一只口衔铃绳，另一只口衔铜铃，四肢舒展奔放，首向绣球，目瞪牙呲，左侧雄狮踩绣球，右侧雌狮戏幼狮，威武雄壮，大有压倒一切之势。额枋两端各有鸱吻兽首，昂首吞珠，气势磅礴。中额枋上，琢有四个人物各骑一匹骏马，头名与三名骑马者为将帅，二与四名为侍卫，似凯旋归来，城门已打开，有一士兵预出城迎接，另一侧一农夫在院内登高观望。大额枋上琢有二龙腾云驾雾吸宝珠。龙门枋下雕浪花纹饰。

四根立柱上八对二龙戏珠以簪花的形式镶嵌在立柱前后的中间，画龙点睛，精美传神，显得整座牌坊古香古艳，韵味浓浓，锦上添花。两次间小额枋上前后两面各雕八仙过海人物，形具神生，活灵活现。大额枋上分别雕刻着双凤翱翔，翩翩起舞…… 各种精雕作品云集于此，各展风姿，竞短争长。

整座“父子总督坊”巍峨挺拔，雕镂精致，是我国罕见的明代较大型石雕珍品，现为全国重点文物保护单位，保护良好。

戚景通，戚氏家族第十一世祖，戚继光之父，因避战乱曾一度迁居安徽定远县，元末投入朱元璋义军起反，在红巾军中当了一名小旗手，南征北战三十年升至百户。洪武十四年（1381），戚祥随明军进军云南，不幸战死。明朝廷追念他的功绩，授其子戚斌为“明威将军，世迁登州卫指挥事”。此后戚氏移居登州，传至十一世戚继光之父戚景通，第一夫人张氏无生育能力，第二夫人王氏于嘉靖七年（1528），生下了长子戚继光，时，景通56岁。后又生下次子戚继美，三子戚继明。嘉靖十七年（1538），戚景通解甲归田，在家教育儿子刻苦攻读，要他们长大后以高尚气节报效国家，对后代教育非常严格。后来才培养出了像戚继光这样的爱国英雄将领，驱倭寇，驱蒙古部落的入侵，捍卫了京师安全，为中华民族立下了不朽功勋，名溢大江南北，长城内外。

戚继光，明嘉靖七年闰十月初一（1528年11月12日）诞生于山东济宁东南60里的鲁桥镇（今属微山县）。父亲景通56岁喜得贵子，高兴不已，希望孩子能够继承祖业，成为有用人才，起名继光。嘉靖十二年（1533），6岁的继光随母亲回到登州入私塾读书。到9岁时，戚继光学习之余已能“融泥作基，剖竹为杆，裁色褚为旌旗，聚瓦砾为阵垒，陈列阶所，研究变合，部伍精明，俨如整旅”。幼时戚继光所表现出来的良好的军事素质，以令人惊异。嘉靖十七年（1538）继光父亲回归故里，时继光才12岁。嘉靖二十五年（1546）继光19岁时，被任命在登州卫管理屯务。他上任后竭力整顿屯正，屯务为之一清。上司庶民都啧啧称奇。戚继光自幼家贫，请不起教师，在乡里人梁玠开设的外塾就学。在梁先生的悉心教诲下，戚继光文韬武略，更加精熟，他被历史上英雄人物事迹所感动，在堂前柱子上刻下“功名双鬓黑，书剑一囊清”。他决心以自己的书剑博取功名，为国家建功立业。嘉靖二十八年（1549）十月，戚继光参加山东乡试，考中武举，第二年秋他赴京城会试，还为考试，密云、顺义、通州军事告急，朝廷调集大同、河南、山东等地兵马火速驰援，并命令会试武举参加守城。戚继光被任命为总旗牌，督防九门。并采纳了他提出的十几条战略措施。时年他23岁，被朝廷记录为“将才”。戚继光以毕生的经历反击外敌入侵，为维护国家和平、百姓安宁，做出了重要贡献。

第十二节　赵氏节孝牌坊

侯廷对妻赵氏节孝坊出土后的英姿

2018年5月，某建筑施工单位在山东省滨州市滨城区北镇街道办事处胜利居委会以南，黄河一路与渤海七路交叉路口以东的黄河大坝北坡施工时，挖出一座牌坊，报告文化部门，经进一步挖掘，牌坊整体露出原貌，花心板上刻着“大清嘉庆十二年侯廷对妻赵氏坊”。经查阅《侯氏族谱》与《滨州志》获悉：侯氏祖人为河北枣强，洪武年间迁至滨州西街定居，后迁高家庄，三迁蒲北镇胜利村。侯廷对是侯氏家族第六世祖，本人为读书之人，业儒，娶妻后生一子侯承训，不久撒手人寰。这座赵氏节孝坊为什么被埋在黄河大坝之下呢？这还得从头说起。

侯廷对去世后，赵氏德清气佳，高风亮节，一人抚养儿子，照顾婆母，婆母年迈体弱，失子之心使老人经常悲愁垂涕，数日不食。赵氏看在眼里，疼在心内，天天守候在婆母面前，衣不解带，问寒问暖，煎汤熬药，不离身影，仁孝之行风闻四乡八村。赵

侯庭对妻赵氏节孝坊花心板上的刻字

复制的赵氏节孝坊的花心板与额匾

复制后的赵氏节孝坊

氏以自己的高贵品德，几十年如一日照顾婆母，又为儿子办理了婚事，随着时间的推移赵氏也年逾花甲，不久撒手人寰。她的节操纯贞，仁孝之举传遍滨州大地，州衙内大小官员无不佩服赞叹，上报朝廷，圣旨下传旌表其行，“建坊入节孝祠”，滨州衙府决定在侯廷对故乡为赵氏建造一座节孝坊。议案一定，立即选址绘图，聘精工良匠，琢雕细刻，建起了造型考究，结构严谨的石质节孝坊，立在村南稍门以外的大清河北岸。这里是大清河码头，滨州与蒲台县往来的必经之地，大清河南岸西侧不足300米就是当时鲁北盐业疏散基地——批验所衙门，山东、河北、河南、江苏、浙江、江西、安徽等省的盐船都由此检查、纳税后放行。批验所以南邻蒲台县城，胜利村的盐店街两旁布满持有官府批文经营食盐的店铺，盐店街之名由此而得，故此地天天门庭若市，车马船人，穿梭往来，大街上整天都是人来人往，摩肩擦踵，热闹非凡。节孝坊建成后，来此观望者更是人稠客穰，络绎不绝。侯氏家族的后人多数居住在这里，这也可能就是“赵氏坊”立在此地，而没立在滨州城里的主要因由。

那为什么又被埋在大坝之下呢？

现在的黄河在清咸丰五年（1855）前的数千年里由天津的子牙河至淮河之间不规则地来回滚动入海，公元1855年河南铜瓦厢决口，黄河夺大清河入海，才形成了今天的黄河。从此，河水变黄，水流加大，清水变浑浊，河面也逐渐拓宽，黄沙沉淀，河床抬高，雨季溢出河面，危及农田。至同治初，“自鱼山至利津海口，皆有地方官劝民近河筑埝自卫，逐年补救，民地可耕，渐能复业”（《历代治黄史》），两岸民埝于同治六年（1867）完成。光绪初年（约1880）随着上游段长堤的完竣，加快了下游河道的淤积，“每年逢盛涨迭出险工。”“齐东城三面滨河，修筑东西石坝两座”；“滨州蒲北镇中街，东西小街修筑石坝三座”（《清宫廷档案》）。此时民埝灾溢渐次增加，达到无岁不决，无岁不数决的险恶状况，下游单靠民埝已不能御水。1988年6月，《惠民地区黄河志》载：“光绪九年（1883）山东巡抚陈世杰奏：‘山东省黄河，现在两岸高者离水不过四尺，低者仅二、三尺……光绪元（1875），河身去水尚高二丈及一丈四、五尺不等， 今不及十年，而情形变迁至此…… 稍遇盛涨，便行出槽。…… 为今当计，当以修筑长堤，避免泛滥为灾。…… 现经派员分筑长清、齐河、惠民、滨州各北岸，历城、齐东、章丘各南岸，限来岁正月杪告竣。再行接办长青之南岸，历城、济阳之北岸，滨州、青城、蒲台之南岸，利津城以上至南北岸。’十月霜降后，黄流复涨，只有齐河、章丘、惠民、滨州分别兴工，其他未动工或稍缓”（《历代治黄史》）。长堤于次年五月全部告竣。由此证明，赵氏节孝坊建成76年后，于光绪九年（1883）黄河筑堤将牌坊埋在大堤之下，沉睡了135年。今天终于英姿再发，重睹天日，带着深厚的文化底蕴，向人们诉说着二百余年前的曲曲折折，坎坷经历。牌坊虽旧，但其历史考古价值却无法估量，它展示着我国仁孝文化历史的悠长和在民间传承的习俗与良好的光荣传统。

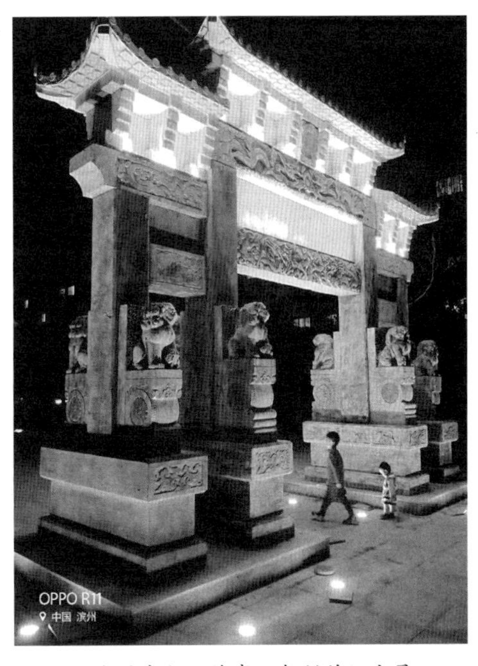

侯庭对妻赵氏节孝坊复制牌坊夜景

出土的赵氏节孝坊，四柱三楹，宽6.47m，高约7.8m，坊顶已无，其四柱断面各为方形，边长约60厘米，柱下底座高约1.6—2.0m米，柱子前后各有一尊雄狮，威武雄壮，气贯长虹，磅礴之势，威震清河。雄狮大小与底座、方柱相互匹配，协调一致。西侧内柱与明间小额枋已断裂，其柱采用带钢圈固，小额枋之下有每边长约30厘米见方的方钢擎托。由此可见，赵氏坊在修筑大坝前小额枋已断裂，故采取加固措施。花心板上的大字阴刻雕琢，笔迹干净利落，遒劲有力，结构严谨，是正楷体的清末代表之作。字体之下的小额枋上，雕有两条升龙，昂首向天，虽是浮雕，不难看出工匠雕琢技艺的娴熟与绘画技巧。两端小额枋上的花草浮雕，同样构图严谨。根据有关资料分析：牌坊为四柱三楹三楼或五楼式，花心板字体之上有较宽形镂空石雕，镂空石雕的龙门枋之上有石刻斗栱和顶楼。整座牌坊的前后相互搭配，比例恰当，丝分缕解，左右高下，俯仰曲折，方圆平直，曲尽其体而神奇飞动，不为法拘的设计和做工精妙绝伦，是一座不可多得的艺术珍品。

现下出土的牌坊由文化管理部门收藏，侯氏家族的后人为了纪念先祖的尊老敬老的高贵品德，发扬中华孝文化的光荣传统，经有关部门批准，按照赵氏节孝坊的造型、图案、结构，1:1复制了一座“侯庭对妻赵氏节孝坊”，立在胜利居委会住宅小区大门以北，将原来的健身广场改造成为“孝文化乐园”。赵氏节孝坊重放异彩，又焕发出了敬老爱幼的风尚，它将对提高中华民族传统文化的发扬光大，转变现代人对传统文化的消极看法，起到不可鼓量的作用，也将成为滨州地域孝文化的标识。

第十三节　棂星门牌坊

棂星门牌坊，位于山东省曲阜市孔庙大门前，是进入孔庙的第二座牌坊。高12.8米，宽11.2米，为四柱三楹冲天式牌坊。牌坊始建于元代至正十三年（1353），后随着历代皇帝对孔庙的重视，不断修葺。中间两根立柱之间的花心板上的三个黄色大字“棂星门”为大清乾隆十三年（1748）高宗弘历题写，剔地阳刻，字体遒劲有力，端庄大方。大字周边雕琢有六龙戏珠捧匾，上下各两条，左右各一条，六条龙腾云驾雾，穿梭在云雾中，充分表现了中华民族的儒家文化，在惊涛骇浪里披荆斩棘，所向无敌，经数千年的磨炼，经数十代人民的实践应用，已成为一种具有明显政治伦理道德化，伦理道德政治化特色的思想体系，在中华民族中已根深蒂固，占据了重要地位。牌坊三楹中，每楹横梁下沿上都设有四朵门当。花心板的上边中央放一宝鼎，宝鼎中一宝珠背后，火焰升起，象征着儒家文化的圣火冉冉升起，永不熄灭。四根立柱下面前后各有一对戗柱，支撑牌坊前后，使其更加牢固。立柱的顶端各雕有一尊天神，面向正南，洞察秋毫。

孔庙大门前第二座牌坊“棂星门”

“棂星门”牌坊牌匾

“棂星门” 上刹尖与方形雕刻

棂星门是文庙中轴线上的重要建筑之一，传说它是天上文星，以此命名意味着孔子为天上星宿下凡。象征着孔子可与天上施行教化，广育英才的天镇星相比。

灵星即天田星，又称天上“文星”。汉高祖命祭天先祀灵星，至宋仁宗天圣六年，筑郊台外垣，置灵星门，象天之体；旋又移用孔庙，盖以尊天者尊圣。后人以汉祀灵祈谷，与孔庙无涉，又见门形如窗棂，遂改棂星门。星为天上星星，太阳也是星中一颗，宋·范仲淹《岳阳楼记》：“日星隐耀”是说太阳星隐藏起光辉。又指女人脸上所加的美容花点。北周庾信《镜赋》：“靥上星稀”是说美女脸上美容花少点了。由此可见棂星门之尊严，不能乱建，只有建在皇帝、圣人庙宇、陵墓前，普通庙宇、坟墓不能建造。

棂星门牌坊立柱上的天神守将

孔子（前551—前479），名丘，字仲尼。鲁国陬邑昌平乡（今山东曲阜东）人，一生坎坷曲折，但他勤奋好学。年轻时，从事过多种职业。成年后知识愈益丰富，收徒讲学，研究修身、齐家、治国、平天下之道，逐步形成了自己的思想学说。中年从仕，由“中都宰”到摄鲁国相事。由于在鲁国不能实现其政治主张，他转而周游列国，往来于卫、宋、陈、蔡之间，前后历经十四年，始终未得重用。晚年回到鲁国，专心从事前代文献的整理和教授弟子。卒于鲁哀公十六年（前479），终年73岁。

孔子思想核心是“仁”，“仁”即 “爱人”。他把 “仁”当作人生最高生活准则和最高道德境界，认为在必要时须用生命来捍卫它，把“礼”作为行仁的规范和目的，使“仁”和“礼”相互为用。主张统治者对人民“道之以德，齐之以礼”，从而再现“礼乐征伐自天子出”的西周盛世，进而实现他一心向往的“大同”理想。时年，他随着办学的成功，已积累相当丰厚的学识，声望日显。为了推行其理想和主张，他办学的范围越来越大。他以自己的“文、行、忠、信和诗、书、礼、乐”为教育内容，因材施教、举一反三、循循善诱的教学方法使得他所培养的弟子个个知识渊博，学识厚重，成为国家的栋梁人才。

第十四节　五世衍祥牌坊

五世衍祥牌坊，位于广西壮族自治区梧州市岑溪市水汶镇南禄村，是为本村百岁老人钦赐八品修职郎刘运昌适逢双喜——百岁高龄、五世同堂而建。清同治三年

(1864)南禄村的刘运昌逢百岁，又喜得五世子孙，学宫黄立纲等一批乡贤在给刘运昌祝寿时，联名写信给岑溪县正堂（地方正印官）李荣赐，要求向朝廷报请旌表立建牌坊。县官呈文由梧州府转呈广西抚院，报至京城礼部。同治四年（1865）皇帝下旨准建，同年动工，十年后（1874）竣工。同治皇帝并旨令广西抚院制“五世衍祥”匾额庆贺。

广西岑溪市水汶“五世衍祥”牌坊

牌坊为四柱三楹三楼砖砌体饰陶式牌坊，高11米，宽10米，进深1.1米。通体镶嵌陶制饰品，各色俱全。牌坊造型独特，高大雄伟，楼顶翘檐飞角，坊身饰有各种人物、花草、鸟兽图案。立柱之上还嵌有梧州知府，下属各县知县的亲笔题词。抱鼓石为石质雕刻，中间拱形大门，宽敞舒展，拱门之上，大、小额枋之间嵌有“五世衍祥”牌匾。牌匾两侧对联：“寿届百龄纶综锡褒荣之典；祥开五业会元多卓荣之英。”

“五世衍祥”牌坊中间楼顶

牌坊的四根立柱上也有题词，中间两根立柱上的题词多部分已模糊不清，无法辨认。两侧立柱上的题词为：“继荣祝以称多多福多寿多男子，拜恩纶之赐杖扙乡杖国扙朝廷。”

五世衍祥坊牌匾

砖砌体牌坊在我国已有多例，砖砌体饰琉璃在我国北部甚多，砖砌体饰陶的牌坊还是首例，实属罕见之物，可谓珍品，岑溪市的“五世衍祥”牌坊，目前在笔者调查的近400座牌坊中，“五世衍祥”牌坊独一无二。现属广西壮族自治区重点文物保护单位，保护比较完整。

第十五节　柏台世宠牌坊

柏台世宠牌坊，位于安徽省歙县徽城镇上路街，牌坊为四柱三楹三楼冲天式结构建筑，高11.5米，面阔10米。建于明万历四十四年（1616）。为“广西道监察御史前舍人毕力德及孺人孙氏”立，牌匾正面阴刻正楷体“柏台世宠”四个大字，背面刻“豸绣躬承”。“柏台”代指御史台，“豸绣”为御史补服中间的刺绣“獬豸”。双龙镶嵌的额匾因时间之久，字迹已模糊不清，无法辨认。小额枋（当地称月梁）断面成椭圆形，中间弯曲，像月亮，故称月梁。月梁两端刻云纹，立柱中间刻如意纹，图纹整齐美观，清晰大方。中间两根立柱前后各有一只雄狮踩绣球，神采从容，热情洋溢地接待着来往穿梭的行人。整座牌坊威武雄壮，气势浩荡，是歙县古代牌坊中的佼佼者，现为歙县文物保护单位。

柏台世宠坊

雌狮之幼狮踩绣球

柏台世宠坊花心版与匾额

第十六节 高义园牌坊

苏州高义园牌坊

苏州高义园牌坊抱鼓石

苏州高义园牌坊牌匾

高义园牌坊，位于江苏省苏州市天平山上。高6.7米，阔5.56米，为四柱三楹冲天式结构建筑。明万历年间，范仲淹第十七世孙范云林从福建弃官归乡，在范仲淹请建的天平山功德香火原旧址上，建起了一座“天平山庄”。牌坊为天平山庄大门。清乾隆十六年（1751），高宗弘历（乾隆皇帝）首次巡视来到天平山。巡游中，乾隆帝雅兴大发，将天平山庄题名“高义庄”。同时，乾隆还题写了同名的一诗一坊一匾，坊既“高义坊”中间的牌匾。诗为《题高义园》，匾为“五龙金匾”。

宋朝仁宗皇帝把天平山赐给范仲淹，范仲淹将高祖葬在山上，又称坟山。这里古枫参天，松掩庄园，山中峰奇石怪，清泉叮咚，山顶平如刀削，视野千里，故称“天平山”。

第十七节　方氏宗祠牌坊

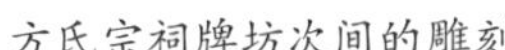
方氏宗祠牌坊次间的雕刻

方氏宗祠牌坊

方氏宗祠牌坊，坐落在安徽省歙县潜口民宅内。为四柱三楹五楼式牌坊，高9.5米，面阔8.40米。原处罗田村南方氏宗祠门前，皖赣铁路开始建设时，祠堂拆毁，将牌坊移建于此地。牌坊通体采用白麻石雕琢砌筑而成，表面遍饰浮雕，大额枋和龙门枋图案全部采用镂空雕刻，最高的浮雕高出石板面28厘米。因白麻石易雕刻，有狮、大鹏、麒麟、仙鹤、莲花、荷叶等，斗栱上双昂弧形伸出，有云板装饰。龙凤匾正面雕刻“魁星图”，背面雕刻“月宫桂树图”。此坊龙凤匾处没题字，只刻有一龇牙咧嘴的小鬼，右手拿一支笔，左手握着一个“杈”，脚后有一方形“斗”用来衡量人的才华，“笔”用来点状元，富学五车，才高八斗，鬼、斗合起来是“魁”字。牌坊背面雕刻着“月宫桂树图”，正间额袱为双狮戏球，大额枋为大鹏展翅飞翔，体现了立碑者希望家族子孙众多出文魁星，蟾宫折桂，入仕做官，光宗耀祖。额匾前后两面均刻“方氏宗祠”四个大字，落款“嘉庆丁亥仲春立”。在龙凤匾上用图案愚示意义的，古徽州所有牌坊中尚属独立。现为黄山市文物保护单位。

牌坊正间檐下的“富学五车，才高八斗”
“魁”字寓意图

第十八节 清太祖福陵牌坊

清太祖福陵牌坊，坐落在辽宁省沈阳市东陵路的东陵公园内，在进福陵的大红门东西各一座，东侧一座是四柱三楹三楼冲天式仿木结构的石牌坊。为清朝入关前的建筑。牌坊全长10.5米，宽3.13米，四根石柱断面边长各0.46米，柱墩高1.7米，边长约1米，四面各雕有缠枝花草、仙人、松柏、麒麟等吉祥图案。前后抱鼓石雕刻一盛开的莲花，立柱顶各有一束腰圆形莲花，略大于立柱周长。莲花坐上各蹲坐着一只望天吼，这正合冲天牌楼的"冲天"之意。柱基下面起加固作用的夹干石（抱鼓石）所代替，十分独特。其基座为长方体形式，四面雕有缠枝花卉、仙人、祥鹿、松柏、麒麟等吉祥图案，前后抱鼓石的鼓心雕成一盛开莲花，下衬锦袱，锦袱角坠一枚古钱，岔角石上刻有缠枝花卉。牌楼为歇山顶，其额枋、斗栱、檐椽、吻兽等均为青石雕成，

清太祖福陵石牌坊

清福陵石牌坊石刻

清太祖福陵石牌坊望天吼与莲花座

额枋中间为横书满、蒙、汉三体文字，满文居左，蒙文在右，汉文居中，内容是“往来人等，至此下马，如违，定依法处”。另枋额两面均雕有图案，海水江崖、仙人童子、鲤鱼跳龙门、仙人骑瑞兽等。两面石牌坊中间小额枋之上的花心板上，雕刻着两个仙人在陵门前两侧作揖，穿戴着汉人的官服和官帽。图案中的陵门三楹，中间两扇大门紧闭，仙人严阵以待，敬候他人前来祭拜。小额枋上的浮雕为二龙戏珠，中间宝珠似火焰放射出光环火花，金光四射，闪闪发亮。大额枋上雕有两尊龙首，和三颗宝珠。其上为斗栱、桷子、飞椽，再上即是楼顶。三座楼以中间高于两侧对称式排列，各楼上的大脊分别雕有二龙戏珠，大脊两端安装有鱼尾吻兽，衔吞大脊。由于时间久远，牌坊受力不均，向南倾斜了少许，有待于加固维修。现为世界文化遗产。

第十九节　魏惠绕孝子坊

魏惠绕孝子坊，位于山东省东阿县姜楼镇魏庄村南。建于清乾隆四十五年（1780），是为孝子魏惠绕而建。该牌坊阔6.8米，高6.6米。为四柱三楹冲天式牌坊，四根立柱断面为正方形，边长为0.48米，下由前后抱鼓石加固，每柱顶相反方向蹲坐一只狮子。明间顶部为“山”字形造型，大、中、小额枋共有三架。中间宝鼎为元宝与马叉，代表祥和吉庆。中额枋上雕

孝子坊立柱前后抱鼓石

山东东阿县姜楼镇魏庄村魏惠绕孝子坊

刻二龙戏珠，二龙戏珠间有“圣旨”二字的额匾。额匾西面横额书“天良笃挚”四字，额枋东面横额书“纯孝性成”四字。左侧阳刻“乾隆四十五年四月谷旦”。再下额题“旌表太学生应时武信郎魏惠绕孝坊”。四柱上均刻楹联东面内联：

魏庄村孝子坊坊顶二龙戏珠

硕德重乡评名标大名之室，论言褒国瑞行居百行之先。

外联：龙章保浩腾声远，玉树兰芽锡类长。

西边内联：诗永寥茂宝筑松楸成马口，孝褒纶绛门高绰揳护龙纹。

外联：三年庐墓光珂里，一名纶音贲德门。

柱子两侧均有云纹柱脚，通体花纹简洁明快，落落大方。该牌坊现为山东省第三批公布的重点文物保护单位。

第二十节　雷氏节孝坊

位于山东省东阿县姜楼镇魏庄村南，建于康熙五十九年（1720）四月十七日，整座牌坊为仿木石质结构，是一座四柱三楹三楼式的牌坊。高5.46米，面阔7.68米。是为魏村一位雷姓寡妇所立。楼顶有石质楼面，戗脊、大脊、滴水、瓦当样样俱全，屋顶大脊两端有鸱吻，正脊刹尖为葫芦状石雕，楼角原有小狮脊兽，檐

东阿县姜楼镇魏村的雷氏节孝坊

下雕有椽、垂柱和斗栱等仿木构件。中间檐下前后各有六根垂柱，柱端带有倒垂莲花。次间两楼檐下前后各带有三根垂柱，垂柱下带有倒垂莲花。三座楼顶皆有戗脊。明间大脊两端为卷尾鸱吻吞脊。大脊两面雕刻二龙戏刹尖上的宝珠，宝珠上面为火焰。龙门枋中间雕琢一条坐龙，坐龙两侧各雕一条降龙，在腾云驾雾，周围云朵飘飘，乌云密布，大有翻江倒海之势。牌坊周身雕有云海、二龙戏珠为主的图案，还有麒麟、神马、仙鹤、人物、牡丹、菊花等图案。立柱两侧各有圆雕狮子柱脚，八个狮子姿态各异，形象逼真。檐下额匾阳刻“圣旨”正楷二字。再往下，上花心板上阳刻“节孝可风”四个大字，传为康熙礼部尚书邓钟岳所书。下花心板上的阴刻文“旌表太学生考授州同诰赠儒林郎魏嗣徵继室雷氏之坊”，字迹端庄秀丽，刚劲有力。落款为阴刻“康熙五十九年四月十七日建成”。小额枋上两端雕刻吻兽衔额枋，中间刻四狮戏宝珠，宝珠两旁各饰一顶元宝。该牌坊前后两面除部分花纹不同，铭文全部相同。现为山东省第三批公布的重点文物保护单位。

节孝坊中间顶楼

节孝坊立柱前的雌狮

第二十一节 慕陵石牌坊

慕陵石牌坊，位于河北省易县西陵镇龙泉庄慕陵公园内，道光皇帝地宫前，在清陵制三座门的位置，此牌坊是由咸丰皇帝的师父杜受田提议所建造的，为四柱三楹三楼石质牌坊。明间宽，两次间稍窄，各楹均有小额枋和龙门枋组成，四根方形立柱底部有夹柱石紧抱立柱，夹柱石上部分由莲花小束腰深雕，夹柱石顶部雕有“寿比南山高”图案。各楹小额枋与龙门枋之间有小立柱将其分为三部分，每部分以透雕填补空缺。明间龙凤板上书有“慕陵”二字，有汉、满、蒙三种字体。三楼各龙门枋上分别由双踩斗栱。斗栱之上设置檐桁、檐檩，檐檩上桷、椽参差有别。楼顶面仿琉璃筒瓦、平板布瓦、大脊、戗脊、鸱吻、箭把、跑兽、戗兽，样样俱全。

道光皇帝生前非常羡慕东北盛京（今沈阳）三陵，他认为盛京三陵朴实俭约，玲珑剔透，蔚为壮观。他很希望将自己的陵寝名定为“慕陵”，但清朝的陵名必须由嗣皇帝来命名，自己不能决定，于是他想了一个办法，公元1842年，道光皇帝谒毕西陵（昌陵），来到龙泉峪陵寝大殿，升御座将四子奕詝（后来的咸丰皇帝）和六子奕䜣召至御座前，命他二人攻读一道朱笔上谕：“敬瞻东北，永慕无穷。云山密迩，呜呼！其慕与慕也。”读完命皇子将这道朱谕藏于殿内的东暖阁里。二十二个月后道光皇帝驾崩。新继位的奕詝（咸丰）皇帝在处理父皇丧事时，突忆先父带领兄弟二人前往谒拜西陵所读的朱笔上谕，必有其用意，令人取回，立诏师傅杜受田读释。受田接过上谕反复阅读，仔细揣摩后曰：“以愚臣之见，先皇是想把自己的陵寝定为慕陵，简短一语用慕三次。”刚满二十岁的咸丰皇帝，恍然大悟，方才明白年余前先父带领兄弟二人拜谒西陵的用意。含泪即书“慕陵”二字。杜受田深思片刻又曰：“以愚臣之见，在寿宫（皇帝逝世之前不能称陵寝，称寿宫）之

清宣宗道光慕陵前牌坊

清宣宗道光慕陵前牌坊斗栱与吻兽

清末民初慕陵石牌坊原样

前立一牌坊，前雕‘幕陵’二字，后琢先皇朱谕，以念之。”数月，一座石质结构的四柱三楹三楼式的牌坊拔地而起，满、汉、蒙三种文字撰写的“幕陵”二字镌刻在正面匾额上，阴面刻：“敬瞻东北，永慕无穷。云山密迩，呜呼！其慕与慕也。”经过咸丰皇帝的师傅杜受田的精心策划，幕陵成为清代皇帝陵寝中独树一帜的建筑群体。那座石牌坊高大宏伟，稳若泰山，历经160余年，现仍岿然不动，不但成为历史文化遗产，而且成为协办大学士杜受田为道光皇帝巧定“幕陵”的见证。

第二十二节　成吉思汗陵前牌坊

元成吉思汗陵前牌坊

成吉思汗陵前牌坊，位于内蒙古自治区鄂尔多斯高原伊克昭盟伊金和洛旗，阿腾席连镇东南十五公里的甘德尔敖包上。牌坊为1954年从青海省湟中县塔尔寺迎回成吉思汗的衣冠后，与其纪念馆（又称成吉思汗陵）同时建造，当年竣工。牌坊为四柱三楹七楼式琉璃结构建筑。高14.7米，阔16.2米，方形的四根立柱分别坐落在四块大型汉白玉石雕琢的束腰形须弥座上。立柱前后各有一块完整的抱鼓石，其上雕简洁的图案。四根立柱内侧分别由六根小方形立柱承托着小额枋下的石质挂落。明间挂落中心雕刻有莲花图案。四根立柱上部各雕一只簪花。中

元成吉思汗陵前牌坊次间下枋梁装饰

间龙凤板上书有“成吉思汗陵”汉、蒙两种文字。七座楼顶分为三层，明间顶楼最高，两次间稍矮，两座夹楼次之，左右两侧楼最低。七座楼顶共分三种颜色：黄色的滴水瓦当、黑色的楼顶、蓝色的大脊与鸱吻箭把，立柱、大小额枋均为白色，四种颜色，色泽简洁，素雅淡饰，看上去令人肃然起敬。远处望去，蔚为壮观，雍容大方，大有皇陵之气势。

元成吉思汗陵牌匾与楼上的斗拱

成吉思汗（1162—1227），名铁木真，元太祖，蒙古族乞颜部人，出身贵族，他历经艰险，得以报父仇，恢复势力。金大定末年铁木真建立宫帐，称汗。蒙古国统一后建立了军政合一的国家体制，定都和林。政治上实行千户制，安十进制方法编为十、百、千、万户，各户长领有不等的领地和领户，平时各种其田，战时由领户带领出征作战。公元1205年、1207年、1209年三次进攻西夏，俘掠西夏人和畜，西夏既降。1227年6月夏主李睍请降，要求宽限一月献城。可谁知成吉思汗未及看到西夏献城，于同年7月病死在六盘山南清水县，在位22年，终年66岁。

第二十三节　胡氏进士牌坊

胡氏进士牌坊，位于安徽省歙县桂林镇吴川村东头。是为进士胡文学和胡璋而立，四柱三楹五楼石牌坊，据当地群众介绍，楼顶在十九世纪七十年代被一场龙卷风卷走，现只剩四柱、大小额枋与四尊石狮。约在清康熙初（1670）前后建立。两侧立柱高8.6米，宽9.5米。明间

胡氏进士牌坊

左边雌狮踩幼狮

左边雄狮抱绣球

胡氏进士牌坊侧柱上的望天吼

宽4.4米，次间2.6米，方柱断面边长0.55米，两侧柱由下至上逐渐收拢，柱顶雕有望天吼两尊，各蹲坐其上。中间两柱前后分别雕琢立体雄、雌狮子，左雄，右雌，雄狮前足脚蹬绣球，雌狮右腿爪上立有幼狮，四尊石狮表面虽有所风化脱落，但精致的雕琢，局部的刻画仍然可变其精湛艺迹，渗透出卓越的技艺与灵巧的构思。牌坊整体的设计，为研究我国古代石雕艺术提供了有价值的实物。牌坊的背面书有“顺治壬辰科进士胡文学”和“康熙甲科武进士胡璋”。牌坊虽无许多雕刻，但气势宏大，蔚为壮观。

胡文学，字卜言，徽城人。顺治进士，官福建道监察御史，巡视两淮盐政，革弊兴利，缉《盐政通考》著《淮盐本论》，后任河南道御史。

第二十四节　金殿传胪牌坊

金殿传胪牌坊，位于安徽省歙县桂林镇芳塘村居民院内，为四柱三楹三楼冲天式牌坊，建于明弘治十五年（1502），为褒奖胡煜考中进士而建。原用白马石建造，高10米，宽8.35米，乾隆十七年（1752　）重修时，上部一些构件换为青石。房檐下双龙盘边的额匾上刻有“恩荣”正楷二字，上层牌匾书有“金殿传胪”四个大字，下层牌匾镌刻“进士第”三个大字。牌匾前后两面都刻有相同内容的正楷字“歙县知县马应祥十二月立”。传胪即状元、探花、榜眼之下的第四名，进士二甲第一名。该牌坊为浮雕与深雕技艺相结合，在额枋、斗栱、雀替等处雕琢的花卉缠枝，芳菲艳丽；狮滚绣球，灵活机动；喜鹊登梅，捷报频传；飞鹤祥云、珍禽异兽等图案纹饰，形象生动，活灵活现，细致入微。其深雕部分背部破坏较严重，正面保存较完整。

牌坊次间大小额枋上的高浮雕

金殿传胪坊前立面

《歙县志》中载："胡煜，芳塘人，明宪宗成化二十二年（1486）中举人，明考宗十五年考中进士二甲第一名，称传胪，后官至礼科给事中。胡煜为人正直，不畏权势，有高风亮节，在明武宗时，他抗颜净谏，上杂章弹劾祸国殃民的阉宦，武宗不予采纳，因此，他辞职归田著书，撰有《竹岩遗篇》数十卷。"此牌坊为弘治十五年（1502）胡煜考中进士当年的十二月，歙县知县马应祥报请皇上恩准为他建造的，距今已500余年，现为歙县人民政府重点文物保护单位。

背面的"进士第"牌匾

第二十五节　夏禹陵入口牌坊

夏禹陵入口牌坊，位于浙江省绍兴市东南六公里的会稽山麓，为四柱三楹冲天式牌坊。明间两柱高7.36米，两次间立柱高6.10米，宽7.78米，明间宽3.2米，两次间分别宽2.29米。四根立柱断面为正方形，由下至上逐渐缩小。龙门枋之上雕有巨龙攀柱，两柱各一条。小额枋上雕有二龙戏珠。两次间下面分别由七根方形小立柱，顶端雕有四棱柱顶。柱顶与小额枋之间约有30厘米空隙，两侧立柱约3米高处各有一架小额枋，额枋之上浮雕仙鹤腾云，仙鹤周围云纹缠绕，凌云冲霄，气势非凡。整座牌坊结构简洁，朴素大方，棂星门的风格浓厚。中间两根立柱前新增添一对石狮，点缀的牌坊更加俊秀美观，庄严肃穆。1996年10月公布为全国重点文物保护单位。

夏禹陵入口牌坊

夏禹陵入口牌坊立柱前石狮

夏禹陵入口牌坊雕刻

夏禹陵入口牌坊右侧上枋梁雕刻的仙鹤翱翔图案

第二十六节　三省自治石牌坊

“三省自治”石牌坊，位于山东省嘉祥县满硐乡南武山之阳曾庙大门前左侧，为四柱三楹三楼石牌坊。高4.8米，宽6.75米。四根八棱形石柱之上安装着六架枋梁。石柱顶部参差坐落着对称式三座楼顶，三楹式牌坊明间宽，两次间窄，明间小额枋之上的龙凤牌匾上雕刻着四个红色行楷大字“三省自治”，牌匾四周雕刻着回字形纹饰，四字的两侧分别刻有“寿”字的两种篆体圆形大字。三座楼顶的前、后、左、右各雕琢着滴水、

曾子庙前“三省自治”牌坊

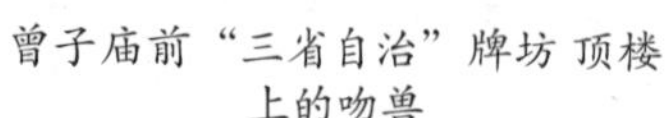

曾子庙前“三省自治”牌坊 顶楼上的吻兽

曾子庙前“三省自治”牌坊牌匾

瓦当，明间大脊两端，各安装一尊卷尾鸱吻，相对含吞着大脊，两次间楼顶分别在每间的左、右安装一尊鸱吻，四角各有角兽。明间小额枋下的雀替已失，卯空仍完整地保留着。

曾子不仅自己修身养德，也将这种精神传承至子孙后代，形成了省身明志，忠孝传家的好家风。曾子有三子：曾元、曾申、曾华，三人学习曾子修养，不负家训，皆成为先秦时期的杰出人才。曾元，仕鲁，任兵马司；曾华，仕齐，为大夫；曾申，学《诗》推儒学。

“三省自治”来源于曾子说过的话：五日三省吾身，为人谋而不忠乎？与朋友交而不信乎？传不信乎？“三省堂”为曾氏家族的堂号。曾庙内有“三省堂”。三省堂有祖训，家风赫赫子孙贤，以“三省”为堂号正是曾氏家族人重视修身传统的体现。

第二十七节　一贯心传石牌坊

曾子庙前“一贯心传”牌坊

曾子庙前“一贯心传”牌坊 楼顶的滴水瓦当

曾子庙前“一贯心传”牌坊上的牌匾

一贯心传石牌坊，位于山东省嘉祥县满硐乡南武山之阳，曾庙大门前右侧，为四柱三楹三楼石牌坊。高4.85米，宽7.66米，明间宽4米，两次间分别为1.83米。明间龙凤板刻有“一贯心传”四个行楷红色大字。三间各有大、小额枋，四根立柱断面为八棱形，明间两根立柱底部前后各有卯孔两个，推测可能为楹联悬挂固定处，并且前后各有一抱鼓石，高1.32米，宽0.78米，厚0.28米。三座楼面为石板雕琢，除次间的内侧，四面都雕有滴水、瓦当，中间只有大脊，无吻兽。两次间既无大脊又无吻兽，简洁明快。

“一贯心传”内容出自《论语·里仁》：“子曰：‘参乎！吾道一贯之，’曾子曰：‘唯’子出，门人问：‘何谓也？’曾子曰：‘父子之道，忠恕而已矣。’”曾子的修身标准强调君子形象，在其言论中经常使用“君子”。如“微言而笃行之，行必先人，言必后人”。“可言而不信，宁无言也。君子终日言，不在尤之中；小人一言，终身为罪”等。在修身目标上，曾子主张应有崇高的道德情操。他指出，君子是仁人志士，“君子进则能益上之誉，而损下之忧；不得志，不安贵位，不博后禄，负耜而行道，冻饿而首任”。

第二十八节　五马坊

“五马坊”前立面

五马坊，位于安徽省歙县许村镇许村，为四柱三楹五楼式牌坊，明正德二年（1507）为福建汀州府知府许伯升立。宽8.2米，高9.7米。立柱、龙门枋、大、小额枋等构件均为花岗岩，其余为砂岩石质，雕刻精致。在二层楼脊外端雕有罕见的一种哺鸡吻兽，形制古朴，别有特色。一楼、三楼大脊上均饰有鱼尾吻兽，并在龙首前各安装有双龙须，弯曲向上。明间二层楼的内侧楼中间雕琢一幅以莲花为主题的百花图案。龙门枋之下琢有凤凰展翅翱翔在百草之上。两次间龙门枋里端之间的牌匾上雕刻着“五马坊”三个正楷黑色大字，遒劲有力，舒展自如，威严壮观。次间的大、小额枋上雕有梅花鹿、仙鹤、凤凰等，奇花异草，浮雕、深雕结合，立体感甚强。整座牌坊上共有透雕簪花28朵，各分布在斗栱、立柱上，蔚为壮观的牌坊被晶莹剔透的小小簪花点缀的更显精巧细致，玲珑剔透。立柱下八块抱

五马坊上部分雕刻与花板

五马坊上的石雕——雄狮

鼓石分别与四根立柱紧紧抱在一起，使牌坊可抗狂风暴雨突袭，地动山摇震撼，五百余年来牢不可破，现仍岿然不动，稳如泰山。2006年5月公布为全国重点文物保护单位。

许伯升（1332—1383），名启，号讷庵，以字行，许村人，许友山孙。敬贤爱士，恤寡怜贫，去暴惩顽，锄奸剔蠹。曲直不能变，皆请其评定是非，得其片言而解，颜称："有事伯升，何须理讼庭。"元至正年间，红巾军攻克徽州。许伯升率众护村，连发三矢，悉中旗杆，红巾军由是溃遁，居民得以无虞。明洪武六年（1373），太子召谕天下，搜求隐逸，以辅朝政。徽州知府上其名，徐伯升以疾力辞。十三年，复谕群臣，各举所知，以备任用。徽州知府张猛善力荐许伯升，授汀州知府。汀俗骄嚣尚讼、刚复好斗、古称难治。许伯升至任即劝课农桑，宣教化民，力除可政，时人将其比作汀州名太守陈轩。旧有百余家避税洞居，后或其仁政，不觉下涕来归："有守如此，吾忍悖之群乎？"许伯升以劳瘁卒于任上，汀人悲号如丧考妣，立遗爱祠，肖其像，岁时致祭。柩归许村，汀人攀挽相送百余里，潜口（今属徽州区）方勉未作行状，槐塘唐子仪为撰墓志。永乐七年（1409）十二月葬后金村。正德二年（1507），于大观亭北立五马坊旌其德政。至今"多索一分一厘是祸国殃民，少一冤一枉乃为官正道"之联，还挂在许公（伯升）庙内。

第二十九节　殷尚书牌坊

殷尚书牌坊，位于安徽省歙县桂林镇殷家村，为四柱三楹三楼冲天式牌坊。宽12.6米，高11.5米，坐西面东。建于明万历四年（1576），是户部尚书前奉总督两广军务兼理粮饷、盐法巡抚、地方兵部尚书、督察院右都御使，殷正茂自己所立。灰凝石，梁柱粗硕，立柱、枋梁上浅撰锦纹图案，规整均称，俊美秀丽，是该牌坊的一大特点。小额枋与龙门枋之间的牌匾上琢有双线刻"尚书"正楷二字，龙门枋之上的龙凤牌匾，双线刻四个大字"忠实勋庸"，结构严谨，刚柔相济。明间顶楼下两单两双四组斗栱，两次间楼顶下一单两双各三组斗栱，楼顶面各一条大脊，无鸱吻剑把，跑兽仙人，简洁明快。四根冲天柱，中间两根高，次间两根低，呈对称式。龙门枋与小额枋三架枋成一条直线，布局严谨，造型规整。四根立柱下各有一块巨型底座，底座上八块抱鼓石，前后两块抱着一根立柱紧紧地结合于一体，使牌坊稳当坚固，牢不可破。

殷正茂（1513—1593），字养实，号石汀。南徽州府歙（今安徽歙县），始迁歙县的一世祖，南宋末年殷恂则的十五世孙。明嘉靖二十六年（1547）与张居正同榜中进士，历官兵科给事中、迁江西按察使。殷正茂有军事才干，隆庆四年（1570）征诸路汉官兵十四万人，代替李迁镇压古田僮族韦银豹、黄朝猛之乱，分兵七道进，连破数十道巢。黄朝猛死，韦银豹被手下人出卖，最终被捕。殷正茂以功进兵部右侍郎。隆庆五年（1571）至万历三年（1575）以南京兵部尚书兼任两广总督。万历三年召为南京户部尚书。万历六年（1578）致仕归乡。万历二十年（1592）殷正茂去世，时年八十岁。

殷尚书牌坊

花心板上“忠实勲庸”

殷尚书坊上的斗栱

第三十节　云林胜概牌坊

云林胜概牌坊，又称泰山行宫牌坊，位于山东省嘉祥县青山寺山门外登山路上，是一座四柱三楹三楼式牌坊，高6.3米，宽7.8米，由明朝世袭鲁肃王朱寿庸于崇祯十一年（1638）捐资修建的，为一座牌楼式石质建筑。明间前后四尊石狮雕刻精致，造型生动。小额枋与龙门枋之间的花心板上外刻“泰山行宫”，内刻“云林胜概” 各四个正楷大字，运笔健劲有力，工整大气。两侧门额皆雕刻浮龙、麒麟等图案，刀法娴熟，惟妙惟肖。整座牌坊顶上的石雕斗栱、歇山顶、鸱吻、屋脊、瓦当、滴水等均仿木制建筑形式，特别是明间门额上一组人物雕刻图“明鲁王晋见焦王”中的主、宾、仆等人物，各具形态，神情各异，栩栩如生。背面龙门枋上的深雕为两条升龙在云雾中腾飞，中间一颗闪闪发光的宝珠，宝珠周围光芒四射。小额枋上的浮雕为凤凰戏牡丹，额枋两端各有一鸱吻首，寓意龙凤呈祥，吉祥如意。三座楼顶呈明间高，两次间低的对称式结构。明间前后各有六组板式斗栱承托着楼顶，两次间各有三组板式斗栱承托着次楼顶，各楼顶四角分别外延约0.6米，大脊较高，大脊两端各有鱼尾吻兽衔脊，显得牌坊上半部分玲珑剔透，与立柱和抱鼓石浑厚粗犷之特点成鲜明对比，但前后四尊石狮的精美又与楼顶高度契合，组成了一座，精彩秀发，威武雄壮，古朴典雅，落落大方的古老建筑实体。整座牌坊堪称一组格调和谐，技艺精湛的艺术品，有较高的艺术价值和欣赏价值。

嘉祥县碧霞元君庙前“云林胜概”牌坊

“云林胜概”牌坊立柱前“雄狮抱绣球”石雕

“云林胜概”牌坊抱鼓石雕刻

第三十一节　西递荆藩首相牌坊

荆藩首相牌坊，位于安徽省黟县西递村，又称“胡文光刺史坊”，村民自称“西递牌坊”。据说西递史上共有十三座牌坊，沿着村边小溪一直延伸至村口，历经数百年风风雨雨，兵燹之乱，牌坊不断被毁，自然倒塌，如今只剩这座做工讲究，工艺精美，气势宏伟的“胡文光刺史牌坊”。牌坊屹立在西递村口，宛如一位忠实的守护者，她饱经沧桑，成了整个西递古老村庄历史的见证，西递村的象征。牌坊高12.3米，宽9.95米，是一座四柱三楹五楼式建筑。通体用黟县质地坚硬细腻的青石构建，高大宏伟，造型独具特色，蔚为壮观，除中间小额枋断裂（已采取措施加固）外，其余保存完整。该牌坊是为西递村胡文光建造的功德坊，正面牌匾上刻有“荆藩首相”，背面刻有“胶州刺史”，各四个斗大的双线阴刻楷体大字，夸耀坊主位高权重，身份显赫；牌坊檐下额匾上，两面都镌有“恩荣”二字。小额枋与龙门枋两面分别刻有“登嘉靖乙卯科朝列大夫胡文光”“登嘉靖乙卯科奉直大夫胡文光”字样，点名坊主明讳及功名、头衔。

西递村“荆藩首相坊”

“荆藩首相坊”造型优美，工艺精湛，内容寓意深刻，如匾额“恩荣”二字两旁，琢有双升龙，两条龙各在圆形云纹里翻腾，额匾之上的小额枋上琢有双重云纹，双龙两侧的板形斗栱上各安装有圆形簪花，似悬在板式斗栱之前，寓意皇帝恩赐的荣誉；双龙图案下的牌匾“荆藩首相”“胶州刺史”两边各雕两个人物，两面共四位；有手持笏板的文臣，有手持宝剑的武将，寓意为“文者安邦，武者定国”，国有武将能使国家安全太平，百姓方能安居乐业。在前后两位文臣武将下面，前后雕琢着八大仙人，前面中间两立柱上分别为韩湘子吹笛，能使万物滋生；何仙姑手持荷叶，修身养性，一尘不染。两次间立柱上分别是张果老手持渔鼓，频敲有梵音，能占卜人生；铁拐李手

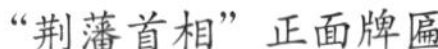
"荆藩首相"正面牌匾

"荆藩首相坊"侧立面

拿宝葫芦，内藏五福，延年益寿。牌坊背面分别为汉钟离手摇小扇乐淘淘，可起死回生；曹国舅手持阴阳板、玉板和声万籁清，能净化环境；吕洞宾手持宝剑显灵光，能除妖辟邪；蓝采和手挎花篮，内蓄无凡品，能修身养性。这一些充分证明胡氏祖先对胡家后裔人的殷切希望：如果不能"出者为将，人则为相"，就应"八仙过海，各显其能"，每个人学会一技之长，自立自强，要有独立生活的能力，自食其力。牌坊上还有很多生动逼真的图案，有象征吉祥如意的"麒麟嬉图"，象征福禄双全的"鹤麓同春图"，象征封建权力的"虎豹逞威图"，象征主持正义的獬豸戏灵芝，象征五子登科的"五狮戏珠图"，等等。二至四楼左右两侧顶端流檐翘角，飞檐上三对鱼尾鳌鱼，触须呈波纹状，不仅使鳌鱼显得活灵活现，而且还起避雷针之用。四根立柱之下设有方形石墩，两端侧柱皆有抱鼓石，立柱前后各一尊与立柱结合紧凑无缝的石狮组成一体，增加了

中间下枋梁上的"三狮戏球

高浮雕的獬豸戏灵芝

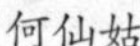

何仙姑

张阁老

韩湘子

中间立柱前的雄狮

次间枋梁上的凤凰玉麒麟

立柱的稳定。雄狮踩绣球，雌狮戏幼狮，充分体现了工艺美术品的双重性，欣赏与使用相结合的原则。这些图案的雕琢，技艺娴熟，构思巧妙，寓意深远，令人叹为观止，堪称世间希宝。整座牌坊造型别致，古朴典雅，巍巍荡荡，广远称之。充分说明胡文光是该村一位历史上赫赫有名的重要人物，也充分证实了胡氏家族当时雄厚的经济实力与手握大权的官宦权力。

胡文光牌坊还有一个非常传奇的故事：据说，因胡文光是文曲星下凡，所以他所建牌坊都是按“36”这个大吉数字设计的，不仅楼高三丈六尺，而且四个楼层、九个门洞，四九三十六。唯有牌楼上的32个簪花（当地称花盘），与此不合。当年牌坊主人也是做了36个簪花，可无论如何也放不上去，只能容下32个。后来，胡文光为官32载，卒于任上。

胡文光（1521—1593），是西递胡氏家族第十八世祖，于明朝嘉靖乙卯年（1555）34岁登科中举。先后历任江西万载知县，山东胶州刺史，湖北荆州王府长史。官居四品，有“奉直大夫”“朝列大夫”的头衔，被誉为“荆藩首相”。在任期间，他处理积案，兴办学校，建仓储粮，驱逐海盗，做了不少利国利民的好事。至今老百姓中还流传着这样的顺口溜："文光刺史美名扬，重视教育办学堂。兴修水利仓满粮，勉励繁殖牛马羊。防御倭寇逐东洋，捍卫江山保东阳。"为表彰胡文光为官三十二年，政绩卓著，明朝万历六年（1578）明神宗恩准胡文光的家乡竖立了这座牌坊，以示光宗耀祖。

第三十二节　冰雪盟心牌坊

冰雪盟心牌坊，又称李倪节孝坊，位于四川省自贡市自流井区光大街光大福180号院内，坐东北面西南，为一座四柱三楹三楼式建筑。宽7.4米，高11.5米，进深2.4米。建于清光绪十三年（1887）冬月。当时为丁宝桢莅临悉情而奏请朝廷敕建。牌坊共为四层：第一层为小额枋与中额枋间的花心板，上雕刻着"旌表处士李人模之妻倪氏坊"十二个正楷大字。第二层为中额枋与龙门枋之间的牌匾，上书"冰雪盟心"四个正楷大字，字体刚劲有力。龙门枋上书有"光绪三十年丁亥仲冬月吉立"，字的两端分别雕琢"节孝"二字。龙门枋之上为第三层"圣旨"额匾，中间为阴刻"圣旨"正楷二字，边框为一条坐龙与两条升龙组成捧圣额匾，周围散发出旺盛的火焰，再两侧的小立柱上各有一个宝瓶，雕琢精致细腻。小立柱两侧为中间一层两侧楼的博风板，其上精雕细刻缠枝花纹图案，成斜三角形，可谓画龙点睛，锦上添花。第四层既是中间楼层，小横梁上有四朵方形底座托着梯形琢有花纹图案的楼顶，楼顶只有瓦当无滴水，四角翘起，大脊两端是鱼尾吻兽，中间宝葫芦。与额匾平行的两侧楼无大脊，但两端带鱼尾吻兽，外侧两角翘起，与龙门枋平行的为第三层，同第二层。

"冰雪盟心"牌坊前立面

牌坊雕琢出瓦垄形状，柱上楹联妙趣横生。中间两根立柱上有对联："至庄至贤，对天地鬼神而贞操不二；庸行庸德，合忠臣孝子之正气为三”。次间楹联：“奉母承欢，热情不随朝露冷；抚孤励节，清操惟有夜灯知”。牌坊的背面额匾与前同。背面龙门坊下的花心板上为“松筠励节”。中额枋上与小额枋之间的花心板上与前同。中间立柱为：“热血洒凌云，痛半截分离子职兼修完节孝；清心盟古井，看六旬坊表母仪卓立奠家邦。”两侧立柱为：“与命依庥，过客亦知名节贵；坤维建极，大家留作典型看。”

前立面雕刻与额匾、牌匾

李倪氏为我国四大盐业家之一“李四友堂”的宗亲媳妇。牌坊设计独特，结构科学，装饰精美，雕刻工艺精湛，图案栩栩如生。是一座不可多得的艺术珍品，有一定的保护与收藏价值。第三次全国文物普查被发现，2012年被公布为四川省重点文物保护单位。

后立面额匾与牌匾

左次间前面

中间右楹联

中间左楹联

第三十三节　节孝流芳牌坊

节孝流芳牌坊，位于广东省佛山市祖庙院内的庆真楼旁，原址为顺德县龙江区。清乾隆二十五年（1760）为旌表尹廖氏节孝所建。牌坊为四柱三楹三楼式建筑，石材由花岗岩和灰沉积岩两种，通面宽7.96米，高0.62米。

祖庙“节孝流芳”牌坊

牌坊次间小额枋与花心版上的浮雕

四根立柱坐落在四级高的台阶上，底部有方块形石板为基础。抱鼓石双面为平板型，断面为曲线切割得弧形逐渐收至立柱前后面，12厘米厚。该牌坊于1972年由市博物馆征集1990年移建于此。四根立柱与三架横梁皆有花岗岩新石材更换，额坊、斗栱

牌匾与顶楼斗拱

祖庙“节孝流芳”牌坊左次间楼顶

等构建均有灰沉积岩构成，其他均为原牌坊构件。明间小额枋与大额枋之间花心板上雕有“节孝流芳”四字。小额枋上雕有戏剧人物，两侧各雕有“老翁献寿桃”。两次间分别雕有“琴棋书画”“八大仙人”及历史故事等。牌坊的四根立柱、三架额枋、抱鼓石皆为今更换，其上皆无任何雕刻。各楼顶的变形斗栱，由下方一圆形底座托起楼顶。楼顶为斜坡屋面，具有一定弧度，圆滑顺溜，不失南方建筑特点，玲珑剔透。中间主楼顶四楼角安装有镂空图案的翘角，两次间外侧如此。三间大脊端凤凰代替鸱吻，欲腾空而飞，更加婀娜多姿，风驰云走。牌坊两侧配有袖壁，皆设门洞，出入方便。

第三十四节　文庙棂星门牌坊

昆明文庙棂星门

文庙棂星门牌坊，位于云南省昆明市华山西路，建于元代（1276），我国杰出的政治家赛典赤赡思丁在昆明五华右建成第一座孔庙——昆明文庙，文庙大门为“棂星门”牌坊。高5米，宽10米，平顶，顶部中置葫芦宝顶，下部抱鼓石夹冲天柱，坊额高1.5米，牌坊为四柱三楹冲天式建筑。明间中间两根特别明显的龙柱一通上下，将明间分为三间，虽无楹联，但高雕技艺琢刻得两条坐龙，龙首在上，环柱盘绕，栩栩如生。蓝色云纹雕饰烘托出坐龙威震天下，气壮山河的气势。大、小额枋之间“棂星门”三个黄色大字一笔不苟，很显功力，是进文庙先映入眼帘的标识。四根立柱前后抱鼓石要比普通牌坊的抱鼓石高出许多，圆形包鼓上平整光滑，上下两端雕琢缠草图案。三楹各楹大、小额枋之间的花心板由小立柱将其分为三部分，各大额枋上安装一檐板，以备遮挡雨雪。四立柱柱顶，高出檐板约0.6米，上雕云纹。

昆明文庙是我国较早祭祀孔子的地方，共有53间房屋，大成殿孔子塑像面南而坐，两侧是孟子等“四公”与子贡等“十哲”，开云南庙学风气。开始学生数量较少，连学长、官员都得亲自去“劝士人子弟以学”，后来发展到每期招收学员150人，以当地少数民族为多。1950年昆明市文化馆在文庙建立，这里便成了全市群众文化活动中心，成为文化馆履行社会宣传教育、公益文化服务、文化艺术普及、非物质文化遗产保护职能的场所。70年来，文庙作为文化馆的馆址，常年为红叶少年儿童合唱团、老年人模特艺术团、京剧爱好者协会、青少年体育舞蹈团等十余个群众业余文化团体提供活动场所，为云南省，乃至全国各地提供了一批又一批的人才，丰富了昆明市人民群众的业余文化生活，提高了群众文化素质，增长了他们的知识，加强了群众精神文明建设，促进了新时代的发展。

昆明文庙棂星门牌匾

昆明文庙龙柱上的龙首

第三十五节　李吉寿德政牌坊

李吉寿德政牌坊，位于四川省隆昌县城南关牌坊古镇，横跨巴蜀古驿道，为四柱三楹五楼式牌坊，高12米，宽6.7米，进深2.15米。四根立柱前后各一块抱鼓石，中间两立柱的抱鼓石顶端各蹲坐一尊幼狮，次间两柱抱鼓石上各蹲坐一尊幼象，八块抱鼓石均以线刻的手段勾勒出了圆形图案。四根立柱下均有双层底座石。牌坊楼顶上的刹尖、鸱吻、飞檐、翘脚等毁于“文革”时期，2006年8月进行还原修复。牌坊正面的额匾上书有“德政”正

李吉寿德政牌坊前立面

楷二字，牌匾上书有“功勒金石”四个大字。中间两立柱上铭刻着：“戟阁秋清，百里自无风鹤警；琴堂春静，万家齐被管弦音。”戟阁，放兵器的地方；琴堂，是对县公堂的雅称。此联称颂在李吉寿治理下，县里的兵器房有如秋天那样清爽，百里之域的县境内没有风声鹤唳的警报；县衙大堂上有如春天那样静谧，真是鸣琴而治啊，千家万户生活在一派丝弦竹管的音乐声中。这就是李县令“功勒金石”之“德政”。次间侧柱楹联：“雀鼠全消，声震巴蜀；鹰鹯所逐，气靖萑苻。”鹯，是古书上记载的一种猛兽，引喻强有力的武装力量。萑苻，即萑苻泽，是春秋战国时期郑国地名，据记载那里常有盗贼聚集出没。此联与中间楹联有互补之意。为何县衙之“戟阁”会如“秋清”，是因为有如雀鼠之类的坏人全部被消灭了，那些隐藏出没于山林泽畔之盗贼被强有力的治安保卫力量驱逐、威镇住了，因而“琴堂”如“春静”，故“百里风声鹤静”，“万家齐被管弦音”。正门，侧门楹联互为补充，互为呼应，都紧扣“德政”“功勒金石”这一主题，而左右侧牌匾上的“蹈德”“咏仁”则称颂李县令足踩仁德之径，口咏仁德之声而行，李县令不亦仁德者乎？

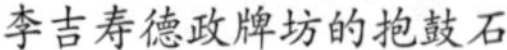

李吉寿德政牌坊的抱鼓石

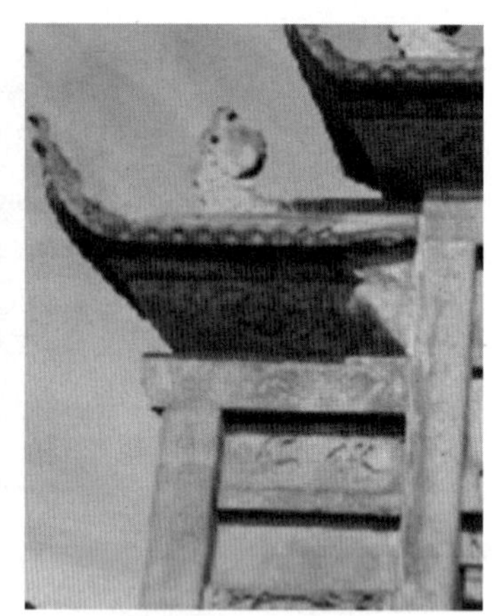

李吉寿德政牌坊次间牌匾与楼顶

牌坊背面明间额枋之间牌匾镌刻“名杜清芬”四个大字，称颂李吉寿之美名充满清幽之芬芳，为“德政”之果。两立柱上题：“连伍两卒旅，以卫民周官德令；合父母神明，而称颂汉代循良。”赞李吉寿招纳训练了两支兵旅，像周朝官员一样，以德指挥仁义之师保卫民众；够得上父母官，像汉代优连官吏一样诉讼断狱、明鉴如神，被士民所称赞。次间立柱楹联：“白傅裘如冬日暖；陈公镜比秋月明。”东汉郑均辞官归隐，常着白衣。章帝封作尚书，人称“白衣尚书”，“白傅裘”即白衣尚书的毛皮衣；陈公镜者，陈谔明，广东人，明代镇江同知，不惧权贵，弹劾无所惧，为民请命不遗余力，时人称为明镜。此联赞李吉寿为官理政爱民，有如白衣尚书郑均将毛皮覆披在老百姓身上，使老百姓如在冬天获得阳光照耀一样温暖；像明代镇江同知陈谔明一样，知民间疾苦、明察秋毫，比秋天之月色还明亮。南面的额枋上有深雕“福、禄、寿”三星，用来祝颂李吉寿。

中间门楣浮雕有三组故事：明间取自川剧《金殿审刺》，说明代万历年间，权臣郑国泰遣刺客张差持梃入宫，击杀太子被捉，皇帝亲审刺客的故事。喻李县令断案诉理神明。左侧雕饰古典神话故事《观其烂柯》，说一樵夫去砍柴遇仙的故事。右侧为《陈抟睡弈》。陈抟，宋代真源人，号扶摇子。进士不第，遂隐武当山九室岩，服气辟谷。移居华山，每寝处，百余日不起。陈抟好弈，其弈之时常瞌睡。传说宋太祖赵匡胤做将军时曾与陈抟以华山作赌注弈博，赵匡胤弈输，得天下后，不得不将华山给了陈抟。雕刻作品以《观棋烂柯》《陈抟睡弈》喻李县令长期处心积虑、运筹帷幄、划某出计、剪除匪盗以保境安民的政绩。门楣下的雀替雕饰麒麟、荷花。麒麟是古代传说的神灵动物中的"四灵之首"，民间有"麒麟送子"一说，传说孔子出生前，有麒麟在其家院内口吐玉书，说他是王侯种子，却生不逢时。从此，民间赞美人家小孩便称"麒麟儿"。荷花又称莲花，莲与连谐音，与麒麟在一起，寓意祝福李县令"连生贵子"。

南面左次间门楣深雕《姜太公钓鱼》，叙说姜太公八十岁遇文王的故事。《搜神记·卷八》中有"姜尚垂吊于渭之阳，文王出游猎，占曰，今日猎得一狩，非龙非螭非熊非罴，合得帝王师。果得太公于渭之阳，与语，大悦，同车而还"。背面次间额坊琢有《渔夫赠剑》戏曲故事图案，说的是春秋时伍子胥故事。《曲海总目提要·伍员吹箫杂剧》："渔夫渡伍员歌曰：'日月招招乎寝已驰，与子期兮芦之漪。日已夕矣余心忧悲，月已驰兮何不渡。事寝急兮将奈何，荷中人兮岂非穷士乎？'急渡之。子胥解剑与渔夫。夫曰：'楚法，得子胥赐粟五万石，爵执，岂徒百金之剑也？'辞不受。胥后每食必祝曰江上丈人。"以上两幅雕刻图案都是颂杨李吉寿像姜太公、伍子胥一样的为帝之师，经纬一国之才。右次间门楣浮雕为川剧剧目《焚香记·情探》，即"活捉王魁"，说艳女敫桂英救助落地秀才王魁，并以身相许助王魁复考。二人至海神庙盟誓，决不相负。若王离异，神当殛之。后，王魁试中授官，桂英使人持书往，王魁叱而不受。桂英遂于海神庙哭告后自尽。王魁在南都试院，有人自烛下出乃桂英也，曰："君负誓背盟，海神使我至此。"王魁遂毙。夕日，山东莱州海神庙中曾塑有敫桂英执王魁跪于神像前。

李吉寿德政牌坊上还雕琢有麒麟、鹿、芙蓉、石榴等吉祥动物、花草图案等，幅幅形象逼真，图图栩栩如生，以祝颂李吉寿多子多福，长寿安康，充分表达了庶民对爱民之清官的爱戴和称颂，寄寓着呼清唤德之情。

李吉寿，广西永福县举人，清咸丰四年（1854）任隆昌县知县。任职期间励精图治，实心为民。为保障地方平安，采取编甲练团、寓兵于农的方式训练地方武装。铲除强暴邪恶势力，除恶必尽，体恤民情，关心民众生存等诸多政绩，得民众一致赞颂。

第三十六节　亚圣庙棂星门等四牌坊

亚圣庙棂星门牌坊

孟子庙“棂星门”上的牌匾

一、亚圣庙棂星门牌坊，位于山东省邹县孟庙前，是进入孟庙的第一座牌坊。为四柱三楹三楼式建筑，四根立柱被四座砖砌体墙壁夹抱在中间，唯恐牌坊坍塌。三楹各有大、中、小额枋，牌坊上均涂有小点金式彩绘。中额枋中间绘有金色二龙戏珠。明间中、小额枋之间分为五块镂空方格，中、大额枋之间安装“棂星门”牌匾，金色三个正楷大字金碧荧煌，闪闪发光。三座五踩斗栱式的楼顶被五颜六色的彩绘斗栱举起，看上去有些险峻，再看下边的框架结构便平稳了许多，化险为夷，均衡稳妥，肃穆壮观。五彩斗栱以篮、绿、白三色为主色调，色彩斑斓，参差迭出，光辉照人。楼面灰色筒瓦，排列有序，大脊、戗脊纵横交错，大脊两端各蹲坐一只吻兽，高瞻远瞩，似守护家园，戗脊跑兽林立两旁，彰显了棂星门之威武壮观。三楹大门间分别增添了阑珊门扇，将庙内与庙外分割为两个空间，保护了孟庙的文物安全。

孟子“亚圣庙”牌坊

二、亚圣庙牌坊，是孟庙第二道大门，为四柱三楹冲天式建筑。柱基、立柱、抱鼓石、大、小额枋、花心板、云纹穿插、柱顶，刹尖等均为石材雕琢而成。明间大、小额枋之间的牌匾上书有“亚圣庙”三个正楷金色大字。大额枋中间的刹尖虽矮于两侧立柱顶，但，仍不失壮观之势。

三、亚圣庙过街牌坊，位于孟庙之右侧，为四柱三楹三楼式建筑。牌坊通体彩绘，将“亚圣”牌匾显得特别古朴典雅，庄严稳重。四根立柱与“棂星门”同样，由四座梯形砖砌体墙壁夹抱。增强了牌坊的稳定性，其造型基本与棂星门相同。

“亚圣”庙过街牌坊

四、亚圣庙开来学牌坊，位于孟庙右侧院墙南端，是一座四柱三楹三楼式建筑。与棂星门牌坊、亚圣过街牌坊基本相同。造型古朴典雅，五脊六兽齐全，因多年失修，显得有点儿残花败柳，旧雨旧态，内涵未尽的雄姿。

亚圣庙的“开来学”牌坊

孟　子（前379—前290），名轲。战国中期邹国（今山东省邹城市）人。是我国伟大的思想家、教育家、哲学家。孟子的思想学说包罗万象，博大精深。性善说是孟子思想的基石，贯穿于整个思想体系之中。

第三十七节　觉罗国欢德政牌坊

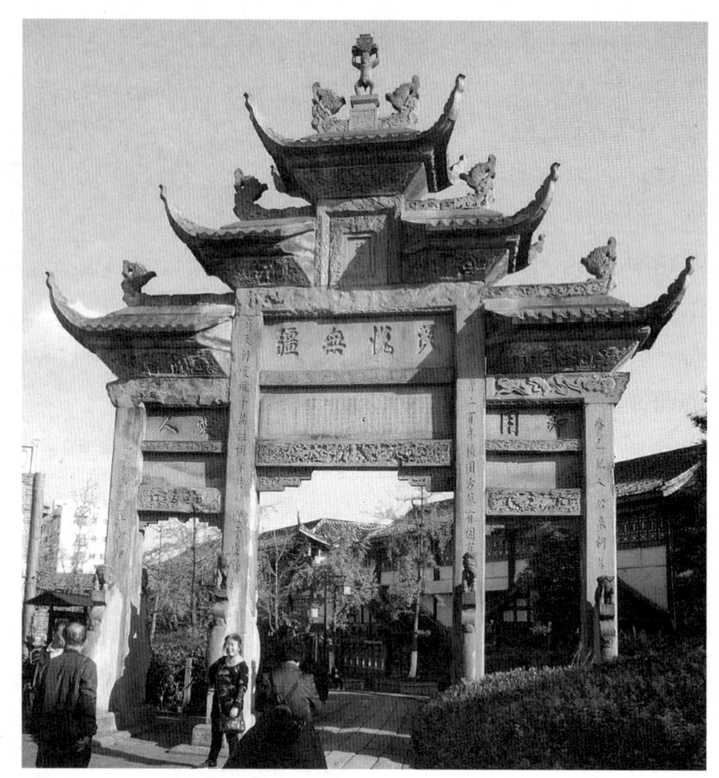
觉罗国欢德政牌坊北面

觉罗国欢德政牌坊，位于四川省隆昌县城南关牌坊古镇，横跨巴蜀古驿道，与李吉寿德政牌坊相邻，建于清同治十年（1871），是该县绅耆士民颂扬历任知县觉罗国欢之德政捐资公立的。觉罗国欢解读为；姓爱新觉罗国，为区别于清皇统治者的爱新觉罗，省去“爱新”，名欢，称觉罗国欢。还有的称其“觉大老爷”。觉罗国欢两次为政隆昌，第一次为同治九年至十年（1870—1871），第二次为同治十三年（1874）。他是隆昌县令中唯一一位皇族知县。德政显赫，政绩卓著。他拥政爱民如此受民拥戴，当属难得。

觉罗国欢德政牌坊，为四柱三楹五楼式建筑，青石仿木雕花式结构，飞檐翘角、鸱吻刹尖，特点显著。立柱楹联，寓意深刻，幼狮童象，形象逼真。虽“文革”中被毁，2009年9月修旧如初，重放异彩。该牌坊雕刻造型，独树一帜，实为中国瑰宝之一。

在隆昌石牌坊中共有五座德政牌坊，明间的额匾均为“五龙德政匾”所雕饰五龙图案，“觉罗国欢德政牌坊”上的五龙与其他德政牌坊的“五龙”含义有所不同，“圣旨”额匾其意为皇帝钦准，与真龙天子之言平等，为至尊之言；德政额匾之饰“五龙”，其意为民众至高无上的赞赠，皆因：帝若舟，民若水；水可载舟，亦可覆舟。“龙”，水涌之，水有龙相；而民若水，民之拥戴，则如水载舟。故“德政匾”虽不为皇帝所赐，然为民心所赞赠，饰之“五龙”，可与圣旨同等。“五龙德政”额匾之边框，雕以火焰，意指德政之光焰无际，惠及百姓，照耀世世代代。

牌坊明间上面的牌匾题书“宣慈惠和”四个正楷大字，则是对觉罗县令实施何等德政的解释和说明。“宣”有公开、散播之意。“宣慈惠和”即“散布慈、惠、和”，是说觉罗县令之“德政”就是将慈善之德，实在之恩惠，天、地、人、社会之和谐散播在隆昌境域。南正面中间立柱楹联：“分俸注胶庠，文武欢颜，桂苑芳宫沾雅花；按粮免升斗，捐输普德，茆檐蔀屋被恩波”。此联说觉罗县令把自己俸禄的一部分投入学宫作为用度（胶庠即为学宫之意。《李记·王制》：周人养国老于东胶，养庶老于虞庠。郑玄注：东胶亦大学，在国中王宫之东），文武学子们，都欢颜相向，县内的学校（桂苑，县书院；芳宫，泛指学校）都沾染了他的风雅教化；按百姓应交粮的数量，免去一升或数斗的捐税，广泛给予照顾，使茅檐竹屋下穷苦百姓都得到了恩惠。这副楹联将觉罗县令“宣慈惠和”的德政作了具体描述。南面次间楹联：“律己以廉，心清似水；养民唯惠，泽渥如春。”侧门楹联是夸赞觉罗县令要求自己事事处处廉洁，内心清白如水；对待百姓唯有恩惠德泽厚重，犹如温暖的春天，故在左侧上匾称颂他为“慈君”。

觉罗国欢牌坊“民悦无疆”牌匾

牌坊背面中间牌匾上题刻：“为物惜脂膏，二百年积困方苏，有因有革；呼天祈震夙，千万姓同声共祷，宜子宜孙。”其上联即称颂觉罗县令用政“惜物爱民”，凡办事珍惜民脂民膏，不铺张浪费，苏解了开朝二百余年以来民间积结起来的困难，沿袭了有利于百姓生产生活的措施和方略，革除了不利于百姓生产生活的规章制度。觉罗县令“节用”“爱人”有继承发扬，有改革创新。下联说百姓齐呼喊，祈祷上天保佑；千万百姓共同祝愿，祝愿“民悦”而“无疆”之社会延及世世代代，惠及子子孙孙。次间门联：“脊己肥人，公来何暮；勿施与聚，民至如归。”此联感叹觉罗县令苦自己肥他人，克己奉公，来隆昌做县令真是太晚了！觉罗执政隆昌县，不浪费民财；政府不为民争利，不敛民之财，而让利让财于民，因此商贾士民都踊跃到隆昌从业，就像回到自己家里一样，

觉罗国欢牌坊“宣慈惠和”牌匾与额匾“德政”

觉罗国欢德政牌坊楹联

右次间楹联

既安全而又温煦。这幅次间楹联亦紧和称颂觉罗县令“民悦无疆”之德政主题，与正面楹联相呼应。

觉罗国欢德政牌坊，有一突出特点在牌坊的顶端，有一公猴头顶大印，微蹲呈撒尿状，这是全国牌坊中罕见的图案，独一无二。故称“猴子牌坊”。为何叫“猴子牌坊”？这里还有一段故事。

很早以前，隆昌城内有一大户人家，是书香门第。有一年，家中不知从何跑来一只公猴。到处翻箱倒柜，把宅中各屋里折腾得乱七八糟，狼藉不堪。家人以为犯了哪方神灵，于是便焚香烧纸，祈求神灵保护。公猴将供果食之，逃之夭夭。几日公猴复返，行为依旧。家人欲捉此猴。公猴精灵聪明，逃出。又复回。有一日猴穿戴家中衣服，大吃二喝，到处撒尿，室内骚气难闻，折腾的家中不成样子。家人便请高人出主意想办法捉拿公猴。其人思之良久曰：“将各类可食之物，尽皆藏匿，秘极不可寻得。七日后自有法擒之。”果如法行之。七日夜，术士悄然而至，令人将瓜果甜酒布满堂前各屋后，熄灯安息。翌日凌晨，家人果见着红衣红帽的公猴酒醉酣睡在神龛一侧。缚而杀之，猴血流入堂前天井，天井涌水呈赤色。术士、家人色变，甚为恐慌。次年后，其家数年经营逐次亏败，为官者早夭，子孙仕途没落，不几年，家境贫困潦倒，一败涂地。世人传曰：公猴亦公侯，佑族之神灵也！不敬而杀之，自毁祖脉，起家不败才怪！其后，隆昌人就有了视公猴为神侯、公侯，敬之拜之的风俗习惯。建造觉罗国欢牌坊时，工匠们深知此事，故雕琢此公猴，头顶官方大印，意为敬颂灵猴之神，并寓含对觉罗国欢“封侯挂玉印，公侯百代”的良好颂意。

背面顶楼小额枋上深雕“双狮图”。因“狮”谐音“师”，古时候有太师、太傅、太保；少师、少傅、少保，均为辅佐皇帝，太子执政的高官，寓意祝愿觉罗国欢县太爷官运亨通，飞黄腾达。明间小额枋上雕有：“双龙捧寿星”图案，老寿星长眉凸首，媚笑言开，身着鹤氅，手捧仙桃，席地而坐。左右两侧各雕刻双龙，在缠草图案中腾飞，寓意“草龙”长期隐藏在山林之中的雄才伟略的英雄人物受觉罗国欢“雅化”“渥泽”，“恩波”而“至如归”，得以安身立命。

第三十八节　岱庙玲珑牌坊

岱宗牌坊前立面

岱庙玲珑牌坊，又称“岱庙坊”位于山东省泰山脚下的岱庙前，建于清康熙十一年（1672），为山东提督布政使施天裔所建。因为它是一座精巧华美与恣意铺张于一体的古代建筑，因此人们又常称它为“玲珑坊”，是一座四柱三楹三楼式建筑。高12米，宽9.8米，进深3米。玲珑坊是泰山的特例，通体浮雕，造型灵动，具有较高的艺术价值。坊顶歇山式仿木结构，鸱吻凌空，斗栱叠层，檐角飞翘，脊兽欲驰。牌坊的正脊中，竖立着宝瓶，当之无愧地成为牌坊的刹尖。宝瓶两侧有四大金刚拽引加固。牌坊底座、柱、梁、额枋、额匾、滚墩石上等，分别雕琢二龙戏珠、丹凤朝阳、铺首衔环、群鹤闹莲、神牛斗角、天马行空、麒麟送宝等30余幅栩栩如生的祥兽瑞

岱宗牌坊侧楼顶

岱宗牌坊两侧楹联

禽图。柱墩滚石的前后还雕刻着蹲狮两对，也是异常生动，姿态可爱。牌坊的前后均刻有对联，全是歌颂泰山与泰山神的。其南联是当年创建者山东提督布政使施天裔题书：“峻极于天，赞化体元生万物；帝出乎震，赫声濯灵镇东方。”北联是山东巡抚兵部右侍郎赵祥星题书：“为众岳之统宗，万国具瞻，巍巍乎何德何尚；操群灵之总摄，九州待命，荡荡乎功孰于京。”

岱宗牌坊稍间横梁上的雕刻

玲珑坊无论是远视还是近观，都毫无粗陋笨拙之感，这得益于其独特的建筑造型和富于变幻的雕琢工艺。通常多间牌坊的明间一间特别高大宽敞，以便通行车马，左右两侧各依次低矮狭小，供行人出入。而此坊左右两间置于两个高大的台阶之上，这样安排，表面看起来，虽然失去部分通行功能，但却是十分合理的，两个底座既有效地承托了上面的重量，又在视觉上扩大了牌坊的高度，使整座牌坊稳固、凝重，避免了头重脚轻之感。

岱庙，旧时称东岳庙或泰山行宫，因“岱”是泰山的别称，故今日称岱庙，是古代帝王祭祀山神的地方，也是泰山规模较大、最完整的古建筑中的一部分。是中国古代三大建筑群之一（北京故宫、孔庙）。

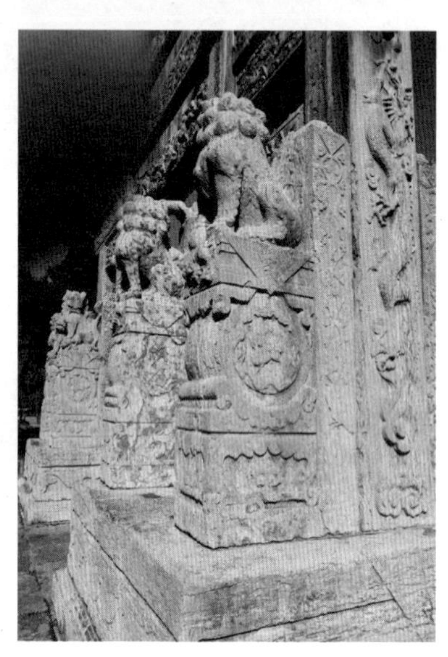

岱宗牌坊抱鼓石上下的雕刻艺术

第三十九节　乐善好施牌坊

乐善好施牌坊，位于四川省隆昌县城南关牌坊古镇，横跨巴蜀古驿道，是隆昌故城南关石牌坊群从北向南的第一座，年久失修，整座牌坊由南向北有点倾斜，已在北面加了戗柱。是为郭玉峦所立，牌坊高13米，宽9米，为四柱三楹五楼式建筑，仿木青石雕花结构，由立柱、龙门枋、小额枋、中额枋、单体斗栱、花心板、额匾、楼顶等构件组成。立柱前后各有一抱鼓石，顶端蹲坐的八尊狮子和幼象，现只剩一幼狮，守候在抱鼓石上，独步当世了。牌坊为清光绪十三年（1887）建造，距今已133年。

乐善好施牌坊上的所有文字全部为贴金，昔日，在阳光照耀下金光耀目，灿烂辉煌，华丽无比；至今，字里行间尚残留金痕。正上面楷书御赐“乐善好施”四个大字，其中“善”字的写法出自唐代书法家颜真卿“多宝塔碑”拓片，即“善”字的长横上少点，这种写法在全国重点文物保护单位石牌坊中是唯一的。就连安徽歙县棠樾牌坊上的“善”字长横上也不少点。此种写法，暗示了善心、善举、善行永无止境，先辈们只是在“善”上走完了第一步，刚刚开始，殷切希望后人继善承优，传承千载。充分证明了陈氏家族育孙继善的良好家风。

乐善好施牌坊北面

牌坊明间与次间的立柱上都刻有楹联，明间楹联：“天下原一家，况同祖同父同兄弟，相关同庠如何哉？树百年计，置千亩田，方见本源真友爱；恩纶尤异数，笈分绢分粟分钱贝，交誉宗党寻常耳！推金穴情，博银丝诰，才算乡国大祯祥。”这副长联的大意：天下原本是一家，更何况是同族兄弟，关心他们的一时痛痒，又能如何呢？树百年根本大计，置千亩义田，助学救难，赡养孤寡，抚恤困穷，方才表现了木本水源的真正友爱；诏书旌表尤其不寻常，至于分出些衣物、粮食、钱币，交际宗党并获得他们的赞誉，这只是寻常小事啊！感念宗族亲情，捐舍大钱财，推行大善举，获得朝廷银丝诏诰的旌表，才真正算得上地方、国家的大祯祥。

北面明间楹联：“师文正，义田一千亩，负国上腴不靳捐租培族党；溯亲仁，华胄二百载，传家金穴，更留余庆与儿孙。”是说：以范仲淹为榜样，拿出自己在城外购置的千亩上等肥沃土地的丰厚收获，用于公益，好不吝啬捐出租谷培育扶植族亲宗党；

抱鼓石上的石狮

牌坊南面的楹联与浮雕

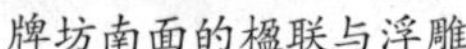

乐善好施牌坊南面楹联

下联说的是：追溯祖宗亲仁之本源，传承世代广散钱财，乐善好施之家风，光彩了显贵世家二百年来荣华富贵的基业，更留下了积善阴德和奉旨建坊、光耀祖宗的喜庆给儿孙后代。两副长联的“金穴”一词来自《后汉书·邓皇后传》所载，说邓皇后的兄长司掌大鸿胪之职（大鸿胪为朝祭时礼仪赞导官），皇上经常赏赐金缗钱帛给他，丰盛无比。京城里称他们家为“金穴”，为“财多富有，位高显贵”之喻。范家与郭家是世交，因此，范云鹏对郭家非常了解，又以范仲淹（字文正）为祖先，故他在这副楹联中说郭玉峦以范仲淹为师，传承了郭氏世代家风；称颂郭玉峦的“乐善好施”既光耀了祖先，又余庆与子孙。

南面次间楹联：“福媲汾阳，大富贵亦寿考；贤如文正，以仁义遗子孙。”北面次间楹联：“富不私财，举族共分仁者粟；天惟辅德，高风常仰善人家。”这两副楹联也是围绕着“乐善好施”这一主题赞颂郭玉峦的。颜台英是称赞郭玉峦的福气可与其郭氏先祖汾阳王郭子仪媲美，大富大贵而且高寿（郭玉銮高寿84岁）；他的贤德如范仲淹一样，以仁义之风范遗留给子孙后代。唐彝铭称颂郭玉峦虽富有却对钱财不自私，全族人都可以因他的仁义而分其衣食，上天一定会辅佑他这种仁德的人，这种高风亮节，乐善好施的举动一定会经常不断地从这积善人家中产生。

乐善好施牌坊雕刻图案、纹饰也与坊主“乐善好施”事迹相配合赞扬歌颂。明间额坊上雕刻“二龙戏珠”，两端刻牡丹、菊花瓶插；梁端雕“福、禄、寿、喜”四神像。门楣上精雕一组器物博古架；正中刻一身驮香炉大象，香炉盖上刻一憨态可掬的幼狮；左右刻一博古架图案，上刻犀牛托香炉。

次间额枋浅雕缠枝牡丹；左门楣上雕刻喜鹊月季，右门楣上雕刻盛开梅花、假山上立一喜鹊。为富贵花开，天天见喜，出门见喜。南面中间小额枋上刻有“二龙戏珠”，大额枋上为“双凤朝阳”，与北面枋上互为交换。次间楼顶下额枋雕琢着“犀牛望月”，右边刻有“麒麟献宝”四周缠枝花草。左边为牡丹、万年青。右边为一仙鹤衔一串朝珠，昂首面对一轮红日，为富贵万年，一品当朝之意。

牌坊上的“四艺图”“福禄寿喜”神像、麒麟、犀牛、朱雀、狮子、凤凰以及仙鹤、牡丹、白头翁、喜鹊等图案，无一不是用于烘托和极力宣扬郭玉峦“乐善好施”之美德以及对郭氏家族的吉祥颂意，品德赞扬。

第四十节　歙县薇省牌坊

歙县薇省牌坊，位于安徽省歙县许村乡高阳村，为四柱三楹五楼式建筑。高11米，宽8,8米，建于明嘉靖癸未年（1523），是为许村人许琯中进士，官至湖广参政而建造。古代称掌省级政令之机构为“薇省”，故谓之“薇省坊”。牌坊立柱与额枋用花岗岩建造，字板、花心板用砂石制成。坊顶额匾上镌刻“恩荣”二字。中间牌匾上刻着“薇省坊”三个正楷大字，牌匾下刻有“葵未科进士许琯”七个字。牌坊四根立柱前后的抱鼓石上无雕刻，以断面平板曲线的形式夹着立柱，形成一个完美的整体。中间两根立柱上各纵插两只簪花（盘花），两根侧立柱分别各一朵。五座楼的板式斗栱上，前后各设置16朵透雕簪花，使牌坊画龙点睛，锦上添花。两次间的大、小额枋上分别雕琢着各种吉祥动物。明间的大、小额枋上的石雕作品已腐蚀掉。三楹的六个雀替已缺二存四。五座楼顶大脊两端安有吻兽。

微省牌坊的斜侧立面

郑琯，歙县郑村人，明嘉靖二年（1523）考中进士，以后官至湖广参政。所谓“薇省”这本是唐、宋时期中书省的雅称，明代改中书省为布政司，长官称布政使，管理民政与财政。故而明代省级命官或省级机构也沿袭旧说代称“薇省”，许琯以“薇省”作为自己的坊名，其目的就是要表明自己是省级命官，以此自我标榜和夸耀。许琯任

牌坊上部分的石雕

“恩荣”额匾与“薇省坊”花板

职的年代，正是巨奸严崇当道，“严党”猖獗之时。许琯深知“严党”必不长久，但“严党”权势熏天，与他们同朝为官，不可不打交道，弄不好就会招来杀身之祸。这该如何呢？相传冥思苦想之后想出了一个巧妙的办法，他特制了很多自己名字的小金子，每次向严崇呈送文书时，落款就粘贴上这些金字，许琯的文书每次向严崇那里呈送时，负责传送文书的手下贪财都把这些金字落款抠下来占为己有。严崇倒台后，“严党”旋即垮台，大批官员已巴结严崇而被杀头，因此，不但没有治罪许琯，反而让他建造了这座牌坊，夸耀他的功绩。牌坊起了光宗耀祖，表彰其功德之用，传颂数百年。

简洁明快的抱鼓石线刻与牌坊底坐图案

第四十一节　生平人端牌坊

生平人端牌坊，位于四川省隆昌县城南关牌坊古镇，横跨巴蜀古驿道，是隆昌故城南关石牌坊群从北向南的第二座，高7.6米，宽6.4米，明间净宽2.4米，次间净宽各为1.1米。为四柱三楹三楼式建筑，分别有立柱、抱鼓石、小额枋、龙门枋、楼顶等构件组成。三座楼下均无斗栱，由倒置梯形青石雕琢而成，各楼角均高高翘起，成飞角楼顶，威武雄壮，气势磅礴。明间楼顶大脊上原雕有一手持拐杖的老寿星，“文革”期间被毁掉，2006年又修葺一新，造型端庄古朴，庄严肃穆，形如初貌。

牌坊是为百岁老人舒承涕所建，是隆昌县全国重点文物保护单位中唯一的一座百岁老人牌坊。建于清光绪六年（1880）是本县官绅士民捐资兴建的。在清代凡年满75周岁以上者均可载入县志大年篇，以传千秋。当时社会人均寿命为40余岁，俗话讲“人过40，天过晌”。到新中国成立初期我国人口的人均寿命也仅50余岁。在当时社会生活条件下活一百岁，真是奇迹。故我国民间传统习惯：人逢50岁生日称大寿，以后便是“六十花甲，七十古稀，

生平人端牌坊斜侧立面

“生平人端”牌坊上的牌匾

八十、九十称耄耋，百岁曰期颐”。地方上百岁老人越多越显皇上治国有方，地方官吏德政突出。隆昌出现了百岁老人，连太子少保四川总督丁宝桢也要拜贺题词，作为

牌坊背面左侧楹联

牌坊背面右侧楹联

县令的杨准就不用说了，这是他们的政绩。丁宝桢（1820—1886），贵州平远人，咸丰进士，1867年任山东巡抚，镇压捻军起义，以殊慈禧太后宠信太监安德海而有名于世，1876年任四川总督）在隆昌石牌坊正门牌匾上题“世上难逢”四个正楷大字，刚柔相济，遒劲有力。隆昌县令杨准题词“升平人端”。“升平”是太平的意思，“人端”，“人”是民众，“端”，是吉利祥和，杨准是在赞颂太平盛世。这里有两层意思：一是在他辖治的县里出了世上难逢的百岁老人，是国之祥瑞，是当今皇上治国有方的荣耀；二是杨准在任县里出了百岁老人一事，夸耀他的治地一派太平祥和，这是他治县的“政绩”，也是他晋升的“政绩”。

南面正门楹联为：“百里乐鹑居，人跻上寿；六朝绵鹤算，帝赐期龄。”

次间楹联为：“天与遐龄仁者寿；家缘余庆炽而昌。”

北面正门楹联为：“多福多寿多男子，曰髦曰耋曰期颐。”

侧门楹联为：“盛世重期颐，九天纶綍辉桑梓；

德门欣揖蛰，五代儿孙茁桂兰”。

第四十二节　高张氏节孝牌坊

高张氏节孝牌坊，原位于贵州省贵阳市南明区嘉润路南岳巷民宅内，为四柱三楹三楼式石质建筑，高8米，宽9米，坐北面南而立，建于道光二十一年（1841），次年竣工。牌坊石质额匾上的字迹已模糊不清，唯“高张氏节孝坊”六个行楷大字还清晰可变。2009年2月才找到隐藏在民宅中的这座节孝坊，被列入文物普查项目。现

贵州省贵阳市南明区嘉润路南岳巷的高张氏节孝坊

贵州省“高张氏节孝坊”牌匾

已移置至贵阳市森林公园斗牛场，供游人观赏。

节孝坊全部为石质结构，四根立柱前后各有一块雕花抱鼓石与立柱结合在一起，牢不可破。三楹的小额枋与龙门枋上均琢有回纹、缠枝图案。中楹花心板上深深地阴刻着“高张氏节孝坊”六个行楷大字，虽历经数百年仍一清二楚，字体章法严禁，刚劲有力。顶楼额匾两旁各有两块倒置梯形实体石块承托着楼顶，四面各雕琢着人物图案，由于时间长久，已难以辨认其内容。中楼顶大脊两端饰有鸱吻，宝葫芦坐中为刹尖，高高耸立。

“圣旨”额匾

《贵阳府志》中记载：“高以愚妻张氏，瑶女，年二十适以愚。二十三岁夫殁，乏嗣。翁姑在堂，氏苦苦侍奉。继姑生二子，氏助抚养成立，苦节三十四年。巡抚贺题旌。”

当年节孝坊所在的位置是贵阳走湖广的驿道

高张氏是广州公高廷瑶的侄媳妇，高廷瑶哥哥的儿子高以愚的夫人。高廷瑶，字青书，清朝贵州筑县（今乌当区）人，公元1800年高廷瑶随军参与镇压青苗造反，从此踏上了仕途。由于他为官两袖清风，平反了许多冤案，被升为广州知府，1836年还乡，他创立了北亚学院并先后著有《历官信谳录》和《宦游纪略》。这对当时振兴贵州教育事业，研究清代中后期的官场和社会状况，具有重要的历史意义。

高张氏节孝孝坊圣旨匾额

第四十三节　节孝总牌坊（一）

节孝总牌坊（一）立面

节孝总牌坊之一，位于四川省隆昌县城南关牌坊古镇，横跨巴蜀古驿道，是隆昌古城南关石牌坊群从北向南第三座，高12米，宽6.7米，进深2.6米，为四柱三楹五楼式建筑，由立柱、小额枋、中额枋、龙门枋、雀替、花心板、额匾、楼顶、抱鼓石、刹尖、鸱吻等构件组成。是为皇上旌表的188位节孝妇（其中187位节孝妇，1位孝妇）修建的，清咸丰五年（1855）由隆昌士民公建，县恤嫠会首事监造。在全国重点保护文物中，这种多人一坊的节孝坊实属罕见，全国除安徽歙县城一座，其他地域唯隆昌有。

牌坊上雕刻各种图案纹饰，均突出“节孝”主题。三间小额枋下雀替透雕、博古架，高浮雕水仙花分雕左右。水仙花雅称“凌波仙子”，冰肌玉骨，清秀优雅，芳香幽然，仪态脱俗。主楼门下五面雕金瓜作灯状，枝繁叶茂。左右高浮雕两只凤蝶。金瓜即黄南瓜的美称，其藤蔓伏地面生，绵长如带，“蔓带”与“万代”谐音；蝴蝶的“蝶”与“瓞”谐音。典出《诗经·大雅·绵》[1]，曰：“绵绵瓜瓞，民之初生。”《疏》云：“大者曰瓜，小者曰瓞。”大瓜小瓜结在绵长的藤蔓上，永无休歇。其寓意为祝颂节孝坊人家子孙万代，绵绵不断，人丁兴旺，延世千秋。

次楼顶下倒置梯形斗栱上左右分别高浮雕一仙童，仙童如意坐矮榻上，手捧葫芦或宝盒，放出蝙蝠腾空。葫芦寓意纳福。仙童如意坐，则寓意“纳福如意”。其左右案上右刻仙桃、左刻玫瑰。葫芦与玫瑰组合寓意“福寿双全”或“福寿康宁”的美好祝愿。这些吉祥的雕刻图案都充满着对牌坊上“节孝”人家的热情祝福，体现了建造者的匠心独作，鬼斧神工的技艺。

牌坊南北两立面明间与两次间上的楹联四副为范泰横所书。南面中间的长联：“当

节孝总牌坊（一）楼顶与“圣旨”额匾

有趣的石象雕刻

年镜影怅青鸾，概竹寒雒水，荼涩楼峰，甘苦节者百九十人，谁为写孤孀独行？今日纶音慰黄鹄，喜露浥徽章，云标绰楔，阐幽芳于二十五里，良不负白首丹心。”范泰横书法从柳体而渗隶书，隽秀而端庄。深赋同情地描述了节孝妇们苦涩生活和坚贞情操。上联咏叹当年这些节妇犹如青鸾失伴（青鸾，传说近于凤凰的神鸟，对镜则鸣，但要雌雄共处才鸣，孤影则无声，因此人们以夫妻比青鸾），独帐孤影对镜无声。令人感叹呀！他们犹如生长在雒水支流（沱江上游称雒水，金鹅江系沱江支流，亦雒水支流）河畔的苦竹（河边常长得一种小径竹子，俗称花竹儿。今已罕见）一般苦寒，犹如生长在楼峰之颠的荼菜一般苦涩。这苦心守节的一百八十八位节孝妇啊，谁能为她们写出这种孤孀独守，苦难岁月里煎熬度日的时时刻刻呢？下联则满怀欣慰地赞颂：如今圣旨表彰了有黄鹄之志的节孝妇，这是对她们至高无上的赏赐，也是她们德高望重的荣誉。皇帝的圣旨（即“徽章”）犹如雨露般滋润了节孝妇们那哀苦干枯的心身，这标志般的雕刻，肯定了他们的节孝行为，使她们的节孝精神，像幽兰的芳香一般散在这二十五里之域的隆昌县之内，真不辜负她们守节尽孝的白发丹心啊！

牌坊北面中间楹联也是一副长联：“高行待纂修，他年至乘成时，竹素管彤，二百载更添贞妇传；芳徽留姓氏，次日门闾表处，兰馨莲洁，千万世犹闻节母风。”此联是颂扬节孝妇们的德行和赞颂她们的高尚情操。上联是说等待他年将她们的事迹总结出来，列入史志，写成印出时，那竹素白纸，彤管彩笔的篇章就会为自清开朝二百余年来的历史增添节孝传记；下联说，牌坊上留下了节孝妇们清芳美行的姓氏，今天表彰的节孝妇们如兰之幽香的品行，如莲出污泥而不染之高尚气节，即使到千万年后也能听到她们的节孝事迹，传承他们的节孝风范。

节孝总牌坊（一），次间南门上的两副楹联，南面侧门：“行高冰洁，操与霜整；名景内映，郎节外新。”此联赞扬节孝妇们高尚如冰之洁，操守严禁，如霜之肃；她们坚贞的志守精神藏于心中，他们明朗的节孝行为展现于外，模范于世。次北门上楹联：“贞以松筠日月共照；勒之金石天人同光。”此联赞扬节孝妇们坚贞如松一般，经历了日月时光的照证和考验，将她们的姓氏、事迹铭刻在青石坊上，让普天下之人同时沾感她们的无限光彩，歌颂她们的美德，将孝文化传承千秋万代。

节孝总牌坊（一）旌表人名单

牌坊上人数最多达188人。在这些节孝妇中，晏氏“一门五节”是最为典型的。咸丰五年（1855）隆昌人晏尚信之妻萧氏，其子晏承英之妻喻氏同时被旌表记录在节孝总坊上，她们与乾隆四十八年（1783）旌表建坊的晏恔之妻喻氏为祖孙三代，而喻氏与其祖婆母、婆母又被当时人称“一门三节”。所以，从晏恔之妻喻氏上溯至祖婆母，下延至孙媳妇，可称“一门五节”。这牌坊上“一门双节”“一门三节”的悲惨遭遇还有以下几例。

牌坊中额枋上部分戏剧人物雕刻

牌坊北面正下匾第10位李玉美之妻张氏、第11位李茂春之妻郭氏为婆媳，“一门双节”共登牌坊。张氏20岁嫁给邑儒生李玉美，两年后夫亡，余一子茂春才6个月。张氏守节，备尽辛勤，抚养茂春成家立业，一年后生孙含英，仅40日茂春又亡。张氏悲痛欲绝，其媳郭氏强忍悲痛，安慰孝敬婆婆，抚子守节。

牌坊背面右侧上匾第12位梁承先之妻曾氏、南面右下匾第11位、12位梁尚庭之妻姜氏、梁登高之妻李氏为祖孙三代“一门三节”。曾氏21岁嫁梁承先，27岁夫故，遗孤尚庭，含辛茹苦抚养长大成人，卒年72岁。孙媳李氏，20岁夫亡，矢志扶孤，旌表时60岁。

牌坊北面左侧上匾第五位匡贞意之妻萧氏，其悲惨命运是嫠妇们凄苦生活的缩影。萧氏靠起早摸黑抚儿长大，儿子娶妻生子、媳妇、孙子俱亡。萧氏精神遭受精神沉重打击，晚年靠捡破烂乞讨，苦度残生。

第四十四节　节孝总牌坊（二）

节孝总牌坊之二，位于四川省隆昌县城南关牌坊古镇，横跨巴蜀古驿道，是隆昌故城南关石牌坊群从北向南第四座，为四柱三楹三楼石牌坊。宽6.7米，高12米，进深

2.6米，四根立柱为方形，断面边长0.51米，立柱前后各有一块抱鼓石，高1.82米，宽0.85米，中间两根石柱上抱鼓石分别蹲坐着两尊石狮；次间两柱的前后各蹲坐着一尊石象。明间与两次间各有额枋。前后立面都雕有图案，明间龙门枋上琢有阴刻正楷字“节孝总坊”，中额枋上雕有“隆昌县士民公建”七个大字。该牌坊建于清光绪四年（1878），共有节孝妇、贞女、孝子共164人。该牌坊最大特点为多人成坊、男女同坊。多人共坊，在全国的石牌坊中少见，而男女同坊更具中国牌坊建筑中特例。此坊旌表人员中，有节孝妇161人、烈妇1人、贞女1人、孝子1人，唯孝子彭志仁为男性，居于牌坊北面左侧匾。这种多人共坊、男女同坊、男居侧匾，在男尊女卑之封建社会确属罕见，大悖封建伦理。唯隆昌石牌坊独出心裁。何也？推究其意，恐只能从“节”“孝”二字解。封建伦理中，男子以孝为大，女子以“节”为先，女子之“节”与男子之“孝”当同等。妇“节”而“孝”，节妇之“孝”与男子之“孝”岂不同等乎？县恤嫠会，是公益事之群众团体，所筹资金并非无限，时已无力为孝子彭君一人专立一坊。既然男女之“孝”均同等，节孝妇与孝子为何不可同等；既节孝妇与孝子可同等，节孝妇与孝子为何不可同坊？妙哉！如此而为之，故产生了男女同坊，这独出心裁的节孝总坊便屹立在了隆昌县城。

节孝总牌坊（二）前立面

节孝总牌坊（二）楼顶刹尖与“圣旨”额匾

此节孝总牌坊之上共记载着164人，位居隆昌石牌坊多人共坊之二，恐在全国以为季军。众多节孝者之事迹，其共同之处有如节孝总坊之一文中所述，选其中数例于后。

张维珩之妻李氏（南面左侧上匾第10位）生子懋昌，27岁夫故，李氏事翁姑克孝，姑映年瞽目，晨昏服侍无间，74岁无疾而终。

烈妇夏泰开之妻廖氏（北面右侧下匾第5位），与夫琴瑟静好7年，夫病危，医药不灵，廖氏许以身殉，于夫亡当天直奔宅前堰塘投水自尽，卒年23岁。

节孝总牌坊（二）次间下枋梁与人名名单

节孝总牌坊（二）次间下枋梁与石狮、石象

贞女张凤英（北面右侧下匾第6位）幼时许配给邻里梁以栋，未嫁。以栋随亲云南经商，久无音信，后闻以栋病故，发誓不再嫁人，时年18岁。母目双瞽，朝夕侍养。母殁夫患手疾，3年亲进饮食。父殁，遗庶母所生弟妹俱幼，殷情教诲，致其成立。俭约持家，后颇赢余，卒年78岁。

孝子彭志仁，恩贡生，笃孝性友。3岁失父，事母最孝。自幼至老，温席扇枕以安母寝，善饮必所亲调。嫡母翕氏得目疾，服药无效，晨起舌舔，暮宿口咀，不一月而母目明如常。母殁，守墓三年不入寝室。事庶母林氏如此。享受80岁而终。

并排而立的两座节孝总牌坊的建筑时间仅仅相隔23年，清咸丰五年（1855）皇帝降旨旌表188人，次年又旌表孝子5名，两年间，地域面积屈指可算的小隆昌县旌表了193位节孝典型，可见当时提倡操行推崇男子行孝，女子守节之风真可谓登峰造极。就咸丰五年至光绪四年（1878）仍兴盛不衰，23年内典型之总和达357人，平均每年多达15人。真乃层出不穷，接连不断也。

节孝总牌坊之二，南面正门两根立柱上镌刻着一副长联："二十年更阐幽光，门旌高行，台署怀清，巾帼厉冰霜，青史再编奇节传；廿五里新承明昭，彤管诵芳，贞珉纪烈，丝纶昭日月，素心应慰未亡人。"这幅楹联就是说在20年前（实算为23年前）曾立节孝总坊，20年后的今天又立节孝总坊，这些节妇传承、发扬光大了前一批节孝妇的高尚行操。犹如替她们筑起了一座署名"怀清"的高台。这些节孝妇履尽冰雪风霜，青史上再次写出他们奇特的节守传记；这25里的小县，新近承接到皇帝明诏旌表，以彤管史笔颂扬节孝妇们的事迹，用美玉石刻留下节孝妇们的姓名，流传千古，永载史册。

第四十五节　北海堆云牌坊

北海堆云牌坊，位于北京市北海公园永安桥北端，属于桥头牌坊。始建于元代，距今约700年历史，是北海公园25座牌坊中较为有代表性的建筑，也是北京城的著名牌坊之一。高11.6米，宽13.4米，为四柱三楹三楼式石木混合结构，除柱墩与夹柱石为石材，楼顶为琉璃瓦，其余均为木质结构。每根立柱下有八块长方形条石拼为一体，牢牢地将与立柱抱在一起，组成一个牢不可破的整体，每根立柱前后都有两根戗柱。各楹上部分别安装大、小额枋，明间两架额枋之间的花心板上雕有 “堆云”两个金色正楷大字。两次间花心板上各绘制了六幅图案，且在各额枋上绘有金色二龙戏珠。通体和玺彩绘，五颜六色，金碧辉煌，鲜艳夺目。楼顶各为六踩斗栱承托着楼面的重量。绿色琉璃瓦拼装规整，与大脊横竖交错，吻兽、戗兽、跑兽样样俱全，大有一番皇家气魄。其框架结构严谨，造型别致，绘画色彩斑斓，精致入微，具有鲜明的京派建筑特色。清乾隆八年（1743）曾修缮过，新中国建立后，历经两次大修，两次油漆彩绘，虽历经沧桑，风雨侵蚀，仍崭新如初，成为北海公园中文物景观之一，游人常常赞口不绝。

北海内“堆云”牌坊前立面

牌坊上“堆云”牌匾

牌坊上的戗柱

第四十六节　乙丑进士牌坊

乙丑进士牌坊前立面

乙丑进士牌坊，位于广东省广州市中山大学校园内，为四柱三楹五楼式建筑，建于明崇祯八年（1635），为表彰天启五年（1625）广东梁士济、李觉斯、罗亦儒、岑之豹、尹明翼、高魁等七位进士所建。明朝末年，东莞曾出过一文一武两位俊才，武是民族英雄袁崇焕，文是一代贤臣李觉斯。李觉斯以进士功名进仕途，至刑部尚书，后因忠言进谏，疏救良臣而触怒龙颜下狱，后罢官返回乡里。返乡之后，他扶危济困，著书立说，在当时的岭南一带影响深远，被世人喻为“竹林隐士”。牌坊原建于四牌楼贤坊（现解放中路）内。1947年广州市政府要拓宽该马路，欲将马路上的五座牌坊移至风景区。当时的岭南大学（位于现今中山大学校址康乐园）领迁了这座乙丑进士牌坊。原立于格兰堂（今称大钟楼）西侧。“文革”期间，牌坊被毁，幸运的是大部分石构件保存下来。1999年有岭南大学校友会捐资70万元重修。复修后的牌坊位于校园中轴线西侧，透过“惺亭”与图书馆相对。

乙丑进士牌坊抱鼓石上的石狮

乙丑进士牌坊高9.8米，宽9.6米，四根方柱四角削棱6—8厘米，前后各有抱鼓石，中间两立柱抱鼓石顶端各立有雄、雌狮一尊。左侧雄狮前后爪抱一绣球，右侧雌狮抱一幼狮。两次间立柱前后抱鼓石于2019年8月刚刚修葺更换。各架额枋上雕有猴摘蟠桃、喜鹊登梅、双鹿恭喜、鲤鱼跳龙门、龙腾浪翻等图案。明间小额枋上前后浅雕锦纹图案，排列有序，满布额枋。龙门枋之上镶嵌着“乙丑进士”牌匾。明间顶楼

抱鼓石上前雄后雌狮

乙丑进士牌坊上的牌匾与额匾

乙丑进士坊上的牌匾与额匾

嵌有五龙额匾，由于时间较久，额匾上的字迹已无法辨认。五座牌楼顶均为三踩斗栱承托楼顶，斗之上的栱分六个方向，组成六边形，较北方京派建筑的栱多了两条。楼檐上无桷子、飞椽，楼面为弧形石板拼装，大脊、戗脊皆为镂空圆角长方格，别具一格，在全国牌坊中稀有少见，独领风骚。

第四十七节　云辉玉宇牌坊

云辉玉宇牌坊，位于北京市海淀区新建宫门路19号颐和园内的昆明湖畔，万寿山前，是园中央建筑群轴线的起点。建于乾隆年，为四柱三楹七楼式建筑，高15.2米，宽18.6米，进深1.8米。四根

颐和园湖北岸的“云辉玉宇”牌坊前立面

立柱将牌坊平分为相等的三间，每间顶部建有牌楼，楼与楼之间设有夹楼，两侧设有侧楼。1860年英法联军放火烧毁了该牌坊。慈禧太后掌权后又恢复了该牌坊的本来面貌，时为四根木质圆形立柱，并无戗柱，民国初年加固戗柱，中期改建时将其更换为混凝土立柱，戗柱取消。立柱底部有巨大坚固的柱墩石围固。每间的小额枋下设有造型别致的雕刻彩绘雀替。小额枋与龙门枋之间由小立柱将其分割为九个方格，每方格雕刻有吉祥动物，中间刻升龙，两侧刻凤凰、仙鹤等，其动物涂金色，其镂雕涂青色。中间龙门枋高于两次间一龙门枋的高度，其上镶嵌一五龙牌匾，上书“云辉玉宇”四个行楷金色大字，端庄秀丽，结构严谨，遒劲有力，为乾隆皇帝亲挥御笔所书。金色大字上排列着三方红色大印。这四个大字表示这里的宫殿是彩云与华丽建筑相辉映的世界，衬托的排云殿更加壮观。牌坊南面书有“星拱瑶枢”四个金色大字，告诉人们，这里就是“众星拱卫”的神仙之地。慈禧经常居住在这里，将她比作北斗七星，也就是“北极瑶枢焕虹光而诞睿；中天玉斗，飞紫电以凝华”。表示以慈禧为中心众星捧之，这也是慈禧将清漪园大报恩延寿寺改建排云殿作为自己祝寿之所后，众大臣对慈禧的谄媚之举。两次间楼的中心为镂空雕琢的双龙戏珠，宝珠坐上部中心，两侧一升一降龙，青色云

民国初期带戗柱的“云辉玉宇”牌坊

“云辉玉宇”牌匾

“云辉玉宇”牌坊侧楼

“云辉玉宇”牌坊夹楼

纹底衬，活灵活现，栩栩如生。七座楼顶分三层，中间高，次间稍低，夹楼与侧楼最低，排列有序，参差有别。中间楼为五踩斗栱，次间为四踩斗栱，夹楼和侧楼为三踩斗栱。楼顶覆盖黄色琉璃瓦，鸱吻、戗兽、跑兽样样俱全。高贵的大点金彩绘将牌坊装点得更加绚丽多彩，美轮美奂，富丽堂皇。

第四十八节　隆寿宫牌坊

隆寿宫牌坊，位于山东省济南市长清区五峰山上，三元殿之下，高8米，宽9米，进深1.6米，是一座四柱三楹三楼式石质建筑。金代泰和年间（1201—1208）全真教道士邱志园、

“隆寿宫”牌坊 立柱前抱鼓石

“隆寿宫”牌坊

范志明所建。元代宫廷封此道观为“护国神虚宫”。明代万历帝封为“保国龙寿宫”，才将名字改换字体一直保存至如今。一块长方形巨石将立柱紧紧地夹在中间，像长在一起。基础石之上每根立柱脚下的前后都有一块雕琢成型的抱鼓石紧紧抱住立柱，组成了一个完整的整体，坚固耐久。抱鼓石雕刻细致，周围卷草、花边精致入微，断

面曲线勾勒出一个完整的造型，即，周围云纹盘绕，双龙腾飞，龙身尾部盘成一圆圈，采用透雕方式表现出画龙点睛的效果，似一双明亮的眼睛，目视前方，构思巧妙，独具一格，生动传神。龙门枋上阴刻“保国隆寿宫”五个金色篆体大字。三座坊顶均以平板青石为原料，前后、左右、侧面琢有滴水、瓦当，大脊前后雕有卷草团案，两端安装鸱吻。浑厚粗犷的石牌坊，古香古艳，让人觉得品位很高，具有深远的历史内涵和文物价值。现为全国重点文物保护单位。

龙门枋上“保国隆寿宫”篆体大金字

牌坊三楼顶的结构

第四十九节 鸳鸯节孝坊

鸳鸯节孝坊，位于重庆市渝北区鸳鸯街道办事处牌坊村四社，现迁至照母公园。牌坊为四柱三楹三楼式仿木结构建筑，坐南面北，通高10.6米，宽7.8米，进深4.2米；正间高4.2米，宽2.7米；次间高3.04米，宽1.74米。牌坊顶部额匾为三龙额匾，上书“圣旨”二字，背面同前。该牌坊四根立柱下共有八块抱鼓石，正间两立柱前后抱鼓石高3.8米，宽1.4米，厚0.26米。每块抱鼓石上下各雕琢下大上小两面鼓，顶端透雕一只雄狮，前双足踩绣球，雄狮肥腿大耳，如猛虎下山，威风凛凛，似有荡海拔山之力。次间两根立柱下分别雕琢半面大鼓，顶端各透雕一只雌狮，前双足抱一只幼狮，

鸳鸯节孝坊正立面

节孝坊南面中间上部

鸳鸯节孝坊背面左次间

鸳鸯节孝坊背面右次间

欲与幼狮接吻，亲密无间。正间小额枋与中额枋间的牌匾上刻有“怀清遗范”。龙门枋之下的牌匾上雕有“节孝”两个大字，一侧小字为“道光十九年旌表”，另一侧小字“道光二十五年三月建”。小额枋上刻有“处士王鸿玾妻聂氏孺人坊男从九品王堂孙园曾映光元孙隅口口口立”。

节孝坊左次间

三座楼顶，正间由四块倒置梯形巨石加一额匾承托起楼面，倒置梯形石前后面均雕有动、植物和人物图案。两次间各有三块梯形巨石承托起楼面，前后也雕有图案。次间楼顶与明间立柱交界处设置次楼博风板，上雕卷草图案。楼面为一大块巨石板，雕有滴水、瓦当、布板瓦、筒瓦。大脊两端安装鱼尾吻兽，鱼尾高高翘起，悬于空中，险峻幽雅，姿姿媚媚。刹尖为一武将，全身着盔甲，手托轮盘，头顶双角，单足踩龙顶，龙口上吐火焰，脱口升空，下流海水，出口流淌，武将周围饰以回纹框架镶嵌，与大脊相连。现为重庆市渝北区文物保护单位。

鸳鸯节孝坊中间立柱抱鼓石

第五十节　曾氏节孝牌坊

曾氏节孝牌坊，位于江西省抚州市临川区腾桥镇北部厚源村，建于清道光十三年（1833），是为表彰黄兴龙之妻而建，由半红石半青石结构而成，四柱三楹五楼式建筑。高11米，宽8.6米，进深1.8米。四柱前后各有一块平板抱鼓石，明间四块较大，断面曲线由大至小自下而上顺序缩小。立柱断面为正方形，边长约0.48米。三间龙门枋上各有小立柱，明间四根，次间各一根，明间中间两根之间镶嵌“节孝”牌匾，再向上便是“圣旨”额匾。三楹的龙门枋下棱角分别雕琢昂莲花瓣，整齐均匀，排列有序。五楼大脊两端各安装鱼尾吻兽和宝剑，鱼尾高高翘起，似悬于空中，刹尖为宝葫芦，稳坐中央。整座牌坊，色彩斑斓，气势宏伟，造型俊美，雕刻精细，充分体现了坊主人情操贞洁，仁义敬孝的美德，为中华节孝文化的标识之一。传说，在建牌坊时还有两段鲜为人知的故事：

曾氏节孝牌坊

一、曾氏生于乾隆年间，与黄兴龙指腹为婚，但黄不幸幼年疾亡，曾长大后依然到黄家孝敬公婆，料理家务，对公婆视如亲生父母，早起晚归，辛勤耕作。后公公将自己第二个儿子的次子过继给曾氏为嗣子，次子自幼刻苦读书，最终考中进士，功

曾氏节孝牌坊斜侧立面

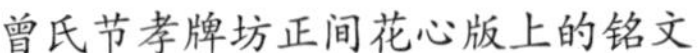
曾氏节孝牌坊正间花心版上的铭文

修葺后的曾氏节孝牌坊顶楼与额匾

成名就后不忘养育之恩，得知母亲的处境后，上呈皇上，皇帝深受感动，于道光十三年（1833）圣授节孝牌坊，旌表曾氏。

（二）、相传道光年间，厚源村民黄兴龙娶邻村兰溪曾氏为妻。曾氏生二子，长子黄金映，次子黄金华，在次子出生不久黄兴龙便夭亡，时年曾氏18岁。丈夫去世后，曾氏依然担负起孝敬公婆、含辛茹苦抚养幼子的重任。长子黄金映长大成人，自己单独开店经营做生意，买卖兴隆，逐渐发展壮大起来，致富后，黄金映在厚源广置田地，让其弟黄金华经营，业绩斐然。兄弟二人为了表达对母亲几十年守节的贞操，不忘养育之恩，便根据当时20岁以下守寡人可立节孝牌坊之习俗，恳求当地官府向朝廷申奏，获得皇帝的恩准，为母亲建造节孝坊。在建造牌坊时，初期的工程进展一帆风顺，速度快，效率高。谁知，在工程即将竣工时，安装刹尖宝葫芦受到挫折，连吊三次，绳索断裂，宝葫芦安不上去，在场的工匠们都在纳闷，你看我，我看你皆无措施。看到此景，人们便想起对曾氏的贞节产生了几丝疑问，尴尬的金映、金华兄弟二人速回家中跪在母亲面前问是何因？曾氏深思片刻说：“某年某日的早晨曾见到过公鸡大蛋（交配）。”坦率地告诉二子，并又说：“为娘一生清白。”说完就让儿子把她抬至牌坊前，双膝跪地，合掌胸前，“我曾氏一生清白，如有任何不捡点之处，我情愿让这座排坊倒下来把我压死。”说也奇怪，曾氏话音刚落，宝葫芦缓缓被吊起，稳稳当当地落在了顶中央，工程顺利竣工。厚源的《黄氏族谱》载：“圣哉黄母，恭俭温良，冰心柏节，每饭勿忘。相夫挽鹿，律己庄严。教诲令嗣，知有义方。所生无忝，烈誉弥彰。”

曾氏贞节牌坊的“圣旨”额匾，“节孝”牌匾与花心板的说明

第五十一节　振头关帝庙牌坊

振头关帝庙牌坊，位于河北省石家庄市仓安路西端振头关帝庙前。始建于明嘉靖二十年（1514），为四柱三楹三楼式建筑，二层飞檐双重石木式混合结构。牌坊的四根立柱和明间两根立柱前后的四根圆形戗柱均为木质。次间两侧两根立柱的戗柱为方形石质。牌坊楼面铺设绿色琉璃瓦，檐椽为木质雕刻。明间斗栱下为额匾，上书“浩然正气”四个正楷白色大字。两根戗柱顶在斗栱之下，使牌坊更加稳固。额匾下是一幅琉璃图案，图案下北面为“崇宁真君庙”，南面为“义勇武安王”。南北落款皆为“嘉靖二十年夏四月吉日”。各立柱南北均有楹联。木制牌坊的护脚石和石围栏的柱下共有石狮子24组，36个，有雄狮滚绣球、雌狮戏幼狮、幼狮吸乳等，形态各异，趣味横生，千姿百态的石狮，彰显了工匠们的智慧和巧夺天工的技艺。琉璃雕制的二龙戏珠、单龙戏牡丹、丹凤朝阳、动物、植物等各种图案，精益求精，锦上添花。三座楼顶斗栱飞檐参差有别。绿色琉璃瓦，黄色大脊上的向日葵花朵，相互映辉，与楼角前的螭兽，戗脊上的戗兽，大脊两端的鸱吻剑把，加上大脊中间由四狮组成的刹尖，遥相呼应，绚丽多姿，相得

振头关帝庙牌坊正立面

关帝庙牌坊匾额“浩然正气”和花心板“崇宁真君庙”牌匾

关帝庙前牌坊抱鼓石前幼狮与母狮

振头关帝庙前牌坊楼顶侧面

关帝庙前牌坊周围望柱上的幼狮

益彰。明间一条大脊上装饰了两对吻兽，相对而饰，这是我国牌坊中少有的装饰，别出心裁，独树一帜。古色古韵的牌坊彰显出更深厚的历史文化底蕴，展放了民族艺术之花，更加艳如桃李，光彩夺目。

第五十二节　岱宗牌坊

岱宗牌坊

岱宗牌坊，位于山东省泰安市泰山脚下的岱庙以北，是登泰山的第一道大门。据史料记载，该牌坊建于明嘉靖二十四年（1563），后于隆庆年间与清雍正九年（1731）重修。该牌坊四柱三楹歇山顶式建筑，高7.5米，宽9.8米，进深4.4米。建置于长16.5米，宽14.2米的长方形石砌台阶上。牌坊的四根巨型立柱上部施小额枋、龙凤板、花心板、雀替等构件，明间上方有牌匾，前后各书“岱宗坊”三个贴金篆体大字。龙门枋上置六组单踩斗栱，承托着主楼顶，楼顶以一整块巨石板雕刻而成，四面琢有双层滴水与单层瓦当，大脊两端安装鸱吻剑把，中间无刹尖。两次间比中间略短，也在大脊两端安装了鸱吻剑把。像这座牌坊在次间大脊两

岱宗牌坊的牌匾

端各安装鸱吻剑把的，在全国牌坊中是独一无二。两次间龙门枋上分别由三组单踩斗栱承托楼顶。从建筑结构上讲，岱宗牌坊立柱下部不仅沿用夹柱抱鼓石的传统做法，而且还模仿木质牌坊采用8根巨型石戗柱斜撑4根立柱，从而增强了牌坊的稳定性，这一结构形式在中国古代石牌坊中少见。整座牌坊虽没有繁缛的雕刻装饰图案，但其雕琢打磨光洁的各种巨型石材构件有机地结合，给人雄伟、庄严、稳重，大气之感；它又与身后的巍巍泰山和谐地融为一体，浑然天成，气势不凡，令人肃然起敬，豪气顿生。

岱宗牌坊的牌楼顶

岱宗牌坊的西侧次间楼顶大脊上的两端吻首

第五十三节　福衍金沙牌坊

福衍金沙牌坊，位于北京市东城区二环安定门东大街、雍和宫大街、和平里大街交汇处，雍和宫门西。牌坊坐东面西，为四柱三楹七楼式木质建筑。高13.3米，宽15米，进深3.2米。明间略大，两次间略小。四根立柱有四块中间雕有昂、卧莲花瓣带束腰的须弥座夹方石紧紧固抱，夹石约1.1米高，宽0.82米。三楹各立柱上有小额枋与龙门枋连接，中间安装花心板。七座楼顶以正间为最高，次间次之，其次是夹楼，最低者为侧楼。七座楼顶均有斗栱承托楼面，明间楼为五踩斗栱，次间为四踩斗栱，夹楼和侧楼为三踩斗栱。黄色琉璃瓦覆盖楼面，鸱吻、戗兽、走兽俱全。牌坊通体小点金式彩绘，色彩斑斓，绚丽多彩。明间前面龙门枋之上牌匾题书“十地园通”，

雍和宫门西“福衍金沙”牌坊

后面题书“福衍金沙”，两面都为康熙皇帝亲笔御书，贴金装饰，字体遒劲有力，华丽多彩。

牌坊次间雕刻“龙凤戏珠”

牌坊立柱上的双雀替

第五十四节　光分列爵牌坊

光分列爵牌坊，位于安徽省歙县雄村（洪村），为四柱三楹三楼冲天式牌坊，高9.5米，宽11.5米，进深1.6米，明间宽4米，两次间各宽2.5米。牌坊通体无雕刻，但表面平整光滑，无琢迹。四根立柱与抱鼓石各坐落在一块长方形条石上。三楹小额枋的断截面为椭圆形。各楹小额枋下的雀替较其他牌坊的雀替小了许多，其上无雕刻图案。中

“光分列爵”牌坊左次间的“学宪”牌匾

雄村“光分列爵”坊

额枋与小额枋之间的花心板上书有“大中丞”三个行楷大字。大、中额枋之间的牌匾上书有“光分列爵”四个正楷大字。两次间花心板上分别为“学宪”和“传胪”。明间楼顶下的额匾上书有“圣旨”二字。牌坊整体简洁明快，朴实大气，并保存完整。

雄村共立有5座牌坊，其中“四世一品”牌坊立于雄村西侧公路边，“光分列爵”牌坊立于雄村乡政府门前江边。这两座牌坊都是为夸耀雄村曹文埴 及其曹氏家族明、清时举仕显宦者而建造的。

曹文埴（1736—1800），字近微，雄村人，出生盐商家庭，25岁中传庐，为二甲第一名，深受乾隆皇帝的赏识，此后20年一直在朝内为官，在皇上身边待了 20多年，官至户部尚书。乾隆三十八年（1783），乾隆皇帝决定编纂《四库全书》，曹文埴被任命为《四库全书》总裁。他本人在诗文、书法上也均颇有建树，有《石鼓砚斋文抄》20卷、《诗抄》32卷等。曹文埴的学识、才能、品格得到乾隆皇帝的高度赞赏，不仅把他本人封为一品大员，还诰授其父、伯、祖父和曾祖父一品官衔。“四世一品”，这在歙县，乃至整个徽州，都是光宗 耀祖、极为荣耀的大事， 因此，经地方官绅报请、乾隆皇帝恩准，建造了一座“四世一品”牌坊和一座“光分列爵”牌坊。

“光分列爵”坊花心版与“恩荣”额匾

第五十五节　朱氏节孝牌坊

朱氏节孝牌坊，位于山西省原平市大牛店镇阳武村，坐东面西。牌坊前原有砖石照壁一座，须弥座前有石桥一座，现均无存。如今保存较为完整的附属建筑，有旗杆、石狮各一对，带袖壁的八字形石刻影壁一座。该牌坊为四柱三楹六楼式建筑，高9.8米，宽8.2米，进深3.2米。其形制结构，自下而上均称有序，层次分明，繁中就简，简而至繁，恰如其分地突出了主体建筑吞云吐雾的高大气势。底部为0.96米高的仰莲

抗日战争时期的朱氏节孝牌坊

朱氏节孝牌坊

花瓣束腰形须弥座；四根方形立柱由大、小额枋相连，柱基高1.5米，几乎占柱高的二分之一；立柱前后各有一根戗柱斜撑，使得牌坊更加稳固。后面的四根戗柱无雕刻，前面的四根戗柱通体雕刻混作缠柱龙，龙首在上紧贴立柱顶端，与龙门枋上的龙首挑梁头一上一下，相互对应。戗柱底端斜蹲在一雄狮尾部，显得更加威武壮观，气贯虹霓。三楹的小额枋之下挂有透雕双龙腾飞在浓云密雾之中的雀替。明间小额枋上刻有“咸丰五年九月男武访畴谨建”。大、小额枋中间的牌匾上题书“旌表资政大夫武烈之妻朱氏节孝坊”。左次间牌匾上题书“柏舟矢志”四

朱氏节孝牌坊前面楼顶部分

朱氏节孝牌坊前的盘龙戗柱

个行楷大字；右次间的牌匾上题书“竹帛流芳”四个行楷大字。明间顶楼檐下镶嵌着“圣旨”二字的额匾。六座楼顶参差有别，高低有序，明间上小下大，两次间上窄下宽，正间檐高，次间檐低，檐下斗栱为三踩，耍头象鼻形，二层设勾栏、望柱，有四根雷公柱与顶撑拉结成为一个整体。纵观其制，结构严谨，用材适当，有上下浑然一体之感，而无头重脚轻之弊。另外，该牌坊的石雕甚是精美，大部分构件与饰件满雕各种图案，有花卉、蟠龙、金刚、麒麟、狮子等，并有许多历史典故即二十四孝图。镂刻精致，姿态优美，造型逼真，构图讲究，堪称我国晚清石雕佳作，具有较高的文物保护价值和观赏价值，为研究我国古代石雕技艺提供了很好的实物。

牌坊背后的影壁上雕有“三星图”，三位老寿星各具形态，一位左手执拐杖，右手捧寿桃；中间一位官人头戴官帽，身穿官袍左手拿荷叶，右手扶令箭；另一位左手持甘蔗棒，胡须飘洒。三位寿星代表着传统社会里，最朴素的追求，也就是人要有福，要能够做官，最终还要高寿。三位寿星体态高大，英姿焕发，福如山岳，雕刻得惟妙惟肖。

朱氏节孝牌坊中间上下枋上的雕刻与雀替透雕

朱氏，生于乾隆四十九年（1785）三月初十日，卒于咸丰六年（1856）七月初五日。十九岁生子，二十八岁守寡。丈夫武烈去世时，武访畴才1岁，留下年轻的朱氏一人守寡。朱氏挑起家庭重担，一边抚养儿子，一边操持家务，时间推移，武访畴慢慢长大，且学业优异，20岁考中秀才，31岁中举人，32岁中进士。先后出任陕西清涧、米脂、镇安、渭南、临潼、咸宁、长安等县知县。后任凤翔、汉中、潼州、西安知府。武访畴官至中义大夫，陕西延榆绥兵道、加盐运使衔。武访畴在地方任职时，为官清正，百姓拥护，丁母忧后，他决定辞官不仕，晚年在沧州西河书院讲学十年。

朱氏节孝牌坊须弥座上的力士

道光十五年（1835）十二月十五日奉旨，旌表朱氏情操，时年五十二岁，计守节二十四年。享寿七十二岁。

巍巍耸立的牌坊，既是武家的荣耀，也是历史妇女学习的标杆，同时也是多少年来套在妇女生身上的枷锁。武家出了武访畴，为母亲争得了荣誉，可更多的母亲艰辛付出之后，却是默默无闻。如今，只有气势宏伟，精雕细琢的这座牌坊待在那里见证着历史的变迁，展示着自己的美貌容颜，而武家的故事却被一代一代的人们淡薄无印，坊主人的贞节情操，抚幼敬老，孝行之功德伟绩早已风止云消，了解实情者微乎其微。

第五十六节　武氏扬名牌坊

武氏扬名牌坊，位于山西省原平市大牛店镇阳武村外，是武访畴为了宣扬曾祖父、祖父、父亲、自己与各位夫人被封爵位而建，与村内朱氏节孝坊在咸丰六年（1856）同时修建的第二座牌坊。有些人也称节孝牌坊，了解实情的人称为配坊。此坊坐北面南，为四柱三楹三楼单檐结构。高8米，宽12米。始建于清咸丰五年（1855）。

武氏扬名坊

武氏扬名牌坊上的雕刻图案

武氏扬名牌坊右次间上的斗栱与檐椽

武氏扬名牌坊次间花心板上的“龙光锡崇”牌匾

武氏扬名牌楼次间上的“凤诏褒荣”牌匾

牌坊坐落在一石砌的长方形台基上，四根立柱仍然采用夹柱石固定。牌坊楼顶采用青瓦覆盖，正脊两端饰透雕鸱吻剑把，戗脊末端饰獬豸，飞檐翘角，明楼檐下嵌有额匾，上书“圣旨”二字。额匾下龙门枋上雕“双鲤戏水”，龙门枋下三幅挂落挂在檐梁下，被四个下端带垂莲的小垂柱分割为三等份，垂柱与檐梁交接处安装挑梁头，两侧雕有卷草图案。大、中额枋之间刻有武氏家族四代人名；“赠资政大夫曾祖父廷桂，赠夫人曾祖母李氏；诰赠资政大夫祖父秉壁，诰赠夫人祖母吴氏；高赠资政大夫父武烈，诰封夫人母朱氏。陕西分巡延榆绥兵备道、加四级武访畴谨建。”中额枋上雕刻着八大仙人，各显神通。中、小额枋之间的花心板上刻有“大清咸丰六年岁次丙辰仲夏上浣穀旦”。武访畴借为母亲建造节孝牌坊要弘扬祖辈阴德，而祖辈的姓氏大名又不能刻在节孝牌坊上，所以他必须另建一座牌坊才能完整地表达心愿。实际上这就是建造配坊的真正目的。也正是因此在配坊上题刻“凤诏褒荣”“克成先志”“重

石墩上的人物图案

武氏四代扬名人

裕后昆”“龙光锡宠”等字。

立柱下部的夹柱石各立面分别雕有风景、人物、山水等不同图案。中间两立柱夹柱石顶部各雕有八尊石狮，两次间夹柱石顶部各雕有四个乌龟承托立柱。武家配坊从规模上虽小于朱氏节孝牌坊，但是，它的整体造型，设计构思，仍然不亚于村内的节孝牌坊，玲珑剔透，俊美挺拔，雕琢精细，令人叹为观止。

第五十七节　栾氏尚书牌坊

栾氏尚书牌坊，位于安徽省绩溪县瀛洲乡大坑口村，为四柱三楹五楼式建筑。为颂扬本村曾任户部尚书的胡福、曾任兵部尚书和胡宗宪祖孙两代位居极品而建造的。所谓“奕世”，语出《国语·周语》“奕世载，德，不忝前人”，即一代接一代，后代传承前代之功德，光宗耀祖，不辱没前人之意。胡富是胡宗宪的曾叔祖，是明宪宗成化戊戌科进士（1478），官至陪都南京户部尚书；胡宗宪是明嘉靖戊戌科进士（1538），官至兵部尚书，祖孙二人，刚好相隔60年，一个甲子，都是戊戌进士，又都官至尚书，故而牌坊冠以“奕世”是名副其实。

栾世尚书坊正立面

胡富出仕后，曾任京城大理寺评事、福建佥事、山东佥事、广东副政、湖广检察使、顺天府尹等职，最终累官南京户部尚书，加封太子少保。他为官清廉刚正，不畏权势，据明史记载，他“遇事果敢，执法尤坚”。由于他为官清正，经常得罪权贵，因此屡屡受到他人的排挤打击。任职期间，胡富不惧奸佞，与扰乱朝纲、权倾一时的宦官刘瑾一伙顽强抗争，结果被刘瑾勒令提前弃官还乡，直到刘瑾被诛杀，皇帝才重新起用他。然而，官复原职后，胡富并没有因此而与阉党权奸同流合污，反而一再上书陈述弊政，遭到权奸的忌恨和排斥。胡富深感自己“居大位而不能举职，误国也”，怀着一腔悲愤，先后7次上书辞职，要求告老还乡 归隐故里，终于得到皇帝批准，回到了家乡绩溪龙川（今大坑口村），于嘉靖元年（1522）病逝，终年77岁。

“栾世尚书坊”牌匾与双线雕刻

栾世尚书牌坊左侧的“大司马”牌匾

龙川胡氏是当地的强宗大户，胡宗宪字汝贞，号梅林，生于明武宗正德七年（1512），是龙川胡氏的第34代孙，胡富的曾孙。嘉靖十三年（1534），胡宗宪乡试中举。嘉靖十七年（1538），胡宗宪考中进士，从此走上仕途。起初，他被安排在刑部观政，嘉靖十九年（1540），胡宗宪授任山东青州府益都县县令。就任后，胡宗宪不仅组织广大百姓扑灭了多年的旱煌灾害，还用安抚之策招降了危害当地多年的盗匪，不仅使群盗解散，而且还将其中可用的千人收编为义军，显示出了卓越的政治才干和文韬武略。此后，胡宗宪转任余姚知县，又以御史巡按宣府、大同等边防重镇，巡按湖广，参与平定苗民起义，为明王朝的边疆稳定作出了贡献。由于其政绩显著，嘉靖二十三年（1554）四月，鉴于浙江沿海倭患愈演愈烈，沿海百姓生活在水深火热之中，明世宗钦点胡宗宪出任浙江巡按监察御史，对他寄予平定倭患的厚望。胡宗宪深知责任重大，临行前立下誓言：“不擒获王直、徐海，安定东南， 誓不回京。”到任后，胡宗宪严明赏罚，大力整治明军纪律松弛、软弱涣散的积弊，使明军的军容、军纪得以改观，士气逐渐恢复。并且，他还施计用毒酒毒杀倭寇700余人，给倭寇以沉重的打击。不过，为了能使自己仕途畅通，胡宗宪行事圆滑，谨慎小心。当时，严嵩一伙奸党把持朝政，排挤、陷害忠良，胡宗宪不仅未奋起与之斗争，还常常奉迎相随，因此，获得了赵文华的赞赏。在赵文华的力

栾世尚书牌坊正立面次间楼顶的吻兽

荐下，胡宗宪很快就被明世宗擢升为兵部左侍郎兼都察院左佥都御史，总督浙江、南直隶和福建等处的兵务，可以调遣江南、江北、浙江等省重兵，所掌握的权力要比一般总督大得多。掌握大权后，胡宗宪开始大展宏图。他一方面招揽、重用俞大猷、戚继光等名将，把颇负盛名的文人徐渭招入自己幕府；另一方面，又发动和支持部下开展练兵。他先后8次上书嘉靖皇帝，要求给他三年时间训练出一支强大的抗倭军队。获准后，他立即派参将戚继光招募士兵严格训练，终于培养出一支威震天下的“戚家军”。他们大小80余战，战无不胜。正如史学界所评说的：“没有胡宗宪就没有戚家军。”胡宗宪这一点是功不可没的。在训练军队沉重打击倭寇的同时，胡宗宪又用连环计成功诱擒东南沿海地区倭寇的首领和中坚人物王直，并调集俞大猷、戚继光等部的兵力，于嘉靖三十七年（1558）十一月彻底肃清了王直在舟山岑港的残部。在此之前，胡宗宪周密布局，精心设计，通过重贿徐海言听计从的妻子王翠翘，离间徐海与陈东、麻叶等倭匪之间的关系， 使徐海自翦羽翼，力量削弱。进而，胡宗宪又调集大批兵力，并派遣已经投降的陈东率领其党，与官军一起，向徐海发起猛烈围攻，使徐海投水而亡。胡宗宪为平息倭寇作出了重要的贡献。

奕世尚书牌坊背面花心板刻字

奕世尚书牌坊右次楼雕刻的“青宫太保”

胡宗宪擒杀王直、徐海，使沿海的倭患得以渐次平息，长期动乱不安的大明皇朝的海疆终于有望恢复往日的平静了。嘉靖皇帝龙颜大悦，晋升胡宗宪为兵部尚书，加封太子少保， 并恩准他建造“奕世尚书”牌坊，以旌表、夸耀他的功绩，炫耀门第，光宗耀祖。然而，胡宗宪颇为贪财，他大肆搜刮，并联络结交严嵩奸党，排挤陷害张经等忠良之臣，严嵩垮台被流放后，他被弹劾为严嵩奸党下狱，嘉靖四十四年（1565）十一月初三，在狱中自杀身亡，时54岁。

“奕世尚书”牌坊于嘉靖四十一年（1562）初建成。建造此坊时，胡宗宪正是青云直上、踌躇满志之时，故整座牌坊雕刻极为精美。坐北朝向，通高10米， 面宽9米，进深3米，牌坊柱、额枋、抱鼓石等主要构件，皆为花岗石制作而成，屋面、鸱吻、斗栱、雀替、匾额、花心板等均以采自浙江淳安的“茶源石”即火山灰凝石建造。牌坊明间主楼檐下，南北两面均竖有四边阳刻双龙戏珠纹的龙凤额匾，额匾上竖刻“恩荣”两个正楷大字。南面的“恩荣”额匾下，在明间一层由四只宝瓶托起的牌匾上，题楷书“奕世尚书” 四个大字，字体端庄厚重，行笔秀润潇洒，据考证，出自明代四大书法家之一文徵明之手。南面明间匾额下的二层字板上题书“成化戊戌科进士户部尚书胡富、嘉靖戊戌科进士兵部尚书胡宗宪”27个字；南面明间三层字板上题书有立坊的省、府、县各级官吏的名字；南面两侧次间的匾额上，分别题书“大司徒”和“大司马”三个大字。“大司徒”是指胡富，“大司徒”系中国古代中央政府中主管土地、户籍、钱粮的高官，相当于胡富所担任的“户部尚书”。在明间一层由4只宝瓶托起的匾额上，题书有“奕世宫保” 4个楷体大字，据考，也出自文徵明之手。南面两侧次间的匾额上，分别题书“青宫少保”和“青宫太保”各4个大字。明清时，对加有太子少保、太子太保衔者，尊称为“宫保”；“青宫”也称为“春宫”，系太子居住的地方，“青宫”即为太子的代称。中国古代，东宫（即太子）有六傅：太师、太傅、太保、少师、少傅、少保。少保是太保的副级，属于皇帝的高级顾问，太子太保是辅导 太子的老师。太师、太傅、太保为三公，正一品官衔；少师、少傅、少保为三孤，从一品官衔。 胡富加有“太子少保”衔，胡宗宪加有“太子太保”衔，故牌坊又冠名“奕世宫保”。

“奕世尚书”牌坊用料讲究，造型优美，图案生动，雕饰精致，技艺精湛，形象逼真，内涵丰富，气势雄伟，历史文化底蕴深厚，集结构、造型艺术与雕刻装饰艺术于一体，是我国古代石牌坊中的精品。历经440多个春秋的风雨洗礼，至今仍保存相当完好，实属难能可贵， 1986年7月，被安徽省人民政府列为省级重点文物保护单位。

第五十八节　理学明贤牌坊

理学明贤牌坊，位于江西省南昌市进贤县七里乡罗源陈家村。高5.96米，宽9.56米，四根柱子呈一字排列，分别立在长方形的浮雕石座上，每柱前后各置石狮一对，八只石狮大小相同，均为身高2.16米，宽0.6米。石狮各具形态，或捧幼狮，或抚、戏幼狮，或按球，或伸舌，或含球。情态正面似笑，背面似哭，有“内笑外哭”之说，石狮精雕细刻，纹路清晰，刀法明快，栩栩如生。建于明永乐

“理学明贤坊”底座雕刻图案

八年（1410），由地方官员兵科给事中高旭和进贤知县余曜为该村时任四川右参政陈谟而立。

理学明贤坊

楼顶使用灰陶瓦，坊檐和坊背两端用砖瓦石灰做成了龙首状的鸱吻。坊脊正中还用石灰砖瓦砌成“乌纱帽”形作为牌坊刹尖，相传代表官阶。牌坊为四柱三楹单楼式砖石木混合结构建筑，坐北朝南，如意斗栱，庑殿式坊顶六角微翘，简洁明快，粗中有细，独具特色。

“理学明贤坊”的幼狮戏铃

“理学明贤坊”底座雕刻图案

大龙门枋与中额枋之间镶嵌有三块牌匾，明间为“理学明贤”、左侧次间为“科甲济美”、右次间为“明经传芳”。均为黑底黄色正楷大字，中额枋与小额枋间为花心板，无字无雕刻，牌坊通体涂红色。

2006年6月被国务院公布为全国重点文物保护单位。

“理学明贤坊”前的雄狮踩绣球

第五十九节　昼锦牌坊

昼锦牌坊，位于江西省南昌市进贤县七里乡罗源陈家村，在“理学明贤牌坊”后面，明成祖永乐八年（1410）兵科给事中高旭、进贤知县佘曜为纪念曾任四川右参军的陈谟而建。崇祯十年又建一理学名贤牌坊。两座牌坊前后对峙，两旁用砖石墙把它们连接起来，中间形成一个小院落，坊前后均用长条花岗石铺地，古朴典雅。有横石匾额一块，上面横刻正楷“昼锦”两个字，并刻有建坊缘由、时间等记述文字，匾额四周饰有浮雕图案，檐下四层桷子檐头代替斗栱。牌坊用料坚固，雕刻精细，纹饰严谨大方，线条流畅，人物花鸟形态逼真。坊脊成人字形，四角微微上翘，呈展翼状，上盖灰瓦。

“昼锦牌坊”前立面

“昼锦牌坊”匾额的雕刻

2006年6月被国务院公布为全国重点文物保护单位。

“昼锦牌坊”匾额

“昼锦牌坊”柱基上的石雕

第六十节　乾州节孝牌坊

乾州节孝牌坊

乾州节孝牌坊，位于湖南省湘西自治州首府吉首市区内的人民南路旁，始建于清同治四年（1865），俗称“田家园牌坊”。1966年牌坊曾惨遭毁坏，2007年9月政府文物主管部门又将其重新建造，恢复原貌。为一座四柱三楹三楼式庑殿顶的仿木结构牌坊，比例匀称，雕琢精细。原牌坊始建咸丰十年（1860），为清代乾州人旌表周洪福祖母陈氏操行所建。太平天国翼王石达开部将李福猷率军夜袭乾州，周洪福遵其祖母陈氏的命令捐赠粮食招募士兵，并迎其弟周洪印带领军队誓死守住乾州，也保护了辰州、常德百姓的安危。周洪印为此被晋升为提督衔总兵，获“劲勇巴图鲁”称号。周洪福被提升为副将，周氏一门均获封赠，其祖母陈氏被诰封为“一品节孝老夫人”。陈氏平素生活清苦，年轻时为人清白，孝敬老人，抚养儿孙。乾州节孝牌坊就是用于寄托周家后人对祖母陈氏的敬仰、缅怀和追忆之情而建。

乾州节孝牌坊采用仿木结构，呈“一”字布局，所有柱子水平排开，柱上架额枋，上有起翘屋顶，下有夹杆石护柱，正脊设葫芦宝顶刹尖，侧脊设鳌鱼鸱吻，檐下有斗无栱，整体造型端庄秀丽。节孝牌坊高9.6米，宽8.9米，正间宽度约为次间的两倍，比例匀称优美，柱、额枋采用榫卯结合，结构科学合理。整座牌坊运用线刻、浮雕、圆雕等手法将动物、人物、植物花卉等图案展现得淋漓尽致，令人赞叹不已。期间穿插各种传统纹饰图案、铭文、楹联等混合一体，使得牌坊灵动而富有生机。

乾州节孝牌坊的建筑结构是作为基本“骨”架，以承载旌表内容的装饰纹样、铭文、楹联，它在巧妙运用石材特性的同时，更多了一些对称均衡、疏密层次之美的追求。厚实挺拔的牌坊“骨”架是其上所雕刻的各式各样中国传统纹样之载体，这些纹样作为牌坊之装饰构件，为牌坊赋予了一定的文化价值，且蕴含

夹柱石上的狮子

着对周母陈氏老夫人高尚节操的赞美之情，并且用来表明建造牌坊的目的。而宣扬封建礼教思想的铭文、牌匾、楹联等内容有着深厚的文化内涵，使得整座牌坊，古韵浓浓，寓意深远。

综观乾州节孝牌坊从基座到屋脊，无不是由精美细致的雕刻部件所组成。节孝牌坊自建成后经历100多年岁月的洗礼，1966年在“文革”期间不幸被毁，虽造成对文物维护的遗憾，但复建后的牌坊并不影响表达牌坊所代表的历史价值和文化精髓。牌坊的建筑形式可以被人们直观地认识其上雕刻的图案就成了建造者艺术美学观念的物化，以及统治者伦理道德观念的载体。图案较之文字更具直观性，图案起到锦上添花的作用，文字表达牌坊的核心思想。宋《营造法式》注2中提及四种石雕技艺，剔地起突（高浮雕及圆雕）、压地隐起（浅浮雕）、减地平（平面浅浮雕）和素平（平面细琢），而现如今流传下来的石雕装饰手法主要有圆雕、透雕、深浮雕、浅浮雕、平雕和线刻六种工艺。乾州节孝牌坊多采用圆雕、浮雕和线刻的艺术手法。位于正间的额枋是牌坊重要构件，深浮雕刻中，立体感强、层次多、起伏大，纹样东西呼应、南北对称，从上到下依次刻有：东面为应龙飞天、丹凤朝阳、双龙戏珠；西面为洪福（蝠）齐天、双狮戏球、鲤跃龙门；东面的应龙为有翼的千年龙（也有学者认为此应龙就是龙头蝙蝠身的龙子之一），是权威和尊贵的象征；凤即凤凰，百鸟之王，阳即太阳，其意象征完美和谐，吉祥光明；龙所吞吐之珠为龙珠，寓意天下太平，年年吉祥，上凤下龙，圣貌也，同时也是古人对母性崇拜与尊母爱母的物化表现；西面蝙蝠的蝠通假“福”“富”字，蝙蝠的头部被雕琢成龙头，是龙子之意，寓意大富大贵；狮为百兽之王，带祥瑞之气，有生生不息、家族繁衍之意；鱼跃龙门即过而为龙，寓逆流而上、奋发图强之意。

在牌坊上运用最多的是浅浮雕，基本可运用在牌坊的所有部位。浅浮雕层次少、雕刻浅，但对勾线要求严谨，常以线和面相结合的方法增强画面的空间感。西面次间檐楼石斗下方额枋从左到右依次刻有春牡、夏荷、秋菊、冬梅。牡丹贵为花中之王，有吉祥富贵之含义，也有纯洁爱情之寓意。梅、菊为花中之君子，拥有清雅淡泊的品质。荷花又以其出淤泥而不染的美誉，被视为纯洁的象征。东面与其对应的四块额枋采用异质

八宝图之一铁拐李的宝葫芦

同构的雕刻手法，将两种或多种不相干的物象大胆组合在一起，有序地勾画出一组组奇特的造型。左边是狮子和梅花鹿以及狮子和豪猪，右边是毛驴和麒麟以及凤凰和大象，各种走兽形成了一个个神秘的神话造型，给观者以无限的自由想象空间。

正间上部的五龙捧圣

西面两侧字牌上的大额枋左右对称刻画有成熟的石榴果实，代表多子多福，门丁兴旺。在欣赏牌坊的时候，笔者发现其东面由额垫板内的“柏操”。字牌下的额枋图案中含有葫芦和拐杖，恰是八仙中铁拐李的宝物，再细看这个葫芦后还刻有一个花篮，正好代表着蓝采和。笔者想其他几块字牌下的纹样会不会恰好是代表八仙各自的宝物？不出所料，东面“冰清”下对应的是汉钟离的温凉扇，曹国舅的笏板；西面“玉洁”下则是何仙姑的荷花和韩湘子的紫箫；“松贞”字牌下是吕洞宾的纯阳剑以及张果老的渔鼓。此处八宝代表八仙过海各显神通，且八仙祝寿亦代表长命百岁，吉祥如意。

乾州节孝牌坊共有十块夹杆石，它们是牌楼建筑所特有的重要构件，主要是起稳固牌坊立柱的作用。其上所刻之物，有着简练利落的刀功手法、朴素灵动的雕刻造型。六块平板抱鼓石均通过轮廓凹凸的变化形成鼓首、鼓颈、鼓身和鼓足等部位。每块夹柱抱鼓石正反两面均有各种动物和植物及其他物件组成的雕刻，构成一个个图形意象，来表达美好的愿望。如：仙鹤和松树代表松鹤延年；三只羊与一颗太阳组成三阳开泰；大象和祥云意指吉祥如意；鹿寓“禄”，是瑞兽，与柏树雕刻在一起表示福寿安康；鹊站枝头与树下之獾相互对望称“欢（獾）天喜（鹊）地”；鲤鱼自古以来是祥瑞之物，鱼音同“余”，寓意年年有余，鲤音同“利”，主财，四条鲤鱼刻成绕圈状代表四方来财；左右刻两只兔子，中间是一座开满兰花的小山寓意寿（兽）比南（兰）山，在湖南方言中，声母n没有，而习惯发声母l，因此“南”“兰”不分，所以“兽比兰山”实际上就是“寿比南山”的谐音；一朵小的荷花开在一朵大的荷花之上，其旁有荷叶相衬，荷花和荷叶组合代表和平，大的荷花呵护着小的荷花，暗指周母陈太老夫人无私的母爱和圣洁的精神。从牌坊上大量出现的动物、植物等意象，可以看出建造牌坊的能工巧匠们更倾向于以谐音和隐喻的手法表达吉庆祥瑞的寓意。

牌坊西面楼柱须弥座台基上有两只圆雕的狮子，狮子具有卷曲的毛发、凸起的眼睛、张开的嘴巴和尖锐的牙齿，显得异常雄健威风。左面雄狮脚踩绣球，右面雌狮怀抱幼狮，两只狮子头朝下趴在柱子上，活泼灵动，栩栩如生。两侧的柱侧面上还有两只巨大的鳌鱼，鳌鱼这一形象多用在屋顶正脊做龙吻，又称鸱吻，为龙的九子，能

节孝坊正间牌匾“诰封一品老夫人节孝周母陈太老夫人之坊”

激浪降雨，以灭火为民消灾之意，一般是设置在楼顶大脊两端，为防他逃跑，玉皇大帝用宝剑将其固定在大脊上，只外露一剑把。如今用在柱下做夹杆石是很少见的。

节孝牌坊作为清代古乾州宣传和弘扬封建礼教文化的一个重要的小型建筑，引导着社会风俗的发展方向。它在雕刻楹联文辞等装饰中融入古人的民风民俗和道德观念，具有极大的艺术价值和深厚的文化内涵。工匠在建造牌坊时文辞的绘刻十分讲究，牌坊明间上方正反两面放置一块五龙捧圣匾，代表此坊是奉旨修建，且处在所有刻铭文牌坊构件的最高位置，体现出帝王的至上尊严。为了使铭文更加易于观看，工匠在放置的时候将其向外倾斜，并书写了“圣旨旌表”四个正楷大字作为敕谕建坊的正统标志。两侧有手持圣旨的一双天官守护朝贺图案。牌坊正间由花心板，西面阴刻“诰封一品老夫人节孝周母陈太老夫人之坊”字样，阐明建坊的名由。东面花心板上有成篇的铭文介绍此坊建造缘由、为谁而建、由谁建造和建造日期等详细内容。次间正反两面花心板对称刻有“玉洁”“松贞”，“冰清”“柏操”四词。歌颂牌坊主人德行高洁，夫君亡故也不再嫁的高尚情操。赞美其德行像玉一样纯净，如松一般坚贞，像冰一样清澈，像柏一般操行（“柏操”谓夫死不嫁的节操）。四根整石立柱正反均有颂扬且富有文学色彩的阴刻楹联。正面楼柱上款为：“令子能读父书移孝作忠尽获高风垂懿范，文孙克勤王事既贞且寿含饴累世沐恩纶。”上联称赞周母陈太老夫人的儿子继承其父志、把孝顺父母之心转为效忠君主；下联先夸奖其孙辈勤劳节俭，后赞美老夫人忠贞，并送上对其衷心的祝福。下款为：“岁次乙丑季夏月上浣，监运道衔辰沅永靖兵备道翰林院编修杨翰拜书。”注明了题字时间为同治四年（1865）的六月上旬和作者为清代辰沅永靖兵备道的翰林编修杨翰。边柱上款为：“家庆国恩紫气来迎王母寿，言坊行表徽音长奉女宗贤。”明清时期，王母娘娘在民间地位非常之高，影响遍及整个中国。她不但是长寿延年的代表而且是伟大母爱的象征，让人们明白是母爱的原因让女人愿意帮助男人，也从侧面赞扬周母陈太老夫人伟大的女性品质，并且作为女中豪杰的表率，长长久久地被后代所美誉。背面楼柱上款“上尽孝下抚孤茹蘖含冰独向庭帏完大节，内治家外忧国指囷募士允从巾帼见奇人”。该联与“玉洁”“松贞”“冰清”“柏操”四词，是对这位80多岁的“祖母陈氏”道德评价。上联赞美其生活清苦，但为人清白。下联“指囷募士”的意思是：指着谷仓里的粮食，招募士兵。指老夫人在乾州遇袭时，命其孙周洪福捐赠粮食招募士兵，以固守乾州。边柱上款为：“止水怀贞久见波澜平古井，青霜比节方知松柏抱冬心。”这一联称赞了老妇人虽然守寡多年，内心却依然安宁镇定，好比松柏一样有着坚贞不屈的气节。

乾州节孝牌坊，不但是它艺术上的美和造型上的合理，更体现了百姓对先人敬仰之心和思念之情。牌坊上的铭文融古人之生活理念、道德观点、民风民俗于一体，准确地传达出牌坊的中心思想以及牌坊主人高尚节操。不但是对传统社会女性贞操节孝观念的重视，而是在推行贞洁礼教和当时封建社会的德行，其实质是对古代中国女性思想束缚和精神上的迫害。

第六十一节　太和元气牌坊

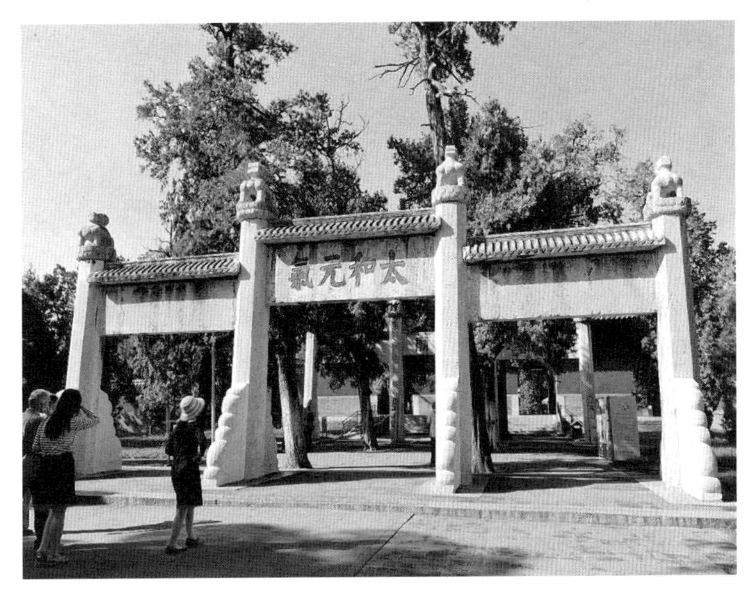

孔庙前第三座牌坊“太和元气”坊

太和元气牌坊，为山东省曲阜市孔庙第三座大门。建于明朝嘉靖二十三年（1544），山东巡抚曾铣亲手书“太和元气”四个正楷大字。为四柱三楹三楼冲天式建筑，高5.8米，宽11.2米。四根八棱立柱由八块抱鼓石夹抱，稳稳当当地耸立在那里。立柱上方每楹有一块巨型石板与立柱结合在一起，其上各饰一座楼顶。每根立柱顶端各饰一圆形莲花盘，盘上蹲坐一只望兽，昂首挺胸面朝南向，威武雄壮，怒视前方。

“太和”取自《易传》，其中说：“乾道变化，各正性命，保合大和，乃利贞。”“太”与“大”相通，“太和”就是“大和”。但“太”具有“比大还大”的意思，有学者说“太”是“大于大”“最于最”形象，生动地表达了“太和”具有“根本性”意义与特征。元气，大化之始气。古人认为是太和元气哺育了世间万物。这里把孔子之道比作太和元气，显示了孔子思想对社会和谐与进步的巨大作用。

孔子思想的如此魅力，正体现了中国文化的特性。孔子学说对世界、对人类有极其重要的价值，实际是世界许多有识之士的共识。1988年1月，在巴黎举行的第一届诺贝尔奖获得者国际大会上，75位参会者（包括52名科学家）经过四天讨论，得出一个重要结论：“人类要生存下去，必须回到25个世纪以前，去汲取孔子的智慧。”提出这个结论的是瑞典物理学家汉内斯·阿尔文博士，这次会议的议题是“面向21世纪”。虽然会议结论多达16个，但澳大利亚《堪培拉时报》的题目就是“诺贝尔奖获得者说要汲取孔子的智慧”，他们格外看重这个结论，还称阿尔文博士的这一发言“最精彩”。

孔府大门前第三座牌坊“太和元气”匾额

“太和元气”坊立柱上的望兽

那时，人们即将跨入新世纪的门槛，回眸百年风云，放眼新的世纪，自然思考人类社会的未来命运，思考起林林总总的现实问题该如何应对。人们对未来充满希望的同时，心中也不免颇有几分苦涩，几分忧虑。阿尔文博士看到孔子思想的价值，很有可能是从林语堂先生当年译介的《孔子的智慧》中得到了启示。

事实上，孔子思想对中国产生的影响就是最好的检验。英国作家贡布里希说得好：“在孔子学说的影响下，伟大的中华民族比世界上别的民族更和睦和平地共同生活了几千年。”他还说：“孔子提出的方法是简单的。也许你不会马上就喜欢它，但是其中却蕴含着比人们第一眼所看到的更多的智慧”，“只是由于有了他的学说，这个有着众多省份的大国最终也没有瓦解。”1989年，联合国教科文组织总干事代表泰勒博士也说：“当今一个成功、昌盛的社会，在很大程度上仍然立足于孔子所阐述的许多价值观念。”

孔子学说不是“方术”，而是“道术”，那么，他何以如此具有超越时空的意义？这是因为孔子儒家思想是一种人文文化，孔子不是得到了哪个神灵的启示，而是对人性与人的价值进行了深刻的思考。之所以如此，就在于孔子思想的继承性。关于这一点，很多学者看得十分清楚。例如，梁漱溟先生说：“孔子以前的中国文化差不多都收在孔子手里，孔子以后的中国文化又差不多都从孔子那里出来。”柳诒徵先生说：“自孔子以前数千年之文化，赖孔子而传；自孔子以后数千年之文化，赖孔子而开。”由此，人们不难明白孔子所言自己“述而不作”内涵，也容易理解孔子“祖述尧舜，宪章文武”的丰富含义。孔子思想影响深远，历久弥新，是因为孔子以前中国文化有一个漫长的发展过程，孔子思想的形成有一个广阔的文化背景。

孔子接续三代以来的中华慧命，继承先圣先王，继续凝练提升。他的智慧源自天道性命，他思索的是个体生命的价值，思考的是人和动物应有怎样的区别，人们怎样在心中建起道德的防线。联合国教科文组织总部大楼前有一块石碑，上面用多种语言写着这样一句话：“战争起源于人之思想，故务需于人之思想中筑起保卫和平之屏障。”孔子儒学与联合国教科文组织的宗旨深度契合，也是要在“天理”与“人心”之间筑起“礼”的堤防，在“人心”与“道心”之间找到最佳的结合点。

面对利益与诱惑，人们该如何正确抉择？孔子则以小通大，提出“立爱自亲始，立敬自长始”，通过孝悌培养爱和敬。他的方法贴近人心，他的思维符合人情。正是基于这样的认知，本着“中人之情”的原则，以人人能知能行的方法，“平好恶而返人道之正”，从而在日常与细微中洋溢温暖与深情，使历代的人们追求和谐与安宁，希望安居乐业，向往愉悦快乐。人如何处理与自然、社会、他人的关系，内在地决定于如何处理自身与内心的关系，人们这样思考，就慢慢染就了自己的生命底色，就确立了明礼修身、推己及人的价值观念。这就像“德侔天地”“道冠古今”所标示的，孔子的“道”与“德”，自古至今，在天地之间，成为滋养和哺育历代炎黄子孙的“太和元气”。可以肯定，孔子思想必将继续为人类的和睦与和谐做出贡献。

第六十二节　三朝典翰牌坊

三朝典翰牌坊，位于安徽省歙县许村镇许村，明崇祯十四年（1641）建，四柱三楹三楼冲天柱式花岗岩建筑，高11.5米，宽9米，南面牌匾上题书“三朝典翰”四个正楷大字，下书“直纂修徵士郎加正五品服俸中书舍人汪伯爵勅赠元配孺人凌氏勅封继配孺人吴氏”，北面书“奕世承恩”“勅赠征士郎中书舍人汪德章”等字。梁柱光洁，现状完好。

汪伯爵，从牌坊文字信息看，是明代中书舍人，五品官。他是唐代越国公汪华五世孙汪伦的后裔，李白有诗《赠汪伦》，就是赠送给汪伯爵的先祖汪伦。随着李白《赠汪伦》一诗的世代流传，汪家与李白深厚交情也广为传颂。

汪德章为汪伯爵之子，他出生三天即被崇祯皇帝封为“中书舍人”，也就是“典翰”，旧时出生三天为“三朝”，故名“三朝典翰”坊。因此，汪德章是中国历史上最

“恩荣”匾额与心花板赠文

“三朝典翰牌坊”额匾

“三朝典翰牌坊”前立面

小的牌坊主人公。“奕世承恩”儿子汪德章也得到父亲一样的中书舍人的封赠，故称“奕世”。

“敕赠元配孺人凌氏敕封继配孺人吴氏”，元配凌氏用“敕赠”，继配吴氏用“敕封”。殁者曰“赠”，存者曰“封”。说明此牌坊立时吴氏活着，凌氏已故。

三朝典翰坊的来历有一段神奇的传奇故事。

明朝末年崇祯年间（1635年前后），有户人家落难，夫妻同时双亡，舍一孤女走投无路，无钱葬亲，无奈之下跪于街头，愿以身相许而求葬双亲。许村富商汪伯爵巧遇此地，慷慨解囊，出银资助，使小女父母得以安葬。孤女感恩不尽，愿作汪公小妾。汪伯爵虽然有钱财，但不重色情，且为人正直，忠厚，于是极力拒绝，认为倘若如此，甚为不义。怎奈小女执意相从，汪公无奈之下，收女子为干妹，并送其回乡安顿。

谁料此女体有异香，相近相闻者无不称奇。如此一传十，十传百，时，“徽州出香女”之说不胫而走，传遍四方。数日传至京城，崇祯皇帝闻后令徽州知府查明真伪。知府揣度圣意，便亲临汪宅，劝将其妹送入京城皇宫。汪伯爵深知内中利害，随知府亲送“香女”进宫。

崇祯皇帝见之大喜，纳其为“香妃”，并授汪伯爵“中书舍人”，加正五品服俸。中书舍人为明朝宫中的书记官，雅称“典翰”。

汪伯爵返回徽州后，依旧做他的茶叶、木材生意。因与当朝皇上的这般干系，生意兴隆，越做越大。一家之内无全美，虽如此，膝下无子愁得汪伯爵食不香，寝难眠，时有无奈之言，萦绕心头挥之不去。夫人凌氏知情达理，力劝丈夫再娶。汪伯爵于是再纳吴氏。不久，吴氏如愿有孕在身，汪家上下皆喜不自禁。

“三朝典翰牌坊”侧立面

消息传至宫中，“香妃”亦为“恩兄”高兴。高兴之余，“香妃”也动了报答“恩兄”的心思，暗中计算好了日子，佯病危央告皇上，气若游丝，倾力泣诉思念“兄嫂”之苦。崇祯为之动容，急召汪伯爵进京，并应“香妃”之求，钦点“吴氏”随同入宫。

由于鞍马劳顿，即将抵京之时，吴氏早产一子。三天后一行三口进宫，崇祯偕“香妃”召见汪伯爵父子，碍于明末布衣不得面君礼制，崇祯亲点“香妃”这位出生仅三天的幼侄为“典翰”，赐名“德章”，并恩准立坊旌表。“三朝典翰”牌坊由此而来，并成为年龄最小的“功名坊”。

现为全国重点文物保护单位。

第六十三节 双寿承恩牌坊

双寿承恩牌坊，位于安徽省歙县许村镇许村。明隆庆二年（1568）建，为四柱三楹五楼式建筑，高9.5米，宽7.9米，牌坊由立柱、大、中、小额枋、龙门枋、楼顶、簪花（盘花）、檐板和明间柱前后的四只奔狮等构件组成。除花心板、额枋等雕刻构件为砂岩，其他构件均为花岗岩。雕琢部件精美异常，但损坏、脱落严重。牌坊牌匾上书“双寿承恩”，下书“征仕郎许世积孺人宋氏”等字，

双寿承恩牌坊坊顶部分

双寿承恩牌坊次间楼顶和抱头簪花

双寿承恩牌坊立柱两侧的底座与抱鼓石上的雄狮下山

双寿承恩牌坊前侧立面

25世许世积（又名岩保），字景瞻，生平多义举，曾捐资建万年桥、善化亭等。

许世积徽商，乐善好施，夫妻双臻高寿，朝廷因之旌表，敕封“征仕郎晋赠奉直大夫”，赐建“双寿承恩坊”。许国为其作“行状”。“双寿”是指夫妻双双高寿。许国就是徽州府衙前那座徽州八脚牌坊的主人，为申时行的次辅。“行状”人物生平传略。由次辅为其写传略，商人许世积也是荣耀之至。

许世积101岁，夫人103岁，夫妇双双高寿，大明朝廷乃立坊以纪之。这种为两位高寿老人立牌坊，在全国极为罕见。尊老爱幼是中华民族的

双寿承恩牌坊的全国重点文物保护单位标志碑

传统美德，不是一句空话。孟子云："老吾老，以及人之老，幼吾幼，以及人之幼"，尊老是儒家思想的重要内容。

牌坊柱、额枋、斗栱、隔扉上雕有 "狮舞寿球""龙凤呈祥""松鹤延年""猴献寿桃"等12组图案，立柱两侧有立体奔狮，四根立柱上部前后共12支24朵簪花，均由砂岩雕刻而成，雕工十分精美。牌坊各楼上均有帽檐，明朝建筑特点非常典型。

第六十四节 夏公墓道牌坊

夏公墓道牌坊

夏公墓道牌坊，位于浙江省文成县云湖乡上坪村陈山自然村处下坑岭头。坐东面西偏北，建于清嘉庆八年（1803）。牌坊为四柱三楹三楼石质结构式建筑，面阔6米，高5.5米，方形柱子，坐落在长方形底座石上，前后皆用抱鼓石稳固，抱鼓石为水波纹。明间过道宽1.3米，两次间各宽0.9米。牌坊由立柱、大、中、小额枋、龙门枋、板式斗栱、栱眼壁、楼顶等结构而成。龙门枋上置石刻平板斗栱，栱底用悬柱承托，屋面为悬山顶，雕有瓦垅，作筒瓦式样，有滴水瓦当，屋脊龙头鸱尾，小额枋下面左右设卷草纹雀替，素面，花心板前后两面楷书阴刻"清修职郎峰城粹齐夏公墓道"字样，落款处阴刻"嘉庆八年腊月辛酉吉旦"。

夏公墓道牌坊抱鼓石

夏公墓道牌坊抱鼓石底座雕花

夏公墓道牌坊雕刻精致的抱鼓石

立柱底座雕刻

夏公墓道牌坊保存完整，细部雕刻精美，在文成境内是不可多得的清代建筑，是研究浙南山区石结构牌坊建筑的例证之一，对于了解清代的社会生活理念，礼教，传统道德观念，民风民俗提供了实例，具有文物史料研究价值和一定的欣赏价值。

第六十五节　至圣庙牌坊

至圣庙牌坊，位于山东省曲阜市孔庙南门内，是进入孔庙的第四座牌坊。孔庙初建于公元前478年，以孔子的故居为庙，以皇宫的规格而建，是我国三大古建筑群之一，在世界建筑史上占有重要地位。至圣庙牌坊高5.6米。宽9.38米。为四柱三楹冲天式结构建筑。八棱式立柱直通天空，每柱顶饰双层莲花盘，盘上蹲坐望天吼一尊，莲花

孔庙门前“至圣庙”牌匾

盘下有一云板穿插立柱而过，云板上嵌有宝珠。明间龙门枋上题书“至圣庙”三个红色篆书大字，刚柔兼用，遒劲有力，结构严谨，古韵浓郁。横梁之上中间饰一半圆形火焰，宝珠位于中间。牌坊通体简洁明快，朴实大方，不失宏伟壮观之美，又具圣人文风之气魄。

孔庙大门前“至圣庙”牌坊

孔庙大门前“至圣庙”牌坊 立柱上的望天吼

现外地福州、北京、衢州、德阳等许多地方都仍保存有孔庙。曲阜孔庙是祭祀孔子的本庙，孔子死后第二年（公元前478年）始建，鲁哀公将其故宅改建为庙。此后历代帝王不断加封孔子，扩建庙宇，到清代，雍正帝下令大修，扩建成现代规模。庙内共有九进院落，以南北为中轴，分左、中、右三路，纵长630米，横宽140米，有殿、堂、坛、阁460多间，门坊54座，“御碑亭”13座，拥有各种建筑100余座，占地面积约95000平方米的庞大建筑群。

第六十六节　掇科牌坊

掇科牌坊，位于安徽省绩溪县浩寨乡冯村，建于明嘉靖年间，一面题书“掇科”二字，另一面题书“大夫第”三个大字。从大夫第三个字来看，很有可能为儒学教谕刘镕的住宅。牌坊为四柱三楹五楼石质结构建筑。坐西面东而立，宽8.3米，高8.78米。立柱削棱，其断面为正方形，边长0.41米。四柱前后各有高大的平板抱鼓石，高2.1米，宽0.95米，厚0.22米。明间净宽2.80米，两次间各为1.65米。“大夫第”一面的小字为“儒学教谕刘镕训导京秋闱进士奉直立大夫冯蘭立”。另一面为“嘉靖三十五年季月吉旦，绩溪县知县何察主薄李，县丞熊英魁典史张宗”。明间小额枋上雕琢双狮

“掇科牌坊”前立面

“掇科牌坊”次间下枋梁上的石雕猛虎

掇科牌坊背面“大夫坊”与额匾“恩荣”

“掇科牌坊”次间斗栱

戏绣球，之下雀替雕云纹。龙门枋下的上额枋上雕有云纹卷草。两次间小额枋上各雕一只猛虎。两次间龙门枋与下额枋间透雕一朵对称卷云，填补了空缺。四根立柱前后高大的抱鼓石只在两侧面刻有清晰的线条轮廓，其断面加工成不同弧度的曲线形状，至底部勾画出圆形鼓状，平板式的抱鼓石，前后侧戗立柱成为一个整体，加固了整座牌坊的稳固性，使牌坊能抗风、雨、雪等的侵袭，增加其荷载能力。

第六十七节　诏恩褒节牌坊

诏恩褒节牌坊，位于山西省运城永济市城西街道东姚温村西，建于明崇祯元年（1628），为旌表蒲州故民卫武之妻张氏而立。坐西朝东，四柱三楹五楼石质建筑。通高9米，面阔9.5米，进深2.7米，单檐庑殿顶。牌坊又称“东姚温王张氏石牌坊”。该牌坊由80余块青石构成，中柱及侧柱皆为方形石柱，下各置束腰须弥座基石和抱柱石，其上雕刻幼狮相戏。明间楼及次间楼檐下均雕刻方块形三踩无昂斗栱。额枋剔地起突雕有屋形龛、妇女半掩门、马车出行图及行龙飞凤等图案。牌坊正、背面均置石匾三方，楹联一副，内容相同，顶部额匾上为“圣旨”二字，龙门枋上阳刻楷书“诏恩褒节”四个大字，“诏恩”是天子赐予的恩惠，“褒节”是褒奖她的节孝行为，总的意思是：遵照天子赐予的恩惠，褒奖张氏的节孝行为。花心板上为“旌表蒲州故民卫武妻张氏”楷书小字横匾。楹联浮雕于中柱，正面为“诏褒贞□梓里声

“诏恩褒节”坊顶部额匾“恩荣”

永济“诏恩褒节”石牌坊斜立面

永济“诏恩褒节”石牌坊底座上的浮雕

永济石牌坊中间枋梁与龙门枋上的雕刻

光昭□德，诏开鼎祚萱闻善庆□□”，为明代东阁大学士韩爌题。韩爌是韩阳盘底人，曾先后在天启、崇祯帝时期两次任内阁首辅，人称“韩阁老”。背面为“王操水心川岳居然中间气，琱珉褒字相间仰止颂芳仪。”意思是张氏的德行成为梓里的楷模。

整座牌坊均有青石雕刻，楼顶石檐斗栱翘角，没有钉楔，唯有榫卯。构件与构件对接严丝合缝，巧妙结合。各构件比例适当，搭配合理，相得益彰。既是劳动人民的智慧和血汗的结晶，又是文化与建筑完美的艺术结合，具有一定的文物研究价值和收藏价值。

2019年10月7日，诏恩褒节牌坊被入选第八批全国重点文物保护单位。

第六十八节　秦氏节孝牌坊

秦氏节孝牌坊，位于山东省平阴县旧县乡尹村二村，为四柱三楹五楼式石结构建筑。高（原来）约7.2米，宽7米，现露在地面上约有4.8米，四柱前后各有抱鼓石，抱鼓石顶端各蹲坐石狮，现存三尊，只露两尊。明间两根立柱上全浮雕缠枝花纹图案，龙门枋前面雕三条龙，中间坐龙，两侧降龙，后面雕二龙戏珠。次间龙门枋上各雕一条降龙，立柱上雕葡萄团案。明间三座顶

秦氏节孝牌坊前立面

秦氏节孝牌坊次间顶楼结构

楼现已无存，推测与现存的两次间顶楼近似。现存侧楼顶檐下，前后各饰四根短小的垂柱，垂柱底端有一表面光滑的倒垂莲花花蕾，垂柱之间有雕花石板相连。楼顶为大块石板仿木结构的滴水瓦当，楼面雕筒瓦盖楼顶。大脊外端饰鱼尾鸱吻，吻首张大口吞衔大脊，无剑把背兽，浑厚稳重，雕琢精致。明间三楼已损失，无法考证其造型既构件。明间两立柱内侧上部有15厘米宽的卯槽，即为安装大小额枋和花心板的位置。牌坊建于清乾隆二年（1737）。1981年定为县级重点文物保护单位。

秦氏节孝牌坊侧面楼顶

秦氏节孝牌坊横梁上的坐龙与两条降龙

整体牌坊被破坏比较严重，部分构件不知去向，周围柴草堆积，地面高低不平，无保护标志，看来无人管理，笔者心感凄凉。走在回归的路上便想起了清·葆光子《物妖志·柳》："方其凄风寒雨，杏褪桃残，山路萧条，愁云千里，苔荒藓败，情扬魂销，不可谓无忧也。"我边走边瑟瑟发抖，为这座不可多得的被残破文物而怜悯惜孤，如同凄风冷雨中飘摇的一片落叶，而无半点余力拯救它，唯以笔之力，将其撰进小册之内，流芳百世。

第六十九节　进士洪本仁牌坊

进士洪本仁牌坊，为纪念乾隆二年（1737）恩科进士洪本仁诰授朝议大夫、吏部候选主事加三级（相当四品官员）所立。位于安徽省歙县罗田乡洪坑（原称洪源村）村。为四柱三楹三楼式青石结构建筑。高14米，宽12.2米，建于清洪本仁中进士同年。四根立柱前后各有抱鼓石夹抱，明间两根立柱前后的底座上各有雌、雄石狮一对。次间两根立柱前后既左右两侧各有三块板式抱鼓石夹抱，共十块形态各异的抱鼓石紧紧地与立柱结合在一起，成为一个完整的建筑整体，稳如泰山，牢不可破。明间两根立柱前后由四尊狮子镇守牌坊，左雄右雌，雄狮胸前系铜铃，前爪踩绣球，彩带绕球，左爪抓彩带一端，另一端飘飘欲飞，似"谁持彩练当空舞"之意。雌狮双爪抱一幼狮在吸乳，幼狮后左腿踩一小绣球，后右腿直立，左前爪抚摸着雌狮胸前铜铃，口吸母乳，就像幼儿在母亲的怀抱里，享受着慈母的温暖，人间的幸福。

进士洪本仁牌坊

三架小额枋之下各有一对较小的雀替，上浮雕卷草图案，断面为曲线斜形，雀替虽小，但却承担了部分小额枋的重量，减少了小额枋与立柱的剪力，充分体现了它的双重性能，既美观又承重。整座牌坊从雀替至斗栱下的龙门枋之间，遍饰锦纹浮雕图案，精雕细镂，玲珑剔透。明间中央琢“双狮戏绣球”；左右次间刻“雄狮狂奔”，浮、深雕结合并用，活灵活现，栩栩如生。小额枋之上的花心板上的下面刻回纹一行，之上琢刻阴文：“诰封朝议大夫候选主事加三级洪志齐”。花心板之上琢“双凤欲翔”，两只凤凰在牡丹花丛中展翅欲飞。两次间为“双鹤待翔”，两只仙鹤在盛开的莲花中展翅欲飞。明间中额枋之上题书：“诰赠朝议大夫刑部现审右司主事加三级洪其基；诰赠朝议大夫刑部现审右司主事加三级洪宪可。”龙门枋之上四组板式斗栱承托起仿木结构的楼顶，四组斗栱分三个空间，中间较大，嵌有带底座的额匾，上题书“恩荣”阴刻正楷二字，左右两侧雕琢两条降龙。两侧空间较小，各镶嵌着镂空双龙。两次间的龙门枋上各饰三组板式斗栱，栱间嵌有镂空栱眼壁。楼顶平板大脊，无背兽、戗兽、无筒瓦，无滴水瓦当，楼顶的两端卷起

几十年如一日的护坊人黄宗明在清扫牌坊基座

遒劲有力的正楷书法

五爪龙镶边的“恩荣”额匾

略有上翘。楼顶向上至柱顶端，各柱四面皆琢云纹，直冲蓝天，柱上图案摆布均匀，构图恰如其分，与中部的锦纹，下部形态各异的石狮协调一致，和谐统一，浑然一体。

洪坑村街道从南到北长约2公里，两边全是明、清风格的古民居。深宅有前、中、后厅，大院有东、西厢房，设计相当考究。家家户户门楼、窗户都有雕刻，有砖雕、石雕、木雕，题材以花鸟为主，有龙凤呈祥，有灵芝云朵，有古松仙鹤，工艺极其精湛。整个村庄屋连屋，巷通巷。据老辈人说：洪坑古代建房都需几年，甚至十几年才能完成，因此出现了许多古建精品。著名的有“德意堂”“西复堂”“敦瑞堂”和“进复堂”等。据说，“德意堂”是原浙江江山县令洪承栋的家宅，“西复堂”匾额相传为乾隆皇帝所赐，原因是乾隆游江南微服私访时曾受洪家恩惠，回京后遂御赐此匾。此匾送到洪坑后，悬于大厅正堂，洪氏家族日益兴旺，在徽州一带名气更大、威势更高了。

洪坑先后建有四座祠堂，分上洪家庵、下洪祠堂、王家祠堂、洪家社屋。其中，下洪祠堂是清朝洪迪、洪忠、洪宪等10多位进士的家祠；上洪家庵是明朝尚书洪远及进士、知州、知府、知县等40多人的家庵。此庵有一个谜，至今未解：洪远是上洪家庵最大的官，他在明朝为官，而庵却是清朝构造，从洪坑到京城的考古学家一直未能破解此谜。洪家社屋和上洪家庵、下洪祠堂，均是按辈分按官位分进的，供奉的祖宗牌位和菩萨神像不可胜数。王家祠堂厅内有乾隆皇帝赐的四个“龙廷”。

进士洪本仁牌坊中间立柱前的雄狮戏绣球彩带

预想吸母乳的幼狮

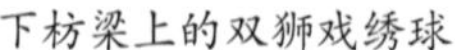
下枋梁上的双狮戏绣球

精美的“雄狮戏彩球”

传说乾隆游江南时用去王家不少钱财，后来一算，连国库也一下子都拿不出那么多钱财来归还，以四个“龙廷”，将旧账一笔勾销。此物直到50年代后期才被破坏掉。

位于洪坑村中心的明朝四脚“世科”牌坊，是为工部尚书洪远等人修建。该坊为明代“弘治戊午年十二月吉日立”，清“顺治乙未年十一月吉日修”，“乾隆庚申年闰六月吉日重修”。牌坊上书有“恩荣”二字，上刻洪坑洪氏二十一位进士姓名。四只雄狮分前后排列。后有尚书府，分一进、二进、三进、四进，有会客厅、中廊。后进有“百世同居”，据说要有一定资格和一定年龄的人才能进到“百世同居”里去谈事理论。尚书牌坊县志、府志均有记载。牌坊前有一个大坦，供骑马坐轿的人来拜访尚书。潭水边有一个荷花塘，塘长形，用石条砌成，塘内荷花满池，每到夏季，这里柳绿花鲜、碧波荡漾，垂钓悠闲，真是美不胜收。周围还有石凳、石桌和一个小花园。正前面是一座小山形成的天然屏障，形状像半个月亮，长200米、高60米。无论你站在什么方位看这座小山，都处于正中位置。山上有白玉兰、紫薇花等名贵树种。由于此山的神秘色彩，过去无人敢上屏障山一步，以至现在山上仍然一片葱绿，生机勃勃，景色迷人。

洪坑三口井建在王家祠堂边，一井三口，取名“三星拱照”。据说这口古井的水质在洪坑数十口井当中最好，有三个特点：一是这口水井永不干枯，无论什么时间，无论旱情多大，始终有水；二是这口水井有三个井圈，每天早晨挑水的人往来于此，络绎不绝，多设井圈是为了加快提水速度；三是这三口井圈富意洪家为当地大户。在封建迷信和宗族观念浓厚的时代，洪家的借挖井“做法”的行为对王家构成了威胁。王家为了破洪家的“三星拱照”，专门挖了四口井，做了一个“七星赶月”。

进士坊牌匾

当地人传说，由于王家“七星赶月”

未起作用，王家在洪坑慢慢变弱，洪家从此兴旺起来……现在的洪坑村，洪姓仍占绝大多数。为便于村民浣洗，水井周围还设有石埠。如今每日清晨，洗衣的妇女，三五成群，谈笑风生，交流昔日、谈论今朝、议说明天的梦想。

简洁明快的抱鼓石，栩栩如生的雌雄狮精美绝伦的柱、梁雕刻

构图细致，雕琢精湛的牌坊次间

洪村还有一座状元厅。据说明朝前期，洪坑洪某（真名无法考证）于考中状元后，在京城游玩，无意中看到一个剃头的美女站在窗前探首观望，顿觉相见恨晚，欲与其结好。身边大臣告诉洪某，“美女易寻，状元难得”。洪某说：“状元十年有一科，美女终生难一遇。”此后一年有余，念念不忘，竟至辞官归里，在乘船回江南老家的路上遭人杀害。但“状元及第”的圣旨已送达洪坑，洪氏家族正大兴土木建造状元府。接近竣工便取名“凤仙楼”；洪某被杀后，资金来源渐贫，洪家坚持续建，但前厅用的全部都是旧木材，在样式和建材上都逊于后府“凤仙楼”。后人将此楼称为“状元厅”。该厅于清朝光绪十八年六月重修，占地二亩。现大厅仍保存完好，作为洪坑的粮食加工厂。

洪坑牌坊群及洪氏家庙于2004年10月公布为安徽省文物保护单位。

第七十节　监察坊和翊镇坊

监察坊和翊镇牌坊，位于山西省襄汾县（原汾县）旧县城城隍庙前小巷内，今称汾城镇，距新县城16公里。两坊从材质、做工、造型，装饰、结构等构件上都完全一样。高8.7米，宽7米，为四柱三楹三楼式木质结构建筑。两座牌坊相距36米，城隍庙大门前一东一西相对而立。每牌坊的左右两根立柱分别立在一座高0.6米，边长3.2米×1.8米的石砌台基上，正

翊镇牌坊牌匾

间为通行大道。每根立柱前后各有两根戗柱支撑，并有两块抱鼓石夹固，中间两立柱的抱鼓石较大，两次间立柱的抱鼓石较小。每一根立柱与前后戗柱由中间的穿插将其连为一体，各立柱上已用带铁圈固。明间小、中额枋间饰以木板拼装，无字无图案。中额枋与龙门枋之间的木板上分别琢有“监察坊”“翊镇坊”，各三个双线阳刻正楷大字，笔力雄健，形态洒脱，虽有点陈旧，但仍不失给人以美的享受。龙门枋之上，由前后四组平顶科四踩四昂四组斗栱和每角一组四踩四昂斗栱承托着楼顶。楼顶饰一昂一卧顺序排列的灰色布板瓦，滴水瓦当参差排列檐头。歇山式楼顶，大脊、戗脊、山脊均为陶雕，吻兽、戗兽、仙人嘲凤一样不缺，四角饰螭首。檐下圆椽方椽，连檐相互连节。龙门枋下左右为两次间楼顶，外侧大脊饰吻兽，两山各饰博风板。两次间大额枋上各有三组四踩四昂斗栱承托楼顶。明间楼顶将两次间楼顶全部遮盖，这就成了北方四柱三楹三楼式牌坊与其他相同牌坊的不同之处。其他牌坊的三座楼的明间主楼只限于中间的长短，遮不住两次间的楼顶。监察坊和翊镇牌坊突出了自身的特点，具有独到之处，风格迥异，彰显了晋派牌坊的特点。

襄汾“鉴察坊”前立面

翊镇坊前立面

汾县，唐初为尉迟公的封地鄂公堡，唐贞观七年（633）县城由古城迁于此，名为太平县，由于历朝的建设，使汾城留下了大批的古建筑，被誉为山西省十大古建筑群之一，总面积大约为2万多平方米，明洪武二年（1369），建筑面积4000平方米。城隍

翊镇牌坊戗柱底部的基石

鉴察牌坊抱鼓石与戗柱

庙前东、西这两座牌坊，看来它们各有责任，一座扬善惩恶，一座是汾城当年战争时期的保护神。现已成为襄汾县古建筑中特殊建筑，与城隍庙一同孤独地矗立在那里，见证着历史的发展，岁月的变迁。它们不仅是两座孤芳自赏的历史文物，而是具有深厚文化底蕴的古代遗存。

第七十一节　许氏节孝坊与方氏百岁坊

许氏节孝坊与方氏百岁坊，位于安徽省黄山市徽城区潜口镇蜀源村。该村共有三座牌坊，二柱单楹赞宪牌坊，已收录在第一章第七节中。这里只介绍两座四柱三楹三楼冲天式牌坊。许氏节孝坊为大清乾隆三十六年（1771）冬十月，为“旌表诰赠朝议大夫鲍光绩妻诰封恭人许氏”而建。《歙县志·列女》中记载：许氏19岁嫁给鲍光绩为妻，24岁就成了寡妇。许氏含悲忍痛中，一边精

许氏节孝牌坊

方氏百岁牌坊

心侍奉丈夫继母，一边教育孤子读书成人，守节数十年，深为乡人敬重。经地方官府上报朝廷请旌，为鲍氏家族建起了这座节孝牌坊。该牌坊高9米，宽8.2米，四柱均无雕刻，只有小额枋、雀替、额匾有浮雕图案，其他均无雕刻痕迹。斗栱与斗栱之间的栱眼壁饰有镂空花格，额匾周围浮雕三龙捧圣匾框。

许氏节孝坊牌匾“节孝”与花心板题字

贞寿之门牌匾

贞寿之门三龙捧圣额匾

方氏百岁牌坊

贞寿之门牌坊，建于乾隆七年（1742），系旌表敕赠儒林郎六品候选州同鲍德成妻敕封太安人方氏贵珠百岁之坊。其牌坊的设计、造型、做工等基本与许氏节孝牌坊相同。牌坊题字为“贞寿之门”四个双线阳刻大字，端庄秀丽，刚劲有力。花心板上题书“旌表敕赠儒林郎候选州同知鲍德承妻，敕封太安人百岁坊。”

鲍德成鲍氏二十二世，字文化，蜀源人，性情纯孝，慷慨好义，勤奋好学，披览甚广。幼年外出求学谋生，闻父在汴城病故，遂弃生业，徒步往返三千余里，历尽险阻，饥寒交迫，扶柩回归蜀源故里，与母相依为命。母病，日侍汤药，亲洗便器。安葬料理无主之人后事二十余棺，又首建村中雁塔、德安二桥。被乡人赞誉。

其妻方氏贵珠，生前每值炎暑即设棚于村头施茶，不避风雨，持之以恒。后在百岁之际，以寿诞之礼捐资建亭于雁塔桥畔，后即功德圆满归去。方氏以贞节孝顺、乐善好施而誉满乡里。乾隆七年（1742）腊月，获奉旨建坊旌表的殊荣。

第七十二节　棠樾牌坊群

棠樾牌坊群，位于安徽省歙县棠樾村东端，七座牌坊曲线排列，绵延数百米，高高地矗立在入村的甬道上，气势雄伟，蔚为壮观，空前绝后，举世无双。为当前全国古牌坊群中数量最多者。棠樾牌坊群记录着棠樾鲍氏家族明清两个时代四百年间，亦官亦商，创造了上交天子、官位显赫、藏镪百万、富可敌国的神话。七座牌坊形成了一个完整的荣誉载体——“忠、孝、节、义”。清乾隆皇帝曾赞曰：“慈孝天下无双里，衮绣江南第一乡。”封建时代所崇尚的礼仪道德均被雾化在此，现已成为全国重点文物保护单位。第四次世界妇女大会指定参观地点。《红楼梦》《烟锁重楼》《新四军》《月亮湾的风波》《情仇》等影视片均在此拍摄。

从鲍象贤牌坊看棠樾牌坊群

棠樾牌坊群北靠松林茂密的灵山支脉——龙山，南临徽州盆地，一展平原沃野，源自黄山的丰乐河由西向东穿流而过，远处一副亭山（鲍家花园）为屏，是风水称谓“枕山、环水、面屏”选址的理想宝地。早在明代，村落就有“复古虹桥、令尹清泉、横塘月霁、龙山雪晴”四大景之说，以表现该村落优美的自然环境。南宋建炎年间（1127—1131），鲍氏家族就开始在此繁衍生息。明代以后，棠樾村进入兴旺时期。明嘉靖八年（1529）鲍氏十六世孙鲍相贤中进士，官至兵部左侍郎，因政绩卓著，卒后赠工部尚书。时至清代，棠樾村又有新的发展，乾隆、嘉庆时期形成一个高潮，鲍象贤九世孙鲍志道任两淮盐运使，时达二十年，其子鲍淑芳继任其职，鲍氏盐商成了当时最富有的徽商之一。鲍志道敦本好义，热心资助公益事业：办义学、设书院、置义田、修大道、筑桥梁……因有雄厚的经济基础，又有兵部左侍郎等显赫官衔，所以棠樾村鲍氏家族数十年内在村头集中竖起了七座牌坊，巍巍耸立，显示了鲍氏家族的政治势力与雄厚的经济基础。

一、鲍灿牌坊

棠樾鲍灿牌坊

鲍灿牌坊，进门第一作牌坊，高8.9米，宽9.54米，进深3.54米，四柱三楹三楼石质结构建筑，为卷草纹头脊式石质牌坊。建于明嘉靖十三年（1534），清乾隆十一年（1746）重修。此坊靠近楼

鲍灿牌坊“圣旨”额匾与花心版

“鲍灿坊”次间下枋梁高浮雕

鲍灿坊背立面

的花心板镌有精致的图案，次间大额枋各刻三攒斗栱，小额枋（月梁）上有高浮雕狮子滚球带飘带纹饰。四柱的柱墩，安放在较高的台基上，整座牌坊典雅、质朴而厚重。此坊是为旌表兵部右侍郎鲍灿的孝行而建的。《歙县志》载：鲍灿，读书通大义。母亲余氏年90岁，两脚溃烂，多方求医无效。鲍灿为了治好母亲的病，昼夜用嘴吮吸余氏脚上的溃肢，终于将其病治好。真是千草万方疗医难，孝子贵举能愈痊。

二、慈孝里牌坊

进入大门的第二座牌坊，卷草纹头脊式，四柱三楹三楼式建筑，面阔8.57米，进深2.53米，高9.6米。明永乐（1410年前后）年间修建。此坊明间小额枋较低，花心板以上为仿木结构的一排斗栱支撑挑檐，明间两柱不通上，垫栱板朴素无华。明间花心板为牌匾，题书“慈孝里”三个行书大字，端庄秀丽，洒脱豪放，不亏出自大家之笔。龙门枋上饰四片板式斗栱，将空间分为三部分，中间部分镶嵌额匾一块，上题书“御制”正楷二字，双龙嵌边，两侧栱眼壁各用两朵云纹图案填补了空缺。四片板式斗栱承托起明间楼顶，以石板雕琢的带有滴水瓦当的楼顶中间立一大脊，无雕刻无吻兽，简洁朴实。通体牌坊朴素大方，各个构件比例适当，协调一致，是皖南地区别具一格的建筑。

慈孝里牌坊背面

慈孝里牌坊牌匾

慈孝里坊是为旌表宋末鲍宗岩、鲍寿孙父子的父慈子孝而建。据《宋史》中载，宋末，群盗四起，宗岩、寿孙父子避乱山中，不幸被贼所俘。贼将宗岩缚在树上，准备杀掉，寿孙跪在地上苦苦哀求，愿意代父死。宗岩则说：“我老了，仅有一个孩子奉先祀，怎么能让他死呢？我愿意死。”这时父子二人为保存对方，声泪俱下，苦苦哀求，互相争死，群盗一看难以下手。忽然间一阵狂风，飞沙走石，刮得群贼无法睁眼，抱头鼠窜，这才使父子二人幸免死于刀下。明永乐皇帝在《宋史·孝义篇》中得知棠樾鲍氏父慈子孝，特赐建“慈孝里”坊，且御赐《慈孝》诗：

父遭盗缚迫凶危，生死存亡在一时。
有子诣前求代死，此身遂保百年期。
救父由来孝义深，顿令强暴肯回心。
鲍家父子全仁孝，留取名声照古今。

三、汪氏节孝牌坊

汪氏节孝牌坊，为进大门后的第三座牌坊，高10.6米，宽9.4米，进深2.4米，为四柱三楹三楼冲天式石质建筑。明间牌匾上题书“立节完孤”，背面为“失贞全孝”各四个行书大字。额匾为“敕建”正楷二字。下琢“旌表故民鲍文龄妻汪氏节孝”。《歙县志》中记载：汪氏为棠樾人，26岁守寡，丈夫去世后，她将胭脂花粉全部丢弃，立志守节，将儿子抚养成人，十几年后果真成为歙县一位名副其实的郎中，拯救了当地无数百姓的生命。寡妇守寡培养后嗣，被宗法社会认为是最大的孝行，因为宗族是靠血统来维系的。所以，在汪氏80岁高龄时，儿子为了尽孝，多次请求当地官府上奏皇帝，为其母亲立一座节孝牌坊，旌表其行，以传后世，流芳千秋。该牌坊是乾隆四十一年（1776）九月儿子卖掉全部家产为母亲建立了这座节孝牌坊。

棠樾汪氏节孝牌坊

汪氏节孝牌坊额匾与花心板

四、乐善好施牌坊

位于罽步亭西北面，为四柱三楹三楼冲天式石质建筑。清嘉庆二十五年（1820）建。面阔11.82米，高11.70米，进深2.85米。大小立柱、额枋都不加纹饰，唯挑檐下的栱板镌刻花纹图案，小额枋（月梁）上的花环与雀替也相应雕刻了精致的纹样。粗大的额枋、柱平琢璋磨，不事雕饰。此坊为旌表诰授通奉大夫议叙盐运使司鲍淑芳同子鲍均而建。下额枋之上的花心板上刻有“旌表

棠樾的“乐善好施”坊牌匾

棠樾“乐善好施”牌坊“圣旨”额匾

棠樾的“乐善好施”牌坊

诸授通奉大夫议叙盐运使司鲍淑芳同子即用员外郎鲍均”。花心板之上为牌匾，上题书“乐善好施”四个正楷大字，端庄俊秀，落落大方。楼顶之下竖悬额匾，上书“圣旨”二字，三龙捧圣，气势威严，令人敬畏。

嘉庆八年（1803）集众商输饷，鲍淑芳奉旨议叙盐运使职衔；洪泽湖决堤时，他集议公捐米6万石；淮河、黄河水灾时，捐麦4万石；开六塘河归海，集众输银300万两，疏浚芒稻洞，捐银6万两；助设沙河闸，捐银5000两；在家乡修祠社，办义学，修桥铺路，济困扶贫，等等，义举很多。但临终却没见一座施表自己的碑坊，只得嘱咐儿子鲍均，克守祖训，造福乡里。徽州府督抚被鲍淑芳、鲍均父子的诸多义举所感动，请命于朝廷，以乐善好施得旨施表建牌坊。

五、吴氏节孝牌坊

吴氏节孝牌坊，为四柱三楹三楼冲天式石质建筑。高12.2米，宽10米，加次间立柱两侧抱鼓石总宽12.6米，与“乐善好施”牌坊的造型，尺寸、施工工艺基本一致。额匾为“圣旨”二字，牌匾为“节劲三冬”，花心板上题书“旌表故民诰赠朝议大夫鲍文渊之继妻，诰封恭人吴氏节孝”。建于乾隆三十二年（1767）。

鲍文渊妻吴氏节孝坊“节劲三冬”

因该牌坊是为旌表鲍文渊继妻吴

氏“节劲三冬”“脉存一线”而建。县志记载：吴氏，嘉定人，22岁嫁入棠樾，时小姑生病，她昼夜护理。29岁时丈夫去世，她立节守志，对前室的孤子元标视如亲生，尽心抚养，直至其成家立业。其子鲍元标也不负母恩，终于成为清代著名的书法家。年老之后，吴氏又倾其家产，为亡夫修了九世以下的祖墓，安葬好丈夫和族属中没有钱安葬的人。“厚葬”也是对祖宗的孝顺，当然也值得颂扬。吴氏还尽心侍奉患病的婆婆到寿终，她在60岁时辞世。吴氏的举动感动了地方官员，遂打破继妻不准立坊的常规，破例为她建造了一座规模与其他相等的牌坊。尽管得此厚爱，但在牌坊牌匾上“节劲三立”的“节”字上，还是留下了伏笔——把节字的草头与下面的“卩”错位雕刻其上，以示继室与原配在地位上永远不能平等的标记。

棠樾的吴氏节孝坊

六、天鉴精诚牌坊

天鉴精诚牌坊，是为鲍逢昌所建，高矮尺寸，建筑造型，雕琢技艺等方面与前“吴氏节孝坊”“乐善好施坊”基本相同。正间顶楼檐下额匾前后题书“圣旨”二字；龙门枋下牌匾题书前为“天鉴精诚”后为“人钦真孝”。花心板上前后皆题书“旌表孝子鲍逢昌”。

鲍逢昌牌坊正间顶楼

明末大乱，鲍逢昌父亲避乱外出。清顺治三年（1646），逢昌刚满14岁就走上艰辛的寻父之途。逢昌沿途乞食，受尽各种苦难，跋山涉水，走村川巷，徒步走遍大江南北，踏过无数沙漠海滩，遍访父亲下落。真是功夫不负有心人，十几年的一天终于在雁门一个古寺里寻得父亲，他搀扶着苟延残喘的父亲，披星戴月，露宿街头，以乞讨充饥，终于回到了家中。母亲生病卧床不起，逢昌攀悬崖寻药草为母治病。一名郎中说有一种药方，其中一种叫真乳香的药难求，当鲍逢昌得知此药在浙江桐庐县境内的富春山上时，便立即前往，他日夜兼程，披荆斩棘，不顾风险，在当地人的帮助下攀山越岭采下来，回到家准备为母亲煎饮，这时郎中到来说，这种药需要亲生儿子大腿上的一块肉熬汤做药因子，鲍逢昌毫无忧虑偷偷地跑到一边，在自己的腿上割下一块肉与郎中开出的药一同煎熬，母亲服后，几日便痊愈。鲍逢昌千里寻夫，割肉疗母的孝心感动了四乡八里的百姓，皇帝得知，即下圣旨旌表其行。乾隆三十九（1774）年奉旨施工建牌坊。

鲍逢昌牌坊

七、鲍相贤牌坊

鲍相贤牌坊，为棠樾牌坊群村外路端的一座，又名“命涣丝纶坊”，四柱三楹三楼冲天式结构建筑。面阔9.6米，高12米，进深1.9米。四根挺拔的立柱各坐落在长方形的石墩上，两次间立柱的两侧各置一块抱鼓石与立柱前后的抱鼓石一样大小。三楹

鲍象贤牌坊额匾“圣旨”、牌匾“命涣丝纶”与“赠工部尚书鲍象贤”

鲍象贤牌坊的背面牌匾“官联台斗”与花心板上的“命涣丝纶”

的小额枋（月梁）其断面皆为椭圆形，无雕刻，与上面的花心板间隔约0.25米的空隙，各楹分别由数块带图案的石块间隔。明间花心板上题书“赠工部尚书鲍象贤”八个行书大字，中额枋与龙门枋之间的牌匾上书有“官联台斗”四个正楷大字，活而严谨，工整秀劲，定出于大家之手。背面为“命涣丝纶”。顶楼檐下额匾双线阳刻“恩荣”二字，三座楼顶檐下各有两幅镂空栱眼壁镶嵌其中。

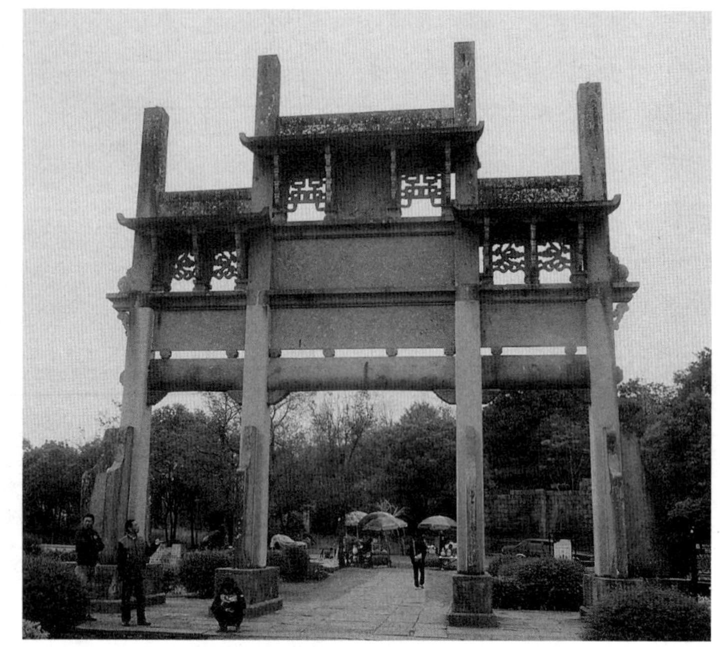

棠樾鲍象贤牌坊

该牌坊建于明天启二年（1622），乾隆六十年（1795）重修。

鲍象贤，明嘉靖年间进士，曾任御史、按察使、刑部、户部、兵部左侍郎，去世后封赠为工部尚书。他文能安邦，武能兴兵，是明朝著名的文官武将。曾带兵出征山东、陕西、两广、云南等省，为皇室立下许多战功。

第七十三节　古隆中牌坊

古隆中牌坊，位于湖北省襄樊市襄阳以西13公里的山环拱中。为清光绪十九年（1893）湖北提督程文炳所建。高6.6米，面阔10米，为青石开榫拼装而成，四柱三楹三楼式石质建筑。四柱前后八块抱鼓石，加次间立柱两侧各一块共十块抱鼓石。抱鼓石中间以曲线刻圆鼓，鼓直径0.48米，抱鼓石高1.6米，前后宽0.82米，厚0.24米。明间小额枋、龙门枋之间嵌“古隆中”三字牌匾，小额枋上浮雕渔樵耕读及二龙戏珠。两边立柱正面上雕刻“三顾频烦天下计，两朝开济老臣心”楹联一副。在牌坊背面的牌匾上刻着“三代下一人”，高度称颂诸葛亮是夏、商、周以后的第一人杰。门柱上雕刻“伯仲之间见伊吕，指挥若定失萧曹”。作者陈维周，此联选自杜甫于唐代宗大历元年（766）初夏到夔洲（今四川奉节）期间写的《咏怀古迹五首》之五中的诗句。楹联在此称颂诸葛亮的文韬武略与伊尹（商汤佐臣）、吕尚（周代齐国始祖，俗称姜太公）不相上下，指挥调度从容镇定连萧何（西

古隆中牌坊

古隆中牌坊左侧牌匾

汉第一任臣相）、曹参（西汉大臣，曾任齐相9年，后继萧何为汉惠帝臣相）与之相比都显得毫不逊色。

“古隆中”牌坊次间大额枋、小额枋雕双凤朝日、鹿鹤同寿、麒麟送子、赤虎捧寿等浮雕，两次间花心板上雕刻“淡泊明志，宁静致远”。此联出自诸葛亮《诫子书》，意为恬静寡欲，志向才能明确；安宁清静，目标方可远大，苦学积才，明志致远，给后人一警示。

古隆中牌坊右侧牌匾

该牌坊两次间横梁上各有三块仿斗栱石板托起楼顶，明间楼顶为四块大青石雕琢而成仿斗栱石板承托着楼顶，楼顶上大脊两端龙吻高挑，中间宝瓶法轮为刹尖，高于两端龙吻，是牌坊的最高点。古色古香，文化底蕴深厚的“古隆中”牌坊，激起了后人对诸葛亮的怀念与崇敬，怀念隆中对对促进社会发展的动力和其重大历史意义。

“隆中对”，官渡大战以后，刘备逃到荆州，投奔刘表。刘表拨给他一些人马，让他驻在新野（今河南新野县）。刘备是一个雄心勃勃的人，因为自己的抱负没有能够实现，心里总是闷闷不乐。想寻找个好助手。他打听到襄阳地方有个名士叫司马徽知道此地名人详细情况，就特地去拜访。司马徽说：“这一带有卧龙，还有凤雏，您能请到其中一位，就可以平定天下了。”司马徽告诉刘备：卧龙名叫诸葛亮，字孔明；凤雏名叫庞统，字士元。徐庶也是当地一位名士，因为听到刘备正在招请人才，特地

来投奔他。刘备很高兴，就把徐庶留在部下当谋士。徐庶说：“我有个老朋友诸葛孔明，人们称他卧龙，将军是不是愿意见见他呢？”刘备听了徐庶的介绍，说：“既然您跟他这样熟悉，就请您辛苦一趟，把他请来吧！”徐庶摇摇头说：“这可不行。像这样的人，一定得将军亲自去请他，才能表示您的诚意。”

古隆中牌匾

古隆中牌坊顶楼刹尖与吻兽

刘备先后听到司马徽、徐庶这样推重诸葛亮，知道诸葛亮一定是个了不起的人才，就带着关羽、张飞，一起到隆中去找诸葛亮。三顾茅庐后，诸葛亮终于被刘备的诚意感动了，就在自己的草屋里接待刘备。诸葛亮看到刘备这样虚心请教，也就推心置腹地跟刘备谈了自己的主张。他说：“现在曹操已经战胜袁绍，拥有一百万兵力，而且他又挟持天子发号施令。这就不能光凭武力和他争胜负了。孙权占据江东一带，已经三代。江东地势险要，现在百姓归附他，还有一批有才能的人为他效力。看来，也只能和他联合，不能打他的主意。”接着，诸葛亮分析了荆州和益州（今四川、云南和陕西、甘肃、湖北、贵州的一部分）的形势，认为荆州是一个军事要地，可是刘表是守不住这块地方的。益州土地肥沃广阔，向来称为“天府之国”，可是那里的主人刘璋也是个懦弱无能的人，大家都对他不满意。最后，他说：“将军是皇室的后代，天下闻名，如果您能占领荆、益两州的地方，对外联合孙权，对内整顿内政，一旦有机会，就可以从荆州、益州两路进军，攻击曹操。到那时，有谁不欢迎将军呢。能够这样，功业就可以成就，汉室也可以恢复了。”刘备听了诸葛亮这一番精辟透彻的分析，思想豁然开朗。他觉得诸葛亮人才难得，于是恳切地请诸葛亮出山，帮助他完成兴复汉室的大业。诸葛亮遂出山辅佐刘备。后来，人们把这件事称作“三顾茅庐”，把诸葛亮这番谈话称作“隆中对”。

古隆中牌坊左侧楹联

古隆中有着丰富的人文景观和优美的自然环境，是三国时期诸葛亮青年时代（7—27岁）和其叔父躬耕隐居之地，诸葛亮在此地抱膝高吟躬耕陇亩隐居长达10年之久，后刘备三顾茅庐请诸葛亮出山。公元207年冬至208年春，当时驻军新野的刘备在徐庶建议下，三次到隆中拜访诸葛亮但直到第三次方得见，诸葛亮为刘备分析了天下形势提出先取荆州为家，再取益州成鼎足之势继而图取中原的战略构想。可以说，隆中就是三国文化的源头。

第七十四节　灵山翰苑牌坊

黄山市徽州区呈坎镇灵山村翰苑坊

翰苑牌坊，坐落在安徽省黄山市徽州区呈坎镇灵山行政村。建于明正德六年（1511），明武宗朱厚照敕函安公、函中公、函功公三房夫人牌坊，由杰兴公十九世孙杰公执手建造。为四柱三楹三楼冲天式石质建筑。牌坊随山势而建，南北走向。高12米、宽8米左右，明间大额枋上横雕“翰苑”行楷双线阳刻二字，此二字之上竖雕“恩荣”二字额匾，笔迹娴熟，笔法敏捷，结构严谨，摆布适当。四根立柱底部坐落在四块方形雕有卷草图案的底座上，底座约1.6米×0.7米×0.45米。四根方形削棱立柱前后各有两块高大的抱鼓石，抱鼓石雕刻虽简洁，但精致细腻，技艺娴熟，微显阐幽，阴阳之法并用不悖，就像一块巨石雕琢

灵山村翰苑坊牌匾与雕刻

而就，分不清哪是拼接之处。三楹的小额枋上分别深雕“双狮戏绣球”“猛虎下山”等图案。三楹六个雀替均为镂空雕刻。小额枋之上花心板处、两次间分别有两组斗栱承托着一对仙鹤透雕图案。明间小额枋之上前面有三幅镂空仙鹤透雕作品。牌匾上现存一狮一鹤，另一侧被损，不知何物？再向上为昂莲花瓣雕刻的大额枋，大额枋之上有四片饰有簪花（盘花）的平板式斗拱，有连檐相接，承托着石板楼顶。楼顶四角微翘，条石做大脊，双立柱冲天。两次间大额枋之上各一对板式带簪花的斗栱承托着楼面与明间相同。四根立柱的龙门枋之下各饰一挑梁头簪花，有极少数被损坏。通体牌坊保存基本完好。设计精致，结构合理，造微入妙，深得观者赞叹。牌坊前有灵山村主干道及一条山涧小溪，主干道由牌坊下而过，通过五福亭，东去方家坞；小溪绕过牌坊后流进灵阳桥。牌坊与雷祖庙口隔一条小溪，相隔10余米，巍立相望。

带有“翰苑”二字的双线刻牌匾

过牌坊，沿溪水逆流而上，通过一座小桥，走20米路程左右，便来到了灵山祠堂。祠堂建于明弘治年间，到明万历年间，杰兴公十九世孙与二十世孙信公、叔侄二人委托当朝太保许国大学士奏本皇上，为方氏祠堂题名，皇帝口谕：名世。清朝统治期间，祠堂重修，只留男祠。

灵山流传着优美的传说。在灵山几十里路外有一小村庄，那儿住着母子俩，儿子天天到一私塾读书，早出晚归，每天晚上，有一白发仙翁送他回家。“你是谁？为什么送我？”每次他都想问，可欲言又止。因为母亲告诫他不可乱说话。有一天，他终于熬不住了，开口问仙翁，可话一出口，仙翁便不见了。此后，仙翁没送过他，其母告之，小心，小心，再小心。可是天意难违，大难终于来临。一晚上，雷雨交加，儿子大叫，全身酸痛，母亲叫他用力伸双脚顶住墙体，可是他的骨头被换了，他原是真命天子，却换成了“讨饭骨头”。其母又大叫，咬紧牙齿！于是他的牙齿没换，人称“三十六牙”，一般人只有二十四颗牙。一天，“三十六牙”讨饭至灵山，见一个人家刚请客完毕，便向主人讨饭吃。主人说：“我家没什么菜，舀碗饭给你吃吧。”于是，主人用盛肉的碗舀了饭，加些菜。“三十六牙”觉得饭越吃越好吃，便说“灵山十八弯，世世代代做高官”，后甩袖而走。

还有一个故事与许国相关。许国原先在灵山开过私塾，与旁边一卖毛豆腐的关系极好，每天下午三点准时去吃毛豆腐，日久二人关系甚密，结为兄弟，后许国进京为官，可此人仍在灵山卖毛豆腐。有一年，灵山一座庙宇被一外地和尚霸占了，灵山人到各处告状，均不能赢。有人提议，请卖豆腐的找许国试试。卖豆腐的于是背上苦竹菜步行千里来到京城。许国知情后说，你必须在京城住三个月，三个月内不要来找我。第二天，许国家人将他留下的苦竹菜送到旅店，不久便有许多人来旅店购买苦竹菜，原来许国对人说他吃干苦竹菜，于是满京城的官都想买干苦竹菜，一时此菜价钱飞涨。可是送礼人前脚刚走，许国跟着便将苦竹菜交给卖毛豆腐的。三个月时间过去了，许国告诉他，事已办妥。卖毛豆腐的回家路过歙县时，方知许国为惩罚了方家祠堂的和尚，让他们从绩溪背石头到歙县造成翰苑牌坊，并让其离开灵山方圆五百里。

灵山翰苑牌坊，依山傍水而建，灵山，后唐时建村，元代隶属徽州府歙县，明代隶属徽州府歙县滚秀乡灵山大社仁风里，今属黄山市徽州区呈坎镇灵山行政村，辖17个村民组，人口1700余人。灵山，以其灵秀之气和人们眼中的佛祖禅佛圣地而为世人尊崇。村庄居于灵金山、丰山之间的山谷内，一条长长的灵金河从村中缓缓流过，将村庄分为南北两部分，河西边依林靠壁，筑房造屋。灵金河左边房子坐北向南，右边房子坐南向北，遥遥相对。灵山村中有一条长3华里、不足2米宽的灵山古水街，街道由青石板铺成。沿水而下，村内水街上有古石桥36座。整个村庄似一条长长的飘带，令人想象无穷。源远流长的小河水，时时发出“叮咚、叮咚”的悦音，兼之鸟鸣、虫吟，奏起了和谐的“山水交响曲”。

灵山四周竹林环绕，竹海茫茫，横无际涯，这即是灵山的竹海，又是峡谷的景色。灵山人对竹子有着深厚的情愫，户户皆会竹编，编织出竹篮、斗笠、簸箕、筐子等精美竹器，这便是灵山一绝——竹器。灵山的另称是贡米。因进贡皇宫，皇帝喜食，故称“灵山贡米”。因日照时间短、生长周期长，灵山贡米米质柔软，散发出淡淡清香，令人食欲大增。灵山村中有二口井，一年四季水位不变，清澈见底，喝一口，绵甜爽口。

翰苑牌坊左次间雕刻

翰苑牌坊右次间雕刻

翰苑牌坊背面次间雕刻

灵山村的风景十分优美，有水、有桥，还有庙。灵山水源处建有雷祖庙，庙两旁各有一座菩萨殿，对面是翰苑牌坊。

第七十五节　阙里牌坊

阙里牌坊，是孔庙通向孔府的过街牌坊，高6.45米，宽5.8米，进深3.2米，为四柱三楹三楼木质结构建筑。牌坊由四根立柱八根戗柱，各楹由大、中、小额枋梁，三座楼顶组成。每根立柱左右各有两块方形抱鼓石夹抱立柱为一体。每根立柱前后各有一根戗柱辅戗。戗柱与地面接触处设一柱墩，柱墩下饰一螭兽。中额枋与大额枋之间饰一题书“阙里”二字的牌匾。整座牌坊采用苏式彩绘，以蓝、绿色调为主，素雅淡泊，朴实大方。

孔庙通向孔府的“阙里”牌坊

阙里的来历众说纷纭，把阙里解释为：孔子家住在阙，故宅门所对的街道即阙里街，汉代在此街南首建阙两个，元代扩建孔庙时移入，阙指石阙。“里”是指乡里即村庄或街道，故阙里因“石阙”而得名。阙不是指

“阙里”牌坊上的额匾

“阙里”牌坊斗栱中的转角科

“石阙”，也不是指“宫阙”。阙是指阙氏的阙，阙里是阙氏先人居住的地方。阙里是一级地方基层行政组织，阙里不是因“石阙”而得名，也不是因“宫阙”而得名，阙里是因阙党而得名。西周时期今称阙里的地方就聚居了众多的阙氏族人，在实行“乡遂制”时，就将该地命名为阙党。战国时期实行“郡县制”，“郡县制”取代了“乡遂制”，阙里取代了阙党，一直沿用至今。所以，阙里即阙党即阙氏先人聚居地。

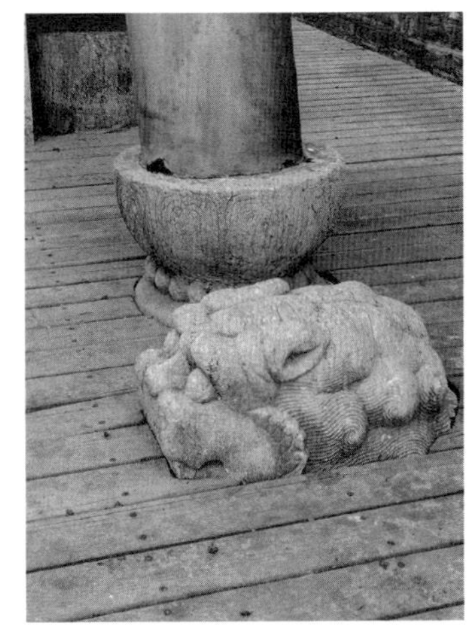

“阙里”牌坊戗柱下的螭首

第七十六节　康百万庄园牌坊

康百万庄园牌坊，位于河南省巩义市区西3公里处康百万庄园大门外，坐北面南，高7米，面阔7.4米，进深2.6.米，为四柱三楹三楼式石质建筑。四柱分别立在两座须弥座上，须弥座雕刻精致，中间束腰，腰间上下琢雕昂、卧莲花瓣，分上中下三层，上层高约30厘米，中间束腰约28厘米，下层约28厘米。四柱前后各两块抱鼓石夹抱，明间两立柱抱鼓石高2.4米，共分四层，顶层为官人骑雄狮，雄狮之下为三角旌带，其上雕有花草图案，最下层靠近地面琢罗汉腿。四角各雕雄狮一只，一个底座由四只雄狮承托着抱鼓石。此种抱鼓石结构的牌坊可谓国内罕

康百万庄园前牌坊

康百万庄园前牌坊花心版“辉扬彤管”

牌坊右侧楹联

牌坊背面“节孝流芳”牌匾

牌坊左侧楹联

见。两侧抱鼓石略矮于中间抱鼓石，鼓面上饰有荷花仙女。朝南这面的中门有两层门楣。由于年代久远，门楣上的字迹已经模糊不清。仔细辨认尚可看出，上层门楣刻的是“辉扬彤管”四个大字；下层门楣刻的是“清旌表节孝武生康道兴妻王氏坊”十四个字。由此可知，这是康家为康道兴之妻王氏立的贞节牌坊。

正间立柱上题书楹联：“竹节松操河山并寿；芝泥金简绰楔长新。”两次间楹联：“萱口承欢陈孝妇；柏舟矢志卫共善。”额枋、龙门枋上鬼斧神工地雕琢着人物、龙、狮、仙鹤、花草等，浮雕、深雕技艺结合，个个活灵活现，件件栩栩如生，形具神生。三座楼顶大脊两端安装鸱吻带剑把，正间楼顶刹尖饰雄狮驼宝珠，这种装饰为全国牌坊中所罕见。该牌坊的框架与其他牌坊的框架无任何区别，唯有抱鼓石下四只雄狮代替罗汉驼抱鼓石，明间顶楼雄狮驼宝珠为刹尖，这两种设计是在全国牌坊中的突出特点。

贞节牌坊是中国古代封建社会为了表彰女性对已故丈夫忠贞不二、恪守贞节的品德而建立的牌坊。那么，“辉扬彤管”是什么意思？康家为什么要给王氏立贞节牌坊？所谓“彤管”系指笔杆漆成朱红色的笔，是古代女史记事的专用书写工具。“辉扬彤管”意为王氏的事迹闪耀光辉，已被记入史册。

王氏23岁时，她的丈夫康道兴英年早逝，没有留下子嗣。出身洛阳名门的王氏，自幼接受封建道德教育，恪守妇德，矢志不嫁，含辛茹苦将过继子康无晏抚养长大成人。王氏守节31年，于同治七年（1868）去世。同治十二年（1873）得到皇帝嘉奖。后来，在其儿媳萧氏的授意和长孙康建璧的努力下，专门为王氏修建了这座贞节牌坊。

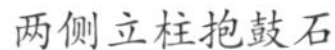

两侧立柱抱鼓石

牌坊抱鼓石与石狮

第七十七节　绣衣牌坊

绣衣牌坊，位于湖南省汝城县城郊乡益道村三拱门范家村口，是巡按湖广监察御史毛伯温领衔率领郴州和桂阳县（今汝城

绣衣牌坊左侧抱鼓石

绣衣牌坊

县）的一批地方官员于正德十四年十二月（1520）专门为旌表监察御史范辂反对宁王朱宸濠和宦官勾结谋反的事迹而建，系古代表彰功德的纪念性坊表建筑物，距今

已历480余年的历史，是国内罕见专门旌表监察官员的年代最早的珍贵文物。也是湖南省石牌坊建造时代最早的一座，被誉为“湖南第一坊”。

绣衣牌坊正间楼上楼

绣衣坊坐东朝西，白石结构，分主楼、次楼、顶楼，四柱三楹四楼式石质建筑。每楼檐下有斗拱，通高6.86米，面阔6.50米，明间高2.38米，宽2.91米，两次间门高1.93米，宽1.65米。明间门楣上方横额内自右至左阴刻双勾线刻“绣衣坊”三个正楷大字，每字45×45厘米。横额右上部阴刻上款“巡按湖广监察御史毛伯温，整饬郴桂兵备副使汪玉，郴州知州沈炤同、鲁玘、判官姚佐为邑人监察御使范辂立”，左下部阴刻下款“桂阳知县陈德本，典使张万釜，儒学教谕吴洲，训导李珍，大明正德十四年十二月二十四日立”。（背面形式、内容与正面同）明间大、小额枋上分别镂刻“双凤朝阳”，“双狮滚球”浮雕。双凤旋飞，双狮嘶鸣。背面同一位置分别浮雕“三凤朝阳”“双麒麟滚球”。三凤飞旋绕日，两麒麟腾跃滚球。左次间小额枋正面浮雕凤鸟，白鹭，荷花，背面浮雕双猴摘桃图案。右次间正面浮雕老鹰山羊，背面浮雕山鸪麋鹿等图案。各种动物形态各异，生动逼真。左右檐下灵窗镂雕孔雀牡丹，凤凰牡丹图案。明间两层飞檐，左、右各一层飞檐，次间左、右檐高60厘米。顶檐和左、右两檐下各斗栱出两跳，中檐下斗栱出四跳。主楼正脊两端置鳌鱼，左、右檐的左、右端只置一尾鳌鱼，共计六尾鳌鱼。中门柱脚置幼狮一对，左狮昂首含珠，右狮咧嘴嘶鸣之状。四柱前后均镶嵌护柱石一块，护柱石下部为石鼓，每鼓中部均有浮雕异兽。

绣衣牌坊牌匾

绣衣牌坊右次间部分雕刻

绣衣牌坊横跨在范家通往县城的主道上，造型精美，结构科学，工艺精巧生动，运用阴刻、浮雕、圆雕、镂空各种手法，把绣衣牌坊雕琢得玲珑剔透。“绣衣坊”三个正楷大字工整秀劲，主题突出。整座石坊上下协调，沉稳秀丽，是一件精彩的石坊艺术杰作。2006年5月被湖南省人民政府公布为省级文物保护单位。

绣衣，表示受君主尊宠。直指，《汉书·百官公卿表》颜师古注引服虔曰："指事而行，无阿私也。"绣衣直指亦称"直指使者""绣衣御史"。汉武帝天汉二年（前99年），使光禄大夫范昆及曾任九卿的张德等，衣绣衣，持节及虎符，用军兴之法（依照战时制度），发兵镇压农民起义，因有此号。非正式官名。

第七十八节　百龄流芳牌坊

百龄流芳牌坊，位于广东省中山市黄圃镇镇一村，建于清朝道光十八年（1838），为四柱三楹冲天式建筑。高5米，宽6.4米，明间正面是石雕阳刻楷书字体"百龄流芳"四个大字的牌匾，上方嵌有"圣旨"二字的额匾。石雕背面镌刻着"升平人瑞"，上额匾刻

百龄流芳牌坊

"百龄流芳"牌匾、刹尖

"百龄流芳"牌坊右次间牌匾

"百龄流芳"牌坊左次间牌匾

有“恩荣”二字，正背两面字体对称，图案统一。牌坊为该村百岁老人文林郎何羽祥受清代皇帝所赐，现仍屹立于其玄曾孙后裔何祥吉家门前。何祥吉是黄圃有名的企业家，热心慈善事业。

镇一村位于黄圃镇近郊，是大黄圃发源地，起始于东晋时期，历史源远流长，文化沉淀深厚。除该牌坊之外还有距今500多年的古樟树；有近200年历史的古龙舟“北溪显聪”；有始建于明代、清代的何氏、黎氏宗祠、主帅庙、洪圣庙等。村委门楼也是始建于清代的何氏祠堂门楼。

第七十九节　澳门大三巴牌坊

澳门大三巴牌坊，位于澳门特别行政区市内，牌坊高约27米，宽23.5米。圣保罗教堂建于1637年，是当时东方最大的天主教堂。牌坊是教堂的遗址山墙，也是教堂的出入口。澳门标志性建筑物。三巴是圣保罗的译音，共有10根高立柱，六个门洞，

澳门大三巴牌坊

◀ 澳门三大巴牌坊顶部

六座壁龛。

大三巴牌坊建筑糅合了欧洲文艺复兴时期与东方建筑的风格而成，体现出东西方文化的交融，雕刻精细，巍峨壮观。由三至五层构成三角金字塔形，无论是牌坊顶端高耸的十字架，还是铜鸽下面的圣婴雕像和被天使、

鲜花环绕的圣母塑像，都充满着浓郁的宗教气氛，给人以美的享受。牌坊上各种雕像栩栩如生。堪称“立体的圣经”。建于1637年，先后经历3次大火，屡焚屡修，直至1835年10月26日，最后一场大火将其烧得只剩下教堂正门前壁，此墙因类似中国传统牌坊而得名“大三巴牌坊”。2005年大三巴牌坊与澳门历史城区的其他文物成为联合国世界文化遗产。

澳门大三巴牌坊

第八十节　进士第牌坊

进士第牌坊，位于安徽省绩溪县浩寨乡冯村，坐南面北而立。宽8.2米，高8.68米，进深24米，四根立柱坐落在四块长方形条石上。四根立柱共八块抱鼓石，正间两立柱的抱鼓石较两次间抱鼓石高大。

进士第牌坊全国重点文物保护单位标识碑

进士第牌坊

进士第坊顶部五楼的斗栱

进士第牌坊花心板内容

正间上下额枋之间牌匾上题书“进士第”三个正楷黑色大字，横梁之上额匾上题书“恩荣”二字。一层次间两座楼分别有两组斗栱承托着楼顶；二层楼各有一组斗栱承托着楼顶；正间顶层有两组斗栱承托着楼顶，五座楼顶上各饰鱼尾吻兽、戗兽。三楹上下枋梁前后面琢有“狮子戏绣球”“双凤闹狮”“骏马奔腾”等图案。雕琢细致入微，精致别论。特别是大、小额枋上的雕刻，浮、深结合，粗细均匀，惟妙惟肖，其技艺无与伦比，堪称石雕一绝。

第八十一节　大司徒牌坊

大司徒牌坊，位于安徽省歙县桂林镇殷家村，为尚书牌坊施工的第二年开始建造，子贵父荣，连祖父都跟着沾光，真是光宗耀祖。明万历五年（1577）建造大司徒牌坊，万

“大司徒坊”牌匾与“诰赠”匾额

右侧高浮雕

“大司徒坊”立柱两侧的雄狮下山

“大司徒坊”立面

正中“诰赠”匾额

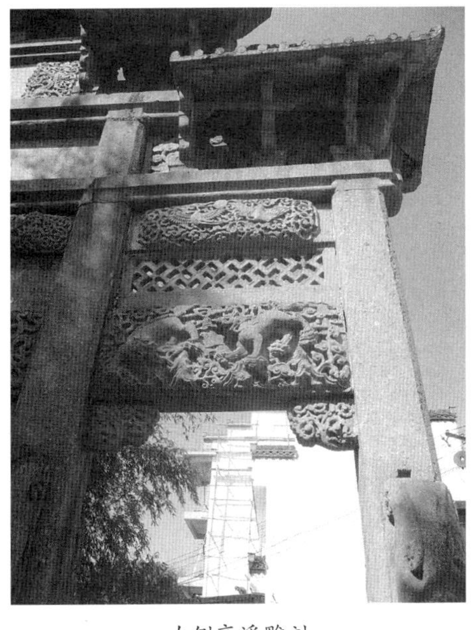

左侧高浮雕刻

历皇帝封赠殷正茂祖父殷俯、父亲殷鐄为户部尚书，并与以立坊。牌坊为四柱三楹五楼式建筑。宽9.55米，高11米，正间牌匾上刻有“大司徒”三个正楷大字。顶楼下额匾上琢有“诰赠”二字。立柱脚部前后共八只大狮子，狮首在下，狮尾在上，似猛虎下山状，勇猛威武。立柱、雀替、枋梁和檐下翼栱上都细刻曲线优美的花卉、流云图案，三间小额枋上采用深雕技艺刻出“双狮戏绣球”“双鹤祥云”“麒麟曜日”“双凤朝阳”等图案，幅幅无不生动细腻，清新雅丽，生化妙语，活灵活现，极富写实性。是牌坊中极富美观精致之作。

《明史》中载：正茂在广时，任法严，道将以下奉行惟谨。然性贪，岁受属吏金万计。初征古田，大学士高拱曰：“吾捐百万金于正茂，纵干没者半，然事可立办。时以拱为善人。”万历二十年（1592），殷正茂去世，年八十。1998年5月4日殷尚书牌坊（隔路对面尚书牌坊）和大司马牌坊被公布为安徽省文物保护单位。

第八十二节　龙溪节孝牌坊

龙溪节孝牌坊，位于重庆市渝北区双龙大道二支巷巴渝民族文化村。建于清光绪二十一年（1895），高12.5米，面阔8.4米，进深2.4米，占地60余平方米，为四柱三楹五楼式石质建筑。明间宽大，两次间狭窄，四根立柱分别矗

节孝牌坊背面“彤管飞华”牌匾和“节孝”额匾

龙溪节孝坊立面

立在二级柱基上。中间两根立柱前后抱鼓石顶至小额枋底面，高约3.2米。明间的小额枋与次间的小额枋相差一梁的高度，约0.5米。明间小额枋与中额枋之间的花心板上琢刻有“彤管飞华”四个正楷大字。向上中额枋与龙门枋梁之间的花心板上琢刻“节孝”正楷两个大字。龙门枋的前面琢饰人物、戏剧图案。龙门枋之上为顶楼，两小立柱之间饰额匾，四边框架雕琢“五龙捧圣”，中间题书“圣旨”两个阳刻正楷大字，端庄秀丽，遒劲有力。额扁两侧各雕一文一武两员大将站立护卫。大将两侧饰人耳形状的博风板，其上精雕细刻着各种花草。一层两侧也饰有同样类型的侧楼顶博风板。两次间大、小额枋上同样雕琢各种各样的图案。四根立柱前后各题

抱鼓石上的石狮

节孝牌坊次间楼顶飞檐与柱耳

节孝牌坊右次间雕刻与柱耳

次间下额枋与雀替

书不同内容的楹联，其内容皆围绕节孝而作，词语简切了当，突出牌坊主题，阐明原由，颂扬孝风。字体有正楷、行楷、行草等，风格各异，整座牌坊上墨迹飘香，文笔雕龙，诗意换发。通体牌坊成了集石雕工艺、书法艺术、绘画技艺，文采聚集的技艺展示处，艺术作品琳琅触目，尽收眼底，当亲临现场时，会心悦诚服，赞不容口。

第八十三节 杨邱氏贞节牌坊

杨邱氏贞节牌坊，俗称“老牌坊”，位于四川省隆昌县响石镇牌坊街，建于清乾隆四十九年（1784）。重建于嘉庆二十三年（1818），其后代孙美锦等八人为体现“牌坊修建大路旁，抬头一望看端详，节孝忠义人敬仰，单等后世把名扬”的意旨，为更好地宣扬祖先贞节美德，故重新选址，在响石通往富顺的古驿道上（即现在的牌坊街），重建杨邱氏贞节坊。该牌坊为四柱三楹五楼式石质建筑，通高13米，面阔8.3米，进深1.85米，占地面积27平方米。顶楼刹尖为五级须弥座四方宝塔，左右两侧放射火焰。顶脊两端鱼卷尾吻兽，四角高高翘起，各级飞檐层层上收，有欲展翅飞翔之强烈动感。该牌坊通体浮雕，技法洗练，线条流畅，东西两面刻饰、文字一一对应相同。

贞节坊上半部分楼顶与牌匾和额匾

奇怪一事值得提示，顶楼宝塔刹尖山有一棵小黄桷树。百余年来，天气无论怎样干旱，它都不会枯萎、干死；无论怎样风调雨顺，也未见它长大。七八十岁的老人说，孩提时它就是这么大，这完全是响石古镇地灵之缘，杨邱氏之气节，响石民风之淳朴所致。

顶楼额匾刻成如意纹饰，其余各楼顶檐下均雕刻人物故事。正间顶楼下五龙“圣旨”匾为高浮雕，四周均为缠枝牡丹。立柱下四对抱鼓石置莲台须弥座上，鼓身浮雕缠枝牡丹，锦绣绫纹。牌坊通体饰纹清秀高雅，富贵俊秀，不含脂粉气，用于烘托坊主“贞节”的行操，可谓坊人合一。次间各饰一匾，左题书“柏节”、右题书“冰心”各正楷二字。“柏节”意为柏历寒暑风霜，坚硬挺直，柏之节尤硬。“冰心”意为心冷如冰，暗指守贞者心已冷却如冰，绝不会再为情意所动。柏节、冰心，均喻持贞节者意志之坚定，德行之高贵。

隆昌响石镇杨邱氏贞节牌坊前立面(建于嘉庆1818年)

正因如此，牌坊正间楹联题书：“秀阁秉精英，百年磨练风霜古；盛朝崇节义，奕世光荣雨露深。”楹联夸赞邱氏凝聚了天地精英之气，其贞节行操经历了百年风霜雨雪的磨练，显得十分古朴；盛世朝代崇尚这样的节义楷模，朝廷赐予了耀世的光荣，给予了如雨露般的深厚恩泽。侧门楹联：“冰心一片寒霜肃，柏节千秋炳日光。”楹联夸赞牌坊主人操贞持节的一片冰洁之心，有如包涵严霜般肃穆；其高尚情操，有如千年劲松的古柏焕发出丽日般光华。牌坊明、次间楹联，赞颂坊主操守贞节的美好品德，对仗工稳，书法俊秀飘逸。两面楹联均边框刻饰缠枝牡丹图案，一派高雅、富贵气魄。

贞节牌坊的抱鼓石与石狮、象

杨邱氏为何立为“贞节”牌坊，这里还有一段极富传奇色彩而又哀婉动人的故事。

杨邱氏贞节牌坊顶楼上的“小黄桷树”

民间传说邱氏自幼聪明伶俐，到13岁时貌容俊秀，亭亭玉立，美若天仙。经媒妁之言，许配杨家待嫁。不料14岁时出一怪事，邱氏之肚子日渐长大，顿遭族人白眼，讥笑咒骂。家中父兄不明缘由，也容不下她，经常拳打脚踢。邱氏明知是病，但纵然有十张嘴也难以道清，整日以泪洗面，身体日渐消瘦，肚子却日渐长大，犹如十月怀胎。族人越发不容，纠集上门问罪，决定按家族规矩择日沉潭处死。邱氏本想以死相抗，但若不明不白死去，实为冤枉，且反辱没自己清白女儿身。于是她将自己的想法告知母亲。母亲疼女儿心切，又听人言说当今县令乃一清天，便携女儿逃脱族人看管，来到县大堂击鼓鸣冤。知县不但为官清廉，颇通岐黄之术。听了邱氏申诉，将其引入后堂太夫人房中，为邱氏悬线诊脉，确认并非身孕。便找来县城最好的郎中，为邱氏开刀，取出肚中一大肿瘤。邱氏药到病除，父兄及族人方知错怪于她，万分汗颜。邱氏病愈时年19岁，与年已39岁的杨维信喜结连理。杨维信客家人，自粤入川，落户隆昌，苦心为当地百姓医疗数年，见有盈余，积金数百，小日子过得舒舒坦坦。至邱氏26岁时，杨维信身得重病而亡。时长子积华才3岁，次子厚华尚在母腹中。邱氏跪在丈夫遗体前泣誓：“杨氏一线之脉，止此子遗腹耳！誓守忠贞，抚养二子成立，以光宗耀祖。”杨维信去世邱氏抚养二子，强忍悲痛，撑起了养家抚孤的重担。为偿还债务将丈夫生前所购店铺全部变卖，继而靠织麻编制、帮人针线养家糊口，艰难度日。为丈夫守丧3年遂携二子举家迁往乡下，居住茅屋身着布衣，吃糠咽菜，仍与邻居和睦相处。夜对孤灯而纺织，不惮茹荼；日课弱嗣以诗书，尤勤画荻。邱氏尤长刺绣，绣出花草虫鱼，活灵活现，能卖好价钱；加以勤俭持家，乡居数年之后，日子见好转。二子均能体谅母亲，自幼遵守母命母训读书，先后进国子监，为太学士，双双获取功名。清乾隆四十九年（1784），奉皇帝圣旨，旌表其母杨邱氏于乡居之地建贞节坊。嘉庆五年（1800）杨邱氏无疾而终，享年93岁，儿孙绕膝，五世同堂。嘉庆二十三年（1818），其孙美锦等8人，移坊重建今址。叙州知府施光辂为牌坊撰匾文“贞节”。

第八十四节　朝天宫棂星门

新中国成立以前的朝天宫棂星门

朝天宫棂星门，位于江苏省南京市秦淮区水西门内。朝天宫之名是由明太祖朱元璋下诏御赐的，取“朝拜上天”“朝见天子”之意，是明代最高等级的皇家道观。棂星门为四柱三楹五楼带袖壁建筑，面阔15.5米，高7.8米。“棂星”古代传说是文星，“其状屈曲勾连”，以棂星门之称，意思是文庙府学培养的人才，为国家所用。该棂星门牌坊为木质结构，四根立柱前后各有一对石狮蹲坐须弥座上，四根立柱中间饰有中式黑色壁灯。明间大、小额枋上各以双枋拼合而成，中间以四根立撑将其分割成五个方块，各方块中饰有浮雕花草图案。大、小枋之间为较大型牌匾，上题书“棂星门”三个正楷大字，蓝色底，金黄大字，显宫扬名，尽知之矣。四柱两侧各一座袖壁。袖壁之意是像人的上衣，袖子在人体的两侧，故称袖壁。两袖壁各有青砖砌边，中间为圆形图案，四角各饰角花，红底色，黑图案，与牌坊顶上的五座黄色琉璃楼顶遥相呼应，中国古建筑色彩显著。五座楼顶歇山式楼面，斗栱飞檐，吻兽、戗兽俱全，古韵浓浓，不失威武壮观。

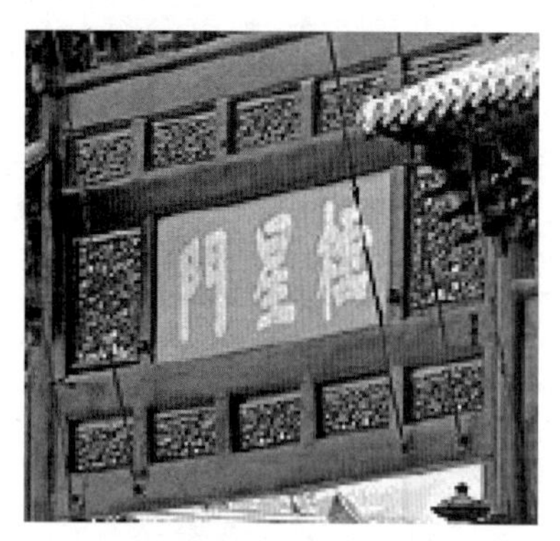

南京朝天宫棂星门 牌匾

南朝时期，朝天宫是中国南方最早的科研机构总明观的所在地，是当时中国最高等级别的社科研究机构，观内集中了来自南朝时期国内各地的科学精英，在总明观交流、研究社会科学和文化艺术的成果。总明观分设文、史、儒、道、阴阳五门学科，诏请有名望的学者二十人担任教职，成为一时文苑盛事。后来，文、史、儒、阴阳四门学科逐渐失传，而道家学派又渐与道教合流，在冶山上修建道观。从此冶山开始成为道教圣地，香火连绵不绝。唐朝时期，冶山建太极宫。杨吴武义二年（920），改名紫极宫，开建钟阜轩。南唐时，在紫极宫之西又立武烈帝庙。宋朝时期，在此建文宣王庙，这是冶山建为文庙的开始，不久改为天庆观。苏轼来此游后挥毫留下一首七律：

春风吹动北风微，归雁亭边送雁归。
蜀客南游家最远，吴山寒尽雪先稀。
扁舟去后花絮乱，五马归来宾从非。
惟有道人应不忘，抱琴无语立斜晖。

苏轼、王安石、陆游等人也都曾游历此处。南宋末年民族英雄文天祥，抗元战败被俘，在押往大都（今北京）的途中，曾夜宿于此，留下了慷慨激昂的诗句。元朝时期，名为玄妙观，后改为“大元兴永寿宫”。明朝洪武十七年（1384），重建后改名为朝天宫，并建有习仪亭。在明代，朝天宫一直是朝廷举行盛典前练习礼仪的场所，以及官僚子弟袭封前学习朝见天子礼仪的地方。朝天宫前有三清殿，后有大通明殿，另有飞霞阁、景阳阁等。内有习仪亭，为文武官员演习朝贺礼仪之所。明代的朝天宫是当时南京最大、最著名的道观，占地面积300多亩，有各种殿堂房庑数百间，立体建筑有神君殿、三清正殿、大通明宝殿、万岁正殿等。大山门为东向，史书记载，大山门内有南北碑亭各一座，南碑亭的碑额题字“奉敕重建朝天宫碑”，在朝天宫大成殿丹墀前，北碑亭碑身已经不存在，仅保留了赑屃碑座。明代的朝天宫，一方面是皇室贵族焚香祈福，礼拜道教诸神的道场。另一方面在三大节（春节、冬至、皇帝诞辰）前作为文武百官演习朝拜礼仪的场所，有时也作为官僚子弟袭封前学习朝观礼仪的地方。明朝末年，朝天宫部分建筑毁于战火。

清朝初年，这里曾是道观，清代康熙、乾隆年间，随着江南社会经济的恢复和发展，朝天宫也逐渐得到重修，规模甚大，“宫观犹盛，连房栉比”。康熙南巡时，曾为朝天宫题写匾额，曰：“欣然有得。”乾隆六下江南，先后五次登临游览朝天宫，每次都题诗寄兴。如今刻有五首乾隆亲笔题诗的石碑，仍完整地立在朝天宫后山的御碑亭内，供游人观赏。清朝乾隆二十九年（1764），皇太后发帑重修，时为金陵道观之最。清朝咸丰年间，朝天宫毁于太平天国战火。太平天国定都天京（今南京），把朝天宫改为制造和储存火药的“红粉衙”。清朝同治三年（1864），湘军攻陷天京打败太平军后，朝天宫内的道观改成了孔庙，原在成贤街的江宁府学也迁到了朝天宫里面，成为

南京朝天宫棂星门

清后期南京主要的官办学校。清朝同治五年（1866），时任两江总督曾国藩，为标榜儒家思想，粉饰太平，将后来的道观改为孔庙，并把原在成贤街的江宁府学迁至朝天宫。清朝末年，朝天宫是江宁府文庙。1949年新中国成立后，朝天宫成为南京市文物保管委员会（南京市博物馆前身）所在地。1962年，朝天宫古建筑群由南京市文物保管委员会接管。1978年，南京市博物馆正式在此挂牌。

朝天宫，抗日战争结束后，国民政府在南京恢复设立首都地方法院，同时增设首都高等法院。首都高等法院的院址也曾设在南京朝天宫，第一任院长赵琛。原在朝天宫“棂星门”三字之下悬挂着“首都高等法院”的招牌，高等法院的法庭就设在大成殿，殿中设朱红大案桌，桌后并排五张椅子，背衬紫色布幔。大成殿内梁上高悬“明镜高悬”四个大字的横额；两旁大庭柱上，书有“听讼期无讼，明刑复恤刑”的对联。

朝天宫是典型的明清殿宇式建筑，其建筑格局、样式、营造技术等都是研究中国古代建筑尤其是明清建筑的重要而难得的实物资料，具有极高的历史、艺术和科学价值。1956年，朝天宫棂星门被列为江苏省文物保护单位；1978年，朝天宫被辟为南京市博物馆；2005年，朝天宫被列为国家AAAA级旅游景区；2013年，国务院公布朝天宫及棂星门为全国重点文物保护单位。

第八十五节　杨林氏节孝牌坊

杨林氏节孝牌坊，位于四川省隆昌县响石镇牌坊街，距杨邱氏贞节牌坊30米。建于清咸丰三年（1853），其子孙为杨美铉之妻杨林氏所建。杨林氏为杨邱氏孙媳，此牌坊与杨邱氏贞节牌坊相差35年。通高13米，面阔8.3米，形制为四柱三楹五楼仿木石质结构建筑。牌坊顶冠系品字形三重檐帽，帽顶十二鳌脊鸱吻冲天，各级飞檐层层上收，呈展翅欲飞状，鳌尖上精雕花卉花萼，且面向正顶高冲2米，使牌坊显得神采飘逸，顶盖造型为五级宝塔。牌坊中间楼檐下东西两面是五龙捧匾，上书“圣旨”正楷二字，龙门枋下牌匾上题书：“节孝”，二字大如斗，十分醒目。中额枋上题书：“邑

杨林氏节孝牌坊

儒杨美铉林氏秀瓛秀璁母旌表节孝坊”。中额枋与小额枋之间下是赞颂杨林氏守节敬孝之词，右侧匾是：“松心”，左侧匾是“竹节”。西面的正下匾是叙述杨林氏的动人事迹，右侧匾是：“玉洁”，左侧匾是“冰清”。顶部刹尖为火焰宝珠金刚座，宝珠置于圆雕莲花台上，莲花下刻万字图案。与两侧鸱吻三者构成一个山字形，屹立于顶楼之上，成为牌坊的制高点。左右鸱吻形态自然，身躯柔健与二、三级鸱吻相呼应，造型流畅统一。各级楼顶雕刻仿琉璃瓦、瓦当滴水。檐下雕琢神仙戏曲故事，明间东面大额枋上雕琢“二龙戏珠”，西面雕琢“双凤朝阳”，额坊四周雕琢缠枝牡丹。牌坊东面的正门楹联是：“两世励贞操耿耿丹心天地鉴；九重褒苦节煌煌青史姓名香。赐进士出身隆昌县知事张敏行拜题。”意思是：两代历经磨炼，坚守贞操，忠诚灿烂，赤丹忠心，经受了天地的检查，天可以作证；九重天子褒扬这种茹苦守节的行为，辉煌华耀史册上永远存留着她们馨香的姓名。侧门楹联是：“冰心自炼三冬后 正气长凝两代间 广西平乐府富川县汉安邹峰贤拜题”。牌坊西面的正门楹联是：“彤管交辉都为乾坤留正气；柏舟接武方知巾帼有完人。甲辰解元汉安张德元拜题。”侧门楹联是：“不惜闲身禁苦辣；为留大义在寰区。例授文林郎任隆昌县训导刘黼赓拜题。”

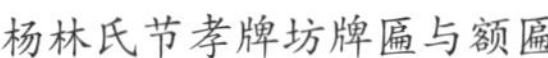

杨林氏节孝牌坊牌匾与额匾

杨林氏节孝牌坊抱鼓石上的锦纹雕刻

林氏，清朝人，内江林魁联女，出嫁后，命运不幸，青年丧夫，中年丧子，其公婆怜之，命其夫之兄将次子过继给她。杨林氏十分孝顺公婆，婆婆腿上长一恶疮，痛得吃不好饭，睡不好觉，杨林氏寸步不离，守候身边，打扇按摩，数日不合眼；多次以嘴吮吸婆母腿上的疮浓。在杨林氏的精心护理下，婆母的病痊愈了，邻里乡亲广为传颂。她视继子如己出，百般关爱，教育有方，继子争气，长大成才，取得功名。杨林氏孝敬公婆，抚子成才，矢志不移，守节三十年，咸丰皇帝闻之，下旨立坊，以示旌表。

杨林氏节孝牌坊落成后，隆昌知县张敏行做匾，盛赞杨林氏的“节孝”品行。他在文中叙道：“莅士治民，莫要与正人心厚风俗。而人心风俗之淳，则以士尽忠良，妇完节孝为至极焉。故士之尽忠良也，难而易；妇之完节孝也，易而难。”匾文说：到一个地方治理百姓，最重要莫过于正人心，厚风俗。而人心风俗的淳厚，当数男子尽忠良，

杨林氏节孝牌坊左侧楼顶

杨林氏节孝牌坊楼顶

女子全节孝为至极。至于男子尽忠良，似乎很艰难，而实际很容易；而妇女坚持节守敬孝，表面容易，实际很难。张敏行为何如此认为？他叙道："稚子胜衣就傅，穷究经史，作为文章，兼通词古诗赋。由是而拾矜折桂、捷南宫，列嗣垣，应仕籍，则为邑宰、为大夫、为卿、为公，酬知乎？圣主加惠于黔黎，勋绮弥纶，声名彪炳，岂不谓难哉？究之皆人生所应为之事，而未尝于份外有加，而未合于情中有减，犹谓之易。"

为何妇女坚持守节，表面容易，实际艰难呢？匾文上叙道："若夫妇完贞也，青年失志，皓首成名，其间疾苦情状，对语无人，逾不可更不数。幸而抚子贤，犹请旨旌表，不殁其型。不幸而荡产孤贫，则潜德幽光，衔恨与九泉之下而终无异念，无怨言，此非人定胜天，万难保白玉于无瑕玷者，此之所谓易而难也。"

（本文内容参考《隆昌石牌坊》）

第八十六节　女贞崇祀牌坊

女贞崇祀牌坊，又称"黄氏节孝牌坊"，位于安徽省歙县桂林镇新管村，建于大清雍正七年（1729）十月。高10.6米，宽12米，进深1.78米，为四柱三楹三楼冲天式石质结构建筑。明间宽4米，两次间宽各2.6米。立柱断面呈方形，边长为0.51米，四柱均为平板抱鼓石夹抱，无任何雕刻。立柱底座2.5米×0.6米×0.6米。明间楼檐下为五龙捧圣额匾题书"圣旨"二字，两次间牌匾分别书"彤史流芳""女贞崇祀"；

"女贞崇祀牌坊"牌匾

明间花心板上提刻“旌表故儒鲍望锡妻黄氏节孝”。背面右侧次间花心板上题书：“大清康熙五十年十二月具题；浙江等处承宣布政使司布政使加三级徐丽移咨；江南杭州府知府加一级蒋擢；歙县知县加一级鲁宗思大清雍正七年十月丰建。”三间每架小额枋中间都琢有簇六球纹雕刻，两端琢缠枝。花心板周围与四根立柱中部位的上下端均饰回纹琢刻，中间部位饰变化后的簇六球纹浮雕，规整排列，协调融洽。据载：黄氏20岁始守节终生，族人请旌获准，故立此贞节坊以示旌表。此坊是黄氏一生追求并期望传至后代子孙的荣耀，是她一生坚守的准则：百善孝为先，名节至上！我们都说节孝坊背后是血泪，是煎熬，这是以今人去想古人的逻辑。妇女年轻失去丈夫，终生不嫁，是封建社会的传统理念，一旦改嫁，冲出当时民风民俗传统的束缚，邻里乡亲讽刺嘲笑，不守妇道不尊家规等等的罪名铺天盖地而来。否则，唯一出路便是忠贞孤守，孤苦伶仃，独守空房的悲惨人生就会酿成终生的悲剧，也可能是出于无可奈何，不得而已。

女贞崇祀牌坊立柱与坊梁连接处的浮雕

女贞崇祀牌坊前立面

“女贞崇祀牌坊”立柱、下枋梁上的浮雕

“女贞崇祀牌坊”背面

女贞崇祀，即为对女子贞节崇拜奉祀

之意。秦汉时期，女性伦理之中的贞节观念，并没有被作为一种国家意识形态加以倡导，女性再嫁乃寻常之事。至宋代形成理学，改变了中国的学术思想以及风俗制度，也使妇女的贞节观念在崇古的基础上愈演愈烈。经过宋、元、明三代对贞节观念的极端倡导，在进入清朝以后，贞节的含义变得十分偏狭了，似乎成了一种宗教。彤管，红管的笔，古代女史官用来记载后宫政令和后妃的事。周朝时候，专门有女史手执彤管记录宫廷日常生活中王、王后、夫人、嫔、世妇、女御等人的言行。后来“彤史扬辉”和“咏絮之才”都用来表示女子的文才。因为彤管所记录的都是有一定德行的女人，所以后来也经常用“彤史流芳”来作为悼念女人的悼词。

第八十七节　金紫祠牌坊与恩褒四世牌坊

金紫祠牌坊与恩褒四世牌坊，位于安徽省歙县潜口乡潜口村。两座牌坊的设计、造型、材质、雕刻等基本相同，均为四柱三楹三楼石质冲天式牌坊。

一、金紫祠牌坊

金紫祠牌坊，题款大意为宋隆兴二年（1164）华文阁学士前秘书省丞兼知制诰经筵官汪若思为亲奏请，皇明万历二十一年（1593）诰赠奉直大夫二部都水司郎中，前开封十五世孙文府推官颐立。高12.4米，宽9.8米，正间宽4米，两次间各2.4米。龙凤匾刻较少见的“宋勅建”三字。明间正面牌匾为：“金紫

金紫祠牌匾与“宋敕建”额匾

歙县潜口乡潜口村“金紫祠坊”

安徽省重点文物保护单位标识碑

祠”三个正楷大字。龙门枋、小额枋、雀替、额枋均浮雕花草锦纹图案。该牌坊简洁明快，朴实大方。

二、恩褒四世牌坊

恩褒四世牌坊，位于潜口老街上，此石雕牌坊保存完好。建于大清乾隆五年（1740）。据介绍：“恩褒四世”坊用山东嘉祥青石建造，高11.4米，宽9.5米，额匾与坊柱上半部都雕有秀美的图案纹饰。牌匾题书“恩褒四世”四个正楷大字。这座牌坊是潜口村大盐商汪应庚经乾隆皇帝恩准建造的。刻有汪复祖、汪修业、汪应庚、汪起四代四人褒扬对象。牌坊背面匾额上镌刻“卿月郎星”四个大字，“卿”即指汪应庚的官职“光禄寺少卿”，“郎”即指其子汪起的官职“刑部湖广司郎中”。三间各小额枋与花心板之间以不同数量的双云头栱分割。五龙捧圣额匾题书“特恩”二字。

恩褒四世牌坊前立面

“恩褒四世”牌匾与“诰命”额匾

背面“卿月郎星”牌匾

第八十八节　贞寿之门牌坊

贵州省兴义市鲁屯村贞寿之门牌坊正面

贞寿之门牌坊，位于贵州省兴义市鲁屯村。建于道光十八年（1838），为旌表生员李汝兰之母百岁所立。史料记载：寿母吕氏，原任黔西川学正吕淑之女，庠生李明孝长子宪章之妻也。少娴内则不苟言笑，善事舅姑，和处邻里。嘉庆二年（1797）苗变，举家攻苗不克而走，翁姑失所在。靖后归梓，朝夕寻觅，戚不欲生。夜梦人告，明日，得二亲尸，颜色如生，舁以归葬。大宪认其事闻诸朝，得旨旌表。可谓忠孝一门矣。生二子，既列武庠，孙五人，游泮者三，孙曾，森，立，一堂四世，属守箴规，皆寿母子所教也。次子早逝，遗一孙，寿母严加训诲，较诸生倍笃，赖以成立。寿母今有百有二岁矣。神清力健，杖策不需，所谓身其康强，子孙逢吉，不其然乎。丙申秋蒙中丞具题，请旌诏许建坊。值余承乏兹土，因颜其额日国瑞家祥，用于志忠孝之感召，即以庆盛世之休征云尔。

“贞寿之门”牌坊东西向，石灰石质，四柱三楹五楼式建筑，通高9.39米，面阔8.65米。立柱分别题行书阴刻楹联，由特授兴义府知府仇效忠、特调兴义县知县陈图南、署兴义县知县徐序经、拣选知县高发奎、兴义县训导杨振绪等题写之楹联十一副。分别是：

一世休凝萱献瑞；寿过三万六千日。

九重恩溥石留香；天笃幽闲贞静人。

寿逾百龄绵风纪；五色斑衣堂上舞。

人传四世庆蝉联；一封丹诏日边来。

彤管杨微黄麻表寿；金萱笑日玉树临风。

仙李蟠根树衍千枝堪屈指；灵萱得气花开十纪又从头。

遇盛世殊恩荷天之宠；得坤维厚气应地无疆。

能节能孝能慈和气致祥霭霭盈阶森玉树；

有容有德有寿幽光必达煌煌卓楔贲龙光。

竹节松筠历寒雪严霜屈指一百零两稔；

兰香桂馥看春秋实点领三十有一五人。

寿大约百年乃巾帼有人更纪算于二年以后；

同堂已四世想子孙逢吉步衍祥者五世而遥。

懿范式自南黔翼子认燕诒孙以谋四叶呈祥家有庆；

荣褒叨从北阙备妇之德践母之道百龄历节寿无疆。

牌坊字横向正反两面楷书阴刻“贞寿之门”“升平人端”各四个大字，每字0.58米见方。须弥座带抱鼓、狮子。雕刻手法为高浮雕及透雕。该牌坊雕琢内容均以人物、动物、植物等吉祥图案为主。正脊为透雕花大脊，大脊中间的刹尖为圆形，象征宝珠，反正两面琢寿字图案。五座楼脊均以凤凰为吻兽，高高翘起，使整座牌坊似插上翅膀，欲腾空起飞，展翅翱翔。

“贞寿之门”牌坊上的抱鼓石

鲁屯古镇位于兴义市东北部，距市区34公里。“鲁屯”这一名称从洪武二十二年（1839）沿用至今。这里风光秀丽，怪滩、险滩、巍峨连绵的白马山、茶叶冲山脉，还有姹紫嫣红的杜鹃花，风光明丽的晏家湾水库，古朴典雅的石牌坊群，重修后的荷花月牙池，为抗战时期在鲁屯牺牲的烈士而建的烈士陵园，神奇的七孔塘等，多种人文和自然景观倍受游人青睐。国土面积64.45平方公里，辖9个村，1.96万人。镇内有晏农湾、七孔塘、烟子洞等天然人文景观和自然景观以及道光年间修建的石牌坊,有丰富的地下水资源。矿产资源主要有煤炭、黏土、瓷土、石材等。有通往安龙县海子、箐口、龙广以及本市万屯的过境公路，交通发达，物产丰富。

第八十九节　雍和宫牌坊小院三牌坊

雍和宫牌坊小院共有三座牌坊，由正面“环海尊亲”牌坊、左侧“慈隆宝叶”牌坊和右侧“福衍金沙”牌坊组成，位于北京市东城区雍和宫街12号，为木质框架琉璃瓦楼顶混合式结构，四柱三楹九楼、七楼式建筑。三座牌坊从设计造型、框架结构、木件制作、斗栱安装、石雕木琢、彩色绘画等各方面基本一致。四柱底座均以四块较大方形石稳固，周围用带铁圈牢，四面雕琢成带有昂、卧莲的束腰须弥座，看上去似一整体柱墩，将立柱夹抱得牢不可拔。各楹之间大、小额枋、龙门枋、额枋均以榫卯的形式拼装为一体，使牌坊更加坚固。正面牌坊顶部皆为九楼，宽16米，高15米，进深2.6米。东西两坊为七楼，宽15米，高14米，进深2.2米。每座牌坊的三楹均饰雀替，大、小额枋之间各分五个方格，中间一个较大，内镂空琢二龙戏珠图案，其余四格各雕凤凰展翅。明间下额枋与两次间大额枋花心板上刻二龙戏珠，蓝底金龙。明间龙门枋与两次间小额枋花心板均绘锦纹图案。枋梁找头为一整二破，箍头分别绘金色坐龙图案。无论七楼与九楼皆饰黄色琉璃瓦，次间顶楼均饰大脊、戗脊、山脊，各脊上吻兽、戗兽、仙人嘲凤、龙凤、天马样样俱全。三座牌坊大同小异，差别甚少。

雍和宫，清康熙三十三年（1694），康熙帝在此建造府邸、赐予四子雍亲王，称雍亲王府。雍正三年（1725），改王府为行宫，称雍和宫。雍正十三年（1735），雍正帝驾崩，曾于此停放灵柩，因此，雍和宫主要殿堂原绿色琉璃瓦改为黄色琉璃瓦。又因乾隆皇帝诞生于此，雍和宫出了两位皇帝，成了“龙潜福地”，所以殿宇为黄瓦红墙，与紫禁城皇宫同等规格。乾隆九年（1744），雍和宫改为喇嘛庙，特派总理事务王大臣管理本宫事务，无定员。可以说，雍和宫是清朝中后期全国规格最高的一座佛教寺院。1983年被国务院确定为汉族地区佛教全国重点寺院。该寺院主要由三座精致的牌坊和五进宏伟的大殿组成。从飞檐斗拱的东西牌坊到古色古香的东、西顺山楼共占地面积66400平方米，有殿宇千余间。

一、寰海尊亲牌坊

寰海尊亲牌坊，为雍和宫的大门，是三座牌坊中级别最高的一座，为四柱三楹九楼式建筑，龙凤和玺彩绘，明清时期我国皇宫中较高级别的彩绘。明间前面牌匾山题书“寰海尊亲”四个金色正楷

“寰海尊亲”牌坊正立面

牌匾上“寰海尊亲“四个行楷大字

大字。背面题书“群生仁寿”四个大字。四根立柱顶端均为三整二破找头式的彩绘。宏伟壮观，大有皇家之气魄。

建国以前寰海尊亲牌坊

二、慈隆宝叶牌坊

慈隆宝叶牌坊，为雍和宫左侧大门，其级别略次于“寰海尊亲牌坊”，为四柱三楹七楼式建筑。明间前面题书“慈隆宝叶”，背面题书“四衢净辟”。四柱顶端明间两柱前后各两整找头图案，两次间侧

牌坊背面“四衢净闢”牌匾

“慈隆宝叶”牌坊立面

立柱顶端各前后和外侧分别三找头图案。

三、福衍金沙牌坊（请见本章第五十三节）。

第九十节　徐氏宗祠牌坊

徐氏宗祠牌坊，为四柱三楹三楼冲天式牌坊，建于清乾隆二十一年（1756），坐北

面南而立，宽约11米，高约12米，进深1.8米。牌坊立于安徽省歙县富堨镇徐村村东原徐氏宗祠前，现祠毁坊存。灰凝石，额枋、立柱光洁，仅额枋与龙门枋之间前后各雕刻3个寿字图案，额匾上刻龙凤呈祥图案。明间前后共有四尊大狮子，装饰在正间两立柱前后，左侧雄狮

“徐氏宗祠牌坊”立面

“徐氏宗祠牌坊”立柱前雌狮扶幼狮

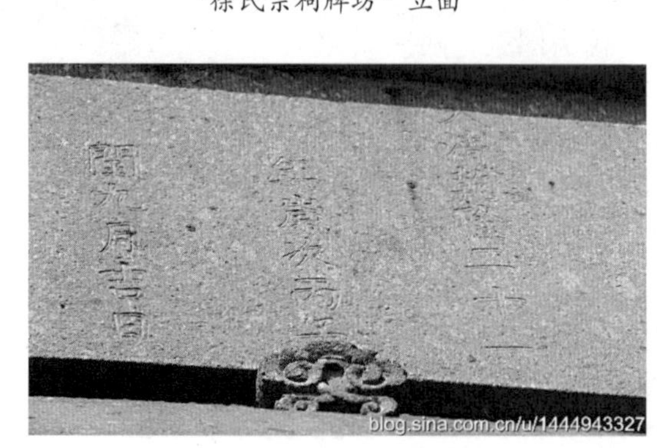

徐氏宗祠牌坊落款

右爪踩绣球，右侧雌狮左爪扶幼狮。立柱底座高0.55米，宽0.58米，长3.06米。抱鼓石2.1 × 0.78 × 3.05米。牌匾上刻“徐氏祖祠”四个正楷大字，笔力雄健，形姿洒脱，给人以美的享受。

现为歙县文物保护单位。

第九十一节　保卫和平牌坊

保卫和平牌坊，位于北京市天安门右侧中山公园内。从南门走进中山公园，迎面是一座蓝色琉璃瓦顶的石牌坊，牌坊正中镌刻着“保卫和平”四个大字，故曰“和平牌坊”，是中山公园的标志性建筑。但是，一百多年前，它的建成却记载着我国的一段耻辱历史。牌坊原名叫克林德碑，克林德是何许人？这座曾以他名字命名的石牌坊为何会改名？又怎样迁移至中山公园里？

中山公园内的“保卫和平”牌坊

克林德，1853年出生在德国波茨坦，1899年4月起任德意志帝国驻华公使。清光绪二十六年（1900）夏天，义和团运动发展到北京。据北京《东城区志》中载，6月14日，克林德在城墙上看见义和团民练武，下令德兵开枪，当场打死团民20余名。6天后，这位德国公使在北京街头被枪杀。说到他的死，还有一段公案。6月19日，各国使节接到清政府的照会，“限二十四小时内各国一切人均需离京”。可是义和团包围了使馆区，没人保护，洋人们根本不敢踏出东郊民巷，于是

北京中山公园解放前和平牌坊原形

“保卫和平”牌坊侧面楼顶

向清廷提出延缓离京。20日上午还没有得到清政府答复，克林德就带着自己的翻译去总理衙门讨说法。轿子走到西总布胡同西口，被正在巡逻的神机营枪队长京恩海打死。恩海到底怎么打死克林德的，史学界说法不一，流传较广的版本是恩海让克林德一行停下检查，可克林德却从轿子里开了枪。出于自卫，恩海将克林德击毙。克林德被杀后，京城形势更加紧张。不久，八国联军从天津杀到了北京。此后，恩海被捕，并在克林德身亡处被斩首。

1901年9月，清廷和列强签订《辛丑条约》。第一款便写明：

大德国钦差男爵克大臣被戕害一事，前于西历本年六月初九日即中历四月二十三日，奉谕旨亲派醇亲王载沣为头等专使大臣；赴大德国大皇帝前，代表大清国大皇帝暨国家惋惜之意。醇亲王已遵旨于西历本年七月十二日即中历五月二十七日，自北京起程。大清国国家业已声明，在遇害该处所竖立铭志之碑，与克大臣品位相配，列叙大清国大皇帝惋惜凶事之旨，书以拉丁、德、汉各文。

赔礼道歉，筑碑纪念，作为对“克林德事件”的了结。此时的清政府已无力顾及体面与尊严，只得唯命是从。1903年1月18日，“克林德碑”建成，醇亲王载沣代表清政府前往致祭。对此，美国人赫德兰在《一个美国人眼中的晚清宫廷》有如下记录：

北京的各国公使馆中的外交使节还有他们的夫人、孩子都参加了落成仪式。到场的还有很多代表中国官员，有的代表当地政府，有的来自清朝的中央政府和外务部。慈禧太后派醇亲王参加落成典礼，并由他亲自洒酒祭奠。不管他是否喜欢这样做，醇亲王还是表现出了一个大清帝国亲王的非凡气度。醇亲王双手托着一个中国古代祭祀时用的三脚酒杯，侍从把酒从一个造型精美的大酒杯中倒进醇亲王手中的酒杯。醇亲王似乎在做自己不喜欢的事情，这是所有在场见到的唯一一次中国宫廷高级官员屈辱祭酒的贡祀。

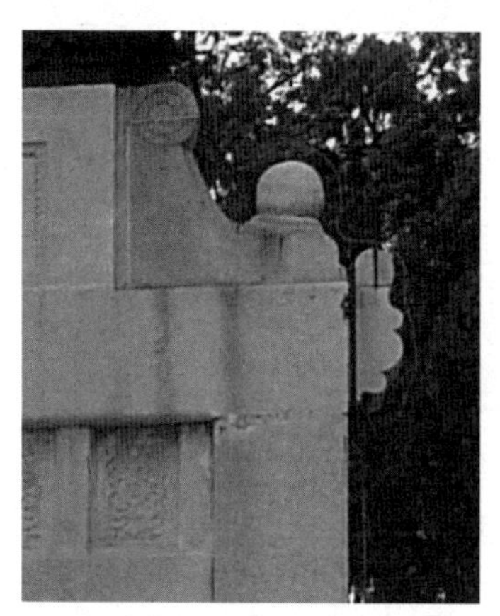

中山公园内的“保卫和平”牌坊

与老北京城里众多木牌楼相较，这座石牌坊显得很突出，老百姓呼之为“石头牌楼”。上面刻有“为国捐躯，令名美誉”等字样。满载屈辱的“石头牌楼”在东单大街屹立了整整16年，一直到民国六年（1918）。

1918年第一次世界大战结束，德国战败，作为协约国成员的中华民国是胜利一方。胜利的消息传来，国人欢庆之余，对这座克林德碑感到不可再留。于是，北洋政府一声令下，拆碑！1918年11月13日，克林德碑被正式拆除。时任北大校长的蔡元培在天安门前发表《光明与黑暗的消长》演讲，说道："现在世界大战争的结果，协约国占了胜利，定要把国际间一切不平等的黑暗主义都消灭了，用光明主义来代他。"第二年，政府将堆放在东单北大街的克林德纪念碑石料散件运至中山公园，重新组建。移建石坊工程由内务部主持，京都市政公所组织施工，1920年5月竣工。从外形上看，新碑较旧碑做了些变化，由原来的"四柱三楹七楼"简化成"四柱三楹三楼"。由于协约国战后的宣传口号是"公理战胜，强权失败"，重建的石牌坊两面的碑文改刻中英文"公理战胜"，牌坊也改名"公理战胜坊"，以纪念第一次世界大战的胜利。

那么，中国人是否真的获得了公理呢？巴黎和会上，虽然作为战胜国参会，但中国却处处被刁难。列强从未将中国视为平等一员，甚至把战败的德国在山东的权益转让给日本。消息传到国内，人们的幻想破灭了，不禁发出"公理何在"的呐喊，五四运动爆发了。迫于国内压力，中国代表团最终没在"巴黎和约"上签字，但那座与历史事实相悖，名曰"公理战胜"的石牌坊依然矗立在中山公园里，中国人也继续蒙受着耻辱。

1949年10月1日中华人民共和国成立，废除了列强硬加给中国人民的一切不平等条约。1952年10月，亚洲太平洋区域和平会议在北京召开。为纪念大会的召开，"公理战胜坊"改名为"保卫和平坊"。就这样，原先的字迹全部清除，由郭沫若先生题写的"保卫和平"四个大字，刻于牌坊正中的牌匾上，以表达人们保卫世界和平的美好愿望，就是现在中山公园里的保卫和平坊。最终，这座有着不寻常经历的石牌坊，有了它真正的归宿。

一座石头牌坊，三段岁月沧桑。如今，万里晴空之下，青松翠柏之间，保卫和平牌坊深蓝色的琉璃瓦顶、白色的石柱显得格外壮志凌云，威武雄壮。这座曾让国人心痛的石头牌坊，成了中国近代历史的重要见证。

第九十二节　霜松青荫牌坊

霜松青荫牌坊，位于安徽省歙县富堨镇徐村，与徐氏宗祠牌坊同为一村落，一座在村外田野上，一座在村内民宅里。霜松青荫牌坊，高7.8米，宽7米，进深1.8米，为四柱三楹三楼冲天式建筑。现被一农户建房占用了另一面，右次间改为一小门，明间和左次间已用砖砌堵。从外边看，四根立柱前后各饰平板抱鼓石，抱鼓石约高2.3米，宽0.83米，厚0.22米，其上无任何雕刻痕迹。三间小额枋特高，约0.65米，正面花心板上题书“霜松青荫”

霜松青荫牌坊

“圣旨”额匾与“霜松青荫”牌匾

“霜松青荫坊”的背面

背面牌匾“节孝有声”

四个隶书阴刻大字，字下书“旌表徐廷鲤妻蒋氏节孝”十个正楷阴刻字。龙门枋之上四块板式斗栱承托起楼顶，斗栱中间镶嵌着一尊双龙捧圣额匾，上题书“圣旨”两个正楷大字。其他两侧与次间平板斗栱之间的栱眼壁各为一块石板，石板下空白。明间右侧立柱上嵌有一标志小牌“歙县文物保护单位，蒋氏节孝坊”，落款为歙县人民政府。北面花心板上题隶书阴刻四个大字“节孝有声”，清晰明了，落落大方。

第九十三节　解州关帝庙前牌坊

解州关帝庙前牌坊，坐落在山西省运城市解州镇关帝庙前，始建于隋开皇九年（589），宋、明时曾重修，清康熙四十一年（1702）遇大火烧毁，乾隆十八年（1753）重修，新中国成立后历经数次修缮，现已恢复原貌。该牌坊高8.8米，宽7.3米，进深2.2米，为四柱三楹五楼式建筑。明间为石质矩形削两上角门洞，宽约2米，门洞之上雕二龙戏珠。两次间为砖砌券形门洞，宽约1.4米，洞顶之上饰砖

解州关帝庙前牌坊立面

檐。明间顶楼下的额匾上四个大字“万代瞻仰”，中间有一小长方形立柱将其分为两部分。各层额枋雕琢“桃园三结义”“三英战吕布”“单刀赴会”等故事，浮雕讲述关公的生平传奇故事。明

牌坊侧立面

牌坊中间牌匾“万代瞻仰”

间龙门枋两端伸向两侧各约一米，其上雕有人物十四位，各具形态，活灵活现。左右次间立柱雕蟠龙，明间立柱雕关圣像。下部立柱前后抱鼓石，层层叠叠，精雕细刻，人物、花草精细入微，刀头钻尖，刚劲锋利，引人赞叹。左侧抱鼓石顶上一雄狮向右张望，似猜测事由，明间右立柱前抱鼓石顶端爬一只蛤蟆，守望顶部，顶部一幼狮在兴高采烈地弹琵琶。次间抱鼓石顶端一对雄狮威严而立。牌坊前另设置两尊雌石狮，左右分置，各蹲坐在莲花须弥座上，右爪分别踩着一只幼狮，从头部到尾部，毛宗雕琢的细致入微，形象逼真。须弥座上下昂、卧莲花瓣，线条流畅，刀锋无暇，华美秀丽，栩栩如生。

立柱上的抱鼓石

解州关帝庙为武庙之祖，前后两大部分。南面部分为结义园，为纪念刘、关、张桃园结义而建。结义园由结义坊、君子亭、三义阁、莲花池、假山等建筑组成。每逢春暖花开之际，四周桃花含苞欲放，阵阵花香袭人。总面积22万平方米，共有房舍200多间，是现存规模最大的宫殿式道教建筑群和武庙，被誉为“关庙之祖”“武庙之冠”。庙内悬挂有康熙御笔“义炳乾坤”、乾隆钦定“神勇”、咸丰御书“万世人极”、慈禧太后亲书“威灵震叠”等匾额，代表建筑是“春秋楼”，还有《汉夫子风雨竹》碑刻，以竹吟诗，诗曰：莫嫌孤叶淡，经久不凋凌。多谢东君意，丹青独留名。相传此诗为关羽手笔

抱鼓石精美的雕刻

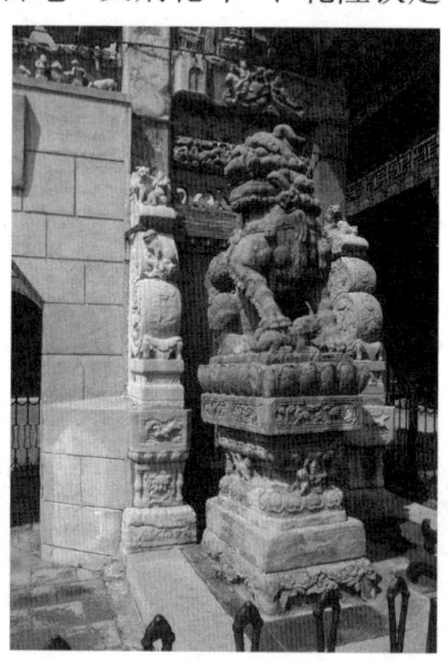

牌坊前雄狮

解州关帝庙景区是全国重点文物保护单位、国家AAAA级旅游景区。“关公信俗”已被列入国家级非物质文化遗产名录，“关公文化节”被评为中国十大人物类节庆活动之一。2012年，“关圣文化建筑群”被列入世界文化遗产预备名单。

第九十四节　大地节孝牌坊

大地节孝牌坊，位于重庆市北碚区水土镇大地村小学内，建于清光绪十三年(1887)，是一座四柱三楹五楼石质仿木结构歇山式建筑。高15米，宽11.45米，进深4.8米，占地约69平方米。中间门高3.5米，宽2.6米。中间称正门，两边侧门称次门，次门高2.5米，宽1.48米，牌坊坐南朝北。檐顶起翘手法夸张，凌空飞动，流畅自然，堪称蜀派建筑风格石牌坊中的开山之作。

重庆市北碚区水土镇大地村节孝牌坊

一座沐浴百年风雨的石牌坊，只因镌刻了一位两世守孀，苦育儿女的传统故事而感召日月，享誉四方。是一座集贞节、孝道于一体的节孝牌坊。相传道光年间，滩口当地绅士杜国瑞娶妻唐氏，婚后无子，故抚养堂兄杜国华次子杜方熏。杜国瑞23岁去世后，唐氏与养子杜方熏相依为命，不料唐氏于40岁亡故。杜方熏长大成人娶伍氏、窦氏，又无后，继而抚养堂兄杜方春长子杜徽叙为嗣子。杜方熏30岁亡故后，随着时间的推移，75岁的伍氏、64岁的窦氏先后去世。后来杜徽叙成家娶刘氏生4子，依次为杜承宗、杜承顺、杜承治、杜承禄，兄弟四人长大有成，为表彰先人两世守孀，苦育儿女，经奏请光绪皇帝颁旨准允建牌坊，旌表节孝。因牌坊上的“圣旨”两字，为光绪皇帝亲笔御书，又因节孝牌坊所在之地，原是由水土通向静观、偏岩的要道，此地经过的人甚多，所以官商士绅经过牌坊时，须下马步行经过。

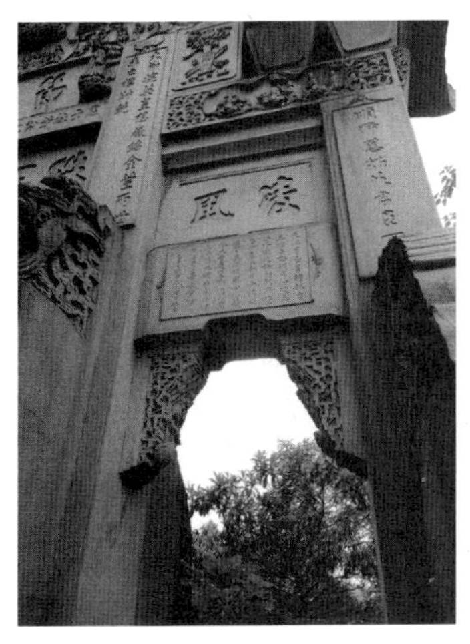

节孝坊次间上的“凌风”次匾

清风过耳，伫立于节孝牌坊下，过往行人无不为牌坊独具匠心的设计，精美绝伦的雕刻而赞叹不已。牌坊底层立柱前后均用抱鼓石固定柱脚，抱鼓石雕镌蟠龙、卷草纹等图案，正反两面顶层正中为“圣旨” 额匾，浮雕额匾卷云图案为边框，左右琢饰人物图案；其下的横梁上雕有三幅古代节孝故事。工整的楹联书法与其内容为牌坊增添了文化底蕴。在牌坊的正面和背面，由秀才黄德初和黄德璞兄弟二人撰写的楹联最具有代表性。正面：

谌恩领纶饽幸名辉玉简三重申命阐幽光，

大节媲英皇想巍绍金萱两未三标显周范。

背面楹联：

表揭介忠经孝传之间，

旌扬驾封墓式间而上。

而秀才孙作舟所题：

五千里荣褒两字曰节曰孝丝纶恩命屹如山；

四十年誓守一天抚子抚孙冰雪清操温似玉。

“节孝”牌匾与周围浮雕

节孝牌坊上的戏剧人物

85岁的黄善宣题诗高度概括浓缩了唐氏、伍氏、窦氏节孝的一生：

西邻宅畔竖贞珉，劲节凌霄那计春。

侄抚儿孙联两世，恩领姑媳庇三人。

冰霜志洁畴容匹，日月光争雅足伦。

名著草堂均不朽，千秋闲范仰嶙峋。

2010年8月，滩口节孝牌坊被重庆市文物局列为重庆市文物保护单位。

第九十五节　北海集翠牌坊

北海集翠牌坊，坐落在北京市西城区文津街1号北海公园南门附近。为四柱三楹三楼木质歇山式建筑。除立柱下固柱石、戗柱根基石与牌坊前两尊石狮外，通体牌坊均为木质结构和楼顶的绿色琉璃结构。四根立柱和八根戗柱涂红色，斗栱、楼檐、额枋、龙门枋、花心板等皆为我国彩绘高档次和玺彩绘。明间大、小额枋间的花心板上阳刻“集翠”正楷二字，蓝底金字，光彩夺目。坊心均

牌坊上的镂空雕刻

绘“二龙戏珠”。整座牌坊浑厚雄壮，五彩缤纷，为北海公园美景之一。

北海公园，属于中国古代皇家园林。这里原是辽、金、元建宫立殿，明、清辟为帝王御园，是中国现存最古老、最完整、最具有代表性和综合性的皇家园林之一。历史悠久，风景旖旎。

北海内的“积翠”牌坊

牌坊下枋梁端的“一整两破”彩绘

集翠牌匾与斗栱

第九十六节　张氏节孝牌坊

张氏节孝牌坊，坐落在四川省自贡市大安区新民镇董家村。据传说当年牌坊所在地为盐业陆路运输的重要通道——自流井到牛佛的古盐道上，往来行人、车马络绎不绝，热闹非凡。节孝牌坊在此落成是建造者必选之风水宝地。牌坊宽12.15米，高13.6米，进深2.85米，为四柱三楹五楼式石质结构建筑。坊体容建筑、绘画、书法、雕刻、文学于一体，具有很高的美学和文学价值。整体构思设计，灵活巧妙，出类拔萃；施工精雕细琢；安装精诚所至，金石为开；额匾、牌匾、楹联等题词，思路广博，文采风流；词汇深藏若虚，意广才疏；书法正、行、草、隶兼制并用，笔力雄健，形姿洒脱，给观者以美的享受。四根立柱底部八尊石狮，正间两立柱前后石狮较高大，约2.2米，两次间立柱前后石狮较矮，约1.6米。八尊石狮整身似奔跑之中，如下山之勇猛。各抱鼓石雕琢讲究，做工细腻。三楹小额枋下各饰竖式雀替，镂空雕刻。三间小额枋上均雕人物、房屋、花草图案，浮、深雕结合，活脱活像。花心板上题书“邑绅李春霖继妻新犀新展新柏之母张氏节孝坊”二十个隶书大字。牌匾上题书“帝鉴神贞”四个正楷大字。明间顶楼檐下额匾边框为九龙祥云，匾中题书“圣旨”隶书二字，额扁两侧各一幼童、寿星，幼童手托礼盘向胡须飘拂的老寿星献寿。牌坊的五楼呈对称式高低错落，次楼坐落左、右两侧，正中顶楼一座，大脊两端鱼尾龙吻衔吞大脊，中央宝塔刹尖稳坐在六棱基座上，两层高的宝塔也分别成六棱形状，各面饰拱形窗洞，略有收分。牌坊上这些楹联、牌匾都具有很高的美学和文学价值，是研究古牌坊极好的实物资料。也显示了雕刻艺人的精湛工艺，牌坊上的楹联，施阴刻、线刻，厚重庄严，苍劲有力。该牌坊西面图案及文字雕刻同样精美，四

自贡张氏节孝坊前立面

牌坊背面三楼雕刻

节孝坊正面“圣旨”牌匾“帝监坤贞”

根坊柱上的内容与东面的大同小异，都是颂扬张氏“蕙质兰心”“冰清玉洁”的风范。虽经百年风雨袭蚀和地震等灾害，至今保存完好。

左次间牌匾“冰清”

右次间的“玉洁”

据了解，清朝末年，凉高山是个依山傍水、绿树成荫、鸟语花香、人杰地灵的地方，自流井盐业世家李陶淑堂第二代首领、三多寨寨长李春霖便居住于此。李春霖原配妻子因病早早离开人世，他娶张氏为继妻，先后生育了新犀、新展、新柏三个孩子。没过几年，李春霖丢下双亲、妻儿，与世长辞。此后，李家生活江河日下，张氏不得不陆续将几个佣人辞去，独自承担起赡养公婆、抚养三个孩子的重任。李新犀没有辜负母亲期望，苦读寒窗多载，科举考试终于金榜题名，仕官显赫，家财兴旺。清光绪二十九年（1903），李新犀报请光绪帝御批，为母亲修建了这座节孝牌坊，成为母亲节操清白的象征。

2007年6月张氏节孝牌坊被公布为四川省文物保护单位。

第九十七节　郑氏世科坊

郑氏世科坊，位于安徽省歙县富堨乡丰口村南端一居民院中，为四柱三楹五楼石质建筑。向南50米为郑氏祠堂，祠堂已毁，只剩牌坊，高8.6米，宽7.2米，进深1.8米，占地67平方米余。牌坊前后各设两块平板抱鼓石，石上沿边带有轮廓线刻，较为简洁，抱鼓石高约2.3米，宽0.85米，厚0.18米。三楹每一楹设大、小额枋，花心板上饰有简单雕刻。明间大额枋上设置一架龙门

“郑氏世科坊”的五座楼顶与额匾“世科”

郑氏家族六位科举人名

郑氏世科坊右侧楼顶的斗栱与镂空雕刻

郑氏世科牌坊

枋，龙门枋上饰一方形额匾，上题书“世科”正楷两个大字，正面背面相同。五座楼顶均为平板雕琢而成，楼下各有平板斗栱承托，明间三组斗栱，其他次间各两组斗栱。明间花心板上刻有六位科举考中人的姓名，由左向右分别为：“永乐丙戌年（1406）郑肇；正统戊午年（1438）郑煊；正统丙寅年（1446）郑瓒；成化甲午科（1467）郑庄；弘治戊申年（1489）郑岁；嘉靖丁酉年（1537）郑绪，丁未进士。”由此看来这六位科举成功者为郑氏家族争得了名誉，官仕显赫，光宗耀祖，经皇帝准奏才建起了这座“世科”牌坊，流传千古，名扬四境。明间大脊两端饰吻兽，次间外端各饰一吻兽，内侧无。整体牌坊比例适当，尺寸得体，清秀高雅。

牌坊前后抱鼓石的线刻图案

第九十八节　王氏节孝牌坊

王氏节孝牌坊，位于四川省自贡市大安新民镇董家村内民居中，牌坊被建设的民宅包围在其中，中间只有一条狭窄的小巷子，要想拍一张整体的牌坊照片，那真是“赖蛤蟆想吃天鹅肉——办不到。”唯一能见到明间顶楼一面与牌匾、额匾。牌匾题书“志失青年”四个行楷大字，端庄秀丽，稳重遒劲，笔力非凡，令人赞不绝口，实为一幅书

王氏节孝坊背面“贞完白首”牌匾

王氏节孝牌坊顶部

牌坊次间大脊上的吻兽

抱鼓石上的石狮

王氏节孝坊中间“志矢青年”牌匾

法杰作。牌坊之上的龙门枋上书有“光绪二十九年癸卯季春月”十一个正楷小字。其他花心板、楹联、额匾、牌匾等均难得一览。明间顶楼额匾雕有“八龙捧圣”，两旁各肃立一位文武大臣，严阵以待。楼顶刹尖宝塔耸立，鸱吻龙首四面镇守，做工精致绝无仅有，可与张氏节孝坊相媲美。从所见部分的做工与雕琢分析，王氏节孝牌坊的设计、施工、雕刻艺术等属牌坊中之精品，是研究我国历史建筑艺术的真材实物。

第九十九节　香山公园石牌坊

香山公园石牌坊，即中山纪念堂后石牌坊，位于北京市昌平区十三陵景区香山碧云寺第五进院落内。从孙中山纪念堂后拾阶顺山势向上攀登，过第一座木制牌坊，再攀登数十台阶，便是高大宏伟、雕刻精美的石牌坊，汉白玉石质结构，通身雕琢，为四柱三楹三楼带袖壁、八字照壁式的建筑。长34

香山碧云寺中山纪念堂后第二座石牌坊

左次间上部雕刻

石牌坊左照壁

石牌坊前的雌狮

正间花心版上题字“西方极乐世界阿迷托佛安养道场”

米，高10米，上刻云纹、狮子、麒麟等浮雕，大额枋琢飞鹤、小枋雕游龙、静中有动，生动无比，极为精致美观。顶部坊楼为仿木结构，单檐歇山，明间大小枋间题书“西方极乐世界阿弥托佛安养道场”十四个金色字。刚劲有力，光彩夺目。牌坊两侧各有八字形石雕照壁，照壁正面刻八个历史人物的浮雕，并有题名，左有李密为孝，诸葛孔明为忠，陶渊明为廉，蔺相如为节。右有狄仁杰为孝，文天祥为忠，赵壁为廉，谢玄为节。照壁小额枋刻有八个大字，左为“清诚贯日”，右为“节义凌霄”。此外，照壁上还刻有麒麟、八仙过海等浮雕，为我国雕刻最精美,内容最丰富的牌坊之一。

北京香山中山纪念堂，原为香山第五院落普明妙觉殿。1925年3月12日，孙中山先生在北京逝世，他的灵柩曾停放在碧云寺最高处的金刚宝座塔内，四年之后，中山先生的灵柩移往南京紫金山时，曾在此殿设灵堂，举行了隆重的公祭和哀悼，之后，这里辟为“孙中山纪念堂”，中山先生重殓换下的衣帽及楠木棺封存在停灵处的石券门内，辟为“孙中山先生衣冠冢”。

纪念堂通过实物、图片、音像等方式介绍了孙中山先生革命的一生以及抱病北上、停灵碧云寺的历史。孙中山纪念堂每年接待近百万人次前来拜祭，2006年，国民党荣誉主席连战携国民党党员到孙中山纪念堂拜谒。

石牌坊右侧照壁浮雕作品

穿过石牌坊和小石桥，在左右两座碑亭的衬托下，中间是一座巨大的砖石牌坊。木、石、砖三座牌坊，簇拥着高高耸立的金刚宝座塔，气势宏伟，威严壮丽，如同传说中的佛国仙境，这里就埋藏着孙中山先生重殓换下的衣帽及楠木棺封存在停灵处的石券门内，从此以后就理所当然地成了中国近代民主革命的伟大先行者孙中山先生的衣冠冢。

第一百节　褒荣三世牌坊

褒荣三世牌坊，坐落在安徽省歙县郑村镇稠墅村，建于乾隆二十七年（1762），为四柱三楹三楼仿木结构石质建筑。高12.5米，宽10米，进深2.6米，坐东面西，四根立柱底共有四座双层底座，每柱一座，抱鼓石均为平板式，其上均无雕刻。明间小额枋与大额

褒荣三世牌坊匾额

褒荣三世牌坊前立面

褒荣三世牌坊抱鼓石

立牌坊者简介

枋之间的牌匾题书“褒荣三世”，意寓汪氏家族三代出了三位高官，光宗耀祖，名扬徽州、皖南大地。背面牌匾为：“联班贰卿”，乾隆封荫汪廷璋及其父汪允信、其祖汪景星奉为奉宸苑卿（掌握皇家园林），封荫汪廷璋为资政大夫（别称贰卿，相当于尚书副职侍郎）故名。额匾两面皆为“诰命”两个隶书大字，大字两侧各雕一条升龙，称“双龙捧圣”。牌坊的三座顶楼均以平石板上安装条石为大脊，无雕刻，四柱顶分别高于楼

顶1—1.2米，故称“冲天式牌坊”。

稠墅村共有四座牌坊：①夫子大夫牌坊。②方氏节孝牌坊。③褒荣三世牌坊。④吴氏节孝牌坊。四座牌坊的造型、材质、做工、雕刻等工艺基本相同，皆为四柱三楹三楼冲天式建筑，不同之处即为雕刻图案、构件安装、牌匾题词等。

第一百零一节　夫子大夫牌坊

夫子大夫牌坊与褒荣三世牌坊同处一村落，安徽省歙县郑村镇稠墅村。该牌坊建于崇祯元年（1628），旌表奉政大夫汪克明，中宪大夫汪懋功父子。牌坊前立面有许多文字，由于时间久远自然腐蚀严重难以辨认，所有内容都记在其上。夫子大夫牌坊与褒荣三世牌坊在造型、结构和构件上基本相同，不同之处为楼顶之下斗栱之间的栱眼壁上，褒荣三世牌坊为带有镂空雕刻的栱眼壁；夫子大夫牌坊为下留空隙的平板栱眼壁。夫子大夫牌坊额匾为“诰命”二字，牌匾为“父子大夫”四字。

夫子大夫牌坊正面

“父子大夫牌坊”侧前立面

稠墅村，以汪姓为主。派属新安登源，即始祖越国公汪华，晋天福年间汪祖公馗（16世祖）之孙仁忻（18世祖）迁居稠墅。至宋绍兴年稠墅汪姓已有14支脉，脉脉相续。至明末清初为稠墅汪姓繁荣的鼎盛时

父子大夫坊额匾“诰命”与牌匾“夫子大夫”

龙兴独对牌坊次间楼与斗拱

期。以汪镳家族为代表的盐商（迁居扬州）致富后，纷纷回乡大兴土木、建寺庙、修宗祠、兴花园、造豪宅，别墅稠密，稠墅故以得名。在以汪姓为主的稠墅，后迁居有冯、吴、詹、胡、吕、程、仲、裴、江、贾，各族姓和睦相处，休养生息，代代相传至今。四座牌坊保存较为完整，是汪氏家族数百年来发展的见证。

第一百零二节　博爱牌坊

博爱牌坊，位于江苏省南京市东郊中山陵风景名胜区内，紫金山东峰茅山南麓。高12米，宽17.38米，为四柱三楹三楼石质冲天牌坊。牌坊由四根八棱立柱和六架额枋组合而成。三楼顶部覆盖蓝色琉璃瓦，四个冲天立柱高出楼顶，顶部琢云纹，柱顶为毗卢帽装饰，柱脚前后有浑厚稳重的石鼓夹抱立柱，抱鼓石和立柱下为一座长方形须弥座，须弥座雕刻昂、卧莲花，中间石刻小宝珠。坚实牢固。牌坊明间牌匾斜横挂于大、小额枋之间，

南京中山陵牌坊

其上刻有孙中山先生手书“博爱”正楷二字，故称“博爱牌坊”。提起博爱的由来这与国民党元老于右任有着一段渊源。

中山陵牌坊 的“博爱”牌匾

1904年于右任26岁，因倡言革命以诗讥讽时政，惹恼了慈禧，清朝廷遂下令通缉这位“举人”。于是，于右任不得不背井离乡，化名刘学裕只身逃至上海。在上海期间，他经历了许多挫折，求学、办学、办报等。1906年9月，于右任以考察报务为名奔赴日本。在友人引见下，于右任与孙中山相识、相知。自此，追随孙中山加入同盟会，并成为孙先生的亲密战友。1912年2月，袁世凯逼孙中山辞去大总统职务不久，于右任相继也辞去交通部长职务。在孙辞职之前，于右任特地去看望过他的这位亲密战友。孙中山对这位特别情深义重的于右任，特赠送两件礼物作为纪念，以表真挚的革命友谊非同一般。其礼物一件是孙中山亲笔题写了一幅“博爱”二字的中堂；另一件礼物是一个大炮弹壳，其意义深远。1926年6月1日，孙中山遗体奉安在南京东郊钟山时，中山先生手书的“博爱”二字即出现在中山陵入口处的花岗石牌坊上。然而20世纪60年代爆发的“文革”初期，名曰 “破四旧”阶段，“造反派”们以“博爱无阶级属性”，与“以阶级斗争为纲”的政治路线对立，划入“四旧”范围而必须破除，并贴上了“破旧立新”的标记。为了保住博爱坊这一建筑物不受损坏，中山陵园管理处组织工人搭好脚手架，请来石匠，把坊额上的孙中山先生手书的“博爱”二字用钢凿轻轻地剔去。从此，这一由著名建筑师杨廷宝先生设计，用澳门花岗岩建造的石牌坊失去了坊名标志，达13年之久。粉碎“四人帮”后，经国家文物局拨款，1979年 从文物档案中找到博爱坊的照片底片，用中山陵图片社照片放大机投影，按1:1比例把“博爱”二字描画下来。请来东郊窦村石匠高手张发松师傅，由他精工刻上。从此，博爱牌坊恢复了原貌。

中山陵牌坊 此间楼顶与雀替雕刻

中山陵整个工程为我国年轻建筑学家吕彦直设计，他选择将博爱二字置于入口的牌坊上，是吕彦直对孙中山先生思想有很深的研究，他认为“博爱”是中山先生革命思想的核心，是中山先生毕生的政治追求。中山先生一生以天下为己任，以爱人类、爱和平、爱国家、爱民族为奋斗目标。因此，根据牌坊在中国的传统和作用，以中山先生手书“博爱”二字镌刻在陵墓入口的牌坊上，既起到表彰孙中山先生的“博爱”精神又有代表其全部思想之效果。实际上，“博爱”精神是代表中山先生的三民主义的民生，所以，把民生放在整个建筑群的最前面，体现了中山先生把为中国人民谋幸福作为革命的首要任务，是革命思想的核心。孙中先生1924年在广州作《三民主义》演讲时的结尾处这样说：“博爱的口号这个名词的原文，是兄弟的意思，和中国同胞两个字是一样的解法，普通译成博爱。当中的道理和我们的民生主义是相通的。因为我们的民生主义是图四万万人民的幸福。为四万万人民谋幸福，就是博爱。”“博爱”牌坊成为中山陵的主题思想，照耀着中华民族，灿若明珠，永兴万代。

中山陵牌坊次间毗卢帽柱顶雕刻

中山陵工程分数期才竣工，第三期是上海一家营造长承包的，老板叫陶桂林。而中山陵工程中的金山石匠，是从第一二期顺延做下来的，说来也巧，陶桂林和这些石匠以前就有过接触。当年，陶桂林建造国际饭店，克扣金山石匠的工资，降低伙食标准。金山石匠气愤填膺，联合罢工，以至于最后在老城隍庙请祖师爷鲁班来判断是非。不过，陶桂林压根不买账，买通军警，把这些人赶出了上海滩。陶桂林也知道遇上了冤家，所以事情基本都交给手下的杨先生做。没多久，陶桂林故技重施，把工程费44万两银子，硬生生克扣一半，而且以此为理由，降低石匠们的伙食标准。金山石匠是真的体验了一把，什么叫“三月不知肉味”，杨先生也是个石匠，所以有时候会做点事，讨好一下老板。这一天，他喝了酒，在博爱坊的大柱上端1.8米的地方，画了一圈虚线，代表从线起向上是雕刻祥云的地方。金山石匠的领头人叫萧士根，他见到这个虚线后，立马想到了一个办法来对付陶桂林。他把虚线改成实线，于是起雕线变成了断面线，石柱立马被锯断，一分为二，陶桂林知道后，急的束手无策，当时摆在他面前的解决办法只有两个，要么把另外三根也都截断1.8米，要么从福建重新采购一根。两个办法都不行，而且工期马上就到。陶桂林只得摆出4000大洋，放话谁能解决这个问题，大洋全部归谁所有。萧士根趁机算上了之前旧账，于是陶桂林只得说完成之后，再付四千大洋，并立下欠条字据。最后，萧士根用做榫的方法接好了牌坊断柱 ，至今仍可见那条细缝。据说，萧士根此法，是学习蒯祥用“金刚腿”榫巧接紫禁城宫殿横梁。多说一句，蒯祥是明初的建筑天才，被朱棣赞为“蒯鲁班”，18岁就设计了承天门，即后来的天安门。

第一百零三节 旌孝牌坊

旌孝牌坊

旌孝牌坊，也称“孝子黄芮坊”，是明弘治年间为旌表唐末庐墓孝子黄芮而建的孝子坊，位于安徽省歙县郑村镇潭渡村。牌坊为四柱三楹三楼石质建筑，宽9.5米，高11.7米，进深1.8米。牌坊立在四块长方形基石上，八块平板抱鼓夹抱立柱，抱鼓石左右两面沿曲折弯弯的断面线刻向上逐渐内收，圆鼓单独刻画，简洁俊俏，美而不俗。三间各间分别以大、小额枋、龙门枋、花心板组成框架，每间大小额枋之间以双踩斗栱相隔。明间额匾上书“恩光”二字，之下牌匾上书“旌孝坊”。龙门坊之上一字形排列八组仿木斗栱，明间斗栱上方又饰一额枋，额枋之上四组三踩斗栱承托着顶楼。三座顶楼大小基本相同，均为平板雕琢而成，四角翘起，中间饰大脊，两端各饰带龙须的吻兽，檐下琢滴水瓦当。通体牌坊比例适当，造型优美，具有一定的文物考古价值。

黄芮，在石国柱主编的民国《歙县志·人物篇·孝友》中位列第一，记载道：“唐黄芮，黄潭人，事亲以孝闻，继母洪氏病，割股进糜而愈。父卒哀毁，北渡潭阴卜兆庐墓，终身不去，墓侧产芝十四本，木连理者四，刺史上其事。贞元十九年（803）下诏旌

旌孝牌坊楼顶斗栱

旌孝牌坊牌匾“旌孝坊”

旌孝坊背面落款牌坊修葺人姓名

表，免征故居地崇祀乡贤。”石国柱，民国时曾任歙县县长，新中国成立后被判死刑。

守孝墓庐产芝及连理，是祥瑞征兆，预示子孙为纯孝之人。“贞元”是唐德宗李适的年号，贞元十九年是公元803年。坊上依稀可见“弘治十三年”字样，这是建坊时间。“弘治”是明孝宗朱祐樘的年号，弘治十三年是公元1488年。旌孝牌坊历朝历代均有修葺。

我国历朝历代以孝治天下、以德治国。所以对四维八德[②]尤为重视，以此来倡导民风，淳朴乡里。这也是中华民族的优良传统。可惜，解放后，反封建时用力过猛，倒脏水时不当心连婴孩一起倒掉了（鲁迅语）。

第一百零四节　白塔山下牌坊

白塔山下牌坊立面

白塔山下牌坊，位于北京市西城区文津街1号北海公园内白塔山下，建于民国初期。牌坊高13米，宽14.3米，进深3.2米，为四柱三楹三楼木质结构建筑，金龙彩绘。四根圆形立柱被四块雕琢成须弥座式的大石块夹抱，八根长短不等的戗柱前后顶戗在立柱顶端，加强了牌坊的稳定性。牌坊明间共有四道额枋，两次间各有大、小额枋，均与立柱以榫卯结构成一体；每间顶部各饰前后额枋，明间额枋前后各八根小垂柱，各小垂柱下端琢倒垂莲花；斗栱之上饰绘画檐檩，檐檩上桷子、飞椽参差有别，顶端绘万字、梅花图案；黄色琉璃瓦覆盖楼顶；鸱吻剑把、戗兽、跑兽、仙人嘲凤俱全。雄伟壮观的牌坊巍巍屹立在白塔山下，显得北海公园更加光彩夺目，灿烂艳丽，中华古文化韵味浓厚，气象万千。

牌坊上的垂花装饰

北海白塔建于清顺治八年（1651），是一座藏式喇嘛塔。高35.90米，上圆下方，富有变化，为须弥山式，塔顶设有宝盖、宝顶，并装饰有日月及火焰花纹，以表示“佛法”像日月那样光芒四射，永照大地。建塔时藏传佛教格鲁派第四代转世灵童在位，他是正式沿用达赖喇嘛称号的第一人，因此，藏传佛教在内地的传播盛极一时。据建塔石碑记载，当时“有西域喇嘛者，欲以佛教阴赞皇猷，请立塔寺，寿国佑民”。为了民族和睦，顺治帝根据西藏喇嘛恼木汗的请求，在广寒殿的废墟上建起白塔，在塔前建“白塔寺”。因为岛上建起了佛塔，山名也就该成为“白塔山”了。

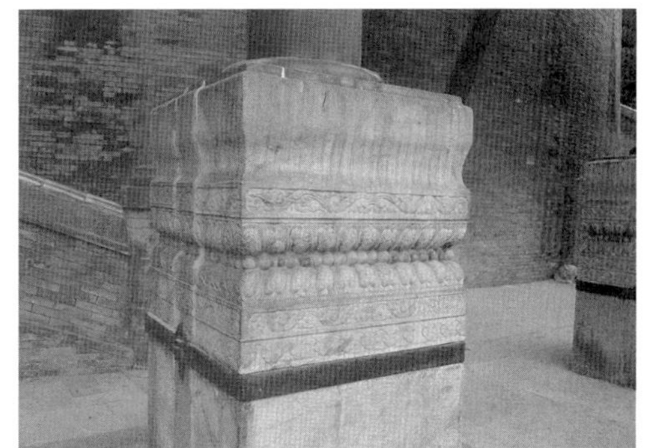

立柱底部的柱基石

第一百零五节　龙彰褒节牌坊

龙彰褒节牌坊，坐落在安徽省歙县岩寺镇岩寺村内一住户大门前。该牌坊为四柱三楹三楼式石质建筑。高13米，宽10.60米，进深2.20米。现为市级文物保护单位。牌坊的四根立柱分别立在高约0.65米的二层基座上，正间两跟立柱脚部前后各饰一只石狮，左雄狮抱绣球，右雌狮扶幼狮，四只石狮头大肢体较小，似摇头摆尾之状，威风凛凛，严阵以待，为牌坊增添了不

“龙章褒节坊”中间两根立柱下的四尊雌雄狮

少庄严肃穆之感。牌坊的四根立柱与两端雕琢卷云图案的小额枋、龙门枋、花心板等结合成牢固的框架，龙门枋之上的中央牌匾上题书黑色正楷四个大字“龙彰褒节”，笔力雄健，遒劲有力，给人以美的享受。立柱从雀替开始至柱顶皆饰花纹图案，下部为锦纹，顶端为云纹，设计合理，雕琢精致，技艺娴熟。三座楼顶均有板式三踩斗拱承托楼面，楼顶无大脊吻兽等，只有各楼四角微微翘起，檐下无雕琢滴水瓦当等饰件，素雅朴实，简洁明快。

龙章褒节牌坊

“龙章褒节坊”立柱与下额枋上的浮雕

背面牌匾“豸绣承恩”

第一百零六节　威震华夏牌坊

威震华夏牌坊

威震华夏牌坊，位于山西省运城市盐湖区解州镇常平村关帝庙内鼓楼之西，与钟楼东的万代瞻仰牌坊相对景。为四柱三楹三楼式木质建筑，高13.6米，宽17.35米，进深5.4米。两座较大的方形砖石砌成的台基上，各耸立着两根粗大的立柱与四根戗柱，牌坊的两端各有一根较短的侧戗柱位于台下，共计十根戗柱斜戗着牌坊，使其增大了风雨雪来自各个方向的荷载，在日月沧桑的岁月里更加根深蒂固，牢不可破。戗柱的根基各有一只石兽趴窝在基面的柱根上，似稳固戗柱基端。四根立柱前后各有一尊抱鼓石夹抱，并各有铁件将前后抱鼓石与中间立柱穿插为一体，另有带铁圈固。立柱与前后戗柱亦有木质穿插将其连为一体。小额枋较细小，其下由丁头斗栱式的雀替承托，而小额枋之上由七组一斗加麻叶承托着巨大的牌匾，蓝底金子牌匾上题书似颜体的“威震华夏”四个遒劲有力的大字，字里行间渗透出关公的显赫地位，彪炳史册，流芳至今。两次间大、小额枋间各饰四块镂空木雕。三座楼顶的斗栱下各有四组一斗加麻叶承托着上部斗栱，斗栱外侧探出额枋加垂柱，设计巧妙，施工精致，这样的牌坊造型是晋派建筑中的特色之一。三间楼顶的转角处各饰有一根较其他垂柱略长的垂柱，垂柱两侧饰长条形的镶边，顶端琢三层倒莲，

威震华夏牌坊牌匾

威震华夏牌坊的斗拱繁复致密，凤头栱、云头呈展开状

“威震华夏”牌坊左侧结构

别具一格。三座楼面均罩绿色琉璃瓦，大脊、戗脊上的吻兽、戗兽、跑兽样样俱全，黄色雕件衬托着楼顶更加美丽。通体牌坊看上去虽略显陈旧、古远，但，她那朴实健壮，精而绝美的建筑载体里，却蕴蓄着博大精深的历史文化精华，流芳千秋，传承万代。

第一百零七节 萧大亨墓前牌坊

萧大亨墓前牌坊

萧大亨墓前牌坊，位于山东省泰安市岱岳区满庄镇东林西村金牛山之阳。为四柱三楹三楼石质结构式建筑，高10米，宽8米，进深1.76米。四根立柱前后各有八尊石狮蹲坐在八块雕琢不同图案的抱鼓石上。以左前侧立柱为例，前后各一尊较小的雄狮，双爪抱绣球，狮首微微向右侧倾斜，蹲坐在一较矮小的须弥座上，左下圆形抱鼓石两鼓面分别雕刻着不同形状的卷草图案，抱鼓之下饰一方形罗汉腿式小桌，桌下有一块方形雕花石，以上这些物件构成一组完整的抱鼓石实体，前后夹抱着立

柱，立柱与大、小额枋、龙门枋、楼顶结构在一起，拼装成一座完美不缺的牌坊。其他四根立柱与左侧立柱相同结构，只是明间两立柱前后为雌狮，狮背上各有一只幼狮在雌狮身上耍娇，示意世上“母爱子”之心。明间两立柱上雕刻一副对联：

束发登朝勋业永垂于帛；鞠躬尽节忠勤益励于庭。

小额枋梁中额枋之间题书：“钦赠太傅兵邢两部尚书萧公佳城”十四个正楷字。龙门枋之下的牌匾上题书：“褒崇旷典”四个正楷阴刻大字，背面牌匾为“茂膺天崇”四字。顶楼之下的额匾上题书正楷二字“敕建”，额匾边框为五龙捧圣图案。小额枋上雕刻“四龙戏珠”，中间两龙体态庞大，两侧二龙体态较小，摇头摆尾，腾跃如飞，坊座上四柱的前后雕塑着8组形色各异、姿态逼真、活灵活现的狮群。中额枋上浮雕“二龙戏珠”。龙门枋上琢刻“仙鹤祥云”。次间小额枋上雕刻“二龙戏珠”，中间花心板琢两片麻叶，上额枋上刻“双鹿庆寿”，龙门枋上刻仙鹤祥云。三座楼顶大脊两端饰鸱吻剑把。通体雕刻的牌坊，精纶绝妙，庄严大方，不失萧公兵邢两部尚书之权柄之势，功绩之荣耀。数百年来荣祖耀宗，流芳千秋，美名远扬。

萧大亨墓前牌坊“褒宠旷典”牌匾

1991年，山东省人民政府将萧大亨墓及牌坊公布为“省级文物保护单位”。2013年五月公布为全国第七批重点文物保护单位。

萧大亨（1532—1612），字夏卿，号岳峰，泰安人。历史上的萧大亨是明代著名的政治家、军事家，历任嘉靖、隆庆、万历三朝，官至太傅兵刑两部尚书。萧大亨历任三朝，功过兼有，对维护边疆和平，立下重大功勋，对萧公功绩给予高度评价。

萧大亨墓前牌坊立柱前的石狮

萧大亨登嘉靖四十一年（1526）进士后，初授榆次县令，累迁户部郎中，驻陕西花马池监理军饷。因念母上书请归养，允准后兼程而归。五百里外闻母病殁，披发赤足，徒步日行百余里奔丧，居丧尽哀。服除，历任布政使、按察使，跋涉陕甘河朔间近20年。所至调度井然，恩威并著。后巡抚宁夏、宣府，晋兵部侍郎，再转右都御使，总督宣府、大同、山西三镇，威信素服边庭。加太子太保、兵部尚书，召入京，兼太子太保兵邢两部尚书。致仕后卒于家，从祀乡贤。泰城内宁武街旧有萧公祠，今废为民宅。数百年来，泰安世代流传着明代重臣萧大亨的传说故事，“免皇粮，智建无梁殿”，“进御贡，泥鳅换赤鳞”“修华表，巧计斗权臣”“定木桩，计移风水宝地”“苦读书，自强成大才”等无不脍炙人口。

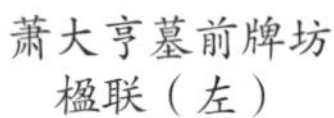

萧大亨墓前牌坊楹联（左）

萧大亨墓前牌坊楹联（右）

萧大亨一生著有《今古文钞》《文章正宗》《家训》《岳峰萧公奏议》《夷俗记》。子二人，次子协中以父荫授上林苑监丞，晋顺天府治中，崇祯末致仕。协中精文翰，著有《绿远楼赋》《泰山小史》《酝酉亶集》等。

萧大亨卒后明代朝廷非常重视，决定为其建墓。明神宗万历帝朱翊均亲派遣大常寺卿张文辉前往泰安主持建墓工程，由泰安知州侯应瑜等具体办理。墓于万历四十五年（1617）竣工，历时六年。萧大亨墓地选在金牛山之阳的土坡上，坐北朝南，依山傍水，其地形活像一把太师椅，北有金牛山呈椅子背，东西两侧有两座小山头活似两椅子扶手，整个墓碑石雕群布局合理，南北长809米，墓堆占地2亩，呈半圆形。萧大亨墓有前后石碑两座，一对华表，高11米，六棱柱体，巍然耸立，直指云天，华表周身浮雕卷云纹，飘逸俊美，巧夺天工，靠顶祥云朵透穿棱柱，悬于半空，恰似行云驻足观望石雕胜景，顶部莲花座上望天吼举首南向，屈尊而坐，如醒来的睡狮，仰天长啸，声振环宇。两对石人对峙而立，武侍卫身高2.9米，顶盔贯甲，手握宝剑，一身浩然正气，大有力拔山兮气盖世宗之雄姿。文官身披圆领衣裳，袖中干垂至膝，中正端庄，神态祥和，双手握芴，侍立两侧，一对石马高1.8米，长2.6米，长鬃披颈，两耳直竖，安闲自得。一对石羊，卧于神，安逸恬静。一对石虎，巍然犬坐，怒目而视，有虎鸣深涧，啸荡山河之势，远远望去，蒸腾的地气之中若隐若现，琼楼天阙，冰肌玉骨，雄伟妖娆，壮丽纤巧，晨曦晚霭，云雾缭绕，恍若九霄云中的广寒宫。石坊华表昂首天外，气势夺人，阴刻阳雕，粗犷而不失细腻，俏丽而无媚骨，堪称明朝中叶石雕艺术珍品，游者驻足，赞叹不已。

第一百零八节　汪氏宗祠牌坊

汪氏宗祠牌坊，位于安徽省黄山市徽州区岩寺镇石冈村，祠堂已毁，遗址尚存。牌坊依然矗立，在特殊年代，牌坊上的字曾经用涂料遮盖，现已恢复原貌。牌坊高8.7米，宽8米，明间宽4米，两次间宽2米，地下埋藏约1米。为四柱三楹五楼石质建筑。坐北面南，建于明代嘉靖年间（1522—1567）。明间龙门

“汪氏宗祠坊”牌匾

汪氏宗祠坊

枋与上额枋之间的牌匾题书：“忠烈”正楷二字，龙门枋之下牌匾题书：“汪氏宗祠”四个大字，上款题：“户部侍郎裔孙玄锡拜书”，下款落：“嘉靖己酉季冬榖旦立。”四根立柱前后以平板抱鼓石夹抱成为一体，平板抱鼓石高约2.8米。五座楼顶均以板式斗拱承托着楼面，斗栱之间以镂空栱眼壁石雕构件相隔，远远望去，通体牌坊玲珑剔透，各构件比例协调一致，搭配合理，是一座不可多得的建筑艺术品。

背面，题书唐高祖圣旨：“门下汪华，往因离乱，保据州县，镇静一隅，以待宁晏。识机慕化，远送款诚。宜从褒宠，授以方牧。可使持节总管歙、宣、杭、睦、婺、饶六州诸军事，授歙州刺史，上柱国，封越国公，食邑三千户。主者施行。武德四年九月二十二日中书舍人颜师古行。”

贞观二年（628）奉命进京，授左卫白渠府统军讃：“前歙州总管汪华：右可左卫白渠府统军。门下前歙州都督汪华等，或久经任使，或夙著款诚，并宜参掌禁兵，委之戎旅，可依前受。主者施行。贞观二年四月五日（中书侍郎鄂国公臣房元龄宣中书侍

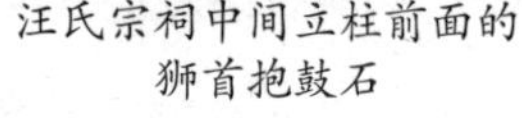

汪氏宗祠中间立柱前面的狮首抱鼓石

汪氏宗祠背面的雌狮

"汪氏宗祠坊"背面的雄狮

郎西河郡男臣叶世）中书舍人（安平男）李百药（奉）行。"小额枋之上题：历朝褒封徽号：嘉靖已酉年季冬月裔孙尚信建立，裔孙司理；乾隆乙酉年（1765年）孟夏月穀旦裔孙德重建，命男文志百拜书。坊上还有《松谿汪氏重建祠坊記》，写于乾隆三十年岁在乙酉仲夏月上浣之吉。枋板上有"光绪二十七年（1901年）孟冬月重修"。现为黄山市徽州区文物保护单位。

第一百零九节　琳光殿左侧牌坊

琳光殿左侧牌坊，位于北京市北海公园白塔山北侧路间，高7米，宽7.8米，进深2米，为一座四柱三楹三楼式的建筑。四根立柱脚下各置高1.3米，边长0.7米的石墩牢牢地夹抱着立柱。牌坊由立柱，大、小额枋、雀替、斗拱、绿色琉璃瓦歇山式楼顶等构成。通体苏式彩绘，以蓝色为主调，素雅淡静，悠然而安闲。正间花心板上只涂蓝色，无任何字迹。明间楼下为

牌坊中间彩绘与顶楼

四踩双昂斗栱，两次间为三踩单昂斗栱，楼面全饰绿色琉璃瓦。楼面上大脊、戗脊、山脊皆全，大脊两端安装龙吻，戗脊饰戗兽，明间主楼山脊置龙、凤、天马三跑兽，前端置仙人嘲凤，两次间山脊只设置一尊龙跑兽，前置仙人嘲凤。楼檐下圆椽、方椽，顶端绘万字图案。绿色琉璃瓦与蓝色为主色调的整体牌坊彩绘相互辉映，加之红柱、红博风板、红聊檐于一体的点缀，古朴典雅，中式建筑风格的代表古貌古心，古香古艳，观后先觉先知，胜不教之学焉。

琳光殿左侧牌坊

◀ 牌坊顶部的风撑挂钩

第一百一十节　节孝牌坊与孝女牌坊

节孝牌坊与孝女牌坊，位于浙江省温州市苍南县龙港镇平等办事处张东村江村张家堡自然村。建于清咸丰五年（1855）。双牌坊均为青石仿木结构，北为节孝坊，南为孝女坊，相距20米，呈“一”字形面东而立，形制尺寸和雕刻纹饰基本相同，为四柱三楹冲天式建筑。双牌坊保存完整，结构严密，气势宏伟，雕工精湛，具有较高的艺术价值和历史价值。是浙南一带同类建筑中杰作。1997年列为浙江省第四批文物保护单位。

张氏节孝与孝女牌坊

一、节孝牌坊

节孝牌坊，高5.30米，面阔7.10米，柱脚垫基座，每柱脚前后置抱鼓石，抱鼓饰卷草纹，前后合抱，原四柱柱头均置蹲狮（现被盗）。明间定盘枋上左右置镂雕双龙，正中均嵌有题刻“钦旌”两字御匾。明间中额枋书楷体阴刻“皇清咸丰五年岁次

张氏节孝坊前立面

张氏节孝坊的背面

乙卯大吕月吉旦”，明间小额枋镂雕四狮戏球，两边环绕如意纹饰。小额枋下面两侧设雀替，雕刻花纹。明间中额枋上侧设穿枋高栱柱，穿枋高栱柱上左右分别刻和合二仙及花篮等饰物，穿枋高栱柱中间、左右两边均置花板，中间花板阴刻“节孝”二字，两旁花板浮雕人物故事。中额枋下侧花枋楷体阴刻有“为故监生杨植存妻章氏立”。两

侧次间各置小额枋、中额枋、上花心板、定盘枋，定盘枋上镂空雕飞凤，上花心板浮雕人物故事，花枋浮雕花草、鹤、鹿，等等。

二、孝女牌坊

孝女牌坊，亦为四柱三楹冲天式建筑，通高5.30米，面阔7.10米，柱脚垫基座，每柱脚前后置抱鼓石，抱鼓饰卷草纹，前后合抱，原四柱柱头均置蹲狮（现已被盗）。明间大额枋下左右置镂雕双龙，正中刹尖上均嵌有题刻“钦旌”两字御匾。明间中额枋均阴刻“皇清咸丰五年岁次乙卯大吕月吉旦”字样，中额枋下花心板阴刻楷体“为故贡生杨焕长女系处士方成松元聘妻杨氏新铨立”二十二字。小额枋下面两侧设雀替，雕刻花纹。明间中额枋上侧置高栱柱，高栱柱上左右分别刻和合二仙及花篮等饰。两次间各置小额枋、中额枋、大额枋，大额枋上镂雕飞凤。中额枋上下分别雕琢仙鹤，凤凰、麒麟及戏剧人物等。

“孝女”坊前立面

孝女坊次间顶部的凤凰雕刻

第一百一十一节　乐善好施牌坊

乐善好施牌坊，坐落在广东省广州市珠海市前山镇梅溪公园内。高12米，面阔12.2米，进深4.6米，为四柱三楹三楼式石质建筑。左右悬“承恩”“受祉”石匾，中间悬“圣旨”额匾和“乐善好施”牌匾。在“乐善好施”牌匾上，落款刻：“光绪十七年

六月二十日奉钦加二品顶戴加二级花翎候选道前领事官臣陈国芬遵为先父母诰赠荣禄大夫陈仁昌诰赠一品夫人陈曾氏敬

牌坊前后抱鼓石

惠泽仁偕"乐善好施牌坊"

建"；北边还有一座"乐善好施"牌坊，与"急公好义"牌坊并列，为四柱三楹三楼式建筑。该牌坊牌匾上落款刻："光绪十七年六月二十日奉钦加同知府臣陈乐宾承为先父光禄市寺署正诰赠奉政大夫陈应芝诰封五品太宜人母陈吴氏敬建。"在这座石牌坊的南端，本应还有一座牌坊，三座牌坊成一字排列，在"文革"中已被破坏，据史料记载，被破坏的这座牌坊应是陈芳在1878年为"丁戊奇荒"捐款5000美金，当时折合7000两白银，根据当时朝廷的规定，下令修建的牌坊。据载，这座被毁的牌坊应与"乐善好施"牌坊外形相似。

"乐善好施牌坊"底座雕刻

第一百一十二节　单县百寿牌坊

单县百寿牌坊，坐落在山东省单县城牌坊街中段，俗称"朱家牌坊"。清乾隆三十年（1765）为翰林院孔目赠儒林郎朱叔琪妻孔氏而建，因雕有一百个不同的寿字而得名。牌坊以青色鱼子状石灰岩构成，通高13米、宽8米，进深5米，为四柱三楹五楼仿木结构式建筑。

百寿牌坊独特之处，牌坊底座雕有八头矫健雄狮昂首远望，八条出水蛟龙绕柱回舞，龙门枋

百寿坊上的“圣旨”额匾与花心板上的“敕褒节孝”牌匾

单县百寿牌坊立面

上饰满盛开牡丹，与明间中额枋祥云间翩翩飞舞的5只透雕仙鹤、次间大额枋浮雕的相对翱翔之鸾凤构成了具有无穷魅力之艺术佳作，寓意“福寿万年”“富贵无媲”或“喜上眉梢”。

百寿牌坊雕刻内容除狮、龙、牡丹外，还有鹤、凤、梅花等奇花异卉。其构筑精巧宏伟，雕刻精致生动，可与百狮坊媲美。别说那矫捷神俊的雄狮，绕柱回舞的蛟龙，满饰额枋的牡丹，单说那明间大小额枋祥云间翩翩飞舞的五只透雕仙鹤和次间大额枋浮雕的引颈鸣唱、相对翱翔的双凤，就有无穷的魅力。特别是明间小额枋上的二龙戏珠，更是引人入胜，两只龙首晶莹剔透，活灵活现。眼眸神安气集，口张齿露一派威严，气壮山河。龙身虽短，

百寿坊立柱上的深雕

雌狮与幼狮嬉戏

却意味深长，龙身周围雕云翻滚，云彻雾卷，栩栩如生。狮座下左右面浮雕的圆形、方形蟠螭、鹤图案，刀法简洁洗练，造型古朴优美，狮后夹柱板上各浮雕四幅花鸟画，有牡丹舞蝶，寓意富贵无媲；牡丹芙蓉，寓意荣华富贵；梅花喜鹊，寓意喜上眉梢；梅竹绶带，寓意齐眉祝寿。还有桃花春燕、山茶锦鸡、水仙海棠、秋葵玉兰等，构图新颖，雕刻精致，花卉争奇斗艳，虫羽生动逼真，实属一座艺术珍品，壮丽宏伟，美轮美奂。

第一百一十三节　县学甲第牌坊

县学甲第牌坊，坐落在安徽省歙县城中学校门前16米，为一座四柱三楹五楼式石质建筑，高11.20米，宽9.26米，进深2.78米，建于清乾隆年间。牌坊明间额匾题书“甲第”二字；中额枋与小额枋之间的牌匾题书“状元”二字；左次间花心板题书“会员”二字；右次间花心板题书“解元”

县学甲第牌坊前立面

县学甲第牌坊楼顶斗拱结构

二字，共八个正楷大字。远远望去庄严肃穆，将我国古代科举考试的三个第一名展示的一清二楚（乡试第一名称“解元”；会试第一名称“会员”；殿试第一名称“状元”）。背面明间额匾为“科名”； 中额枋与小额枋之间的牌匾为“榜眼”；左次间为“探花”；右次间为“传庐”。按科举考试的名次排列，第一名为状元（一甲第一名）；第二名为榜

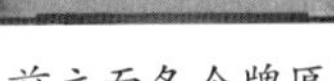
前立面各个牌匾

背面各个牌匾

眼（一甲第二名）；第三名为探花（一甲第三名）；第四名为传庐（二甲第一名）。五座楼顶各楼下均有三组板式斗栱承托着楼面。明间楼顶大脊两端和两次间楼顶大脊外端皆饰吻兽。每踩斗栱间栱眼壁为镂空雕刻，栱眼壁底端留有空间通风流气，以减少风力对牌坊的荷载。

第一百一十四节　有感有应牌坊

有感有应牌坊，位于陕西省西安市都城隍庙内大成殿前，为四柱三楹三楼式全木质结构建筑。四根立柱，每根立柱由南北两根附柱夹抱，另加两根戗柱，中间有一根方形穿插横穿戗柱、辅柱、立柱，

都城隍庙院内“有感有应”牌坊前立面

“有感有应”牌匾

将其连为一体，坚固牢稳。牌坊正面明间大小额枋之间的牌匾上有道光十八年（1838）题书“有感有应”四个行书大字，一字一格，贯通两根立柱之间。背面为“聪明正直”。正面

有感有应牌坊北面

“有感有应”牌坊斗栱

的大额枋上悬挂着一个大型算盘，上书“人算不如天算”，由此来看，牌坊的时代感十分强烈。正间楼顶九踩斗栱，两次间各为七踩斗栱承托着楼顶，有头重脚轻之感，若不是八根戗柱的斜撑结构，牌坊就有歪塌之险。由此彰显了古代工匠们的聪明。大型算盘悬挂牌坊中央，给通体牌坊增添了独具特色之感，各踩斗栱上弯曲外探的昂构件突出了晋派建筑的特点，稳重大气，严谨庄重。

第一百一十五节　斗栱式山门牌坊

斗栱式山门牌坊，坐落在四川省隆昌县石燕桥镇大竹村青龙山上，原为观音庙山门牌坊，建于明弘治九年（1496），为三重殿宇，依山而建。牌坊高7米，宽5米，进深2.30米，四柱三楹三楼仿木结构式建筑。抱鼓石浑厚稳重、粗犷典雅。顶楼之下

斗栱式山门牌坊前立面

仿木质斗栱26个，斗栱与斗栱之间的栱眼壁上雕有荷花、卷草图案。小额枋之下的雀替在一通两立柱间阳剔雕图案，这种做法在全国牌坊中还是独一无二的，可算牌坊一特色。除此简单刻饰外，全牌坊无雕刻图案，亦无文字、颂词、楹联等。

斗栱式山门牌坊抱鼓石

据县志记载时，观音寺规模宏大，蔚为壮观。隆、泸、荣、富四县香客常来常往，络绎不绝，都说寺里观音特别灵验，故而香火旺盛，僧众甚多，除念经外，还捎带习武护庙。明末农民起义，张献忠义军入川攻入云峰关。义军恨当政者以佛陀惑众，故大毁寺庙菩萨，侵入观音寺。护寺武僧力战不敌，百余众僧退一石灰岩洞中，被张献忠部困饿致死，一怒之下纵火焚庙，观音寺只剩山门牌坊，寺庙被烧为一片灰烬瓦砾。现下孤苦伶仃的山门坊在那里不断地向人们诉说着当年观音寺的坎坷经历与那段毁庙的悲惨遭遇。

斗栱式山门牌坊三楼顶

第一百一十六节 四世一品牌坊

四世一品牌坊，位于安徽省歙县，屹立在雄村村口曹氏宗祠前，是一座四柱三楹三楼石质冲天式功名牌坊。乾隆年间为褒奖户部尚书曹文埴祖孙四代而敕建的。灰凝石质，高11米，宽8米，进深1.8米。牌坊通体雕刻较为简朴，色调凝重，用料厚实。明间牌匾上刻“四世一

雄村四世一品牌坊

品”正楷四个字，龙门枋梁与小额枋之间花心板上刻曹文埴及其曾祖父、祖父、伯、四世姓名及诰赠、诰授一品官衔。“皇清诰赠光禄大夫、太子太保、户部尚书兼管顺天府府尹事曹士琏；皇清诰赠一品夫人程氏；皇清诰赠光禄大夫、太子太保、户部尚书兼管顺天府府尹事曹世昌；皇清诰赠一品夫人朱氏；皇清诰赠光禄大夫、户部右侍郎曹景琏；皇清诰赠一品夫人张氏；皇清诰赠一品夫人黄氏；皇清诰赠光禄大夫、太子太保、户部尚书兼管顺天府府尹事曹景震；皇清诰封一品夫人朱氏；皇清诰授光禄大夫经筵讲官、太子太保、户部尚书兼管顺天府府尹事曹文埴；皇清诰封一品夫人程氏；皇清诰赠一品夫人张氏。”背面文字与正面文字相同。明间楼下中间额匾刻“覃恩”红色二字，为皇帝所赐。额扁两侧平板斗栱与两次间平板斗栱之间饰以镂空栱眼壁，以减少风力对牌坊的荷载，使牌坊画龙点睛，更加艳丽多彩，美丽俊俏。

额匾“覃恩”

“四世一品”牌匾与字板

曹文埴（1736—1800），字近微，雄村人，出生于盐商世族家庭，乾隆二十五年（1760），年仅25岁考中传胪。他在户部尚书位上多年，以办事干练，不徇私情而闻名朝野。乾隆三十八年（1773），乾隆皇帝开设四库全书馆，曹文埴为《四库全书》总裁之一。乾隆皇帝称赞他说“文埴等不徇隐，公正得大臣体。”乾隆四十八年请辞回归故里养母，以后曾前后两次专程进京为乾隆帝祝寿。乾隆皇帝念及他的特殊地位和品行，特赏赐他的曾祖父、祖父、父亲一品官衔，加上他的一品官衔，于是就有了“四品一世坊”。曹文埴享年65岁，其诗文、书法均有很高的造诣，著有《石鼓砚斋文钞》20卷、《诗抄》32卷、《直庐集》8卷、《石鼓砚斋试帖》2卷等文集传世。

“四世一品”牌坊右次间楼下花格图案

有人说曹文埴更是京剧的鼻祖。百度介绍“1790年8月13日，是乾隆80岁寿辰，曹文埴把自己私家的‘廉家班’更名为‘庆升班’，赴京庆寿。曹文埴家班的这次演出，共演了《水淹七军》《奇双会》等八出戏，皇亲国戚们皆称赞不已。‘庆升班’沐浴龙恩，给当时在京城献演的‘三庆’徽班也壮了声威，更为后来的‘春台’‘和春’‘四喜’‘三庆’四大徽班晋京开辟了道路。一时间，‘徽戏’名声大噪，看‘徽戏’成了京城一度流行的时尚。‘四大徽班’进京后，经常与来自湖北的‘汉调’艺人合作演出。在不断的同台演出中，逐步以徽调的‘二黄’和汉调的‘西皮’为基调，又吸收昆曲、秦腔以及梆子等戏曲的曲调、演技，揉和在一起，形成了日后成为国粹艺术的京剧。”

“覃恩”二字：覃（音潭），覃恩，意思是广施恩泽多用以称帝王对臣民的封赏、赦免等。说明皇帝对雄村曹氏广施恩泽，故以“覃恩”二字拨款建造“四世一品坊”。这在徽州牌坊中是独一无二的，在全国也没有。故曹氏先祖把这座牌坊设立在雄村惟一的进出口曹氏宗祠前，以示尊贵荣耀。于是这座全国罕见的“四世一品”功名坊成为曹家历史上登峰造极的丰碑，潇洒儒雅，名标青史，千古流芳。

第一百一十七节　清真大寺门前牌坊

清真大寺门前牌坊，位于山西省西安市莲湖区西大街化觉巷30号清真大寺门前。建于十七世纪初，宽17米，高14.6米，进深3.76米，为四柱三楹三

西安大清真寺门前牌坊前立面

楼式木质结构建筑。高大庄重的牌坊坐落在三层台阶的月台上，立柱、戗柱脚下各设置柱基石，四根立柱前后各有一根辅柱，下部分各有两圈带铁固定，八根戗柱脚底各有一约1.6米长的石条用带铁与戗柱圈固成一体，牢如磐石。上部共有三道方形木制穿插将立柱、辅柱、

有特点的戗柱基础石

牌坊次间坊顶斗栱

牌坊中间牌匾“敕赐礼拜寺”

戗柱连为一体。立柱与各间的大额枋、中额枋、小额枋组成了牌坊的整体框架。明间大额枋上九踩七昂斗栱，两次间各为七踩五昂斗栱承托着厚重的歇山博风楼顶。楼顶全罩绿色琉璃瓦，明间大脊两端和两次间大脊两端均饰吻兽、戗兽。明间中额枋上与大额枋之间的牌匾上刻着五个正楷金色大字“道法参天地”，北面为“敕赐礼拜四”五个大字。行笔流畅，结构严谨，笔力遒劲。正间小额枋与中额枋之间共七个木刻花草图案，镶嵌其中。两次间未设中额枋，大小额枋之间各设五个方格，内容如明间相同。三间小额枋下分别装饰着刻有二龙戏珠的挂落。牌坊通体均涂红漆，异角飞檐，斗栱叠错，精镂细雕，规模宏大。该牌坊属中国宫殿式古建筑体之一，是伊斯兰文化和中国文化相融合的结晶。

清真大寺是一座历史悠久，宗教文化浓厚的场地，该寺院始建于唐天宝元年（742），历经宋，元，明，清各代的维修保护，才成为目前的格局。该寺属陕西省重点文物保护单位，1988年又晋升为全国第三批重点文物保护单位。整座寺院内共有大小牌坊十余座，造型各异，风格独树一帜。全寺总面积1.3万平方米，殿内有石碑七通，碑文有阿拉伯文、波斯文和汉文。第二进院内有宋代大书法家米芾和明代大书法家董其昌的书法真迹。第四进院落，有面积约1300平方

三合一的立柱与戗柱结合点

牌坊背面中间牌匾“道法参天地”

米的殿堂，可容纳千余人做礼拜，殿内有壁画400余幅，书以阿拉伯文图案，构图各具千秋。前院紧邻照壁的木牌楼，建于17世纪初，距今已有380余年，高约9米，琉璃瓦顶，挑角飞檐，雕梁画栋，与高大的照壁相映衬，极为壮观。南北两边的展室，亦为仿古建筑，剔透玲珑，古香古色。南展室陈列有一些明清红木家具等，尤其是紧靠展室背墙陈列一件清三代皇宫使用的红木雕刻五爪龙床，极其珍贵。在左厢房紧靠背墙摆放有一对西洋沙发，该沙发是外国人送给慈禧太后的。在北展室收藏有宋、明书法家的拓片等。

清真大寺的建筑形式、基调皆是一派中国民族风格，然而，寺院内的一切布置又严格按照伊斯兰教制度，殿内的雕刻藻饰、蔓草花纹装饰都由阿拉伯文套雕组成，中国传统建筑和伊斯兰建筑艺术风格如此和谐地结合，令人赞叹。因而被联合国教科文组织列为世界伊斯兰文物之一。

第一百一十八节　大德日生牌坊

大德日生牌坊，位于北京市北海公园大德玄殿南面，牌坊高14.1米，宽16米，进深1.80米，立柱下石墩高2米，边长1.20米，为四柱三楹九楼式木质建筑。建于清雍正八年（1730），原为大高玄殿（中央军委大院）门外的三座牌坊之一。柱下石墩为汉白玉大理石所雕“寿比山高”立体作品，寿高山低，似白鹤卧雪，高雅洁净。每间

北海南门“大德日生”牌坊立面

牌坊次间上下额枋之间的木雕“龙凤戏珠”

牌坊背面牌匾“乾元资治”

牌坊立柱下的“寿比山高”石雕柱墩

大、小额枋之间各分五格，中间一格较宽，两侧方格较小，明间中间方格中雕二龙戏珠，次间中间方格雕单鹤展翅翱翔，周围白云飘飘，栩栩如生。明间顶楼中央前后各设置牌匾一块，正面阴刻“大德日生”，背面刻“乾元资治”。两次间大花板上雕“龙凤戏珠”，龙为蓝色，凤为绿色，宝珠为金色，闪闪发光，云朵为绿色白边，雅俗共赏。九楼分四层，顶层为明间顶楼，稳坐中央。次间两顶楼较矮，中间四座夹楼较高，两座略大，较低的两座略小，两次间侧楼较大，除夹楼外，其他均为歇山式楼顶。黄色琉璃瓦覆盖楼面，一派皇家气魄。

第一百一十九节　百狮牌坊

百狮牌坊，被誉为天下第一坊，坐落在山东省单县城内牌坊街中段。因其夹柱精雕一百个姿态各异的狮子而得名，寓意有百事（狮）如意，百世（狮）多寿（兽）之意。是清乾隆四十三年（1778）为赠文林郎张蒲妻朱氏而建，全石结构，高14米，宽9米，四柱三楹五楼式石质建筑。明间单檐，两次间单檐歇山顶。牌坊底座八根夹柱透雕群狮八组，大狮子狞猛峥嵘，小狮子环绕戏耍。每根夹柱前、左、右三面均浮雕松狮图。四柱和枋额上透雕云龙，其他部位也透雕加浮雕云龙旋舞，珍禽异兽、花卉图案。

百狮牌坊明间楼檐下六组斗栱，次间两层楼檐下各三组斗栱。通体牌坊上下框架有序，搭配均衡，雕刻的狮子、云龙、牡丹、吻兽、象尊等，均惟妙惟肖，活灵活现，刚柔相济，神态协调。八根夹柱分八组雕刻百个石狮。大狮巨头卷毛突目，隆鼻阔口利齿，巍然蹲踞，矫捷威猛。每个大狮身上攀伏着五个小狮。狮座前左右三面浮雕圆形松狮图，幼狮三三两两，蹦跳翻滚，争戏绣球。每根立柱透雕四条蛟龙，在柔美飘逸的祥云间卷舒出没，盘旋回舞。明间大小额枋、次间额枋及正檐下“圣旨”额匾四周镂空透雕二龙戏珠，雕龙悬目奋爪，摇头摆尾，如腾似飞。明间中额枋上分三层镂空透雕串枝牡丹，给人以五彩缤纷、香沁肺腑之感。楼檐下兽斗花栱，如意枋板承托。脊和檐角上雕配的吻兽、象尊、戗兽、鱼、海马、跑兽皆造型优美，生动传神。正间大脊中央雕琢双龙戏珠为刹尖。大脊两端吻尾外卷张口吞脊，每个吻兽身上又浮雕两条游龙。正脊中间雕塑二龙朝天，相托一珠瓶类饰物。两次间二楼顶大脊上各雕一只石象。其他部位也均浮雕、平雕有双龙、牡丹、菊花、团鹤、团寿等吉祥图，正间下枋板的孔鼻上还雕一悬挂石鸟笼，微风吹来，石鸟翩翩展翅，呤叮作鸣。整座牌坊结构精巧，宏伟壮观，雕刻精细，玲珑剔透，繁而不乱，主次分明。

单县的百狮牌坊前立面

雌狮石墩上的深雕

百寿牌坊是为朱叔琪之妻孔氏所立。朱家是单县最大的富户，有土地20多万亩，祖父朱廷焕做过大名府兵道副使，朱叔琪凭祖荫财富，乾隆年间入了翰林院任孔目，娶了曲阜孔家姑娘，众人送名鹅鸭公主的孔氏，孔氏指间有皮相连，形如鹅鸭足指，难攀高门，才嫁给一位卑官微小的朱叔琪。孔家为了显示门第高贵，提出要朱家一步一个元宝摆到曲阜。朱家用元宝双趟摆到曲

上下额枋上的镂雕

皋。孔氏嫁后不到10年，朱叔琪病逝。孔氏才26岁，求单县知县“点主”，知县嫌朱叔琪位卑品低，家产虽然多，但不予答应。孔氏一怒之下，赴曲阜求助衍圣公。孔氏到了曲阜，将前因后果一说，衍圣公原对姑母下嫁单县颇为不悦，现看登门求助，乃发恻隐之心，答应孔氏去单县“点主”。时朱家随孔氏去的族人问随行几人，衍圣公答曰：“三人。”不一日，衍圣公驾到单县，但见旗牌浩荡，金鼓齐鸣，刀枪耀眼，衍圣公说带的三人乃三位总兵，三总兵分别带了数千人马到了单县，从单县城到十里外的十里铺驻满了军马，井水随之喝干，朱家不但将城内的饭馆全包下来，还从四乡十几里以内买饭。单县县令拜见衍圣公，衍圣公让其出殡时丢纸钱。殡罢丈夫，孔氏问衍圣公，我死后你怎么办？衍圣公答，只要姑母矢志守节，抚孤成立，当奏明圣上，建坊旌表。

孔氏乃谨遵封建妇道，守寡几十年，抚子朱春成立。死后，朱家和孔家奏明朝延，乾隆皇帝降旨建坊旌表。皇四子履郡王亦赠诗曰：

布衣蔬食度生平，喜看庭芝渐次成。
月冷黄昏霜满地，穗帷遥出读书声。
数十年来铁骨支，养生送死总无疵。
冰操劲节光天地，千古常教奉母师。

诗刻在牌坊额枋上。事后单县知县感慨地说：“土鳖子大了也咬人！”

单县古城，因其历史上牌坊多而闻名天下，据民国本《单县志》中记载，从宋代到清末，单县建坊百余座。民国末年还存有34座，城内主要街道上，凌空飞架着一座座精美的牌坊，给古老的县城增加了几分肃穆庄严。单县的牌坊均为节孝坊，全石结构，四柱三间，斗栱重檐，构筑精巧，气势巍峨，平面为“一”字形，四柱和额枋上雕刻精美，或云龙缠绕，或鹤凤翱翔，或八仙庆寿，或二十四孝等。在牌坊之林中，百狮坊和百寿坊以其雄伟的气势，巧妙的结构，严谨的图案，精致的透雕和优美的传说享誉海内外，堪称天下一绝。

百狮牌坊次间侧楼

第一百二十节　报恩寺前牌坊

报恩寺前牌坊，位于江苏省苏州市人民路宝塔寺门前。为四柱三楹五楼式石木混合结构建筑，高14米，宽15.6米，进深3.78米。四根石质立柱，在八块无任何雕刻的抱鼓石夹抱下，支撑着五座带斗栱飞檐的楼顶，翘角昂挑的高度远远超出大脊两端吻兽高度，险峻高雅。通体牌坊，威武壮观，枋梁雕刻，精妙绝伦。该牌坊建于万历四十五年（1617），原为中文定公祠旧物，1979年移建于此，原牌匾的题字为“忠良柱石”，移建后改为“北塔胜迹”四个字。后又配合抱恩寺（即北寺），上题“知恩报恩”。现改为“报恩寺”三字，北面牌匾上题书：“北塔胜迹”四字，前后七个隶书大字，古朴典雅，浑金璞玉。左边书“万历十九年闰三月恭奉”，右侧“万历四十五年恭位”。雀替下共三个穿插图案，下、中穿插的两侧各雕一只仙鹤，上穿插两侧各雕一只凤凰。三个穿插分别坐落在下，中、上三个斗之上。左右次间小额枋上各雕一条巨龙相对腾飞。中间花心板左雕双鹿，右雕双狮戏绣球。支撑斗栱重量的斜撑共设置了40根，分别以长短不同的长

报恩寺前牌坊前立面

报恩寺前牌坊上的牌匾

报恩寺牌坊中间雀替上的穿插雕刻

度稳固在四根立柱的上端，底部有簪花装饰。顶楼饰吻兽、戗兽。各角均设飞檐，突出了苏派建筑的特点，玲珑剔透，宏伟俊俏。

第一百二十一节　祖庙大门牌坊

祖庙大门牌坊，坐落在广东省广州市佛山市禅城区祖庙路21号。为四柱三楹三楼式木、石、砖混合结构建筑。高7.2米，宽18米，进深2.8米。六棱式石柱，

祖庙大门牌坊

祖庙大门牌坊牌匾

祖庙大门牌坊上的梅花斗栱

祖庙大门牌坊之间的夹墙顶

明间两架大、小枋梁，两次间各一架小额枋和三座楼顶结合而成，两侧各带有门洞的袖壁组成的一座大门牌坊。明间牌匾黑底金子，上题书“祖庙”二字，字的两侧各有一位文臣站立。背面题书“古祠艺宫”四个大字。立柱前后各设抱鼓石，抱鼓石双层底座。明间两立柱抱鼓石高2.8米，两侧抱

祖庙大门牌坊侧门

鼓石高2.6米。三座顶楼檐下各饰三踩斗拱，额枋顶前饰卷草镂空图案。明间楼高，两侧楼矮，呈对称式。其三座楼六组栱分别落在倒置形，且带有镂空雕刻的斗上，独具一格，别出心裁。楼顶罩绿色琉璃瓦，大脊、戗脊中间饰一条黄色琉璃瓦片，画龙点睛，来此游客视之，有石破天惊之感，使这座平凡脱俗的牌坊更得到了升华，既据新意，又深含闽粤文化底蕴。

第一百二十二节　皇宫门牌坊

皇宫门牌坊，坐落在山东省济南市长清区五峰山阳，俗称“皇宫门”“木牌坊”。自此可步入道教圣地五峰山的志仙峰。木牌坊建在石台基上，四柱三楹三楼式木质建筑，它的底座建于金元时期，底座上刻有八尊卧狮，相向而卧，各具情态。牌坊的楼顶层均为木制，始建于明代万历年间，1990年重修，雕饰一新，气势雄伟，颇为壮观。牌坊四根圆形立柱前后各有两根六棱形的戗柱，三楹的每一楹均设置了木质大、小额枋，明间小额枋均饰雕刻构件。枋下饰挂落，挂落下饰雀替。在四根立

皇宫门牌坊

“皇宫门”牌坊匾额

立柱上的雀替与倒垂莲花

牌坊楼顶上的三、五架梁与椽檩

柱的小额枋处，各有一架纵梁穿过立柱，纵梁约3米长，纵梁上各架着一架横梁，四角相互交叉，组成立了一个方形框架，各框架上分别承托着一座歇山式的楼顶。楼顶上罩筒瓦、布瓦，饰大脊、戗脊、山脊、吻兽、戗兽、跑兽等，通体楼下无斗栱。这种结构形式在我国北方的古建牌坊中难得一觅，成了罕见牌坊，独领风骚在这里找到了答案。

牌坊次间楼顶上的桷子飞椽

第一百二十三节　无名牌坊

无名牌坊，是作者在实地考察中无意寻得一宝，位于湖北省古隆中风景区大门外的当地派出所附近的一座小山头路旁，牌坊顶部已被损坏，下半部分被埋在地下。

无名牌坊前立面

无名牌坊之次间下枋梁

无名牌坊之下枋梁浮雕“二龙戏珠”

正间下枋梁雕刻

无名牌坊之抱鼓石顶端

从暴露部分分析该牌坊应为四柱三楹三楼式石质建筑，高约6.8米，宽5.3米，进深约2.2米。四根立柱前后共八块抱鼓石，明间四块较高，次间四块较低。其抱鼓石顶部未有动物雕刻，平板浮雕抱鼓外形雕卷草图案的可能性较大。从遗留部分构件分析，框架为普通榫卯结构而成。从明间小额枋上雕琢的“二龙戏珠”、两次间小额枋上难以辨认的雕琢图案来看，这种在剔地额枋内进行浮雕的技艺很少见，如果在承重额枋上采取这种方式雕琢是欠缺的，因为他减少了额枋的截面积，降低了其承重能力，当然，小额枋的承受力较小，可能是其中原因。原牌坊无论是从功能，科第、节孝、墓道等牌坊而建无法考证，就建造技艺而言，还是以施工较精致而定。可惜损坏比较严重，给考察带来很大困难，如有历史记载就能详细别论了。

第一百二十四节　乐善好施牌坊

乐善好施牌坊，位于四川省隆昌县城云峰关外巴蜀古驿道上，通高13米，宽8.6米，进深3.2米，为四柱三楹五楼石质结构建筑。该牌坊是古隆昌石牌坊中设计造型，雕刻技艺最为精美华丽的牌坊之一，保存也最为完整。建于光绪十三年（1887）十二月，是为朝廷旌表隆昌云顶寨郭氏家族后裔郭玉峦儿媳、郭人镛之妻王氏奉旨建造的。

王氏一生为人忠诚、勤奋，虽家庭富裕，而又夫妇管家，奴仆众多，但凡事均由王氏亲自掌管。其自奉很薄，粗食布衣，从不华饰；定力支持丈夫郭人镛多以钱做公益事，如筹款平粜，荒年赈灾发谷，不要回报地向穷人资助银两，有一年荒灾，他向灾民捐献白银2000两，隆昌县令肖延禧将此事详申上宪，四川总督丁保祯向礼部奏请建坊。光绪十一年（1885）二月二十三日，军机大臣奉旨，准建郭王氏功德坊，并赐“乐善好施”四个大字。

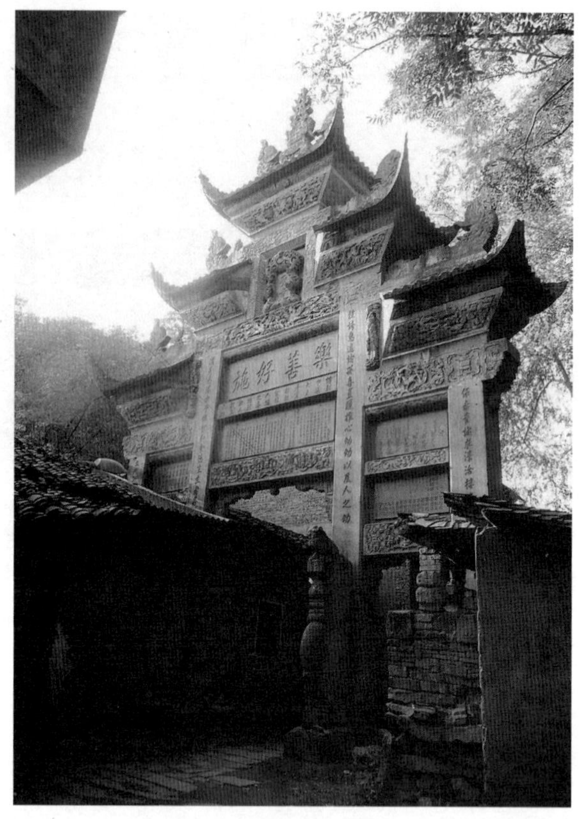

“乐善好施”牌坊

乐善好施牌坊，四根立柱前后各设置一块抱鼓石，柱脚下各有一块方形基石，基石上立抱鼓石，圆鼓面上平板无雕刻，唯抱鼓石上端刻雄狮，右爪按绣球，其他抱鼓石全被建筑物遮挡，可能为石狮，姿态如何不详。从这一尊雄狮来看设计雕琢玲珑剔透，表现出古代工匠们高超的雕刻技艺，通体牌坊琢饰富丽堂皇，流丹异彩，各种吉祥物动静相生、相辅相成，对牌坊主人所歌颂和祝愿都用一幅幅图案来展示，表现了能工巧匠对图案设计和施工的精湛。牌坊南面四副楹联保存的十分完整，明间楹联：

感夸惠逮诸孤，喜置腹推心，幼幼以及人之幼；

尤是恩流赤子，俾饮和食德，生生者各随其生。

此联为郭王氏堂侄郭光行拜题。郭光行，钦加同知衔，河南洛山知县，甲子科举人。夸赞其堂婶慈祥之恩惠及众多孤儿，乐于推心置腹以真诚之心待人，怜爱他人的幼小就像怜爱自己的幼小一样；使他们得到温饱、慈怀、关爱，因善怜苍生而让众多的生灵得以生存。次间楹联：

保赤贵诚求，泽洽楼峰称圣母；

流丹溯遗爱，旌颁枫陛表贤媛。

此联为郭王氏姻侄萧世本所题。萧世本，三品衔，特用道前翰林院庶吉士。萧世本赞颂其姻母郭王氏保护婴幼孩童，贵在诚恳寻觅，这种德泽遍及隆昌，应称大众之母；

追溯回忆她为世间幼孤留下的仁爱，当用彩墨丹笔记述流传；如此贤德仁善的老人，当得朝廷颁旨、建坊旌表。北面明间楹联：

一片婆心，喜金血流慈，襁褓共沾贤母惠；

九重天语，看纶章表德，徽音长播善人乡。

此联为翰林院庶吉士道衔，前安徽凤阳府知府、隆昌著名书法家范云鹏所题，称颂坊主怀有一片慈爱之心，乐于光散钱财、散播仁慈，许多幼小婴孩都沾润了这贤德善良慈母般的恩惠；九重天子颁诏，让人看道圣旨对老夫人功德的至高旌表，之高表彰、慈善的德行将长久传播在慈善者的家乡。次间楹联：

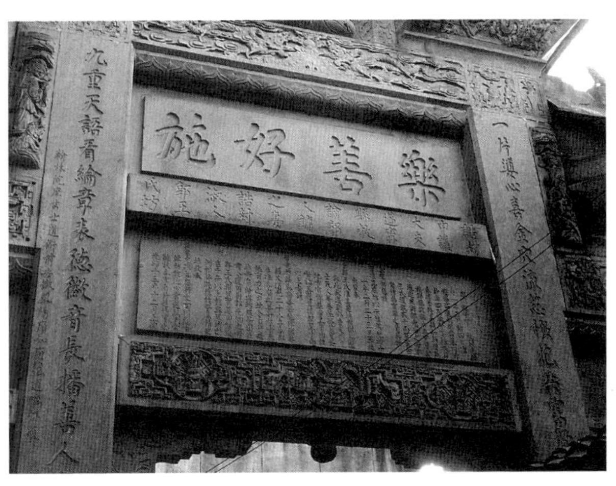

“乐善好施”牌匾与中间楹联

恤百里遗孤，功德应逾善男子；

邀九天宠命，起居不愧太夫人。

此联是郭氏家族有世交之谊且以子侄辈自称的钦加同知衔即补知县奏署，隆昌县知县萧延禧所题，称誉坊主怜恤县内方圆百里无依托的孤儿，功劳、德行都超过男儿好汉；得到九重天子特别颁旨表彰，日常行为不愧尊称为太夫人。各楹联均围绕坊主“乐善好施”美德，赞颂坊主捐银2000两，置卖田业做育婴费用，养幼抚孤的高尚行为。时，牌坊上的文字皆为贴金，今尚可见贴金遗痕。

“乐善好施”牌坊明间主楼顶为镂空雕刻的四方阁楼，五级宝塔刹尖，塔基为虎腿须弥座，束腰上下均精雕细琢，精妙绝伦。坐前饰芙蓉牡丹，供奉宝塔。牡丹象征富贵，芙蓉花谐音“富荣华”，宝塔两旁吻兽吞脊，结构紧凑。飞扬高挑，直冲天空。

正间立柱外侧的小挂柱上的两位文官

该牌坊五座楼檐下均以菊花瓣纹饰，九月菊花开，九与久谐音，寓意“天长地久”，即祝福坊主“富贵荣华”“天长地久”，与刹尖寓意呼应。楼檐下额坊深雕“母狮含绶带，幼狮紧相随，以林木山石流云为背景，双狮形态亲和。寓意坊主一片婆心，惜贫怜幼的慈善精神。暗指其捐银2000两，助育婴堂费用一事。明间檐下饰“五龙捧圣”额匾，匾上题书“圣旨”两个正楷大字，边框深雕镂空相结合的坐龙、升龙、降龙，是额匾最高级别的装饰，威严壮观，令人叹之一绝。有沐浴皇恩和彰显皇恩浩荡之意。

“乐善好施”牌坊刹尖、飞檐

“圣旨”额匾

明间龙门枋上深浮雕“双凤朝阳”与当心间小额枋相呼应，但两者雕刻技法迥然不同，从视觉上感觉不重复，显示了建坊师匠们独到的审美水平。两侧柱顶处浮雕长耳四足方鼎，置于四足几案上。几案上置朝珠一串，寓意：“一品当朝。”两侧雕刻葡萄图案，藏露有致。因葡萄多子，寓意“子孙绵远”。明间龙门枋之下牌匾上题书“乐善好施”四个正楷大字，为朝廷赐给的字样，其善字少一点。牌匾下中额枋上题书“诰授中议大夫遂宁县教谕郭人镛之妻诰封淑人郭王氏坊”。小额枋上雕刻三组图案，均为博古架、几案、古玩、鼎器。正中刻一兽头虎腿之长耳方鼎，左右雕刻花瓶；顶盖刻为兽形提纽，鼎内焚沉香；烟云自兽口溢出，袅袅升空。左右侧几案上刻香炉、书籍、笔筒等。次间额坊浮雕麒麟丹凤、牡丹梧桐。传说百鸟之王的凤凰，非梧桐不息。俗话讲“没有梧桐树，引不来金凤凰”。再配以华贵的牡丹，就成了吉祥佳瑞、富贵安宁的象征。额坊端刻饰盔盖长耳方鼎，四足为兽头虎腿，下刻内卷平足踏座。主图边框刻龙头，窗棂装饰龙口吐祥云瑞霭。左额坊深浮雕麋鹿绶带鸟相戏图，背景雕刻为椿树寿山石、绶带鸟。椿树、寿山石均含有长寿之意，鹿与禄谐音。此图案组合寓意“寿禄双全”，坊端刻饰长耳鼎与左对称，唯顶盖刻成石榴，鼎腹饰花纹，不显重复。其寓意为“多子多福”。

郭王氏，泸州举人湖北安襄观察王方山孙女，同知王双峰之女。幼读诗书，聪颖过人。闺范礼节，慎言谨行，端方淑德。时郭氏四世同堂，人口数十，佣人成群。王氏为次媳，能孝事翁姑，助夫励学，尊敬长嫂，善待下人，事无巨细皆亲身经理，上下人等对她从无闲言。郭人镛到遂宁任教谕，人镛母因长子人鉴作中江教谕已远离膝下，心常牵挂；而人镛又去，虽百分不愿，但因“男儿志在四方”，故不好阻止；同时郭玉峦决义叫去，他也无力阻拦。然而思念之痛苦，朝夕相继，以致卧病床褥。王氏奉汤煎药，洗涤裙裤，日夜伺候，衣不解带月余；见婆母病不见起色，于是书信一封，私差佣人往遂宁交人镛，以母病情相告。人镛即辞职回家，而母病得愈。

第一百二十五节　张应扬功德牌坊

休宁县冰潭乡张应扬功德牌坊

张应扬功德牌坊,坐落在安徽省休宁县溪口区冰潭乡小村，建于明天启二年（1622），为四柱三楹冲天式建筑，高10.42米，宽9.48米。牌坊中间立柱前后原共有4只抱鼓石狮，现存3只，每只高达1.5米。两侧立柱前后各设置一块平板抱鼓石，较明间石狮加底座高许。明间石狮底座刻有卷草图案，上雕石狮，左雄右雌，雄狮踩绣球，雌狮扶幼狮，造型俊美，形象逼真。　明间牌匾题书阴刻“巡按直隶山东云南福建监察御史张应杨”，背面牌匾刻“万历癸未科张应杨”。笔力遒劲，形态洒脱，是一幅珍贵的书法作品，对研究地方历史文化有一定价值。整座牌坊框架由四柱与各间大、小额枋结构而成。额枋上精雕细刻，美妙绝伦。据传说：四根立柱顶端原有四尊望天吼蹲坐其上，不知何时被盗，下落不明。张应扬万历十一年（1583）进士，起初任兰溪县令，制止了当地沉溺女婴的恶俗。张应扬敢于为老百姓直言，勇气可嘉，当地百姓纷纷出资为其修建此坊。现迁至万安古城岩景区。

张应扬功德牌坊正间上下枋梁雕刻

据“蟠山喜雨碑记”记述，明万历己丑（1589年）仲夏（农历五月），兰溪县旱情非常严重，知县张应扬为了缓解旱情。在家设坛，顶着酷暑，露天祈祷。祈祷了十多天，天还是不下雨。他按古代祈雨的仪式，又在城东的五个庙相继设坛祈祷，但也没有一点效果。后来听人相传，位于瀫西的朱家山区蟠山上有龙，很灵验，于是，他徒步三四十里的路，带着一群人，前往“躬造请之”，但没有应验。后来，“乡民持枯苗告旱灾者日益众多”。看到乡民们焦急的神情，他的内心很痛苦。虽免去税负，救济乡民，不如“一天霖雨”。他认为“蟠山之庙众人一哄而去祈神非灵，断不宜乡民，传奉至今”，决定再次速去蟠山庙祈祷求雨。于是，他择吉日，减随从，连夜从县城前往蟠山庙。到了蟠山，先由阴阳法士入庙投词，天亮后，他让大家在山下等候，独自一人爬上山顶，设坛祝之，祷告真龙。一连三遍，到第四遍时，“凝神者良久，忽而有条黑蛇由庙东来赴，性状颇奇，长二尺许，时惊，以为真龙。且闻父老相传，祷得黑蛇者，当即雨”。于是连忙将黑蛇放进罐中，提着罐快行下山。不一会儿，“四山云合，风习习转自东方”，“未到坛，云已油然满空，忽电光烨烨起中天，是夜，果大雨如注，直滂沱到晓，尽日方止”。过了一二日，雨不绝，至初九，吹起飓风，雨更加大，“苗获以苏，众大慰”。见到此情此景，张应扬发了一大段感慨，“当时不有此雨，则一望四郊儿成赤地千里，地方胡以安国计，胡以充生人之伦，胡以相保为民牧者，又胡能一日晏然耶！”

张应扬功德牌坊左次间顶部雕刻

张应扬功德坊右次间上部雕刻

张应扬为安徽休宁县人，自幼聪明好学，万历十年（1582）中壬午科举人，万历十一年（1583）中癸未科进士，后出任兰溪县令。在任上，在饥荒之年捐出俸禄，置办社仓。为减轻百姓负担，决不随从邻县改变税赋。他的为官受到当时百姓的交口称赞，兰溪百姓为表感谢而两次为他建祠。现张坞村的老一辈中还流传着他的很多故事，称他为“张老爷”。之后任监察御史巡视京地粮仓，多次进言献策要速征皇粮以备饥荒之需。随后巡按滇南、福建，在滇南，平复了顺宁（今风庆）代、侯两派的争斗和仇杀。万历皇帝闻之，御赐金牌，命其体恤民情、平反冤案，当地士民深受其惠。在福建，减裁过重的税赋徭役，使当地百姓得以缓解困难。而张应扬终积劳成疾，在漳州去世。

张应扬功德牌坊石狮与抱鼓石

第一百二十六节　龙泉寺门前牌坊

龙泉寺门前牌坊，位于山西省忻州市五台县五台山风景区龙泉寺，是龙泉寺山门前精致壮观的石牌坊，石牌坊后侧配以大石狮，两旁配以石幡杆，后面连接石拱桥，一色的汉白玉材质。石牌坊建于宋朝，明朝重修，清至民国间又重建。

五台山龙泉寺门前的龙柱石牌坊

龙泉寺门前牌坊侧立面

牌坊上刻有数十条蛟龙，鳞爪俱现，神态逼真。龙泉寺原为杨家将家庙，寺旁有一泉曰龙泉，寺由此得名。占地15950平方米，殿堂僧舍165间。现存的牌坊为四柱三楹三楼式石质建筑。由深、浮、镂空雕刻而成，雄伟壮观，巧夺天工，玲珑剔透，精美绝伦，是五台山文物中最出名的石刻牌坊。其上设置三座楼顶，分一正楼两次楼，左右对称，正间楼顶既高且大，两座次楼顶略显矮小。四根方柱脚底各置厚实坚固的柱墩，其上饰有雕琢的动植物图案，柱墩牢牢地将立柱圈固在中间，稳如泰山，坚如磐石。柱墩顶上雕群狮望空，四个立面各雕花草缠枝，既坚不可摧，又艳如桃李。每根方柱前后各设置一根圆形戗柱，戗柱上深、透雕盘龙，绕柱三周，盘游舒展，似乘风破浪，腾云驾雾。戗柱、立柱的穿插两端各雕饰龙首，与戗柱龙首遥相呼应，蔚为大观。

明间两方柱之间小额枋下的镂空挂落以二龙戏珠为主题，两条龙飞腾在团团白云之中，张着大嘴，瞪着圆目，宝珠在中，云朵环绕，火焰升空直至小额枋上面，龙首、龙角、龙牙、龙舌、龙须、龙鳞、龙爪和云朵等，笔墨横姿，精雕细琢，刚劲锋利的雕迹，刀头燕尾的棱梢，吸引着游人赞叹不绝。两次间门挂落雕有花、桃、柿子、笔、尘弹、纸扇、宝镜、书、壶等，活灵活现，十分逼真。小额枋之上的牌匾阴刻“佛光普照”四个黑色正楷大字，两次间的花心板上题书“共登彼岸”“赴会龙华”，三副牌匾字体一致，颜色相同，相互对称，笔力雄健，形姿洒脱，可谓书法中一绝，妙趣横生，美不胜收。正楼檐檩上悬挂一竖额匾，上题“峻凌霄汉”四个字，金字紫底，鲜艳夺目。额匾框沿以花草缠枝为装饰图案，镂空雕刻，锦上添花，玲珑俊美，就像额头上一颗明珠点缀在中央。横梁两端各饰透雕龙首一尊，龙首之上有一位和尚居中，双臂伸向斜上方，似龙角，形象逼真。龙门枋之下饰四根小垂柱，垂柱底端雕一石榴，寓意多子多福。四根垂柱分三段，中间一段较宽，两侧较窄，中段雕琢花格图案。牌坊顶楼檐下设置小垂柱，这种造型艺术，是晋派牌坊建筑艺术中的一突出特点，运用之巧妙值得称赞。

龙泉寺牌坊明间牌匾“佛光普照”

牌坊统体雕刻着大小八十余条龙。背面的构筑和雕刻样式与正面相同，只是有些雕刻内容不同而已。如果把江西宜黄县的大司马牌坊和龙泉寺的石牌楼作一比较，前者特点是设计巧妙，雄壮厚实，后者特点是结构完美，精粹华丽，两者各有千秋。龙泉寺石牌坊后蹲坐的大石狮，造型也很生动。石狮颈上的圈带系有响玲，胸前挂有穗缨，毛发卷曲，双目圆睁。右侧的石狮，左前爪扶一只幼狮，幼狮侧躺，嘴咬大狮胸前的穗缨，四个小爪和大狮的大爪相搭，一副活泼可爱的样子。石牌坊两侧的石幡杆，插在石方台上，共五节高度，顶端饰有铜套，中间有小拱桥可以进入天王殿。石牌坊、石狮、石幡杆和牌坊背后的石拱桥，一色皆用汉白玉石，和谐统一，素朴纯洁，构成了一幅美丽壮观的彩色图画，使天天来此的国内外游客叹为观止，赞口不绝。整座牌坊设计周密，构思巧妙，通体雕满飞龙、坐龙、升龙、降龙、花梁、纸扇、八宝图、宝镜、书笔、尘掸、玉壶等多种图案，形象逼真，工艺精湛，令人叹为观止。建造这座牌坊前后整整花费了10个春秋，“慢工出巧匠，逢快必榔槺”是古代人民的俗语，也是真理。如今这座古牌坊成了石雕艺术中的珍品，文化遗产中的佼佼者。

龙泉寺门前牌坊正间“法界无边”牌匾

要知精美牌坊谁来建造，请阅下段。

龙泉寺牌坊立柱脚根固柱石上的群狮雕刻

胡明珠，公元1895年至1968年，今忻州市定襄县宏道镇贾庄村人，耕读小康之家出身。其父胡国山，精通《四书五经》《诸子百家》，终生以私塾先生为业。胡明珠从小聪明伶俐、机智肯干，读书过目不忘、敏捷脱颖、大胆泼辣、敢作敢为、光明磊落、极有正义感和爱国心。他力排群雄，独领风骚，出人意料，龙泉寺准备重修牌坊前他闻讯赶来，达标投中。当主持维恕（山东掖县人）亲自接见胡时，看他虽然长得浓眉大眼、精明强干、老练稳重、风采仪绰，但年纪轻、资历浅、恐经验少，不免产生了疑虑之心，于是搁置，存而不论。后将工程交给了由河北省曲阳县而来的一班匠人。不料，工程难度大、要求严、雕琢到了关键时刻，河北匠人由于水平所限，竟半途而废、弃之而去。主持左右为难、筹谋磋磨中，维恕聘来胡明珠切磋商榷，决定兴废。胡公不计前嫌，当机立断，承担此任；臻善修剔，扬长避短，去粗取精，拔节提高；率领徒子，积极投入；分片划域，指定任务；井然有序，各司其职；一切就绪，全面铺开；锤錾起落，交响叮噹，寒暑无阻；搞得轰轰烈烈，数年告竣完工。墓塔崔嵬，涧水潺潺，突兀逾群，举世瞩目。万钟神仰，风光旖旎，无不为这座展现在眼前的精美牌坊啧啧称赞，惊叹者也。据统计，这座牌楼上有蟠龙八十九条，柱础石墩上有石狮二十只。牌楼上的各种图案不但精美，而且刻工细致。花蕊、草叶，细如发丝，薄如轻纱；走兽、飞鸟，生动活泼，呼之欲出。90多年过去了，今天的龙泉寺牌坊还是那么闪光晶莹而典雅秀逸；还是那么容雍花簇而精美荟萃；还是那么巧夺天工，缤纷绚丽，挺拔峭然而耸入九天。作为五台山一景，令人神往而不得错过。胡明珠的名字，忻州境内家喻户晓、人人皆知而肃然起敬，乃至不胫而走、蜚声四海而与时弥烈。

龙泉寺门前牌坊正间左侧立柱柱墩前面雕刻

第一百二十七节　郑氏宗祠牌坊

郑氏宗祠牌坊，位于安徽省黄山市歙县（古徽州府）郑村镇郑村郑氏宗祠前。原祠堂无牌坊，明万历四十三年（1615）宗祠修葺时增建。康熙己亥年（1719）又重修，1995年美国友人安思远先生捐资又修葺一次，被县文化局列为景点，对外开放。牌坊宽9.86米，高12.5米，进深2.2米，为四柱三楹五楼式石质建筑。郑氏宗祠是为纪念元末学者郑玉的高洁品行而建，故又称忠贞祠，祠前“奕世忠贞”石坊，通体锦纹雕刻，典雅工丽，也是褒扬郑玉的牌坊。背面是“名宗孝祀”四个大字。“文革”中，石坊上面的文字和部分纹饰当成“四旧”

郑氏宗祠牌坊前立面

郑氏宗祠牌坊斜立面

郑氏宗祠牌坊顶部五楼

被凿去。现在看到的是一座光板牌坊。坊上没有圣旨额匾，是郑氏后人私建的牌坊，所以有人也称门坊。

郑氏宗祠（含牌坊）1998年被列为安徽省重点文物保护单位，2006年被列为全国重点文物保护单位。

郑玉（1298—1358）字子美，徽州歙县郑村人。享年六十一岁。幼敏悟嗜学；既长，博通六经，尤精春秋。教授于乡，门人甚众，学者称师山先生，且既其地造师山书院。曾经隐居东南神山——覆船山（主峰搁船尖）招隐草堂十余年。至正间，徵拜翰林待制，奏议大夫，辞疾不起，日以著述为事。明兵至，守将要致之，玉正服自缢死。玉著有师山文集八卷，遗文五卷，及周易纂注、春秋经传阙疑等，（均《四库总目》）传于世。

郑氏宗祠牌坊立柱、额坛雕刻

第一百二十八节　尚义牌坊

尚义牌坊，位于江西省抚州市临川区滕桥镇兰溪曾家村，高6.2米，宽4.3米，为四柱三楹五楼式石质建筑。始建于明万历二十年（1592），为黄作而建，距今已有420多年历史。据同治版《临川县志》载：黄作，字震卿，明进士，明万历戊子年间（1588），由于当地发生大灾荒饥，黄作毅然拿出千石粮救济民困，由此得皇上嘉奖，封为助国郎，并钦命为他立一牌坊，以作纪念，流芳千秋。

黄作牌坊为楼阁式样，坊檐为斗栱形，麻石结构建筑。柱为麻石方形，正间最上层嵌有敕“圣旨”和“钦建”石刻龙纹额匾。第二层正面刻有“尚义坊”三个正楷大字，其背面为“节孝”二字。第三层镌刻有“旌表功国郎官黄作”阴刻文大字及“黄作简介”。记述了黄作的生平及牌坊建造年代，字迹清晰，

尚义牌坊牌匾

笔锋刚劲有力。牌坊下层中间两石柱上刻四只石狮，石狮分别相背蹲坐，形象逼真，威武雄壮，可惜的是不知哪一年损失？下落不明。其他构件上的龙、凤、狮、豹、

尚义牌坊左次间上下额枋雕刻

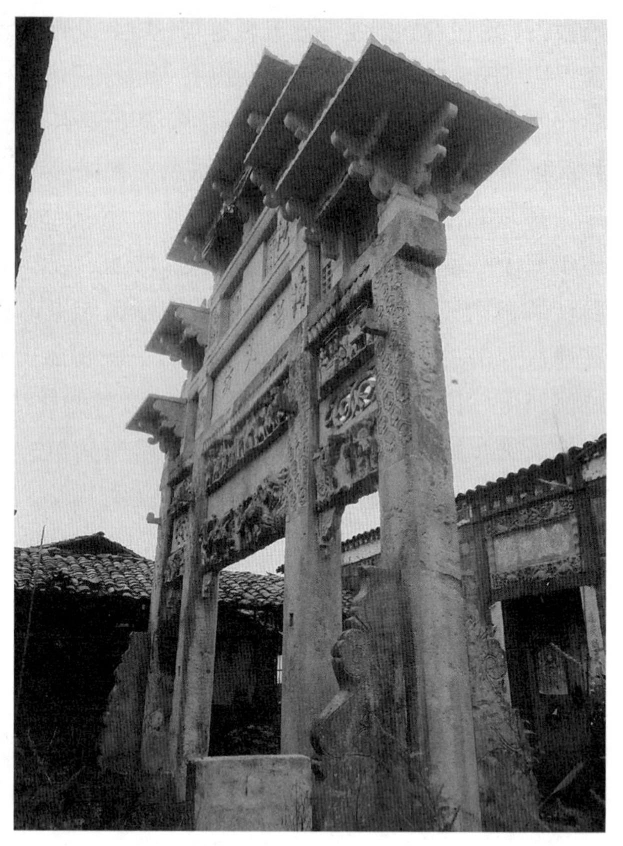

尚义坊

鹿、马、鹤、喜鹊、春燕、鲤鱼、牡丹、荷花、水仙、芙蓉、梅花、松树等，均为当地民间奉为祥瑞吉泰的动植物，由这些动植物组合雕刻而成的一幅幅图案，无一不生动地展示着明代抚州地域民风民俗、民间故事等，雕琢生动传神，栩栩如生。

第一百二十九节　天监在兹牌坊

天监在兹牌坊，位于陕西省西安市莲湖区西大街化觉巷30号大清真寺院内第二进院落中央，为四柱三楹三楼式石质建筑，宽5.6米，高5.3米。正间牌匾上题书“天监在兹”，两次间牌匾上书“虔诚省礼”和“钦翼昭事”。东西有踏道，绕以石栏，此牌坊约建于明代。早已被列入省级重点文物保护单位。1988年晋升为全国重点文物保护单位。1997年荣获西安市旅游十大景观之一。牌坊的四根立柱与前后抱鼓石上端有较粗的钢筋将三者固定在一起，防止牌坊倾斜分裂。牌坊立柱、小额枋、龙门枋及挂落等通体

浮雕动植物图案。三座楼顶均有双踩斗栱承托着楼面，正间楼面上设置大脊，大脊两端饰吻兽。这座石质牌坊体态虽不大，但雕琢图案不少，因时光久远略显粗犷，但整体设计是费

清真寺中的“天监在兹”牌坊

天监在兹牌坊中间立柱上的抱鼓石

清真寺中的“天监在兹”牌坊 次间的牌匾

尽心思，精心安排所致，在建筑文化方面具有一定研究价值。

西安大清真寺，名不虚传。总面积13000平方米，建筑面积6000余平方米，整座大院分四进院落。第一进座院落东边有影壁，正面嵌三方菱形菊莲图，檐下砖雕斗栱，宏伟壮观。第二进院落中央立一石牌坊，即此坊。还有一石碑，敕赐殿一座。第三进院落有宋代大书法家米芾和明代书法家董其昌的书法真迹，其笔力飘逸，走笔遒劲，字形韵称，堪称我国书法家杰作。第四进院落有1300平方米。礼拜殿内有400余幅书以阿拉伯文图案，构图各具千秋，具有较高的欣赏价值和收藏价值。

第一百三十节　郏县孝子牌坊

郏县孝子牌坊，坐落在河南省郏县长桥镇窦堂村，始建于明万历三十六年（1608），高11.15米，宽8.39米，为四柱三楹三楼式石质建筑。当初建造时用红麻石，后因风化，光绪十七年（1891）重修。胡氏后人保留了正面牌匾，牌匾上题书“诰赠朝议大夫户部陕西清吏司郎中加一级胡鼎暨诰赠恭人程氏”二十七个正楷字。该牌坊集孝行、功名兼而有之。现已由原址迁至万安古城岩景区。

郏县孝子牌坊

通体红石构筑，是一座地地道道的红石牌坊，在全国牌坊中非常罕见。红石的来源，是本着就地就近取材的原则，应该源于附近几十里外的紫云山或者红石山，无论是那座山，对于当时的生产力来说，运输数吨重量的石材是有很大困难的。

郏县孝子牌坊前左侧狮子

牌坊的楼顶大脊之上中国古建筑元素一应俱全，明间大脊两端各一鸱吻。吞衔大脊，尾部冲向天空，大脊中央两个吻兽，承托着刹尖，可惜早已损失。按古建筑的法则应该有一个狮子驮宝瓶之类的刹尖置上。望兽两边有卷云纹的镂空花草雕饰与两端的鸱吻相连。鸱吻做吞脊状，尾身竖立，尾尖内弯，外侧施鳍纹。而正脊以外的垂脊之上也各有一个戗兽，威震四方。牌坊正中的牌匾上题有“孝子坊”三个正楷大字，为乾隆皇帝亲笔御赐。右面落款为“乾隆十七年建”。下面的中门上刻“皇清钦旌孝子太学生冯赞”。

郏县孝子牌坊右前侧雌狮子

郏县孝子牌坊右次间龙门枋上雕刻

郏县孝子牌坊右次间背面花心板上的万字图案与深雕

几行字把牌坊的时间、人物、用途交代的一清二楚。郏县长桥的孝子牌坊是为清朝当地的太学生冯赞所建，他幼年丧父，由母亲抚养成人，后成为富庶一方的乡绅。他在当时是孝敬母亲远近闻名的大孝子，俗话讲“顺者为孝”，冯赞就遵循了这条古训，对待母亲百依百顺，唯命是从，母亲有病，他天天不离床前左右，煎汤熬药，衣不解带，直至母亲疾病痊愈，他才放心外出。冯赞不但以孝为先，他还善于救济贫穷，乐善好施，乾隆十一年（1746）本地遇特大荒灾，百姓生活贫困，冯赞向朝廷捐赈灾粮50万斤，救济灾民，贡献之大，无可挑剔。乾隆帝要赐予冯赞官职，冯赞婉言谢绝。乾隆帝特钦赐兴建“孝子坊”，表彰他的孝行。自乾隆十七年（1752）始，冯赞不惜重金，聘请能工巧匠，历时13年建成该牌坊。

第一百三十一节　禹王宫山门牌坊

禹王宫山门牌坊，位于四川省隆昌县城道观坪隆昌二中校园内，是隆昌石牌坊中雕刻最精美的一座。为四柱三楹五楼式石质建筑，青石单面雕花牌坊。高15米，宽10米，进深2.8米。四根立柱脚下无抱鼓石也无基座，是否被埋在地下，有待考证。三楹式的结构应为三间都能通行，该牌坊只有正间能通行，两次间设置了隔断装饰图案。牌坊正门两立柱上书有怀念、赞颂大禹的楹联：

微禹吾其鱼乎！想当年濬浍决川，永赖承天平地；

夫农神之主也！念今日服畴食德，应昭肇祀明禋。

其上联是说：如果没有大禹治水，我们不早就成鱼了吗？当年他疏通九河，将一片洪水的世界，决作深川小流而显露大地，人们永远依赖大禹顶天平地的功勋，才能永远安居乐业，幸福安康。下联是说：老百姓才是神的祭拜者，想一想今天我们能无忧无虑地在耕种土地，繁衍生息，由贫穷到富裕，就是依靠了大禹伟大壮举艰辛劳作的结果，我们才能享用一切，因此我们应彰明显著地

牌坊中间牌匾与雕刻

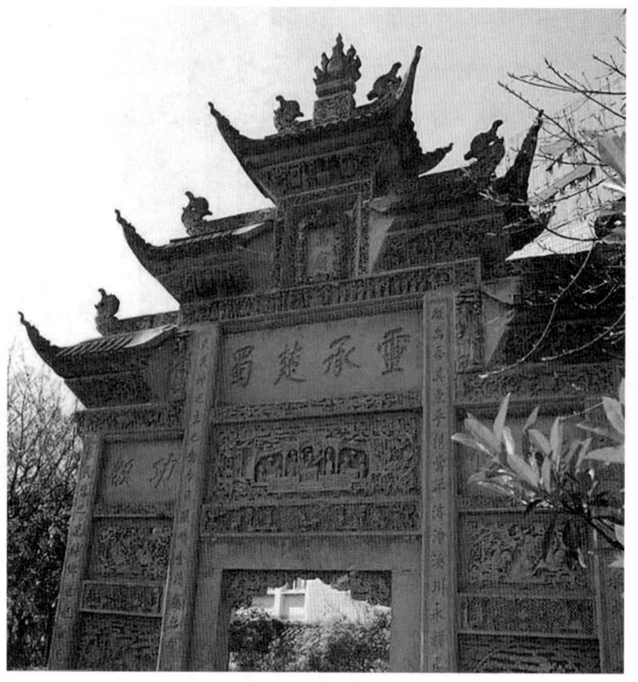

禹王庙门坊

为他建庙，奠定祭祀，隆重禋基。次间楹联：

明德远矣，便雒水支流亦沾圣泽；

黎民怀之，况乡梓世祀敢忘神依。

其上联是说：光明的德泽长远哪！即便沱江小小支流的地方，也沾了大禹圣人的恩泽。下联是说：天下百姓怀念大禹的功劳啊！何况这是禹王家乡世代祭祀的地方，岂敢忘记对禹的护佑的依靠！

明间门洞为近期修理时加固的三面框架，防止额枋、花心板、牌匾断裂而采取的措施。又加固了龙门枋上雕琢的“双蒂相连”图案，与原牌坊上的雕刻难分今古。小额枋上琢刻“凤凰驮鼎”、宝瓶相伴，以卍字图案为底衬，两端饰花格。再向上为花心板，花心板上雕刻“魁星点斗”，内容为诸生朝试，正中坐着主考官，两旁会试生员在苦思冥想地应试，虚空刻一“魁星”为古神话中主宰文运兴衰的神，是天上二十八星宿中“魁宿”的俗称。魁宿又称魁木狼，头像似狼首。清代顾炎武在《日知录》中说：“神像部分像奎，而改奎为魁；又不能像魁而取字之形，为鬼举足而起斗。”故魁星头部像鬼，一足向后翘起，如“魁”字大弯钩；一手托斗，如“魁”字中间之“斗”字；一手执笔，意为用笔点定中试之人。牌坊上所刻魁星立于虚空，未占鳌头，仅取“点斗”之意，并于图案正中小刻“天开文运”四字，表达崇尚儒学，勉励隆昌学子学而优则仕，

牌坊花心版上的戏剧人物雕刻“魁星点斗”

立世作人；走正路，或作廷试之首（状元、榜眼、探花），或作进士、举人，可谓用心良苦。隆昌二中曾以禹王宫山门坊作为校门，各界精英人才辈出，真正占尽了“天开文运”“魁星点斗”之灵气。

中额枋上雕刻“龙凤呈祥”，凤凰座中，二龙两侧各一，呈腾飞状，额身不大，雕琢技艺精湛，造诣匪浅。中额枋以上为牌匾，上书“蜀楚承灵”四个正楷大字，此种书法格式出现在距今153年前（1867），比1952年全国政协会议陈嘉庚先生“改汉文书写格式从右到左竖书”为“从左到右横书”之提案实施早85年，比五四新文化运动早52年。此中书写格式在全国石牌坊中是独一无二的。牌坊的背后原为湖广会馆，广聚着湖广籍士农工商，皆为精英，他们聚于此处切磋商机，交谈生意，鱼龙混杂，信仰不同，风俗各异，良莠不等。故禹王宫山门牌坊雕刻内容丰富多彩，各具形态，包容了儒、释、道三家文化。

牌坊禹庙“九龙捧圣”额匾、额枋

明间顶楼额坊雕刻“龙凤呈祥”，又名“甘露寺”或“刘备招亲”，取材于《三国演义》第五十四回“吴国太佛寺看新郎”。周瑜向孙权献策，以招亲为计，欲诱刘备过江，擒而杀之，使荆州得归东吴。诸葛亮将计就计，使赵云护驾刘备过江，先求乔国老，后求吴国太。吴国太、长公主孙尚香喜刘备才貌，遂弄假成真，使周瑜落下了“赔了夫人又折兵”的嘲笑之语。牌坊刻饰图案内容即为吴国太于甘露寺昭见刘备时情景：吴国太高居中座，一边是刘备带赵云躬身拜见；一边则是孙权、乔国老作陪，孙尚香则于暗室窥视刘备。人物形象表情生动，栩栩如生，雕刻戏曲故事于顶楼额枋，点出蜀楚两地历史上即有关联姻之好。

两次间楼小额额枋分别雕有许多人物戏曲故事，如左次间额枋雕刻的是“吕洞宾三戏白牡丹”。故事出自《东游记》。吕洞宾是八仙之一；白牡丹是洛阳第一名妓，长得国色天香，聪慧风流。吕洞宾一见不由心神荡漾，遂三次化作风流秀才登门拜访。雕刻图案即吕仙化作秀士会白牡丹情景。真是神仙也难过美人关。如此感人动听的故事也雕刻在禹王宫牌坊上，是对各阶层的文化采取兼容并蓄的开放态度。右次间额枋雕刻图案是“金鸡戏仪”，故事叙述了儒生窦仪挑灯夜读，专心致志。其近邻有一金鸡精，倾慕窦仪美才化作一绝色佳人，前往其身旁，极尽挑逗，窦仪不为所动；金鸡精将砖石化作黄金相赠，亦被窦仪扔出窗外，金鸡精技穷而退。时有魁星从旁监视，见窦生如此，大为赞叹，后佑护窦仪高中。此图案雕琢在该牌坊上，意为劝勉诸生勤奋学习，不为色欲、物欲所动，潜心苦读，才能大功告成。

禹王宫右次间牌匾“叙功”与横梁雕刻

牌坊两次间的花心板上分别书有，左“修政”，右“叙功”各两个大字，与牌匾上的“蜀楚承灵”四个大字皆为行楷体均为自左而右读。其书法刀头剑尾，运笔流畅，锋利雄健，引起历代众人赞叹。两次间四个大字以鞭策、勉励当政者以禹王治水三年，三过家门而不入之精神，勤修政务，为民谋利；世人百姓对执政者修正之功当记叙之、歌颂之。左侧下雕刻《虎牢关》，取材于《三国演义·虎牢关三英战吕布》，是为西汉末年十七镇诸侯相应曹操号召，聚集力量讨伐董卓，于是由刘备率领“桃园三结义”关云长、张飞参与。在关云长温酒斩华雄的大捷后，董卓义子吕布镇守虎牢关，十七镇诸侯大将纷纷落马；于是关云长走马出战，张飞手挺丈八蛇矛随其后，不能胜吕布；刘备手持双剑上阵，三人围住吕布，走马灯般厮杀，顿时金鼓齐鸣，沙尘迷目，吕布不敌而走。牌坊上此图以深雕方式表现得淋漓尽致，活灵活现。从历史上来看，关羽自宋代大走红运，青云直上，关羽庙遍迹全国城镇乡村，宋徽宗谥为“义勇武安王”；元代加谥“显灵义勇武安英济王”；明神宗加谥关羽为“协天护国忠义帝”“三界伏魔大帝”“神威远震天尊关圣帝君”，此后的“关羽庙”便称“关帝庙”。清代顺治皇帝更有过之，对关羽谥号“忠义神武灵佑仁勇威显护国保民精诚绥靖翊赞宣德关圣大帝”二十六个字，其名誉地位远远超过历代帝王。“三英战吕布”的雕刻，独出心裁，是我国牌坊建筑中的一大创举。

禹王庙牌坊右次间上的雕刻“三英战吕布”

次间右下花心板雕刻戏剧故事“红泥涧”，又名“三鞭换两锏”。故事出自小说《说唐全传》第五十四回，说的是秦王李世民与程咬金夜月探察敌情，被定阳王刘武周先锋大将尉迟恭发现，匹马追来，要生擒李世民。程咬金，慌忙接战，不是尉迟恭的对手，被数次打翻在地。李世民亦被追杀的丢盔卸甲，披头散发，狼狈不堪，眼看就要被擒。幸得大将秦叔宝及时赶到，与尉迟恭大战一场。二人武功相当，难分胜负。李世民喜欢

牌坊左侧雕刻“修政”二字；中为“红泥涧”；下为“大破能仁寺”

尉迟恭，吩咐秦叔宝不得伤害。秦叔宝与尉迟恭订立赌胜方法，即尉迟恭打秦叔宝三鞭，秦叔宝打尉迟恭两锏，以能承受者为胜。尉迟恭被打得伏鞍吐血，秦叔宝则强忍内伤，做出胜利姿态，尉迟恭即降唐。浮雕画面清晰生动，交战情景激烈感人。以此两幅画面图案在此出现，也合了“禹王宫”亦为“会馆”之拍。

同治六年（1867）已入籍隆昌的原湖广籍范泰衡等人出面，邀约湖广籍商甲士绅集筹资金，重修禹庙，并更名为禹王宫，亦作湖广会馆。其会首范泰衡，字宗山，清道光甲午科（1834）举人，擅长书法，与弟泰亨、其子运鹏，皆善书法，号称“隆昌三范”。其书法称为范体、范字。讲究凡著书立说能发明正学，有益于民众、世道人心；居官要清正廉洁，爱抚百姓，有利于民众。在万县任训导期间，编修《万县县志》；捐奉奖励诸生，设置宾兴馆，振兴教育事业；协助知县办理团务，曾为安徽省大营采办川米二千石，因军功保知县用加五衔，又因子运鹏贵，被授四品封职训导。辞官归里后，效先人范仲淹义庄陈法，置祭田，赡抚亲族，教养子弟成名，被人所钦仰；乐善好施，凡县中各项公益事业，只要力所能及都积极参与，为县抚恤会首事。全县学者尊其为祭酒，享年84岁，祭祀于乡贤。

禹王宫即为湖广会馆，且湖广地域在春秋战国时期大部分为楚国，所以重建的禹王宫山门正间牌匾上题书“蜀楚承灵”四个字。蜀即三国蜀汉，指四川；楚即指湖广之地。相传，大禹借出于蜀，疏九河，铸九鼎而治九州，蜀楚之地宠承着禹王神灵的佑护；亦含有蜀楚之地物华天宝，人杰地灵之意。

禹王宫山门牌坊顶楼刹尖

禹王宫山门牌坊雕琢之艺，精深艺高，出手非凡，从构图设计的匠心独创方面可谓屈指可数，独领风骚，别具一格。从“九龙匾”“蜀楚承灵”的设计，到历史故事的人物塑造，神态刻画上暨楹联书法、图案构图等方面，无不在精华中显露着禹王宫门坊的庄严肃穆，表达了对大禹的深切怀念与敬仰之情。

第一百三十二节　颐和园荇桥两牌坊

颐和园荇桥东西两牌坊

颐和园荇桥牌坊，位于北京颐和园内，石舫以北，荇桥的两端。两座牌坊均为四柱三楹三楼冲天式木质牌坊，高9.6米，宽6米，进深1.46米。荇桥位于石舫西侧，武圣祠与寄澜亭之间的河上，该河道在颐和园内称“万字河”。荇桥以南可观望石舫，面临明湖盛景。荇桥始建于乾隆二十三年（1758），竣工后，深受乾隆皇帝喜爱，并亲笔题书牌匾，对荇桥景色之描写：东牌坊前后两面为“蔚翠”“霏香”，西牌坊两面为“烟屿”“云岩”。光绪十八年（1892）重修。两座牌坊皆青石台阶，四根立柱下均设夹柱石，夹石束腰，上下雕仰莲卧莲。三楹各设置大小额枋，从雀替处向上通体彩绘，鲜艳夺目，五彩缤纷。

一、蔚翠牌坊

蔚翠牌坊，明间大额枋与两次间小额枋中央皆绘金色二龙戏珠。明间牌匾上乾隆皇帝御笔“霏香”“蔚翠”红色二字，前后均光彩夺目，格外耀眼。牌匾两端各雕琢单

荇桥“霏香”牌坊

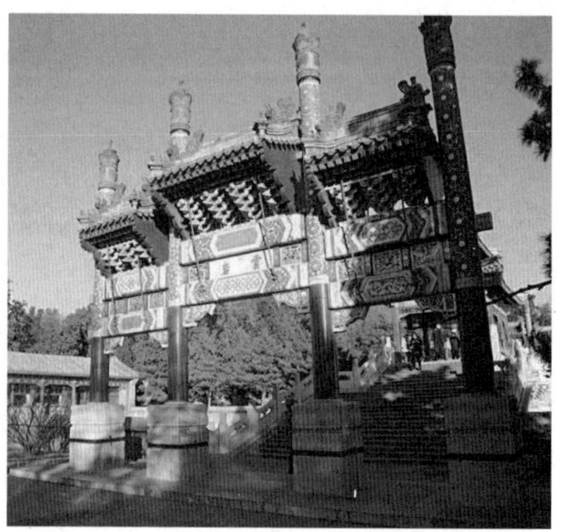

颐和园荇桥头云岩“牌坊

龙行云，正楼的楼顶由檐下四组五踩斗栱承托着楼顶，两次间各由三组四踩斗栱承托着楼顶，三座楼顶上皆为大脊坐中，两边罩灰色筒瓦，楼坡顶端饰滴水瓦当。楼顶鸱吻剑把背兽、戗兽、跑兽样样俱全。各间大红色博风板宽大浑厚。四根立柱顶端各饰一尊望天吼相对而坐。立柱上部分彩绘以圆形花瓣金色点中为主题，排列有序，整齐划一，雄姿英发。

二、云岩牌坊

云岩牌坊，与蔚翠牌坊一东一西，相互辉映，从结构、框架、彩绘、构件、安装技艺等方面完全相同，似一对孪生兄弟，亲如一家，遥相呼应。

第一百三十三节　两世冰操牌坊

两世冰操牌坊，坐落在四川省自贡市自流井区舒平镇磨刀岭村的磨刀岭上，高7.8米，宽6.2米，进深1.87米，为四柱三楹五楼式石质建筑。系李氏、吴氏节孝牌坊。建于清光绪六年（1880），在自贡地区的节孝牌

“济美”“松心”次间书法

两世冰操牌坊斜背立面

坊中唯一的一座两面各旌表一人的节孝牌坊（西婆、东媳）。牌坊明间、次间、抱鼓、大小额枋上雕刻有当时坊主人姓名既为坊主人的题书，正背两面皆

次间书法“获清”“柏节”

一门劲节坊七龙捧圣额匾

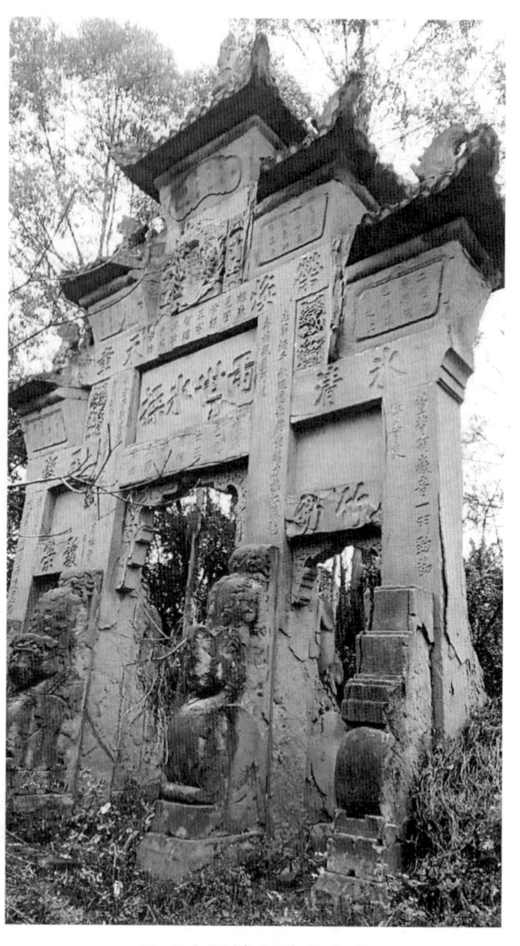

两世冰操牌坊前面书法

为九龙捧圣额匾，上题书“圣旨”二字。正面额匾下的龙门枋上刻有“旌表邑登仕郎王宇智继妻李氏节孝坊”。背面龙门枋上题书“旌表邑登仕郎王恂信妻吴氏节孝坊”。背面次间龙门枋左题 “贞符”，右“地道”，右次间“怀清”“济美”，小额枋上题“柏节”“松心”。皆为赞美坊主人清操贞节；孝敬父母之美德；颂扬其勤俭持家之优良作风和抚养幼子成人之辛劳。牌坊题书行、楷、大楷、小楷、行楷俱全。字体刚劲气足，功底深厚，运笔流畅，结构严谨，通体书法层面之广，内涵之深厚，实在令人称道。

“两世冰操，一门劲节”牌坊正面为旌表“王三畏堂”分支王宇智继妻李氏；背面为旌表王宇智之子王恂信妻吴氏。实为婆媳节操坊，故分别题刻“两世冰操”“一门劲节”牌匾于正背两面，这在全国现存节孝牌坊中是唯一的一座。王宇智继妻李氏卒于同治八年（1869），当时任四川总督的吴棠，向朝廷进表请建节孝坊未果。光绪六年（1880），王恂信妻吴氏卒后，四川总督丁宝桢又再奏请朝廷始准建此“两世冰操、一门劲节”牌坊。

现“两世冰操”牌坊为四川省文物保护单位。

第一百三十四节　一门双节牌坊

"一门双节"牌坊正立面

一门双节牌坊，位于浙江省温州乐清市雁荡镇扑头村南面，建于清咸丰二年（1852），坐西北面东南，四柱三楹冲天式仿木青石结构建筑。柱基座宽0.88米，长1.95米，高0.4米。柱子方形，边长0.4米×0.4米，四根立柱只有前右侧存一块抱鼓石，其他七块抱鼓石已不见踪影，明间立柱前后的石狮已移至现村祠堂前。抱鼓雕刻精美，棱角分明，卷草纹装饰。柱头上原置蹲狮（现缺失）。柱身刻对联，两中柱上刻：

通德门中坤贞一德，怀清堂上节表双清。

两侧柱上刻：

松筠节蔚千年翠，水蘗心传一瓣香。

明间设小额枋、大额枋、中额枋，小额枋左右两侧浮雕龙首，中间雕四狮戏球，图案精美，雕工精细。下面左右设雀替，雕花纹。花心板上刻：

皇清旌表业儒郑士锦妻林氏、一门双节、孺人男荣茂妻吴氏孺人之坊

背面刻："潜德扬辉。"上花心板上的雕刻分五段，中间刻福禄寿喜四星、善财童子，两侧刻天王像，再两侧刻八仙，雕刻精美，雕工精细，人物栩栩如生。次间设小额枋、中额枋、大额枋，小额枋中间左右均浮雕麒麟瑞兽，两端雕如意纹。右边花心板刻：

次间顶部的蝉连制钱

郑门林吴姑媳，双节赞：郑公之乡，林婆之湖，清流弥弥，冰心玉壶，延陵嫔则，励节从姑，盘登孝鲤，巢哺慈乌，柏舟共矢，荻画相符，华联旌节，孤芳不孤，宝号锡庆，绰楔当途，含贞昌后，亶其然乎。邑孝廉蔡保东拜赠”。

牌坊下额枋梁与上花心版的浮雕与高雕

上花心板刻：

大清咸丰二年、奉旨、钦命兵部尚书兼都察院右都御史总督闽浙等处地方提督军务兼理粮饷加三级刘韵珂、钦命兵部侍郎兼都察院右副都御史巡抚浙江全宝常、钦点状元及第礼部左侍郎提督浙江省学政吴锺发、彙、口口大堂核议覆奏、口口旌表钦此”。

左花心板刻：

孙男心雍、曾孙心韶、元孙珍怀瑛瑾、来元孙九皋乾田壽、口来孙维寅。

一门双节牌坊次间雕刻

右花心板刻：

钦命浙江承宣布政使司布政使椿寿、钦命浙江提刑按察使司按察使口口口、钦命浙江分巡温处兵备道兼水利庆、钦命浙江温州府裕、钦命温州府乐清县孙、乐清县儒学教谕丁、乐清儒学训导钱、咸丰三年腊月吉旦建。

次间花心板上置镂空雕龙形纹，雕工精细，少部损坏。

据光绪《乐清县志》中载：《郑门二节》文云：郑焵文妻林氏年二十夫亡，抚子荣茂成立娶媳吴氏，茂病，吴氏割股救之，不痊。姑媳矢志守节，邑令张友柏旌其闾曰清贞世笃，咸丰二年请建坊旌表，流芳千秋。

第一百三十五节　道冠古今牌坊

道冠古今牌坊，坐落在湖南省长沙市南门口长郡中学校内的文庙坪，坐东面西，为四柱三楹三楼式仿木结构建筑，高8.8米，宽6.6米，进深2.4米。牌坊正面牌匾阳刻“道冠古今”四个正楷大字，背面牌匾阳刻“贤关”两个正楷大字，皆为繁体字。牌坊明间顶楼为四组板式斗栱承托着楼顶，大脊两端各饰鱼尾吻兽，鱼尾直冲蓝天。中间置长颈三节宝葫芦刹尖，宝葫芦两侧各站立一只松鼠，由下至上逐次细小，为牌坊的最高点。龙门枋两侧为次间顶楼，楼顶两外侧四角翘起，大脊高立，两外端与主楼吻兽相同。通体牌坊浮、深雕虽不多，但其雕刻刀法十分细腻，做工精湛，显示出设计者和工匠们高超的技艺水平。

修复后的道冠古今牌坊背面

牌坊处在一块文化圣地上，旁边是长沙府“学宫”遗址。这里曾是长沙府“学宫”，系长沙十二个县的最高学府，建成于清同治五年（1866年）。这种文庙与官学相结合的“左庙右学”，后毁于1938年的“文夕大火”，仅留下这一座古牌坊。

每当入夜，漫步西文庙坪，驻足古牌坊与学宫遗址近处，市井气息颇浓，街巷黯淡的灯光下，往来的夜行人匆匆而过……谁还想到在20世纪30年代，湖南省主席何健还曾在此举行过隆重的祭孔大典，因为这里是文庙的旧址。历经岁月沧桑和历史变迁的许多老旧街巷与民居，随着城市现代化建设进程，成了棚户区。

牌坊次间雕刻“凤凰展翅”与“麒麟送子”

牌坊正面“道冠古今”牌匾

眼下，西文庙坪西向的学宫门正街及豆豉园、唐家湾、白鹤巷、永湘新街诸多小街巷均列入拆建范围。随后，将以棚户区的改造为契机和切入点，通过仿古复旧，打造出颇具民俗风情的建筑群。牌坊修葺后将于改造后的风俗民情的建筑群体，共同散发出中华民族历史文化的芳香。

牌坊明间牌匾“贤关”

第一百三十六节　三位一体牌坊

三位一体牌坊

三位一体牌坊是由“忠烈祠牌坊”“直秘阁牌坊”和“司农卿牌坊”三坊结合而组成，坐落在安徽省黄山市歙县郑村镇郑村，“贞白里坊”以西约300米处。“忠烈祠坊”在中，“直秘阁坊”在左，“司农卿坊”在右，三坊紧相毗，坊与坊之间以短墙相连，成为一个整体。据清康熙刻本《新安歙西沙溪汪氏族谱》图录，在此三座牌坊前，原先还有一座“世光坊”。忠烈祠牌坊为四柱三楹五楼式建筑，通面阔8.45米，高10米，进深2.6米。直秘阁牌坊和司农卿牌坊均为双柱单楹三楼式建筑，通面阔4.15米，高8.5米，进深2.6米。三坊均于明正德五年（1510）所建，花岗岩石质，鳌鱼吻首衔脊，挑檐下为仿木结构的斗栱，其上均带有浮雕的花纹。忠烈祠坊为西溪汪氏崇祀其祖汪华而建。直秘阁牌坊为汪氏六十八世祖汪若海立。司农卿牌坊为汪若海王叔詹——宋宣和太常博士司农少卿而立。忠烈祠三坊并列耸立，阵势宏伟，气宇不凡，蔚为壮观。

一、忠烈祠牌坊

忠烈牌坊

忠烈祠牌坊，为汪华而立，位于三位一体牌坊中间，为四柱三楹五楼牌坊。四根立柱下各设置一块束腰长方形基座，各立柱前后设置一块平板抱鼓石，由下至上逐渐以不同弧度的曲线逐渐缩小，断面圆棱，过渡自然，外形美观大方，简洁明快，不落俗套。三间各设置龙门枋、大小额坊，正间设花心板，花心板前后题刻“忠烈祠”三个字，可惜随着时间流逝，字迹已模糊不清难以辨认。小额枋与花心板之间以两组双踩斗栱相隔，既装点了二者之间的空白，又承托了花心板之上的部分重量，一举两得。小额枋上浮雕深雕结合的“狮子戏绣球”，姿态多变，幽姿俊美，气势壮观。两端各设雀替装饰，明间横梁下削棱浮雕昂莲花瓣，立柱顶端饰簪花点缀，锦上添花。正楼四组板式斗栱承托着楼顶，与次间、梢间楼顶相比逐次降低，形成对称式楼顶。为防止风、雨、雪荷载的冲击，各斗栱之间用镂空花格的雕刻平板石相隔，可达到通风流畅之目的，还装饰美化了整座牌坊。次间的雕刻均以被破坏，难辨其内容主题。牌坊前面摆放着两尊石狮，左雄右雌，雄狮右爪踩一绣球，雌狮左爪扶一幼狮，幼狮顽皮戏闹，前左爪放在雌狮的后背上，头望雄狮。雄狮颈系铜铃，头向幼狮，与幼狮相互呼应。这对石狮多年来被埋在地下，近十几年出土后被配置了底座，摆放牌坊前，回归原位，可谓游子归故，母子团圆。

汪华（586—649），字国辅，又字英发，唐朝越国公。世居歙县登源汪村（后属绩溪县），自幼丧父亡母，寄居郑村舅家，喜与乡邻少年习拳练武，且以勇侠闻名乡里，曾拜南山和尚罗玄为师，武艺超群。隋末，农民起义蜂拥，汪华率众少年应郡守招募入伍，前往婺源平“寇”，立下卓著功劳。当时正处群雄割据，生灵涂炭之际，汪华发动兵变，一举占据新安郡，又相继拥有宣、杭、睦、婺、饶诸州，带甲十万之众，号称吴王，将新安郡治所由黟、休迁至歙之乌聊山，并筑城池。此后十余年间，保境安民，六州版图不见兵革；政清人和，百姓安居乐业。唐武德四年（621），在国家行将统一之际，汪华遣使上表归顺唐朝。唐高祖李渊嘉其识时务、顺潮流和保六州有功，授予方牧，持节总管六州军事，兼歙州刺史，封上柱国越国公，食邑三千户。武德七年（624），汪华奉诏进京，被授左卫白渠府统军事，参掌禁兵，后改忠武将军。唐太宗李世民征辽东，诏汪华为九宫留守。汪华夙夜尽瘁，事无所乏。因而太宗凯旋后嘉其忠勤。贞观二十三年（649），汪华因操劳过渡，在京城长安染疾。太宗经常劳问，并赐医药。终不治而卒。太宗仍赐杂彩10床，黄金百两，恩礼如功臣。永徽二年（651）归葬歙北七里云岚山，谥号“越国公”。此后，歙州人对汪华更为崇拜，以其为佑民护国之神灵，“世所谓汪王，一郡六邑之人咸尊祀之”。而统治者亦借此驾驭人心，对汪华一再加封。宋真宗大中祥符二年（1009）封汪华为灵惠公；徽宗政和四年（1114）赐庙额曰“忠显”；政和七年（1117）加封英济王；至南宋恭帝德佑元年（1275）又加封昭忠广仁武神英圣王，改赐庙曰“忠烈”；连蒙古人当政的元顺帝至正元年（1314）也封其为昭忠广仁武烈灵显王。可谓恩荣之至。休宁万安古镇上曾建有“吴王（汪华）宫”，宫中一联概括了汪华的功勋伟业，联曰：“乱世据六州，保境安民，煌煌功绩垂千古；治平朝帝阙，忠君爱国，赫赫英名满神州。”徽州一府六县都曾建有汪王庙，并定有汪公大帝祭祀活动。清代歙县诗人方士庹在《新安竹枝词》中，对庙会活动有精彩描述，词曰：

“忠烈坊”与“司农卿坊”

司农卿牌坊

油茶花残麦穗长，家家浸种办栽秧，社公会后汪公会，又赛龙舟送大王。

二、司农卿牌坊

司农卿牌坊，位于忠烈祠牌坊左侧，为双柱单楹三楼式牌坊。其抱鼓石与忠烈坊相同。龙门枋、小额枋上的浮雕多被损坏，两次楼之间的花格早已损失，三座楼顶上的装饰与忠烈祠坊相同，保存良好。

直秘阁牌坊背面

司农卿牌坊为汪叔詹而立。叔詹，字致道，宋崇宁五年（1106）进士，授将仕郎、虔州会昌县尉，改任宣州州学教授，转从事郎、宣教郎，移郓州州学教授；后至京师任太常博士，因直言忤宰相王黼，被降任无为军庐江县丞；后召摄芜湖县令，因反对将丹阳湖围垦造田而被罢官。高宗即位，获恩转任承议郎，至京师与枢密李纲书论时事，被李称为“真天下奇才也！”辟仕编修官。后因弹劾秦桧，险遭桧害。宋高宗三十年（1160）致仕返里，不久逝世，寿至八十一。叔詹“人物轩昂，志节慷慨，博通经史，尤长于诗。与人交，胸中无毫发隐，故士大夫以此称之。见邪佞疾之如仇，面折不能容忍，用是亦数见排摈”，但“处事精明，笔力不衰，平生仕宦，所至称治”，终使得颐享天年。这是其子汪若海为父所叙行状中的评价。

三、直秘阁牌坊

直秘阁牌坊，坐落在忠烈祠牌坊的右侧，为双柱单楹三楼牌坊。其大小规格、造型、雕刻、施工工艺亦与司农卿坊相同。三座牌坊呈一字形排列，左右对称。它们之间以夹墙连接成为一个整体，夹墙灰色墙头，白色墙体，一派实实在在的徽派建筑。虽然饱经风霜数百年，古老沧桑，加之周围环境的脏乱，显得更加陈旧不堪，但是，这三座牌坊上的绘画、雕刻、线刻等看上去不生涩，也不乏味，好像看到了历史、艺术和当时社会的汇流与交融，用砖、石、瓦表现得都很妥帖，有滋有味。让历史文化绽放未来的艳丽，使尽不可估量的力量。

忠烈祠牌坊的楼顶结构

忠烈祠牌坊正间前面浮雕

直秘阁坊为汪若海而立。若海，字东叟，叔詹次子，“生而歧嶷，美姿挺特”，年十八，即“游京师，入太学，连送礼部”。当时正值金兵南下侵扰，宋朝廷下诏求知兵者。年轻的汪若海锐然应诏，上书给枢密曹辅，请立康王赵构为大元帅，镇抚河北，以犄金人，则京城之围自解。然而人微言轻，宰相何栗执异议，断然不纳，以致京城失守，徽钦二帝被金兵所虏北行。汪若海又勇赴金营，述麟为书，袖之抗金兵主将粘罕，请存赵氏。然后走谒康王于济州，请他早继帝位，以图中兴。以后又献平寇策，说降叛逆，立下殊勋，年纪轻轻，即先后任承奉郎、江南经制使、承事郎、监登闻检院之职。后通判辰州、洪州、顺昌府，知江州，到绍兴年间累官至直秘阁。绍兴三十一年（1161），在父亲叔詹故后一年亦“不幸死矣”，享年六十有一，葬于渔梁山。其从弟汪若容（字正夫）在为其所撰行状中评曰：“公豁达高亮，深沉有度，自幼不群，耻为世俗章句学。字画行草，自为一家。于文无所不能，探纸笔立就，初若不经意者，比成章，蹈厉风发，脍炙万口。”“论兵机，策时事，决河汉，灼蓍黾”，“其《麟书》引兽合事，罗百兽而尊麟，使卖国叛君者读之色愧。”是以宋高宗亦赞其是个“人才”。

第一百三十七节　民之父母牌坊

民之父母牌坊，俗称“牛树梅德政牌坊”。位于四川省隆昌县城北关道观坪，横跨巴蜀古驿道，为一座四柱三楹五楼式的石质建筑，高7.7米，阔6.7米，进深1.87米。建于清道光二十五年（1845）。该牌坊正间楼顶上的刹尖及飞檐翘角、吻兽、跑兽及局部雕刻皆毁于“文革”时期。各座楼檐下额枋均为镂空雕琢镶嵌而成，在隆昌县城牌坊群中，只有这一座牌坊采用了这种雕刻技术。顶楼北面额枋正中雕刻了一件寿字图案，周围共五只蝙蝠面向寿字，称“五福捧寿”，意寓祝县大老爷牛树梅福寿双全。次楼檐下均雕刻镂空云纹，云纹中刻束腰飘逸绶带之“八宝”；南面刻有简板、如意、葫芦、古琴；北面刻有宝剑、编磬、画轴、如意。以此高雅之物表达民众对牛树梅的称颂、祝愿。次间上副匾浮雕“福、禄、寿、喜”四星官。南面右上匾深浮雕禄星，又称赐禄天官；后随一童，怀抱一瓶，瓶内插三戟，寓祝牛树梅“平生三级”之意。

“民之父母”坊的前立面

据史料记载，牛树梅任隆昌县令虽仅一年，但做了许多好事。他支持创办“恤嫠会”，使大批孤苦穷困无助的寡妇孤儿获得了基本的生活保障。他减少徭役，禁娼缉盗，劝农桑，兴教育，戒科饮，抑胥吏，禁强暴，鼓励节孝乐善，以淳民风。他经过访查和审理旧案发现，官吏多有私贪腐败之行、衙役有敲诈勒索之事，即行整肃吏治，发布告示，坚决查处舞弊，革除腐败之行。他清慎廉洁，律已极严，每至乡村，则独坐一骑，从者几人，而饮食舆马之费自己薪俸开支。他疾恶如仇，爱民如子，立下审办案格言：“勤听断，少臆断，不枉断，公而断，断而公。”申冤，替民做主。他常晓谕属下“惟乡间民众受害最烈”，他要求官吏衙役办案务求勤勉，“当官作差者一日不勤，下必受其害，案必受其染”，要求做到“案无留牍，讼无冤狱”。同时，牛树梅理政又不同于一般人，他既凛然威严，又平易近人；既果毅严肃，又幽默诙谐，总是以平常快乐之术，布施君子之道，使人乐意接受劝诫，心悦诚服。在牛树梅的治理下，一时隆昌吏风大治，官风日扬，民心大振，出现了“匪踪敛迹，人归乡里，安堵无虞”，社会安定,百姓安居乐业的局面。正因为如此，所以牛树梅深得人心，百姓都称他为“牛青天”。

为了旌表牛树梅的“德政”业绩，道光皇帝特御书“德政”二字制成五龙竖匾，嵌于牌坊南北明间顶楼檐下。五龙“德政”额匾下，牌坊明间正背两面的横牌匾上镌刻着“民之父母”“乐只君子”的题字。牌坊的四根立柱上，正背两面题书有6副颂扬牛树梅的楹联：

读十年书，从政能兼果达毅；作万家佛，居官不愧清慎勤。

以上这副对联的意思是夸赞牛树梅十年寒窗饱读诗书，从事政务果断、练达、志向坚定而不动摇；居一县之长，管理全县政务，不愧于清廉、谨慎、勤政、爱民万家之佛。

敦俗劝农桑，衣衣我兮食食我；育才隆学校，风风人而雨雨人。

这副对联的意思是称颂牛树梅敦尊隆昌世俗实际，劝导乡人以农业种植、桑蚕种养殖为根本，自给自足，丰衣足食；以教育为本，兴隆学校，十年树人，雅化作人，培育人才的施政方略。

翰款免零星，鹅洞苍生沾子惠；衆平逾数月，隆桥黎庶鲜庚呼。

槐幄风清牛刀小试；蓬峰浑溥骥足终登。

室尽鸣弦口碑共表三岑异；案无留牍心境

民之父母牌坊的左侧

偏愈一叶清。

清廉不必鱼生釜；仁爱尤欣凤集庭。

以上对联均为颂扬牛树梅可贵之举，优良作风。

牛树梅，甘肃平襄（今通谓县）人，清道光二十三年（1843）进士。传说当年科考前，道光皇帝夜梦，掉进枯井中，大呼不得救，时，井上一牛，将井上梅树一棵拱入井中，皇帝攀枝而上得救。帝以梦告解梦官。解梦官恭贺曰："陛下大喜！帝问喜从何来？曰帝可得良臣，不姓牛则姓梅，且与树有关。速查考生试卷，果有举人牛树梅，才学卓越，出类拔萃，帝点为进士。困惑其梦，将牛树梅授予知县衔，放任隆昌知县，一观其效。牛树梅才识卓异，轻胜其任。其政绩丰硕，深受百姓拥戴，一年后迁升四川按察史，受道光皇帝重用。

牛树梅在隆昌执政一年余，留下了许多体恤孤寡、护助良善的事迹。支持创办恤嫠会，就是他最突出的一个例子。牛树梅署任不久，学博姚学庵携公簿一册到县署拜见牛树梅，说要借他的声威创办恤嫠会的意图。牛树梅听后十分高兴，觉得姚学博的想法与他不谋而合。他认为是一件扶贫安困的好事，二人议定即成。于是牛树梅提笔写下了《恤嫠序》，大声疾呼，号召全县好义之士对贫困嫠妇们伸出援助之手，"成一人之节而数世祖孙罔弗受惠，全不幸之操而百年伉俪感知笃恩矣"。在牛树梅的支持劝募下，隆昌恤嫠会正式成立，牛树梅捐钱二百钏。恤嫠会以"养全节妇"、帮助贫困嫠妇守节成功为宗旨，帮助扶持不少贫困嫠妇渡过了难关。在隆昌县产生了重大影响。

东乡有一傅姓寡妇，带4岁儿子和2岁女儿艰难度日，家赤贫，靠傅氏织麻纺线为生，日子凄惨。傅氏族叔泼皮无赖伍三鼠，欺她孤儿寡母，多次纠迫其改嫁。傅氏不从，被逼得携儿女跳河，幸被乡人救起。傅氏呼天呛地，儿女号啕，围观人无不落泪。牛树梅闻知此事，骑一快马带二随从至傅氏家中，将先备好之钱交傅氏买些米粮衣物度日。傅氏做梦也没想到县大爷亲临为她做主，带着一双儿女跪在牛树梅面前连连谢恩。牛树梅安抚一番，即命差人将伍三鼠拘来问罪，重打四十大板以戒。牛树梅临行嘱里政帮助傅氏修补房屋，保证其基本生活。回衙后，特地叫来姚学庵，嘱咐将傅氏一家作为恤嫠会重点救济对象。后来，牛树梅两次来到傅氏家中，见她家房子修好了，床上有了被盖，缸里有了米面，两个娃儿也穿的干干净净，伍三鼠也没敢再来欺负傅氏了，这才放了心。

"圣旨"额匾

民之父母牌坊的右侧

牛树梅初到隆昌即欲禁娼缉盗，因私查暗娼，独自素服夜行进入一半掩之家，被一老妈热情招呼，随后捧出一碗热气腾腾的红糖醪糟蛋请其慢用。老妈妈收碗入内却不再现身。牛树梅正心疑间，却有抚婴之声隐约相闻。牛树梅更疑非但暗娼，切已有子，便悄然而出，记清门户而去。次日令衙役将老妈拘至大堂，令其交代伤风败俗引诱良家子弟之事。老妈高声叫屈。牛树梅喝令老妈抬起头来。老妈将牛树梅昂视良久，方认出堂上之人正是昨夜来之家中“逢生”之人，不由喜得将儿媳昨日生产，按本地风俗，将门儿半开，若有人前来，即是新生儿的“保保”(宝爷之意)，以图吉利，不料遇上大贵人了。老妈叙毕原委，牛树梅询证属实，赧颜道：“本官得罪，实在惶愧，万望见谅！”随命从人将钱二百文，另具小儿衣衫鞋帽肚兜等物，前往老妈家中认干亲。老妈深感其义，密报其家左近，才是操卖笑生涯的。牛树梅自记心上。不数日，牛树梅又行私访，果于老妈左近一半掩门处，见内里灯火通明笑语淫音微闻。即推门突入，则见汛署马总爷等人各抱一粉头，正互相调戏。忽见牛树梅进来，众皆骇然不知所措。牛树梅训道：“尔等不顾官体，还有王法吗？”愤然转身而去。因有马总爷在此，此事不了了之。

牛树梅之古怪幽默，也出人意料，令人啼笑皆非。一天早晨独自一人素服出衙。行至衙前中和巷口，突遇一卖汤圆的汉子大声吆喝：“汤圆！”牛树梅不防，被吓得倒退几步，心脏扑通扑通急跳片刻。心中甚是气恼，遂回衙升堂，令衙役将卖汤圆汉子带至县衙大堂，一拍惊堂木：“你知罪否？”汉子吓得浑身乱颤，小声道：“实不知身犯何罪！”牛又喝道：“与我重责二十大板！”两旁衙役一声吆喝，将汉子丢翻在地，正要扒裤子，牛树梅急止之：“慢！”再问汉子：“你可知罪否？”那卖汤圆的汉子吓得魂不附体，哭道：“老爷，小人实在不知呀！”牛树梅喝道：“夹棍伺候！”两班衙役一声“威武！”三根夹棍堂上一摆，哗啦啦惊心动魄正要动刑。牛树梅急止道：“慢！”笑问那汉子：“你吓着没有？”那汉子早已三魂吓掉两魂，躺在地上浑身散了架一样，半晌方悠悠道：“大老爷吓死小人了，小人确不知罪在何处呀！”牛树梅笑道：“你方才在街大声吆喝，把老爷我大吓一跳，如今也让你尝尝被吓地滋味。以后记住千万不可如此，免得惊吓行人。去吧！”

民之父母牌坊“德政”额匾

这些流传在百姓中的故事是否真实，谁也说不清真假，但有一点是确定无疑的，老百姓喜欢牛树梅这样的官。在老百姓眼中，他理政不同一般，既是那么凛然威严，又是那么平易近人；既是那么疾恶如仇，萑苻必剪，又是那么慈爱百姓，体贴穷寡；既是那么果毅严肃，又是那么幽默诙谐，快乐可爱。真是以平常快乐之术，布施君子之道。与其牌坊上的“乐只君子”“民之父母”名副其实。

第一百三十八节　涵虚牌坊

涵虚牌坊，位于北京市颐和园东门外，为四柱三楹七楼式木质建筑，高11.25米，宽16米，进深2.81米。四根圆形立柱由脚部高达1.8米的汉白玉石四面夹抱而立，稳牢坚固。夹住石束腰型须弥座带雕琢成型的昂、卧莲花瓣，洁白无瑕。牌坊是进入颐和园的起点，通体金龙彩绘，鲜艳夺目，

颐和园东门前的“涵虚”牌坊

颐和园东门前牌坊背面“罨秀”牌匾

光彩照人。明间牌匾上题书“涵虚”两个阴刻金色大字，双边框皆为鎏金装饰，外框八龙护匾，内框皆布满云朵，气势宏伟。背面牌匾题书“罨秀”红色阴刻二字，边框同前。“涵虚”可直译为景色清幽恬静，包含太虚之景。“涵”为包容、包含之意，“虚”即空也，古代哲学讲究一个“虚”字，佛学讲究一个“空”字。因此，“涵虚”二字可以理解为宁静幽远、恬静无为

的境界。据考，“涵虚”二字出自唐代诗人孟浩然的《望洞庭湖赠张丞相》诗：“八月湖水平，涵虚混太清”，而南宋文人朱熹也有：“不觉商意满林薄，萧然万籁涵虚清”的诗句。清代皇家园林多用“涵虚”二字题景名，意为山高水阔。除了颐和园大宫

涵虚牌坊的老照片

颐和园东门前牌坊正面“涵虚”牌匾

颐和园东门前牌坊背面“罨秀”牌匾

门外的涵虚牌坊外，该园还有涵虚堂，而圆明园有“涵虚朗鉴”，静明园有“镜影涵虚”。通体牌坊那种金碧辉煌的感觉，还是很让人感动的。涵虚牌坊前后檐有龙凤透雕花板，两面彩绘有金龙176条、凤36只，顶部有高低错落的七条脊，彰显出皇家牌楼的富丽堂皇和高贵气势。

颐和园原称清漪园，东门外“涵虚牌坊”始建于清乾隆十五年（1750）。清漪园被毁后，光绪十二年（1886），醇亲王奕譞秉承慈禧太后的懿旨，挪用海军经费开始修复清漪园。复建工程大约进行了九年，直到光绪二十一年（1895）才初步完工，并将清漪园改称颐和园。重修颐和园时将涵虚牌楼东移，并且改建为四柱三楹七楼形式。涵虚牌坊比之原先，更加高大宏伟。另一个重大改动是将“涵虚”“罨秀”

匾额调换了方向，东侧为“涵虚”，西侧为“罨秀”了。

涵虚牌坊侧面歇山顶的吻兽、戗兽、跑兽等

涵虚牌坊之内的颐和园已不再是清王朝帝王贵妃们独享的地方，现在，过涵虚牌坊进入颐和园游览已是全国人民乃至世界人民人人都能去的旅游胜地。人们走到这里，首先远远望到的正是这座牌坊。而且万寿山、佛香阁等标志性景观正好处于涵虚牌坊构成的画框之内，引发人们对颐和园湖山秀色的联想。涵虚牌坊是进入颐和园山水乐章的“序曲”，是人们从喧哗的街市进入皇家园林的过渡和转换。涵虚牌坊是与颐和园不可分割的一个整体，这座山清水秀，景色迷人的园林建筑又与当年的慈禧太后有着千丝万缕的牵连。

慈禧在晚清是一个真正有实权的人物，她是同治帝的母亲，同治帝登基后，她垂帘听政，所有的政治大权尽归她手，同治帝病逝后，慈禧又立了光绪帝，光绪帝一生在慈禧控制之下不得自由，甚至被幽禁。慈禧把持朝政，期间的奢靡浪费，不辨是非，都让清朝一步一步地走向最后的灭亡。

慈禧，即孝钦显皇后，叶赫那拉氏，1852年入宫，赐号兰贵人（清史稿记载懿贵人），次年晋封懿嫔；1856年生皇长子爱新觉罗・载淳（同治帝），晋封懿妃，次年晋封懿贵妃；1861年咸丰帝驾崩后，与孝贞显皇后两宫并尊，称圣母皇太后，上徽号慈禧。

颐和园，前身为清漪园，是乾隆时期，乾隆皇帝为其母所建设，1860年被英法联军烧毁，光绪帝登基后将颐和园重建。在慈禧把握政权后，她马上便想要重修颐和园，用来夏日避暑和享受。但是因为花费巨大，她不得不放弃，只能修建颐和园部分建筑物，用来颐养天年。那么颐和园发生了怎样的灵异事件，让慈禧太后这样奢靡浪费的人都不得不停止了修建呢？这个事件的起因是太和门走水，古代的走水也就是失火，在清朝的时候，太和门是皇帝用来听政的地方，清朝入关后，第一位入关皇帝顺治帝更是在太和门登基，太和门这座宫门一直是在整个紫禁城中最大的宫门，历代皇帝也都很重视此处，可谓是相当重要。

接下来的事情还得从光绪帝大婚说起，原本光绪帝并未成年时，慈禧一直把持着朝政。光绪帝成年后，慈禧也握着朝政不放，但慈禧一直不愿给光绪帝娶皇后，因为成了亲便意味着成年，慈禧按道理来讲就需要将政权交还给光绪帝，慈禧自然不愿意放弃权力，所以迟迟并没有给光绪立后，后来在大臣们的劝说下，才终于为光绪选了个与慈禧出自一家的叶赫那拉氏皇后。

慈禧在晚清是一个真正有实权的人物，她是同治帝的母亲，同治帝登基后，她垂帘听政，所有的政治大权尽归她手，同治帝病逝后，慈禧又立了光绪帝，光绪帝一生在慈禧控制之下不得自由，甚至被幽禁。慈禧把持朝政期间的奢靡浪费，不辨是非，都让清朝政府一步一步地走向最后的灭亡。涵虚牌坊对大清后半生的是是非非，件件桩桩视其清晰，也是其丧权辱国，屈节辱命，卑鄙龌龊，出卖灵魂，罪恶贯盈的见证。

涵虚牌坊檐下斗栱

第一百三十九节　林氏节孝牌坊

林氏节孝牌坊，坐落在浙江省温州市泰顺县上洪村东面山腰上，建于清光绪戊戌年（1898），坐东面西，青石仿木结构，为四柱三楹冲天式加阁楼建筑。高约5.2米，面宽4.8米，进深0.84米。牌坊用四根削棱青石柱，前后用抱鼓石稳固于长方形基石上，顶端设蹲狮。明间小额枋浮雕双狮戏球，下面左右设雀替。小额枋梁上面设花枋，花枋中间单独设石匾，雕刻精美，有花束、寿纹、蝠纹、宝书、云头纹等环绕。石匾中间阳刻“节孝”两字，左边竖刻“光绪戊戌年请旌恩

林氏节孝牌坊

洪林节孝牌坊中间立柱上的雕刻孤妇守节

赐建坊”，右边落款“为儒士黄世鎏妻林氏立”。石匾左右置花心板刻狮子戏绣球。后面花枋中间也单独设石匾，石匾中间阴刻“至性天成”四字，右边竖刻“宣统二年岁在庚戌”，左边竖刻“仲秋月上浣吉建”。石匾左右置花板刻平生三级、蝙蝠等吉祥图案。花枋上面设上花枋，雕刻卷草纹。额匾立在龙门枋之上的小阁楼内，小阁楼顶双层阁檐，四角高高翘起，似飞檐，顶层楼脊上刹尖、吻兽俱全，阁楼两侧设置浪花图案装饰，正反两面的双层小阁楼内额匾上刻“圣旨”二字。左右两边次间设花枋，花枋阴刻建牌坊涉及的官员名姓、内容，右边为“钦命闽浙总督臣许应骙、钦命浙江巡抚臣刘树棠、钦命浙江布政臣荣（名）铨、钦命浙江按察臣世（名）杰、钦命浙江学政臣唐景崇、彙奏”，左边为“钦命温处兵备道臣王祖光、钦授温州府正堂臣王（名）琛、钦授泰顺县正堂臣朱懋清、钦授泰顺学教谕臣石芳葆、钦授泰顺学训导臣蒋（名）珪、申详”。后面次间花枋左边刻“石性”，右边刻“冰心”。四柱正背面阴刻有对联四副，正面楹联为：

林氏节孝坊牌匾

林氏节孝坊背面“至性天成”牌匾

养舅报夫劲节高标松百尺；代姑抚口芳名永峙市千秋。

节昭志橥輶轩采；宠锡庙朝绰楔标。

背面楹联为：

门表桓婺行义一生彰德报；薹旌已妇怀清两字沐恩褒。

藜集当年心完金石；萱荣此日福庇芝兰。

四柱柱头上设置官牌，为石镜状。左右两侧次间大额枋上置蝙蝠石雕，造型优美，立体感极强。

林氏节孝坊结构完整，整体造型美观，局部石雕精美。加官牌的设计为圆镜状，地域特色感强烈，雕刻二十四孝故事，刻画详尽，雕琢精美。林氏节孝坊具有一定的文物研究价值。

2010年被列入泰顺县文物保护单位。

第一百四十节　仁心善政牌坊

仁心善政牌坊，又称“刘光第德政牌坊”，坐落在四川省隆昌县城北关道观坪，是隆昌县城石牌坊从北到南的第5座，在五座县令德政坊中建造年代排列第二，于清道光二十六年（1846）而建。牌坊的形制、高、宽与牛树梅德政坊相同，坐北面南，为四柱三楹五楼式仿木石质结构建筑。正间顶楼檐下前后均嵌有五龙“德政”额匾。牌坊明间正背两面牌匾上分别题书有“仁心善政”“政成化洽”各四个正楷大字，这八个字正是刘光第“德政”的集中体现。据牌坊花心板铭文和地方史料记载，刘光第任隆昌县令后，亲自带领衙役与潜入本县南部屡屡伤害百姓的盗贼展开枪械大战，最终击败盗贼，保护了老百姓生命财产的安全。

“仁心善政”牌坊前立面

牌坊上“德政”额匾与“仁心善政”牌匾

刘光第，字砚溪，直隶天津县进士，于清道光十四年（1834）、十六年（1836）、二十一年（1841）、二十五年（1845）先后四次出任隆昌知县，前后累计达十二年之久。他为官清廉，“薄于自奉，出则裁卤薄（官吏外出时的前导），居则省厨傅”。牌坊南匾文中记叙刘光第政绩道：“候性宽平，不矜才，不枉法。”“下车后询民利病，择而行之”“凡劝课农桑，断理狱讼，恳欵如与家人语，其户口赋役钱谷给纳诸事，一导循章卸繁以约。民间孝友节善闻于乡闾者，百诸宪司激劝以培风教。岁科汇试及考校诸生，尤尽心评骘，未尝以鞅掌辞。”这段文字是说：刘光第秉性宽大平和，不自视有才而骄矜，对老百姓不随意用法。对百姓的疾苦极为关心，看到隆昌街头乞丐甚众，便带头捐出半年俸禄，向全县发出倡议修建栖流所，收容乞丐，使一百多名无家可归的人有了一席安身之地，免于冻死、饿死。进而他又请来石匠、木匠、泥瓦匠、弹花匠等师傅，教这些乞丐中有劳动能力的人学手艺，使他们有了自食其力的手段。在被收容的乞丐养好身体后，他又发给路费送回原籍。回龙观是古隆昌八景之一，既是县人游览胜地，也是隆昌士子心中圣地，但，因年久失修而倾颓。刘光第倡议进行修复，并带头捐出俸银，还亲自规划设计，组织施工队伍，准备材料，终于使回龙观重放异彩，县人振奋，文运再开。正是由于刘光第有如此“德政”，故牌坊的字板铭文称赞他：“抚我黎元，惠我兆庶，不徇不阿，以忠以恕，德洽与情。”

德政额匾与楼檐下雕刻

牌坊左次间楹联

牌坊次间的匾额上刻有缅怀他的“民说（悦）”“怀之” 四个大字。牌坊顶楼下南面雕刻“三阳开泰”，北面雕刻“五福捧寿”，其下牌匾为高浮雕“五龙德政匾”，饰火焰边框。两面牌匾皆为“忍心善政”“政成化洽”，称颂刘光第的政绩犹如阳光普照，使万物复苏，大地回春；并以云龙、舞凤等吉祥物贺颂他的仕途似锦、光明、通达。

牌坊右侧楹联

第一百四十一节　尚书牌坊

尚书牌坊，位于浙江省温州市乐清市北白象镇高东村，建于明嘉靖六年（1527），为四柱三楹三楼式石质建筑。高约8.82米，宽约7.67米。整体牌坊由四根立柱，大小额枋、龙门枋、斗栱、楼顶等构件组成。顶楼下额匾题书“圣旨”二字。明间大小额坊之间花心板上题书“尚书”正楷两个黑色大字，字体端庄俊秀，运笔遒劲有力，方正规制。上述两侧各题小楷，记载坊主人时任官衔及建坊人姓名官职。三架小额枋反而比大额枋大了许多，很可能为当地习俗之由。明间小额枋上中间雕

高东村尚书牌坊前立面

尚书牌坊前雄狮踩绣球

尚书牌坊牌匾

琢一只梅花鹿欢腾跳跃，鹿的两侧各雕琢一只凤凰腾飞起舞，底纹为云纹衬托。象征坊主人的高官厚禄，吉祥如意，龙凤呈祥。大额枋中间为镂空牡丹花卉。“尚书”为当朝一品官员，分管一部政务，具有相当大的权力和责任，是很多从仕者一生中难以寻觅的位职。明间顶楼六组三踩双昂斗栱，中间镶嵌额匾。两次间楼顶各三组三踩双昂斗栱，楼顶各一尊大脊吻兽。楼顶均罣灰色布板瓦。

第一百四十二节　海岸牌坊

浙江普陀山海岸牌坊

海岸牌坊柱顶小楼与柱墩抱鼓石

海岸牌坊额匾与牌匾

海岸牌坊，位于浙江省舟山市普陀区梅岑路115号。建于1919年，为四柱三楹七楼式绿色琉璃瓦覆盖楼顶的建筑，高12.6米，宽10.3米，进深3.2米。因紧靠海岸，故称海岸牌坊。

通体牌坊三楹共七座顶楼，楼与楼之间共两座夹楼，左右两侧各一间侧楼。庑殿式楼顶上，飞檐斗拱，翘角挑起，大脊两端卷尾吻兽蹲坐，威武壮观，一派皇家气魄。正间楼檐下悬挂额匾，上题“南海圣境”四个大字。额匾之下的大型牌匾上题书“同登彼岸”四个正楷大字；左次间牌匾上书“金绳觉路”；右次间书“宝伐迷津”；背面正间牌匾题书“回头是岸”，共五块匾额均为北洋政府黎元洪、徐世昌、冯国璋等人所题。笔力刚劲，形姿洒脱。四根立柱上前后题书：

有感即通，千江有水千江月；无机不被，万里无云万里天。

圣迹著迦山，万国生灵皆乐育；佛光腾海岛，千年潮汐静波涛。

一日二度潮，可听其自来自去；千山万重石，莫笑他无觉无知。

到这山来，未谒普门当先净志；渡那海去，欲登彼岸须早回头。

海岸牌坊中间顶楼斗栱

第一百四十三节　沧浪胜迹牌坊

沧浪胜迹牌坊，位于江苏省苏州市人民路沧浪亭景区前，为四柱三楹冲天式结构建筑，高5.45米，面阔6.4米。由月台、抱鼓石、立柱、额枋、花心板等结构而成。牌坊通体坐落在一座长9.2米，宽2.8米的石砌月台上，月台前后各设置二层踏步 高约0.36米。月台上断面为曲线形的平板抱鼓石夹固着立柱，坚固牢稳。四根立柱由下至上逐渐递减收分，从1.8米处开始削棱至柱顶雕花底为止，削棱约5厘米。削棱部分四面浮雕锦纹，由于时间流逝，图案已模糊不清，难辨其结构。正间与次间大小额枋前后面分别雕琢花草、套方图案。明间花心板上阳刻“沧浪胜迹”四个隶书大字，字迹端正大方，遒劲有力，

苏州沧浪胜迹牌坊

沧浪胜迹牌坊立柱顶

沧浪胜迹牌坊牌匾

刀头剑尾，古韵浓浓，引众游人叹为观止，此为晚清著名文学家、教育家、书法家俞樾亲笔题书“沧浪胜迹”。

沧浪胜迹牌坊现为全国重点文物保护单位。

第一百四十四节　汪氏科第牌坊

汪氏科第牌坊（正面科第，背面进士）

汪氏科第牌坊，位于安徽省黄山市歙县富堨镇大里村，建于明成化十五年（1479），清乾隆、道光年间重修。该牌坊为四柱三楹三楼式冲天石质建筑。高8.5米，面阔6.54米，进深2.60米。正面牌匾刻“进士”二字，背面刻“科

汪氏科第牌坊中间的花心板与下额枋上的双狮戏绣球

西次间的高浮雕辟邪

东次间的高浮雕雄狮

牌匾“进士”与额匾“恩荣”

第”二字。正、背两面的牌匾上分别琢刻，明至清道光年间（1465—1850）近四百年间汪氏族人中科举题名二十余人进士和举人名子。该牌坊雀替、大小额枋及坊柱上部和中段雕刻都颇为精美，尤其是小额枋上所雕刻的双狮戏绣球和麒麟形象极为生动活泼，形态优美，立体感特别强烈。

汪氏科第牌坊背面，从外表上看牌坊各部件的石材明显不同，大部分为茶绿色，高浮雕的小额枋和四根立柱的颜色偏红，而这些地方似乎更容易风化。据介绍，牌坊是为夸家族科举考试成就，炫耀显赫家世，以在当地博取更高的社会地位，获取更多的社会尊严，并以激励家族后裔努力获取功名而建造的。

第一百四十五节　洪氏世科牌坊

洪氏世科牌坊，位于安徽省黄山市徽州区岩寺镇洪坑村。该村是古徽州洪氏家族聚居的主要村落之一，历史悠久，官宦辈出，明清为繁荣期。现该村仍保存有明、清古建筑40余处，进士坊、世科坊、洪氏家庙为其代表性建筑。洪氏世科坊位于村中，原为祠堂门前坊（祠堂建筑已毁），该坊始建于明弘治十一年（1498），系旌表洪坑洪氏一支由

洪氏世科坊原左侧雄狮踩绣球

洪氏世科牌坊

此至清光绪400余年间各科进士。洪氏家庙坐西向东位于对面山脚，与世科坊东西相望，始建于明，现存为清代遗构，为洪氏一支祠，由门屋、享堂、寝殿组成。位于洪坑村中心的明朝四脚“世科”牌坊，是为工部尚书洪远等人修建。该坊为明代“弘治戊午年十二月吉日立”，清“顺治乙未年十一月吉日修”，“乾隆庚申年闰六月吉日重

历代世科进士榜匾

世科进士名录

修”。牌坊额匾上书有“恩荣”正楷二字，额匾下的牌匾上阳刻“世科”两个大字。花心板上刻洪坑洪氏21位进士姓名。四只雄狮分牌坊的前后排列，现仅存前两只，乍一看，上部分青苔满布，将狮首顶端遮掩的不留寸石，前双爪已损，残缺不全，但造型古朴典雅，文化韵味甚浓。

洪氏世科牌坊顶楼斗栱与额匾

四根立柱的底座和平板抱鼓石基本未受损伤，特别是抱鼓石，比较完整，线刻的圆鼓，历经数百年仍弧棱清晰如初。三间的各小额枋下镂雕雀替完好无损。大小额枋的前后两面深雕分别有“双狮戏绣球”“仙鹤腾飞”“凤凰朝阳”等，精妙绝伦，特别是三座顶楼下的斗栱，在前面纵栱两侧各雕琢簪花一朵，画龙点睛，锦上添花，连同斗栱精细如微，其技艺之精湛，惟妙惟肖，古代工匠们的技艺跃然石上。

牌坊后面有尚书府，分一进、二进、三进、四进，有会客厅、中廊。后进有“百世同居”，据说要有一定资格和一定年龄的人才能进到“百世同居”里去谈论。世科牌坊，县志、府志均有记载。牌坊前有一个大坦，供骑马坐轿的人来拜访尚书。坦边有一个荷花塘，塘长方形，用石条砌成，塘内荷花极美，周围有石凳、石桌和一个小花园。正前面是一座小山形成的天然屏障，形状像半个月亮，长200米、高60米。无论你站在什么方位看这座小山，都处于正中位置。山上有白玉兰、紫薇花等名贵树种。由于此山的神秘色彩，过去无人敢上屏障山一步，以至现在山上仍然一片葱绿，充满生机。

2019年10月7日，世科牌坊及洪氏家庙入选第八批全国重点文物保护单位名单。

第一百四十六节　智光重朗牌坊

智光重朗牌坊，坐落在北京市海淀区卧佛寺路植物园内。智光重朗坊就在寺前斜坡的起点上，原牌坊于1949年前被破坏拆除，1984年又按原样恢复重建，并在局部使用了原构件，修旧如旧，回归原貌。牌坊高12.5米，面阔15米，进深2.76米，为四柱三楹三楼冲天式木质建筑。四根立柱脚下各有一组汉白玉大理石围抱，大理石并以小

牌坊中间“智光重朗”牌匾

束腰雕花处理，将立柱牢牢夹紧，形成一个坚固的整体。四根红色立柱直冲云霄，顶端饰以琉璃顶帽，其上各蹲坐一只望天吼，面向前方。三楹中各设置大、小额枋，明间额枋之间的花心板上有阳刻正楷金色“智光重朗”四个大字。北面雕有“妙觉恒玄”四个字。明间楼下为四踩三昂斗栱，两次间为三踩双昂斗栱。三楹各设置挺勾，自小额坊至挑檐桁，每楹前后共四根，共计十二根。按梁思成的《清式营造则例》设计施工。“挺勾，每楼四根，长上至挑檐桁，下至小额枋，长八尺，径按长百分之三，每根用屈戌二个。”楼顶通罣灰色筒瓦，吻兽、戗兽、跑兽俱全。通体牌坊均采用小点金彩绘，五颜六色，气势宏伟，金碧辉煌，一派皇家气魄。

卧佛寺门前“智光重朗”牌坊前立面

牌坊侧立柱顶端的望兽

北京植物园内引种栽培植物10000余种（含品种）近150万株。占6000余亩，栽培植物之多，名列世界前首，其中包括2000余种乔木和灌木，1620种热带和亚热带植物，500种花卉以及1900种果树，水生植物，中草药等。收集栽种其他植物3000余种，是中国北方最大的植物园，也是专门从事植物引种驯化理论研究和实验的科研基地。

牌坊背面“妙觉恒玄”牌匾

第一百四十七节　七世同居牌坊

七世同居坊前立面

七世同居牌坊，又称赵珂七世同居坊，位于河南省新乡市区平原路与和平路十字路口向东约500米，建于清道光四年（1824），是为旌表布政司经历赵珂军功及七世同居而立。一座经过190余年风雨的历史文物，在牌坊街往来如织的人流中，孤独地守望着。赵家的一位老人赵清汉说，赵家、牌坊街和饮马口，有着不可分割的联系，但现在已经很少有人知道其中的故事，历史资料的记载也非常之少。

说起饮马口的来历，据赵家家谱记载，明朝时，赵家祖先从山西洪洞县迁至赵庄（即今饮马口），当时赵庄一片荒芜，卫河从赵庄北边绕过。新乡县有许多养马的人家，需要给马找饮水的地方，本来有近路可到河边饮马，但由于县城北街有一个“郭尚书”，西街住着握有实权的“梁督堂”，东街住着老爱在朝廷上告状的“徐三本”，老百姓的马不敢从这些地方经过，只好出县城南门，顺着现在的金穗大道走到体育中心北拐，到赵庄卫河拐弯处饮马，绕行好多路，时间一长，渐渐地，赵庄就改叫饮马口。

抱鼓石与顶上的石狮

当时的饮马口仅包括位于平原路的中国银行以东，牌坊街以北，卫河以南一带。解放后，平原路与和平大道交叉口向西路南开了一家新华书店，叫饮马口新华书店，公交车在此设站，叫饮马口站。如今，饮马口的

抱鼓石顶端的石狮

地理范围已经扩大很多，可以包括和平大道以东，金穗大道以北，人民胜利渠西一带。

赵家在饮马口生活多年，至第十代赵珂时，偶遇山西铁货商人王泰来，赵珂在王泰来的帮助下，经营铁货生意，几年后，逐渐成为当地首富，“辖地千顷，门人二百”。赵珂为人仗义，乐善好施，深得乡人爱戴，在当地算是开明人士。清代白莲教造反期间，朝中有人举报，说赵珂家招募壮丁百人，蓄意造反。皇上派人调查后，百名壮丁原来是赵家的看门人，并得知赵家七辈没有分家，家庭和睦，非但没有查处，还准许赵家修了七世同居坊（石牌坊）以光耀后代。现在的牌坊街原来并没有名字，石牌坊修建之后，起名牌坊街。

至赵家第十五代，赵珂的孙子赵浚当上了河北保定县的知县，赵浚为官清廉，深受百姓爱戴。由于保定县是个穷县，每到向朝廷纳税交粮时，总完不成任务，赵浚便回家卖地，用卖地的钱向朝廷纳税，如此下来，赵家逐渐陷入困境，赵家后代只好搬出饮马口，到现在的周村赵家亲戚处艰难度日。赵家家境虽然自此困顿，赵浚却落了个“赵青天”的好名声。

抱鼓石上的雕刻

赵家虽然家境困顿，但石牌坊却记录着赵家人的荣耀。文史资料记载：坊高10米，宽8.5米，为四柱三楹五楼式石质建筑。牌坊底座雕卧狮8只，分置南北抱鼓石上。小额枋下雕四只雄狮，两大两小，大者口衔绳索，小狮戏绣球，两侧各一鸱吻，首面向内。背面同前面，不同之处唯小狮在大狮两侧，整体大于前狮。坊柱、坊顶刻有多幅龙、狮、花、鸟等图案。坊脊中央置设雄狮驮三节宝筒为刹尖，两端饰鸱吻衔脊，均首里尾外。七世同居牌坊明间檐下正中南北两面额匾上均刻“圣旨”二字。上花心板，正面题书“旌表例授承德郎军功加正六品衔”、下花心板上题书“候选布政司经历赵珂七世

左侧次间雕刻

同居坊”。

该牌坊保护较为完整，经修葺后基本恢复原来面貌，崭新如初，来往游人驻足欣赏者无不交口称赞；七世同居为世上难寻，古今罕见。

20世纪50年代前后，石牌坊虽历经多次雷雨和数次五级以上地震，仍巍然屹立。在“文化大革命”中，红卫兵们以“破四旧”为名，要砸毁石牌坊，村中老人集体劝说加上强行阻止，石牌坊才幸免于难。即使如此，石牌坊也少了许多构件，坊顶已经没有了，原来的尖顶现在已成平顶，两边的挑角踪影全无。

石牌坊不仅是赵家近200年的历史见证，更是一种历史文化，它不仅仅是一个建筑，它记载了赵家的家史，成为中国家族文化的缩影。

1986年11月被公布为河南省文物保护单位。

第一百四十八节　米公祠大门牌坊

米公祠大门牌坊，位于湖北省襄樊市樊城区沿江大道2号，原名米家庵，始建于元，扩建于明，后改为米公祠，是为纪念中国宋代著名书法家米芾而修建的祠宇。自清康熙三十二年（1693）始，先后由米芾第十八世孙米瓒、十九代孙米爵、二十代孙米澎重建；清同治四年（1865）再建。牌坊高10.65米，宽8.8米，进深2.65米，为四柱三楹七楼式仿木结构建筑。该牌坊前，台基下左右两

米芾祠大门前牌坊前立面

牌坊上的雀替

侧各设置一尊雄狮踩绣球蹲坐在方形须弥座上。巍峨的牌坊坐落在约1.5米高的台基上，过牌坊约1米即进入米公祠堂大厅。从外观牌坊的每一间，可能在修葺时都增加了立柱内侧辅柱与横梁，以防小额枋断裂。六个雀替以竖立装饰，正间雀替为龙首图案，次间为回纹图案。小额枋两端各雕琢龙首。大小枋梁之间的花心板上题书四个绿色行书体大字“宝轮藏珍”。再向上的顶楼檐下题书“米公祠”三个白色正楷大字。字迹工整挺拔，笔迹行之有素，端庄大方。明间两立柱与次间小额枋上的小立柱之间各雕琢了一幅大型山水浮雕，山清水秀，风景锦绣。立柱、侧立柱内侧顶端各饰一柱耳，其上浮雕花草图案，均涂白色。七座楼顶均饰吻兽、剑把、背兽。飞檐挑角，檐下单踩斗拱，通体牌坊以明间为轴线左右对称，精雕细琢，色彩素雅，英姿勃发，昂首挺立在汉水之滨，为我国宋代著名书画艺术家米芾之纪念场馆抹上了一笔重彩浓墨，使其更加光彩绚丽，吸人眼眸。

米公祠牌坊上的牌匾

牌坊楼顶上的飞檐

米公祠内亭台廊榭，错落有致，五百年银杏巍峨参天。画廊里陈列着米芾黄蔡遗墨石刻100多块，其书法艺术韵味生动，炉火纯青。米公祠可谓一座巨大的艺术宝库。其祠由三部分建筑群体组成，中轴为主体建筑亭、拜殿、碑廊、宝晋斋、仰高堂，总占地面积为一万二千多平方米。殿堂里珍藏陈列有米芾及宋代大量的墨迹和石刻。拜殿、宝晋斋内悬挂的匾额、楹联琳琅满目，“颠不可及”“妙在得笔”“与孟鹿门号两襄阳书传千古，共苏黄蔡称四巨子颠压三人”等题词，是后人对米芾书法及人物性格的高度评价。中轴两侧为东、西石苑、苑内亭、台、榭廊高低错落，参差有致，游鱼满塘。廊壁陈列着米芾、苏轼、黄庭坚、蔡襄等书法石刻一百多块，以及当代著名书法家为米公祠留下的墨迹石刻三十多块。这些书法精品，是一座巨大的艺术宝库，每年吸引着大批中外游人到此参观，弘扬了中国古老而优秀的传统文化。

米芾祠牌坊次间浮雕

“米公祠、石刻、牌坊”1956年被公布为湖北省重点文物保护单位。2006年5月25日，米公祠作为清代古建筑，被国务院批准列入第六批全国重点文物保护单位名单。

第一百四十九节　关圣殿节孝牌坊

关圣殿节孝牌坊，位于四川省内江市市中区白马镇关圣路（原此地有一座关圣庙，庙内有关圣殿，故有此名），建于道光十五年（1835），通高11米，宽7.4米，牌坊底座长8.4米，为四柱三楹三楼石质结构建筑。四根方形立柱两人才可合抱衔接，加上明间、两次间的大小额枋组成一体的框架结构，支撑着二层、三层的重量，紧靠公路默然矗立。四根宽大的立柱前后共两对石象、两对石狮踞守。牌坊正间小额枋处，从左向右上下行文两行，镌刻正楷阴文22字，即“旌表太学士苏鸣鹤之妻，邑庠生苏墉之母王氏节孝坊”正楷字样。上部楼顶上设置“三龙捧圣”额匾，题书“圣旨”正楷二字。中间顶部为坐龙一条，两侧各雕降龙一条，彰显着皇权的至高无上，额匾底座已风化脱落，有图案遗迹。额匾两端各居石狮一尊，双目凝视额匾。明间牌匾上为各一尺大小的“孝节”正楷二字，字的左边小字为“道光

关圣殿节孝牌坊

节孝牌坊牌匾与下枋梁上题字

乙未年”，右边为“季冬月谷旦”。两次间的楼顶上分别雕刻一对瑞兽麒麟，琢刻十分精美，栩栩如生，稳居于石板楼顶之上，双双南北相向。粗大的四根立柱前后共有两组石狮，两组石象，分坐在八块立方体的方石上，凝目着来往游人，似站岗放哨，守护着牌坊。据当地乡志介绍，清朝太学士苏鸣鹤去世后，其妻王氏为其守节，直到80余岁后去世。当地官员会同其族人上报朝廷，道光皇帝御赐追赠“节孝”，建坊旌表。这座牌坊由60余块青石砌成，每块青石少则五六百斤，重则六七吨，取材于屏山县，用船经水路运至白马，在当时交通运输极为落后的情况下，要从很远的地方运至白马镇，是件很不容易的事情。由此可见，我国劳动人民的智慧和力量是无穷无尽的，只有想不到，没有做不到。该牌坊，粗犷豪放，彰显了蜀汉文化更加淳朴无华，浑厚笃实的特点。

节孝牌坊次间上的望兽

抱鼓石上的石狮与石象

第一百五十节　褒宠牌坊

褒宠牌坊，位于广东省广州市佛山市祖庙内，是目前国内难得一见的明代年款砖雕牌坊，因石质龙凤板刻有“褒宠”二字，故称。始建于明正德十六年（1511），原位于市东下路仙涌街大塘前郡马梁祠内，“文革”期间，梁祠被拆，牌坊几乎毁于一旦，后由博物馆几经艰辛搬迁重建于祖庙大院之内。该牌坊立于梁祠，是因梁氏家族的后裔礼部主事梁焯，在明正德十六年（1511），得皇帝旨意升授承德郎，为炫耀这一升赏而不惜重金兴建的，故龙凤板的背面还刻有皇帝的“圣旨”和纪年。该牌坊属庑殿顶四柱三楹三楼式结构建筑，高8.7米，通面宽达7.15米，进深1.86米。形制高大挺拔、宏伟壮观。其建筑采用砖石混合结构，以灰沉积岩为梁柱，以砖雕作为各楼的主要构件，由于楼体量颇大，牌坊重心较高，全凭额枋、柱、斗栱支撑重量和主体额柱构筑所采用传统榫卯连结工艺结构而成，来分担其荷载，否则，不能保存至今。虽历经百年风风雨雨、地震晃动，至今仍坚固挺拔。其建筑构件的制作是相当考究，所有砖石材料均经精雕细琢，反复加工，严格施工。除抱鼓石和大、小额枋上雕刻有龙凤祥云及鱼跃龙门等图案纹饰，还有梁焯生前坐衙视情景的浮雕外。明、次楼上的斗栱以及各栱之间的装饰构件均以精美的砖雕组合而成，既有多块砖雕组成的二龙戏珠图案及仙佛罗汉等人物的浮雕，又有镂空透雕云龙、麒麟、鱼跃龙门、宝鸭穿莲、牡丹萱草以及宝鼎宝剑等多种图案纹样的单块砖雕。因而，该牌坊无疑是明代佛山建筑艺术和民间雕刻艺术的一个综合体现，具有较高的历史价值和艺术价值。

祖庙内的“褒宠牌坊”

梁焯（1491—1537），南海东三乡（今环市办事处）仙涌人。其先祖世居南雄珠玑巷，南宋时始迁祖梁诏定居南海西雍村（今属顺德）。梁诏五世孙梁接娶了宋理宗之妹为妻，后郡主赵氏次子梁熹迁居佛山冈头，而成为冈头梁氏开村祖，故冈头梁氏被后世称为“郡马梁”。宣德四年倡修佛山祖庙的梁文慧就是郡马梁的九世孙，梁焯则是第十三代传人。

楼顶转角上的吻兽与瓦脊彩狮

梁焯自小接受传统的道德思想教育。明正德四年（1509）广州知府曹琚挑选所属优秀人才16人与其儿子曹以方等集中在光孝寺学习，梁焯即列其中，同学中还有后来成为礼部尚书的同乡人霍韬等。正德八年（1513），梁焯中举，翌年连捷进士，官礼部清吏司主事，兵部职方司员外郎。

梁焯为官，忠直行事，不畏艰险。正德十三年（1518），梁焯主事提督四夷馆。供职于四夷馆的多为纨绮子弟，贪利惘纪，与“夷人”暗中勾结，出卖国家利益以饱私囊。梁焯在此任的近三年中，整顿内部纪律，大倡廉政之风。梁焯行事刚正，作风严谨，因此得罪了不少人，奸臣江彬就因此一直刁难加害于他。时年，梁焯在江西遇见时任都察院右签都御史的王阳明巡抚赣南，设坛讲学，传扬“心学”理论。梁焯停舟听讲，相见恨晚，成为王阳明理学的忠实追随者。

梁焯辞官归里后，联合佛山与顺德西雍宗人，重修历世祖坟，并于嘉靖四年（1525），创建“郡马梁大宗祠”，其堂额匾“永思堂”三字即为王阳明所书。《佛山忠义乡志》中记载：“郡马梁大宗祠，明嘉靖巡抚李岳为宋郡马梁节立，王守仁题永思堂额。”同时，梁焯与其子梁冕在祠堂前卜地建敕书厅、添置大宗尝田，光大了梁氏宗门。地方官员对梁焯十分敬仰，嘉靖、隆庆两朝屡旌其门。万历六年，佛山堡乡贤呈请广东府入祀乡贤祠得到批准，入祠致祭。可见，梁焯不但个人在佛山享有很高的声望，而且使郡马梁氏在佛山的地位得到很大提高，使郡马梁成为佛山的名门望族。

褒宠牌坊修缮灰塑雄狮时的情景

郡马梁大宗祠于1972年改建为佛山第十中学，现在已无宗祠痕迹，当年整体迁移到祖庙内的“褒宠”牌坊仍巍然挺立，见证着佛山郡马梁族昔日的辉煌。

梁焯在正德年间为官时，曾有一件预见卓识之事，关系到国家的安危存亡：有一年里，一外国使臣来到明王朝，向明王朝提出了很多有关两国关系的问题，梁焯在座，他察言观色，觉得来使者目的是讹诈，刺探明王朝的秘密，相当于潜入的奸细，其行动今后对明王朝不利，待来使走后，梁焯主动向正德皇帝上奏，表明对来使者行为不轨的看法和主张，以防患于未然。这些话得不到皇帝的认同，还对梁焯进行指责，贬官处理。事后梁焯觉得皇上忠言逆耳，将来后患无穷，于是上表辞官回乡，回乡后仍念念不忘国家的隐患，因忧思国家之安危，而郁郁而终。梁焯去世后果然曾派来使者的国家，突然发难，攻击明王朝，两国交战，几经战斗虽把来犯打退，但造成损失甚大，后正德帝在痛定思过后，觉得若当初听取梁焯的忠告，就不致于使国家千万经济、人员的战祸损失，也不至于失去了梁焯这个忧国忧民、洞识奸情的贤臣，当再召时得悉梁焯已归古。正德十六年（1520），正德皇帝以下旨褒奖对国家有重大贡献，难得的人才因自己一时疏忽，未能及时接纳梁焯忠言而受的损失，更加深了对梁焯忠言的深信度，而立“褒宠牌坊”以作悼念追思。

褒宠坊次间楼顶斗拱

第一百五十一节　彩虹牌坊

彩虹牌坊，坐落在浙江省宁波市江东区彩虹北路129号。高8米，面阔8.1米，为四柱三楹三楼式石质建筑。现已被一酒店建房占用，成为酒店店面的出入门洞。牌坊四根立柱前后的抱鼓石已被埋在地下约0.8—0.9米，抱鼓石上部分雕刻有八个花瓣的线刻图案。明间两根立柱有楹联一副：“卅载贞心口山口草；万年阃教甬水流芳。”明间小额枋上深雕龙二首居额枋两端，口衔额枋，额枋中心宝珠已被损坏，只残存双狮奔跑于龙首之前。小额枋与花心板相距约30厘米，中间雕两罗汉肩驮花心板，一副能承千斤之势的姿态蹲立于额枋与花心板之间。花心板分上下两块，下面题书正楷字体“诰赠奉直大夫吴明镐妻包宜人旌表坊”。两花心板之间设置三块长方形镂空雕刻的“松鼠树上玩耍”图案。上花心板雕刻“节孝”两个双线阳刻正楷大字，笔力挺健，刚劲有力。三架额枋之上设置板式斗栱，明间横梁上共六组斗栱，其斗要比普通斗大，斗上为三踩平板栱，侧栱由连檐上下垂直又二者相连。斗栱之间的栱眼壁以镂空雕刻为主，中间一格悬置“五龙捧圣”额匾，上题书“圣旨”正楷二字，两侧图案相同。楼顶镂空花格大脊，通风效果良好，大脊两端饰吻兽，中央设火焰宝珠，俗称“双龙抢珠”，气宇轩昂，威风凛凛，给人以深高莫测、神圣不可侵犯之感。两次间的大小额枋上采用高浮雕和透雕的手法，将花草、禽兽和人物故事等图案纹饰分别雕刻的十分精致细腻，给人

彩虹牌坊前立面

彩虹坊右次间雕刻与楼顶

以栩栩如生、活灵活现之感。三座楼顶共三条大脊，均为镂空雕刻，共八角翘起、四尊吻兽，远远望去，通体牌坊玲珑剔透，深、浮雕布满全坊，雅俗别致，美不胜收，一座看似寻常的节孝坊，经工匠高手们的雕琢加工，成了一件为专家学者研究清代石构建筑和雕刻艺术重要实物例证。1981年被江东区人民政府公布为区级文物保护单位。

彩虹牌坊中间下枋梁雀替与吻兽雕刻

彩虹牌坊，据历史资料记载，系清嘉庆二十三年（1818）清政府为表彰吴明镐妻包氏而立。吴氏世居江东，经商起家，其开设的吴大茂酱园铺，经几代苦心经营，传至吴明镐时已名闻甬上，吴明镐早逝，其妻包氏，年轻守寡，扶养出生才6个月的儿子其渊成人，教以攻读诗书，遂成仕人。包氏去世后，吴氏家族，为光辉门庭，在吴氏宗祠前建立了这座“节孝坊”保存至今。

彩虹牌坊牌匾

第一百五十二节　万寿宫牌坊

万寿宫牌坊，位于江苏省苏州市民治路15号万寿宫门前。从前苏州有三宫九观二十四坊之说，万寿宫即三宫之一，其牌坊属二十四牌坊之首。坊高9.2米，面阔12.56米，进深3.68米，为四柱三

苏州万寿宫牌坊

楹四楼式建筑。四根汉白玉大理石立柱前后左右共设置平板抱鼓石一块，同样大小，共十块，其上有简洁明快的线刻图案，夹抱立柱。立柱顶端承托着四座大小不同的楼顶。明间大小额枋之间的花心板上题书三个黄色正楷大字“万寿宫”，在深褐色底衬下，显得光彩夺目，引人入胜。次间两块花心板位置上各饰一块镂空雕刻图案，玲珑剔透，煞是美观。三楹楼顶斗栱飞檐，六角挑起，直冲凌空，有种欲冲云霄之感，充分体现了苏派建筑特色。明间大脊中央为四楼中之“小弟”，是设置在明间楼顶上的刹尖之处，极小的顶楼两侧饰徽派建筑的马头墙，中间设置颠倒的梯形花格，前后置极小形的楼面斜坡，俗话讲：“麻雀虽小，五脏俱全”，斜坡上罡绿色琉璃瓦，两侧马头墙上饰吻兽。一正间、两次间三座楼顶大脊均饰吻兽，黑色涂料饰大脊边框，黄色脊身，戗兽蹲坐戗脊下端，吻兽、戗兽均涂白色。四座楼顶均罡绿色琉璃筒瓦。通体牌坊饰白、绿、黄、褐四色，色彩斑斓，光彩夺目。

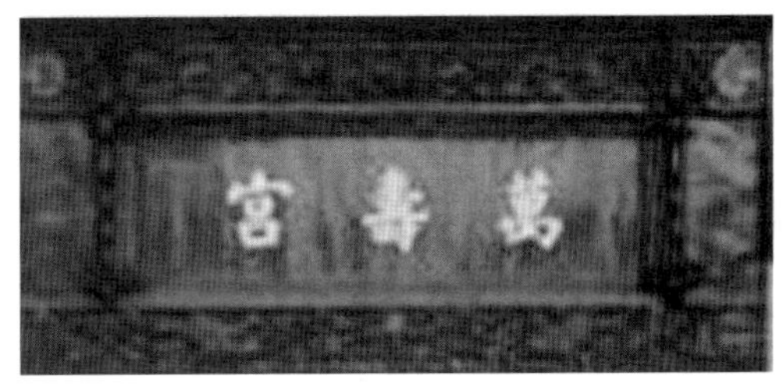

牌坊上“万寿宫”牌匾

苏州万寿宫牌坊中间顶楼透雕

万寿宫（含牌坊）原为清康熙五十六年（1717），江苏巡抚吴存礼创建，原有玉带河环绕。宫内供奉皇帝万岁牌位，每逢皇帝生日，即所谓万寿节，全城官员聚集在此举行朝贺大典；若遇帝王驾崩，则在此设灵致祭，服丧示哀。平时则作为恭迎诏书处所。咸丰十年（1860）毁于战火，同治九年（1870）江苏巡抚丁日昌重建。辛亥革命推翻帝制后，俗称旧皇宫，一度为民众社会团体驻地。后因年久失修而日渐颓废，至1949年苏州解放时，宫内建筑仅存残破不堪的正殿及宫门、仪门，东西配殿及两庑等，附属建筑均已倾圮，满目残垣断壁，荒烟蔓草，昔日宫殿圣地已沦为流浪汉、乞丐聊避风雨的栖身之所。1951年，苏州市人民政府着手整修。宫门、仪门、正殿及照壁按原貌修复，并于宫门前移建牌坊一座。

苏州万寿宫牌坊次间上的镂空与垂柱

万寿宫，正殿南向，重檐歇山造，面阔五间宽21.6米，高14.4米，前有石露台（月台）与台基相连。殿宇宏伟，庭院深广，牌楼耸峙，石狮雄踞，仍不失为苏州城中较为完整的一组宫殿式建筑群。1951年万寿宫整修之后，辟为劳动群众文化活动场所，一度改称人民文化宫，牌楼上刻有郭沫若先生的题字。1966年“文革”中，万寿宫年久失修、越来越破败，直到1986年修缮后辟为青年宫。1991年进行全面修葺，改为老干部活动中心。因此一年到头风雨寒暑，万寿宫大殿中每天都是人来人往，热闹非常，人称为青年宫舞厅。2002年1月，苏州市委第十五次常委会议决定：万寿宫将改扩建老年大学。

第一百五十三节　对越牌坊

修葺后的对越牌坊正立面

对越牌坊，简称“对越坊”，坐落在山西省太原市晋源区晋祠镇晋祠内，建于明万历四年（1576）。相传，明代书法家高应元母亲患偏头痛，久治无效。后来在吕祖庙前得一签，签上写“添砖加瓦”四个字，和尚们解释签上四字的含义，只有在祠内增加些建筑，才能消灾免难。高应元在祠内仔细观察，发现殿、堂、楼、阁、亭、台、桥等应有尽有，唯独缺少牌坊，故决定建造一座牌坊。牌坊建在何处？金人台西，献殿东的这块空地最合适。高应元想，将来牌坊落成后，殿、台、坊组成一组规模宏大的建筑群，定会收到消灾的效果。他原先计划建造一座规模较小的牌坊，没想到破土动工的第二天，他母亲的病就好了，真是喜从天降，他高兴地不得了。故改建一座大牌坊，感恩上天保佑，让母亲痊愈。牌坊落成后命名“对越”牌坊，高应元亲笔题书牌匾名字，牌匾就位，被列为晋祠三大名匾之一。牌匾挂毕，真是画龙点睛，锦上添花，端庄秀丽，落落大方的牌坊，成为殿前、台旁的又一亮点，填补了祠内稀缺的建筑物体。对越的“对”字意为报答。“越”字即“扬”，对越两字合起来，意为“报答宣扬祖先功德”，在此意为“宣扬母德高尚”。

对越牌坊上的牌匾

对越牌坊高9.65米，面阔13.35米，进深3.34米，为四柱三楹三楼式木质建筑。明间两根立柱脚下由石质方墩夹固立柱，次间的两根立柱脚下前后，各有一块平板抱鼓石夹固立柱。四根圆形立柱前后各有一根与立柱同样粗细的戗柱斜戗在立柱的上部，使牌坊更加稳固，风吹雨打不动摇，山晃地震岿然不歪。牌坊通体苏式彩绘，立柱、戗柱涂紫红色。明间小额枋下左右各饰一尊龙首雀替，张口目瞪，活灵活现。大小额枋之间镶嵌着蓝底黄字的牌匾，上题书：“对越”两个正楷大字。结构严谨，起落遒劲，运笔自如，清秀悦目。牌匾两侧各绘一副多宝彩图。明间大额枋上有四组平顶科和两组转角科四昂五踩斗栱承托着楼顶。两次间分别两组平顶科和二组转角科斗栱承托着两次间楼顶。楼顶罩绿色琉璃筒瓦，大脊、戗脊、山脊，鸱吻剑把背兽、戗兽、螭兽俱全。楼角下各系一铜铃，绿色大脊前后面饰黄色琉璃图案。楼檐下斗栱之上承托着檐檩，檐檩上为圆椽，圆椽上为方椽。楼檐上滴水瓦当参差有别。雄伟壮丽的对越牌坊耸立在殿前台旁，弥补了晋祠建筑上的缺项，构成了一片完美无缺的古建筑群体。

山西太原晋祠“对越”牌坊侧立面

对越牌坊前铜狮

晋祠，原名为晋王祠，初名唐叔虞祠，是为纪念晋国开国诸侯唐叔虞（后被追封为晋王）及母后邑姜后而建。是中国著名的名胜古迹游览胜地。1961年3月被国务院确定为全国重点文物保护单位。始建于北魏前，是为了纪念周武王次子叔虞而建。

祠区内中轴线上的建筑，由东向西，依次是：水镜台、会仙桥、金人台、对越坊、钟鼓二楼、献殿、鱼沼飞梁和圣母殿。这组建筑和它北面的唐叔虞祠、昊天神祠和文昌宫及南面的水母楼、难老泉亭及舍利生塔等，组成了一个综合建筑群。西南隅的那尊铁人，铸于北宋绍圣四年（1097），已有八百余年的历史，至今仍英姿勃勃，气概不凡，传说，一年夏天气候炎热，铁人独自一人来到汾河岸边，见滔滔河水挡住去路。正在着急，忽见上游驶下一只小船。铁人忙上前招呼，要求船家把他渡到对岸。船家沉吟一阵说："只有你一人，可再稍候一时，等等有无他（她）人。"铁人一焦急，赶忙说道："你能渡过我一人，就算你有能耐啦"船家看了看铁人说："你能有多重，一只船不止装一人，除非你是铁人。"话音刚落，一语道破本相。瞬间，铁人立在汾河边，纹丝不动。怎么这人不说话了？船家抬头一看，面前立着一位铁人。多眼熟啊，思考片刻，嗬！这不是晋祠的铁人吗。船家不敢怠慢，急忙找来一些乡亲，把铁人抬回金人台。圣母勒令手下将领，在铁人的脚上连砍三刀，惩罚铁人不服从戒律。今日的铁人，脚上还留着三刀的印痕。

第一百五十四节　沉犀节孝牌坊

沉犀节孝牌坊，位于四川省犍为县西南部历史文化古镇清溪镇沉犀村三组。是当地有名的一景。这座清嘉庆年间修建的石牌坊，坐西面东，面积100平方米，是青石仿木结构石质建筑，保存完好。清嘉庆七年（1802）请旌奉旨始建，历经八年，于嘉庆庚午（1810）仲冬竣工。至今已有200多年的历史。节孝牌坊为四柱三楹五楼式石质建筑，面阔7.99米，通高11.25米。石月台基础长11.92米，宽8.1米，高0.6米。牌坊明间顶部额匾上刻有"圣旨"二字。1998年被列为了市级文物保护单位，2007年被列为省级文物保护

沉犀节孝牌坊前立面

单位。

沉犀节孝牌坊，是旌表清代一女子，在19岁嫁到王家，27岁守寡，将公婆分别赡养至85岁和94岁，并将一对儿子抚育成人，成家立业的余氏寡妇。对于节孝牌坊《犍为县志》也曾有资料记载："嘉庆七年建，时川督题‘从一而终’。王仲贤妻，乾隆间，孝翁姑，抚二子成家。"

沉犀节孝牌坊次间楼与花心板雕刻

节孝牌坊共三间，明间宽大，时以利车马通行；左右次间窄小，供行人过往。除有四柱三楹框架的坚实结构外，两面柱基还嵌有抱鼓石雕刻石象和石狮各1对，造型粗犷，雄伟独特。其中的石象在全国牌坊中唯蜀派牌坊建筑中才能见到。三架龙门枋宽厚稳重，比小额枋还要大许多。明间顶楼有四组斗栱、两次间和两梢间顶楼下各设置两组嵌有浮雕图案的斗栱，斗栱上雕有精美的狮兽、花果、人物、书法和八仙等。五座楼顶皆为平板式楼面，其下衬一大块石板，楼面上以条石为楼脊，两端饰巨大吻兽，正间顶楼两吻兽相接，吻兽之间设一小立柱，小立柱上端蹲坐一只望天吼，昂首望天空，高喊吼叫，似在宣扬坊主的节孝贞操。其实它充当了牌坊的刹尖。以望天吼为刹尖的牌坊，全国独一无二。二层楼中间饰额匾，上书“圣旨”行楷二字。再往下的花心板分上下两块，上面一块题书“节孝”二字，下面一块上书“永树典范”。阐明立坊之意。牌坊的明间小额枋上浮雕戏剧人物，个个形象逼真，栩栩如生。其他位置还刻上了与王余氏相关的家族成员名字及当初修建牌坊的各位官员、工匠的名字，皆供后人以瞻仰当年王氏家族的兴旺。

沉犀节孝牌坊的牌匾与下枋梁雕刻

沉犀节孝牌坊上部“圣旨”额匾与周围雕刻

沉犀节孝牌坊用料考究，全采用优良的青石，雕刻细腻，手法精美；人物深浮雕图案精美；石刻字迹清晰，楹联匾额堪称书法精品，吻兽飞角舒展传神。尤其是抱鼓石正面下方龙纹雕像异常珍贵，可谓稀世珍宝。

第一百五十五节　汉源九襄牌坊

汉源九襄牌坊，坐落在四川省雅安县九襄镇老街古代丝绸之路的官马大道上，古时有成都出南门第一坊之美称。宽约10米，高约11米，进深2.87米，为四柱三楹七楼式石质建筑。是清道光年间拔贡出身的黄体诚为感念寡母、恩嫂的养育之恩，请旨修建的节孝石牌坊。通体牌坊上共雕琢48部传统川剧戏曲，169幅浮雕戏剧场面，570多个戏剧人物……戏曲选目丰富多彩，有许多是古代脍炙人口的故事。如表现古代妇女的忠烈节义及巾帼不让须眉的“十二寡妇征西”的《穆桂英挂帅》；宣扬“百善孝为先”人伦道德的《木莲救母》[③]《安安送米》[④]；歌颂中国人义字当先、大智大勇的《三英战吕布》《赵云六保阿斗》《空城计》；表达人们祈望福禄寿喜的《蟠桃会（大和图）》等。

四川汉源九襄牌坊

九襄牌坊柱耳与挑檐

四根断面为1米见方的大石柱，柱前后共有8尊威武俨然的雄狮，每尊雄狮身上还各跨着1尊慈眉善目、庄严肃穆的菩萨或古佛。柱上牌坊分为四层七楼，制作精巧，当地人称为“四层多脊檐”。南北两大面，东西八小面，垂直三段式，每层对称，整体上瞧去，逐层内缩，呈宝塔形状。

最引人入胜的是牌坊脊檐，颇具想像力，两面各有九条龙，远观，宛如正熊熊燃烧的烈焰。我们常见建筑雕刻的龙，多是嘴上含着圆珠，或以二龙戏珠，以示吉祥。而这18条龙，嘴里叼着的却是长剑的剑柄，长剑沿着咽喉而下，直抵盘龙的腹内，似乎是要竭力表现龙的威武雄壮，敢吞兵戈之胆。同时，每层两侧的飞檐如火焰一般凌空闪耀，层层递减，缩小到顶端既合成一个宝塔，造型均匀而集中，形似火炬气势协调的同时又显得古朴壮观。

九襄牌坊“圣旨”额匾

牌坊的四层中，最上面一层引人入胜。它整体上的造型相当完美，两边精美衬托着中间的一个四层小塔，每层小塔很匀称，错落有致，塔顶是类似印度或泰国的细圆尖的小石柱，据说顶上原来还有块非常好看的小圆石，称为宝顶。可惜，20世纪40年代末，毁于国民党士兵的枪下。宝顶的毁灭，成为石牌坊的一大遗憾。

九襄牌坊明间牌匾

石牌坊北向的一尊雄狮雕像底座，有一只海螺石雕。当地人讲，此海螺可以吹响，且全镇可闻，可惜螺嘴已不知何时被敲掉。凑近细看，海螺空腔，有一管道通向螺嘴处。若真是这样，这石牌坊的雕刻技术之中，也融合了声学的原理，这应当是石牌坊的又一非凡之处。

当地人介绍，石牌坊建成于道光二十九年（1849），是由汉源街上拔贡出身的黄体诚个人出资修建。牌坊上雕琢的戏剧场景、人物，据四川省川剧艺术研究院考证的有：《雪梅教子》《斩经堂》《岳飞辞家》《天门阵》《秦仲别家》《武采桑》《卸甲封王》《渭水河》。还有巾帼不让须眉的“十二寡妇征西”的《穆桂英挂帅》；宣扬“百善孝为先”人伦道德的《木莲救母》《安安送米》；歌颂中国人义字当先、大智大勇的《三英战吕布》《赵云六保阿斗》《空城计》；表达人们祈望福禄寿喜的《蟠桃会（大和图）》等。融合我国古代戏曲的川剧艺术于一体，按“忠、孝、节、义”为主题雕琢

九襄牌坊右侧次间顶楼雕刻

而成，或独自一人，或群集于一，皆自然真实，面目清晰，姿态各异，栩栩如生。

牌坊上的题刻有阴刻楹联4付，匾额12道。牌坊中间最高一层下方的南北为前倾15度镂空八龙盘绕的火焰边“圣旨”竖匾，两边有镂空圆雕的文臣武将护卫。此下正中南北为“节孝”额匾，再下南北为黄家姑媳守节尽孝事迹横匾，最下边的额枋上南为“姑媳冰霜”，北为建坊工程记。

东西两次间侧门上方各有一横匾，北面分别为“浑金摸玉”，南面分别为“钟礼郝法”。阴刻楹联分别刻在四根立柱的南北两面。楹联为：

誓地下为未亡人，孝养承欢，妇职克兼子职；

幸膝前有成立子，义方是训，女宗不愧儒宗。

两次间左右边为：清溪县知事谢联全题：

此日龙光标绰楔；他年芬浩表陇阡。

背面两侧为：清溪县学政杨延三题：

竹柏凌霜，劲节永延千岁荫；

芝兰耀秀，荣封仁荷九重褒。

整座牌坊造型美观，庄重华丽。

九襄牌坊是国内现存精美完整的一座石牌坊，其采用精湛丰富的石雕技术将一个个独特绝美的纹饰精细镌刻在牌坊的各个部位，形成宏伟气派的古建筑，在一百余年的历史长河中傲然屹立，散发出古文化的芳香。石刻纹饰数目繁多，形态各异，让人眼花缭乱的同时，不得不再一次被其繁华精美所折服，不得不称道中国古代那些朴实的能工巧匠。正是他们对艺术的悉心钻研，刻苦努力，精益求精，才使得我们今天能大饱眼福。

第一百五十六节　景德街牌坊

景德街牌坊，位于北京市西城区阜成门大街131号路北，是明代帝王庙前的景德街牌坊，为四柱三楹七楼式木质结构建筑。1949年在平津战役最关键的时刻杨鸿勋去请建筑学家梁思成，将北京文化圣地在地图上标注出来。“凡是地图上标注的都不能损坏”这项命令传达到攻城部队的每一个人。1952年12月这里连续发生了三次事故，经探测、鉴定都与景德街牌坊有关，事故不仅造成了人员伤亡，且牌坊也受到不同程度的损坏。1953年政府决定拆除该牌坊，杨鸿勋提议：环境是没有了，但牌坊是精品，你给拆下来找个地方保护起来，叫异地保护。这个建议最后被采纳了。2005年12月新落成的首都博物馆将景德街牌坊的所有构件安装复原，前面重新彩绘，背面保留原色。这座北京城里赫赫有名的景德街牌坊，原汁原味地展现在人们面前，大放异彩。一正一反，色彩缤纷与古老悠远并存，既保留了古代文明的源远流长，也彰显了日新月异的现代气息。

1900年历代帝王庙前“景德街”西牌楼西面牌匾题书“满汉双文”

北京景德街牌坊在北京博物馆重新组装后的全貌

杨鸿勋：1931年生，河北蠡县人，建筑史学家、建筑考古学家、中国建筑学会建筑史学分会原理事长。1955年毕业于清华大学，担任梁思成的助手及梁思成为主任的建筑理论与历史研究室秘书。联合国教科文组织顾问和国家历史名城专家委员会委员。2016年在北京逝世，享年85岁。

复原后的景德街牌坊的背面

景德街牌坊的牌匾

第一百五十七节 刘氏节孝牌坊

刘氏节孝牌坊，位于山东省成武县白浮图镇徐官村。建于清乾隆六十年（1795），

刘氏节孝牌坊左次间柱前石狮与楼顶斗栱

刘氏节孝牌坊

刘氏节孝牌坊牌匾与上下枋梁上的雕刻

刘氏节孝牌坊 正间楼顶及刹尖

高10.42米，宽9.0米，进深2.64米，为四柱三楹三楼式结构建筑。牌坊四根石柱前后有石雕雄师，明间门上有三道额枋，皆有精美雕刻。两额枋中间夹着两块花心板，分别题书“敕褒节孝”，下题书“旌表邑处士徐格妻刘氏节孝坊”正楷大字。楼檐下悬挂有“圣旨”字样的精雕额匾。顶楼大脊两端饰吻兽，中间以大象驮宝葫芦为刹尖。明间大小额枋与龙门枋上均刻双狮戏绣球、二龙戏珠等图案。该坊四根立柱上均有阴刻行书字体楹联，正背两面雕刻图案相同，共四副对联，分别是：

灵感一时来白鹤；忠魂千载著乌头。

孝达宸枫彤管焕丝纶之色；节荣萱草青湘发兰桂之香。

时有疾风临劲草；纵教寒月蔼长松。

皓首完贞松能傲霜心尤苦；青年矢志竹到凌云节愈高。

该牌坊“文革”时期遭到一定程度的破坏，但保存仍比较完整，不失其较高的牌坊艺术研究和观赏价值。

1992年被公布为省级文物保护单位。

第一百五十八节　申氏节孝牌坊

申氏节孝牌坊立面

申氏节孝牌坊，位于山东省成武县张楼镇徐老家村。高11.26米，宽9.43米，进深3.21米，为四柱三楹三楼式石质建筑。建于清乾隆五十二年（1787）。立柱前后设置夹固石，明间两立柱的夹固石较高大，底部须弥座已被地面埋入地下约0.5米，中部三面雕有浮雕图案，顶部立体雕石狮，雌雄分离。次间两立柱前后夹固石较矮小，雕琢技艺与手法基本相同。大小额枋与龙门枋上各雕琢不同图案，技艺娴熟，造型生动，雕工别致，甚是精美。三道额枋中间夹有两块花心板，分别题书：“敕褒节孝”和“旌表太学士徐思迈妻申氏节孝坊”。楼檐为石刻仿木结构，中间高，两侧低，层次分明扣和巧妙，翘角飞檐，钩心斗角，显得古朴典雅，气势雄伟。坊檐正中斜挂着高0.50米，宽0.30米的“圣旨”额匾。该牌坊历经二百余载，保存基本完好。立柱正面有两副楹联，分别是：

雪满瑶池，数十年清操炳耀；鸾回凤扉，几千载制敕辉煌。

翼翼青编标苦志；煌煌紫诰铸贞珉。

据了解，徐思迈20岁时与18岁的申氏婚后仅4年便撒手人寰，留下妻子和两个年幼的儿子。徐申氏一直没有再嫁，含辛茹苦地将两个儿子抚养成人。长子徐桄，考中贡士，曾任县令；次子徐梓，任吏目。申氏直到84岁无疾而终。其子感恩母亲一生辛苦，决心为母亲筹建节孝牌坊，流芳百世。古代时，只有皇帝下旨方可建坊，地方官员只能送匾表彰。两子找到当时的成武县令李若杏，于乾隆五十年（1785）奏章于清政府。年事已高的乾隆皇帝见章准奏，在李若杏奏章上批了八个字："建坊旌表，拨银资助。"节孝坊建造两年终于竣工。

1992年申氏节孝牌坊被公布为山东省文物保护单位。

申氏节孝牌坊上的石狮

申氏节孝牌坊上的牌匾与刹尖

第一百五十九节　武汉大学牌坊

武汉大学牌坊，又称"国立武汉大学"牌坊。位于湖北省武汉市武昌区珞珈山路16号（八一路299号）。最早的牌坊位于武汉市街道口劝业场，为全木结构建筑。建于1931年，仿北方牌坊式

国立武汉大学校门牌坊

1937年刚竣工的国立武汉大学牌坊

样，四柱三楹三楼歇山式结构，琉璃瓦楼顶，略施斗栱，油漆彩绘，古朴大方。由于牌坊所处一片开阔地，建成次年，毁于一次龙卷风。1937年，武汉大学在劝业场原址建造了钢筋水泥混凝土冲天式牌坊。不几年前，被一辆水泥车重创，局部受损。事故发生后，肇事司机因涉嫌过失损毁文物罪被依法刑事立案。如果说北京大学的象征是未名湖，清华大学的象征是清华园，那么武汉大学的象征就是这座“国立武汉大学”牌坊。它不仅是进入武汉大学的引导标志，更是武汉大学历史的见证者。正因它具有极高的历史价值，2001年被评为第五批全国重点文物保护单位。如今，近百年历史的牌坊横遭厄运，怎能不令人扼腕叹息。

根据武汉大学校史记录，这座牌坊原是纯木质结构，由当时的国立武汉大学建筑设备委员会工程处建造工程师缪恩钊、绘图员沈中清设计，带有浓郁的北方建筑风格。牌坊正反两面的牌匾上，均书有“国立武汉大学”六字校名。初建的木质牌坊，虽然很好看，但是建筑比例却不太协调，具体来说，就是牌匾跨度过大，而四根立柱过细，给人一种“头重脚轻”的感觉。这种结构的建筑，牢固性可想而知，一场龙卷风之后，牌坊便“香消玉殒”变成废墟。1934年，国立武汉大学决定在木质牌坊的原址，重建一座牌坊，作为指示牌。这就

国立武汉大学牌坊的背面

是新闻中被车辆撞损的那座牌坊。这一次，学校充分吸取教训，而以钢筋水泥结构代替木质建材，设计者仍是缪恩钊和沈中清。牌坊顶楼式改用四柱冲天式，造型较为朴素敦实。据沈中清先生晚年回忆，“此牌楼是我设计，Kales来工地时见了牌楼和我握手表示赞赏”。Kales即国立武汉大学珞珈山新校舍总设计师与建筑工程师开尔斯（Francis Henry Kales）。新牌坊的正面，仍是“国立武汉大学”六字，后面则是“文法理工农医”六个篆字。至于书写者，后面六个字比较明确，是由当时中文系主任刘赜所写。至于前面的校名，则众说纷纭。有人说是蒋介石写的，也有人说出自汪精卫的手笔，还有人说是闻一多的题字。不过，在武汉大学档案馆馆长涂上飙看来，这六个字应当是从颜真卿字帖中凑集的。至于原因有二，其一，当时学校在选谁题写校名时，并没有取得一致意见，大家争论来争论去，最后决定从古人中来找。其二，选择颜真卿的原因，固然是因为他书法技艺高，颜真卿的人品气节也是重要的参考因素。遥想安史之乱时，河北诸郡皆畏安禄山兵威，不战而降，唯有颜真卿和其兄颜杲卿在山东独擎唐旗，为大唐尽忠死战。李希烈叛乱之后，颜真卿更是不顾八十岁高龄，深入敌营义责逆臣，最终身死报国。结合当时日本加快侵华步伐的时代背景，学校也希望通过颜鲁公的字，激发出学子们的爱国精神。一直到改革开放前，武汉大学只有位于如今武珞路和珞珈山路交会处的这一处牌坊。其间，武汉大学虽说也经历过拆校的艰苦，但是底蕴还在，因此，在全国高校中仍处上游水平，培养了许多至今仍在各行各业发光发热的人才。对于这样一所桃李满天下的高校，校庆自然是不容忽视的大事。于是在1991年，为了迎接即将到来的八十年校庆，武汉大学校友总会向广大师生校友及社会各界人士发出了捐款修建新校门牌坊的倡议。

2013年落成的国立武汉大学牌坊

在海内外校友的大力支持和资助下，武汉大学新校门牌坊于1992年底破土动工，1993年9月宣告落成。这座新的校门牌坊位于八一路与珞珈山路（大学路）的交会处，其大小与街道口老牌坊基本一致，几乎就是后者的翻版，只是柱底夹杆石造型有所不同，并增加了一些装饰图案。值得一提的是，这座本来为武汉大学八十周岁贺寿的牌坊，建成后却变成了学校百年庆典的贺礼。1992年之前，武汉大学一直非常明确地以1913年作为自己的建校时间，但是，到了这一年的年底，风云突变，武汉大学突然声称自己建校时间应当是1893年，张之洞所创办的“自强学堂”成为武汉大学最早建立的雏形。一时间，舆论为之哗然。此前，学界公认的中国第一所现代大学，既是盛宣怀在1895年创办的北洋大学，也就是现在的天津大学。如今武汉大学把自己的创始时间提到1893年，这明显是要把“中国第一所现代大学”的名号揽入自己怀中。为此，天津大学曾向教育部愤然上书，“武汉大学突然宣布庆祝百年校庆的做法，实在令人迷惑不解和无法接受”。

国立武汉大学牌坊背面的题字

对于武汉大学究竟是不是在1893年创办的，目前尚无定论，这件事也不在本文的讨论范围内，故不在此做过多赘述。不过，因为这段故事，武汉大学的第三座牌坊也有了“传奇性”。令人遗憾的是，在2012年，为改善武汉大学正门周边的环境与交通，武汉市政府决定在武大文理学部与信息学部之间的八一路沿线修建一条地下通道，并将路面改为绿化广场，使两个校区实现无缝对接，更加紧密地连为一体。由于1993年落成的新校门牌坊正处在八一路拓宽工程的范围之内，为了配合这一惠及学校的市政工程的施工，武汉大学遂于2012年10月将这座建成还不到20年的校门牌坊予以拆除，然后进行异地重建。重建后的牌坊，便是如今武汉大学正门的牌坊，也是武汉大学的第四座牌坊。这座牌坊，在武汉大学“120年校庆”时建成。造型和武汉大学第二座牌坊差不多，只不过尺寸略有放大。

这就是武汉大学现有两座牌坊的来历。说实话，武汉大学能够拥有如此充满历史意义的牌坊，是一种幸事。希望受损的牌坊在修复后，能够得到校方和相关部门的妥善保护，不再让其受到损伤。

第一百六十节　杨氏节孝牌坊

杨氏节孝牌坊，坐落在台湾省新竹市东区水源街93号，是旌表竹堑林炽妻杨氏，杨居娘的节孝事迹而立的牌坊。嘉庆二十四年（1819）获闽浙总督董教增、福建巡抚史致光、福建提督学政吴桩、福建布政使司明山、台湾府知府郑佐廷、彰化知县吴

杨氏节孝牌坊 正面

性诚、彰化县教谕朱开垣、彰化县训导张梦麟等上报签准建坊，完成于道光四年（1824），是目前新竹历史最悠久的节孝坊。

杨氏名杨居娘，十七岁嫁给竹堑人林炽为妻，二十四岁林炽去世，独立扶养幼儿长大，坚贞守节、以母兼师、抚孤孝亲的节孝事迹，感人肺腑，杨居娘于四十五岁去世，守节二十一年。其子林德修捐得监生，道光六年（1826）参与澹水厅筑城，获军功加六品顶戴，道光十六年（1836）代表堑城闽籍商人，参与金广福大隘的筹设事宜，后因故退出。

杨氏节孝坊为一座四柱三楹四楼式的牌坊，高5.4米，宽约3.8米，厚0.62米，是新竹市现存牌坊年代最久的一座，建材为泉州白花岗石及青斗石所建造，顶部为双龙捧圣的额匾，其上题书“圣旨”二字，中间牌匾雕刻有“天旌节孝”阴刻正楷四字，代表着由皇帝核准旌表的贞节事迹。牌坊立柱上楹联为：“苦雨凄风未悔当年九死；黄章紫诰共钦此节千秋。”是由嘉庆二十四年（1819）举人郭成金撰。次间对联为：“问视桩堂妇能代子；栽培桂树母可兼师。”乃林光斗撰。

杨氏节孝牌坊“天旌节孝”牌匾

杨氏节孝坊背面

第一百六十一节　赖氏节孝牌坊

赖氏节孝牌坊，位于台湾省台中市福星山上文昌祠侧。民国二十四年（1935）大地震后，因拓宽道路，迁建于南苗天害庙西侧。1958年又因天云庙改建，而移置猫狸（福星）山，整座牌坊，由石柱、

赖氏节孝牌坊正立面

赖氏节孝牌坊右次间雕刻

柱墩、大小额枋、顶楼构成，古朴庄严。顶楼额匾上题书“圣旨”二字、牌匾上题有“天旌节孝”及“台北府新竹县猫猫街儒士刘金锡之妻赖氏节孝坊光绪九年”字样。两侧石柱上镌有台北府知事陈星聚所撰对联。另外尚有四副颂赞赖氏的对联，镌刻在石柱的正、背两面。一副是新竹县训导刘鸣盛撰，一副是台澎道兼督学刘口撰，另外两名撰述的人名模糊不清。赖氏丈夫不幸去世，她决意坚守 “忠臣不事二生，烈女不嫁二夫” 的古训，抱璞守贞，矢志不嫁，守节尽孝，享寿八十三岁。夫弟举人刘祯感佩四娘之孝节，以己长子世熙过继为嗣。乡人感念她节孝可风，于是呈请清廷旌表，光绪九年（1883年）奉准立坊，

赖氏节孝牌坊宝葫芦刹尖与“节孝”额匾

时年七十八。牌坊楹联为：

青年尚未婚，柏舟永矢；百发能完节，枫陛荣褒。

素履全贞直树纲常万古；黄章宠锡九堪俎豆千秋。

贞妇全夫直以苦衷补天憾；待亲训子口留奇行翼人伦。

十四岁节龄守闺门，无惭一家忠义；七八戴孝名传史册，增色两代科名。

第一百六十二节　城隍庙棂星门

城隍庙棂星门，位于山西省临汾市襄汾县（原汾县）旧县城。牌坊高4.6米，宽6.85米，为四柱三楹三楼式石质建筑。建于唐贞观七年（633）。正间两根立柱前后各设置一根盘龙戗柱，次间立柱的戗柱上无雕刻盘龙，八根戗柱的底端均设有弯曲螭兽盘曲在戗柱底端外侧，立柱和戗柱根部都设置一块长方形的条石相连。明间大、小额枋之间牌匾上题书“棂星门”三个正楷大字，黑底白字。大额枋上浮雕二

城隍庙棂星门正立面

棂星门右次间的木作

棂星门楼顶与“棂星门”牌匾

龙戏珠，楼檐下无斗栱，楼檐琢有滴水瓦当。大脊分三段组成，中央段较长，小阁楼上置宝葫芦为刹尖，两侧端分别置卷尾吻兽，有剑把无背兽，雕琢精致。两次间楼顶无山脊，唯有大脊，只外端设一吻兽，额枋下设置木质门框，后来不知何因用砖砌体堵塞。棂星门两侧各有砖砌体袖壁，长2.46米，高3.45米，袖壁中间雕有圆形云龙图案，精致别论，无与伦比。通体牌坊简洁明快，古朴典雅，是一座未作任何修葺，原汁原味的文化遗产。现为全国第六次公布的重点文物保护单位。

棂星门的盘龙戗柱与螭座

第一百六十三节　考亭书院牌坊

考亭书院牌坊，位于福建省南平市建阳区潭城街道考亭路，为明嘉靖十年（1531）巡按福建监察御史蒋诏及巡建宁道佥事张俭所立。高约10米，宽约8.6米，为四柱三楹五楼式石质建筑。牌坊匾额“考亭书院”四个大字传为宋理宗御笔。枋柱间雕刻雄狮、麒麟、飞凤、仙鹤、瑞兽祥禽及仙居道士等人物形象。石牌坊造型古朴、器宇轩昂。

考亭书院牌坊前立面

考亭书院牌匾与额匾

1966年西门电站建成蓄水，牌坊下半部被库水淹没。1983年由县文物部门将其迁至玉尺山下。现为县级文物保护单位。

考亭书院是南宋理学家朱熹晚年居住的讲学之地。南宋绍熙三年（1192）朱熹筑室居此，因四方来求学的人众多，又筑一舍在居室之东，称为竹林精舍，后改名沧州精舍。宝庆元年（1225）建阳县令刘克庄建祠纪念，淳祐四年（1244）诏为书院，御书“考亭书院”匾额。现只存明嘉靖十年（1531）所建的书院门口石碑坊一座，其他建筑为后建。

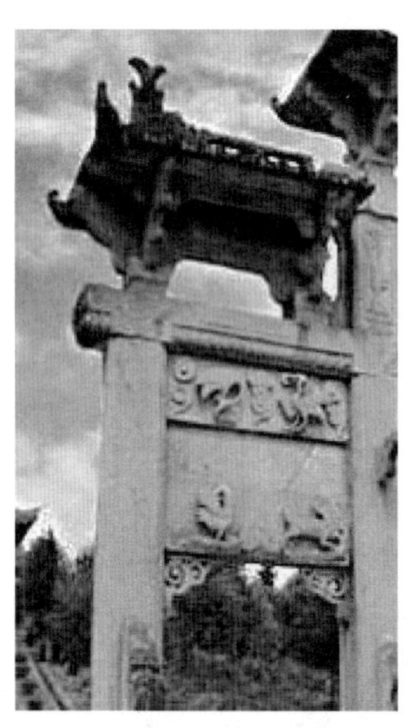
福建建阳书院牌坊次间结构

作为我国古代伟大的教育家、思想家朱熹在各地创建、修复和读书讲学的书院多达67所，对重振中国书院文化产生了巨大的作用。南宋时期各地兴建书院的热潮，就是由朱熹揭开序幕，也是在他的推动下产生的。由朱熹本人所创建最重要的书院，有庐山白鹿洞书院和长沙岳麓书院；在福建则有由他亲手创建的建阳寒泉精舍、云谷晦庵草堂和考亭竹林精舍（后改名为沧洲精舍），以及地处武夷山五曲的武夷精舍。武夷精舍是朱熹建造的第三所书院，因朱熹别称紫阳先生，故在元明时期，后人又将其称为紫阳书院。从淳熙十年到绍熙元年（1183—1190）这八年中，他主要在此聚徒讲学和从事学术活动。这一时期，前来问道求学的门人弟子众多，是朱熹考亭学派迅速壮大、学术活动空前活跃的一个时期。考亭书院牌坊，已成为今日纪念我国历史教育家朱熹的圣地。

第一百六十四节　德侔天地和道冠古今牌坊

德侔天地和道冠古今牌坊，位于山东省曲阜市孔庙院内东西两侧，均为四柱三楹五楼柱不出头式木质结构建筑，建于明代永乐十三年（1415），楼面罣黄色琉璃瓦，如

民国年间的道古冠今牌坊

民国年间的“德侔天地”牌坊

意斗，明间庑殿顶，斗上十三踩，两次间歇山顶，斗上九踩，明、次间之间有夹楼，斗上五踩。柱下夹杆石圆雕动物各 8 只，中间四只为“天禄”，两旁四只为“辟邪”。传说天禄又称“天鹿”，也称“挑拨”“符拨”，是古代的神兽，与“天命”和“禄”有关，多雕刻成形似辟邪，传说能拔除不详，永绥百禄，故称天禄。“辟邪”是我国古代传说中的神兽，似狮而带翼，能避御妖邪，保护穷苦百姓。

明成祖朱棣为祈“佐我大明，于斯万年”（明成祖《御制重修孔子庙碑》），于永乐十年（1412）对孔庙“撤其旧而新之”。修廊庑楼阁270余楹，将孔庙向南扩展，增建棂星门，德侔天地、道冠古今二牌坊、大门3座

道古冠今牌坊

（今圣时门）、石桥3座（今璧水桥），至十五年五月（1417）全部竣工。

历经明弘治、清康熙、雍正、乾隆、嘉庆、光绪年间修葺。

德侔天地牌坊

德侔天地牌坊立柱前石狮

光绪三十二年（1906）十一月，奉旨将孔子庙祭祀规格由中祀升为大祀，拟将孔庙建筑全部改为黄色琉璃瓦。次年，山东抚院拨库平纹银5万余两，维修清代碑亭，毓粹、观德二门，德侔天地与道冠古今二坊，并改为黄色琉璃瓦。至宣统二年（1912）告竣。

“德侔天地”“道冠古今”意思是说孔子对人类做出的贡献如天地一样大，孔子思想是空前绝后，无论是古今还是将来，都是至高无上的。两座牌坊至今保护完整，古色古韵，芬芳溢出。

道古冠今牌坊上的斗栱

注解：

①《诗经·大雅·绵》出自我国第一部诗歌总集《诗经》，全诗记录周先王古公亶父率领周人在岐山周原开疆沃土，以及周文王继承遗训，建国立业的史实。其诗之美亦如清初文人王夫之所论：“如群山滃流也，如春华喧发也，如风之吹万而各以籁鸣也。”如此经典彰显先贤的文明智慧，不仅是中华民族灿烂文明的史诗，更是世界文化宝库中古文化的经典。

②四维八德，是华夏民族的美德。这是春秋时代齐国的管仲把礼、义、廉、耻称“四维”。“礼”是文明礼貌，知书达理，为人的素养。“义”是公道正义，讲诚信，重友情，大义秉公，光明磊落，作风正派，不搞阴谋诡计。“廉”是羞耻心，是做人最起码的底线，否则，就不配做人。八德即为忠、孝、仁、爱、信、义、和、平。“忠”是忠于事业，忠于职守，忠于民族，忠于国家。“孝”是孝敬父母，孝敬老人。“仁”是宽厚，具有仁爱之心，宽于待人，善于待人，不鸡肠小肚，不妒贤嫉能。“爱”是在家尊兄爱弟，在事业中尊敬领导，体恤下属，在社会中敬信朋友，由近及远。“信”是儒家实“仁”这个道德原则的重要条件之一，又是其道德修养的内容之一。孔子及其弟子提出信，是要求人们按照礼的规定互守信用，借以调整统治阶级之间，对立之间的阶级矛盾。儒家把信作为立国、治国的根本。“信”作为儒家的理论范畴，意为诚实，讲信用，不虚伪。汉儒把信列入“五常”之中。“义”是中国古代一种含义极广的道德范畴，本指公正、合理而应当做的。“和”是和平、太平、和谐、协调。古语云“万事和为贵”。“平”即太平、公平、均平。

③《木莲救母》，木莲的母亲青提夫人，家中甚富，然而吝啬贪婪，儿子却极有道心且孝顺。其母趁儿子外出时，天天宰杀牲畜，大肆烹嚼，无念子心，更从不修缮。其母死后随业力刹那间就入了饿鬼道，尊者木莲成道后以神通力观见母亲受种种苦。于是以神通力运饭给其母吃，不料刚进嘴便化为火炭。木莲无计可施，十分悲哀，又祈求于佛。佛陀教木莲于七月十五日建盂兰盆会，借十方僧众之力让母吃饱。目连乃依佛嘱，于是有了七月十五设盂兰供养十方僧众以超度亡人的佛教典故。木莲母亲得以吃饱转入人世，生变为狗。木莲又诵了七天七夜的经，使他母亲脱离狗身，进入天堂。这样一个佛教故事能从西晋流传到现在，而且是口口相传，关键在于故事劝人向善，劝子行孝。

④《安安送米》，东汉孝泉属于广汉郡，一姜姓人家，父姜文俊，母陈氏，生一子姜诗。姜诗品质高贵，为人笃诚，深得县名人庞盛的赏识，将女儿庞三春许配于他，并向朝廷举荐。不久，皇上下诏，任命姜诗为江阳（今泸州）县令。姜诗上任后，爱民如子，为政清廉。几年后，父亲病故，姜诗夫妇侍奉母亲体贴入微。后来，庞三春生一子，取名姜石泉，乳名安安。姜母眼患疾，见风就烂。有夜，姜母梦见神仙，告诉她孝泉临江的水能治眼疾，可以治愈。姜母把梦中一事诉说给姜诗。姜诗是个孝子，为治母眼疾，当即挂印而去。安安长大后，因家里经济拮据，婆媳矛盾尖锐，逼着姜诗一纸休书把庞三春撵出家门。安安放学回家知母亲被休，痛哭流涕，朝思暮想。邻居告知其母迁居白衣庵。安安欲去看母，便决定给母送米，让母吃顿饱饭。上学途

中，路过土地庙，安安就抓上一把米，放入口袋，磕个头，藏在土地爷爷背后。说也怪，安安的米，鸟儿不啄，老鼠不吃，仿佛被安安一片孝心感动了似的。数月后，安安看米存得不少了，就偷偷地去看母亲。母子相见，涕泪纵横。安安把米掏出来，让母亲高兴。但母脸色沉重，说："安安，我们家里的人，历来不偷人家的东西。人穷要穷得有志气。"安安见母一脸愁容，不知说什么才好。庵主走过来，把安安带来的米撮出来，放在手掌上，捻开仔细一瞧，对安安的母亲说："你看这米，颜色深浅不一，有陈有新，可能不是偷的，别冤枉了孩子。"庞三春就问安安米是从哪儿来的。安安一五一十地把事情从头到尾告诉了母亲。母转悲为喜，高兴得她摸着安安消瘦的脸庞，心里一阵酸楚、激动，母子俩抱在一起大哭了一场。从此这段话被称为《安安送米》的故事。

四柱三楹牌坊分布一览表

名称	结构	保护级别	详细地址	修建时间
衡王府石牌坊	四柱三楹五楼式	省级	山东省潍坊青州五里镇玲珑路	明代
庵上牌坊	四柱三楹三楼式	省级	山东潍坊青州五埠子镇庵上村	清道光年间
清昭陵石牌坊	四柱三楹三楼式	世界文化遗产	辽宁省沈阳市皇姑区北陵大街	清顺治年间
金声玉振牌坊	四柱三楹冲天式	世界文化遗产	山东省曲阜市孔庙大门前	鲁哀公时期
母子节孝牌坊	四柱三楹五楼式	国家级	山东省蓬莱市戚继光故里	明嘉靖年间
大槐树牌坊	四柱三楹三楼式	省级	山西洪洞县大槐树寻根祭祖园	民国三年
丞相状元牌坊	四柱三楹三楼式	省级	安徽省歙县徽城镇上路街	明正德年间
龙兴独对牌坊	四柱三楹五楼式	省级	安徽省歙县富堨乡塘槐村南	明正德年间
节妇牌坊	四柱三楹五楼式	省级	安徽省绩溪县家棚乡家棚村	明嘉靖丁酉
曾子庙前牌坊	四柱三楹冲天式	省级	山东嘉祥县满硐乡南武山之阳	周考王时期
父子总督牌坊	四柱三楹五楼式	国家级	山东烟台市蓬莱县戚继光故里	明嘉靖年间
赵氏节孝牌坊	四柱三楹三楼式	区级	山东滨州蒲北镇盐店街南端	清嘉庆年间
棂星门牌坊	四柱三楹冲天式	世界文化遗产	山东省曲阜市孔庙前	宋仁宗时期
五世衍祥牌坊	四柱三楹三楼式	省级	广西梧州岑溪市水汶镇南禄村	清同治七年
柏台世宠牌坊	四柱三楹冲天式	县级	安徽省歙县徽城镇上路街	明万历年间
高义园牌坊	四柱三楹冲天式	县级	江苏省苏州市天平山	始万历年间
方氏宗祠牌坊	四柱三楹五楼式	市级	安徽省歙县潜口民宅内	明嘉靖年间
清太祖福陵牌坊	四柱三楹冲天式	世界文化遗产	辽宁沈阳市东陵路东陵公园内	清天命年间

名称	结构	保护级别	详细地址	修建时间
魏惠饶孝子牌坊	四柱三楹冲天式	省级	山东省东阿县姜楼镇魏庄村	清乾隆年间
雷氏节孝牌坊	四柱三楹三楼式	省级	山东省东阿县姜楼镇魏庄村	明末
幕陵石牌坊	四柱三楹三楼式	世界文化遗产	河北省易县西陵镇龙泉庄	清道光年间
成吉思汗陵前牌坊	四柱三楹七楼式	国家级	内蒙古伊金和洛旗甘德尔敖包	1954 年
胡氏进士牌坊	四柱三楹五楼冲天式	县级	安徽省歙县桂林镇吴川村东头	清朝
金殿传胪牌坊	四柱三楹三楼冲天式	县级	安徽歙县桂林镇芳塘村居民院内	明弘治年间
夏禹陵入口牌坊	四柱三楹冲天式	国家级	浙江绍兴市东南的会稽山麓	不明
三省自治石牌坊	四柱三楹三楼式	国家级	山东嘉祥县满硐乡曾庙大门前	周考王时期
一贯心传石牌坊	四柱三楹三楼式	国家级	山东嘉祥县满硐乡曾庙大门前	周考王时期
五马坊	四柱三楹五楼式	国家级	安徽省歙县许村镇许村	明正德二年
殷尚书牌坊	四柱三楹三楼冲天式	省级	安徽省歙县桂林镇殷家村	明万历年间
云林胜概牌坊	四柱三楹三楼式	国家级	山东嘉祥县青山寺登山路上	明崇祯年间
西递荆潘首相牌坊	四柱三楹五楼式	世界文化遗产	安徽省黟县西递村	明嘉靖年间
冰雪盟心牌坊	四柱三楹五楼式	省级	四川自贡市自流井区光大街	清光绪年间
节孝流芳牌坊	四柱三楹三楼式	市级	广东佛山市祖庙内庆真楼旁	清乾隆年间
文庙棂星门牌坊	四柱三楹冲天式	市级	云南省昆明市华山西路	元代
李吉寿德政牌坊	四柱三楹五楼式	国家级	四川省隆昌县城南关牌坊古镇	清咸丰五年
亚圣庙棂星门牌坊	四柱三楹三楼式	国家级	山东省邹县孟庙大门前	北宋宣年间
亚圣庙牌坊	四柱三楹冲天式	国家级	山东省邹县孟庙大门前	北宋宣和年间

名称	结构	保护级别	详细地址	修建时间
亚圣庙过街牌坊	四柱三楹三楼式	国家级	山东省邹县孟庙以西大道上	北宋宣和年间
亚圣庙开来学牌坊	四柱三楹三楼式	国家级	山东省邹县孟庙西院墙上	北宋宣和年间
觉罗国欢德政牌坊	四柱三楹五楼式	省级	四川隆昌县南关镇	清同治十年
岱庙玲珑牌坊	四柱三楹三楼式	国家级	山东省泰山脚下的岱庙前	清康熙年间
乐善好施牌坊	四柱三楹五楼式	国家级	四川隆昌县南关镇	光绪十三年
歙县微省牌坊	四柱三楹五楼式	国家级	安徽省歙县许村乡高阳村	嘉靖癸未年
升平人端牌坊	四柱三楹三楼式	国家级	四川省隆昌县城南关牌坊古镇	清光绪六年
高张氏节孝牌坊	四柱三楹三楼式		贵州贵阳市南明区嘉润路南岳巷	清道光年间
节孝总牌坊（一）	四柱三楹五楼式	国家级	四川省隆昌县城南关牌坊古镇	清咸丰五年
节孝总牌坊（二）	四柱三楹五楼式	国家级	四川省隆昌县城南关牌坊古镇	清光绪四年
北海堆云牌坊	四柱三楹三楼式	国家级	北京市北海公园永安桥北端	始建元代
乙丑进士牌坊	四柱三楹三楼式	广州市级	广东省广州市中山大学校园内	明崇祯八年
云辉玉宇牌坊	四柱三楹七楼式	世界文化遗产	北京海淀区新建宫门路颐和园	清乾隆年间
隆寿宫牌坊	四柱三楹三楼式	国家级	山东济南市长清区五峰山上	金泰和年间
鸳鸯节孝坊	四柱三楹三楼式	重庆市级	重庆市渝北区鸳鸯街道牌坊村	清道光年间
曾氏贞节牌坊	四柱三楹五楼式	抚州市级	江西抚州市临川区腾桥镇厚源村	清道光年间
振头关帝庙牌坊	四柱三楹三楼式	国家级	河北石家庄市仓安路关帝庙前	明嘉靖年间
岱宗牌坊	四柱三楹三楼式	国家级	山东泰安市泰山脚下岱庙以北	清雍正年间

名称	结构	保护级别	详细地址	修建时间
福衍金沙牌坊	四柱三楹七楼式	世界文化遗产	北京海淀区新建宫门路颐和园内	清乾隆年间
光分列爵牌坊	四柱三楹三楼冲天式		位于安徽省歙县雄村（洪村）	清乾隆年间
朱氏节孝牌坊	四柱三楹六楼式	省级	山西省原平市大牛店镇阳武村	清咸丰五年
武氏扬名牌坊	四柱三楹三楼式	省级	山西省原平市大牛店镇阳武村	清咸丰五年
栾氏尚书牌坊	四柱三楹五楼式	省级	安徽省绩溪县瀛洲乡大坑口村	明嘉靖年间
理学明贤牌坊	四柱三楹一楼式	国家级	江西南昌市进贤县七里乡陈家村	明永乐八年
昼锦牌坊	四柱三楹一楼式	国家级	江西南昌市进贤县七里乡陈家村	明永乐八年
乾州节孝牌坊	四柱三楹三楼式		湖南湘西自治州吉首市人民南路	清咸丰五年
太和元气牌坊	四柱三楹三楼冲天式	世界文化遗产	山东省曲阜市孔庙第三座大门	明嘉靖年间
三朝典翰牌坊	四柱三楹三楼冲天式	国家级	安徽省歙县许村镇许村	明崇祯十四年
双寿承恩牌坊	四柱三楹五楼式	国家级	安徽省歙县许村镇许村	明隆庆二年
夏公墓道牌坊	四柱三楹三楼式		浙江文成县云湖乡陈山村岭头	清嘉庆八年
至圣庙牌坊	四柱三楹冲天式	世界文化遗产	山东省曲阜市孔庙第四座大门	明嘉靖年间
掇科牌坊	四柱三楹五楼式	国家级	安徽省绩溪县浩寨乡冯村	明嘉靖年间
诏恩褒节牌坊	四柱三楹五楼式		山西永济市城西街道东姚温村	明崇祯元年
秦氏节孝牌坊	四柱三楹五楼式	县级	山东省平阴县旧县乡尹村二村	清乾隆二年
进士洪本仁牌坊	四柱三楹三楼冲天式	省级	安徽歙县罗田乡洪坑村	清乾隆年间
鉴察牌坊	四柱三楹三楼式	国家级	山西襄汾县旧县城城隍庙小巷内	唐贞观七年
翊镇牌坊	四柱三楹三楼式	国家级	山西襄汾县旧县城城隍庙小巷内	唐贞观七年

名称	结构	保护级别	详细地址	修建时间
许氏节孝坊	四柱三楹三楼冲天式	省级	安徽黄山市徽城区潜口镇蜀源村	清乾隆年间
方氏百岁坊	四柱三楹三楼冲天式	省级	安徽黄山市徽城区潜口镇蜀源村	清乾隆年间
饱灿牌坊	四柱三楹三楼式	国家级	安徽省歙县棠樾村东端	嘉靖十三年
慈孝里牌坊	四柱三楹三楼式	国家级	安徽省歙县棠樾村东端	嘉靖十三年
汪氏节孝牌坊	四柱三楹三楼冲天式	国家级	安徽省歙县棠樾村东端	清乾隆年间
乐善好施牌坊	四柱三楹三楼冲天式	国家级	安徽省歙县棠樾村东端	清嘉庆年间
吴氏节孝牌坊	四柱三楹三楼冲天式	国家级	安徽省歙县棠樾村东端	清乾隆年间
天鉴精诚牌坊	四柱三楹三楼冲天式	国家级	安徽省歙县棠樾村东端	清乾隆年间
鲍象贤牌坊	四柱三楹三楼冲天式	国家级	安徽省歙县棠樾村东端	明天启二年
古隆中牌坊	四柱三楹三楼式	国家级	湖北襄樊市襄阳以西山环中	清光绪十九年
灵山翰苑牌坊	四柱三楹三楼冲天式	国家级	安徽黄山市徽州区呈坎镇灵山村	明正德六年
阙里牌坊	四柱三楹三楼式	国家级	山东省曲阜市孔庙至孔府之间	宋朝始建
康百万庄园牌坊	四柱三楹三楼式	国家级	河南巩义市区康百万庄园外	明末清初
绣衣牌坊	四柱三楹四楼式	国家级	湖南汝城县城郊乡益道村范家村	明正德十三年
百龄流芳牌坊	四柱三楹冲天式	中山市级	广东省中山市黄圃镇镇一村	清道光十八年
澳门三大巴牌坊	十柱三楹五层式	世界文化遗产	澳门特别行政区市内	清崇德二年
进士第牌坊	四柱三楹五楼式	省级	安徽省绩溪县浩寨乡冯村	明成化年间
大司徒牌坊	四柱三楹五楼式	省级	安徽省歙县桂林镇殷家村	明万历五年
龙溪节孝牌坊	四柱三楹五楼式		重庆渝北区双龙大道巴渝民族村	光绪二十五年
杨邱氏贞节牌坊	四柱三楹五楼式		四川省隆昌县响石镇牌坊街	乾隆四十九年

名称	结构	保护级别	详细地址	修建时间
朝天宫棂星门	四柱三楹三楼式	国家级	江苏省南京市秦淮区水西门内	始南宋现乾隆
杨林氏节孝牌坊	四柱三楹五楼式		四川省隆昌县响石镇牌坊街	清咸丰三年
女贞崇祀牌坊	四柱三楹三楼冲天式	省级	安徽省歙县桂林镇新管村	清雍正七年
金紫祠牌坊	四柱三楹三楼冲天式	省级	安徽省歙县潜口乡潜口村	万历二十一年
恩褒四世牌坊	四柱三楹三楼冲天式		安徽省歙县潜口乡潜口村	清乾隆五年
贞寿之门牌坊	四柱三楹五楼式		贵州省兴义市鲁屯村	清道光十八年
寰海尊亲牌坊	四柱三楹九楼牌坊	国家级	北京市东城区雍和宫街12号	康熙三十三年
慈隆宝叶牌坊	四柱三楹七楼牌坊	国家级	北京市东城区雍和宫街12号	康熙三十三年
徐氏宗祠牌坊	四柱三楹三楼冲天式	县级	安徽歙县富堨镇徐村东原	清乾隆年间
保卫和平牌坊	四柱三楹三楼式		北京市天安门右侧中山公园内	始建于1903年
霜松青荫牌坊	四柱三楹三楼式	县级	安徽省歙县富堨镇徐村	
解州关帝庙前牌坊	四柱三楹五楼式	国家级	山西省运城市解州镇关帝庙前	始隋开皇九年
大地节孝牌坊	四柱三楹五楼式	省级	重庆北碚区水土镇大地村小学	清光绪十三年
北海集翠牌坊	四柱三楹三楼式	国家级	北京西城区文津街北海公园内	
张氏节孝牌坊	四柱三楹五楼式	省级	四川自贡市大安区新民镇董家村	光绪二十九年
郑氏世科牌坊	四柱三楹五楼式		安徽省歙县富堨乡丰口村南端	
王氏节孝牌坊	四柱三楹五楼式	省级	四川省自贡市大安新民镇董家村	光绪二十九年
香山公园石牌坊	四柱三楹三楼冲天式		北京昌平区香山碧云寺第五进院	公元1926年

名称	结构	保护级别	详细地址	修建时间
褒荣三世牌坊	四柱三楹三楼冲天式	省级	安徽省歙县郑村镇稠墅村	乾隆二十七年
夫子大夫牌坊	四柱三楹三楼冲天式	县级	安徽省歙县郑村镇稠墅村	明崇祯元年
博爱牌坊	四柱三楹三楼冲天式	国家级	江苏省南京市东郊中山陵区内	中华民国
旌孝牌坊	四柱三楹三楼冲天式		安徽省歙县郑村镇潭渡村	明弘治年间
白塔山下牌坊	四柱三楹三楼式	国家级	北京西城区北海公园内白塔山下	民国初期
龙彰褒节牌坊	四柱三楹三楼冲天式	黄山市级	安徽黄山市歙城区岩寺镇岩寺村	
威震华夏牌坊	四柱三楹三楼式	省级	山西运城市盐湖区解州镇常平村	
萧大亨墓前牌坊	四柱三楹三楼式	省保	山东省泰安市满庄镇金牛山之阳	明万历年间
汪氏宗祠牌坊	四柱三楹五楼式	黄山市级	安徽黄山市徽州区岩寺镇石冈村	嘉靖乙酉年
琳光殿左侧牌坊	四柱三楹三楼式	国家级	北京市北海公园白塔山北侧路间	清乾隆年间
节孝牌坊	四柱三楹冲天式	省级	浙江温州市苍南县平等办张家堡村	清咸丰五年
孝女牌坊	四柱三楹冲天式	省级	浙江温州市苍南县平等办张家堡村	清咸丰五年
乐善好施牌坊	四柱三楹三楼式		广东广州市珠海市前山镇梅溪公园	光绪十七年
单县百寿牌坊	四柱三楹三楼式	国家级	山东省单县城牌坊街中段	清乾隆年间
县学甲第牌坊	四柱三楹五楼式	省级	安徽省歙县城中学校门前	清乾隆年间
有感有应牌坊	四柱三楹三楼式	国家级	陕西西安市都城隍庙大成殿前	道光十八年
斗栱式山门牌坊	四柱三楹三楼式		四川隆昌石燕桥大竹村青龙山上	明弘治九年
四世一品牌坊	四柱三楹三楼冲天式		安徽歙县雄村村口曹氏宗祠前	清乾隆年间

名称	结构	保护级别	详细地址	修建时间
清真大寺门前牌坊	四柱三楹三楼式	世界伊斯兰文物	山西西安市莲湖区西大街化觉巷	唐天宝元年
大德日生牌坊	四柱三楹九楼式	世界文化遗产	北京市北海公园大德玄殿南面	清雍正八年
百狮牌坊	四柱三楹五楼式	国家级	山东省单县城牌坊街中段	清乾隆年间
报恩寺前牌坊	四柱三楹五楼式	国家级	江苏苏州市人民路宝塔寺门前	万历四十五年
祖庙大门牌坊	四柱三楹三楼式	国家级	广东广州市佛山市禅城区祖庙路	明代
皇宫门牌坊	四柱三楹三楼式		山东省济南市长清区五峰山阳	金元时期
无名牌坊	四柱三楹三楼式		湖北襄阳古隆中风景派出所附近区附近	
乐善好施牌坊	四柱三楹五楼式	国家级	四川隆昌县城云峰关外巴蜀古驿道上	光绪十三年
张应扬功德牌坊	四柱三楹三楼冲天式		安徽省休宁县溪口区冰潭乡小村	明天启二年
龙泉寺门前牌坊	四柱三楹三楼式	省级	山西忻州市五台县五台山区龙泉寺	民国
郑氏宗祠牌坊	四柱三楹五楼式	国家级	安徽歙县郑村镇郑村郑氏宗祠前	明万历年间
尚义牌坊	四柱三楹五楼式	省级	江西抚州市临川区滕桥镇兰溪曾家村	万历二十年
天监在兹牌坊	四柱三楹三楼式	国家级	陕西西安市莲湖区西大街化觉巷	明代
郏县孝子牌坊	四柱三楹三楼式	县级	河南省郏县长桥镇窦堂村	乾隆十七年
禹王宫山门牌坊	四柱三楹五楼式	国家级	四川隆昌县城道观坪隆昌二中内	清乾隆年间
蔚翠牌坊	四柱三楹冲天牌坊	国家级	北京颐和园内	清乾隆年间云岩牌坊
四柱三楹冲天牌坊	国家级		北京颐和园内	清乾隆年间
两世冰操牌坊	四柱三楹五楼式	省保	四川自贡市自流井区舒平镇磨刀岭村	清光绪六年

名称	结构	保护级别	详细地址	修建时间
一门双节牌坊	四柱三楹冲天式		浙江省温州乐清市雁荡镇扑头村南面	清咸丰二年
道冠古今牌坊	四柱三楹三楼式		湖南长沙市南门口长郡中学内文庙坪	清同治五年
忠烈祠牌坊	四柱三楹五楼式	省保	安徽省黄山市歙县郑村	明正德五年
司农卿牌坊	双柱单楹三楼式	省保	安徽省黄山市歙县郑村	明正德五年
直秘阁牌坊	双柱单楹三楼式	省保	安徽省黄山市歙县郑村	明正德五年
民之父母牌坊	四柱三楹五楼式	国家级	四川省隆昌县城北关道观坪	清道光年间
涵虚牌坊	四柱三楹七楼式	国家级	北京市颐和园东门外	乾隆十五年
林氏节孝牌坊	四柱三楹冲天式	县级	浙江温州市泰顺县上洪村东山腰上	光绪戊戌年
仁心善政牌坊	四柱三楹五楼式	国家级	四川省隆昌县城北关道观坪	清道光年间
尚书牌坊	四柱三楹三楼式		浙江省温州市乐清市北白象镇高东村	明嘉靖六年
海岸牌坊	四柱三楹七楼式	省保	浙江省舟山市普陀区梅岑路 115 号	民国六年
沧浪胜迹牌坊	四柱三楹冲天式	国家级	江苏省苏州市人民路沧浪亭景区前	清代
汪氏科第牌坊	四柱三楹冲天式	省保	安徽省黄山市歙县富堨镇大里村	明成化年间
洪氏世科牌坊	四柱三楹五楼式	国家级	安徽省黄山市徽州区岩寺镇洪坑村	明弘治年间
智光重朗牌坊	四柱三楹三楼式		北京市海淀区卧佛寺路植物园内	
七世同居牌坊	四柱三楹五楼式	省级	河南省新乡市区平原路与和平路口	清道光十年
米公祠大门牌坊	四柱三楹七楼式	国家级	湖北省襄樊市樊城区沿江大道 2 号	始建于元代
关圣殿节孝牌坊	四柱三楹三楼式		四川省内江市市中区白马镇关圣路	道光十五年
宝宠牌坊	四柱三楹三楼式	省级	广东省广州市佛山市祖庙内	明正德年间

名称	结构	保护级别	详细地址	修建时间
彩虹牌坊	四柱三楹三楼式	县级	浙江省宁波市江东区彩虹北路 129 号	清嘉庆年间
万寿宫牌坊	四柱三楹三楼式	省级	江苏省苏州市民治路 15 号万寿宫门前	清康熙年间
对越牌坊	四柱三楹三楼式	国家级	山西省太原市晋源区晋祠镇晋祠内	始建北魏年间
沉犀节孝牌坊	四柱三楹五楼式	省级	四川省犍为县历史文化古镇清溪镇	清嘉庆七年
汉源九襄牌坊	四柱三楹七楼式	国家级	四川雅安县九襄镇古代官马大道上	清道光年间
景德街牌坊	四柱三楹七楼式	国家级	北京市西城区阜成门大街 131 号路北	始建于元代
刘氏节孝牌坊	四柱三楹三楼式	省级	山东省成武县白浮图镇徐官村	乾隆十六年
申氏节孝牌坊	四柱三楹三楼式	省级	山东省成武县张楼镇徐老家村	乾隆五十二年
武汉大学牌坊	四柱三楹冲天式	国家级	湖北武汉市武昌区珞珈山路 16 号	约 1893 年
杨氏节孝牌坊	四柱三楹四楼式		台湾省新竹市东区水源街 93 号	嘉庆二十四年
赖氏节孝牌坊	四柱三楹三楼式		台湾省台中市福星山上文昌祠侧	民国二十四年
城隍庙棂星门	四柱三楹三楼式	国家级	山西临汾市襄汾县旧县城城隍庙	唐贞观七年
考亭书院牌坊	四柱三楹五楼式	国家级	福建南平市建阳区潭城街道考亭路	明嘉靖十年
德侔天地牌坊	四柱三楹五楼式	世界文化遗产	山东省曲阜市孔庙内	光绪十七年
道冠古今牌坊	四柱三楹五楼式	世界文化遗产	山东省曲阜市孔庙内	光绪十七年

第三章　六柱五楹牌坊

第一节　大司马牌坊

大司马牌坊，位于江西省宜黄县凤岗镇桥下村王家场巷口。建于明万历二年（1574），也就是谭纶去世前三年所立。为六柱五楹七楼式建筑，与曾栋牌坊在整体结构上基本相同。大司马牌坊在抗日战争时期曾遭到日本侵略军的轰炸，受到严重毁坏，然而没有倾倒，仍旧岿然挺拔，古朴沧桑，亭亭耸立。牌坊坐北面南，前有“下马桥”，后为谭纶故居，前后组成一片布局合理的贵人住宅区域。牌坊高10.4米，宽8.1米，正面六柱五门，两侧呈鼎足三角形，柱高4.5米。三层额坊均以浮雕与透雕龙凤等纹饰图案和宫廷、戏曲人物、华板镶嵌，中楹额枋为“双龙戏珠”。两侧顶部为仿木斗栱，斗大栱小，斗栱之间置燕形镂空栱眼壁。各楼转角设有转角科斗栱。侧门额枋为“百鸟朝凤”“鲤鱼跳龙门”“蟠桃上寿”

修葺后的“大司马坊”

江西省宜黄县的“大司马坊”修复前貌

等图案，雕工细致，精美绝伦，呼之欲出，是研究中国历史和古代建筑艺术的珍贵实物。三层额枋均嵌有石匾，上层额匾竖刻“恩荣”正楷二字，额匾两侧嵌有花格形石板，石板两侧为雕龙图案。明间牌匾横刻“大司马”三个正楷大字，下刻“嘉靖甲辰进士兵部尚书谭纶”。下面小额坊早已断裂，现已用三根方形钢管支撑，裂缝已用黏合剂填补。整座牌坊上的雕刻图案，有近一半的遭到不同程度地损坏。实在令人惋惜，

“大司马坊”的侧面

谭纶（1520—1577），字子理，嘉靖进士。初任台州（今浙江临海）知府，练兵御倭。嘉靖四十二年（1563）任福建巡抚，率戚继光、俞大猷等平定境内倭寇。庆历元年（1567）任蓟辽总督，与戚继光训练军队，加强北方防御。后官至兵部尚书，五年（1571）四月，卒于任上，赠太子太傅，谥：“襄敏。”著有《谭襄敏奏议》《读物寓武》等。谭纶在30余年的戎马生涯中，南征倭寇，北防蒙古，南征北战，出生入死，换来了明朝50年和平，他业绩卓著，为维护和平和捍卫国家安全而“鞠躬尽瘁”，不愧为明朝的一位抗倭名将，中华民族杰出的军事家。

大司马坊的次间雕刻

第二节　明长陵牌坊

明长陵石牌坊，位于北京市昌平区长陵镇长陵村，是明朱棣陵墓前的牌坊。长陵牌坊，为六柱五楹十一楼石质结构建筑，也是我国帝陵牌坊中规格最高、工艺性最佳、设计最完善的一座仿木质结构的石牌坊。建于嘉靖十九年（1540），系明世宗朱厚熜为旌表祖先的丰功伟绩而建造的功德牌坊，从15世纪初叶到17世纪中叶，明朝的皇帝们在天寿山为自己建造了整整108平方公里的巨大陵区，这座大石牌坊就是整座陵区最

前的领头建筑。故明朝时谒陵官员到此都要下舆改乘马前行，以示对祖先的尊崇。

明长陵牌坊

牌坊体以汉白玉及大青石料雕琢而成，面阔五间，总长35米，高15米，其中明间阔6.46米，次间各5.94米，稍间各5.26米。顶部主楼五座，夹楼四座，边楼两座。各楼均作庑殿顶形制，兽、吻、勾、滴均雕刻精湛。五座主楼各雕正吻一对、垂兽四只、走兽十二只，夹楼及边楼正吻、垂兽数同主楼，走兽各雕八只。其中明间最高，正脊顶部至地面约12米，次稍间主楼高度则依次递减。各楼勾滴之下依木构件形状分雕檐椽、飞子、檐檩、斗栱、平板坊等构件。其中，明间主楼除雕有转角科斗栱外，还雕有六攒单翘重昂七踩品字式平身科斗栱；次间、稍间、稍间主楼除转角科斗栱外，分别雕有与明间主楼样式相同的平身科斗栱五攒；夹楼左右各雕双重搏缝板组成的坠山花，博风板之内侧各照木结构做法，主楼博风板之内侧分琢两攒的重翘五踩品字式平身斗栱；边楼内侧各雕坠山花，外侧雕转角科斗栱；平身科斗栱各一攒，作重昂五踩品字式。

整座楼体依靠六根石柱分担其荷载，每根石柱重约百吨，石柱下各设置夹柱石（抱鼓石）夹抱，夹柱石的四个面分别有精美的浮雕图案，中间两柱的四面各雕云龙，前面的顶部各雕麒麟，两侧雕宝山图案，侧面两柱各雕草龙。四柱尖石的顶部前后各雕双狮滚绣球图案，四柱夹柱石的顶部前后各雕卧狮，左右亦雕宝山。各柱及夹柱石之下承以雕饰莲花瓣的础盘。柱的内侧各雕梓框，梓框的上端雕云墩，上雕雀替，并贯以三幅云朵雕饰。再上则依次安置额枋、花板、龙门枋。其中花板雕如意云，额枋与龙门枋则各雕一整二破旋子彩画，枋心素面。龙门枋之上架有左右高栱柱，柱间有雕饰云纹的龙凤板及雕饰旋子彩绘的单额枋。其中明间的龙凤板上刻有额匾，额上无字。牌坊的各部位在明朝时曾有油漆彩画，现其凹陷部位

明长陵牌坊正间主楼与夹楼

仍有残迹遗存。这座牌楼不仅形体高大，且雕琢精美，各部位比例协调恰当，其结构基本与我国建筑学家梁思成的《清式营造则例》第十章第二节乙中的“六柱五楹十一楼牌坊”分法吻合一致。堪称我国石质结构牌坊中的杰作。

长陵石牌坊上的夹柱石浮雕与透雕

明十三陵，1961年被列入全国重点文物保护单位。2003年被联合国世文组织列为世界文化遗产。

长陵石牌坊的框架安装时，还有一段动人心魄的故事：当年建造石牌坊的石匠们费了九牛二虎之力，好不容易把六根立柱立起来后，却无法把龙门枋、大小额枋和高栱柱架上去。交工时间临近，工头急得束手无措，没有办法，只好摆上供桌烧纸焚香，祈祷鲁班师傅的灵魂前来相助。石匠们跪在供案前耐心等候，一等不来，再等无人，三等无音。半天过去了，仍不见鲁班或他人前来。众人正在焦虑时，远处一位破衣烂衫的老人慢腾腾地向牌坊逼近，当老人走近时，石匠们无奈之下向老人讨主意，老人说：“我是个土埋脖子的人了，还有什么办法？”言毕自去。石匠们起初不明其意，后来猛然觉悟，原来老人是让他们用土将六根立柱埋起来，筑上斜坡，然后再将额枋拉上去安装，于是，数日牌坊安装完毕，按时交工，众人都说那老人就是鲁班的化身。

牌坊主人——明成祖朱棣。朱元璋的第四个儿子，生于元至正二十年（1360）四月十七日。明洪武三年（1370）四月七日封燕王，十三年三月十一日，就藩北平。建文四年（1402）六月十七日即皇帝位，次年改元永乐。太祖朱元璋在世时，有一次太祖命朱允炆对句，出句是：“风吹马尾千条线”，允炆对了句“雨打羊毛一片膻”。太祖不高兴，在旁边的朱棣对了句“日照龙鳞万点金”，太祖夸他有才智，从此更加喜爱他。公元1398年，太祖去世，因太子朱标早逝，皇孙朱允炆继皇位，是为建文帝。朱允炆是个优柔寡断，缺少政治经验的年轻皇帝，朱元璋在世时，为了监视各地将官，把军政大权分别让二十三个儿子以亲王的身份驻全国各地，太祖死后，自霸一方，不把朱允炆放在眼里。为此，建文帝采取了“削藩”的措施。一年余的时间先后削除了周、湘、齐、代、岷五个亲王的爵位。朱棣见势不好，就一面称生病，一面在北平招募武士，训练军马，准备起事。后来燕山户倪谅向皇帝告发，建文帝下令削燕王爵位，拘捕燕王府所有官员。北平布政使张昺和都指挥谢贵出动驻扎在北平的所有军队将燕王府团团围住。朱棣用诈降的计谋把张、谢二人骗进王府杀死，随率八百守卫军杀出王府大门，以闪电式战术攻克九门，占领北平城。并上书建文帝说齐泰、黄子澄都是奸臣，为皇帝铲除其害，称自己的军队是“靖难”，意思是为皇帝解除危难。经过四年激战，朱棣打败了建文帝，攻克了南京城，当朱棣进城时，皇宫起火，建文帝不知所终。朱允炆的下落至今是明史上一件难解之谜。

朱棣继皇位，政治上首先开始削藩。在北方操兵柄的诸王，有的被迁南方，如宁王被迁南昌；有的被削去护卫，如代王、辽王；有的被废为庶人，如齐王、谷王，从此诸王的势力大为减弱，军政大权全掌握在皇帝手中。朱棣当了皇帝，北平逐渐成了实际的政治中心，所以迁都是大势所趋的事。为解决迁都后的供应运输，永乐九年（1411）修浚了元代已经淤塞的会通河，使山东济宁到临清的三百多里漕运畅通。从永乐十五年到十八年（1417—1420），又扩建了北京城，永乐十九年（1421）正式宣布迁都北京。宣德以后南京成为留都，仍保留了一套中央统治机构。削藩后，朱棣大权握在手，他逐个措施逐个措施地改革，就是把建文帝的法规彻底消灭，以洪武三十五年（1402）取代建文四年（1402）。建文年间的文书除关于民生之外的书一律焚毁，期间历史不准记录，把建文帝及其功绩从历史上抹掉，使自己成为太祖朱元璋正统的继承人，给自己披上一件合法的外衣。

成祖朱棣虽是篡权，继位后通过一系列的改革，也做了一些有益的事，削藩后，派郑和下西洋，促进了我国与亚洲各国的经济发展、文化交流。设奴儿干都司，管辖黑龙江、乌苏里江、库页岛等。迁都北京后，重修万里长城。令解缙主持编撰《永乐大典》，对保护文化古籍做出了贡献。成祖时期成了明朝的鼎盛期。公元1424年，成祖朱棣率兵北征时殁于途中，在位二十二年，终年六十五岁。庙号太宗，陵号长陵。谥“体天弘道高明广运圣物神功纯仁至孝文皇帝”。嘉靖十七年（1538）改谥“启天弘道高明肇运圣武神功纯仁至孝文皇帝”，庙号“成祖”。

朱棣在明代是个颇有作为的皇帝。文献记载，他：“貌奇伟，美髭髯，智勇有大略。”早在当燕王时，就曾屡率诸将出征，并节制沿边士马。是明朝不可多得的皇帝。

第三节　宋良翰牌坊

宋良翰牌坊，位于江西省丰城市董家镇后塘村内，为六柱五楹七楼式建筑，不知何时何人何因牌坊上部分被毁于一旦，现仅存框架。具体高宽尺寸难测实据。据当地人介绍当初顶层檐下悬挂一额匾，上书“恩荣”二字，额匾两旁雕有龙凤图案；龙门枋上横匾书有“万历丁未科进士宋良翰”，两旁排列着石雕人物图案；下部分立有六根石立柱，明间两根通体立柱雕有花纹图案，上为回纹，下为锦纹，次间立柱上雕钉头图案，向下已模糊不清。各间龙门枋及大小额坊上雕有许多戏剧人物和官人，个个形象逼真，栩栩如生，想象当年牌坊辉煌之姿，精美之处，无与伦比，惹人瞩目。各间靠立柱的雀替不知何时被损，前后抱鼓石只剩一块，明面石狮留有一对，面目非全，已是残破不堪，令人心疼，徒唤无奈。1998年3月丰城市人民政府公布为市级文物保护单位。

宋良翰（1552—1622），字直夫，号清宇，万历三十五年（1607）进士，曾任湖广祁阳、邵武两县县令，应政绩突出很快就调往京城，任工部都水司主事，万历四十四年（1616）升工部屯田员外郎。据清代同治、道光等朝《丰城县志》中记载：“时宫殿灾，中使四出刮木商，运至潞河，久不予值。会水溢木，荡析漂散，逋累十三万，械责偿。良翰榷木武林，因条其弊于司空，大约以恤民隐重国体为要，言词激切，朝论善之。上命督诸逋商，良翰悉从宽政，劳来抚恤。诸商投款子来逋材，尅期集。任讫，奔告诸上台，乞留不得，乃肖像专祠西湖上。”也就是说，当时皇宫建筑被焚，中使（太监）四出搜刮木材，木商将木材运到潞河，却很长都不付给木商钱款。时逢大雨涨水，木材被冲散，损失共计十三万，官府将木商们都关押起来责令赔偿，木商们不仅财货两空，还会因完不成皇差而难免牢狱之灾。时逢宋良翰在武林（杭州）负责采购事宜，便将来龙去脉向上面作了汇报，其中以体恤民隐、节约资金、减少不

江西省丰城县董家后唐人宋良翰六脚坊

江西省丰城县董家后唐人宋良翰六脚牌坊中间枋梁上的人物雕刻

六角坊的次间雕刻

必要的铺张浪费为请。言词颇为激烈，朝中大臣们都深有同感。明神宗根本听不进去，责令宋良翰将逃散木商逮捕归案，但宋良翰都一一宽大处理。木商们感激他的正直仁义，都自动缴来木材经费，很快就筹集到了木料。宋良翰办完差后辞官回家，木商们对他感恩戴德，便在西湖边为他建造塑像永为纪念。后卒于家中。

第四节　牧伯牌坊

牧伯牌方，位于浙江省温州市乐清市石帆街绅坊村，光绪《乐清县志·坊表》中记载：牧伯坊是南宋时为进士许世化建的。又据《乐清志·补遗》中记载，许世化曾任仓部主事、长沙刺史。到了明朝正德庚辰年（1520），乐清知县林友年又对牌坊进行了重建。牌坊为六

牧伯牌楼前立面

牧伯牌坊斜侧立面

牧伯牌坊侧面

柱一楹一楼式建筑，左右两侧又增加两根木柱来承担前后檐的重量，两根木柱上安装有三架横梁，且皆为月牙形。两侧为悬山顶，明间石柱两侧为木柱，龙门枋、斗栱皆为木结构，楼顶罩筒瓦，瓦当上饰吉祥图案，飞檐翘角，楼顶上龙头凤尾泥雕塑，并在两山侧面的博风板交接处饰一垂鱼，四根横梁的顶端为了防止雨雪侵蚀分别罩一垂瓦遮挡。牌坊建造手法精巧，古朴端庄。额枋、柱经风雨侵蚀，烈日暴晒，斑斑脱落，木骨嶙峋，更显古老沧桑，文化底蕴厚重。现为乐清市文物保护单位，保护良好。

牧伯牌坊牌匾

第五节　清惠陵牌坊

清惠陵牌坊，位于河北省遵化市东陵满族乡兴隆泉村双山峪的南麓，是清朝穆宗载淳陵墓前牌坊。始建于光绪元年（1875）八月，为六柱五楹五楼冲天式牌坊，高约11.8米，阔约22.46米。六根立柱为方形石柱，其断面边长0.54米，中间两根高11.8米，次间两根高11.3米，稍间逐次递减，高10.8米。柱顶端各有面对中间的望天吼蹲立其上。六根立柱底部前后各有两块加大的夹柱石（抱鼓石）加固。夹柱石虽无浮雕，但外观造型却美观

清同治惠陵牌坊

清同治惠陵牌坊大、小额枋上的彩绘

大方，磨面精益求精。两侧柱外边又同前后造型一样的夹柱石加固，显得更加牢固。五楼顶与框架为木质结构，屋面为黄色琉璃瓦，吻兽、戗兽、跑兽、仙人、嘲风俱全，皆为金黄色，琉璃质地。五座楼顶中间高，次间、稍间逐次降低，呈一字对称式排列。每座楼侧面各有木质博风板镶嵌。大、小额枋都饰以清式素彩绘，龙凤板处分格安装各种图案形小板块，并饰彩绘。小额枋下安装门框，饰以土红色加黄边。

清同治惠陵牌坊上的夹柱石（抱鼓石）

清同治惠陵牌坊中间楼顶与立柱望天吼

载淳，公元1856—1874年，咸丰长子，清朝入关后第八代皇帝。生母孝钦显皇后那拉氏，咸丰六年三月二十三日生于储秀宫，咸丰崩继位，年号祺祥，后改同治，同治继位时六岁，由载垣、端华、肃顺等八位大臣扶政。1873年亲政，一生无所作为。1874年12月5日因患天花而崩，在位13年，终年19岁。

第六节　龙凤门牌坊

位于河北省易县西陵镇龙泉庄，是慕陵公园的起点。在西陵的四座皇陵中有三座龙凤门牌坊，什么叫龙凤门：龙凤门是一座三门六柱中间带琉璃照壁的特殊建

龙凤门牌坊

筑，也是清代建筑中的陵制。长约56米，高约9.4米。六根汉白玉大理石方柱前后依抱鼓石，顶端各雕一对龙相对蹲立，蹲龙下各有一束腰形莲花底座，底座下穿插云板。大、小额枋中间立有宝珠火焰，高于两侧云纹板。三门均无门扇。四壁各饰朱红琉璃片镶嵌，中间雕升龙图案，四角带升龙角花图案。小庑殿式屋面，黄色琉璃瓦，大脊两端安装鸱吻箭把。琉璃夹壁下方为汉白玉石须弥座，整个造型独具特色，别出心裁，具有很高的艺术价值和审美情趣。

龙凤门牌坊 中间顶部雕刻

龙凤门牌坊夹壁结构

第七节　父子兄弟叔侄同朝牌坊

父子兄弟叔侄同朝牌坊，位于江西省抚州市临川区邓坊镇锦溪村，始建于崇祯十三年（1640），原高七层，修复后为五层，结构与“大司马”牌坊基本相同。牌坊左右两边各有三根巨形立柱品字形矗立，前后面共有四尊高近2米的巨狮亭亭玉立。整座牌坊皆用巨型麻石雕琢成形态各异的构件，利用榫卯结构方式拼装而成，内部加用粘合剂，坚固耐久，经数百年风雨侵蚀，地震摇

父子兄弟叔侄同朝牌坊

动，仍岿然不动。在各种大小不同的构件上，匠师们精心雕琢了各种栩栩如生，灵态百出的花草、鸟兽，其艺术造诣之高令人赞叹不已。牌坊第一层镶嵌一块长6米，宽近1米的巨型石牌匾，上书“父子兄弟叔侄同朝”八个正楷大字，字里行间不难看出曾氏家族当年是官满朝廷，权豪势要的贵族家庭。牌匾上方为雕琢昂莲的龙门枋，龙门枋之上中间雕有额匾，上书“恩荣”正楷二字，额匾的两侧各雕一凤一龙，寓意龙凤呈祥。再外侧是带有花格的石板。中额枋上是十二位“将官进宫”图，神态各异，生动逼真，可惜的是多部分人首被毁掉。人物石雕之下的花心版上书有牌坊主人的职务，自左而右：丙辰进士，广东布政使司左布政使曾栋；庚辰廷试钦赐进士特简南京兵部主事曾益；钦选廷试丁丑特简湖广武昌府蒲圻知县曾栻；甲午进士北京吏部验封司主事曾亨应。落款为：大明崇祯十三年庚辰季冬朔八吉。

修复前的父子兄弟叔侄同朝翰林牌坊

父子兄弟叔侄同朝牌坊中间牌匾

“父子兄弟叔侄同朝”牌坊历经380年，虽遭到几次破坏，顶部被损，但框架的下半部分仍牢固坚稳，2017年经修葺后，旧貌变新颜，又焕发出当年的风采与其深厚的文化底蕴。

曾栋，字隆吉，明代临川腾桥人。生卒不详。明万历四十四年（1616）进士，被授香山、兰溪县令；复召为礼部事郎，典试奥东；后又提升为四川传译道。时川西土官董卜、高箕失和，各引其部，相互残杀，战火蔓延，全省骚动。四川巡抚向与曾栋不睦，因挟嫌报复，密奏朝廷，派他带兵去平乱。董卜闻曾栋至，自缚长跪于营前，泣言：“早年曾至京师进贡，得罪权贵，屡遭陷害，多蒙相救，大难不死，大恩大德难忘。”即于高箕罢兵休战，缔约言和。多年危害川西人民生命财产安全的骚乱遂不战而平。功闻于朝，升曾栋为布政使，复调任武德道。曾用野外掘道得藏金兴建了武定城，为民造福。后累官浙江按察使，福建布政使。卒年80余。曾栋的儿子曾亨崇祯七年（1634）考中进士，任吏部文选司六品主事。

同朝牌坊四人职务

曾栻，崇祯十二年（1639）选贡身份至京参加推荐应试，得赐进士。献《治平十策》，所言皆切中时弊，皇帝欣赏他的才华，授北蒲圻知县。时，张献忠农民起义军在湖北非常活跃，曾栻兴办团练，练得精兵三千，张献忠攻陷省城后，所到之处势如破竹，无所阻挡。蒲圻周几县，张献忠派去大军镇守，然而尽管大军压境，曾栻决不投降，坚决抵抗到底，他带兵出城作战，英勇顽强，错其前锋，使张献忠月余不敢近逼。后来，被张献忠集中兵力猛攻，曾栻被俘，自谥身亡。

曾栋、曾亨应为父子关系；曾栋、曾益、曾栻为兄弟关系；曾益、曾栻与曾亨应为叔侄关系。据史料记载，曾栋家族同朝为官者数十人，高官极品，显赫至极，由于当时正处于明末改朝换代之际，曾栋家族誓死与明朝共存亡，积极投入抗清运动，悉数英勇就义，轰轰烈烈地演绎了曾氏家族满门忠烈，可歌可泣的悲壮故事。

在曾氏父子兄弟叔侄同朝为官时，也正是明朝走向衰亡之日，清兵入关，大举南侵，崇祯丁亥年清兵保卫贵阳城，曾𨰻孤军奋战到最后身边只剩数骑，知大势所趋，便单枪匹马冲进敌阵，英勇杀敌，终因寡不敌众，壮烈牺牲。曾亨应被谪后，与抚州知府揭重熙共同领兵与清军进行了殊死搏斗，最后被迫撤离福建。在福建一次残酷战斗中，被敌所俘，他宁死不屈，大骂清军，凶残的清军将他凌迟处死。清军对曾亨应恨之入骨，下令拆毁“父子兄弟叔侄同朝”牌坊。拆除那一天，本来天气晴朗，受命拆除的士兵刚拆了两层，突然乌云滚滚，狂风四起，闪电雷鸣，暴雨倾盆而落，在牌坊顶部的几个士兵随闪电立即死亡在牌坊上，下边的士兵见此现状随即而逃，再也没人去拆除牌坊了，就这样牌坊剩余部分才保留至今。家人后来收集了亨应的衣冠，回老家葬埋，后辈永祀不忘。

同朝牌坊次间雕刻

乾隆四十一年（1776），朝廷为了缓和民族矛盾，追封曾亨应为赐谥烈愍公，追封曾亨应三子曾筠为礼部主事。追封曾和应为光禄正卿。追封曾栻赠为光禄少乡，赐谥即愍公，俱入乡贤祠。

“父子兄弟叔侄同朝”牌坊，1985年为县级文物保护单位。2006年为市级文物保护单位。2018年3月被国家批准为江西省文物保护单位。

第八节　金紫祠牌坊

金紫祠牌坊

金紫祠牌坊，俗称“金銮殿”，位于安徽省黄山市徽州区潜口镇潜口村，是通向金紫祠内的第一道大门，高8.2米，宽24米，进深1.8米。为六柱五楹五楼对称式建筑。明间最高，两次间稍低，两梢间最低。明间与两次间的立柱已更换为大青石柱，两梢间更换为红沙石柱，柱前抱鼓石全部更换。牌坊各间已安装门槅扇，明间八扇，两次间和两梢间各六扇，门扇做工精致规整，整齐划一。每间小额枋为月牙形加重额枋，成为楼顶抗风雨的铁拉件固定之处，小额枋之下饰有较小型雕刻雀替。大、小额枋之间留有0.5米的距离，其中间饰有一单踩斗栱。两梢间外侧分别砌筑了矮于梢间0.40米的袖壁。五座楼顶全部覆盖筒瓦，中间大脊两端、次间、梢间外侧都饰鱼尾吻兽，垂脊末端饰嘲凤。金紫牌坊通体古朴典雅，徽派建筑特点显著，是我国南方牌坊建筑中的佼佼者。

金紫祠，世称“皖南小故宫”“中国民间第一祠”。占地7000平方米，距今已有500年历史，2012年修葺，2014年被列入安徽省级文物保护单位。

金紫祠门坊楼顶

金紫祠门坊大门

第九节　明孝陵棂星门

明孝陵棂星门牌坊，位于江苏省南京市玄武区紫金山南麓独龙阜玩珠峰下。是进入明孝陵的第一道大门，高7.6米，宽20.61米，为六柱三楹四壁冲天式建筑。六根立柱下共有六块巨石束腰形底座，高0.86米，长3米，宽1.6米，底部雕有小罗汉腿。中间龙门枋上饰有紫底黄字的牌匾，“棂星门”三个行楷大字，鲜艳夺目，闪亮耀眼，威严肃穆。

明孝陵棂星门石牌坊

明孝陵棂星门石质右侧袖壁

明孝陵，是明朝太祖皇帝朱元璋与马氏皇后合葬墓，建于公元1381年，翌年马皇后病逝，葬入其内，因马皇后谥“慈孝”故称孝陵。公元1398年朱元璋病逝与马氏合葬。孝陵占地1.2万亩，主要建筑有：方城、明楼、宝城、石碑、大金门、棂星门等。

棂星门立柱底座

明孝陵棂星门石牌坊牌匾与柱顶

1961年被评为全国重点文物保护单位。2003年公布为世界文化遗产。

第十节　评高月旦牌坊

评高月旦牌坊，位于山西省襄汾县景毛乡南高村，高9.8米，宽4.2米，进深3.68米，为六柱五楹五楼石质结构建筑。为保护该牌坊不受损坏，现已用圆钢封闭，不能入内。牌坊平面呈两个对称三角形，中间两个立柱前后各有一对石狮，左雄，右雌，双首歪向内侧，目瞪口张，怒视前方。石狮底座呈长方形，三面雕刻花草图案。五座楼顶分三层：第一层两楼之间嵌有横向牌匾，上书“评高月旦”四个阴刻正楷大字，刚劲有力，节奏雄壮，牌匾之下书有“诰授奉直大夫军功议叙府通判加一级守一刘公德行坊”；第二层中间嵌有竖额匾，上书“龙章宠锡”四个阴刻正楷大字，端庄秀丽，结构严谨；第三层檐下为三踩斗栱承托着楼顶，楼顶大脊较短，两尊吻兽近在咫尺。该牌坊的栱体较纤细，双昂顶端圆滑且带弧形，与传统的京派栱体有所

襄汾景毛乡南高村“评高月旦”牌坊

中间牌匾与额匾

抱鼓石上的狮子与底座

底座上的回文与浮雕骏马

不同，独具特点。中间两立柱上楹联为：“润叶流根泽绵奕祀；浑金璞玉品卓乡闾。”

牌坊为刘笃敬的祖父刘体正所立，“刘公余乡富而好礼，富者多娇，而公独尊人抑己富者多吝，而公独仗义疏财。嘉庆年间，岁荐饥，尝捐粟百石以赈贷，嗣后每遇岁歉必有周济。与乡人处，逊让谦恭，无一毫矜张气，且精岐，俞有病来告者，即授以丸散膏等药或临患者家，诊脉开方，乡人以是咸德之，公为人如此，至其他懿行之卓卓者不能婵述，余等感念不已，思有以传诸欠远也。佥日非建坊不可，议定，遂建焉。大清咸丰元年阖村仝立。”刘体正平时为人处事之高尚品德，舍已为人，好善乐施地贵举，一清二楚，成为古今人们学习的楷模。

第十一节　南阁村牌坊群

南阁村牌坊群，原有七座牌坊，现存五座，位于浙江省乐清市仙溪镇南阁村的中直街。五座牌坊是:“世进士牌坊”“恩光牌坊”“方伯牌坊”“尚书牌坊”和“会魁牌坊”。皆为六柱单楹三楼石木混合结构建筑。五座牌坊两端相距150米，在南阁中心街道一字排开，造型基本一致，但又各有其特点，均具浙南地方民间建筑风格。建筑年代与建筑规格皆不相同。

一、世进士牌坊

世进士牌坊，建于嘉庆二十三年（1544），斗栱翘出极长，高7.1米，宽6.5米。

世进士牌坊前面右侧斗栱与梁檩结构

世进士牌坊牌匾

“世进士”牌坊前立面

二、尚书牌坊

尚书牌坊，建于成化二十一年（1485），斜心斗栱七踩三翘，山面月梁，殊型异制，宽6.4米，高7.6米。

“尚书”牌坊牌匾与楼顶结构

尚书牌坊侧立面图

“尚书”牌坊前立面

三、方伯牌坊

方伯牌坊，建于成化元年（1465），梁弧度很大，似木栱，宽4.8米，高7米。

“方伯”牌坊前立面

“方伯”牌坊牌匾

四、恩光牌坊

恩光牌坊，建于正德元年（1506），月梁起拱很大，做法特异。宽6.2米，高7.5米。

五、会魁牌坊

会魁牌坊，建于嘉靖二十三年（1544），斗栱出翘极长，为地方做法，高7.1米，宽6.5米。

恩光牌坊上的斗栱

“恩光”牌坊前立面

恩光牌坊立柱斗栱侧面

“恩光”牌匾

会魁坊牌匾、斗栱、立柱

“会魁”牌坊前立面

第十二节　西毛村贤孝牌坊

西毛村贤孝牌坊，位于山西省襄汾县西贾乡西毛村。高11米，宽5米，进深3.5米，为六柱七楹五楼石质结构牌坊。建于大清道光二十年（1840）岁次庚子四月二十八日。牌坊的六根立柱坐落在两个石砌的台基上，每座台基上有三根立柱，其中外侧两根立柱分别矗立

花心版与牌匾

襄汾西毛村贤孝坊

基础石与抱鼓石基座上的雕刻

在高0.8米的长方体石墩上，中间一立柱前后各有一尊石狮蹲立在三层方石重叠的石墩上，前面雕有圆形山水图案。左侧石狮为雄狮，前爪按绣球，口衔宝珠；右侧雌狮前爪扶幼狮，敏锐的神情目视前方。两基坐相距2.4米，中间为通行大道。两次间立柱之上各设大额枋，大额枋前面浮雕山水人物图案。额枋之上饰四踩斗栱。明间龙门枋下嵌牌匾，其上阴刻“贤孝”正楷二字。贤孝之意为贤惠的妇女心地善良，通情达理，对人和睦，非常孝敬公婆。牌匾下方花心板上刻有“武德骑尉诰封奉直大夫廉风振之妻诰封宜人毛宜人坊”。龙门枋之上为二层楼顶，五踩斗栱承托着楼面，两楼之间镶嵌着额匾，上书“旌表”二字，双线阳刻，字体苍劲有力，雕琢技艺娴熟，边框花纹精致细腻，无与伦比。额匾之上为顶楼，三踩斗栱承托起楼顶，这五座楼顶皆为歇山式，鸱吻

正反双向龙首，龙尾呈椭圆形状，戗兽较庞大，体态臃肿。各楼角都悬挂一风铃，共12件。通体牌坊虽较窄了一点，但整体气势宏伟，雕琢精细，是我国民间建筑艺术中的一座精品。

贤孝牌坊顶部分“旌表”额匾与“贤孝”牌匾

廉风振长期在外为官，不能在家孝敬父母，妻子毛氏常年在家，不辞劳苦，缝补洗裳，烧水做饭，对待公婆如亲生父母，殷勤侍奉，毫无怨言，此孝举赢得乡亲们称颂，朝廷得知，下旨建坊旌表。近200年的贤孝牌坊，历经沧桑，风雨侵蚀，仍岿然未动，保护完整，虽有少部分被损坏，但整体结构为变形，绝大部分雕刻完美清晰，石雕工匠们的手工技艺是现代机械化工艺所望尘莫及的。现为全国重点文物保护单位。

第十三节 大义参天牌坊

山陕会馆内“大义参天”牌坊

大义参天牌坊，俗称“鸡爪牌坊”，位于河南省开封市龙亭区徐府街北侧山陕会馆院内。建于大清乾隆四十一年（1776），是清代山西、陕西、甘肃三省旅居开封的商人集资修建的，距今已有200余年的历史。牌坊为六柱五楹五楼木质结构建筑，高8.5米，宽12米，进深4.6米。中间两柱前后各有三块抱鼓石，雕刻精致，六根柱下各有一柱墩，分上下两层，底层为方形，上层为圆形，下方上圆，象征“地方天圆”。明间楼顶下悬挂额匾，上书“大义参天”四个正楷大字，

牌坊彩绘“三顾毛驴请诸葛”

四边各雕刻二龙戏珠图案为边框，共十二条金龙捧匾。背面额匾上题书行楷四个大字“流芳千古”，边框同前。楼顶分五座楼为两层，下层为四座，分布在牌坊的两侧，前后相连。每座楼由三组四踩斗栱承托着楼顶，斗栱每踩一昂，昂皆为弧形上挑。每楼两侧都饰有一小垂柱，下端雕有莲花倒垂。牌坊明间楼为第二层，是牌坊的最高点，有两层斗栱承托着楼顶，第一层为五踩斗栱，分三组，两侧各一组，第一踩为单昂；第二踩为三昂；第三踩为五昂；第四踩为七昂；第五踩为九昂。明间有三组五踩五昂斗栱组成。三组斗栱由四根小垂柱相隔离，每根垂柱由小横梁与主立柱相连接。第二层斗栱有两组转角科、三组柱顶科和四组平顶科斗栱组成，皆为双踩单昂。五座楼面全部采用绿色琉璃筒瓦饰面。大脊、戗脊、垂脊全部琉璃雕塑。鸱吻、戗兽，跑兽样样俱全。大脊中间饰一楼阁形刹尖，刹尖两旁各饰一仙人骑兽。四角飞檐各系一风铃。整座牌坊通体彩绘，富丽堂皇，艳丽多姿。

为什么俗称“鸡爪牌坊”还有一段感人动听的传说：

乾隆年间，山西、陕西、甘肃的商人们为了在开封做买卖发大财，打算集资建一座三省商人会馆，用来联络感情、维护共同利益。会馆位址选来选去，选中了市中心徐府街的一块风水宝地。这块宝地是明初开国元勋之一、中山王徐达的故居。商人们决定以重金招标修建山陕甘会馆。

大将关云长是三国时期，勇冠天下，义夺千秋，被历代百姓奉为神圣的人物。商人们认为，老家是山西解州的关公，会有老乡感情，能保佑他们招财进宝。为了求得“关老爷”的庇护，把他老人家奉为武财神，天天焚香祭祀，磕头作揖，崇敬不绝。股东们财大气粗，扬言要为关公在会馆内修建一座在国内独一无二、最宏伟壮观的牌坊。这下可把云集开封的能工巧匠难住了，一时没有人敢承包此项工程。

鸡爪牌坊上的“流芳千古”额匾

开封是北宋都城，历来是藏龙卧虎，人杰地灵之地，不管是木匠、瓦匠还是石匠，皆鬼斧神工，匠心独运，修建的房屋，造型美观，坚固耐用。雕琢成型的花鸟虫鱼，活灵活现。有这么一位匠人心灵手巧，百法百能，开封大地人人皆知，被称为“神雕手”。他得知此事后心想，这关公牌坊万一让外地工匠把活接走了，那就太给开封乡亲丢脸了。他暗中较劲，一口气设计出了几十种样式的牌坊小样，都不如意。但他仍不灰心，昼思夜想要设计一座独出心裁的牌坊，屹立在会馆里，让外地人们看看开封人的聪明、才智。

名间立柱前后抱鼓石

鸡爪牌坊局部雕刻

开封有种民俗习惯，上至达官贵人，下至平民百姓，都爱玩斗鸡。有一天，城里斗鸡打擂，争夺“状元”。“神雕手”也去观看，以解郁闷。斗鸡场设在大相国寺里，观众人山人海。斗鸡者双方抱鸡入场，让对手照面，鸡头点燃细香，两只斗鸡就开始厮杀。一只绰号“猛张飞”的斗鸡打败了所有的对手，成了鸡王。它浑身乌黑，好像披了一身盔甲；两腿粗壮，铁爪抓地，支撑着庞大的身躯，坚如磐石，稳如泰山，真可为威风凛凛！“神雕手”盯着它发呆，眼前的斗鸡王似乎忽然变成了一座坚如磐石，造新奇特的牌坊。他心机一动，转身跑回了家。独自闷在小屋里，草图画了一张又一张，随后刀砍斧凿，开榫打眼，饭顾不上吃，水顾不得饮，接连数日终于做出了一座理想的牌坊模型。

这些天，各地工头聚集在徐府街山陕甘会馆里争标抢活。个个大显身手，牌楼模型千姿百态，争奇斗艳，摆满院子，但没有一个使股东们满意的。正当大家议论纷纷时，“神雕手”冲向前，打开包袱，亮出他的杰作。众人眼睛一亮，都被这座造型奇特的模型吸引住了。“神雕手”指点着模型亮开嗓门说：“诸位，我设计的这座牌坊，是用六根支柱支撑着五座重叠的阁楼，从前后左右四面观看都是牌坊……” 众人围上观看，果然出手不凡，人人赞口不绝。股东们没有不伸大拇指的，异口同声说：“好，六柱五楹五楼牌坊，这在全国也是罕见的，咱就建这个样的牌坊！” 一个外地老工匠冷笑道：“小师傅，只怕你这座牌坊好看不好用。这六根细柱能撑住这肥猪一样的身子吗？”股东们的眼光全转向“神雕手”，他一拍胸脯打了保票：“老少爷们不用担心，如果牌坊建成后塌了，我愿意倾家荡产赔偿损失！”

经数年精心打造，一座雄伟壮观的牌坊矗立在山陕甘会馆院子正中。六根柱子好似斗鸡鸡爪，抓地生根。每根柱子又以抱鼓石稳固，天塌地陷也无济于事。中枢高耸，五座阁楼重叠相间，飞檐斗拱，富丽堂皇。特别是“神雕手”施展他的拿手本领，在所有的砖、石、木上雕刻了一幅幅关云长的故事。刀法细腻，画面生动，人物栩栩如生，更是锦上添花。因为当初工匠是从斗鸡鸡爪得到启发而设计建造这座牌坊的，当地老百姓都把这座牌坊叫作“鸡爪牌坊”。200余年来，这座牌坊受到精心保护，完好如初，在全国堪称一绝。

第十四节　卫氏节孝牌坊

卫氏节孝牌坊，位于山西省侯马市上马办事处张少村西南。高9.6米，宽4.8米，进深3.76米，建于清道光甲午（1835）年元月，该牌坊是一座六柱五楹七楼石质结构建筑。明间两层主楼与侧楼。楼顶造型为歇山顶，次间左右各两座相同高矮的次楼。边柱成45°角侧出，明柱前后有夹柱石，造型为束腰墩式，其上有石狮，明间雀替高浮雕双龙纹饰，下额枋浮雕花瓶之类及两幅干枝梅和舞蹈童子，额垫板正面题记“赠中宪大夫监生卫

卫氏节孝牌坊斗栱

中间花心板题字与挂落雕刻

侯马卫氏节孝牌坊

复隆之妻卫氏节孝坊”，背面题词“清道光岁次甲午春三月中瀚穀旦立”。中额枋上有高浮雕三幅，大额枋雕九个香炉与宝瓶，龙门枋上高浮雕15人，似天庭之上，15人中有两人在明柱上。龙门枋上立高架柱，高浮雕两名寿翁，寿翁头上各有一“寿”字，脚下各踩双万字图案，寓意万寿无疆。再向上为平板坊浮雕双凤，高架柱之间镶石板一块，阴刻“旌表”二字，四边高浮雕龙、莲等纹饰，平板坊前置石牌匾，中刻“圣旨”，二龙环绕边框。边柱阴刻对联，一副为“淑德芳规垂裕远；清珉丹笔记恩长。”额为“守一蘸”“媲三贞”；二副为“彤管已闻书懿行；旌门从此表清心。”额为“坚金石”“凛冰霜”。南北两次楼间雕四幅二十四孝图和琴棋书画。该石坊建造宏伟，雕刻精致，文字雅俗共赏，书法优美舒畅，刚劲力拔，功韵力足。堪称清代石牌坊建筑之精华，在建筑艺术上有较高的研究价值。

节孝坊额匾“旌表”

次间额匾“媲三贞”与楹联“清珉单笔记恩长”

明间夹楼，三踩斗栱，补间四攒平身科斗栱，转角出斜栱，檐头用椽檐檩，角梁与子角梁不作装饰，与檐一体，檐为象征性且檐头雕出飞椽头，并雕出勾头滴水，里侧雕博风板，要头为霸王拳饰阴刻云纹，夹楼正脊结构为两层，上层正脊为高浮雕牡丹花纹，两侧为向外卷尾的龙吻，吻后有龙头；下层阴刻瓦垄，正脊下有脊座，脊筒子雕花，吻兽尾外卷，吻后有背兽，正楼歇山顶，三踩斗栱，六攒补间斗栱，转角出斜栱，桁和角梁同。正檐分两层，上层举架较陡，阴刻瓦垄。

1996年，侯马市人民政府公布“卫氏节孝牌坊”为县级文物保护单位。

第十五节　头天门牌坊

头天门牌坊，位于甘肃省定西市陇西县巩昌镇北关一心村，始建于清道光十四年（1834），光绪九年（1883）重修，建筑面积45平方米，坐西朝东，为六柱三楹三楼木

坊顶上的戗兽

牌坊上特殊的小立柱

陇西头天门牌坊

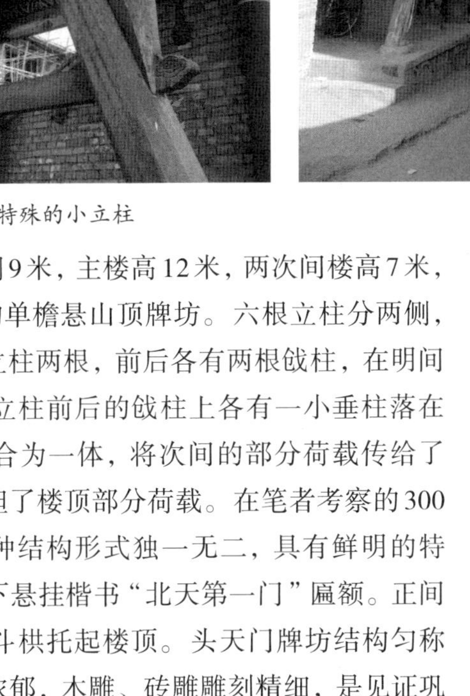

质结构牌坊。面阔9米，主楼高12米，两次间楼高7米，进深5米，为木构单檐悬山顶牌坊。六根立柱分两侧，每侧三根。中间立柱两根，前后各有两根戗柱，在明间两根立柱的每根立柱前后的戗柱上各有一小垂柱落在戗柱中间与其结合为一体，将次间的部分荷载传给了戗柱，使戗柱承担了楼顶部分荷载。在笔者考察的300余座牌坊中，这种结构形式独一无二，具有鲜明的特点。明间主楼檐下悬挂楷书“北天第一门”匾额。正间顶楼为五组三踩斗栱托起楼顶。头天门牌坊结构匀称和谐，地方特色浓郁，木雕、砖雕雕刻精细，是见证巩昌府历史演变的实证之一，对研究清末建筑具有重要的历史价值。1981年被公布为县级文物保护单位。

头天门牌坊“仰弥高”额匾

第十六节　少司马牌坊

少司马牌坊，为青石结构，六柱五楹五楼式石质建筑，通高11米，宽9.9米，三层递缩仿殿宇单檐歇山顶结构。位于湖北省钟祥市博物馆门前。原位置处在钟祥城区古兰台山右侧，坐西面东而立，东南面为钟祥第一中学，西面为钟祥市宾馆，北面与居民虚设楼紧紧相依。建于明万历三年（1575），为明朝兵部侍郎曾省吾所建。2010年4月，少司马牌坊由原址搬迁至钟祥博物馆大门前，并将已被损部分进行修葺，使苟延残喘的古牌坊旧貌变新颜，又恢复了当年的容貌，以崭新的威严雄姿，庄严肃穆地屹立在博物馆门前。牌坊的两面自上而下均雕琢有牡丹、凤凰、双龙戏珠、松鹤遐龄、麒麟赐福、鲤鱼跳龙门等精细别致的全深、浮、镂雕石刻，楼顶下部有4个镂空雕琢花纹图案，柱脚有抱鼓石和4尊石狮，其中原狮一尊，其他三尊为复制。明间两柱间距为4.2米，次间两柱间距为2.5米。六根立柱均为原件，各柱削棱6—8厘米，明间下额枋浮雕二龙戏珠，高透雕刻突出额枋前平面约0.5米，立体感很强。小额枋与龙门枋之间有镂空方格，龙门枋下棱角雕云纹，中间雕三组海水纹饰，中额枋与小额枋中间有字，但已模糊不清。二额枋之上雕双凤戏牡丹，龙门枋之下雕许多石榴，象征多子多福。正间楼顶之下悬额匾，上书“恩荣”正楷二字。右侧小额枋，雕麒麟，头部已损，大额枋雕琢仙鹤。背面小额枋雕“三龙戏鱼”，一龙在上，两龙在下，同向而居。两侧各琢一条大鲤鱼在龙的背后，周围浪花翻滚。两次间小额枋琢麒麟，首首相对。大额枋左侧一只凤，右侧已被破坏分不清何物？间隔1米之下的门楣上“少司马”三字赫然醒目。两旁有全浮雕的双龙装饰。整体牌坊气势雄伟，工艺精湛，形象逼真，妙笔生花。

少司马牌坊前斜立面

立柱前的雌狮

少司马牌坊在搬迁时出现未料之事，那块精美的双龙戏珠镂雕构件被碰碎，造成了永久难以弥补的损失，在很多人眼里，这块镂雕只不过是牌坊上的一块石头，碰碎可以另仿雕新的吗。其实文物可以仿制，那是为了保护收藏原物件的安全而仿造一件让众人观赏，其他没有任何价值，原件文物，特别是唯一的物件，是无价之宝，不能用金钱去衡量它，文物对历史的验证是任何说白都无可替代的，也是无法弥补的。国家有明文规定，尽量原地保护，需异地保护，移动时须做到万无一失，确保文物不受损坏。

牌坊下枋梁上的超高浮雕

少司马牌坊、雕艺精湛，是研究古代石雕艺术和政治制度、民间工艺、社会发展的重要物证。2002年11月被公布为湖北省重点文物保护单位。

曾省吾，字三省，号确庵，晚年自号恪庵，明湖广承天府钟祥人，生于嘉靖十一年（1532），嘉靖三十五年（1556）进士，官富春知县、太仆寺卿、都察院佥都御使、副都御使，其间曾巡抚四川和督学陕西。万历三年（1575）升兵部侍郎，八年召拜工部尚书，十年加封太子太保，同年被勒令致仕（退休）。万历十二年，受已故内阁首辅张居正株连，被抄没家产，削籍为民。曾氏在钟祥为名门望族，一门四世皆获朝廷褒封。曾省吾的曾祖父曾逊，祖父曾辉、父曾璠俱封为光禄大夫，死后赠工部尚书官衔；曾省吾的曾祖母、祖母和母亲诰封一品太夫人，其妻沈氏、覃氏、胡氏封一品夫人；其子曾大汇亦因父功荫国子监监生。在今钟祥察院街，原有两座牌坊，一名“两朝纶命”，为炫耀曾辉、曾璠荣膺两朝封典而立；一名“父子进士”，为标榜曾璠、曾省吾父子南宫联捷而立；在今“少司马”牌坊迤东，原有“大司空”牌坊，是曾省吾任工部尚书时所立，少司马、大司空分别为兵部侍郎和工部尚书的别称。因历经久远，风雨沧桑，如今幸存下来的只有一座“少司马”牌坊。曾省吾在四川平息土司“都掌蛮”叛乱和提督三边防务中显示了卓越的政治和军事才能，他的才干和学识颇为内阁首辅湖广同乡张居正所赏识，并倚为心腹知交。万历十年（1582）六月二十日，张居正病故，新任内阁首辅张四维，利用部分人对张居正推行改革新政的怨恨，大肆排挤曾省吾等所谓“居正党”，以收买人心。万历十年（1582）十二月，神宗勒令曾省吾致仕。随着政治斗

“恩荣”额匾

少司马坊侧面的上下额枋雕刻

争的不断升级，万历十二年（1584），已故内阁首辅张居正受到攻击和追究。本与张、曾有宿怨的刑部侍郎丘橓在籍没张居正家产时，对张氏家人严刑逼供，张居正长子张敬修屈打成招，枉供曾向曾省吾寄银十五万。万历十二年（1584）十月，神宗下旨籍没曾省吾房屋田产，变卖解京“抵赃”，不足之数，逼勒其亲族代缴。并削去曾省吾官籍，将其发回原籍为民，永不叙用。曾省吾惨遭没籍之祸，当时公论普遍称冤，但因史籍多讳言其事，后世只知其冤，而不详事实原委，故附会出许多市井传闻。至今钟祥民间还流传有曾省吾“留坊不留命”的故事，略谓曾省吾为小人构陷，诬他省亲时在家乡“越城建坊”有僭越之罪。神宗令其拆毁牌坊，否则“留坊不留命”。曾省吾坚持自己无罪，宁愿以身受死，以证清白，终被处以腰斩之刑。此“腰斩”传闻虽属无稽之谈，但反映了人们对一代名臣曾省吾蒙冤受屈的不平之情。树碑立传，树牌立坊，为钟祥历来的传统。著有《千弓坝石桥记》。

曾省吾先世系江西彭泽人，曾祖父曾逊，祖父曾辉，父曾璠，嘉靖四十一年（1562）壬戌科进士。隆庆末年，以右佥都御史巡抚四川，《明史稿》称其“娴将略，善治边”，“莅事精勤，多有建白”。万历元年（1573），四川叙州土司都掌蛮叛乱，曾省吾荐刘显率领官兵十四万出征，“克寨六十余，俘斩四千六百名，拓地四百余里，得诸葛铜鼓九十三”。

第十七节　余家节孝牌坊

余家节孝牌坊，位于湖南省常德市澧县车溪乡余家（今改牌楼）村，建于清道光八年（1828）至道光二十三年（1843），共费时15年，坐北面南而立。为六柱五楹九楼式石质建筑。是为旌表澧州贡生余继泰之妻罗氏而建。全部用汉白玉建成，坊高12.7米，东西长7.5米，南北宽5米。宽3.04米，四面余家节孝牌坊虽经170多年风吹雨打和人为破坏的考验，有一部分构件破损或缺失，对文物本身造成了不可弥补的损失，但这些并没有影响世人感受这座古老牌坊的艺术魅力。余家节孝牌坊端庄雄伟，造型巧妙，装饰华丽，雕刻手法细致入微，装饰图案题材丰富，人物造型优美生动，花草鸟兽的形象被刻画得惟妙惟肖，栩栩如生。牌坊的顶层正脊两端以鳌鱼做鸱吻衔脊，这对鳌鱼鸱吻造型别具风格，连着正脊龙骨部分是鳌鱼形制，而其翘起的尾部却是塑造成龙头的造型，这在南方地区正脊吻兽中是罕见的。其戗脊和角脊上均为鳌鱼翘尾。每层楼檐下面把沉重的斗栱部分替换成雀替与檐枋样式，而且将檐枋雕成漏窗。顶层屋檐下有四攒斗栱，中间两攒正中为透雕的龙纹“圣旨”额匾，两旁有一对镂空透雕麒麟图案；第二层楼檐下有两攒斗栱，其间则是浮雕了多只大象，而且坐斗内和檐楣上也刻有大象，众多浮雕大象寓意就是“万象更新”“万象朝贺”。第一层楼檐下也是两攒斗栱，其间是镂雕的狮子群，可以看到坐斗内也雕刻了狮子。这样顶层为麒麟、二层为大象、第一层为狮子，正好与地面夹柱石上的麒麟、大象和狮子上下呼应，令人不得不感叹古人的匠心独运，智尽能索。

余家节孝牌坊

牌坊明间龙门枋心上刻有字牌，字牌由三部分组成，一是“圣旨”额匾；二是旌表全文（明间花板）；三是“节孝坊”牌匾。牌、额匾是牌坊存在的重要诱因，牌坊是字体存在的载体，牌坊就成了承载这些字牌的坊架。如上文提到的顶层楼檐下雕刻着“圣旨”二字的额匾，周围以高浮雕呈“五龙捧圣”之势，此匾的作用是表示牌坊的建造得到了皇帝的批准，象征至高无上的皇权。往下用楷书刻有180多字记载着湖南抚院请旨准建旌表余罗氏全文的字牌。牌坊明间中部字牌刻有“节孝坊”三个大字，大字右侧刻有“旌表贡生余继泰之妻罗氏”字样，左侧刻着“皇清道光廿三年岁次癸卯吉旦拣石修建”，南北两面的字牌内容是完全相同的。在“旌

余家节孝牌坊的另一侧面

表全文”和“节孝坊”两块牌匾上下是三条刻有人物群贤的横枋。在第二层楼檐东西两侧，均镶嵌着刻有“楼龙凤阁”（应读作“龙楼凤阁”）四字的字牌，字牌上镂刻着一对凤凰。而第一层次间楼檐下字牌东侧右枋心刻有“龙翔”、西侧左枋心刻有“凤翥”字样，字牌上深浮雕有三只凤凰，正展翅飞翔，以卷云纹样将三只凤凰串联起来，字牌下则是一龙一凤，四目相望。“龙翔凤翥”这个中国成语的意思就是龙飞凤舞、神采飞扬的喜庆状貌。有趣的是刻有“龙翔”字牌的背面，即牌坊的侧面则刻有“龙飞”二字，而“凤翥”字牌的背面却刻着“凤舞”，合起来就是南北向的“龙飞凤舞”和东西向的“龙翔凤翥”，寓意相同。牌坊明间两立柱四面均刻有龙穿云纹，其中，二层以上为透雕工艺，底层则为深、浮雕雕刻手法，而这第一层深、浮雕与二三层立柱的透雕龙纹表现手法不同，充分体现出设计者综合考虑了牌坊的受力、风负荷和视觉虚实等多方面的因素。次间立柱南北面为龙凤纹，东西面为龙纹，雕刻形式与正间一致。

余家节孝牌坊部分雕刻

如前所述，余家节孝牌坊每一根立柱和大小额枋、龙门枋上都附有精美雕刻，雕刻题材大多为龙凤等吉祥物。余家节孝牌坊上龙与凤的纹样布置有一个规律，就是纵向部分的柱子上多为龙，而横向部分的额枋上多为凤，额枋上凤凰盘旋起舞，给人以女性的柔美之感，与立柱上神龙穿云翱翔的阳刚之气形成呼应，也正是上面提到的“龙飞凤舞”“龙翔凤翥”的图形化写照。龙与凤是象征帝王的属性之物，寓意帝王赐予的无上荣耀，凤凰更是母性的象征，在这里暗指母亲辛苦守节养育子女的伟大。

牌坊下部六根石柱分别镶嵌在两块夹柱石之间，其下为一块整的基座条石，每块夹柱石上有一个吉祥物，分别是麒麟、狮子和大象，工匠们有意将三种动物的形象近似化，视觉上更显得协调自然。那六块基座条石大小一致、型制相同，图案风格和装饰效果较为统一，类似一块方巾对角覆盖在底座上，方巾内的纹样多为植物和飞禽走兽，而底座上则为夔龙纹样，特别是底座短边一般是刻着一对夔龙含着仙草相向而立，成对称状。

余家牌坊建筑结构科学严谨，纹饰生动灵秀，雕刻手法细致独到，特别是它几乎把所有的石刻技法：阴线刻、双线刻、浮雕、深雕和透雕等各种雕刻手法全用上了，整体造型生动大气，装饰美化对称均衡，多样统一的美学理念，是湖南乃至全国石制牌坊中少见的。自明清以来，牌坊是封建统治阶级用来教化人民，给人们树立道德楷模的形象工程，直到今天余家牌坊对当地人民的教化作用还是很积极的。虽然牌坊束缚了妇女追求个人幸福的权利，但节妇为儿女和家族做出贡献得到褒奖却是值得肯定和称颂的。2006年5月，余家节孝牌坊作为清代的古建筑，被国务院批准列入第六批全国重点文物保护单位。

余家节孝牌坊前后的幼狮

牌坊的建造过程中还出现了一段一波三折，耐霜熬寒的故事：道光年间余家出了一位叫余继泰的当朝贡生，成了当时名振四乡的人物。时余氏已经娶妻罗氏，罗氏虽出身贫寒，但却知情达理，贤惠善良。在罗氏辛苦的操劳下，家庭和和睦睦、喜乐融融，邻里乡亲门都说余继泰娶了个好媳妇。不几年罗氏生了两个儿子，真是喜从天降，乐不可言。哪知天有不测风云，人有旦夕祸福。这一年大祸从天降，余继泰染病身亡，舍下二老年迈体弱，罗氏不但要抚养两个不满四岁的幼子，还要侍奉公婆。这突如其来的不测之忧落在了这位孤苦伶仃的寡妇一人身上。从此后，罗氏含辛茹苦，忠贞守节，抚养教育二子，孝敬双老全靠他一人承担。光阴似箭，转眼20余年过去了，次子余曰澶不负众望，20余岁高中进士，官至五品同知。他做官后，时刻不忘母亲含辛茹苦将兄弟二人抚养长大，他回忆母亲一生的苦难，既孝敬祖父、祖母，还得呵护姑母，从无怨言，想到这里，他拿起笔，把母亲的仁孝贤惠写好上奏朝廷，为母亲求得封赠。余曰澶的贵举，道光皇帝阅后，立即下旨，册封罗氏为“安人”，并准予建造“贞节坊”，以示后人。沣州府接到圣旨，连忙贴出召示，挑选有高超技艺的工匠建一座高水平的牌坊。召示一出，四面八方的工匠纷纷前来应聘。一天，知府门前来了一位年轻人，他貌不出众，语不惊人，肩扛石锤，锤把上挂一鸟笼，府前广场上聚集的人群见后无不惊叹不已，连声叫好。原来鸟笼是用一块石头雕琢而成，笼内有一只小鸟，伸手触摸，小鸟便摇头摆尾，展翅欲飞。知府前来观看，想把此人留下，把建牌坊的重任委托于他。不料话语未出，又来了一位中年男子手托算盘来到知府前，先听到算盘啪啦啪啦地响了一阵，再仔细一看，算盘是用一块石头精雕而成，而且算盘框无一榫卯，算盘珠无一个有缝，拿在手中重如千斤，拨打内珠，感到轻灵飘逸，十分轻松，真是世上珍品，不同凡响。围观的百姓无不叫绝。这下难住了知府大人，这座牌坊让谁来建呢？一时难以断定。时过半月，石料备足，动工吉日临近，知府大人与工程幕僚商议由谁当选建造牌坊的主匠，突然，有人来报，说外面有位70余岁的老石匠求见，知府便叫人将其领进内府，只见那老人两手空空肩背包袱，嘴上衔着一只两尺多长的烟袋，知府大人以为烟袋是石头做的，上前一看是一根枯竹做成，知府大人朝那老人瞧了半天，也没发现老汉有何不凡，不免有些失望。知府坐在大堂上，问道：“不知老人来府有何见教？”老人答：“听说大人奉旨建坊，老汉想来混几天饭吃。”知府说：“吃饭是没问题，恐怕你老人家年迈体弱干不了，既然来了，我不好意思打发你走，能把你的手艺拿出来供大家欣赏吗？”老石匠从包袱里拿出了钻子和锤子，来到堂外，撩起衣襟往腰上一扎，口衔烟袋，从门前第一块石头开始，一块石头钻一下，一溜小跑，一口气钻完了三百六十块，气不喘，面不红，嘴里还是衔着那只烟袋。只见他右手拿下烟袋，将烟袋锅往鞋底上敲了两下，捋着胡子直微笑。这时只见跟着跑的几个小伙子累的上气不接下气，心中怦怦直跳。人们夸奖老石匠身体壮实，却并没有发现老人有什么绝招。会看的看门道，不会看的看热闹。先前那两个石匠拿出墨线从老人钻的第一个空开始，一直拉到最后一个空，个个孔都在一条墨线上，一孔不偏。两个石匠急忙跑到老汉面前“扑通”跪下连声叫师傅。知府见了当场宣布请老石匠做主墨掌作师傅，那两位石匠也敢心情愿地做了老人的帮手开始建造牌坊。

节孝牌坊建造顺利，快竣工时，意想不到的事情发生了，在刻有“节孝坊”的那块牌匾上架时，匠师们想尽了千方百计，“节孝坊”牌匾就是吊不起来，人们议论纷纷，不由自主地猜疑罗氏一生到底是否节孝？无奈之下余曰澶便来到祠堂，焚香燃纸，请出罗氏，余曰澶跪在母亲面前，把这不便出口的猜疑向母亲讲明，求他道出真情。罗一听心知肚明，很委屈地说：“自你父亲去世后，我虽独单寂寞，还是一直铁心肠地守节，没有半点非分之想，也没有做过有违妇道的事情。每天到了夜半更深，凄苦难熬，我就数摸着铜钱打发时间，那些铜钱被我千遍扶，万边模，一个个都光溜溜地照出人影了。”罗氏说着回到屋里端来一小木盒，哗啦啦倒出五六十枚光滑滑的铜钱，族人们见了无不感叹。第二天，余曰澶准备再次吊起牌匾，以了自己的心愿，洗涮母亲的无辜。一早晨他沐手焚香，虔诚地跪在地上，向苍天祈祷说：“苍天在上，如果这一次吊不上去，就是我母亲尽孝不笃，守节非诚，请苍天惩罚我，让牌匾照着我脑袋落下，将我砸死。”罗氏见儿子发下誓言，赶紧跪下拜了几拜说：“老天在上，我余罗氏坚守贞节，心地诚实。昨夜我反复回想，是否是前几年有一次我在屋前看见公鸡孵群（交配），暗地一笑，神灵怪罪，怨我不贞，请老天降罪于我，任其处罚。也请府上大人奏明皇上，废弃这座牌坊。”州府官员见此情况，只好临时停工，待另奏朝廷。不久，圣旨传下，皇上念余罗氏守节坚决，自省心诚，又念余曰澶孝心可喜，于是下旨改“贞节坊”为“节孝坊”，以表彰余氏母子。

事情说来也神，牌坊建造复工，那牌匾被数十人用绳索稳稳当当地吊起来，不偏不歪地落在正中的龙门枋之上，榫卯严丝合缝，“节孝坊”落成竣工。至今一百多年过去了，余家节孝坊历尽风雨沧桑，还完整无损地耸立在沣阳平原上。

第十八节　都城隍庙牌坊

西安都城隍庙牌坊前立面图

西安都城隍庙背立面图

都城隍庙，是陕西省西安市西大街内仅存的两座道观之一，也是国家级重点文物保护单位。都城隍庙牌坊，位于城隍庙门前，高17.6米，宽25.8米，进深5.68米，为六柱五楹三楼歇山式建筑。始建于明洪武二十年（1387），原址在东门内九曜街，明宣德八年（1432）移建现址，都城隍庙是当时天下三大城隍庙之一，统辖西北数省城隍，故称“都城隍庙”。牌坊为城隍庙主要建筑之一。高大宏伟，精美绝伦，无与伦比。牌坊的六根立柱各有两根辅柱，在十二根戗柱的辅戗下，承托着带有中国传统建筑特点的七昂七踩和九昂九踩斗栱楼顶，蔚为壮观，确有大家风范，非小庙之物也。楼顶大脊、戗脊、山脊饰鸱吻剑把背兽、戗兽无所不有，只缺仙人跑兽。檐下方椽圆桷按古建筑法则制作，每座楼角外探挑角，螭首探延四角。明间主楼的四角各有一根方形立柱落在次间挑檐桁后面的大梁上。楼顶之下六根挺直的立方柱前后各有两根辅柱，外加两根戗柱，戗柱顶端由穿插将它们连成一体。前后两面皆饰琢有花纹的抱头梁，且已彩绘，抱头梁下饰一斗栱承托，小巧玲珑，点缀整体，使牌坊的每个构件都具有浓厚的装饰色彩。牌坊正间、两次间、梢间各有大、小额枋，明间设置龙门枋，两梢间饰大、小额枋，五间内皆饰雀替，均以彩绘，各间花心板中心皆绘有二龙戏珠图案，精细入微，栩栩如生。600余年的都城隍庙牌坊，虽历经沧桑，但，仍宏伟依旧，古色古香，蔚为壮观。

都城隍庙牌坊前铜雌狮

西安都城隍庙，道教宫观。明洪武二十年（1387）创建于西安东城门内九曜街，明宣德八年（1432）移建于今址。清代曾屡建屡毁。庙院规模宏大，分庙院和道院两大部分；原主要建筑有大门、玉皇阁、乐舞楼、牌坊、大殿、道舍、厢房等。后大多被毁，现仅存有清雍正元年（1723）重修大殿一座，斗栱出檐，雄伟壮观，顶覆琉璃瓦，前檐格扇门窗浮雕各种图案花纹，雕工精细、图案精美。庙外牌坊前原置立铜狮一对，均为明嘉靖三十八年（1559）所铸造，现置陕西省博物馆大门外。现该庙之处为西安都城隍庙商场，属陕西省重点文物保护单位。2001年6月25日，西安都城隍庙作为明、清时期古建筑，被国务院批准列入第五批全国重点文物保护单位名单。

都城隍庙牌坊风子匾

第十九节　万古长春牌坊

万古长春牌坊，位于山东省曲阜市孔林神道中段，为六柱五楹五楼庑殿式建筑，高7.96米，宽22.17米，建于明万历二十二年（1594）。俗称“五门牌坊”。

牌坊是用来表彰人物的建筑，唯独皇帝陵前的牌坊才能建造六柱五楹十一楼规模，这座六柱五楹五楼结构式牌坊因我国的孔子是历代人人尊崇的圣人，才破格使用这么大型的牌坊规制建立，楼顶没有突破长陵顶楼的十一楼，只用了五楼。西安都城隍庙虽然面阔28米余，超过了长陵牌坊的宽度，但顶层只有三楼。全国现存近600座古牌坊中没有一座其规格超过明朱棣长陵牌坊，可见封建社会的皇权旧制，始终是凌驾于任何人之上的，就是死后还梦想高于他人，让灵魂享受至高无上的尊严。

孔林“万古长春”牌坊

万古长春牌坊飞檐起脊，三层额坊，楼顶呈瓦垅状。明间两石柱前后各浮雕两条盘龙，再外两侧石柱只有上部各雕一条龙，最两侧梢间边的柱上部各雕一只站立凤凰。明间额枋南面雕双龙戏珠，北面雕双狮戏球，次间均雕双凤朝阳，梢间前后雕双龙戏珠。明间额枋前后均雕二龙戏珠，两次间雕双凤朝阳，梢间雕一条行龙，花心板两面雕祥云、瑞草等图案。牌匾刻于明间花心板上，书正楷“万古长春”四个大字，刀头剑尾，笔势沉厚，锋力雄健，字体端庄。石柱前后用石抱鼓，鼓上浮雕狮子，两侧面上分别浮雕龙、鹿、牡丹等图案。此牌坊矗立于神道上，显得威严壮观，雄姿英发，气贯虹霓。

孔林“万古长春”牌坊额匾

万古长春牌坊稍间上部雕刻

在“万古长春”坊前东、西两侧各有一座碑亭。东亭内立《大成至圣先师孔子神道碑》，此碑于明万历二十二年（1594）冬十一月，山东巡抚郑汝璧、巡按连标立石款。碑亭为方形，明间南面洞开，东、西、北三面设立石栏，重檐绿瓦歇山顶。西亭内立《阙里重修孔子林庙碑》，碑文为明万历年间礼部尚书、东阁大学士、东阿人于慎行书。此碑立于明万历二十三年六月二十二日。两碑亭分别建于万历二十二年和二十三年。虽经几次重修，仍保持明代的建筑风格。

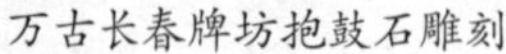

万古长春牌坊抱鼓石雕刻

万古长春牌坊牌楼顶侧面

孔林，又称至圣林，是孔子及其后裔的家族墓地，与孔府、孔庙统称“三孔”占地近200万平方米，有坟冢10万余座，有神道与城门相连。孔子墓位于孔林中部，封土呈偃斧形，汉代设祠坛建神门，宋代刻制石仪，元代立碑、作周垣、建重门，明代重建享殿墓门、添建洙水桥坊和万古长春坊。孔林丰富的地上文物，对于研究中国墓葬制度的沿革和古代政治、经济、文化、风俗、书法、艺术等都具有很高的价值。

1961年3月4日，孔林被列为第一批全国重点文物保护单位。1994年12月，孔林被联合国教科文组织列入世界遗产名录。

第二十节　渠县文庙棂星门

渠县文庙棂星门，位于四川省渠县渠江镇和平路93号。牌坊建于清乾隆五十九年（1794）。石料采自渠县三江小三峡，用大船从渠江水运而来，当时无大型起重器械，以“垒土法”竖立而成；石条全用榫卯结合，墨法准确，虽近

渠县文庙棂星门

两百年日晒夜露，风吹雨打，没有变形损坏，今保护基本完整。

四川渠县文庙棂星门

渠县“棂星门牌坊”五楹，高大壮观，精巧绝伦。牌坊顶端是六条蟠龙，昂首朝天，奋欲入云，栩栩如生，正中刻五龙捧匾，上题书“棂星门”三个大字。牌坊的石刻作品皆为镂空雕琢，具有很强的立体感，如“二龙戏珠”“双凤朝阳”“仙鹤穿云”“五蝠归真”“麒麟送书”“鱼跃龙门”等图案，生动活泼，端庄和谐，曾被誉为“蜀中牌坊之首”。《渠县志》中载：“棂星门拣选石材美而巨，雕刻尤精，绝川中未曾有之。”民国十五年（1926），商务印书馆编辑的《东方杂志》曾载专文和图片予以介绍。

六柱五楹冲天式牌坊建筑，每楹各有大、中、小额枋与立柱结合成一体，次间与梢间顶部都有一架大额坊一端插入内侧立柱，另一端横跨立柱。明间龙门枋两端各置于两根主立柱顶上。额匾下的花心版上镂空雕琢“双凤戏牡丹”次间各雕琢一只麒麟，立柱下端共雕琢十二块无抱鼓的夹柱石与立柱组成一个完整的框架，使得牌坊更加抗风雨雪荷载。砂细石砌成的“棂星门”牌坊，即高大壮观，又精巧绝伦。

按照梁思成先生留下的文字，这座“棂星门”牌坊是清乾隆初年，一位名叫萧镕的知县主持修建的。距今已经有近300年的历史。与威严的牌坊相比，棂星门前的石狮和石象就显得呆萌可爱。北方的石狮总是十分威严，而南方的石狮则不然，脚下踩着绣球，脖子上系着铃铛，有时候嘴巴里还衔着珠子，活脱脱就是一只狮子狗罢了。石象就更有趣了！短短的鼻子缓缓卷起，两侧的獠牙上翘，与真实的“象牙”不可同日而语，尤其是大象的四个“马蹄子”，更让人忍俊不禁。恐怕雕刻这只石象的人，根本就没见过真正的大象吧？

四川渠县文庙棂星门立柱上的抱鼓石

渠县文庙，气势雄伟，构思精巧别致，建筑工艺精湛，文化气氛浓郁，布局严谨有序，保存基本完好，堪称巴蜀一绝。文庙大门雄伟壮观，朱红照壁，十分耀眼。正北面“宫墙万仞”四个遒劲有力的楷书鎏金大字，相传为康熙皇帝御笔亲书。宫墙两边大门悬匾，左有“圣域”、右有“贤关”，即圣贤所能至。桥护栏雕刻文房四宝、花鸟虫鱼、祥云怪兽等。中桥两头为精雕蟠龙，只有状元衣锦还乡才可过此桥，寓意金榜题名，独占鳌头。两旁的二桥，也只有功成名就的读书人，才够资格过一趟，称作“游泮”，且要举行一定仪式，即所谓“泮水生香”，始能走过。

渠县文庙 棂星门牌匾及周围镂空雕刻

文庙建筑群落成阶梯状，工程浩大，厢房亭阁浑然一体，坐北面南，金碧辉煌，气势雄伟。文庙主体建筑为大成殿，高峨庄严。脊顶为江西景德镇烧制的卧龙两条，殿顶纯为金黄琉璃瓦铺盖，殿堂正中原供奉孔子本主，本主上有九龙捧圣的浮雕，正中用金底红字书写“大成至圣先师孔子神位”，八卦藻井下悬挂着“万世师表”的匾额，东西两厢还供奉有“四配”“严十哲”先贤牌位。

大成殿雕花石台之下为祠的东西两原，供奉所谓“先贤”七十九人，“先儒”七十五人，东西两殿原为碧绿琉璃瓦铺盖，壁上浮雕文房四宝及祥云怪兽，木雕穿花，窗棂门扇，典雅庄重。再下几级石阶就是戟门，列二十四戟（古兵器），使人屏声息气，一派显赫森严的气势。门下有四祠：有所谓“以道为君，泽及庶民者入祀”的名宦祠，有“言行端庄者入祀”的乡贤祠，有“忠义激烈者入祀”的昭忠祠，有“节女、孝子入祀”的节孝祠，都是供奉一些封建统治阶级视为“忠、孝、节、义”的代表人物。但可惜以上四祠及戟门已在“文革”中被毁坏，遗址也无宗无影了。

第二十一节　绛县节孝牌坊

绛县节孝牌坊，位于山西省运城市绛县南樊镇西堡村，建于清代嘉庆九年（1804），高12米，宽8.5米，进深3.6米。是时任山东盐运滨乐分司司运贾宗洛为奉圣旨旌表其祖母诰封中宪大夫贾凝瑞继妻李恭人所建的节孝牌坊。牌坊为石质仿木构结构建筑，坐北面南，双面六柱五楹七楼式建筑。正门两端各开二合八字门，两面的石条台基各长4.63米，宽2.23米，高1米。牌坊额匾上题书“圣旨”正楷阳刻二字，边框为三龙捧圣；额匾下悬挂竖石牌匾，上书“旌表”阳刻二字，边框琢葵花与卷草图案；小额枋前面高浮雕三只雄狮，各具形态，狮旁分雕五朵莲花，周围以卷草填补空缺，整个画面构图严谨，乱而有序，活中带稳，妙刀生辉。从基座到顶部均浮雕走兽、花卉、人物。牌坊夹杆石为圆雕石狮，其额枋、斗栱、阑额等部位，有内容多样、形式多样的石雕装饰，基本反映并代表了当时最高水平的石雕工艺。

绛县节孝牌坊前立面

这座节孝牌坊精美至极，是200多年前官方为一名李姓的妇女竖立的。这位李姓妇女是当时一名叫贾凝瑞官员的继妻，没想到娶妻不久贾凝瑞就去世了，贾李氏便承担起了独自抚养儿子贾钟琳的责任。好在儿子非常争气，后来也走上了仕途。俗话讲“屋漏偏遭连阴雨”，没几年，儿子又因故走在了母亲贾李氏的前头……儿子去世后，贾李氏坚持不懈，勤俭持家，又开始悉心抚养自己的孙子贾宗洛。到后来，孙子也不负祖母之望，官至山东盐运滨乐分司司运。

回顾贾李氏的一生，丈夫去世后，生子又不幸夭折，这真是大祸从天降，悲剧又重演，面对苦命的贾李氏喊天天不应，叫地地不答，只有苦对岁月，煎熬人生。漫漫长夜，为了让自己束心清欲，她常在黑暗中将一簸箕绿豆散于房间地上，然后摸黑一粒一粒捡起来……如此反复，让自己的心得到慰藉。老太太此一番教子育孙、守节至诚之举，毅力可佳，贞节之操可歌可泣。因此，朝廷下圣旨建坊旌表，专门建造了这座节孝牌坊，流芳千秋。

节孝牌坊左侧抱鼓石与底座

据说通过航拍发现石牌坊最上部脊顶雕有一朵石榴花——因为石榴花代表多子多福、红红火火的意思，在这里更有把美好的事情留下来之意。但这朵石榴花不在正中位置，而是稍偏一侧，这与中国传统建筑讲求的对称结构布局有所不同，到底是为什么呢？这里有这样一个传说。

当年在雕琢这朵石榴花之前，工匠曾笑问贾李氏：老夫人，您说这花儿是雕在正中间呢，还是稍微偏一点呀？因为当时在工匠当中有个不成文的规矩：牌坊女主确实如冰雪一般洁净无瑕，起心动念做事都无可挑剔，那石榴花儿就可雕在大脊正中；如果感觉做得还不够好，需继续努力，那么石榴花的位置便要偏一点。

贾李氏听完微微一笑说：人无完人、金无足赤，就把石榴花的位置稍偏一点吧！于是牌坊上石榴花的位置便稍稍偏了一点。这足以说明贾李氏的睿智！猜想其中应有两方面的寓意：其一，自己孤身一人时，谁也不敢说起心动念全都是对的，肯定也有迷茫和困惑；其二，虽得朝廷褒奖，但与其他操守高洁的贞妇节女相比自己还有做得不好的地方，不能让别人心生嫉妒。真可谓，力行贞节，诚笃谦让，可贵之举，流芳千秋。

节孝牌坊正面牌匾及花心版题字

抱鼓石下的须弥座上的透雕猪与雄狮

南樊石牌坊的石狮子为什么与众不同？

对于牌坊立柱前后的各类石狮子，大家一定不会陌生，往往一般都是一雄一雌分列两侧：雄狮一爪踏绣球，取意雄霸天下之意，而雌狮则轻踩幼狮，取意母仪天下。但是南樊镇节孝坊上的石狮子却与众不同，雄狮没有踏绣球，狮身上竟然雕有类似雄狮的雄根，狮身仿佛还有绳索缠缚；雌狮也没有踩幼狮，而是背在身上……虽说坐狮的姿态被塑造的体格健壮、肌肉隆起，但前足却被雕成交叉状，这独具匠心的设计与施工，使人赞叹不绝。特别是在抱鼓石所处的位置上，分为上下两层，左侧为雄狮前爪交叉，龇牙咧嘴，目瞪口张，神气逼人，而下层雕琢的麒麟，则闭目用力承受着上部的荷载。右侧雌狮，前双爪并列，对幼狮在背上戏耍不是因其而感到烦扰，反而表现出一种喜笑颜开的表情，下层两只幼狮，姿态各异，兴致勃勃地尽情玩耍。由此可见工匠们的巧妙设计与娴熟的技艺相结合，充分表现了各种形态狮子的内在情感，独出机杼，绝无仅有。

1996年被山西省人民政府公布为省级文物保护单位。2013年被国务院公布为全国重点文物保护单位。

第二十二节　静乐宫前牌坊

静乐宫牌坊，又称“棂星门”，坐落在湖北省丹江口市静乐宫前，为静乐宫大门。是原在武当山北麓的一座闻名国内外的棂星门。1958年国家修建丹江口水利枢纽工程时，与其他重要文物通过非常安全的措施，耗费了极大的人力物力将其移至此地。为六柱三楹四壁式冲天牌坊。1987年、1993年、1994年、1995年、1999年，用了十几年的时间，编制审批计划，调动相关部门，抽调专业人才，聘用相关专业技术工匠终于恢复了原静乐宫的旧貌，对外开放，棂星门复原如初，绽放旧貌，重现历史文化异彩。“棂星门”，为六柱三楹四壁冲天华表式石凿榫卯仿木结构的冲天牌坊。最高点15.2米，总宽35.2米（含二夹壁二袖壁）。建筑艺术之精湛，是明代所建石牌坊中的极品。牌坊中央以二柱单楹牌坊为中轴线，两侧成对称形式分布，中间牌坊大、小额枋之间以三块方格将花心板分割为三部分，各雕饰卷云图案，大额枋上饰三颗宝珠，中间一颗较大，两侧较小，周围放射火焰。两立柱高达15.2米，由大额枋顶向上雕琢云纹，柱顶各蹲坐一只望天吼，相对而蹲立。两次间以双柱单楹牌坊而立，与两侧袖壁相连，三座牌坊之间设置两座夹壁，宽4.8米，夹壁坐落在带有罗汉腿的须弥座上，夹壁墙四角各饰四朵雕刻角花，中间饰一圆形砖雕“鸳鸯戏莲花”，虽有损毁，但仍不失当年之俊美，灵巧。壁顶饰歇山式墙顶，壁体虽小，但，桷、椽、滴水、瓦当、鸱吻、剑把、戗兽、跑兽样样俱全。两侧袖壁较夹壁略宽，高度一致，其他与夹壁相同。袖壁两侧与院墙相接。

棂星门为静乐宫的第一道大门，为石凿卯榫结构建筑，俗称“大石牌坊”牌坊顶端为六棱华表冲天柱，华表是皇家庙观的特殊标志，皇室的象征，代表权力至高无上。此华表是其他庙观门前少有的建筑物体，罕见稀有。

静乐宫前牌坊前立面

静乐宫为武当山九宫之首，始建于明代永乐十一年（1413），永乐十六年（1418）落成，并赐“元天静乐宫”额匾，原总面积3万多平方米。《图经》①中载：“静乐治麇，玄帝降生于静乐之国。”古人以均州为净乐之都，真武大帝在此降生。静乐宫原有大小殿堂和道房520间，明、清名人的游记中，把静乐宫描绘成皇帝行宫，气势恢弘，可惜这近似故宫的美妙建筑被毁于火。后几经修葺，粗还旧制。修建丹江口水利枢纽时，该宫重要文物被运往丹江口城区。

次间袖壁上的砖雕图案

据《太和山志》②中记载：“祖传帝之先（即真武大帝之父）为静乐国王，静乐治麇，而均即麇地，故以名宫焉。”自始建来，清康熙二十八年（1689）毁于火灾，康熙三十年（1691）重建，六载而成，乾隆元年（1736）又遭火焚。宫内原有殿堂、廊庑、亭阁及道舍等建筑五百二十余间，筑有牌坊、大宫门、二宫门、正殿、二圣殿、真官祠、方丈堂、斋堂、神厨等，四周红墙碧瓦环绕，宫内殿宇巍峨，层层院落，宽阔幽深，环境幽雅，宛如仙宫。“棂星门”是武当山著名的建筑之一，其艺术精湛，是明代所建石牌坊中的极品。

明间与次间之间的夹壁砖雕图案

第二十三节　科甲丛芳牌坊

科甲丛芳牌坊，坐落在江西省抚州市乐安县龚坊镇同富村。为六柱五楹七楼式石质建筑，高12.6米，宽7.2米，进深3.8米。七座楼顶唯有明间主楼顶框架，其他均已被毁，荡然无存，只剩立柱、额枋、龙门枋、花心版、牌匾、额匾所组成的框架，现用约2米高的砖砌体围墙保护着禁止入内。该牌坊是本村黄氏子孙为纪念世人黄昭而建立，牌坊上落款为：“明皇隆庆己巳秋吉旦裔孙重建。”隆庆己巳为公元1569年，隆庆三年。明间花心版上的石雕人物首全毁，身躯完整。小额枋两端吻首完整，中间麒麟存留一部分。立柱顶端的卷草、锦纹雕刻图案保护完整，清晰可辨。

“科甲丛芳”牌坊

黄昭，因在朱元璋打败陈友谅的战斗中献计有功，官至兵部尚书。黄氏宗谱记载：黄昭，号观澜，元至顺年间进士，元末，朱元璋起兵，先授黄昭为将仕郎，后为安路录事，升兵部员外郎，再升兵部尚书。元至正二十一年（1361）八月，朱元璋与陈友谅在鄱阳湖大战，双方在湖内打了36天，陈友谅号称60万大军，朱元璋只有20万人马，但决战的结果是陈友谅彻底失败，陈友谅本人也在这次战斗中身亡。这也是朱元璋一生中最惊心动魄的一场战争之一。此战是因为朱元璋先占领了属于陈友谅的南昌，陈友谅为了夺回南昌，倾全军之力，与朱元璋相争。双方的鄱阳湖之战十分艰苦，陈友谅的水军“联巨舟为阵，楼橹高十余丈，绵互数十里”，而朱元璋的水军船小人员又少，双方开始一交战，朱元璋的船只就不战而退，以致朱元璋连杀十余名士官，也不能制止。由于陈友谅船甚多，有一次竟将朱元璋的船只围住，在万分危急的时刻，牙将韩成穿上朱元璋的衣服，跳进水中造成自杀的假象，才缓解了陈友谅的进攻，使朱元璋脱离危险，这是朱元璋最终以少胜多的原因。一是陈友谅性格多疑，对部下心

“科甲丛芳”牌坊保存较完整的凤凰展翅

“科甲丛芳”牌坊被破坏的戏剧人物

存疑虑，群将失心。陈友谅原来也有几位战争能力非常强的将领，特别是赵普胜，在淮南占山为王，世间称双刀赵，有万夫不挡之勇，南征北战成主力，替陈友谅驻守安庆，把住东大门。当时朱元璋的第一大将徐达同赵普胜对阵，无法制胜。二是时为兵部员外郎的黄昭及时向对朱元璋献计被采纳，明军采取水陆并进，虚实相兼，两面夹击的战术，同时使用离间计，令陈友谅将虎将赵普胜给杀了，除了心腹大患。最终明军打败陈友谅军，控制了江西大部及湖北。此役后，朱元璋十分器重黄昭，升黄昭为兵部尚书。黄昭的父亲黄均谟也以子为贵，死后追赠为礼部尚书。

“科甲丛芳”牌坊的“恩荣”额匾

同富村人世代以黄昭为荣，立坊以示，正南为“科甲丛芳”四字，牌坊后面三层牌匾横书“簪缨接武”，即为纪念。

同富村历史悠久，人杰地灵，历史上人才辈出，如开基始祖黄中浼，字宗展，兵马副使；宗尹，户部侍郎；原礼，大中大夫；黄常，奉议大夫；均谟，礼部尚书；季敏，国子监伴读；黄昭，兵部尚书；黄奎，怀远将军；阳复，翰林院检讨，汉府伴读；黄本，监察御史、巡按；肇珺，进士；士元，著名作家；继安，江西军事检察院检察官；黄铖，哈尔滨市警察局督察处处长，少将军衔等。科甲丛芳牌坊，现被列为第六批江西省文物保护单位。

第二十四节　袁林墓道前牌坊

袁林墓道前牌坊，坐落在河南省安阳市章北街道办事处以西袁林内。为六柱五楹五楼仿木式结构建筑，牌坊高8.2米，宽18米，进深2.76米，明间两柱距8.2米，两次间柱距7.4米，两梢间柱距7米。立柱、抱鼓石、大、小额枋皆为钢筋混凝土结构。雀替已无。明间龙门坊之上为三踩双昂斗栱，五座楼均为木质楼顶，明间为五攒斗栱，两侧各半攒斗栱，次间、梢间均为四攒斗栱两侧各半攒斗栱。斗栱之上为圆椽方椽，椽子顶端为寿字图案，飞椽顶端为万字图案。楼顶两山为木制博风，侧脊上中间戗兽，前为仙人嘲凤，戗兽与嘲凤之间为狮子，大博风下饰小博风。整座牌坊坐落在内砌青砖外砌青石的方形台阶上。两侧各置1.2米宽的斜坡，台高0.72米，长21米，宽3米。

建坊时，北洋军阀为了修建牌坊、墓室，从日本进口了大量水泥作原料进行施工。如今，六柱五楹五楼高大的牌坊位于神道中心，每根柱子的顶端都有一尊高大的望兽，仰望天空，给这座建筑增添了一些神秘、尊严和平静。

袁林墓前牌坊

河南安阳这座历史文化名城不但有着殷墟这样的悠久历史，也有曹操这样的枭雄遗址，历史翻到近代竟然是最后一个极短命皇帝袁世凯也把自己的百年吉地选择在这里。可见安阳确为风水之宝地。

袁林牌坊楼顶

袁林牌坊上下枋梁之间的雕刻

袁世凯（1859年9月16日—1916年6月6日），河南项城人，故又称袁项城，清末民初的军事和政治人物，在近代史上袁世凯是很值得推敲的一个人物，他亲手断送了清朝，民国建立。他也顺利地爬上大总统的位置，这样他就可以算得上是民国中的领袖之一。1909年辛亥革命时，出任内阁总理大臣。1913年10月6日，袁世凯就任正式大总统。1914年5月1日，袁世凯颁布《中华民国约法》。1915年5月4日，袁世凯与日本签订二十一条。1915年5月9日，袁世凯接受日本提出的二十一条。1916年1月1日，他登上皇帝宝座，改中华民国为“中华帝国”，年号为“洪宪”，在声势浩大的反袁护国运动中，3月22日，被迫去消帝制，皇帝生涯不足3月，1916年6月6日，死于北京，葬于河南安阳市。当时袁氏家族想称袁陵，许多人反对，改称袁林。

袁林牌坊楼顶上的吻兽、戗兽、仙人嘲凤与檐下斗拱

按说袁世凯出生在一个世代官宦的大地主家族。从小就应该有一定的阅历，也读的起书，可惜的是不好读书，1876年（光绪二年）和1879年，袁世凯两次乡试都未考中，最后却选择了弃文就武，虽然一辈子在执政上如鱼得水，干得不错，如果不是复辟帝制，也不会被后人所骂。但是，从这里看袁世凯还是急不可待。如果缓称帝，或者先把道路上的绊脚石全部踢掉，等自己的晚辈成人再行称帝，也许就成功了，当然历史没有假设。

袁林于1982年11月21日河南省人民政府公布为河南省文物保护单位，2013年3月5日国务院公布为全国重点文物保护单位，

第二十五节　苏州文庙棂星门

苏州文庙棂星门

苏州文庙棂星门，位于江苏省苏州市人民路文庙内。建于元代至治二年（1322年），曾几经迁徙、改建、重建，现为明成化十年（1474年）遗构。门牌坊为六柱三楹四壁冲天式青石结构建筑，总面阔25.5米。冲天柱云冠雕饰盘龙，立柱下面抱鼓石夹杆，明间两立柱高8米，四根边柱高6.86米。柱间有额枋两架，雕行龙、翔凤、仙鹤，并饰有日月牌板和云板。四座砖壁分两座夹壁和两座袖壁，皆以九方清石板贴面，呈井字形，中央雕牡丹或葵花图案，四角饰卷草如意纹，上覆瓦脊，下承石须弥座。棂星门石雕浑厚刚建，粗中有细，有明显的明代艺术风格。

苏州文庙棂星门侧面

苏州文庙棂星门正门与两侧夹壁

苏州文庙府学是北宋名臣范仲淹于景祐二年（1035）创建，迄今已有980多年历史。范仲淹出任苏州知州的次年，在南园遗址上，设学立庙。庙学合一（即文庙府学合一）范仲淹聘请当时著名教育家胡瑗为教授，因为办学有方，一时名闻天下，成为各地州，县学效仿的楷模。此后历经拓建，到明清两代府学文庙的规模很大，占地面积近二百亩。有江南学府之冠的赞誉。现有面积仅为当时的六分之一，目前保留下来的重要建筑有棂星门、戟门、大成殿、崇圣殿等。

第二十六节　重光牌坊

重光牌坊，位于江西省抚州市嵩湖乡大源饶家村，为六柱五楹三楼砖石结构建筑，高约4.65米，面阔5.64米。六根立柱其中两根较短，顶端至明间小额枋底面，两根主立柱顶端琢锦纹图案，雕刻细致入微。明间两根主立柱下端阴刻楹联一副：

奉圣主诏例以济人君臣有义；

传神童经书而教子祖孙同文。

重光牌坊上下额枋上的雕刻与“重光”牌匾

重光门坊立面

牌坊右侧石匾第一行题书为："皇宋嘉熙庚子，饶釜、饶鐾兄弟以春秋联中神童异科，钦赐进士。"明间小额枋上两端雕龙首衔大梁，中间两只雄狮戏绣球，姿态优美，体态灵活多变。龙门枋上雕刻"仙鹤祥云"。次间额枋上刻"莲下双鹤"。明间两架额枋之间的花心板上琢有"重光"两个阴刻正楷大字，背面题书"进士第"三个正楷大字。据史料记载，南宋咸淳七年（1271），现为抚州市临川区大源饶家村的饶釜、饶鐾兄弟俩，在京城通过辛未科张镇孙榜"童子举"考试，双双被皇上钦赐同进士出身[3]。这一年，饶釜15岁、饶鐾年仅7岁。"童子举"试，唐始置，凡10岁以下能通一经及《孝经》《论语》者均可应试，每卷试诵经文10篇，全通者授官，通七以上者予出身。宋沿唐置，规定15岁以下能通经及作诗赋者均可应试。先由州府申报朝廷，国子监检验完毕，送中书覆试，合格者再由皇帝亲试，主要考试背诵经文，有时亦试诗赋，临时决定赐出身、授官或免解试。"神童举"是宋代贡举中非常选科之一。由此可见，取得神童之荣誉，是件很不容易的事。

重光门坊右侧次间雕刻

根据"重光"牌坊两侧的史料中得知，牌坊始建于皇明嘉靖庚戌年（1550），是赐进士及第奉议大夫抚州府同知陈实、抚州通判潘梅为饶釜、饶鐾兄弟立牌坊题签。据村民介绍，如今村里的村民均为神童饶釜的后裔，为传承崇文重教的家训，村口还立了一座"神童后裔"的红石门坊，与"重光"牌坊相互辉映，见证着历史的发展，也不断地在述说着两位神童的故事，促进新时代的少年儿童勤奋努力，孜孜不倦，力争取得令人瞩目的成就。

六柱五楹牌坊一览表

名称	结构	保护级别	详细地址	修建时间
大司马牌坊	六柱五楹七楼式	国家级	江西宜黄县凤岗镇桥下村王家场巷口	明万历二年
明长陵牌坊	六柱五楹十一楼式	世界文化遗产	北京市昌平区长陵镇长陵村	明永乐年间
宋良翰牌坊	六柱五楹七楼式	市级	江西省丰城市董家镇后塘村内	
牧伯牌坊	六柱单楹单楼式	市级	浙江省温州市乐清市石帆街绅坊村	南宋
清惠陵牌坊	六柱五楹五楼式	世界文化遗产	河北遵化市东陵满族乡兴隆泉村	清同治年间
龙凤门牌坊	六柱三楹冲天式	世界文化遗产	河北省易县西陵镇龙泉庄	清道光年间
父子兄弟叔侄同朝牌坊	六柱五楹五楼式	省级	江西省抚州市临川区邓坊镇锦溪村	崇祯十三年
金紫祠牌坊	六柱五楹五楼式	省级	安徽省黄山市徽州区潜口镇潜口村	明正德九年
明孝陵棂星门	六柱三楹冲天式	世界文化遗产	江苏南京市紫金山独龙阜玩珠峰下	明洪武年间
评高月旦牌坊	六柱五楹五楼式	省级	山西省襄汾县景毛乡南高村	
世进士牌坊	六柱单楹单楼式	国家级	浙江乐清市仙溪镇南阁村中直街	嘉庆二十三年
尚书牌坊	六柱单楹单楼式	国家级	浙江乐清市仙溪镇南阁村中直街	成化二十一年
方伯牌坊	六柱单楹单楼式	国家级	浙江乐清市仙溪镇南阁村中直街	成化元年
恩光牌坊	六柱单楹单楼式	国家级	浙江乐清市仙溪镇南阁村中直街	正德元年
会魁牌坊	六柱单楹单楼式	国家级	浙江乐清市仙溪镇南阁村中直街	嘉靖二十一年
西毛村贤孝牌坊	六柱五楹七楼式	国家级	山西省襄汾县西贾乡西毛村	道光二十年
大义参天牌坊	六柱五楹五楼式	国家级	河南开封市龙亭区徐府街山陕会馆	乾隆四十一年

名称	结构	保护级别	详细地址	修建时间
卫氏节孝牌坊	六柱五楹七楼式	国家级	山西侯马市上马办事处张少村	清道光十三年
头天门牌坊	六柱三楹三楼式	县级	甘肃定西市陇西县巩昌镇北关一村	清道光十四年
少司马牌坊	六柱五楹五楼式	省级	湖北省钟祥市区	明万历九年
余家节孝牌坊	六柱五楹七楼式	国家级	湖南省常德市澧县车溪乡余家	道光二十三年
都城隍庙牌坊	六柱五楹三楼式	国家级	陕西省西安市东城门内九曜街	明洪武二十年
万古长春牌坊	六柱五楹五楼式	世界文化遗产	山东省曲阜市孔林神道中断	万历二十二年
渠县文庙棂星门	六柱五楹冲天式	国家级	四川省渠县渠江镇和平路 93 号	乾隆五十五年
绛县节孝牌坊	六柱五楹七楼式	国家级	山西省运城市绛县南樊镇西堡村	清嘉庆九年
静乐宫前牌坊	六柱三楹冲天式	国家级	湖北省丹江口市静乐宫大门前	明永乐十一年
科甲丛芳牌坊	六柱五楹七楼式		江西抚州市乐安县龚坊镇同富村	明隆庆三年
袁林墓道牌坊	六柱五楹五楼冲天式	国家级	河南安阳市章北街道袁林内	民国年间
苏州文庙棂星门	六柱三楹冲天式	国家级	江苏省苏州市人民路文庙大门前	元治至二年
重光牌坊	六柱五楹牌坊	县级	江西省抚州市崇湖乡大源饶家村	明嘉靖庚戌年

第四章　多柱四面牌坊

第一节　许国石牌坊

许国石牌坊，又称“大学士坊”，俗称“八脚牌楼”（当地人称几柱为几脚）。位于安徽省歙县古徽州城阳和门东侧，跨街而立。建于明万历十二年（1584），平面呈长方形，南北长11.5米，东西宽6.77米，高11.5米。四面八柱，各柱之间由龙门枋、大、小额枋连接。整座牌坊由前后两座四柱三楹三楼冲天式牌楼与两端两座二柱单楹三楼冲天式牌坊组合而成。全部采用青色茶园石。枋柱粗硕，立柱断面下大上小，且重心渐向坊心微偏，故结构安稳固实。石坊遍布雕饰，额枋两端浅镌如意头，缠枝，锦地开光。中部菱形框内为深浮雕，如“巨龙飞腾”“端鹤祥云”“鱼跃龙门”“威凤翔云”“龙庭舞鹰”“三报喜”“麟戏彩球”“凤穿牡丹”等。立柱中段为散点团花式锦文，上端为云纹，缀以姿态各异的翔鹤。柱基外侧的台基上，雕琢蹲柱与奔赴等形态各异的大狮子12只。有雄师奔腾似猛虎下山；有雌狮抚摸幼狮，似母亲关爱子女；还有狮子滚绣球等形态各异的幼狮，无不生动逼真，让人赞不绝口。台基左右侧皆镌刻各式獬豸图案。石坊四面有阳刻正楷大字“大学士”“少保兼太子太保礼部尚书武英殿大学士许国”“先学后臣”“上台元老”等擘窠大字出自明代书画家董其昌手笔，遒劲有力，结构严谨，摆布适当，可谓名副其实的古代书法之精品。清人吴梅颠《竹枝词》云：“八脚牌楼学士坊，题额字爰董其昌。”此石牌坊的独特形制和它的建筑艺术在全

许国石脚坊

国独领风骚，别具一格。

许国石牌坊内顶部

对于许国的简历《明史》上这样记载：

许国，字维桢，歙县人。举乡试第一，登嘉靖四十四年进士。改庶吉士，授检讨。神宗为太子出阁，兼校书。及即位，进右赞善，充日讲官。历礼部左、右侍郎，改吏部，掌詹事府。十一年四月，以礼部尚书兼东阁大学士入参机务。国与首辅申时行善。以丁次吕事与言者相攻，语侵吴中行、赵永贤，由是物议沸然。已而御史陈性学复摭前事劾国，时行右国，请薄罚性学。国再疏求去，力攻言者。帝命鸿胪宣谕，始起视事。南京给事中五可受复劾国，帝为谪可受官。国事三疏乞休，语愤激，帝不允。性学旋出为广东佥事。先是，帝考卜寿宫，加国太子太保，改文渊阁，以云南功进太子太傅。国以父母未葬，乞归襄事。帝不允，命其子代。御史马象乾以劾中官张鲸获罪，国恳救。帝为霁威受之。十七年，进士薛敷教劾吴时来，南京御史王麟趾、黄仁荣疏论台规，辞皆侵国。国愤，连疏力诋，并及主事饶伸。伸方攻大学士王锡爵，公议益不直国。国性木强，遇事辄发。数与言者为难，无大臣度，以故士论不附。明年秋，火落赤犯临洮、巩昌，西陲震动，帝召对辅臣暖阁。时行言款贡足恃，国谓渝盟犯顺，桀骜已极，宜一大创之，不可复羁縻。帝心然国言，而时行为政，不能夺。无何，给事中任让论国庸鄙。国疏辨，帝夺让俸。国、时行初无嫌，而时行适为国门生万国钦所论，让则时行门生也，故为其师报复云。福建守臣报日本结琉球入寇，国因言："今四裔交犯，而中外小臣争务攻击，致大臣纷纷求去，谁复为国家任事者？请申谕诸臣，各修职业，毋恣胸臆。"帝遂下诏严禁。国始终忿疾言者如此。

廷臣争请册立，得旨二十年春举行。十九年秋，工部郎张有德以仪注请，帝怒夺俸。时行适在告，国与王家屏虑事中变，欲因而就之，引前旨力请。帝果不悦，责大臣不当与小臣比。国不自安，遂求去。疏五上，乃赐敕驰传归。逾一日，时行亦罢，而册立竟停。人谓时行以论劾去，国以争执去，为二相优劣焉。国在阁九年，谦慎自守，故累遭攻击，不能被以污名。卒，赠太保，谥文穆。

许国（1527—1596）字维桢，父亲之次子，早年一边经商一边求学。18岁考中秀才，在灵金山石山精舍开馆为生。此后六赴应天府乡试，前五次均未考中，而家产已经变卖一空，无奈在太平桥跳练江自杀，幸被休宁县木商程爵救起，并资助他再考，最终在嘉靖四十年（1561）考中辛酉科举人第一名（解元）。嘉靖四十四年（1565），39

岁的许国第二次进京参加会试，考中进士三甲第一百零七名，入翰林院，选庶吉士兼校书。历仕嘉靖、隆庆、万历三朝，先后出任检讨、国子监祭酒、太常寺卿、詹事、礼部侍郎、吏部侍郎、礼部尚书兼东阁大学士，入参机务。万历十二年，因平夷云南边境有功，晋升太子太保、武英殿大学士。

许国牌坊立柱前的雄狮抱绣球

许国牌坊立柱前的雄狮踩绣球

隆庆改元，授翰林院检讨，奉诏赐一品服，出使朝鲜，馈遗一无所受。

神宗即位，官右赞善。历升礼部左侍郎、右侍郎，改吏部，掌詹事府。万历十一年（1583）四月，以礼部尚书兼东阁大学士参与机务。十二年（1584），许国因运筹平定云南有功，晋升少保，授武英殿大学士。万历十九年（1591），因国本之争中力争册立去职。逝世后追赠太保，谥“文穆”。著有《许文穆公集》。

许国石牌坊，建于明万历十二年（1584）。石坊上题书“少保兼太子太保武英殿大学士许国”是许国的全部头衔。云南边境平叛胜利凯旋后，万历皇帝重赏许国，被赞为“协忠运筹，芪著劳绩”。受到“加恩眷酬”，上沐皇恩，回到家乡歙县，催动府、县，兴师动众，鸠集工匠，建造了这座千古留名的大石牌坊。关于这座八脚牌楼还有一段饶有兴趣的传说。据说一般臣民只能建造四脚牌楼，否则是犯上。而当时徽州城内达官显贵，乡绅巨贾众多，四脚牌坊林立徽州大地。许国是地方上的骄傲，如果建一座四脚牌楼，不能体现许国的官高威显。怎样才能建造一座与众不同的牌楼呢？许国灵机一动，想了个“先斩后奏”的点子。许国在家建这座八脚牌坊，前后共用了8个月，才回朝复命。由于超假太多，许国跪在殿上久默无声，皇上迷惑不解，责备地说：“朕准卿四个月的假回乡建坊，为何延至八个月？别说四脚坊，就是八脚坊也建起来了。”许国一听即刻回答：“万岁！万万岁！谢主隆恩！臣就是建的八脚牌坊。”皇帝听后哭笑不得，许国的石坊就这样“合法化”了。虽然是传说，但至今全国只有这一座八脚牌坊，恐怕也就算“下步为例了”。许国石牌坊现为全国重点文物保护单位，保存完整。

第二节　乐善好施牌坊

乐善好施牌坊，位于广东省珠海市前山镇梅溪村“陈芳花园”内，陈芳花园内有两座“乐善好施”牌坊，南北各一座，北边一座“文革”间被毁。现南面一座保存完美无缺。牌坊为八柱三楹三楼中西合璧式样，浑然天成，是华南地区罕见的珍贵古建筑。高12米，宽12.2米，进深6米，双庑，左、右次间的花心板上悬“承恩”“受祉”石匾。正间大额坊下悬“圣旨”额匾，小额枋上悬“乐善好施”牌匾。牌匾上落款“光绪十七年六月二十日奉钦加二品顶戴加二级花翎候选道前领事官臣陈国芬尊为先父母诰赠一品夫人陈曾氏敬建”。额匾周围以二龙戏珠盘绕为边框。其上三层花纹石雕代替斗栱，牌坊楼顶四角各一龙首外探并衔宝珠。大脊两端鱼尾吻兽，中间宝珠放光芒。中间“乐施好善”牌匾两侧各一官一仆人，居守两侧。下枋梁上雕有百兽百草，栩栩如生。八根立柱内侧各立一小石柱，承托着小额枋与两侧小过梁。前后有雕琢精致图案的抱鼓石紧紧地依附在立柱内侧，成为一体，坚固稳当。大、小立柱与抱鼓石都坐落在一块方形底盘上，左、右各一块，底盘的四面各立面上分别雕琢着花草鸟兽，各具形态，象征万物复生，

“乐善好施”牌坊

牌坊簪花上立体雕刻的戏剧人物

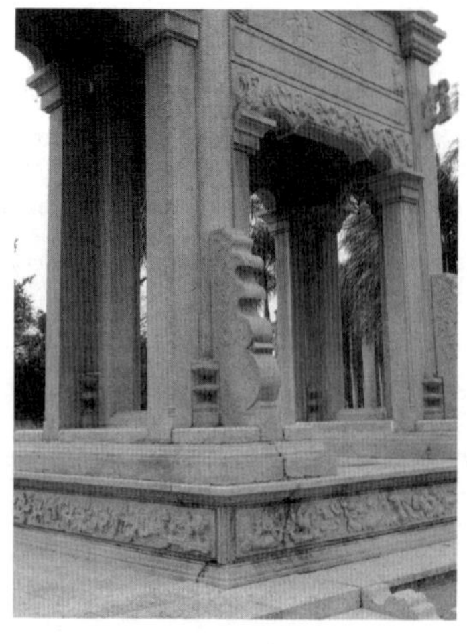

次间立柱

春回大地，人类与自然和谐共存。

陈芳花园内的这三座牌坊与梅溪村落、凉亭、古庙、陈芳故居、“胜地佳城”、西洋花园墓地以及槟榔树、小桥流水等自然景观交相辉映，展现出古朴典雅的侨乡风情，人文景观。2006年被列为全国重点文物保护单位。

陈芳，字国芬，珠海梅溪村人，华侨第一位百万富翁，被誉为“商界王子”“一代糖王”。1857年娶夏威夷国王义妹朱丽亚为妻，被选举担任夏威夷国会议员，1881年被光绪皇帝钦命为中国住夏威夷第一任领事，官居二品，1890年陈芳返回故乡，落叶归根，晚年热心于家乡公益事业，1906年逝世于澳门。

第三节　金昭牌坊

金昭牌坊前立面

金昭牌坊，位于浙江省永嘉县岩头镇岩头上村，据岩头《侯氏宗谱》载，为明嘉靖四十四年（1565）金昭高中进士及第时所建。高7.8米。宽9.9米，进深2.4米。为八柱三楹三楼石木混合结构建筑，坐西面东，平面呈横长方形。次间立柱、月梁、斗栱等为木质、楼顶为灰色布板瓦、筒瓦。石立柱断面边长0.44米，次间立柱用材粗壮，并在柱头上抹成小角斜面，柱脚前后置抱鼓石，柱基础为覆盆式，牌坊两外侧又立有四角柱。基础为四角，内削方形石墩。明、次间均有大、小花脊，脊面刻有如意花草。明间楼脊两端饰龙吻兽，龙首向外。斗栱粗壮规整，制作精致。其斗栱与北方斗栱有所不同，柱顶为双昂五踩；平顶科为三昂三踩；转角科较复杂，内柱同柱顶科，侧柱为三踩一大栱，大栱连接内柱一攒斗栱，使牌坊更加牢固。金昭牌坊的柱顶科与北方的柱顶科有异。北方的柱顶科是在柱顶之上设坐斗，该坊的柱顶科是在柱上部分靠近柱顶约0.7米处凿一大卯，不设坐斗，在大卯上插入两个正心瓜栱，栱上设斗，斗上再置栱，直至最上端设置檐桁。且在内栱上雕琢云纹图案。柱顶端设置一头象栱来承担前面双层斗栱的负荷及楼顶的部分重量。屋脊薄砖砌成清水花脊，背面刻如意花脊，明间无脊，两端设龙头吻，两垂脊脊端饰飞凤，是牌坊建筑中较少的一座。

金昭牌坊中间月梁之上的斗栱

金昭（1516—1581），明朝，原名德昭，字懋卿，号霞峰。（今岩头镇岩头上村）。军籍。嘉靖四十四年（1565）进士。授大理寺评事，继任大理寺副，迁南京大理寺正，隆庆三年（1569）冬，回京师任大理寺廷尉。为人宽厚，作风踏实，善于审鞫。后出任瑞州知府，时瑞州赋税偏重，高出邻府数倍，民四处逃亡，莅任后劝谕安定民心，向督府力陈民之负担过重，终获准免赋税之半，民心感服。著《六论》。

金昭牌坊顶上的斗栱

民间传说，明朝，仙居乡有一位吴姓人，梦见天山掉下两颗闪亮的星星，一颗落在岩头村，一颗落在自己的怀中。凌晨，她分娩了，生下一个又白又胖的男婴儿，取名“自来”。自来出生的同时，岩头村中一户农家妇女也生下了一位浓眉大，眼睛，活泼又可爱的男婴儿，取名金昭，字懋卿，这婴儿五官端正，才智过人，少年时因家境贫困，无力攻读，只得田园耕种，维持生活。金昭自幼爱学习读书，每过学堂，总要停留数刻，听先生讲学，如痴如醉，且牢记心里。同村有位家富财豪的六分太公，看到这个好学的孩子深受感动，常常不由自主地长叹一声：“哎……可惜，太可惜了……”金昭母亲便问太公：“何出此言？”六分太公回答：“这孩子如好好培养，定能成为国家栋梁之材，前途无量。”金昭母亲回答：“家中一日三餐经常断烟火，糠菜还填不饱肚子，哪有钱供他读书？”六分太公沉思片刻，慷慨地说：“那好吧，我帮帮你们。”说完慢慢地从怀里取出了50两银子说：“我赞助你们，就让孩子去读书吧！”

冬去夏来，日月轮回。金昭长成了一位英俊后生，这一年正值殿试，金昭备好行李盘缠，去京城求考功名。过杭州，经扬州，行走数日，来到一客栈留宿，巧遇从仙居赶来的吴自来，二人问明情况，不约而同。吟诗作答，相谈融洽。吴自来想起了母亲的嘱托，问起金昭住处，金昭回答家住岩头。吴自来思忖：莫非他就是映梦之人？当即与他结为金兰之交，一同前往。一路上相互关照，情同手足，来到京城。

数日后榜示张贴，吴自来头名状元，而金昭却名落孙山。金昭像泄了气的气球，垂头丧气地回到客栈，无精打采，一言不发。吴自来见金昭情绪低落，心情郁闷，便向前以劝解忧。回家路上约定把金昭留在自己家中，一日三餐好好地招待，空闲之时与他畅谈诗赋文篇。转眼三秋，金昭学得满腹经纶，文章盖世。时值嘉靖帝再次开科。金昭这次金榜留名，高中二甲。

金昭牌坊侧面与转角斗栱

树高叶茂根为本，饮水思源不忘恩。金昭功成名就，不忘六分恩公和吴自来的恩情。为纪念这两位恩人，于嘉靖四十四年（1565）建立了这座牌坊，以作纪念，留于后人瞻仰。

第四节 四柱四面牌坊

四柱四面牌坊，位于安徽省歙县城关区丰口村边。建于明代嘉靖年间。平面成正方形，边距约4米，高约12米，为四个双柱四楹三楼组合式石质建筑。南面额枋上刻有“宪台”两个大字，花心板上刻有小字“云南按察司佥事郑绮”。

四柱四面牌坊昂视图

四柱四面牌坊立面图

北面竖匾上有“敕赠”二字，额枋上刻有“廷尉”二大字，垫板上小字为“大理寺左司副郑廷宣”。西面有“恩荣”“进士”等字。东面无字。每楼下各有三攒斗栱（含转角栱）。各种配件，如立柱、大小额枋、花心板等都无任何雕刻，彰显出朴素大方，简洁明快的特点。立柱顶端有四架大额枋相互交叉平行落在上面，探出额枋的霸王头稍作雕琢，二者紧紧相扣，与四根立柱结合于一体，坚忍不拔，牢不可破。由于各个部位比例恰当，造型极美。梁柱为花岗岩，坊板为紫砂眼石，脊檐下有栱，竖匾左右雕龙纹。四面小额枋下各有一对雀替雕镌云。每面各有一座双柱单楹三楼组成的牌坊，四座牌坊组成一座平面为正方形的四面牌坊。其结构虽简洁，但造型出奇，比例恰当，形态优美，令人赞叹不已。现为安徽省文物保护单位。

四柱四面方的“廷尉”牌匾与“大理寺左寺副郑廷宣”编排

四柱四面方的说明牌

郑绮，丰口人，明嘉靖二十六年（1547）进士。曾任云南按察司佥事。

第五节　济美石牌坊

济美石牌方，位于江西省宜春市奉新县会埠乡招边村。牌坊高12米，宽4.28米，由四根石方柱构成四边形，为四柱四楹十六楼组成的四面坊石质建筑。石柱断面为0.42米×0.42米，各构件以卯榫连接。牌坊四角作挑檐状，斗栱及檐楼均为青石，共三层，檐楼二十个。整座牌坊上下内外刻有“龙凤呈祥”“二龙戏珠”“寿子富贵”“福喜平安”等图案，以及人物、花卉、莲花、禽兽和几何图案。造型各异、千姿百态，形象生动，华丽俊秀，牌坊四面浮、

济美牌坊转角处楼顶的结构

深、镂空雕琢作品琳琅满目，美不胜收。这些艺术作品历经400多年风雨侵蚀，仍清晰可辨，雕刻线条流畅，题书笔力苍劲，使人赞叹不已，流连忘返。坊内四面刻有一千余字的建坊过程，记录了华林胡氏宋国子监主簿胡仲尧、宋光禄寺丞胡仲容捐廪赈济，建南津桥、造冯川桥、修路，创办华林书院，修建孔子庙等济美实举。颂扬其乐善好施，为民办好事，德侔天地，道冠古今的良好风习，故立坊旌表，以示后人。

济美石雕牌坊（取自乐途旅游网）

牌坊上还记录着华林胡氏四段千古流传的佳话，感人至深。尤其是南面第二层额枋上“举朱藩，迎快马，路旁书童仰头望”。其教育意义深远，流芳千世不衰。六匹快马千里送喜报的时刻，讲述的是：宋雍熙二年（985）奉新华林书院有三位学子，同年金榜题名，并登进士榜，朝廷派人快马加鞭送喜报到华林的动人情景。宋太宗还特书诗赞曰：

黄河曾见几番清，罕见人间有此荣。
千里朱幡迎五马，一门黄榜占三名。
………

最喜状元并榜眼，探花皆是弟和兄。

济美牌坊在一定的角度由下向上看

牌坊内布满浮雕、深雕、高浮雕图案

华林书院实为藏龙卧虎之风水宝地，人才之源，胡氏家人为此投资捐献洽博德闻，其远见卓识，令人敬佩。

济美石牌坊的雕刻精致程度不亚于以上两节中的四面牌坊，在全国石牌坊建筑中，可占有一定的历史地位，闻名全国，誉满大江南北。

（本节图片摘自《忘千山97795博客网》）

第六节　曲沃四面牌楼

曲沃四面牌楼，位于山西省曲沃县城内贡院路孝母巷，该牌楼与县城中西门外的感应寺砖塔东西各一，遥相呼应，成为曲沃县的标志性建筑物。建于明万历四十三年（1615），又称“望母楼”“孝母楼”。

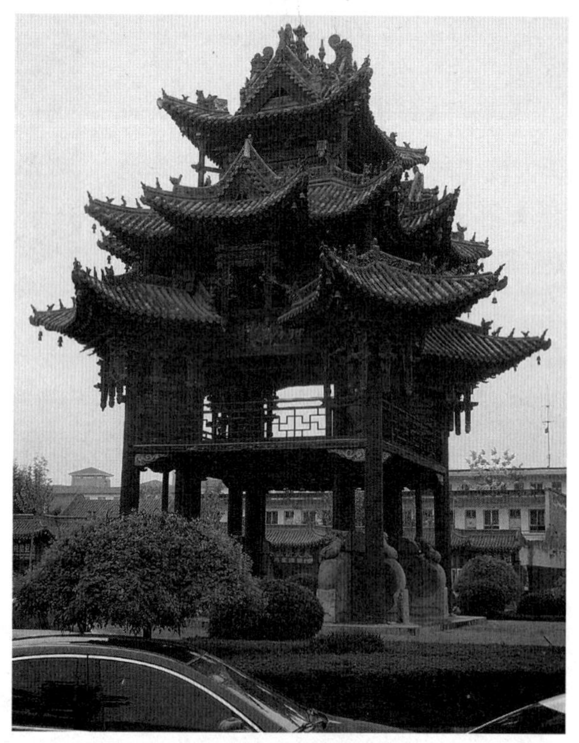

曲沃望母楼立面

四面牌楼共十六柱，内八柱较粗，外八柱较细。上下共三层，一层较高，二、三层较矮。结构烦琐，变化无穷，复杂的结构造型中既有统一又有差异，异同结合，参差交错。绝笔绘画，五彩缤纷，木作差宗，复杂多样，鬼斧神雕，精致别论。昼观楼体，天日高齐，霏霏霭霭，摇摇曳曳。夕阳眺望，有光其上，如香烟缭绕，时聚时散，晚霞斜映，似霓虹闪亮，色彩纷繁。多历年稔，深得人民群众赞扬，牌楼上下形成了一座多彩艺丰的建筑物，实为人间宝物，遗留今世。

四面牌楼，为曲沃县城内李齐沆为继母所建。李齐沆，万历三十一年（1604）举人，乾隆版《曲沃县志》中载：李齐沆，字觉泫，此人风骨棱棱，无脂韦习气。陕西流寇侵犯曲沃，搜刮民财，欲勒李齐沆百万钱财，对他酷刑峻拷，但他始终不屈服，最后被拷打致死，乡人以见危授命而赞许之。

李齐沆一岁丧母，三岁丧父，由其继母含辛茹苦将其抚养长大，又供其读书，考取举人。由于李齐沆知识丰富，善于经营，不久家发富致，但继母却年老体弱，不久便撒手人寰，李齐沆悲痛交加，后悔莫及，为继母未能享受到他的功绩与收获深感愧疚。日不进食，夜不入寝。为了报答继母的养育之恩，他不惜一切代价，果断地作出决定，修建一座“望母楼”，追思继母的抚养之恩，每每思母亲切，就登楼仰望继母墓地，用于思念继母之恩德，笃怀老人慈善之行。“望母楼”为什么建在此地，还有一段传说：

望母楼的斗栱结构

春秋时期晋献公夫人齐姜生一子申生，便成了当之无愧的太子。但齐姜不久便死去。晋献公与妃妾骊姬情有独钟，不久生下了奚齐，骊姬为了让奚齐取代申生的太子地位，不择手段，陷害申生，使申生处处碰壁。公元前656年，最后在骊姬的多次阴谋陷害下，太子申生于新城曲沃自缢而死。后来骊姬也死了，便埋在此地。

春秋晋献公距明万历年间，约两千年之久，骊姬死后埋在此地传说未敢苟同。然而曲沃街头埋骊姬的传说，时间上却早于四面牌楼许多。唐代著名的边塞诗人岑参在其《骊姬墓下作》这样写道：

骊姬北原上，闭骨已千秋。
浍水已东注，恶名终不流。
献公姿耽感，视子如仇雠。
此事成蔓草，我来奉古丘。
峨眉山月落，蝉鬓野云愁。
欲吊二公子，横汾无轻舟。

现今的曲沃县城是隋朝开皇十年（590）由现县城南的东昌堡迁过来的，至唐代曲沃城尚不具雏形，如今的四面牌楼所在的贡院街在当时全部为农田，诗中写到的“骊姬北原上”很可能就是指此地而已。曲沃县城内原有恭世子庙，毁于20世纪，四牌楼所建的位置就是传说中：“怒践骊姬骸”的“曲沃城中十字街”。李齐沆在此地建“望母楼”是有他一定的用意。如今已400余年，“望母楼”历经沧桑，世易时移，骊姬害死申生，本来就引起曲沃人民的痛恨，后来李齐沆又在其上建起望母楼，一种情况都是继母，一个残害前儿，一个对前儿体贴关怀，似亲生儿子一般，抚养其长大成人，鲜明的对比，更激起人们对骊姬的愤怒。当人们看到牌楼，又闻听骊姬的故事时，它告诉了你什么道理？

四面牌楼保存至现在，不知经历了多少次曲折遭劫，几经毁坏，但每次都化险为夷，死里逃生。抗日战争时期，日军与流散军队欲拆楼为爨，因牌楼结构复杂，榫卯结构严谨，无法下手而罢休。1947年解放曲沃城时，守城阎军在楼上修筑工事，砍掉了许多“碍事”的木结构件。解放军并未从牌楼所对的东关正街进攻，未对牌楼发一枪一炮，不然，四面牌楼岂能保存的完美无缺。“文革”期间，有人也想拆掉牌楼，但还是怕危险，未曾动工。四面牌楼能够“大难不死”真是“不幸中的万幸”。

南面牌匾“绛山晚昭

东面牌匾“沃国春光”

四面牌楼虽经古代多次维修，但由于财力，人力等方面的限制，经过数百年的自然损伤，已经摇摇欲坠，有些残缺不全，2002年曲沃县政府借城市建设拓宽马路之际对牌楼进行了落架修葺，并将曲沃县十景中的四景书写于牌匾增挂其上，遂使古楼又增新意，四面牌楼旧貌变新颜，以崭新的姿态迎接四面八方的游客，给曲沃县注入了新的活力。

第七节　翼县四面木牌坊

翼县木四面木牌坊，位于山西省临汾市翼县古城十字路口中央，建造年代不详，俗称“木牌楼”。重建于明万历四十一年（1613）。清康熙十五年（1676）、民国十四年（1925）重修。为八柱四面五楼式木质建筑，四柱外侧各有一根辅柱，不承担主楼重量，只承受少部分荷载，主要起牌坊稳固之功能，增加了牌坊整体的抗风，抗雨雪和来自不同方向的负荷。牌坊整体高20余米，面阔及进深6米，四面可通行。楼顶两层滴水檐，十字歇山顶。八根立柱均无柱基础，每两根为一组，立于四个五边形的台基上。柱子排列采用平面正方形和单排立柱

东面结构，牌匾“乡科”

相结合的作法。每根柱顶在飞檐处建造一座歇山顶，斗栱前安装了三根小垂柱，小垂柱上端有两根水平横撑连接小垂柱，组成一个小整体。二层楼平面呈正方形，飞檐挑角，柱顶科、平顶科、转角科斗栱均为三踩无昂一攒。三楼顶呈十字结构型，博风板封山，两博风板交界处饰一悬鱼，悬鱼下端与两边博风板有横撑连接，抗风抗雨雪。

背面结构与“封翁”牌匾

冀县木四楼立面

木四牌坊内部结构

牌坊北面额匾上题：“封翁”，下面牌匾上提：“龙章宠赫”；西边额匾上题：“甲科”，下面牌匾上题：“澹墨传芳”；东面额匾上题：“乡科”，下面牌匾题：“桂殿分香”；南面额匾上题：“明经”，下面牌匾题：“宫墙脱颖。”从题字上看，建造木四牌坊是与科举制度有密切关连，通过旌表“封翁”“甲科”“乡科”“明经”以激励学子们发奋学习、读书做官，摆脱贫困，光宗耀祖，流芳百世。

木四牌坊充分利用了正方形的重复和交错相叠的手法，设计出了这座造型独具特色，别具一格的建筑，美观俊俏，落落大方，又采取我国民间古建的做法和传统彩绘，具有我国北方建筑特点，浑厚稳重，坚固实用，再现了中华民族大国工匠的智慧和高超技艺。

两立柱之间的连接

第八节 冀县四面石牌坊

冀县四面石牌坊，位于山西省临汾市翼县古城十字路口中央，距木制四面牌坊约100米，建造年代不详。该牌坊为八柱一楼四面青石、木，混合结构牌坊，明万历三十九年（1611）、清乾隆、民国年间屡有修葺。其平面为正方形，四面可通行，高约19米，面阔进深5.5米。下部分基础、抱鼓石、狮子、立柱、大小额枋、花心板等均为石质，楼顶为木质。每根立柱的外侧各有一根辅柱，上下各有额枋与立柱连为一体。四根辅柱略矮于主立柱约1米，共8根立柱，各立柱底部分别有一方形的柱墩，方墩下又有一长方形的基座，八根立柱坐落在四块基座上。每根立柱左右各立一抱鼓石，抱鼓石顶端蹲坐一尊幼狮，与柱拼装成一体，现用带钢将其圈固。抱鼓石、立柱、额枋上浮雕人物、动物、花卉、虫鸟等图案，形象逼真，各具风采。尤其下额枋以深雕的艺术形式，将动物雕琢的活灵活现，栩栩如生。中间四根立柱的顶端坐落着木制坊顶，斗栱飞檐，桷子飞椽，参差有别，整本大套。楼

冀县故城石四牌坊

外侧立柱与其抱鼓石

石四牌坊的抱鼓石

檐之下，四面斗栱的前面共饰12根小垂柱，垂柱顶端饰盘花，下端挂莲花，画龙点睛，锦上添花，美轮美奂。坊顶之上建十字歇山顶，顶上吻兽蹲坐，戗兽分列，威严壮观。木制博风板挂悬鱼，饰红色，艳丽俊俏。整座牌坊协调一致，比例适当，可为石、木混合结构牌坊中的佼佼者，别无它例。

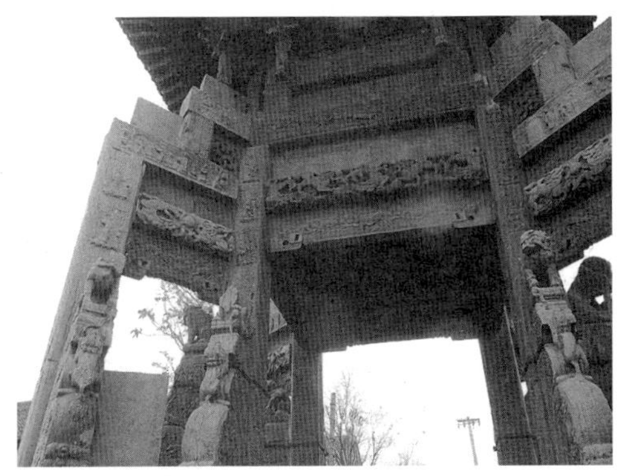

内、外立柱与额枋、龙门枋的结构

翼县古城内的石四牌楼和木四牌楼均为陕西省文物保护单位。

第九节　急公好义牌坊

急公好义牌坊，位于广东省珠海市前山镇梅溪村陈氏公园旧址，此处现改为“梅溪公园”。原梅溪公园三座牌坊，左边一座建于1891年，是陈芳长孙陈永安请准朝廷赐建给其父陈龙的，牌坊高10.1米，宽9米，进深4.6米，八柱八楹三楼建筑，陈龙及夫人被赐封为奉政大夫和五品太宜夫人。右边一座在文化大革命中被红卫兵用耕牛和拖拉机拉倒，已无法考证牌坊主人。据说红卫兵还想拉倒另外两座牌坊时，梅西村民都坐在牌坊下面，红卫兵无奈才罢休。

“急公好义”牌坊前立面

中间一座为“急公好义牌坊”，建于光绪十二年（1891），这一年珠海发生特大水灾，很多村民流离失所，无家可归。远在异国他乡的陈芳接此消息，自己捐资白银三千两寄回国内，请朝廷救济灾民，光绪皇帝听到奏报后非常受感动，即赐建石牌坊一座，并赐封陈芳二品顶戴加二级花翎，以示褒奖。牌坊高12米，宽12.2米，进深4.6米，为八柱三楹三楼式石质建筑。该牌坊立柱、大小额枋、龙门枋、雀替、额匾、牌匾、楼顶等构件均为花岗岩结构，全庑殿顶、石阑额、石柱下置脚柱石、须弥座、楼脊上饰吻兽、鳌鱼和火焰宝珠。三楹中的每一楹内侧都有一根小立柱附在立柱旁，承担着立柱内雀替、小额枋、花心板等的重量，减轻了主立柱的荷载，牌坊设计周到，施工精致，雕刻细腻，造型新颖。明间牌匾上题书“急公好义”阳刻四个行楷大字；两次间牌匾上题书“忠诚”“利济”各两个阴刻大字，前后题字相同，规整严禁，刚劲有力。立柱前后各有两块高2米，宽0.8米，厚0.24米的抱鼓石，雕琢精细。大脊、额枋上雕琢花卉、瓜果、人物、瑞兽、暗八仙等。暗八仙是指：“汉钟离的温凉扇；曹国舅的阴阳版；吕洞宾的宝剑；韩湘子的横笛；蓝采和的花篮；何仙姑的荷花；铁拐李的宝葫芦；张果老的鱼鼓。”牌坊使用中西合璧的艺术造型，恰到好处的力学结构和精美的雕刻装饰在牌坊建筑中，别具一格，独领风骚。榫卯这一传统的结构形式使得牌坊，坚不可摧，近130年来风雨侵蚀，地动山摇，仍形如初容，貌未变颜，是一件不可多得的艺术珍品。1987年公布为珠海市文物保护单位。1989年公布为省级文物保护单位。2006年被国务院公布为全国重点文物保护单位。

急公好义牌坊侧立面

急公好义牌坊牌匾

“利济”次间牌匾

多柱多楹四面牌坊分布一览表

名称	结构	保护级别	详细地址	修建时间
许国石牌坊	八柱八楹八楼式	国家级	安徽歙县古徽州城的阳和门东侧	明万历十二年
乐善好施牌坊	八柱八楹三楼式	国家级	广东珠海市前山镇梅溪村陈芳花园	清光绪十二年
金昭牌坊	八柱五楹三楼式	省级	浙江省永嘉县岩头镇岩头上村	嘉靖四十四年
四柱四面牌坊	四柱四面牌坊	省级	安徽省歙县城关区丰口村边	明嘉靖年间
济美石牌坊	四柱四楹十六楼式	省级	江西省宜春市奉新县会埠乡招边村	万历二十八年
曲沃四面牌楼	十六柱十三楼式	国家级	山西省曲沃县城内贡院路孝母巷	万历三十一年
翼县四面木牌坊	八柱四楹五楼式	省级	山西省临汾市翼县古城十字路口	重建万历年间
翼县四面石牌坊	八柱四楹单楼式	省级	山西省临汾市翼县古城十字路口	
急公好义牌坊	八柱八楹三楼式	国家级	广东省珠海市前山镇梅溪公园	民国年间

第五章　十二柱多楹多面牌坊

第一节　勇壮简易牌坊

勇壮简易牌坊，位于福建省漳州市新华东路岳口街，高12.5米，宽10.63米，为十二柱五楹五楼式石质建筑。此牌坊与历史上清政府收复台湾有关，是清圣祖康熙帝为名将蓝理而敕建的。

该牌坊与闽越雄声牌坊都是为武官而设立的石牌坊，由十二根立

牌坊右次间楼顶结构

“勇壮简易”牌坊前立面

柱与数架大小额枋组成的框架，结构严谨，造型独具风骚，浮雕、深雕、镂空雕布满整座牌坊。精湛的雕琢工艺，将作品刻画的活灵活现，栩栩如生。明间顶楼下方以三龙捧圣的镂空雕刻把“御书”二字捧在中央，其艺术手法精妙绝伦。其最大的特点就是，在石牌坊的雕刻内容中，明间小额枋之上与牌匾之下的镂空雕刻出现了“洋人”形象，高眉深目，头戴圆形帽子，卷发长胡子，身着纽扣衣裳，脚穿长靴，据专家考证，他们的服饰符合十八世纪英国、荷兰等西方国家着装特色。正反两面的牌匾上各题书“勇壮简易”“所向无前”各四个阴刻行楷大字，刚柔相用，运笔自如，浑然一体，洒脱有力。在雕刻的图案中，“洋人们”或敬献元宝，或作揖朝拜，或翩翩起舞，一副温良

恭俭让的模样。这一些人物的动作充分体现了康熙年间，漳州附近的月港贸易繁荣发达，四面八方来华经商的盛况，以及当时清朝盛世，国富民强，繁荣昌盛的景象，彰显了国人高度自信，对于“洋人”以番邦蛮夷等闲视之的强国大度的文化态度，豪情逸致，以洒脱飘逸的接待显示了中华民族的英雄气魄。

牌坊次间立柱

蓝理（1649—1719），福建漳浦畲族人，自幼习武，精通刀、枪、矛、盾等各种兵器。康熙二十九年（1690）任天津定海总兵、福建提督、左都督等职务。据说他力大无穷，能用八百斤兵器，并能倒拖马尾而行，曾跟随施琅参与平定台湾。他曾作为清军先锋，进攻澎湖，被炸药打伤腹部，导致破肚流肠，但仍死战不退，最终令敌军士气瓦解，施琅大为赞叹，上书朝廷，列其为战斗首功。台湾平定之后，康熙帝召他进京，并让蓝理露出伤疤，史书记载“抚摩伤处，嗟叹良久”，笑称：破肚总兵。康熙帝为了表扬蓝理的英勇，御书“勇壮简易、所向无前”之文，这八个字最终被刻在石牌坊正反面的牌匾上。

“勇壮简易”牌坊前立面左次间双层楼上的镂空雕刻

第二节　急公尚义牌坊

济公尚义牌坊，又称“壬戌进士坊”，俗称“打枪坊”。位于福建省泉州市东门仁风街尾东岳庙前古大路间。清康熙五十四年（1715）大学士李光地为旌表八世祖李森所建。南临南少林寺大门，因附近单位正紧锣密鼓地搞建设，担心被损坏，已用护栏进行遮挡。济公尚义牌坊为十二柱五楹五楼石质结构建筑。中间四根立柱较粗大，其余八根立柱较细小。牌坊已进行过修葺，更换了必修构件，外观焕然一新。明间小额枋断面为椭圆形，枋端雕鸱吻衔梁，中间雕二龙戏珠，龙门枋下方有三块空洞，不知何因？次间两柱有椭圆形小额枋与正间小额枋相似。大额枋之上镂雕三组戏剧人物，造型俊俏，形态各

急公尚义牌坊次间楼顶部分结构

急公尚义牌坊侧立面

“急公尚义”牌坊前立面

异，再向上大额枋下为“济公尚义”牌匾，为阴刻正楷四个大字，端庄秀丽，遒劲有力，出自康熙皇帝玄烨御笔。

该牌坊为康熙五十三年（1715）建造，宽10.84米，高12米，进深3.48米，占地面积32.85平方米。两次间前后立柱之间无下额枋，顶部只有一架大额枋连接两根立柱，楼顶下面有一架额枋，与小额枋分别承担两次间楼顶重量。在第一层楼顶上前后各立有两根小立柱，来承担二层楼的荷载。明间的主楼顶的荷载由

中间两根主立柱承托着主楼顶的荷载。五座楼顶均为石板拼凑而成，各楼角均有上挑翘起做法。

急公尚义牌坊正面牌匾

这座牌坊是李光地为其八世祖李森的赈灾行善义举上奏，康熙皇帝才亲自手书“急公尚义”匾额。李森在明朝天顺年间为官，一生乐善好施，在安溪剑口渡、莆田江口等处造桥近三十处。在泉州府，他出资修建东岳庙、元妙观，帮助修缮福州的芝山寺，等等。甚至还帮助苏州府赈灾、率众平寇乱，被朝廷旌表为“尚义”，才立此牌坊以示纪念。

急公尚义牌坊的中间下枋梁上的石雕

李光地（1642年9月—1718年6月），字晋卿，号厚庵，别号榕村，福建泉州府安溪（今福建安溪）人。清代康熙朝大臣，理学名臣。康熙九年（1670年）中进士，历任翰林院编修、翰林学士、兵部右侍郎、直隶巡抚，协助平定“三藩之乱”“统一台湾”，康熙四十四年（1705年），拜文渊阁大学士兼吏部尚书。康熙五十七年（1718年），因疝疾速发，卒于任所，享年七十七岁，谥号“文贞”。雍正元年（1723年），加赠太子太傅，入祀贤良祠。著有《历像要义》《四书解》《性理精义》《朱子全书》等书。

第三节　探花牌坊

探花牌坊，位于福建省漳州市芗城区香港路，坐北面南而立，是一座十二柱五楹五楼石质结构建筑。是明万历三十三年（1605）为林士章立。林士章，字德斐，漳浦人，嘉靖探花，任南京礼部尚书、国史副总裁。明间楼顶檐下前后两面额匾分别刻正楷体大字“尚书”“探花”。牌坊高10.5米，宽8.8米，进深3.8米，明、次间四根立柱较粗大，其断面边长0.56米，其余八根立柱较细小，断

牌坊“尚书”牌匾

面边长为0.46米。明间小额枋断面为椭圆形，其上图案高、浮雕刻结合，两端吻兽口吞梁，中心一升、一降，二龙戏珠，生动逼真，在云雾中腾飞翻滚，栩栩如生。小额枋与立柱交界之处饰以镂空雕刻的雀替，左侧龙闭口，

牌坊侧面立柱

探花牌坊前立面

右侧龙张口衔宝珠。小额枋之上的花心板分上下两块，下花心板上为戏剧人物，上花心板上书“赐进士及第资政大夫，南京礼部尚书，前礼部左右侍郎兼翰林院侍读学士经筵讲官、国史副总裁、两京国子监祭酒林子章”。中额枋之上雕刻的人物，各具形态，形象逼真，活灵活现。大额枋之上为三龙抱额匾，上为坐龙，左右各为升龙，下为云纹重重，中间书有“恩荣”阴刻正楷二字，端庄俊秀，威望素著，誉满闽潮。牌坊两侧的前后各有四根小立柱，前后有横梁穿插合为一体，承托着一层、二层楼顶的荷载，横梁之间饰以小块的镂空雕刻，玲珑剔透，蔚为壮观。

1966年被公布为全国重点文物保护单位。

牌坊次间楼顶

第四节　祖庙灵应牌坊

祖庙“灵应”牌坊

祖庙灵应牌坊，位于广东省广州市佛山市祖庙内，是祖庙的主要建筑之一，始建于明朝景泰二年（1451），因景泰皇帝将祖庙赐封为灵应祠，所以，牌坊各部分的构件在施工时特别讲究，壮丽异常，地方特色显著。牌坊高9.5米，宽8.8米，进深4.5米。为一座十二柱五楹四楼石、木混合结构的建筑。中间四根立柱为木质圆形，前后两面嵌有抱鼓石，形状与大门牌坊相同，双层底座的上面雕有“双狮戏球”。其他八根立柱为石质方柱。前后左右各有穿插梁枋与立柱结合而构成一个整体，坚固耐久，稳如泰山，加严谨的斗栱承托着四座楼顶。明间额枋之间的牌匾书有“灵应”二字，顶楼檐下额匾上书有“圣旨”二字。背面额匾上书“谕祭”，牌匾上书“圣域”。檐下大量施用斗栱，飞檐叠翠，飘逸凌云。该牌坊虽斗栱与京派斗栱没多大区别，但楼脊的装饰有明显的差异，大脊与山脊同样起翘，吻兽处变为翘角，无刹尖，在偏离中轴线不远处两侧各安装一吻尾。戗脊下端无戗兽，用一翘角代替。闽粤建筑风格突出，大小额枋由方形改为圆形，涂大红色，木柱与底色均涂黑色，颇具汉代装饰特色，稳重大方，壮丽异常，深沉浑厚，庄严肃穆。

牌坊斗拱

佛山祖庙始建于北宋元丰年间（1078—1085），据方志记载“历元至明，皆称‘祖堂’，又称‘祖庙’以历岁久远，且为诸庙首也。”曾毁于元代战火，明洪武五年（1372）重建，明景德二年（1451）敕封为“灵应祠”，此后随着佛山城镇经济的日益发展，又经明、清两代二十余次的修复、扩建，尤以清代光绪二十五年（1899）大事装修后，更为瑰丽壮观，气贯虹霓，成为一座体系完整，结构严谨，历史文化深邃，具有浓厚地方特色的庙宇建筑。

牌坊立柱的抱鼓石雕刻

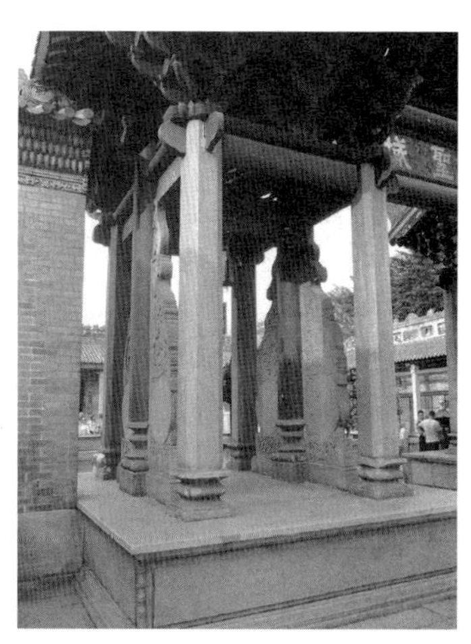
牌坊次间六柱

佛山古称“季华乡”。唐贞观二年（628）季华乡民在“塔坡岗”开荒掘地，在达毗耶舍搭寮传经处挖出小铜佛三尊及塔坡古佛石碣，于是乃重修塔坡庙，改塔坡岗为“佛山”，“季华乡”亦随之易名“佛山乡”，刻碑记其事，碑上横书“佛山”二字，安置在岗脚新开的井后（此口唐井今仍在井果街口，塔坡庙前），因此说“肇迹于晋，得名于唐”，建成已有1300年历史。塔坡庙和井现都在祖庙街之内，可以说祖庙街道乃“佛山初地”。

第五节　两京赐历牌坊

两京赐历牌坊，位于福建省漳州市芗城区香港路双门顶，距“探花”牌坊28.5米，南北坐向，为十二柱五楹五楼石质建筑。高11米，宽8.09米，进深3.67米。明万历四十七年（1619）为南京吏部右侍郎蒋孟育及其父亲蒋玉山、祖父蒋相而立。两京赐历，其意是在南京、北京的名气很大，以表明他们祖孙三代很有才华和地位，在朝为官时间很长。“三世宰贰”是一家出了两位高官的意思。

两京赐历牌坊

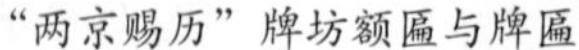

“两京赐历”牌坊额匾与牌匾

“两京赐历”额匾“恩荣”

两京赐历与“探花”牌坊的用料、结构、造型、建筑工艺完全一样，不同之处就是，规模大小略有差异，牌坊上的个别构件图案不相同，额匾与牌匾内容各不相同而已。此坊以圆雕四力士置正楼顶部四角支撑坊顶。力士造像古拙中透秀气，严谨里露诙谐，别有一番风味。

1966年被评为全国重点文物保护单位。

第六节　中山大学门牌坊

中山大学门牌坊，位于广东省广州市中山大学北门。中山大学，原名国立广东大学，是孙中山先生于1924年与黄埔军校同期创办的。而五山路靠近广园快速干线的中大牌坊是在1935年建设的，那是在20世纪30年代，中大扩大迁往东郊，而牌坊的位置正是当年中大校区南门的所在地，也是学校的正门。据记载，整座门楼用钢筋混凝土筑成，外饰面用花岗石砌成。

国立中山大学门牌坊前立面

前后石柱分两行，共分五门，高10.98米，宽25.315米。为十二柱五楹混凝土、石材混合结构的牌坊。门额刻有“国立中山大学”六个大字，门内还刻了“格致、诚正、修齐、治平”等字。牌坊坐南面北，十二根立柱分别由抱鼓石，高2.1米，前后宽0.9米，厚0.26米，每个抱鼓直径约有0.65米，双层线刻，中间刻有六朵花瓣组成，抱鼓石之上立有虎首，虎首周围有卷草图案。每根柱顶饰有莲花一朵，小额枋与立柱交接处各饰雀替一件。各立柱有四块12公分厚的石板组成。前后立柱有长方形石板组成。大小额坊之间有一方形石板将前后六根立柱连接为一体，高大宏伟，坚固牢稳。“文革”时期，该牌坊受到了严重的破坏，“国立中山大学”六字被红卫兵以水泥覆盖，雕刻为“为人民服务”；“格致、诚正、修齐、治平”同样也被水泥覆盖。之后，这个位于五山的牌坊基本维持了“文革”时期的容貌，并在前面中间两条柱子上分别挂上了“华南理工大学”和“华南农业大学”的铜牌。2014年，位于五山的牌坊文字被重新修复为“国立中山大学”。

门坊前立面抱鼓石雕刻

门牌坊侧立面

第七节 黄阁重纶牌坊

黄阁重纶牌坊，位于福建省福清市城关利桥街，建于明崇祯元年（1628）。为十二柱五楹五楼黛青花岗石质结构建筑。牌坊为楼阁式重檐四坡顶结构，平面呈长方形，高10. 07米，面宽11米，进深3米。石牌坊明间门洞跨街，小额枋为巨大月梁。额枋双面均浅浮雕鳌头、牡丹、双凤、丹书等图案。额枋下有透雕神鳌的雀替承托。四根大立柱断面边长0.50米，八根小立柱断面边长0.24米，12根立柱都在1.8米高处削棱至第二架额枋为止。梁上置青石雕隔扇，双面镂空透雕人物故事三组，分别是“琴棋书画”，分抚琴与弈棋、赋诗、赏画等。“抚琴与弈棋”刻画的人物形态十分逼真：树下抚琴者神情专注，聆听者拈须欣赏、低首沉思；对弈者一端坐自若，一举棋不定，旁观者有的赞叹，有的议论。左右两组“赋诗”“赏画”分别刻画6个人物：前者是一僧一俗展一卷，一文人奋笔挥毫，两个观赏者神情专注，另有一童仆端捧文房侍候；后者是一儒者端坐展卷作鉴赏状，旁四人分两组作欣赏议论状，另有一童仆协助展画卷。隔扇上方为诰封牌，列叶向高、叶父朝荣、祖广彬、曾祖仕俨四代诰封官衔。共21行，每行6字，另加款识8字，计134字。全文：“诰赠叶仕俨子，赠特进光禄大夫、上柱国少师兼太子太傅吏部尚书、中极殿大学士；广彬孙养利州知州，赠特进光禄大夫，上柱国少师兼太子太师吏部尚书、中极殿大学士；朝荣曾孙特进光禄大夫、上柱国少师兼太子太师、吏部尚书中极殿大学士；朝荣曾孙特进光禄大夫、上柱国少师兼太子太傅吏部尚书、中极殿大学士向高。”落款“冢房裔孙长青重镌”。赠诰封牌匾两旁共8组镂空人物形象，或做学问，或享清闲，形象逼真，栩栩如生。至此为第一层。

“黄阁重纶”坊修复期间

“黄阁重纶”坊牌匾与花心版上的记载

诰封牌上用柱头坊，双面有浅浮雕。坊上置匾，横向阴刻楷书四个大字“黄阁重纶”，遒劲有力，功法非凡。牌坊顶楼面宽一间，进深二间。四根浮雕蟠龙方形角柱，立于次间屋顶，上承四坡顶。楼阁正中嵌一竖式龙匾，高一米余，阴刻“恩荣”二字，端庄秀丽，结构严谨。环匾四周雕刻飞龙3条。匾左右一组斗栱，承托横梁。前后檐各有一对垂莲柱，垂莲柱和角柱用拱梁连接，坊顶正脊中置宝葫芦，两端为神鳌衔脊，鳌尾翻掀朝天。

石牌坊下层面阔三间，两旁次间门洞略低于明间，进深二间。共12柱分立石基台之上，基台高0.33米。柱间镶嵌青石镂空透雕隔扇，隔为前后间。透雕分别为渔、樵、耕、读。前后檐柱间也各镶青石透雕隔扇，作为门面。透雕分别为“苏武牧羊”“秉

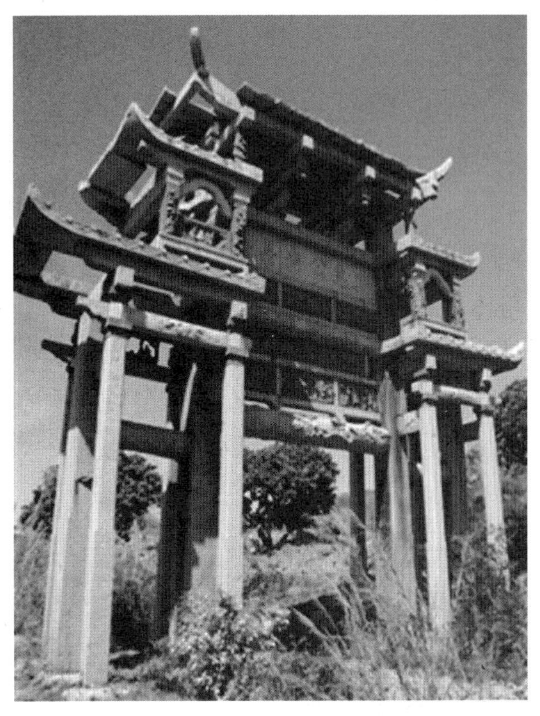
修葺前的“黄阁重纶”牌坊

笔直书”“杨震拒金”“千里单骑”等4组宣扬“忠、孝、仁、义”的历史故事。柱头用坐斗，柱间仿木结构。左右间出檐，高与中间诰封牌匾齐。上层阁楼，阔仅为次间一半，深一间。用10柱，立于下层楼顶。枋下施拱梁，三面出檐，全高与“黄阁重纶”匾齐。

石牌坊结构匀称，间隔有致，精雕细镂，巧夺天工，仿木结构惟妙惟肖，堂皇壮观。成为明代石构建筑艺术之珍品，也是福清市现存规模最大，保存最为完整的石牌坊。

叶向高（1559 —1627），字进卿，福建福清人，明万历进士。当时，矿监、税监横行乡里，鱼肉百姓，怨声载道，他出仕后，多次上书反对矿监、税监。万历三十五年（1607）叶向高出任礼部尚书、东阁大学士，内阁首辅。因不满明神宗的昏聩，叶向高于万历四十二年（1614）辞职。天启元年（1621）叶向高再度被启用为内阁首辅，但因其为人刚正不阿，屡次与阉党首领魏忠贤抗争，被阉党指为东林党魁，天启四年（1624）因遭排挤而去官。天启七年（1627），叶向高郁忿病逝。崇祯元年（1628），明思宗登基，阉党遭到诛杀，被阉党陷害、受阉党排挤的官员得以平反昭雪，重见天日。叶向高的后人叶长青请求为叶向高竖立牌坊，以此纪念叶向高两度入阁主政，并借以夸耀叶氏家族的显赫荣耀，光宗耀祖。明思宗感念叶向高当年的功德，恩准了叶向高后人为其建造牌坊的请求。

牌坊之所以题名“黄阁重纶”，其原委是：“黄阁”也作“黄合”，汉代丞相听事阁及汉以后三公官署厅门均涂黄色，故称黄阁，所以“黄阁”即“内阁”之代称；“重”为两次之意；“纶”系古代官吏系印用的青丝带，也即喻指掌印主政的官吏。该牌坊冠以“黄阁重纶”之名，也即表明叶向高乃内阁两次主政重臣之意，正背两面相同。坊门跨街，门额为巨大月梁,下有镂雕神鳌形雀替支承。明间顶楼面阔一间，进深二间。山面用中柱，四根浮雕蟠龙方形角柱,上承四坡顶，楼顶檐下龙凤牌上竖刻“恩荣”两个大字，字旁左右盘绕飞龙各一，两旁各悬一根垂莲龙柱。整座牌坊，雕琢精致，惟妙惟肖，具有很高的艺术观赏与研究价值，是明代石牌坊中的精品。

1985年被定为福建省级重点文物保护单位。

第八节　闽越雄声牌坊

闽越雄声牌坊，位于福建省漳州市新华东路岳口街，建于清康熙年间，牌坊为康熙六十一年（1722）赐许凤所立，宽11.2米，高12米，进深3.85米。为十二柱多楹五楼石质建筑。闽越雄声牌坊在勇士简易牌坊的东北方向。许凤，海澄人，曾任总镇福建全漳总兵官、荣禄大夫、左都督，与蓝理同为清初平台名将。

牌坊左侧次间楼顶结构

“闽越雄声”牌坊前立面

“闽越雄声牌匾”与“恩荣”额匾

漳州市共四座古老有名的石牌坊，建筑形式颇有相似之处：均是石仿木结构，以青石和白石相间建造，石材颜色对比鲜明，整体和谐自然。各楼顶上皆置鱼形脊饰，檐翼角都有潇洒自然的起翘。正匾以下均以额枋隔层。牌坊上部设置较丰硕的额枋、柱，以及精雕细刻的斗栱、雀替、花板、垂柱等各式构件，设计巧妙，衔接精致。牌坊上字刻深浅适宜，刀法娴熟，保留了康熙手迹等古代书法作品。牌坊上遍布雕刻装饰，分别用阴刻、线刻、浮雕、镂雕、双面雕等以不同手法雕刻的龙凤、花卉、飞禽、瑞兽、人物等。有写实、有夸张、有工整、有奔放，形象生动，异彩纷呈。不仅具有南方细腻繁缛的品位，而且融进北方粗犷刚毅的气派，体现了漳州传统艺术保存着浓厚中原文化色彩与大胆吸收外来文化的特点。

在勇士简易坊和闽越雄声坊的边楼上，二楼朝向正楼的大柱两边及一楼东边正向的青石镂雕花板，各有五块雕着洋人形象。这些洋人，有的头戴礼帽、有的卷发虬髯、有的作舞蹈状、有的作与汉装老人谈话状。石坊上出现洋人形象，迄今国内尚属仅见。

第九节　富顺文庙棂星门

富顺文庙棂星门

富顺文庙棂星门是文庙中轴线上的冲天式石质牌坊建筑。位于四川省自贡市富顺县西湖南路。各地文庙均模仿山东曲阜孔庙的建筑布局，大门前建造棂星门，有的将棂星门作为大门。富顺文庙棂星门应始于宋仁宗庆历二年（1042），富顺县出了第一名进士，全县士民无不欢欣鼓舞。在周延俊的倡导下，士民们踊跃捐资，于庆历四年（1044），在县城中心的南门，建立了这座文庙，称为“文宣王文庙”，并效学唐朝先例，在庙内立“雁塔碑”，以刻全县历次考中进士者的名字。此后，历任富顺知监，均亲任儒学教授，常在从政之余来庙内为生员讲课，由此，富顺文风大开，宋代时在雁塔碑上刻名的进士有67人之多。元代时，富顺文庙改称“先圣庙”，明初时先圣庙”改称为“先师庙”，明成祖永乐间又改称“文庙”，富顺文风日盛，明代全县考中进士者达139人，占四川省进士总数的十三分之一，因而被称为“才子甲西蜀”。

由于文庙在开化文风、培养人才上发挥了重要作用，所以富顺地方官府和广大士民对文庙都极为重视，历代以来都不断加以修缮扩充和增建。为了满足祭天祭孔的需要，明英宗天顺三年（1459），富顺县文庙建造了木质的棂星门，明孝宗弘治元年

(1488)又移木为石，建造了石质棂星门牌坊。富顺文庙的棂星门形制、规模、大小、高度为全国各地其他文庙所罕见。其他地方文庙的棂星门一般都是一座四柱三楹或二柱一楹的牌坊，而富顺文庙棂星门则是由三座四柱三楹冲天式石牌坊组成，中间为主坊，两边为次坊，通宽达22.4米，中间主坊的中柱高达13米，东西两边次坊较低，但中柱也高达10米多。十二根柱顶端深雕祥云盘龙、龙首昂扬上翘与冲天柱一齐直指天空，气势宏伟壮观。明间主坊上层匾额阴刻“棂星门” 三个行书大字，中层匾额上镌刻有高浮雕《十八学士》图，下层匾额上镌刻有高浮雕《五老祝寿》图，形象逼真传神，栩栩如生。两侧次间的上下层匾额上均镌刻有高浮雕圆形“寿”字和松鹤云龙花卉等图案，明间雀替上镌刻有龙头鱼身的“鱼化龙”高浮雕图案，表现了“求学寒窗苦，登科及第日，鱼龙变化时”之意。明间的额枋上镌刻有高浮雕飞龙、舞凤、祥云、花卉等图案。两侧次间的雀替上镌刻有浅浮雕花纹图饰。东西两边次坊明间的雀替上都镌刻有高浮雕、浅浮雕的花纹图饰。东边次坊明间的额匾上镌刻有“德配天地” 四个楷体大字，西边次坊明间的额匾上镌刻有“道冠古今” 四个楷体大字。主坊和两边次坊的十二根立柱下部，正背两面都嵌有云板状夹柱抱鼓石，抱鼓石上均镌刻有高浮雕花纹图案。组成富顺文庙棂星门的这三座石牌坊，具有很高的历史文化价值和艺术价值，历代以来受到人们的精心保护和关爱，因此，至今保存完好，弥足珍贵。

富顺文庙棂星门牌匾

富顺文庙棂星门 右侧牌匾“道冠古今”

富顺文庙棂星门明间挂落与花心板上戏剧人物

新中国成立以后，文庙曾作为行政机关和居民住房，但仍能保存其规模和原形。20世纪末，经精心细致地修葺，逐步开发，成为富顺县重要的旅游胜地。

2001年6月被列入全国重点文物保护单位名单。

十二柱多楹多面牌坊一览表

名称	结构	保护级别	详细地址	修建时间
勇壮简易牌坊	十二柱五楹五楼式	国家级	福建省漳州市新华东路岳口街	康熙四十六年
急公尚义牌坊	十二柱五楹五楼式	省级	福建泉州市东门仁风街东岳庙前	康熙五十三年
探花牌坊	十二柱五楹五楼式	国家级	福建省漳州市芗城区香港路	万历三十三年
祖庙灵应牌坊	十二柱五楹四楼式	国家级	广东省广州市佛山市祖庙内	清顺治十五年
两京赐历牌坊	十二柱五楹五楼式	国家级	福建省漳州市芗城区香港路	明万历年间
中山大学门牌坊	十二柱五楹冲天式		广东省广州市中山大学北门	1935 年
黄阁重纶牌坊	十二柱五楹五楼式	省级	福建省福清市城关利桥街	明崇祯元年
闽越雄声牌坊	十二柱五楹五楼式	国家级	福建省漳州市新华东路岳口街	康熙六十一年
富顺文庙棂星门	十二柱九楹冲天式	国家级	四川省自贡市富春县城中心	北宋初年

第六章 门牌坊

第一节 恩同骨肉门坊

恩同骨肉门坊，位于四川省溆浦县龙潭镇圭洞村，始建于明代崇帧年间，是紫云宫祠堂的大门门坊。紫云宫内有塑像供奉，世代相传，历年香火不息。该建筑为四合院砖木结构，全长17.1米，宽10米，坐北面南，前有门坊一座，为四柱三楹五楼式门坊，次间两侧的梢间为砖砌墙体，与门坊连为一起，高10.4米，宽11.60米。次间同样为砖砌体，唯有明间留一门洞，中间两立柱上各饰一条盘龙，似腾云驾雾，龙首伸向小额枋，额枋中间一宝珠。龙尾盘旋之龙门枋上，中额枋中间一条鲤鱼，自由自在地畅游在水波中。

“恩同骨肉”门坊

“恩同骨肉”门坊正面 顶部

“恩同骨肉”门坊正面 牌匾

两次间立柱顶上各雕一盘龙，威武壮观，气势磅礴。明间楼下分为三间，明间镶嵌一匾额，上书“紫云宫”三个字。两次间为《秦香莲》戏剧中的人物。两梢间各有一只雄狮。三楼顶飞檐翘角，楼顶大脊两端各盘绕着一条龙，大脊两端为鱼尾吻兽。中间为一对仙人相向而坐，两人背后镶嵌着宝葫芦。屋顶下，雕刻的各类人物，应有尽有，双龙戏珠和彩绘花卉山水，装饰精致华丽，民间色彩韵味甚浓。正门上方刻有“恩同骨肉”四个大字，背面刻有“瑞兆南阳”四个大字，遒劲有力，端丽大方。1999年国家拨款修葺，现已成为溆浦县重点文物保护单位。

“恩同骨肉”门坊柱墩

第二节　进士第门坊

进士第门坊，位于安徽省黄山市徽州区岩寺镇（原歙县岩寺镇）岩寺村后街洪桥西头，是郑佐（双溪）的府第门坊。门坊是古时候建筑在富贵人家和有钱财人家房屋上装饰性较强的大门，规模小的称门罩，雨雪天遮雨挡雪，保护门扇。规模大者称门坊。进士第门坊建于明正德丙子年间（1516）。房屋早已倒塌，现只存有门洞部分，看上去似单独修建的一座牌坊，因宅主郑佐为明正德进士，累官福建、贵州参政，故称“进士第门坊”。

进士第门坊正面

门坊宽9米，高5.85米，四柱三楹，砖、石结构，唯有抱鼓石与底座为石质，其他

小额枋上的砖雕

次间的砖雕

皆为青砖砌筑。两次间立柱间为墙体，明间留一门洞通行，门坊之上飞禽走兽和怪角兽，形态各异，栩栩如生，对研究明代烧制半圆雕艺术有较高的研究价值。柱脚有抱鼓石金刚腿，均采用红砂石雕琢而成，圆形抱鼓石上下各雕琢鸟头两个，昂首高瞻远瞩，大大的眼睛，目视前方。两次间上部各砌两组平面斗栱，为无昂三踩，与明间额枋水平相处。小额枋上以烧制的弧形狮子艺术品，镶嵌在门坊上。双狮之间的绣球已毁。烧雕双狮完整无损，体态丰满，形姿优美。大小额枋之间镶嵌五块大方砖，其上双线雕刻着“进士第”三个正楷大字与“大明正德丙子岁孟冬吉日”“甲戌进士郑佐立”等字样，为南京刑部郎中陈善亲笔所书，工整俊俏，落落大方。小额枋下的雀替，以动物化的鲤鱼吐水为图案，生动形象地表现了鲤鱼跳跃的姿态，尽情畅游，跳跃出水，吐水嬉戏。门洞之上均匀地排列着四个门簪，似圆柱顶端，前面雕刻牡丹花，外层花瓣绽放，内层含苞欲放，这就是民间传说的“门当户对” 的门当。四个为1—4品官职，两个为5—7品，由此处可知宅中主人官职高低。大额枋顶部布满花朵卷草，全部采用烧雕工艺，立体感特别强烈，形象逼真，摆布均匀，整座门坊古朴典雅，宏伟壮观，是不可多得的艺术珍品。

第三节 辉公堂门坊

辉公堂门坊，位于安徽省黄山市黟县西递镇西递村，为四柱三楹五楼式建造在山墙上的一座牌坊式门坊。高9.8米，宽8.5米，门坊下半部分为石砌体，上半部分为砖砌体，二者在各楹小额枋处衔接。由此向上全部采用青砖砌体与各种砖雕图案，小额枋中间琢有卷草和花格重叠图案，有镂空之感。小额枋之上的牌匾上雕有“辉公祠”三个正楷大字，已被毁掉，只有字迹还能辨认。牌匾周围雕有回纹图案绕框一周，两侧各雕有楼阁树木。上部的龙门枋之上镶嵌着“恩荣”额匾，边框图案被毁，已模糊不清。楼顶只设置前面，两角飞檐高挑，秀丽俊俏，两侧的二层楼顶略低于主楼，做法相同。左右次间花心板处凹进约4厘米挂砖砌体，平整无雕刻，两侧楼顶对称。五层楼顶只有椭子无飞椽，砖雕极少，但砌体技术娴熟精细，应出自大工匠之手。下部分石砌门洞，两层台阶，整座门房简洁明快，朴素大方。

西递辉公祠门坊中间

西递村，安徽省黟县下辖行政村，中国传统村落，地处黄山南麓、黟县盆地南侧，村域面积10.7平方千米。始建于北宋皇佑年间，发展于明朝景泰中叶，鼎盛于清代初期。村落整体呈船形，四面环山，两条溪流串村而过。村落以一条纵向的街道和两条沿溪的道路为主要骨架，构成东向为主、向南北延伸的村

辉公祠门坊斜侧立面

辉公祠门坊柱基

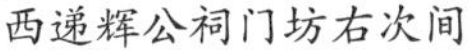

西递辉公祠门坊右次间

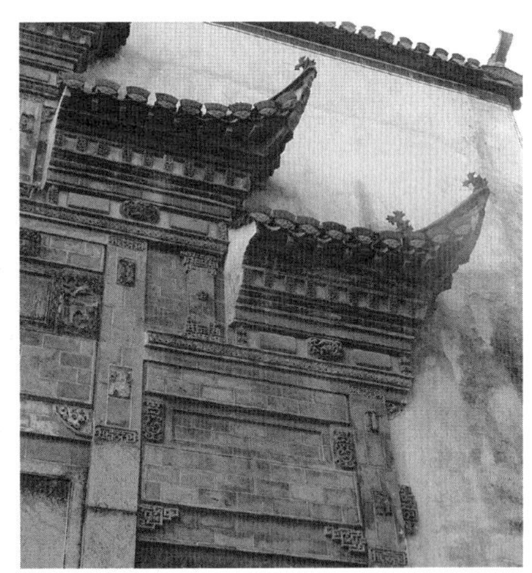

西递辉公祠门坊左次间

落街巷系统。所有街巷均以黟县青石铺地，古建筑多为木结构、砖墙维护，木雕、石雕、砖雕丰富多彩，巷道和建筑的设计布局协调。村落空间变化灵活，建筑色调朴素淡雅，是中国徽派建筑艺术的典型代表。西递村文化底蕴深厚，拥有徽州三雕、徽州传统民居营造技艺两项国家级非物质文化遗产。

2000年，以西递村为代表的皖南古村落被联合国教科文组织列入世界文化遗产名录。2001年6月25日，西递村古建筑群被中华人民共和国国务院公布为第五批全国重点文物保护单位。2003年11月，西递村被建设部、国家文物局公布为第一批中国历史文化名村。2011年5月5日，西递村景区被国家旅游局正式授予“国家5A级旅游景区”称号。2012年12月17日，西递村被中华人民共和国住房城乡建设部、文化部、财政部联合公布为第一批中国传统村落。

第四节　棠樾世孝祠门坊

棠樾世孝祠门坊，位于安徽省歙县棠樾鲍氏支祠右边，清嘉庆七年（1802）建，原三进，现存门楼及祠堂后进寝堂。宋元以后，凡棠樾鲍氏之以孝行著名者，皆奉祀在世孝祠内，并刊世孝事实于堂壁，鲍志道为之作序。该祠牌匾上题隶书“世孝祠”三个大字，为邓石如手笔，他处少见。现廊屋及厅堂拆改，寝堂犹存。檐廊两庑壁间，嵌“世孝事实”碑六方。通体门坊镶嵌在一座白色墙体中间，为四柱三楹三楼式建筑。正间为石嵌门洞沿，内饰双门扇。四

棠樾世孝祠门坊牌匾

根立柱分别立在房屋的基础石上，立柱下面各有一半圆形柱墩，柱墩上砖砌四根立柱和三座楼顶的门坊紧贴在墙面上，与祠堂墙体成为一个坚固的整体。三架额枋之上各饰有不同数量的仿木斗栱，承托起楼顶，呈对称式结构。门坊简单明快，玲珑剔透，富有江南水乡之韵味。

棠樾世孝祠门坊

棠樾世孝祠门坊次间楼顶结构

第五节　恩褒双节门坊

恩褒双节门坊，位于安徽省歙县桂林镇江村，宽8.6米，高9.2米，为四柱三楹五楼式门坊。正间大门青石镶边，两层台阶，门高4米，宽2.2米。为榜眼江德量的故居，属江氏伯固门，其祖上迁居扬州，转卖给同族笃本堂，也就是现在的主人江健老先生（人称健爷）的祖上。迁居扬州的伯固门这支在很多年以后出了个国家领导人，健爷怕有人不相信，经常对别人讲伯固门一世一世的辈分与排行的基本情况。恩褒双节门坊建于明代崇祯年间，为表彰伯固门一对为丧夫守节的妻妾，故称双节。这段介绍与《歙县志》记载基本吻合："七间楼（指恩褒双节门坊所在的房屋）坐落桂林

"恩褒双节门坊"侧面

镇江村，明崇祯六年（1633）建，清乾隆二十八年（1763）重修，二进三开间，二层楼。该宅突出之处在砖雕门楼，四柱五楼式，额枋上有彩绘图案雕刻，极为精细。额匾用粗麻石，中间大字为“恩褒双节”。两侧有记事铭文，可惜，记事铭文已漫漶不清，无法辨认。

恩褒双节门坊

江村，在著名的宁（宁国府）池（池州府）古道上，这条著名的通衢古道上，有一个江氏聚族而居的古老的大乡村，这便是黟县宏村镇（原龙江乡）江村，江村古属会昌乡，称二都。我国唐代著名诗圣杜甫曾到过江村居住数日，非常赞赏此地景色，并留下了脍炙人口的绝句：

清江一曲抱村流，长夏江村事事幽。
自取自来堂上燕，相亲相近水中鸥。
老妻画纸为棋局，稚子敲针作钓钩。
多病所须唯药物，微躯此外更何求。

门坊的局部工艺

次间雕刻与牌楼的工艺

“恩褒双节”门坊牌匾与“圣旨”额匾

杜甫诗中的江村当是他处，但缠绕心头的娴静、古朴、清幽，却又是那么的与布射河畔的江村相似相容…… 就在红叶挂枝头，秋高气爽的日子里，笔者来到杜甫诗中的村落里，终于来到了隐藏在抱村而流的清江一旁，几幢老屋中的一座饰有砖雕细致入微，造型俊俏的双节孝门坊前，引留余足，便恋恋不舍。

闻当地人，江村与岑山相邻，可用阡陌交通，鸡犬相闻来形容。通俗地说，两村人大喊一声都能听到。时间过得快，瞬间就是两个小时，江村留给笔者的古朴厚重还不多，或许连绵百米的水塘后面的这座“恩褒双节门坊”彰显着当年主人无上的荣光，笔者印象还未印深，便恋恋不舍地离开了她，踏上了去另一个有牌坊村落的途径。

第六节　洪氏家庙门坊

洪氏家庙门坊，位于安徽省黄山市徽州区岩寺镇洪坑村，坐东面西，与世科牌坊东西相望。建于明代，现存为

洪氏家庙的顶部浮雕

洪氏家庙门坊

清代遗构。洪氏家庙为洪氏其中一支，2019年10月7日被评为全国重点文物保护单位。门坊正间牌匾题书：“洪氏家祠”

四个正楷大字，落款为“工部尚书洪远立”。洪远为明代人，曾任南京工部尚书，安徽徽州人，成化年间进士，嘉靖年追赠太子少保，谥恭靖。明朝从朱棣开始，设了两套班子，一套班子在北京，一套班子在南京。

洪氏家庙匾牌

门坊为四柱三楹三楼式结构，从基础至各楹小额枋以下均为石材砌筑，从小额枋向上均为青砖砌筑。三楼檐下为五层青砖重叠垒砌，以凸凹各不相同的形式向外探出，承托着三座楼顶，再向上桷子连挑檐。灰色筒瓦盖楼面，滴水瓦当，飞檐花脊。门坊上部分的梁、柱均饰有浮雕锦纹，素雅脱俗，所观者无不心醉魂迷，赞口不绝。

第七节 大邦伯第门坊

大邦伯第门坊，位于安徽省歙县县城西北20公里处许村镇所在地——许村。唐末，许氏迁居于此后，繁衍成大族，遂更名许村。明清时期，徽商兴盛发达，自此，村落建设迅速发展。古建筑甚多，其中大邦伯第门坊就是其中之一。为四柱三楹五楼式门坊，三楹门坊只有明间有门洞可以进出通行，两次间均无门洞。门坊宽9.6米，高8.6米。额枋、雀替等处砖浮雕精致入微，花团锦簇。三层楼皆四角翘起，脊端装饰鳌鱼。各楼檐下为三踩双昂斗栱，底层斗较大，每踩斗栱带有苏式建筑特点，双昂自上弯曲逐渐

大邦伯第门坊前立面

收缩上挑，成象鼻形，轻巧玲珑，华美而险峻。每组斗栱之间的栱眼以白色涂面，与黑色斗栱形成鲜明对比。正间小额枋之上书有“大邦伯”三个行楷黑色大字。四根立柱的柱墩均以青砖水磨成凹凸形叠砌而成，门洞沿砌石嵌边。门坊左前方立一长方形保护标志，上书“全国重点文物保护单位，许村古建筑群，大邦伯第”。

大邦伯第门坊左侧楼顶

许村保存有大量明、清和民国时期的古建筑数十座。村平面呈“二龙戏珠”“倒水葫芦”的风水形状，昉、西二溪交汇在高阳桥下，流入练江。村中明代建筑数量多、种类全，保存了较多的宋元建筑做法，如梭柱、櫍、哺鸡兽、象鼻式上昂式挑斡、插栱、彩绘等，是研究古代建筑史的重要实物资料。典型的建筑有高阳廊桥、五马坊、许社林宅、大邦伯第门坊等。1996年，许村整体申报成为省级历史文化保护区。2006年，许村古建筑群被国务院公布为全国重点文物保护单。

第八节　迪吉堂门坊

迪吉堂门坊，位于安徽省黟县西递村，为四柱三楹三楼式门坊，建于清康熙三年（1664），距今约三百四十多年。迪吉堂连宅第为三进、四楼五间建筑，气度端庄，古朴典雅，是明代胡氏胡丙培、胡应海和胡贯三祖孙三代的故居。清朝乾隆五十三年（1788），胡贯三曾在此接待过三朝元老、宰相亲家曹振镛，故又称都厅和官厅。

迪吉堂门坊三楼顶部

迪吉堂门坊具有典型的徽派建筑风格，宽6.6米，高9.8米。门前三级台阶，下部分为青石柱，门洞沿为大理石镶边，明间主楼下额匾题书“恩荣”正楷二字。额匾两侧各雕一条巨龙腾飞在云雾中。靠近小立柱两侧浮雕锦纹图案。三间门坊的小额枋、龙门枋、大额枋、立柱、花心板两侧均雕饰动、植物、瓶、筒、房屋、人物等图案，雕艺精妙绝伦，细致入微，就连小小的雀替也是精雕细刻。明间两根立柱上端各雕饰一尊幼狮，似奔跑下山，活泼可爱，栩栩如生。门坊修建的华丽典雅，精妙绝伦。

迪吉堂门坊左侧顶部雕刻

迪吉堂门坊

第九节 关帝庙门坊

关帝庙门坊，位于山西省沁水县西文兴村，为双柱三楹三楼式门坊，因利用两侧面建筑替代了两根立柱，故为双柱三楹。始建于明永乐年间。关帝庙处于西文兴村的阁楼大门右侧，高高的门坊坐落在六级台阶上，高4.8米，宽5.5米。明间两根削棱立柱架有一架额枋，额枋上两组转角科，一组平顶科双踩斗栱承担了主楼顶的全部负载。两次间很窄小，各饰一架小额枋，左、右两端借用了两侧的建筑物，省去了两根立柱，这是设计者充分利用空间的妙处所在。三架额枋下均饰浮雕挂落。三楼顶均挂绿色琉璃瓦，楼面跑兽、戗兽等俱全。檐下椽子、飞椽有序排列，明间墙壁门洞上方悬挂一牌匾，

沁水关帝庙门坊前侧立面

上书“关帝庙”三个正楷大字。门框上坎饰有四个簪花，从立柱上分析应为近期刚刚修复过。

该村“刘氏民居”为明永乐年间唐代思想家、文学家柳宗元后人依山而建，起势作“凤凰展翅”。整个建筑，含关帝庙门坊，大体分三部分，内府区为全封闭建筑，原为柳宗元后裔宅第。当年柳宗元与王叔文派政治革新运动遭迫害被贬，其亲属为逃避“灭绝九族”之害，使其后裔分散逃避，

关帝庙门坊檐下斗栱

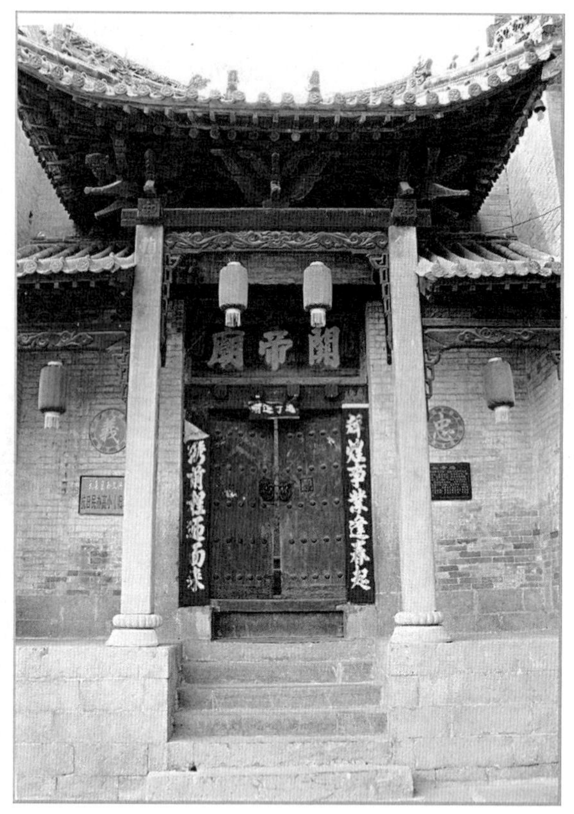

关帝庙门坊前立面

此为一大支系。1942年在沁南抗日政府领导下打土豪、分田地，西文兴村的世袭柳府始变为民宅至今，故称柳氏民居。整个建筑规模、艺术、工艺质量建造技术来看工艺水平极高，砖木结构十分坚固。从门、窗、过亭、檐头、楼道、斗栱、门匾、楹联、绘画、木刻石雕、书法的装饰、布局上看，其研究价值好于乔家大院，且保留下来的文物之多之好在我国少见。

西文兴村形成的柳氏血缘村落，文化底蕴非常深厚，从村落选址、规划布局、居民建筑、细部装饰以及风俗民情等都有丰富的文化内涵，是研究柳宗元文化的活化石，也是一个深藏儒家思想、传承封建礼教的建筑博物馆。可谓“古香古色、古风犹存，古箴古训、寓意深刻”。

第十节　报恩禅寺门坊

报恩禅寺门坊，位于江苏省苏州市山塘街728号的敕建报恩禅寺，又名怡贤亲王祠。为四柱三楹三楼门坊带两侧砖砌袖壁，门坊高7.35米，宽6.8米。青砖砌四柱，明间券拱门洞，双木质门扇，两次间无门洞，以冰纹图案拼砌墙体，三楹额枋上饰有砖雕花朵。三座楼顶四角翘起，大脊以布板瓦拼成制钱图案，脊上只有吻兽无戗兽、跑兽。两袖壁高4.4米，宽6.8米，平板砖砌体，两面楼式墙顶，顶端硬山博风板，檐头滴水瓦当，整齐有序。

报恩禅寺门坊

报恩禅寺门坊右侧袖壁

报恩禅寺门坊明间顶楼翘角与吻兽

乾隆《府志》："国朝雍正十一年（1733）郡人为怡贤立祠，敕改建寺，命赐紫僧超源主持，名怡贤寺，乾隆十六年（1751）诏赐今额。"据悉，清康熙帝第十三子即"十三阿哥"，因和雍正皇帝关系最好，封为和硕怡亲王，总理朝政，又出任议政大臣，负责处理清王朝重大政务。居民们习惯将敕建报恩禅寺称为"王宫"。在

20世纪50年代，该寺曾一度作为粮仓使用；80年代，敕建报恩禅寺又改建为虎丘饭店暨江苏省粮食干休所，使内部建筑面目全非，现仅存一座沿山塘街的山门和一间大殿。幸存留下的敕建报恩禅寺山门为砖砌三楼脊一拱门牌坊式样，两翼为八字袖壁，气势恢宏雄伟，为山塘街上一处珍贵的历史文化遗存。

第十一节　古西林寺门坊

古西林寺门坊，位于四川省内江市东兴区沱江岸边的西林山上。始建于南宋咸淳五年（1269），明末焚毁，清嘉庆三年（1798）重建。门坊为十柱九楹五楼三门式建筑，最高点12.6米，宽24.8米。正间两柱为半圆形，门洞三层台阶成半圆形。半圆形柱墩分三层，第一层较大，上雕缠枝花纹。第二、第三层为莲花，较矮小。

古西林寺侧门

古西林寺门坊正面

柱墩之上至额枋为楹联“蜀境无双地，川南第一山”。大额枋前面绘二龙戏珠。立柱自楹联以上高、透雕双龙戏珠，宝珠悬挂在两立柱中心，中间海水翻腾，宝珠之上悬挂竖匾，上题书：“古西林寺”四个白色大字，牌匾两侧雕云纹，双龙盘柱，龙首在下昂头戏珠，龙尾在上尾起摇摆，活灵活现，形象逼真。各立柱之间有一个半圆形图案，每个图案中一个大字，合为“阿弥陀佛”占有四个图案。左右梢间各为拱形大门，各立柱下方为单层莲花柱墩，拱门下沿刻有回纹图案，再向上的蝙蝠图案中书“不法二门”四个小字。柱顶为小顶，颇带欧洲塔斯干柱头式样。两梢间飞檐上各悬一铜铃。整座门坊既具江南建筑特色，又有宗教气息，绘画、雕塑、书法等综合艺术融聚一体，是蜀地难得的一件民间艺术实体。

古西林寺右侧立柱上的盘龙

第十二节　大郡伯第门坊

大郡伯第门坊，位于安徽省歙县许村镇高阳村，为四柱三楹五楼歇山式顶楼建筑。房屋已倒塌，只剩门坊，高8.6米，宽9.6米，除基础、明间门洞沿为石质砌筑，其它皆为青砖砌筑而成。门坊两侧各有八字形袖壁，袖壁从饰件到砌体与门坊风格完全一致。明间小额枋之上为门坊牌匾，上书“大郡伯第”四个黑色正楷大字。两侧小字为：“赐进士及第湖广武昌府推官潭中楫晖为中宪大夫福建汀州府知府许伯升重立 。”该门坊原为许氏支祠种福厅大门，五层楼檐下无斗栱，有

大郡伯第门坊

大郡伯门坊顶部与额匾

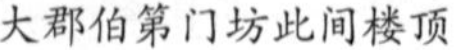

大郡伯第门坊此间楼顶

大郡伯第门坊的次楼与左侧墙体

飞檐翘角，檐下桷子连檐，翘角下饰狮头衔万字图案，寓意为师徒万象气新，新秀层出不穷，接连不断地涌现出许多国家的优秀人才，建国立业。明间顶层中间有一人物、树木、花草等圆形图案，两侧小立柱上有一对簪花，雕琢细腻，整座门坊素雅大气，玲珑剔透。

2006年被公布为第六批全国重点文物保护单位，2012年歙县人民政府修葺。

第十三节　叶氏节烈木门坊

叶氏木门坊，位于安徽省歙县徽城镇斗山街道入口13号，明洪武二十四年（1319）立，为双柱单楹三楼式木质门坊，高6.5米，宽4米。门坊大额枋中间约26公分宽，上盖小布瓦，檐下额匾上题书“圣旨”二字。再向下牌匾上题书“旌表江莱甫妻叶氏贞节之门”双线刻十二个字，为乾隆年间维修，现保存基本完好。叶氏贞节木门坊极可少见，因额匾上题有双龙捧“圣旨”额匾，上面盖有“御玺印”和“旌表江莱甫妻叶氏贞节之门”一行大字。叶氏16岁就嫁给歙县斗山街的江莱甫，26岁就死了丈夫。因江莱甫后继无人，过继了侄儿来抚养。元朝末年兵荒马乱，他带着婆婆避难于深山峡谷中，极尽孝道。明洪武二十四年（1391）已85岁的叶氏受朝廷旌表，她寿逾百岁而终。是一位名副其实的老寿星，守寡七八十年的百岁人端，令人敬服。

话说朱元璋即将打败元军，开始迁军北伐，公元1367年他发布军令：“驱除胡虏，恢复中华，立纲陈纪，救济思民”的口号，命中书右丞相徐达为征虏大将军，平章常遇春为副将军率军25万北伐。于洪武元年（1368）攻占山东再西进。8月，北伐军入大都（北京），元朝政权被推翻。时，徽州城里江氏家族正人才兴旺，家存万贯。江莱甫年不足十八岁便娶妻叶氏，不足两年身抱重病不治而亡。叶氏守节不嫁，在家不辞劳苦，孝敬婆母。有一天朱元璋在一次战争中被元军打败，逃进徽城，见此宅豪华整齐，心想定是富豪人家，迅速躲进宅里，发现宅内墙角下有一堆地瓜蔓，因几日未食，十分饥饿，抓起瓜叶大口大口地向嘴里放，真是如饥似渴，狼吞虎咽。这时

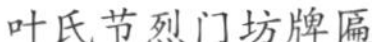

叶氏节烈门坊牌匾

叶氏节烈门坊

被站在二楼上的叶氏发现，见此人身强力壮，穿一身戎装，气度非凡，虽举动不雅，绝非庶民也。便用小竹篮盛上食物菜肴，想下楼给朱元璋送去。正要起身，忽然想起，孤人守寡，不便与陌生人接触，便找来绳索将食物放了下去，朱元璋如饥似渴，饱餐一顿，双手拱拜，告辞而去。至正二十八年（1368）元军大败。朱元璋凯旋进京，建立明朝，定都南京，做了皇帝。有一天他想起在徽州城被救一事，十分感谢叶氏，便下令将叶氏请进京城以表感谢之恩。圣旨传到叶氏家中，叶氏先是惊喜，后是左右为难，去吧，有享不尽的荣华富贵，可是家中有80余岁的婆母，无法尽孝，不去吧，就是抗旨，不能进忠，进退两难，真是忠孝难全，愁得她一夜未眠，第二天无奈之下悬梁自尽。消息传至京城，朱元璋深感不安，下令将叶氏住宅建门坊旌表，因叶氏为徽州人，并下令从此以后皇宫选美禁选徽州女人。故，从明朝初至清朝末徽州女人没有进朝做仆人者。

第十四节　城隍庙门坊

城隍庙门坊，位于山西省襄汾县（原汾县）旧县城城隍庙前小巷内，坐北面南而立，高9.4米，宽17.6米（连两侧袖房），为四柱三楹四楼带袖房结构式门坊。高大的

门坊坐落在二层台阶上，双柱前后各有一对抱鼓石，门框两侧各有一尊雄、雌石狮，双柱带戗柱，门框前面饰三个门簪，两扇大门上共五行门钉有序排列，门扇中间靠下内侧饰一对门钹，门钹上嵌陛犴图案。民间有龙生九子未成龙之传说，陛犴是龙的第七个儿子，它没有

城隍庙门坊

襄汾城隍庙侧立面

多大能力，只是爱理论，所以将其安置在牢狱、衙门、庙宇等大门上以论是非曲直。门框之上嵌有木制牌匾，上题有双线阳刻正楷大字“城隍庙”，牌匾两侧各雕琢一位大臣，一手持甩子，一手持笏板，再向外侧与袖房相交处各饰一组五踩五昂斗栱，似蜀派建筑的博风板式样装饰，且承担着袖房顶的部分重量，这正是汾县城隍庙所具有的特点之一。城隍庙门坊四楼共分三层，一层为两立柱的左右侧，二层为两立柱之间，分为左、中、右三部分组成一座完整的楼体，中间部分檐下无斗栱，椭子飞椽下前面有两根小垂柱，下端雕倒垂莲花，两边各有一架小型的横梁穿插穿过垂柱，外露小横梁顶端，雕琢镂空图案。内侧小横梁下饰雀替。前面垂柱之间分三层，下层饰镂空挂落，二层分三格，三层分五格，每格嵌有不同内容的图案，再向上为檐檩；左右两侧五踩斗栱，斗栱之上的椭

城隍庙门坊牌匾

子飞椽与中间的桷子飞椽成一条直线，形成一座整体的楼面。这是该门坊所具有的特点之二。二层楼顶之上为第三层顶楼，歇山楼面，大脊、戗脊、山脊、吻兽、戗兽等样样俱全。第一层楼与袖房的房顶平齐，外角翘起，高于袖房房顶，外出一戗脊带戗兽，檐下五踩斗栱，与袖房的前厦檐檩、横梁上的单昂双踩斗栱连成一体。两侧袖房带前托厦，大小两楹，立柱带穿插，额枋下饰镂空挂落，斗栱之上檐檩粗大浑重，檐檩上圆桷方椽，上下错落，整齐划一。袖房顶皆罩布板瓦，高低仰卧，参差有别。袖房与门坊的统一设计，统一施工，其细致入微的做工，真可谓精诚所至，金石为开。

第十五节　澳门大三巴门坊

澳门大三巴牌坊

澳门大三巴门坊，位于澳门特别行政区市内，原为圣保禄教堂正面的遗迹，澳门标志性建筑物。三巴是圣保禄的译音，牌坊高约16.5米，宽13.8米。共有10根高立柱，六个门洞，六座壁龛。

大三巴门坊建筑糅合了欧洲文艺复兴时期与东方建筑的风格而成，体现出东西方文化的交融，雕刻精细，巍峨壮观。由三至五层构成三角金字塔形，无论是牌坊顶端高耸的十字架，还是铜鸽下面的圣婴雕

澳门大三巴牌坊

澳门三大巴牌坊顶部

像和被天使、鲜花环绕的圣母塑像，都充满着浓郁的宗教气氛，给人以美的享受。牌坊上各种雕像栩栩如生，堪称“立体的圣经”。建于1637年，先后经历3次大火，屡焚屡建，直至1835年10月26日，最后一场大火将其烧得只剩下教堂正门前壁，此墙因类似中国传统牌坊而得名“大三巴牌坊”。2005年，大三巴牌坊与澳门历史城区的其他文物成为联合国世界文化遗产。

第十六节　昌溪员公支祠门坊

员公支祠门坊，位于安徽省歙县昌溪村员公支祠前，建于清代中叶前，为四柱三楹三楼式石木混合结构建筑，高7米，宽8.8米。四柱用抱鼓石夹抱，抱鼓石高约2.3米，上部分为木制，有月梁（小额枋）、额坊，额枋之上的斗栱檐板等部

昌溪员公支祠门坊

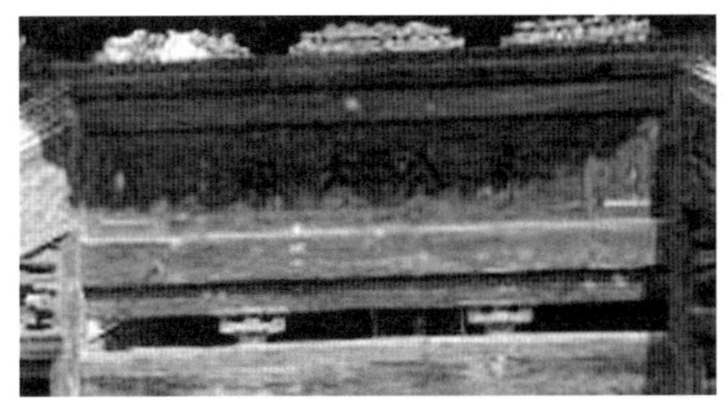

员公支祠门坊牌匾

昌溪“员公支祠”门坊楼顶

件构成。牌坊楼顶为重檐庑殿式结构，中间高出次间一层，两次间在一条直线上，两次间博风板各向外倾斜，好似柱耳，呈对称式。明间牌匾上书有“员公支祠”四个大字。高砌垂脊，镂空雕刻，八角翘起，各角带角兽，戗脊饰戗兽，大脊两端无鸱吻剑把，两端略有翘起，饰鱼尾吻兽，楼顶罩青色布板瓦，檐下罩滴水瓦当。现为歙县文物保护单位。

第十七节 玉虚阙宫三门坊

玉虚阙宫三座门坊

玉虚阙宫三门坊，由玉虚阙宫、天乙真庆宫、治世仁威宫三座门坊组成了一座规模较大的宫殿。坐落在海拔近600米高的崇山峻岭中的悬崖峭壁上，这三座门坊建在这山势险峻的山崖之上，可知其运输之阻，施工之劳，有不测之难。别说在数百年之前，就是机械化程度极其先进的今天，也是件不容易的事情。三座道教宫殿以山势险要的悬崖峭壁作背景，建造了气势磅礴，规模宏伟，造型优美的道观庙宇，由此可见古代劳动人民中确有奇才异能之人，令人震惊。四柱三楹五楼式玉虚阙宫门坊座中，左双柱单楹三楼天乙真庆宫门坊，右双柱单楹三楼治世仁威宫门坊，两侧宫门坊的龙门枋与玉虚阙宫两次间的大额枋连成一条水平线，呈对称式结构。三座门坊组成一体，立柱上分别题书黑底金子的楹联，行笔自如，功底深厚，字字遒劲，句句理深，定出自名人之笔。玉虚阙宫明间小额枋上均采用深雕技艺，雕琢了不同的动植物图案。每座门坊上的顶楼造型基本一致，大脊与吻兽在一整块石材上雕琢而成，中间的五楼与两侧的侧楼各成对称式结构。三座楼通体之上，又设置了三座楼顶，远眺是一座对称式的整体，成为楼中楼，殿中宇。各楼顶上分别安置了挑角飞檐，大脊吻兽，滴水瓦当檐头，檐下各饰一根檐桁。造型优雅，色彩鲜艳，结构严谨，斗栱飞檐，玲珑剔透，各门楼之下，簪花朵朵挂满楼，似鲜花盛开的春天，葱绿葳蕤，叶繁花茂，美不胜收。

齐云山，古称白岳，因遥观山顶与云平齐得名。山内有月华街、云岩湖、飞泉洞、池潭、亭台、碑铭石刻、石坊、石桥等等比比皆是。1994年，齐云山被批准为国家重点风景名胜区；2001年，被批准为第二批国家地质公园；2005年，被评为国家AAAA级旅游风景区。

第十八节　桓侯宫山门坊

桓侯宫山门坊，位于四川省自贡市区中华路口的山坡上，俗称张爷庙，又称张飞庙，始建于清乾隆年间，烧毁在咸丰末年，同治年间重修。修建前屠沽行业的会员们在同行中商议“每宰一头猪，按行规须缴纳文钱二百文”，经众人的锱铢积累，精心建造，终于在光绪元年（1875）落成。门坊高11米，宽7.2米，为四柱三楹五楼式仿木结构建筑。保护基本完整，原为省级文物保护单位，现为全国重点文物保护单位。

桓侯宫门坊牌匾右侧的雕塑

桓侯宫当时为屠沽行业祭祀奉神的会馆，也是他们维护自己利益、决议和重大事项的场所。该山门前立面的牌坊造型，装饰华冠丽服，

桓侯宫门仿牌匾左侧的雕塑

桓侯宫山门坊前立面

桓侯宫山门坊顶楼四角飞檐与刹尖

灰塑精美，色彩斑斓，有山水人物，各种花草图案，并贴有瓷片装点。立柱、门框、雀替等饰黄色，柱顶、明间主楼檐下涂以白色，其它均涂土红色。雕饰精美，巍峨雄壮，五彩缤纷，绚丽多彩。明间楼檐下悬挂额匾，上题书“桓侯宫”三个正楷大字，端庄大方，笔力遒劲。额匾周围以“九龙捧匾”为装饰边框，实为国内牌坊、门坊之首，宏伟壮观，额匾上、左、右三边共二十颗宝珠，火树银花，光芒四射。两侧小立柱上雕刻仙人乘凤凰飞翔而来。额匾下的牌匾上题书“灵公阆郡”四个楷书阳刻大字，周边立柱上深雕艺术作品，虽百余年来饱经风霜，仍不失精美。山门两边刻有楹联：

桓侯宫山门坊牌匾

桓侯宫山门坊上的雕刻

大议识君臣，想当年北战东征，
丹心直践桃园誓；
功丰崇庙祀，看今日风微人往，
寿世还留刁斗路。

桓侯宫山门坊额匾

明间门左侧的立体灰塑细观可为活灵活现，周边走凤游龙，奇花异草，各种浮雕彩绘，纷呈密布。右侧灰塑人物虽有不同，但人物神态的捕捉依然十分到位，个个容光焕发，精神抖擞，一副春风得意的面容。门坊五座楼的翼角飞挑向天空，各种嵌瓷图案玲珑秀巧。精雕细刻的桓侯宫山门坊本身就堪称一座独立的建筑艺术品，登山坡昂视各种浮、深雕、彩绘，纷呈密布，整座门坊显得雄健挺拔，生机勃勃。这种设计既充分利用了空间，又显示了门坊的气势，更见其设计者因地而宜，紧中取巧的智慧。

桓侯宫山门坊门框上的雕刻与两侧的锦纹

第十九节　爱莲第门坊

爱莲第门坊

爱莲第门坊，坐落在江西省抚州市临川区周家村梦港河以东。村落始建于明代成化年间，兴起于清代康熙年间，鼎盛于晚清民国时代。爱莲第门坊就是其中一座最古老的建筑之一，古朴典雅，地方特点充实，江南地域文化厚重。门坊看上去结构简单，在房屋墙体上雕琢了一栋六柱三楹五楼的牌坊，似悬挂在空中，这种造型的门坊只有此地才有，全国其他地域罕见。六柱下端为了填补柱端的缺陷，采用落地圆形柱墩的造型，像一朵垂花，鲜艳美丽。更为出奇的是明间双柱高高地悬起，下段落在一架拱形弯曲的小额枋上，由于额枋的起拱减少了上部的压强，没有任何弯曲或承受不了的感觉，视觉处理合情合理。

爱莲第门坊全景

爱莲第门坊次间雕刻

并与次间两柱形成一楹，这种设计独树一帜，重量均衡，恰如其分。整座门坊雕琢有：戏剧人物、亭、台、楼、阁、凤凰、仙鹤、花草、鸟兽等，各具形态。五座楼上大脊两端设置变形凤凰图案为吻兽与大脊吻合。楼顶下无斗单栱，栱体各向两侧倾斜。各楹均饰小雀替，皆为镂空雕琢。明间牌匾双线阳刻“爱莲第”三个行楷大字，端庄俊秀，羊真孔草，萧行范篆，一时绝妙。整体设计精致独特，局部雕刻细致入微。此门坊内为周氏住宅。

爱莲第门坊牌匾

2018年底被列入中国传统村落名单。

第二十节　汝南乔望门坊

汝南乔望门坊，坐落在江西省抚州市河埠乡里黄村，为双柱三楹单楼式建筑，高约4.4米，宽约3.8米。通体门坊为砖砌体。两立柱基础与门框下均设置柱墩，门框柱墩为长方形，外探约60厘米，其上有简单雕刻，门框内安装双扇木质门扇，板式结构。大额枋与小额枋之间嵌有牌匾，上题书“汝南乔望”四个黑色行楷大字，庄严肃穆，规圆矩方，可谓小门坊，大手笔。两边门框上贴一副对联，上联：“百花吐艳春风暖”，下联被撕掉部分“口口口新国口昌”。门上坎贴有挂笺。门框两侧大额枋上石雕卷草图案，下额枋上分三端设置图案，中间图案较长，两侧较窄。下额枋上中段雕琢双狮戏绣球，两端雕刻对称卷草。大额枋雕琢结构较为繁密，中间密度更大，四朵牡丹居中，以缠枝绕牡丹相连再向两端延伸，两端卷草较为疏松。额枋之下两侧各饰花格双门扇。大额枋之上一字形排列着十组三踩斗栱，青砖雕刻而成，上层斗栱一架连檩将十组斗栱连为一体，连檩上青色布瓦分布在楼面上，无灰泥固定，散落不堪。整座门楼造型简单明了，朴实大方，充分体现了江南徽派建筑特色。

江西抚州河埠乡汝南乔望门坊

汝南乔望门坊牌匾

汝南乔望门坊檐下斗栱

第二十一节 老街无字门坊

老街无字门坊，位于江西省抚州市临川区腾桥镇腾桥村老街，为明代门坊建筑，整座门坊处在一座长方形的青砖砌墙体上，墙体高约5.2米，宽8.5米。门坊高约3.85米，宽4.1米，为四柱三楹三楼式建筑。墙体呈凹字形，向内二次降低，降低一层约30—40厘米。四根立柱均为正方形，削棱4—6厘米。立柱基础设二层方形柱墩，二层内收分3厘米，其上有简单石刻，与两次间墙体基础上的浮雕相互对应。明间有进出门洞，门洞三边设置石质门框，上框带微型雀替。小额枋上浮雕双狮戏绣球。大、小额枋之间牌匾空白无字，牌匾两端内饰仙鹤、人物，外侧各饰一雄狮。大额枋上的浮雕作品已被损坏，无法辨其内容。上额枋与檐檩之间以二层斗栱相接，相接处以板式斗栱连接，栱眼处各雕琢一个圆形仙鹤图案填补了栱眼壁。小连檐上分布着若干灰色布瓦，乱而有序。四根立柱顶部各饰锦纹图案。两次间唯有上额枋上雕刻鲤鱼跳龙门，活而有序，鲤鱼在翻腾的浪花中跳跃而起，活灵活现，乐此不疲。

老街无字门坊前立面

老街无字门坊右次间下枋梁雕刻

老街无字门坊中间檐下装饰

老街无字门坊中间下枋梁雕刻

门坊分布一览表

名称	结构	保护级别	详细地址	修建时间
恩同骨肉门坊	四柱三楹三楼式	县级	四川省溆浦县龙潭镇圭洞村	明崇祯年间
进士第门坊	四柱三楹式		安徽黄山市徽州区岩寺镇岩寺村	正德丙子年间
辉公堂门坊	四柱三楹五楼式	世界文化遗产	安徽省黄山市黟县西递镇西递村	北宋皇佑年间
棠樾世孝祠门坊	四柱三楹三楼式		安徽省歙县棠樾鲍氏支祠右	清嘉庆七年
恩褒双节门坊	四柱三楹五楼式	县级	安徽省歙县桂林镇江村	明崇祯六年
洪氏家庙门坊	四柱三楹三楼式	国家级	安徽黄山市徽州区岩寺镇洪坑村	明代
大邦伯第门坊	四柱三楹五楼式	国家级	安徽黄山市徽城区许村镇所在地	明清时期
迪吉堂门坊	四柱三楹三楼式	世界文化遗产	安徽省黄山市黟县西递镇西递村	清康熙三年
关帝庙门坊	双柱三楹三楼式	国家级	山西省沁水县西文兴村	明永乐年间
报恩禅寺门坊	四柱三楹三楼式	市级	江苏苏州市山塘街报恩禅寺	清雍正八年
古西林寺门坊	十柱九楹三楼式	市级	四川内江市东兴区沱江岸西林山上	南宋咸淳五年
大郡伯第门坊	四柱三楹五楼式	国家级	安徽省黄山市徽城区许村镇高阳村	建于明代
叶氏节烈木门坊	双柱单楹三楼式	县级	安徽省歙县徽城镇斗山街道入口	洪武二十四年
城隍庙门坊	四柱三楹四楼式	国家级	山西省襄汾县旧县城城隍小巷内	唐贞观七年
澳门大三巴门坊	十柱三楹五层式	世界文化遗产	澳门特别行政区市内	公元 1637 年
昌溪员工支祠门坊	四柱三楹三楼式	县级	安徽省歙县昌溪村员公支祠前	清朝中叶
玉虚阙宫三门坊	双柱单楹三、五楼		湖南省桂东县普乐镇新坊乡	
桓侯宫山门坊	四柱三楹五楼式	国家级	四川省自贡市市区中华路口	清乾隆年间

名称	结构	保护级别	详细地址	修建时间
爱莲第门坊	六柱五楹五楼式		江西省抚州市临川区周家村梦港河东	明成化年间
汝南乔望门坊	双柱三楹单楼式		江西省抚州市河埠乡里黄村	
老街无字门坊	四柱三楹三楼式		江西省抚州市临川区腾桥镇腾桥村	

第七章　砖牌坊

第一节　四世宫保牌坊

四世宫保牌坊，位于山东省淄博市桓台县新城镇南村大街北端。建于明万历四十七年（1619）。为明万历年间兵部尚书新城人王象乾及其父王之垣（前户部左侍郎）、祖父王重光（前贵州参藩）、曾祖父王麟（前颍州王府教授）四世所建。整座牌坊为青砖砌筑，宽9.2米，高15米，进深3.3米。此坊由于年久失修，风吹日晒，雨雪侵蚀，损坏严重，1983年山东省文化厅拨出专款，按照原样进行修复，现如初貌，1987年被批准为市级重点文物保护单位。1992年晋升为山东省重点文物保护单位。2013年又晋升为全国重点文物保护单位。牌楼历经400余年，数次七级以上地震仍岿然不动，屹立不倒，毋庸置疑，其建筑技术之精湛无与伦比。牌坊以技艺娴熟，做工精妙，手法古朴典雅为特色，闻名遐迩，誉响国内外。

四世宫保牌坊前立面

四世宫保牌坊前左侧雄狮踩绣球

四世宫保牌坊，实为砖、石混合结构，砖多石少，上部分楼体、圆柱、楼顶、瓦当、戗脊、走兽、斗栱、花草人物等均为砖砌体带雕刻，砖雕甚多。下部分基础为青石结构，雌、雄狮子、基础石上的雕花图案等，都由大青石雕刻拼合而成。随着岁月的流逝，基础石已被埋入地下0.8—1米。须弥座下部分全部被埋入地下，上部分昂莲，雕琢清晰可辨，昂莲以上分四组浮雕，分别是骡、马、羊、猪等动物。须弥座之上为抱鼓石，左右两侧的鼓面中间雕有凸起线条。四对

四世宫保牌坊前右侧的砖雕

四世宫保牌坊侧立面

四世宫保牌坊砖雕斗拱

雌、雄狮子分列前后两面。雄狮踩绣球，雌狮前爪下一只幼狮与母狮戏耍。石狮以上部分全由青砖砌筑，共分三楹三楼，中间楼高，两侧楼低，呈对称式。共四根圆柱凸出墙体，砌砖横平竖直，灰缝均匀。三个拱形门洞，中间高、宽，两侧矮、窄，拱沿上雕刻卷草。两侧圆柱之上各雕琢文、武大臣一位，手执笏板，似上朝请奏，文武大臣各站立在云朵之上，英俊的形象，炯炯有神，各自坚守岗位，目光敏锐，体物入微地正视前方。中间两柱上有对联一副，字迹模糊，无法辨认。拱门之上九组单踩斗拱均匀地分布在两层砖檐上。砖檐之下一对盘龙俯卧于斗栱之上，龙周围云纹、卷草缠绕。龙门枋下为“四世宫保”四个正楷大字，刚劲有力，落落大方。字匾两侧为双龙戏珠，之上由六组垂莲将龙门枋分为五部分，每部分有两组斗栱，明间楼顶采用四组平顶科三踩单昂斗栱和两组转角科三踩斗栱承托着楼顶，斗栱中间嵌有额匾，蓝底金字，阳刻“圣恩”二字。斗栱上托檐桁，檐桁上桷子叠飞椽，按营造法

制排列。四角各设螭首，下系风铃。楼面檐头滴水瓦当样样俱全。大脊两端镶嵌鱼尾吻兽，中间嵌狮子驮宝葫芦为刹尖。戗脊安装戗兽，兽前安装天马、海马二兽。两次间楼顶与中间相同做法。整座牌坊明间高，两次间低，称对称式结构。砖雕惟妙惟肖，神合志通，精美绝伦；石雕粗犷豪放，朴实无华，落落大方，确属一组淳朴艺精的民间艺术精品，400余年来，屹立在齐鲁大地上绽放着民族建筑艺术的芬芳。

四世宫保牌坊左侧立柱上的文臣人物雕刻

有许多文人墨客来此观赏“四世宫保”砖牌坊，无不生大奇之，赞叹不止。有的留下了诗韵佳句：

四世宫保王象乾，玉音表功撰楹联。
四代高官廉勤政，故里亲和济贫寒。
丰功伟绩载青史，明史列传有遗篇。
为官就应学先贤，留作美名在人间。

第二节　中会古刹牌坊

辽宁鞍山千山仙人台中会寺山门“中会古刹”牌坊

中会古刹牌坊，位于辽宁省鞍山市千回仙人台中会寺，是中会寺的山门。牌坊为三券门三楼歇山砖石砌体式建筑，高8.56米，宽7.8米，进深2.3米。是千山五大禅林之一。建于民国二十三年（1934），在登山的一面额匾上书有“中会古刹”四个正楷大字，两侧一副对联“为涤尘襟寻宝刹；愿新庙貌焕灵光”。这副对联的意思是说人们远离尘世的喧哗与烦恼，来到了僻静的古寺，希望崭新的庙宇焕发出神灵的光芒，庇护着虔诚的人们。次间券门顶上书有“林部”“哩汔”。背面中间额匾书有“妙证悟门”四个正楷大字，次间券门顶上为“祇桓”“觉场”。这些都是佛教用语，是指中会寺是僧人练功休息的精宝美舍。牌坊顶楼檐桁下砖砌斗栱，三座楼面大脊采用布板瓦叠砌花格图案，两端安装鸱吻剑把。“尚礼松”如一位忠实的哨兵守卫在山门前，又有如彬彬有礼的门童在欢迎诸位的到来，它已经在这里经历了400余年的日日夜夜。整座牌坊朴实简洁，北方民间风味浓厚，是研究我国北方民间建筑艺术不可多得的实物。

“妙证悟门”牌匾

中会寺山门“中会古刹”牌坊的鸱吻与斗栱

第三节　甘谷家祠牌坊

甘谷家祠牌坊，位于甘肃省甘谷县大石乡贯寺村，是本村清国子监太学生渭川道尹公署第一科科员，教育部特等奖金质奖章获得者李善吉为纪念其高祖母、曾祖母，遵清慈禧太后“圣旨旌表”，请甘谷北关柳汁村建筑高手常福林（字银满）精心设

甘谷家祠牌坊

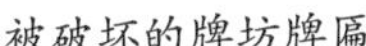
被破坏的牌坊牌匾

家祠牌坊右侧次间坊顶与砖雕

计，率众徒全力修建的。始建于民国十七年（1928）正月，日用工60人，至民国十九年（1930）十一月竣工。为七券门洞七楼砖砌体结构建筑。牌坊坐北面南，高11米，宽13米，进深4.5米。中间券门安装双木制门扇，是祠堂的出入口，两侧各三个券门洞，各置两通纪念李氏祖先的碑碣。券形门洞之上为第一道枋梁，枋梁上雕有人物图案，再向上为第二道枋梁，也雕有人物图案。横梁之上是“李氏崇祠”牌匾。牌匾之上为“圣旨旌表”竖额匾，四个行楷大字。可惜不知何时被毁，只留字迹存在。大门通道两侧前后各有对联一副，前面对联：“是渭北名门，裳衣舍，时食荐，祖修缮继善述；称陇西望族，太白诗，长源文，少温篆，传子传孙。”背面：“两世抚孤，教严于慈，熊丸莫纵光国史；一门全节，功成人退，柏舟接踵到瑶池。”正面上部雕有二十四孝图、八仙进宝、刘海撒金钱等砖浮雕。三座主楼为双檐歇山式结构，两夹楼和两侧楼为硬山式结构，规模较小。楼面全部为灰色筒瓦和布板瓦。牌坊设计独具特色，比例协调一致，建造精致大方，图案雕琢精湛，古朴素雅，具有一定的文物保护价值。2016年被批准为甘肃省第八批文物保护单位。

家祠牌坊中间大门

家祠牌坊左侧碑洞

第四节　关帝庙内砖牌坊

关帝庙内砖牌坊，位于山西省运城市解州镇西关关帝庙内。是进入关帝庙必经之门，从义勇门或忠武门入前庭，穿过“文官下轿，武官下马”的端门，钟、鼓楼两旁耸立，迎面三座高大的单檐歇山顶庙门，中间是专供帝王进出的“雉门”，其上牌匾书“关帝庙”三个大字；东边是文职官员行走的“文经门”上书“精忠贯日”四个行楷大字；西面是甲胄之士通行的“武纬门”，上书“大义参天”四个行楷大字。牌坊为四柱三楹三楼式建筑，四柱为圆形，柱墩为方形砌体。三券形门洞顶部分别有不同的砖雕构图的图案，雕琢技艺精致别论，图案清晰，栩栩如生。檐下仿木结构三踩斗栱，有一通两端的长方形方木将横向斗栱连为一体，在横方木前面又粘贴了横向栱体的造型，这种设计全国罕见，是这座牌坊的特点之一。三踩斗栱无昂探出，只有耍头为狮首造型。“关帝庙”牌匾两侧双龙雕刻图案分置两边，双龙图案外侧分别站立一位手持笏板的文臣，衣冠整齐，面容端庄。三座楼顶大脊上各立鸱吻，中间楼顶为龙吻，两次间外端为张口龙吻，面向两外侧。山脊顶端各立一

关帝庙内砖牌坊

正门之上的“关帝庙”牌匾

关帝庙内砖牌坊 次间牌匾与吻兽

仙人嘲凤。砖牌坊简洁明快，素雅威严，不失关羽忠义、勇猛、信义之气概。“傲上而不忍下，欺强而不凌弱；恩怨分明，信义素著。”

关帝庙，创建于隋开皇九年（589），宋、明时期曾扩建重修，清康熙四十一年（1702）毁于火，经数十年修复。总面积22万平方米，共有200余间房舍，分正庙与结义园两部分，被称为“关庙之祖”。庙内悬挂有康熙皇帝御笔“义炳乾坤”；乾隆钦定“神勇”；咸丰帝御笔“万事人极”；慈禧太后亲书“威灵震叠”等匾额。庙内代表建筑：“春秋楼”等。现为全国重点文物保护单位，国家AAAA级旅游风景区。

第五节　清标彤管砖牌坊

清标彤管砖牌坊，位于山西省运城永济市城西街道东姚温村西，为四柱（实为八个半圆形立柱）三楹三楼式砖体建筑，始建于乾隆四十年（1775），为旌表故太学士孟庭之妻王氏的节孝牌坊。高12米，

永济“清标彤管”砖牌坊前立面

宽11.5米，进深2.7米。砖砌半圆形立柱，每间砌券拱门，两次间为假门，明间为通行门。单檐歇山顶，筒瓦饰楼面，吻兽、戗兽俱全。檐部仿木结构砖雕斗栱，檐下悬额匾一方，上题刻“圣旨”二字。每间小额枋下各饰砖雕挂落，雕刻细致入微，各楹大小额枋之间的砖雕人物、花草，鸟兽等均以竹节砖雕相隔。中部浅雕楷书横匾，

次间上的砖雕图案

“清标彤管”牌匾

砖砌须弥座

上刻“清标彤管”四个阴刻正楷大字，匾上中央一小方框内书“玉音”两个正楷小字，小字两侧各三幅凤凰腾飞砖雕。横匾之下共七幅凤凰腾飞圆图案形成一条直线排列，靠近立柱一侧各饰一圆形“寿”字。横匾左右各雕琢一坐姿官人，官人两侧各饰凤凰飞翔图案。牌坊通体砖雕二十四孝图、八仙人物及飞禽走兽等图案，共计164幅，内容丰富多彩，每幅砖雕细腻传神，蕴含着浓厚的封建节孝思想，堪称民间砖雕艺术之瑰宝。

清标彤管砖牌坊，经过两百多年的岁月侵蚀，宏伟高大的身躯，虽然有些伤痕，但依然挺拔壮观。这是为一位妇女而建造的节孝坊，牌坊的主人，永济县志上还真有这样一条记载：监生孟挺之妻王氏年22岁，夫亡于归仅二载，守节49年，乾隆三十八年（1773），出嫁仅仅两年丈夫就去世了。22加49，这位节妇活了71岁，被朝廷旌表建坊入节孝祠，赞颂其节孝品德，教育后人，传承孝文化。

清标彤管砖牌坊与诏恩褒节石牌坊一东一西，一砖一石，不同材质，不同造型，不同风格，相同的是它们都是旌表我国古代青年妇女的贞洁情操，孝敬老人，抚养子女，受尽了民间苦难，换来了老年人晚年的幸福生活和养儿育女的高尚行为。两座牌坊遥相呼应，古韵浓浓，其深厚的文化底蕴把田野文物之美体现得淋漓尽致。

匾额与牌匾及周围砖雕

东姚温村位于永济市城西街道西南方向，是一个华夏根祖文明村。村北接电机大道，距运风高速路永济西口0.25公里，交通方便，地灵人杰。村西有明、清两代石、砖牌坊，村南山上有尧王台，是尧舜禹三大帝王曾经生活过的故地。山脚下有2亿多年的古生物（恐龙蜡象）化石群带。这里文化底蕴深厚，旅游资源丰富多彩。

第六节 道冠古今砖牌坊

道冠古今砖牌坊，位于四川省德阳市旌阳区文庙街123号。建于南宋，历史悠久，历朝代多次修葺，至成今状。牌坊高8.55米，宽8米，进深2.8米，为三楹三楼砖砌体式建筑。三楹只有明间有门洞可供通行。门洞之上镶嵌一牌匾，上题书“道冠古今”四个正楷金色大字，在大红底色的衬托下，格外显耀。牌匾之上为长方形横匾，内雕不同造形的双龙而对。两次间无门洞，以方砖砌一菱形图案，凹入外墙体约6—8厘米，凹形墙体内又以方砖对角线垂直的形式砌一较大菱形，周围方砖嵌边框组成一较大图案。明间牌匾之上为横匾，内琢造型各异的双龙相对，横匾两侧各饰

道冠古今砖牌坊

一宝瓶插花样的图案，雕琢精致细腻。三座楼顶均饰黄色琉璃瓦飞檐起挑，雕脊花檐，特别是各楼大脊，分上下两层砖雕，非图案各异，色彩亦不相同。各大脊两端鱼尾吻兽别具风格，似鸟非鸟，似龙非龙，实则吻兽。楼檐下砖雕工艺精妙

德阳文庙砖牌坊次间墙壁图案

德阳文庙砖牌坊明间牌匾

绝伦，无与伦比，三角形的刹尖，两侧各以凤凰相对向上越来越小，直至成为尖顶，展示以飞翔上升之感，组成刹尖，最尖处为一小花瓶，寓意平平安安，其设计独具匠心，别出风采。牌坊的整体设计以黄色为主，兼用蓝、灰色，雅俗共赏，素负盛名。

德阳文庙砖牌坊 大脊吻兽与刹尖

德阳文庙以其宏大的规模，完整的建筑群，严谨的布局，成为我国西部地区文庙的代表性建筑。著名古建筑学家梁思成先生在考察了德阳文庙后指出：“德阳文庙建筑具有浓郁的地方特色”。最后一次修复是清道光三十（1850）年。

1990年以后，德阳文庙按照清代格局和礼制恢复了祭孔乐舞表演。

第七节　碧云寺砖牌坊

北京香山碧云寺内中山纪念堂后共有三座牌坊，第一座为双柱单楹一楼木质牌坊；第二座为四柱三楹三楼石质牌坊；第三座为四柱三楹七楼砖牌坊。砖牌坊高14米。宽16.2米，进深2.36米。基坐为昂卧莲花须弥座，四柱、券形门洞、大小额枋等皆为石材砌筑，其他亦为砖砌筑。三座券形大门之上的三座顶楼，二座夹楼，二座侧楼皆为砖砌。三楹大小额枋之间各有雕花图案。夹楼和侧楼体积较小，三座顶楼体积较大，皆为三踩仿

碧云寺砖牌坊

砖牌放中间楼顶

砖牌坊左次间侧楼斗拱

砖牌坊中间门洞

木砖雕斗栱，造型逼真。圆桷方椽，参差有别；连檐相接，井井有条。歇山楼顶，戗山脊毗，鸱吻剑把背兽、戗兽、跑兽，样样俱全，大脊雕花，精致入微。通体牌坊造型与京城琉璃牌坊基本相似，只是装饰材料不同而已。

第八节　张氏节孝牌坊

张氏节孝坊，位于河北省邯郸市武安市淑村镇野河村南部，坐西朝东。东临小巷，西望残坏旧宅院，为四柱三楼砖砌牌楼，由明楼、左右次楼组成。明楼面宽4.63米，高6.64米，次楼面宽1.41米，高5.61米。整座牌坊石条基础，基础之上青砖砌筑，砖雕仿木斗栱、檩枋飞椽、雀替花板、垂花柱，硬山布瓦顶，设置滴水瓦当。明楼砖券门洞，设置板门，门头左

张氏节孝牌坊正间上部分

张氏节孝牌坊

右为石刻楹联："德并珩璜允焕圭璋之色，光生翟当昭彤管之浑"，门头之上为石刻横批："旌表已故处士杨兴明之妻张氏节孝坊。"横批之上为一石匾，上阳刻大字："筠清松寿"，阴刻小字："大清光绪元年立，孝孙杨庭槐建。"此匾之上为阳刻"奉旨"额匾，其左为阴刻"泥工孟凤翔，石工田永祥"方砖。左右次楼，砖砌假券门，北侧券门之上砖雕"志洁"匾，南侧券门之上砖雕"行芳"匾。过券门，明楼背后为门洞，门洞之上有一石匾，上阴刻："高节遐龄。"此节孝坊保存基本完好，具有一定的历史、艺术及研究价值。

张氏节孝牌坊正间下部分

第九节 孝贞节烈牌坊

孝贞节烈牌坊，位于安徽省歙县徽城镇徽城南街应公井巷口，建于清光绪三十一年（1905），为四柱三楹三楼砖砌体建筑。高6.6米，宽6.46米，厚0.65米，竖墙上砌出四柱、横枋，用墨涂出门框。额枋用石料做龙门枋，上刻"徽州府属孝贞节烈六万五千七十八名口"等大字，叠涩出檐，楼顶盖以小青瓦，距今仅一百余年，别看它型制简陋，貌不出众，用材寒碜，是质地最差的一座砖牌坊，也是大清王朝覆灭前有史可查的徽州的最后一座牌坊，但枋额上的文字却惊心动魄，一座其貌不扬的砖牌坊，集体表彰六万多名节妇烈女，这数字真够触目惊心。所以有人称它是徽州妇女的集体祭碑 。现在牌坊的正面是民居，大部分已经盖在了房子内部，成了房屋的墙体，已看不见牌坊造型。从右侧看，是县委家属院里面一户人家的厨房，站在阳台上，能看到上半截的很小局部 。另一侧是高高的围墙，背后是县委大院档案局大楼，上到楼顶的一间办公室，也只能看到牌坊的一少部分。

砖牌坊分布一览表

名称	结构	保护级别	详细地址	修建时间
四世宫保牌坊	四柱三楹三楼式	省级	山东省淄博市桓台县新城镇南村	明万历四十七年
中会古刹牌坊	砖砌三楹三楼式	鞍山市级	辽宁省鞍山市千回仙人台中会寺	民国二十三年
甘谷家祠牌坊	七券门洞七楼式	省级	甘肃省甘谷县大石乡贯寺村	民国十七年
关帝庙内砖牌坊	四柱三楹三楼式	国家级	山西省运城市解州镇西关关帝庙内	隋开皇九年
清标彤管砖牌坊	四柱三楹三楼式	省级	山西省永济市城西街道东姚温村西	清乾隆四十年
道冠古今砖牌坊	砖砌三楹三楼式	国家级	四川省德阳市旌阳区文庙街 123 号	南宋
碧云寺砖牌坊	四柱三楹七楼式	国家级	北京香山碧云寺内中山纪念堂后	民国年间
张氏节孝牌坊	砖砌三楹三楼式		河北邯郸市武安市淑村镇野河村	清光绪元年
孝贞节烈牌坊	砖砌三楹三楼式		安徽歙县徽城南街应公井巷口	光绪三十一年

第八章　琉璃牌坊

第一节　圜桥教泽牌坊

国子监内“圜桥教泽”琉璃牌坊

圜桥教泽牌坊，位于北京市东城区国子监街15号院内，是国子监博物馆的第二道大门；是北京唯一一座专门为教育而设立的牌坊；中国古代崇文重教的象征，为四柱三楹七楼庑殿顶式琉璃建筑，始建于元至元二十年（1283），清代被毁。乾隆四十九年（1784）重建，高15米，宽16.2米，进深2.65米。正面额匾书“圜桥教泽”，背面额匾书“学海节观”各四个正楷大字。圜桥教泽就是指后面的辟雍四面环水，水周流不断，象征教化不息的意思。学海节观则是指学生众多，皇帝临雍视学时不得不靠水将学生分开。八个大字结构严谨，刚柔结合，逸气遒拔，雅度温和，皆为乾隆皇帝御笔，以示朝廷向学重教。

牌坊中间拱形门洞洞沿下的须弥座

圜桥教泽牌坊在色彩上以黄、绿为主色调，红、白点缀其中，金碧辉煌，每间楼顶均为三踩单昂承托其顶，参差有别，起伏有序。檐桁之上桷子飞椽排列均匀，滴水瓦当高低错落。三间楼顶均为庑殿式结构，夹楼无戗脊，侧楼两段只有一个鸱吻。明间、次间楼顶鸱吻剑把、戗兽、仙人、跑兽样样俱全，体态威严，形态生动。明间与夹楼平行处嵌有“圜桥教泽”牌匾。两次间中心与侧楼平行处嵌有二龙戏珠琉璃图案。整座牌坊为砖石结构，表面装饰琉璃瓦和带有图案的琉璃砖。三座拱形门洞，明间大，两次间略小，汉白玉大理石雕刻的缠枝花卉洞沿高出墙壁约8公分，坐落在雕有昂、卧莲花瓣的须弥座上，稳重大气，与红墙形成鲜明对比，层次分明，整座建筑显的精美秀丽，气势宏伟，壮气凌云。

“圜桥教泽”牌匾与中间楼顶

国子监，是明清两朝监学统一的中央官学最高管理机构和国家最高学府。进入国子监大门便是圜桥教泽琉璃牌坊，牌坊后面就是辟雍。辟雍是国子监的主体建筑，重檐黄瓦攒尖顶，廊柱外有一周檐柱，室内三间，采用抹角梁的做法省去了中间四柱，扩大了内部空间的视觉效果，使内部俞显空间宽阔。室内还有三方匾额，北面的“雅涵于乐”是乾隆皇帝所书；南面题“涵泳圣涯”为道光皇帝所书；东面是“万仰镜流”是咸丰皇帝所书。当初设计建造与刘墉、和珅分不开，刘墉博览群书，将《诗经·大雅·灵台》中的“王在灵沼，于牣鱼跃。簴业维枞，贲鼓维镛。于论鼓钟，于乐辟雍”。失去近千年的辟雍，重现于世。而和珅巧妙地揣度圣意，用抹角架海梁的方法省去了周围12米的室内四根柱子，有效地扩大了皇帝视学时室内空间。彝伦堂的最北端是绳愆厅，是监丞、典薄、典籍、等人的办公室，孔尚任曾在此办公。

牌坊背面“学海节观”牌匾

国子监有两种学生，贡生与监生。

牌坊次间楼顶与花心板上流离雕刻“二龙戏珠”

国子监学生有三条出路，一是直接入仕，二是考试入仕，三是参加乡试、会试、殿试考取举人、进士入仕。

国子监的教育以儒学为主，主要内容是《四书》《五经》《性理大全》《资治通鉴》等，学生可根据自己的能力学习十三经，二十一史。教职人员有祭酒、司业、博士、助教、学正、学录、八旗官学和琉球学馆。

国子监曾出过许多名人，如元代的许衡，明代的吕柟、董其昌、袁中道、文彭、高拱、严嵩、徐阶、王锡爵、张居正、方从哲等，清代刘墉、纪昀、吴伟业、王世祯、王懿荣、孔尚任，等等，是藏龙卧虎，人才辈出之地。明清以来也流传下来许多故事，最有名的是《警示恒言》中国子监监生李甲忘恩负义于杜十娘的悲剧，“妾椟中有玉，恨郎眼内无珠”，足以让古今薄情男子羞与为伍，无地自容。

第二节 华藏界琉璃牌坊

华藏界琉璃牌坊，位于北京市西城区文津街1号北海公园内。高14.6米，宽26米，进深2.8米，为四柱三楹七楼歇山式砖、石、砌体琉璃体面建筑。三楹间各设一个券形门洞，明间高，次间低，门洞沿前后雕刻缠枝卷草花卉图案，门洞下雕有昂、卧莲花的须弥座。正面大门前摆放着一对石狮，

北海公园“华藏界”牌坊立面

华藏界琉璃牌坊中间门洞上与须弥座雕刻

华藏界琉璃牌坊次间的二龙戏珠雕刻

石狮下为双层底座，其上为须弥座，其下为罗汉腿底座。由三楹下额枋向上均为琉璃镶嵌，华丽多彩，金碧辉煌。明间楼顶为三踩单昂斗栱，两次间为三踩斗栱，明间南面牌匾上刻有“华藏界”北面刻有“须弥春”各三个正楷大字，两次间中间的花心板上镶嵌有琉璃雕琢的二龙戏珠，一为降龙，二为升龙，形象逼真，栩栩如生。楼顶黄色琉璃瓦覆盖楼面，大脊、戗脊、山脊上的鸱吻剑把、戗兽、仙人朝凤、龙、凤等样样俱全，雕琢精致绝伦，无与伦比。

华藏界琉璃牌坊侧面的楼顶

第三节　秩祀岱宗牌坊

东岳庙秩祀岱宗牌坊，位于北京市朝阳门外迤东三里，坐北面南，庙门前原有品字形三座牌坊，两侧为木质牌坊，秩祀岱宗牌坊为琉璃坊，与东岳庙隔街相望，琉璃牌坊以南为神路街。该牌坊高14.2米，宽18.6米，进深4米，为四柱三楹七楼歇山楼顶，砖、石、琉璃混合结构式建筑。人称“神路街琉璃牌楼”。中门高4米，宽3.9米；左右两侧门高3.1米，宽3.25米；四角边柱截面为0.51米和0.49米的青石柱，

秩祀岱宗牌坊前立面

牌楼的侧面

中柱为砖砌体，每根柱下置长1.08米，宽0.41，高1.53米的夹杆石；雄峙若城阙，歇山顶，正楼和次楼的正脊两端施鸱吻，楼顶正中饰火焰宝珠。正楼次楼的大小额枋间分饰11块花板；次楼匾饰卷草琉璃图案。东岳庙始建于元至元三年（1323），始名叫“跃仁圣宫”。明代开始改名“东岳庙”，是道教正一道华北第一丛林。“秩祀岱宗”牌坊建于明万历二十年（1592），由神宗母亲圣皇太后懿命修建的。由一幅1928年前后上色照片推断，其庑殿顶为灰筒瓦，绿琉璃脊兽。每间各辟一券形门洞，雀替以上枋、柱、楼、斗栱以黄绿相间的琉璃瓦镶砌。明间顶楼之下北面嵌有“永延帝祚”，南面嵌有“秩祀岱宗”各四个大字的牌匾，相传为严崇手迹。两次间顶楼之下大花板各镶嵌三幅琉璃雕刻图案，这是与北京其他琉璃牌坊区别之一。明间龙门枋与小额枋之间，两次间大小额坊之间各分十一等份的不同种类的图案。小额枋下的雀替，靠立柱部分设置双昂加簪花。前后共八根立柱，明间四根立柱为砖砌体，两次间四根立柱为石质砌筑。三间楼顶斗栱为三踩双昂。大脊中间的刹尖以宝珠火焰代之。夹楼与侧楼为三踩单昂，大脊无刹尖。山脊前方无仙人朝凤，走兽只有龙、凤、天马三个。通体牌坊以绿黄为主色调，庄严肃穆，气势恢宏，不愧为琉璃牌坊中的佼佼者。

1901年的“秩祀岱宗”琉璃牌坊

牌坊的斗栱飞檐

秩祀岱宗牌坊立柱上的雀替

第四节　太和岩琉璃牌坊

太和岩琉璃牌坊前立面

太和岩琉璃牌坊，位于山西省晋中市介休市北辛武乡北辛武村，原址为北岳庙山门前。牌坊历经沧桑，岁月蹉跎，庙已早毁，只存牌坊，更显得古香古艳，品貌非凡。该牌坊是一座四柱三楹歇山顶的砖、石、琉璃结构建筑。除四柱基座为石质外，通体饰琉璃，鲜艳亮丽，光彩夺目。牌坊坐北面南而立，东西宽10.2米，高9.5米，下部宽1.4米,上部楼顶宽3.1米。中间开间4.6米。坐落在四级台阶的基台上，基台约0.7米高。四根立柱基座为青石雕琢而成的须弥座，高0.9米，分三部分，其上部分雕蝙蝠图案，中间束腰而成，下部雕四羊驼坊罗汉腿，每角一只，为数块青石垒砌而成。牌坊于光绪二十三年（1897）建成，在牌坊西侧柱底上烧制有“光绪丁酉年（1897）高洁立”题记。该牌坊楼顶为歇山式，檐下施阑额，普拍枋，明间六组（含转角科）三踩斗栱承托楼面，每组斗栱之间的栱眼壁上饰一幅花草图案，填补了栱

太和岩牌楼上的“太和岩”额匾与“紫极腾辉”牌匾

大脊中间的刹尖

眼壁的单调空缺。六组斗栱中间镶嵌三龙捧匾的“太和岩”额匾，匾中三个行楷金黄大字，端庄稳重，落落大方。上枋梁之下镶嵌着“紫极腾辉”牌匾，金黄色的四个大字在青底色的映衬下，烁烁生辉。

南面中间立柱上楹联为：

北极极地，本无极为太极；玄天天也，乃先天为后天。

南面次间楹联为：

汾川宝地，殿庭观牡，玉虚正玉，衡阔玉烛，王者犹王；

玄岳佐玄，宴躔玄武，玄之又玄，净乐前星，针杵功成。

牌坊北面中间立柱上楹联为：

道事半百年，飞真自天上帝适；名留一千古，游王避地下宇寒。

北面次间楹联为：

净乐钟灵三三诞降；太和得道九九飞升。

以双柱三楼小牌坊为刹尖楹联：

德占百花冠；寿满一成古。

箴言名句，牌匾、额匾汇集于此，文体聚集，书法荟萃，不是牌坊，是一座知识宝库。雕琢堆积，技艺竞赛，英才之薮，各显其能，才构成了这座世间罕见的艺术精品，流芳千秋，传至今日。2006年5月25日“太和岩琉璃牌坊”被公布为全国重点文物保护单位。

太和岩牌坊罗汉腿柱墩

我国现今只有北京颐和园、北海公园、卧佛寺、香山昭寺、小西天庙、国子监等地还保存有少部分琉璃牌坊，而民间能保存下来的已寥寥无几，这座太和岩琉璃牌坊从它的艺术造型、构思设计到施工可真是令人惊艳，与北京现存的琉璃牌坊相比有过而无不及。根据笔者几年来调查了解的近四百座牌坊中，在民间保存这样完整的琉璃牌坊就是太和岩琉璃牌坊这一座！奇也。

太和岩牌坊上的吻兽

太和岩琉璃牌坊通体框架采用砖、石结构，表面全饰以琉璃贴面，就连木椽、桷子端头都饰以琉璃构件。四根立柱通身包砌琉璃贴片。柱头、柱底用琉璃制作的各种不同的花卉、

琉璃牌坊正满牌匾

鸟虫、人物、宝瓶浮雕

正面右次间牌匾

琉璃牌坊北面右次间牌匾

卷草龙、寿比山高、瑞兽及八卦等，都尽用琉璃烧制的各种精美图案，题材丰富多样。北京的许多琉璃牌坊只是将上半部分用琉璃贴饰，立柱下半部分、券门洞、柱与柱之间的墙体都未贴饰琉璃构件，只是其形制规模比太和岩琉璃牌坊大了许多。就太和岩琉璃牌坊来说，它不仅百余年能保存下来，且完整无损，可真为世上珍品。归根结底的主要原因是，自古以来介休就是“琉璃之乡”，建筑琉璃艺术久负盛名，名扬全国声誉华夏，琉璃工艺源远流长。据唐贞元十一年（795）介休洪山“法兴寺碑”上载：“神峰北，地一所，东至大烟头，南自此，西至琉璃寺，北至石佛脚”。说明唐代时即有“琉璃寺”，建筑琉璃已经出现。宋元时期，介休琉璃已经很发达。明清时期，介休的琉璃处于发展的黄金时代，保留下来的大量优秀作品且类型多种多样，色彩造型俱臻上乘。太和岩琉璃牌坊是我国发展到明清鼎盛时期的典型代表作品，据当地流传，在建造时，以现场搭建琉璃窑，根据建筑物所需要的构件及造型和具体尺寸而制作烧制，这也充分体现了我国古代琉璃工匠们超凡的才智和艺术想象力。整座牌坊，虽经百余年的风雨侵蚀，兵燹之乱，历经磨练，现仍在阳光照耀下，色彩斑斓，璀璨夺目，丰姿冶丽，独树一格。

第五节 西天梵境门牌坊

“西天梵境门牌坊”侧立面

牌坊台阶上的石雕浪花纹与升、绛双龙戏珠

西天梵境门牌坊，位于北京市西城区文津街1号北海公园内，又名大西天，坐北面南，东临静心斋，西接大圆镜宝殿，南依琼华岛海岸，是北海久负盛名的地方。明代为经厂，又为两天禅林喇嘛庙，乾隆二十四年（1759）扩建后改名西天梵境。1980年重新修建后对外开放，成为北海公园名副其实的景点之一。为独立三楹三楼夹壁带袖壁式建筑，明间略高大，两次间略矮小，夹壁、袖壁同等大小。三间大门皆为券形门洞，各门洞装有两扇金钉门扇。门洞前为三级台阶；大门基础为须弥底座；红墙至券顶；楼下为三踩单昂斗栱，歇山式楼顶；绿色琉璃瓦，大脊、戗脊、山脊皆为黄色琉璃瓦，脊上鸱吻剑把、背兽、戗兽、仙人嘲凤、走兽样样

牌坊的袖壁

牌坊中间台阶

俱全。明间券洞之上悬挂额匾，上书“西天梵境”四个大字。两座夹壁与两座袖壁均为单昂三踩斗栱，各壁上均有单龙角花装饰，明间雕有菱形双龙戏珠琉璃图案。上下有长方形双龙戏珠镶嵌。有特色的造型设计给“西天梵境”这个特殊的景点抹上了一笔深厚的文化色彩，秀丽俊俏，艳美绝俗。

第六节　证功德水牌坊

证功德水牌坊，位于北京市西城区文津街1号北海公园内，大西天庙前，始建于清乾隆三十三年（1767），竣工于乾隆三十五年（1769）。是为乾隆皇帝母亲孝圣皇太后祝寿祈福而修建的。证功德水牌坊

“证功德水”牌坊前立面

“证功德水”牌坊次间门洞沿与须弥座石雕

在小西天的南面，为四柱三楹七楼砖、石、琉璃混合结构建筑，除坊体，柱墩外其他全为琉璃贴面，就连桷、椽顶端皆用琉璃构件。牌坊宽14.2米，高16米，进深2.4米。四柱石基座高1.8米，四边各0.7米×0.7米，墙体底为须弥座，高1.2米。三楹各带券形门洞，以汉白玉大理石雕刻嵌洞沿，墙体涂红色。自前后八根立柱向上皆饰琉璃面。

明间楼斗栱下悬挂着牌匾，上书“证功德水”四个金色大字，“证”是得到的意思，是说得到智慧。“功

琉璃牌坊正面的“证功德水”牌匾

琉璃牌坊背面“现欢喜园”牌匾

德水”是得到什么东西或地位，说明皇帝的母亲由于生了乾隆皇帝就是最大的功德。牌坊北面牌匾上题书“现欢喜园”，意思这里就是现在的欢乐园，谁来谁高兴。

两次间正中各嵌一金色雕琢的“二龙戏珠”图案。七座楼顶全挂绿色琉璃瓦。大脊、戗脊、山脊上的鸱吻剑把背兽、戗兽、走兽、仙人嘲风等样样俱全。该牌坊在北京的琉璃坊中虽体积不算最大，但玲珑剔透，精致别论，是不可多得的精品。

第七节　安养示谛牌坊

“安养示谛”牌坊前立面

安养示谛牌坊，位于北京市西城区文津街1号北海公园内，大西天庙西墙中间，始建于清乾隆三十三年（1767），竣工于乾隆三十五年（1769）。是为乾隆皇帝母亲孝圣皇太后祝寿祈福而修建的。牌坊的造型、结构、色彩、工艺、各部件大小尺寸等与小西天院内其他三座牌坊基本相同，只有中间牌匾的内容各异。“安养示谛”牌匾设置在明间龙门枋之上，安养是指有困难的群体，得到安静的养护，所以，旧社会有

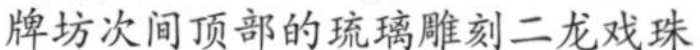
牌坊次间顶部的琉璃雕刻二龙戏珠

牌坊中间顶部牌匾“安养示谛”

救济处改称“安养院”。示谛，谛是主意，仔细的意思，有谛听一词，佛教有真实无谬的意思。总的可以理解为，帮助困难的群体是永恒的真理。面向外边一面牌匾为“法轮高胜”，法轮，佛教的别称，佛教徒以释迦教法能熄灭烦恼，犹如转王的轮宝，能催权怨敌，佛法不停一人一处，捻转相传，如车轮，故法轮，这里就是说佛教是颠扑不破的真理。

第八节　妙境庄严牌坊

“妙境庄严”牌坊前立面

妙境庄严牌坊，位于北京市西城区文津街1号北海公园内，大西天庙北墙中间，始建于清乾隆三十三年（1767），竣工于乾隆三十五年（1769）。是为乾隆皇帝母亲孝圣皇太后祝寿祈福而修建的。小西天的四座琉璃牌坊的造型、

牌匾“妙境庄严”

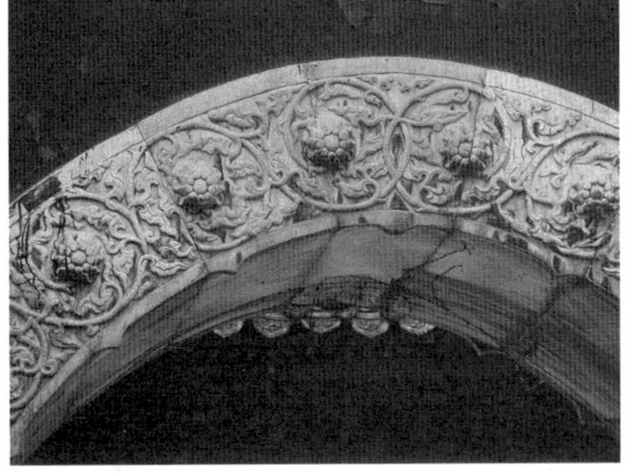

牌坊中间门洞沿上的雕刻

结构、色彩、工艺、各部件大小尺寸等都基本相同，只有中间牌匾的内容各异。北边牌坊内面上书“妙境庄严”，“妙”是好的意思，美好的境界是极其庄严的，在我们的苦难生活中能遇上这样妙境的机会是很少的，人们为了解脱身边的苦难，选择逃离，就是相信佛教，相信世界上定会有这样虚无僄僁的境地，因此，他们才信教崇佛。外边一侧牌匾上题书“仁守普缘”，仁慈的人寿命全靠自己的身体状况与周围环境所决定，这不是全靠天的缘分来决定，乾隆皇帝是说他母亲皇太后能长寿，是必然的事情。

第九节　神州宝地牌坊

神州宝地牌坊，位于北京市西城区文津街1号北海公园内，大西天庙东墙中间，始建于清乾隆三十三年（1767），竣工于乾隆三十五年（1769）。是为乾隆皇帝母亲孝圣皇太后祝寿祈福而修建的。小西天的四座琉璃牌坊的造型、结构、色彩、工艺、各部件大小尺寸等都基本相同，只有中间牌匾的内容各异。东边牌坊内面上书“神州宝地”，就是赞叹中国广袤的疆域是神圣的宝地。外面牌匾上题书“震旦香林”，其意为中国到处山川秀丽，景色迷人，处处有美不胜收的风景，真可谓“千里江山如画，万井笙歌不夜，扶路看遨头。”

“神州宝地”牌坊顶部夹楼

小西天，主体建筑为极乐世界，是中国最大的方亭宫殿建筑。殿内建须弥山，上面有200余尊菩萨及罗汉，正中供奉释迦牟尼佛。须弥山又称“苏迷卢山、弥楼山”，意思是表达这座山的妙，而这是佛教文化中的宝山。说法有几种：其一，是珠穆朗玛峰；其二，须弥山是雪山——冈仁波齐；其三，须弥山是银河系的中心——黑洞；其四，须弥山在太阳系的某一个区域或某一个星球上；其五，须弥山是存在的，但并非实荒，有些那里具有的饮食，在那里化缘后，可进入极乐世界。小西天是乾隆皇帝为其母亲孝圣皇太后祝寿祈福而建。

“神州宝地”牌坊侧立面

“神州宝地”牌坊右次间顶部

牌坊背面牌匾“震旦香林”

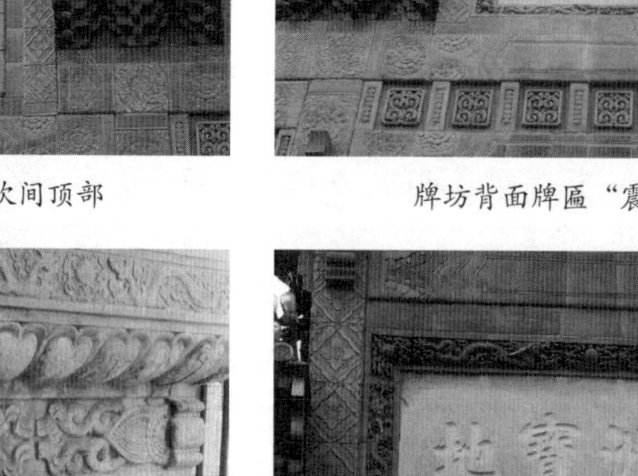

牌坊底部须弥座

牌坊中间“神州宝地”牌匾

大殿面积1246平方米，横梁跨度13.5米，楠木扇细镂花纹，殿内高处悬挂“极乐世界”金匾，其金字为乾隆皇帝御笔。大殿四门有四座汉白玉栏杆的石桥，通向四座琉璃牌坊，过琉璃牌坊出大门。是我国清代具有鲜明特色的建筑。

第十节　祇树林琉璃坊

祇树林琉璃牌坊正立面

祇树林琉璃坊，位于北京市颐和园万寿山上。为四柱三楹七楼式琉璃牌坊，高14.5米，宽15.8米，进深1.6米。前后八个柱墩边长0.85米，正面中间楼顶下牌匾为六龙捧匾，内心嵌汉白玉大理石，三个阴刻大字“众香界”，遒劲有力，端庄大方。北面中间牌匾上阴刻三个大字“祇树林”。正、背两面次间楼下大花板上各镶嵌一块琉璃雕琢的二龙戏珠。明间、次间三楼与夹楼、侧楼皆饰绿色琉璃瓦，滴水、瓦当、鸱吻、剑把、戗兽、走兽样样俱全。明间两次间楼顶皆为歇山式建筑，规制严谨，做工细致讲究，造型美观大方。祇树林是古印度佛教圣地“祇树给孤独园”之简称，用作佛教的代称。

祇树林琉璃牌坊南面牌匾

万寿山，为燕山余脉，高58.59米，海拔108.94米，前临昆明湖。明弘治七年（1494）孝宗的乳母助圣夫人罗氏在山前建园静寺，清初，曾作宫廷养马的草料场。乾隆十五年（1750）为庆祝皇太后六十寿辰于园静寺旧址建大报恩延寿寺。次年将山改名为万寿山。并将开拓昆明湖的土方按照原布局的需要堆放在山上，使东西两坡舒缓而对称，成为全园的主体。建筑群依山而筑，现存的是英法联军烧毁后慈禧重新建造的。从山脚的“云辉玉宇”牌楼，经排云门，二宫门，排云殿，德辉殿，佛香阁，直至山顶的智慧海，形成一条层层上升的中轴线。元朝名瓮山。传说有一位老人在山上掘出一装满宝物的石瓮而得名。山前有湖名瓮山泊。元朝至元二十九年（1292），科学家郭守敬开挖通慧河，引泉水汇湖内，注入宫墙，接济漕运，瓮山泊始成为调济京城用水的蓄水库。由此至明，环湖先后建有多座颇具影响的寺观，尤以湖西北岸的“大承天护圣寺”规模最大。万寿山楼宇恢弘，汉白玉钓台延入湖中，元朝帝相常至此泛舟游幸，捕鱼垂钓，至明清更为繁花似锦，皇帝们常来此游目骋观，尽览景物，使其成为名播天下的游览胜地。

祇树林琉璃牌坊北面中间牌匾与顶楼

第十一节　棂星门琉璃坊

棂星门琉璃坊，位于山西省太原市万柏林区中环路辅路文庙前，为六柱三楹三楼四壁冲天式石、木、砖、琉璃混合式建筑。建于清光绪八年（1882）。棂星门三间楼顶为典型的清代斗栱，设置复杂，小巧而繁密，出檐短，明间为十一踩，如意头下昂，檐口平直，翼角飞起，端庄凝重。随着斗栱体量缩小，斗栱设计组数增多，显得牌坊险峻高大，挺拔秀丽。斗栱发展到清代到了顶峰，以后便不再维持构架整体性

棂星门琉璃坊

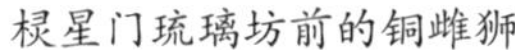
棂星门琉璃坊前的铜雌狮

棂星门琉璃坊前的铜雄狮

棂星门琉璃坊夹壁上的单龙腾飞

和增加出檐的作用，仅作为营建制度被保存下来，逐渐成为一种代表中国古建的符号。它用料尺度比宋代大为缩小，特别是它的内部长度，缩短了进60%。江南地区门坊只用了斗栱的1/2。门坊棂星门前有四尊狮子，两雌两雄，上有铭文，分别铸于明洪武年及万历年间，左雄右雌排列。虽经数百年的风雨侵蚀，人为损毁，由于不断地修葺，仍完美无缺，保护良好。狮子是由东汉时期传入我国的，佛教由印度传入我国后，人们对狮子大为推崇，也被人们看作镇宅挡妖避煞的吉兽。

棂星门有四座龙壁，三间牌楼中间两座，两侧各一座。龙壁多用于建筑物的照壁或建于皇宫、王府、庙宇门前，也可以作为院落的建筑屏障，又能烘托建筑气氛，使其展现出更加肃穆、壮丽的风貌。这四座龙壁，为单面龙壁，蓝色琉璃瓦镶嵌于牌坊两侧与中间的砖壁上，下设壁座，中为壁身，上为屋檐式壁顶，壁身四角为彩云图案，规整对称。龙体雕刻雄健苍劲，精致优雅，修长而又苗条，中央镶嵌着直径约1米的孔雀蓝琉璃团龙，精雕细琢的龙头高昂向上，眼睛下视，似云雾中腾飞，呈飞龙戏珠状。龙这种人们臆想中的神物，源于原始社会的“图腾”。数千年来，龙成了中华民族的悠久历史、灿烂文化和古老文明的象征。所以在寺院门前，也往往会用龙的图案来镶嵌照壁。从雕塑风格来看，此壁应为清代遗物。

棂星门琉璃牌坊斗栱间的仙人

太原文庙是太原规模最大的文庙，占地31000平方米，现中轴线基本保留了原文庙的建设格局，自南而北依次为：照壁，六角亭、棂星门、大成门、大成殿、东西两庑和崇圣祠，前后三进院落。1996年公布为省级重点文物保护单位。现文庙为清光绪八年（1882）山西巡抚张之洞将其迁至崇善寺废墟，按照原文庙的布局，利用崇善寺遗存的材料构件予以重建。文庙建设规格仿曲阜孔庙，大门称棂星门，三间六柱带斗栱的木牌坊寓意着人才辈出和文运亨通。中间绿色琉璃团龙和两侧的黑色墨煤石盆景以及四尊古朴的立狮，都给人细腻的视觉享受。文庙曾辟为山西省博物馆，利用这一宏大的清代建筑展示三晋的历史文化。现为山西省民俗博物馆。

第十二节　卧佛寺琉璃牌坊

卧佛寺琉璃牌坊，位于北京香山卧佛寺路北京植物园内。该牌坊十分漂亮，气势宏伟的红墙上，黄绿相间的琉璃瓦点缀其中，俨然一副皇家寺院的风格。前后八根镶嵌琉璃贴片的立柱坐落在汉白玉雕琢的须弥座上，显得整座牌坊更加稳固坚实。立柱与小额枋交接处饰有带图案的雀替，雀替下部饰有挂件。龙门枋与小额枋之间平分九个方格，每方格之间饰以琉璃图案。明间顶楼下镶嵌一金龙匾，上书“同参密藏”四个红色正楷大字。背面明间处的牌匾上题书“具足精严”四个大字。两次间大花心版上各饰二龙戏珠琉璃图案，一条升龙与一条降龙对角戏宝珠，腾飞在云雾之中，似翻江倒海，又如腾云驾雾。七座楼顶造型大小各异，绿色琉璃瓦、黄色大脊、戗脊、山脊、吻兽、戗兽、走兽等，色彩斑斓，靓丽俊俏。

卧佛寺琉璃牌坊

琉璃牌坊左侧次间门洞上的雕刻

卧佛寺，是大乘佛教当代禅宗的皇家寺庙，国家级

琉璃牌坊前面牌匾“同参密藏”

琉璃牌坊背面的牌匾“具足精严”

琉璃牌坊次间上部的雕刻“二龙戏珠”

琉璃牌坊上的雀替

重点文物保护单位，位于河北省井径县苍岩山。清雍正皇帝称其为“入山第一胜景”，“西山兰若至冠”。据传说，唐贞观十九年（646）玄奘法师从印度带着大量经书和佛像回到长安，唐太宗李世民率数万僧众出城迎接，盛况空前。此后，中国掀起了修建寺庙的高潮，有人在此修建了这座寺庙，取名“兜率寺”是卧佛寺的前身。该寺的主要建筑有卧佛大殿、大雄宝殿、钟楼、鼓楼、琉璃牌坊、智光重郎牌坊等。整座寺院依山就势，递次增高，殿宇耸矗，金碧辉煌，其中卧佛寺内塑有全国最大的卧佛。该寺是佛教活动信徒依法开展佛事活动和法物流通的场所，常年有僧人留住。

第十三节 普陀宗乘牌坊

普陀宗乘牌坊即普陀宗乘之庙琉璃牌坊，位于河北省承德市双桥区避暑山庄内柏林禅寺，坐落在五塔门之后，是一座四柱三楹七楼式砖石砌体琉璃饰面的混合建筑，

普陀宗乘牌坊

与北京的小西天、卧佛寺的琉璃牌坊基本相同。三券门以汉白玉大理石嵌边，记一正楼、二次楼、二夹楼、二侧楼。底部全为汉白玉大理石须弥座。中间斗栱下镶嵌牌匾，上题书“普门应观”四个正楷大字，为乾隆皇帝御笔。意思是普度众生之门，到此可以看见观音菩萨。后面题书“连界庄严”，意为观世音居住之处非常庄严。实际上这座牌坊是一处等级分界线，在清朝时有明文规定：“凡蒙古、札萨克等来瞻礼者，需在琉璃牌坊瞻仰，余概不准入庙门。”可见皇帝修外八庙的目的并不是为信徒礼佛参拜服务的，而是有着更深的政治目的。在职官员到了琉璃牌坊就得止步，而少数民族王公贵族却可以登红台参拜，这种特权无疑是一种莫大的荣誉，提高了少数民族王公贵族的政治地位，从心理上消除了这些崇尚自由的草原上的雄鹰在皇权下的位卑感和猜疑心理，由此体现了清朝统治者融合少数民族关系和治国的政治艺术。

普陀宗乘牌坊“普门应观” 正间牌匾与右次间上的琉璃雕刻

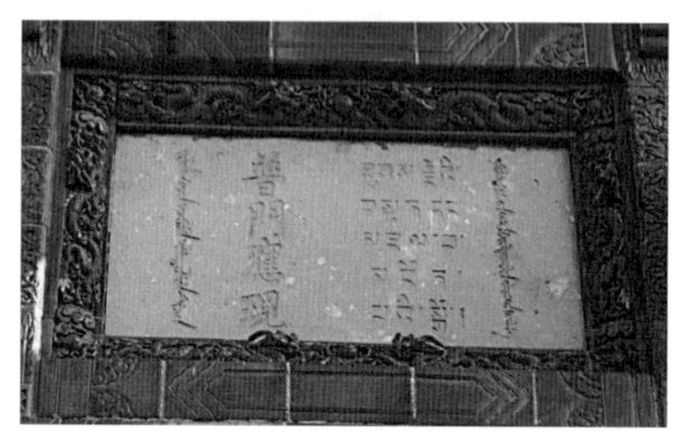

“普门应观”牌匾

普陀宗乘之庙是我国最大的一座庙，占地22万平方米，又称“小布达拉宫”。主体建在大红台山顶上，显得气势磅礴，蔚为壮观。它始建于乾隆三十二年（1767）三月，是为了迎接乾隆皇帝三十五年（1770）六十大寿和第二年（1771）皇太后钮钴禄氏八十大寿而建。到乾隆三十六年（1771）八月完成，是外八庙中施工时间最长的庙。庙内白台上立五塔，从东往西分别为黑、白、黄、绿、红五色，每色代表一个体教教派。清代尊黄教为国教，故黄色居中。五塔门前置石象一对，为大乘派象征。

第十四节 总持佛境牌坊

总持佛境牌坊

总持佛境牌坊，位于河北省承德市双桥区避暑山庄，须弥福寿之庙内，该牌坊充分吸收了藏族建筑之特点的手法，不仅以其外形和丰富的含义引人注目，而在与整座寺庙与牌坊周围的建筑巧妙地融合在一起，形成一个独特的建筑空间，从而把整个庙宇的建筑烘托得更加层次分明，宏伟壮观，气势磅礴。与北京北海小西天东西南北四座琉璃牌坊和香山静宜园的琉璃牌坊相类似，为乾隆时期盛行的式样。其尺寸情据梁思成《清式营造则例》中载："三间四柱七楼琉璃牌坊一座，计三间，内明间，面阔一丈六尺二寸，夹杆外皮面阔五丈四尺四寸，进深六尺六寸五分，通高三丈四尺五寸。台基面阔五丈九尺一寸，进深一丈零六寸，通高一尺七寸，埋深四尺。"其楼顶斗栱为双昂三踩带耍头。大脊两端的鸱吻较其他楼顶的鸱吻大了许多。前后楼檐略呈弧形，飞檐上的螭首外探，暴露在飞檐以外，不像其他京派建筑畏缩在檐内。

总持佛境牌坊左次间花心板上的二龙戏珠想

"总持佛境"牌坊前石象

须弥福寿之庙，又称"班禅行宫"，是清代乾隆皇帝为迎接西藏六世班禅入觐朝贺乾隆帝70大寿庆典，仿照班禅居所扎什布伦寺形制兴建。建于清朝乾隆四十五年（1780），占地3.792万平方米。1961年国务院公布为全国重点文物保护单位。1994年被联合国批准为世界文化遗产。

琉璃牌坊分布一览表

名称	结构	保护级别	详细地址	修建时间
圜桥教泽牌坊	四柱三楹七楼式	国家级	北京市东城区国子监街15号院内	元至元二十年
华藏界琉璃牌坊	四柱三楹七楼式	世界文化遗产	北京市西城区文津街1号北海公园	清乾隆年间
秩祀岱宗牌坊	四柱三楹七楼式	世界文化遗产	北京市朝阳门外迤东三里	明万历二十年
太和岩琉璃牌坊	四柱三楹三楼式	国家级	山西晋中介休市北辛武乡北辛武村	约明末清初
西天梵境门牌坊	三楹三楼带夹壁式	世界文化遗产	北京市西城区文津街北海公园内	清乾隆年间
证功德水牌坊	四柱三楹七楼式	世界文化遗产	北京市西城区文津街北海公园内	乾隆三十五年
安养示谛牌坊	四柱三楹七楼式	世界文化遗产	北京市西城区文津街北海公园内	乾隆三十五年
妙境庄严牌坊	四柱三楹七楼式	世界文化遗产	北京市西城区文津街北海公园内	乾隆三十五年
神州宝地牌坊	四柱三楹七楼式	世界文化遗产	北京市西城区文津街北海公园内	乾隆三十五年
祇树林琉璃坊	四柱三楹七楼式	世界文化遗产	北京市颐和园万寿山上	清乾隆年间
棂星门琉璃坊	六柱三楹冲天式	省级	山西省太原市万柏林区中环路	清光绪八年
卧佛寺琉璃牌坊	四柱三楹七楼式	国家级	北京香山卧佛寺路北京植物园内	唐贞观年间
普陀宗乘牌坊	四柱三楹七楼式	国家级	河北省承德市双桥区柏林禅寺	乾隆三十二年
总持佛境牌坊	四柱三楹七楼式	国家级	河北省承德市双桥区避暑山庄	乾隆时十五年

第九章　其他牌坊

第一节　水下节孝坊

千岛湖水下门坊

（吴立能 摄）

水下节孝坊，位于浙江省千岛湖水下原狮城内，约为现在的淳安县境内。2009年11月受《中国国地》杂志社的委托，著名水下摄影家吴立新在这里开始了探险拍摄，吴立新在此潜入湖底，在幽暗中缓缓前进，见一只精美的龙头闯入眼帘。这是一尊镂空精雕、豪华至极的坐龙首，双眼直视，龙须弯曲向上，炯炯有神。射灯再向上一照，额匾“圣旨”二字展现眼前，额匾左、右、顶边三面雕饰五龙捧圣。随后又看到了龙门枋之下的牌匾上题书“节孝”两个大字,旁边及上下一幅幅精雕细刻的龙凤、花草图案浮现在眼前，一座设计规整，结构严谨的砖砌牌坊毫无损毁，安正常矗立在水底，岿然不动。据作者了解，几位老人介绍千岛湖水下有数座古代牌坊，当时湖区放水紧迫，没来得及将这些建筑物全部推到，狮城这座千年古城就被湖水淹没在大水之下，最深之处达百余米，至今已60余年。

门坊中间月梁中雕琢的坐龙

（吴立能 摄）

新中国建立后的第一座水利发电站——新安江水电站，郑震孙摄于1966年

门坊上的“三龙捧旨”额匾

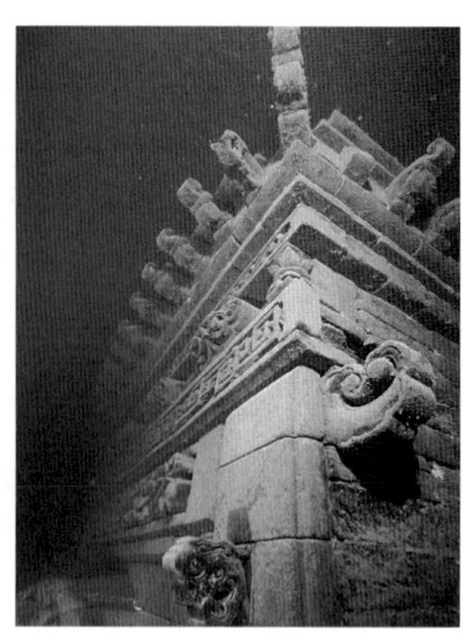

门坊楼顶一角

据了解和翻阅有关资料，水下的确有一座规模较大的砖砌牌坊，牌坊上雕刻着主人的名字“妫水故儒姚文浚妻王氏”字样，字体刚劲有力，字纹清晰可辨，牌坊顶部的各种雕刻,刀工精细，造型美观，是一座典型的节孝坊。民国二十九年出版的《遂安县志》中简短的记载着牌坊的修建始末：姚文浚是一名贫苦书生，妻子王氏却是大户人家出身的子女，王氏在18岁时嫁给姚文浚，不料结婚一年余，姚文浚因病去世。这位王氏一直守寡50余年，直至去世。后来此事被扬州府得知，上奏朝廷，于乾隆二十四年（1777）岁次丁酉中秋在狮城的北门附近为王氏修建了这座节孝牌坊，永久旌表这位贞节情操，抚养子女，孝敬公婆的贤惠女人。

这座王氏节孝牌坊，高约10米，宽约8米，四柱三楹五楼，砖体结构，两侧各垒砌着近两米宽的八字墙，墙中留有拱形门洞，约0.60米宽。牌坊明间宽敞高大，留有通道。两次间狭窄，各间都有月梁（小额枋），明间月梁正前方带有高浮雕，小额枋间的大花板上雕有“节孝”两个行楷大字，遒劲有力，落落大方，非一般人所书。靠柱部分由雕花月梁助托，大小额枋间镶嵌着花心版，左右两侧各有分布均匀的雕花图案。楼顶采用不同的加工方法处理的砖块砌筑，檐下三层，中间做花团，上卷草，下回字图案，均为深雕手法，精致别论。楼檐下面采用两层砖砌筑，上一层用砖磨棱角处理，下一层为保持原棱角处理。各向外探8公分。檐砖下砖雕三层，中间做花草图案，上卷草，下回字图案，均为深雕，立体感特强。楼檐采用每间隔一砖外探一尊怪兽，像似一尊龙首。似大鼻象头，嘴吞宝珠，昂首而立，造型壮观。

千岛湖水下淹没了两座古城，一座叫淳安城，另一座叫遂安城。1955年10月，当时的电力工业部选址淳安和建德交界的铜官，建设新安水利电站。1959年4月30日，两县29万人移居他乡。9月21日新安江截流，库区开始蓄水。这两座古城，连同21个乡镇、1000多个村庄、30万亩良田和数千间房屋，悄然沉入湖底，迄今已60余个岁月。淳安称贺城，遂安称狮城，两座古城可追溯到1800余年。有关史书记载：东汉建安十三年（208），东吴大将何齐讨伐山越，平定黟、歙两地，在歙县东面的叶乡设施新县，在歙县的南面的武强乡设新定县。公元209年贺齐带领人马筑起了始新县城。所以淳安县城又称贺城。元朝末年，贺城毁于兵燹。明洪武年间重修。贺城距今已有1000余年历史，从洪武至今也有500余年了。遂安筑城晚于淳安。据文献记载：遂安县城是唐代贞观（约621）年间建筑的。因为遂安城附近有五狮山，所以又称“狮城”。这两座古城都曾是新安江畔徽商商路的重要枢纽。这里水陆交通便利，乃浙江重镇，洪秀全之弟洪仁玕曾率太平军驻军北门。两城内古迹颇多，狮城有古塔、牌坊、岳庙、忠烈祠、五狮书院等。贺城始建于公元208年，古钱币状精工细琢的“商”字形门廊下成片的徽式大宅，昭示着新安江畔徽商商路枢纽的繁华富庶。古往今来，许多文人硕儒都曾到过这里，名篇佳作群集，文人古迹遍地，可谓人杰地灵，风水宝地。

第二节　陶雕牌坊

正在修复中的陶雕牌坊

陶雕牌坊，位于四川省达州市开江县任市镇街口，始建于清光绪八年（1882），是清政府诰授清制五品奉政大夫张九封为其妻、妾所建，为四柱三楹冲天式牌坊。坐南面北，高15米，宽12米，坊体厚0.8米。整体是用额枋、立柱、柱顶、底座、抱鼓石等陶构件通过穿插，对接，使用油灰这种古代的粘合剂，拼装而成，四根立柱，十架额枋为整座牌坊的主要构件。四根立柱组成三间券形门，明间宽2.1米，高4.3米，次间分别高3.8米，宽各0.9米。柱底坐雕有仰莲、云雷纹须弥座，高4.4米，宽1.6米。须弥座上的立柱前后和牌坊两侧有陶雕如意、花草的陶鼓，将柱身与底座组成一个整体，衔接牢固，雄伟稳重。牌坊正反两面各部位均雕刻各种图案，每柱的柱顶和陶

修复后的陶雕牌坊

鼓顶上，都有镂空镌刻的卧狮一尊，仰首翘尾，造型生动；牌坊的中脊高浮雕“云海双行龙”，五爪龙在云海中翻腾，气势磅礴；大脊下牌楼前后面雕有“圣旨”二字的额匾，四周雕琢“五龙捧旨”，额匾两侧有文臣武将护卫，威武壮观；明间龙门

抱鼓石背后、顶部的陶雕艺术

抱鼓石背后的陶雕艺术

枋上雕有“双凤朝阳”，金凤凰在霞光中翩翩起舞，婀娜多姿，柔和俊美。其余各额枋上都琢有浮雕、深雕、镂空的“龙宫水府”“松鹤遐龄”“云海仙境”“天宫楼阁”等图案，构思巧妙，技艺娴熟。与这些图案相应的还有题刻楹联：中间牌匾上“德固坤维”；下花板上刻“诰授奉直大夫张九封之妻刘氏、妾姜氏节孝坊”，其龙门枋上刻有“光绪八年孟秋月十六日建修”，均为阴刻横排楷书。在中柱前后面刻有竖排楹联两副：

烈妇难，节妇尤难，念鹄谆教诲，历三十四年来，养洁兰口，心盟井水；

慈母易，贤母不易，美鸾章宠贲，从五千里之外，光流邑城，庆行门闾。

苦节自能甘，看今朝芝诰荣褒，无负贞魂掴血，孝养承欢，可法可传，

仰皇恩旌楔永；

芳徽原不朽，忆当年柏舟矢志，允宜子舍杨芬，孙枝竞秀，而昌而炽，从知天意报流长。

上述这些图案和题刻，既抒发了牌坊建造者对朝廷的崇敬仰慕之情，又表达了时人对封建“节孝”观念的颂扬和称赞。牌坊的造型结构，技艺的娴熟，生动地再现了一百多年巴蜀地域的制陶工艺和高超的绘画、雕刻技术。这座陶雕牌坊是全国独一无二的，为我们研究清代的工艺美术以及绘画、雕刻都提供了重要历史资料，成为我国历史文化宝库中不可多得的珍品。

第三节 嵌瓷观赏牌坊

嵌瓷观赏牌坊，位于四川省隆昌县渔箭镇王家店大柏林即彭家大院天井内，沿大院院墙而建造。高10米，宽7米，是座六柱五楹五楼式建筑。建于请光绪十七年（1891），嵌瓷观赏牌坊是一座全国重点文物保护单位古建牌坊中唯一的砖砌彩塑嵌瓷牌坊，绝无仅有。

嵌瓷观赏牌坊为青砖砌筑，彩塑碎瓷片镶嵌结构，各楼顶的转角处都有飞檐翘角，滴水瓦当，楼脊带鸱吻走兽，琉璃筒瓦，构件齐全。明间楼面下斗栱为四层嵌瓷，第一层卧莲嵌瓷；第二层昂莲嵌瓷；第三层为梅花图案托檐脸；第四层为檐脸，所嵌均为青花瓷。昂、卧莲的莲花瓣为红色，青花瓷打底，周围黄色。两根立柱上部分为两条升龙，分别腾飞在两柱云雾中，白云青龙，气势恢宏。下半部分有楹联一副。两楹联之间用青花瓷镶嵌一巨龙腾飞，四角彩塑四只蝙蝠。两梢间小额枋下呈弧形门洞，门洞之上雕刻着飞马奔腾，气势壮观，规模庞大。整座牌坊通身楹联、题字、图案、斗栱实物均以青瓷碎片镶嵌，坊体彩塑戏曲人物故事、各种动物、花卉，形态逼真，栩栩如生。全国各地牌坊大多因人、因事而建，以宣扬政治主张，旌表政绩、功德，教化大众为目的或为寺庙山门、镇山建筑，而嵌瓷观赏坊纯属为配合庄园建筑格局、规模、功能、美化环境、咏月吟风、附庸风雅，展示富有为目的而建。所以，嵌瓷观赏坊的匾文题字、楹联、嵌瓷图案故事都围绕这一目的而制作。中间匾额塑青花瓷“三龙匾”，“端英南亭”四个正楷大字立于中央，结构严谨，遒劲有力。其意为：上天赐予祥端，映照像南亭一般恢弘典雅的庄园住所。表现了主人对庄园、牌坊自满的心态和乞求苍天神灵保佑的愿望，饰以“三龙匾”寄予吉祥，显示身份地位。“三龙匾”在隆昌牌坊中也是唯一的，相比“五龙”“九龙”是级别最低的。

“鹤蚌相争渔翁得利”彩塑

明间牌匾用青花瓷镶嵌的“飞觞醉月”四个正楷大字，反映牌坊主人呼朋聚友，月下飞觞斗酒的豪放情怀。升龙之下有对联一副：“爱客常怀孔北海；学书当法米南宫。”楹联引用了两位古人。其一为东汉北海太守孔融，即“孔融让梨”之孔融，后于北海任太守，故称孔北海。孔融不禁有知“礼让”的美誉，而且以好客著称，有“座上客常满，樽中酒不干”的作风。后对喜欢客人的人家都以孔北海为喻。其二为宋代的米芾，大书法家。宋徽宗召其为书画博士，曾官礼部员外郎，人称“米南公”。此联当为主人自勉，即像孔北海一样礼让义气，好客爱客；要以米南宫为师习书法，笔走龙蛇。次间楹联：“满座引松风，有客偶题花益母；小窗留竹月，伴侬先种草宜男。”梢间楹联：

渔箭玩赏牌坊前立面（2002年国宝）

“惜花春起早，爱月夜眠迟。”此联有主人自我矜夸之意；爱惜花草，在春天总是起得很早；喜欢赏月，在晚上一般睡得很迟。左、右门匾上题“礼门”“义路”，青花碎瓷镶嵌。楹联、题词体现庄主敬客人，好朋友，谦让礼义，读书学艺持家的这种传世治家的理念。题词楹联通俗而带自矜之气，显现乡下财主附庸风雅的心态。次间飞檐，鸱吻高挑，大额枋上彩塑三足鼎，鼎内插宝剑、如意、玄圭、卷轴、花翎等物，寓意：“一见如意”“一品当朝”。额枋下彩塑“蝙蝠含环”，下吊双圈圆形图案，丝涤结为万胜绳结，寓意“福寿双全”。圆形中彩塑戏曲故事。左为《鹤蚌相争》，又名《仙鹤配》或《渔翁得利》。旧时多以木偶形式演唱。叙一鹤与蚌相争，各不相让。吕洞宾化作渔翁，将二者擒获，后点化为“鹤蚌相争渔翁得利”的故事。

嵌瓷观赏坊上的“罗汉戏狮”

牌坊右次间的楼顶

明间顶楼下小额枋彩塑民间游艺“罗汉戏狮”，又名“沙和尚斗狮子”，造型生动，保存完好。再向下有彩塑戏曲《西厢记·饯别》一出。叙张君端进京赶考，崔莺莺与红娘相送，正唱“碧云天，黄叶地。西风紧，北燕飞。晓来谁燃霜林醉，总是离人泪”的场景。左彩塑一少年下河摸鱼，戏名“渔家乐”，多为木偶戏剧团演出节目。川剧舞台上侧常有学徒演出之请客戏。

牌坊右次间立柱上的绛龙雕刻

次间门楣上彩塑戏曲故事各一出。右为《拾玉镯》。叙美艳少女孙玉枝一人在家，适逢风流书生傅明路过，惊慕孙玉枝之美貌，留下玉镯在地。玉枝喜欢拾起，恰逢刘媒婆窥见，将玉枝逗弄一番，终使二人成就美满姻缘。此戏是一出以歌舞为主的优秀功夫戏。左为《玉壶春》。叙广陵少年李唐斌，别号玉壶生，风流俊美，游学嘉禾。清明时遇妓李素兰于郊外，相互爱慕，眷恋难舍之场景。梢间楼顶戗脊上彩塑一狮，檐下额坊塑“凤穿牡丹”，寓意富贵堂皇。单步梁上塑方鼎，门楣上塑扇形匾，匾内书有楷书“孔门”“义路”。梢间塑成半月形状。六根立柱基础均为金瓜柱墩。现为全国重点文物保护单位。

第四节　坤维正气节孝坊

坤维正气节孝坊，位于四川省开江县甘棠镇五福村雷家坡，当地人俗称：“雷家院子牌坊。”始建于清道光十七年（1837），历时七年，于道光二十四年（1844）建成，距今已170余年。是一座石刻、砖砌、陶雕和彩绘艺术融会贯通为一体的建筑艺术精品，为四柱五楼砖、石、陶混合结构，坐东面西，通高15米，宽12米，进深0.8米，占地45平方米。坊体有四根石质立柱、七道额枋以榫卯结合搭建框架，再由砖砌体填补空缺的结构形式组合而成，立柱前后各有高大的抱鼓石与立柱牢牢地结合在一起，形成了一个稳固而坚不可摧的整体。

修复后的“坤维正气”节孝牌坊

节孝坊下部分为三楹，中楹券形门洞，高3.3米，宽2.8米，两次楹为帷幔形门洞，各高2.8米，宽1.5米。柱基由四块长方立体形巨石组成，每块长3.7米，宽1米，厚0.6米。抱鼓石上镌刻着龙凤呈祥、吉祥牡丹、双狮夺宝、五福戏鹿等图案。中门扶手顶端各有一尊蹲狮，守护牌坊。在每道额枋正面镶嵌有陶雕砖，陶砖表面雕刻有孝悌忠义的场景和各种戏剧、神话人物200余个。其人物个个形象生动，姿态逼真，神态各异。牌坊顶端正中刻有“圣旨”额匾，额匾四周堆塑“五行龙捧圣图”。中额枋之下正中镌刻着“旌表处士雷代朝之妻胡氏节孝”十三个字，其下落款署“道光甲辰年九月初六日吉立”。五座楼顶檐下设有檐龛，一、二楼各一个，顶楼设两个，内无雕刻。五座楼大脊各安装狮吻，顶楼与一楼的狮吻回首向内，只有二楼狮首向外。顶楼刹尖安装大型宝珠。在牌坊两侧壁上各塑一长方形龛，龛壁嵌有陶雕图案，有八仙过海、琼楼玉宇、鱼跃龙门等内容，还有一些花卉图案，其间刻有名人拜题。牌坊以云纹、雷纹、朱雀、玄武、水草、如意、饕餮等为装饰纹样，精巧秀美。彩绘以土红、白垩着色，色调鲜艳，色彩丰富，层次分明，靓丽明快，且弥久弥新。远看富丽堂皇，近观精美绝伦，美不胜收。牌坊凝聚着古代川东人民的勤劳与智慧，这座多种材质组合而成的牌坊在国内亦不多见。胡氏节孝坊对于我们今天研究欣赏清代建筑艺术、石刻工艺及绘画技艺，都是不可多得的实物样本，具有珍贵的艺术价值和厚重的历史价值。

修复前的“坤维正气”牌坊

“圣旨”额匾与“坤维正气”牌匾

坤维正气节孝坊历经沧桑，曲折迂回，雷振宗与郭员外父子除恶报父，卫国驱倭，善仁义重的贵举，百余年来还流传着一段鲜为人知，感人肺腑的故事：

话说坤维正气节孝坊主人胡氏的丈夫雷

楼顶上的吻兽

代朝，原为河南省灵宝县雷家村的一位乡绅，家中耕地不少，是当地一名门望族。代朝生来性本善良，满腹经纶，高清淡定，不肯为官，自号“钓月处士”。妻胡氏，四十有余，美丽俊俏，勤俭持家，孝敬公婆，且颇有文才，甚受代朝爱戴。这一年胡氏身怀有孕，行动不便，仍坚持一日数次侍奉公婆，全家人和睦相处，喜乐融融。“天有不测风云，人有旦夕祸福”。雍正十年（1732），灵宝县遭大旱，数月未雨，耕地旱裂，庄家颗粒无收，屋漏又遭连阴天，大旱之年引发瘟疫。代朝之父，年迈体弱，不幸染疫身亡。设下身怀有孕的妻子，年老体弱的老母，代朝一时感觉度日如年。时年冬季一日夜晚，狂风四起，寒气逼人，大山中的恶匪越墙而入，挥刀赫赫，当场将代朝砍毙，抢走家中财产，吓得胡氏与老母蜷缩一隅，不敢出声，第二天拂晓胡氏搀扶着婆母逃荒外出，寻一条生路。一天，娘两行至川东新宁县甘棠铺域，夕阳映霞，暮色苍茫，胡氏顿觉腹疼，且愈来愈烈，疾呼婆母扶她在路边一竹棚下歇息，时，霞光满天，鸾飞鹤翔，西边天空红光一道，萦萦飘飘，瞬间飞入胡氏口中，只听得胡氏“啊……啊……”两声呻吟，肚中胎儿呱呱落地。

却说这甘棠铺有一员外，姓郭名先务，家有耕田百余亩，庄园一座，还有客栈一处。郭员外见婆媳二人饥寒交迫，怀里抱着不满月的婴儿，怜悯之心油然而生，眷顾胡氏三人，不使饥馁冻寒，收留了她们。时光流逝数年过去，郭员外送胡氏之子和自己的小儿子郭通一起进一家武术馆习武，还给胡氏之子择名雷振宗。

光阴似箭，一晃二十年过去了，这雷振宗长大成人，身体健壮，天生虎背熊腰，练得一身好武艺，刀枪剑戟样样精通，运用自如。诗书文章名冠乡里，气宇轩昂，一身英雄气概。时，清乾隆十年（1745），东南沿海倭寇扫院，搅得人心惶惶，鸡犬不宁。这雷振宗深知自己的苦难经历，在郭员外和母亲的眷顾下才得来这无忧无虑的生活，他立志想用自己学来的文武双全的本领，去从军报国，寻找杀父之人，报仇雪恨。便把自己的想法告之郭员外与母亲，二人早已看明，儿子非池中之物，欣然答应。郭通闻之，赶来与雷振宗一同前行。员外无奈，只好如此，备好盘缠，目送二人从军去。

昼赶夜宿，二人出剑客，入山西，过阳平关，在古代咸阳稍歇二日，便经华县，出潼关入河南。在“瓦壶关”毙杀父之人。哥俩海行数日，方觅得水军衙署，道明挥军缘由，被编入水军衙门前哨大营待命。

却说这胡氏寓居郭家客栈，缝缝补补，烧茶做饭，扫地扫院，任劳任怨。儿子外出参军，胡氏照顾得婆母真是称心如意，婆母甚是高兴。婆媳娘俩的贫民生活在郭员外的照顾下并不觉得孤寂。这年冬天，天气寒冷，甘唐地区下起了鹅毛大雪，雷老夫人一不留神，便得了风寒，卧床不起，胡氏坚守床前问寒问暖，煎汤熬药，不离半步，连侍奉大小便也毫无怨言，虽经百般侍奉调治，老夫人还是撒手人寰，别媳而去。胡氏悲伤交加，哭得泪流满面，经郭员外的帮助将其下葬。时过数日，客栈有人住宿，传言振宗、郭通二人巡海翻船不幸身亡，这真是晴天霹雳，祸从天降，胡氏头脑一涨昏厥过去，郭员外忙请名医，掐人中，上冷敷，时不久便苏醒过来，郭员外劝告："嫂夫人莫要太悲伤，此话毕竟是传言，并未得到准信，以后再等等，也许有希望。"胡氏觉得有道理，但愿如此，望老天保佑，儿子、郭通能平安回家。

被破坏的陶雕石狮

胡氏从此放心不下，昼思夜想，盼望儿子早日回还。一年、二年、三年…… 总不得儿子音讯。岁月流逝，风雨煎熬，不知不觉胡氏年逾古稀，十余年的思念，一次一次风雨颠簸，胡氏越来越迟钝，手脚出现僵硬，但他还是坚韧不拔地干活，相信儿子一定会出现在自己的眼前。因为他的勤劳勇敢，吃苦耐劳，坚韧不拔的精神得到乡亲们的敬佩与赞扬。有一天胡氏早起，正在烧水做饭，突然觉得眼前发花，气血有溃，头晕胸闷，昏厥倒地。伙计们见此状急忙扶起他，掐按人中，慢慢地苏醒过来，郭员外又请来铺上名医诊治，然而气血亏虚，心力极度衰竭，加上思儿情切，彻夜不眠，已油尽灯枯，残喘两日，阖然去世，年方七十有四。呜呼！好一位节妇孝媳，令乡里乡亲何等哀也！这大善人郭员外请来金山和尚念经七日，超度亡灵，吹鼓手，吹敲打奏，白幡招魂，纸钱买路，一副檀香棺木把胡氏安葬在了五通山上。

岁月蹉跎，转眼就二十余年。且说雷振宗在沙托西罗国为王，贵为天子，远离家乡，思念母亲，且一时回不了家乡，心神忧戚，就是有凌波神鞋也一时难回。有一天，振宗叫来郭通在海边闲谈莫论，远望一只大海龟在海面上浮动，便大声呼喊："神龟前辈，能帮我兄弟渡海，回家看望老母。"海龟露出头嘻嘻一笑，思考片刻应道："好的，待我帮你二人过海，回家看望母亲就是。"不一会儿，大龟游至岸边，兄弟二人上了龟背。神龟披风展浪，极速前进，临近象山海域，只听得炮声隆隆，远见硝烟弥漫，隐隐听见喊杀声。神龟道："前有倭寇犯边，我切助你二人击杀倭寇来犯！"快要接近贼船时，神龟喷水箭而发，箭箭击中倭寇，只杀的盗贼丢盔卸甲，狼狈逃窜，振宗奋不顾身，靠近贼船，连发数箭，百发百中，射毙数十人，倭寇威风丧胆，抱头鼠逃。清军见有援军，军威大振，雷鸣战鼓，杀声震天，万船齐拥，倭寇溃不成军，丢下数千尸体，东逃而去。神龟见此战役已胜，别过振宗、郭通入海而去。振宗二兄弟见过总领兵，说明情由，众兵惊叹不已，无不佩服。那倭寇遭此一败，数十年未敢来犯，兄弟二人立功受奖，辞别总领兵，踏上归乡路。

兄弟二人快马加鞭，日夜兼程，不几日便来到新宁县甘棠铺，心情激动，甚是高兴，下马前行，见故里依旧，皆物亲情油然而生，三步并作两步走来到郭氏客栈，牵马进院，见员外正在大堂理事，员外见客人至到，忙迎向前，定眸一看，全身汗珠蹦出，是鬼是人，一时难定，心想哥俩多年未见，传言已离世数年，近日出现在眼前的场面是真是假难说分明。三人相抱，热泪盈眶。入堂打坐，下人端茶上来，振宗顾不上喝茶欲进内屋探望母亲，郭员外开了言："哀哉！你哥俩走后，祖母年高体衰，抱病而去。此后你慈母十余年来孀居孤凄，夜思昼盼，想儿心切，茶不饮，饭不食，劳累过度，不幸昨年亡故，安葬在五通山上。振宗披麻戴孝，奔五通山墓前痛哭数日，呕心沥血方息。"

转瞬在家盘桓月余，母已不在，便再三谢过恩公郭员外，将欲辞行，这郭通死活不舍，振宗得员外应允，携郭通走天涯去也。

且说这新宁县衙闻得振宗、郭通杀倭立功受奖而归，甚是喜欢。联想振宗其母怀胎两年，云霞送子、竹爆喜庆及振宗华山梦仙、沙陀西罗国为王、神龟助其杀倭寇诸般异事，皆与本邑郭氏客栈行善使仁、慷慨救助息息相关。为倡励仁善忠勇、扶危济困精神，遂向朝廷，请予旌表。乾隆十八年（1753）准奏改甘棠铺为"天子店"，并翻新扩建郭氏客栈。不久，为避大清皇帝天子讳，再次以谐音改为"添子店"。清道光十七年（1837），新宁县衙为彰显勤劳善良、敬老爱幼、守节行孝之懿德良风，再次请对胡氏予以旌表。皇恩浩荡，敕新宁县衙聚资立"胡氏节孝坊"，并赐"坤维正气""柏节松龄"旌词，表镌于正背两面，进一步教化乡风民俗。光绪三十二年（1906）行政区划调整又改"添子店"为甘棠乡，但民间至今仍沿呼甘棠为天子店，以示对"郭氏客栈"及振宗母子的缅怀和敬仰。

第五节　中狱寺牌坊

中狱寺牌坊，位于甘肃省甘谷县大石乡贯寺村路南，坐南面北，为十四柱三楹四楼全木结构建筑。八根立柱分布在牌坊的正面构成三楹，明间宽，两次间窄。牌坊总宽约6.7米，高10.4米，进深1.75米，背面辅建一六根立柱的坊阁，共进深5.53米。正面明间无额枋，只有一架龙门枋，枋下悬挂一镂空挂落，其图案为二龙戏珠，龙门枋前后各一架，两侧各一短大额枋，四架额枋交叉一起坐

中狱寺牌坊坊顶

中狱寺牌坊前立面

中狱寺牌坊左侧飞檐

中狱寺牌坊背面

中狱寺牌坊背面的斗栱

落在四根立柱上。额枋上前后各三组单踩斗栱承托着两座单面楼顶，顶上有翘角、山脊、戗脊、大脊，大脊上有三组三踩斗栱承托起一座歇山式楼顶。飞檐斗栱，戗脊大脊，鸱吻剑把、戗兽、跑兽样样俱全。大脊中间的刹尖饰一象

驼宝瓶，宝瓶上饰一寿字图案，高高耸立，不但装饰了楼顶，还起到避雷之用。两次间楼顶也为歇山式样，额枋交叉，斗栱叠错，筒瓦列排，戗脊向外伸探，顶端螭首外延，威严壮观。背面六根立柱承托着额枋框架，圆桷上压着飞椽，探出框架近0.8米，前面成大弧度飞檐翘起，戗脊砖雕密密麻麻，林林总总，令人依恋难别。整座牌坊繁花似锦，玲珑剔透，民间韵味十足。加上五颜六色的彩绘，更是锦上添花，色彩缤纷，好似一声礼炮巨响，放射出了五彩缤纷的礼花，满天飞舞，光彩夺目。

第六节　结义园牌坊

结义园牌坊，位于山西省运城市盐湖区解州镇五一路145号关帝庙内。是结义园中的主要建筑之一，为纯木结构，十二柱三楹重檐三楼庑殿顶结构式的建筑，檐下七踩斗栱华丽壮观，牌坊后连着卷棚式阁楼，六柱承托着阁楼顶，设计比例协调，形制优美。

结义园牌坊

结义园牌坊背面附属建筑

“结义园牌坊”背面檐檩与椽、桷

戗柱与主立柱同样粗细，给整座牌坊增加了稳固性能，特别是两次间下额枋上的单踩斗栱，别出心裁。这独具匠心的设计，不得不令人赞叹叫绝。明间下额枋上有七组单踩斗栱承托着“结义园”三个楷体大字的牌匾，牌匾上紫底金字，耀眼争光。背面题书“山雄水阔”四个楷体大字，字迹工整俊美。寥寥七个字，概括了关羽与刘备、张飞桃园三结义，叱咤风云，征战华夏，开创三国鼎立局面，改写中国历史的山雄水阔、英勇豪迈的一生。牌匾两侧各站立一位文武大臣，手持笏板。龙门枋上七踩斗栱加麻叶，并在斗栱前饰一排八根不同长度的垂柱，垂柱底端饰垂莲。两角端垂柱较短，向内两根较长，中间有四根较短，呈一字排列，垂花为红色，只起装饰作用。这八根长短不同的垂柱中间皆有穿插与第一踩斗栱横撑连接为一体，既分担了部分顶楼的负荷，又抗御了风荷对楼顶的冲击。垂柱的两侧各有平板图彩绘挂落镶嵌。两次间大小额坊各间设置三个方格的镂空雕刻。顶楼下前后两根垂柱，一大两小。牌坊侧面设三根垂柱，中间一根较长，两侧较短，三跟立柱有一根横木将其穿插为一体，中间垂柱与次间大额枋顶端相接，成为侧楼的一个整体。牌坊后阁楼与阁楼山墙内博风板后面的横梁连为一体，阁楼顶的重量全有阁楼框架承担。通体牌坊各构件相互作用，衔接紧密，你连我，我抱他，处处相接，件件相连，榫卯结合，组成了一个密不可分的整体。三座楼顶、大脊、戗脊皆有脊兽、戗兽等构件装饰，绿色琉璃瓦饰面，富丽堂皇，精妙绝伦，无与伦比。

“结义园牌坊”中间的牌匾

“结义园牌坊”背面内部结构

“结义园牌坊”的双重飞檐

“结义园牌坊”次间的垂柱

关帝庙，创建于隋文帝开皇九年（589），宋真宗大中祥符七年（1014）重建，明嘉靖三十四年（1555）毁于地震，再建后又于清康熙四十一年（1072）

毁于大火，乾隆十八年（1753）又予重修，历经数十年修缮、扩建，成今日之规模和布局。初名“莲花池”，颇具规模的结义园成为关帝庙的重要组成部分，与结义园前呼后应，给古老的关帝庙增添了精彩活力。庙园内建筑众多，殿宇巍峨，富丽堂皇，规模巨大，格调高雅,气势恢宏，成为我国乃至全世界现存规模最大、历史最久、保存最完好的关帝庙，与山东曲阜孔庙相呼应，一文一武，成为世界华人朝拜的圣地，是国家级重点文物保护单位。关帝庙以东西向街道为界，与结义园分为南北两大部分，总称关帝庙。

第七节 乔寺牌楼

乔寺牌楼坐落在山西省绛县横水镇乔寺村，建于清道光十七年（1873），是周氏家族为资政大夫周万钟所建的功德碑楼。乔寺碑楼坐西朝东，平面长方形，面阔六间，单檐歇山顶，檐下饰砖雕仿木斗栱。石砌台基长17米，宽2.60米，高1.50米。楼身高约15米，正面设五间，立七通碑，每室之间有通柱石刻楹联，上嵌石匾额。序由乙未科探花乔晋芳撰，楼体上部四面均为仿木斗栱砖雕，三踩单翘，龙形要

乔寺牌楼

头，并雕有人物、花卉。保存完整。楼体上部四面亦饰有各种砖雕勾栏、窗缕、垂花，构图考究，线条细密，雕工精美。

牌楼碑龛

在碑楼里面的七块碑中，有追思碑，感德碑，恩德碑等，奇怪的是还有一块神道碑，在

当中的位置，上书：诰授武翼都尉军功议敘游击晋封资政大夫禄在周公神道。这立刻让我产生了一个疑问，神道碑为什么放在碑楼里呢？这块碑上的文字也许为整个碑楼确定了性质，即这是一座周禄在的神道碑楼？也就是说碑楼附近的某个地方就应该有主人的坟茔，其他名目的碑只是捆绑。当然这只是猜测，可除此之外，神道碑放在碑楼里很难给出其他的理由解释，而且，“神道”后面没有“碑”字，显然是有为整个碑楼命名的意思，而其他名目的碑都明确写明“××碑”。类似的情况笔者在别的地方也见到过，就是神道碑与其他名目的碑同置于一座碑楼里，只有这一座，要弄清真相还待后人研究。

牌楼前面石雕

乔寺碑楼集建筑、砖雕、石雕、书法艺术于一体，保存状况良好，具有较高历史和艺术价值。2013年5月，乔寺碑楼被公布为第七批全国重点文物保护单位。

第八节　颐和园内牌坊

颐和园内其他式样牌坊，有双柱单楹单楼式牌坊、三柱双楹式牌坊、四柱三楹式牌坊，有在庙宇门前的；有在帝王游玩景点前的；还有许多出现在商家店铺前的，其装饰多种多样，五颜六色，各具形态，特别是店铺前的，并都具有牌坊结构造型、色彩、绘画之特点，总之将牌坊的整体造型运用到店铺上去宣传、装点、美化自己的店面，招揽生意，成为广告载体，为更好地包装个体服务，成了商家牌坊。

白玉夹柱石底座的木牌坊

颐和园龙王庙西牌楼两面分别为“绮霞”“镜月”

新建宫门内牌坊侧立面

颐和园苏州街上双牌坊

颐和园新建宫门内牌坊

第九节　一真亭式牌坊

一真亭式牌坊，位于山西省西安市莲湖区西大街化觉巷30号大清真寺院内，在通往大殿的甬道上，两座双柱小牌坊前面。高7.90米，面阔13.4米，进深3.86米，为十二柱五楹六角亭式建筑。梢间与六角亭之间以走廊相连接组成一个整体牌坊，结构较为复杂，建筑风格独具特色，是中国牌坊建筑中独领风骚的一座。牌坊因有六角亭坐中，飞檐尖顶，形若凤头，两端各居三角亭一座，似凤凰展翅，故又称“凤凰亭牌坊”。六角亭正面东檐下悬挂“一真”二字的竖匾，北面有四字“包罗宇宙”的横匾，皆为当时兵部尚书铁铉亲笔所书。

六角亭前后双柱上

一真亭牌坊后立面

牌坊中间“一真”亭

牌坊中间亭子内部复杂的结构

牌坊的斗栱与飞檐

亭式牌坊上的“一真”额匾

各雕刻楹联一副，五间牌坊的两立柱间分别饰花格挂落。亭檐下为三踩双昂斗栱，两侧皆为无昂三踩斗拱。楼脊饰吻兽。据分析"一真亭牌坊"的建造年代应是在唐代与明代之间，后世几经修葺，才保存至今，看上去，古朴典雅，风格迥异，浓墨重彩，烘托出了我国古文化的背景和复杂多变的审美观。现为全国重点文物保护单位。

第十节 德阳文庙棂星门

德阳文庙棂星门

德阳文庙棂星门，建于清咸丰元年（1851）。由三座冲天柱式石牌坊组成，红砂岩铺筑海墁，面积39.52平方米。为八柱五楹五门五楼冲天式结构，三座独立冲天式牌坊为一体的建筑。中间一座牌楼为四柱三楹三楼，两边均为二柱单楹单楼。各坊由柱、雀替、枋、额匾及檐楼几部分组成。立柱均为方柱，柱顶雕刻蟠龙。各柱前后均施抱鼓石，鼓上各有俯卧狮一尊。大小额枋上下各一架，大额枋出头，除中间牌楼的明间上枋外，其余各枋头均圆雕衔珠龙首，枋面均有平面减地浮雕图案。石雕檐楼均作庑殿顶式，仿木雕刻出筒瓦顶。檐下有四根坊摺柱，柱间施透雕华版。檐下均施垂花柱。屋顶正脊正中有透雕宝顶。

德阳文庙棂星门的刹尖与牌匾

德阳文庙棂星门的雕刻颇具特色，雕刻的位置包括抱鼓石、柱头、雀替、枋、楼匾周围的龙雕边框、檐楼的柱间花板以及楼顶，可以说整个建筑基本都施雕刻。雕刻的技法有浮雕、透雕、圆雕。雕刻以额枋上最具特点，构图方式基本一致：中间为主体部分，占整个枋梁长度的2/3以上，两端各占1/3部分的一半，采用开光构图方式。雕刻采用浮雕，题材内容包括二龙戏珠，双凤朝阳，及寓意祝福、迹象含义的组合图案如鱼化龙、麒麟吐书、一路连科等，既具有装饰功能，又暗含对读书士子的祝福；透雕建于龙门枋上的花板，透雕刻云龙，明间正面为坐龙，两侧为行龙，其余部分或雕插花或雕寿字等。

德阳文庙有三座牌楼组成的棂星门结构，也见于其他四川地区文庙，如安岳文庙，资中文庙，洪雅文庙、乐山嘉定府文庙等与其近似，但在具体内容上有所不同，或用透孔花墙相连，或用矮墙相连，或带袖壁等，洪雅县文庙为结构最为简单的相互独立的三座单体牌坊，均各具特色，独领风骚。

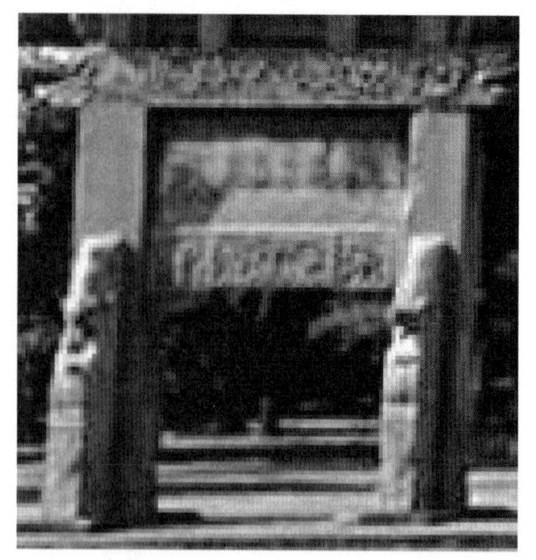

德阳文庙棂星门右侧门牌匾与抱鼓石

其他牌坊分布一览表

名称	结构	保护级别	详细地址	修建时间
水下节孝坊	四柱三楹五楼式		浙江省千岛湖水下原狮城内	约明代
陶雕牌坊	四柱三楹冲天式	国家级	四川省达州市开江县任市镇街口	清光绪八年
嵌瓷观赏牌坊	六柱五楹五楼式	国家级	四川隆昌县渔箭镇王家店大柏林	清光绪十七年
坤维正气节孝坊	四柱三楹五楼式	国家级	四川开江县甘棠镇五福村雷家坡	道光二十四年
中狱寺牌坊	八柱三楹四楼式		甘肃省甘谷县大石乡贯寺村路南	约明末清初
结义园牌坊	十二柱多楹四楼式	国家级	山西运城市盐湖区解州镇五一路	乾隆十八年
乔寺牌楼	六柱五楹单楼式	国家级	山西省绛县横水镇乔寺村	道光十七年
颐和园内牌坊	四柱三楹三楼等样式		北京颐和园内	约民国
一真亭式牌坊	十二柱六楹五楼式	国家级	山西西安市莲湖区西大街化觉巷	
德阳文庙棂星门	六柱五楹冲天式	国家级	四川德阳市中江街 133 号	清咸丰元年

第十章　损毁牌坊

第一节　九达天衢牌坊

九达天衢牌坊，坐落在山东省德州市旧州城聚秀门（俗称大西门）外古驿道上（今米市街），系明代建筑，约建于嘉靖年间（1530—1565）。德州史称“神京门户”“京畿达九省御路”，素有“九达天衢”之称。九达天衢牌坊四柱三楹五楼式石木结构建筑，坐北面南而立，上部为带斗栱的楼顶，南北向的四条青石基础底座，高约0.5米，四根圆形木柱被四块基础石墩牢牢夹抱着，立柱前后各有一根戗柱支撑。基础石上雕有石蛤蟆八只，均为伏卧状。牌坊正间牌匾上横题书“九达天衢”四个正楷大字，相传为明嘉靖年间太子太师严嵩所书。1899—1901年（清光绪年间）袁世凯任山东巡抚时重修，“九达天衢”四字由朱启钤重书（著名的古建筑学家，实业家。北洋政府时代，曾任代理国务总理）。

牌坊造型美观，雕工精细，彩绘富丽，显示了明代建筑的特点，此牌坊毁于1937年10月3日日本军攻占德州城后。

第二节　宏仁赐福牌坊

宏仁赐福牌坊，位于北京市朝阳门外迤东三里东岳庙前东侧，为四柱三楹七楼式木质牌坊。是坐落在东岳庙前呈“品”字形的三座牌坊之一，东西各为一座木制牌坊，向南通往神路街的为砖砌体琉璃牌坊

1920年（英）唐纳德·曼尼拍摄的“宏仁赐福”牌坊

（见第八章第三节“东岳庙秩祀岱宗牌坊”），至今它还完美无缺地屹立在那儿，见证着时代的变迁、人类的发展。东岳庙原名“仁圣宫”，明代始称东岳庙，现在保存下来的建筑为清乾隆年间重修与道光年间增建的。庙门外跨街的两座木制牌坊为明万历二十年（1592）由神宗母亲慈圣皇太后懿命修建的，从一张1928年前后上色照片上推断，其牌坊的庑殿顶为灰筒瓦，绿琉璃瓦剪边，绿琉璃瓦脊兽，为后加固牌坊，除坊柱加铁箍外，并设有抱柱、戗柱，中间二立柱还增加了石戗垛，该牌坊为东边一座，明间牌匾西面题书“宏仁赐福”、东面题书“泰口洞天”。

第三节　灵岳崇祠牌坊

灵岳崇祠牌坊，位于北京市朝阳门外迤东三里东岳庙前西侧，为四柱三楹七楼式木质牌坊。其尺寸、外观造型，内部结构，装饰雕刻与宏仁赐福牌坊基本一致。两座木制牌坊1950年因附近有火药厂爆炸，被震毁，随后彻底拆除。西边牌坊东面正间牌匾上题书“灵狱崇祠”、西面题书“蓬莱胜景”。东边牌坊西面牌匾上书“宏仁赐福”，东面上书“泰岳洞天”。两座牌坊四块牌匾的题字，端庄秀丽，刚劲有力，是哪位高人之笔，已无从考证。

1908年德国穆默拍摄的东岳庙前“灵岳崇祠”牌坊

第四节　登科牌坊

登科牌坊，位于安徽省绩溪县城内大街巷口，有跨街楠木牌楼之称，上覆瓦，下立柱、戗柱、柱墩。明成化元年（1465）为举人章英立。这座楠木牌坊在我国南方是极其罕见的，不但木料珍贵，且牌坊的造型、雕刻、绘画等工艺也属上等水平。旧县志称“登科坊”。1956年11月列为省级重点文物保护单位，誉为“江南一绝”。1970年拓宽街道时拆除。

第五节　绩溪南门牌坊群

安徽绩溪城南12座牌坊，可惜早已化为灰尘

安徽省绩溪县旧县城南门外至徽溪桥，有明清牌坊19座。有“三进士牌坊”为胡富、汪莹、冯镕立；“尚书牌坊”,为胡富立；“科第传芳牌坊”为进士胡光、举人胡宗华立（清圮）；“登俊牌坊”为举人许魁立；“大司空坊”，为胡松立；“绣衣牌坊二”，一为御史胡松立，二为御史胡宗宪立；“世登科第牌坊”，为戴瑠、戴祥、戴嘉猷立；“进士牌坊二”，一为知府郑恭立，二为知府汪仲成立；“达尊牌坊”为尚书胡松立；都宪坊，为御史胡宗明立；“少保牌坊”，为胡宗宪立；“诰封牌坊”，为参政胡淳立；“恩隆节钺牌坊”为御史胡思伸、赠按察使胡儒、赠都御史胡守贵立（清圮）；“大夫牌坊”，为同知程伯祥立；“节孝牌坊三”。新中国成立后尚存12座，1985年至1969年，因市政建设拆除，化为飞烟。

第六节　滨州古城牌坊群

滨州这座公元1265年建立的城邑，自建立那一年，城内就开始修建牌坊，断断续续，数百年来，至清咸丰年间共建起了七十余座材质非一，造型各异的功德、节孝、功名、世科等牌坊，在四街衢道上琳琅满目，数不胜数。

东街共13座："状元牌坊"，为胡旦立；"观光牌坊"，为陈纬立；"奎焕牌坊"，为李汉立；"解元牌坊"，为王化立；"登庸牌坊"，为石昭立；"凌云牌坊"，为张经立；"金吾牌坊"，为田泰立；"青云奕业牌坊"，为张澜立；"进士牌坊"，为苏锡立；"恩荣牌坊"，为诰封奉政大夫张弡立；"恩赉椿萱牌坊"，为赠布政司参议王兑立："望隆棨戟牌坊"，为巡抚王学书立；"监察御史牌坊"，为苏锡立。

南街共23座："抡才牌坊"，为谭震立；"世科牌坊"，为谭纶立；"双柱牌坊"，为谭绅立；"侍御牌坊"，为王化立；"冠英牌坊"，为乔隆立；"进士牌坊"，为王达立；"师范一方牌坊"，为王达立；"继科牌坊"，为李琰立；"进士牌坊"、为艾洪立；"司谏牌坊"，为艾洪立；"毓秀牌坊"，为于宽立；"折桂牌坊"，为刘坦立；"麟经接武牌坊"，为齐济周、齐完立"步蟾牌坊"，为杨志立；"登云牌坊"，为周廉立；"攀蟾牌坊"，为周瑄立；"进士牌坊"，为吴道行立；"纶音三锡牌坊"，为赵庭琰立；"解元牌坊"，为毛同立；"进士牌坊"，为崔孔昕立；"柏操凌霜牌坊"，为杜继业妻孙氏立；"龙章增贲牌坊"，为诰赠奉政大夫杜继业封太宜人孙氏立；"父子登科牌坊"，为崔廷试、崔天胤立。

西街共17座："恩荣牌坊"，为孙镛立；"黄甲齐名牌坊"，为王纶立；"青云联步牌坊，为王绶立；"锡命褒宠牌坊"，为王信立；"联芳牌坊"，为胡经立；"经元牌坊"，为胡鳌立；"奋庸牌坊"，为邢懋立；"世荣牌坊"，为徐政立；"潘史牌坊"，为张宗善立；"都宪牌坊"，为张西铭立；"宫保尚书牌坊"，为张西铭立；"进士牌坊"，为赵大纲立；"亚魁牌坊"，为赵之节立；"地官第牌坊"，为赵世荣立；"进士牌坊"，为刘效祖立；"经亚牌坊"，为赵越立；"节孝流芳牌坊"，为张箴妻王氏立。

北街共15座："经元牌坊"，为王纶立；"亚卿牌坊"，为王纶立；"进士牌坊"，为姜佐立；"绣衣牌坊"，为姜佐立；"贞节牌坊"，为左达妻李氏立；"进士牌坊"，为张正蒙立；河朔清戎坊"，为崔巍立；"畿辅持宪坊"，为崔近思立；"豸绣牌坊"，为国禹立"；"进士牌坊"，为丁贵立；"进士牌坊"，为杜其萌立；"天恩世锡牌坊"，其坊石质，三楹，为杜旻立；"三凤二雏牌坊"，为徐用贤、勖用良、徐用方、徐之萌、徐之泗立；"清时锡命石牌坊"，为崔敦立。

以上牌坊至清咸丰年间只剩三座，其他牌坊随风化雨蚀，逐渐倒塌，咸丰《滨州志》中载："以上名坊，今存三，余圮。"滨州城距黄河下游岸边约10公里，自清咸丰五年（1855）河南铜瓦厢决口夺大清河入海，使大清河黄沙逐年沉淀，河床随之抬高，河水溢出河槽，庄稼被淹，老百姓四处逃荒避难，无家可归，到处流离失所。山东巡抚陈世杰于光绪九年（1883）上奏朝廷，黄河两岸告急，洪水泛滥，百姓遭洪水侵害。朝廷立刻派专员修筑大坝，黄河两岸附近的墓碑、牌坊等大量被推倒，运至黄河修筑险工大坝。1946年至1948年，当时的"渤海区动员20余县，数十万人次军民，修做防堤土方343.88万立方米，整修抢险用砖石4.43万立方米，发动群众献运砖石15万立方米，运送秸柳料2697.5万余公斤，自力更生烧砖代石3万余立方米……"（摘自1988年6月出版的《惠民地区黄河志》）。大量的治黄用石，当地军民无可奈何，每个村庄，每座县城内的碑碣、牌坊等石质的物体都未逃此一劫，被埋入黄河大堤之下，成了洪水的抵挡者，时，别说三座牌坊，就是30座牌坊也早被推倒，运至黄河抗洪去了。至新中国成立后，滨州城内的牌坊群便消失得无影无踪。

第七节 状元牌坊

状元牌坊，坐落在山东省滨州市滨城区滨北街道办事处东街居委会，坐西面东，高约12.5米，面阔约7.7米，进深约3.8米，是一座八柱八楹十三楼式木质亭式牌坊建筑。建于明代早期，为宋太宗太平兴国三年（978），举进士第一名（状元）胡旦立。传说，"状元坊"在滨州城内的牌坊中可算首屈一指，无论建筑设计、牌坊造型、木雕彩绘、瓦作做法等都算得上精雕细琢，华美绝伦。八根圆形木柱前四根，后四根，两次间外侧由大、小额枋相互连接，形成一座四面牌坊。东西南北四个面的龙门枋上各有单昂三踩斗栱承托着双层歇山楼顶，楼顶上大脊、戗脊、山脊俱全，鸱吻剑把、背兽、戗兽、仙人嘲凤、跑兽应有尽有。大小额枋上、明间龙门枋上"龙凤呈祥""二龙戏珠""狮子滚绣球""丹凤朝阳""麒麟送子"等图案姿态各异，活灵活现，栩栩如生。"状元坊"的牌匾挂在牌坊前后花心板的位置上，蓝底金子，三个金色大字一目了然，熠熠生辉。一座具有我国北方建筑特色的亭式牌坊，巍然耸立在滨州城望海门（东门）内的大道东端。流芳百年，名誉海岱，赠滨州之光，炫齐鲁之荣，可与滨州戏楼相媲美。

随着光阴的流逝，岁月的变迁，清朝初期，战争的摧残，人为破坏，使状元牌坊步入了濒临倒塌的危险，至康熙年间状元牌坊无人修葺，最后与城内十几座牌坊便逐渐消失得无影无踪，成为人们永远的记忆，再也见不到当年的威严雄姿。

胡旦，字周父，滨州人，一生坎坷跌宕，历尽心酸。年少时即有俊才，博学能文。宋太宗太平兴国三年（978）举进士第一（状元）仍将作监丞。任升州通判时，江南初平，南唐李氏所度僧侣大部分被令返俗，但虑其无田产家园可归，将恐聚而为盗，便一律黥为士兵。后迁左拾遗、直史馆。因数次上书，时政利弊，又曾上《和平颂》，以“词意悖戾”“胸臆狂躁”得罪当道而多次被贬。胡旦曾《平燕议》，主张利甲兵、雄士卒、饶给养，“齐心平敌，灰托旧境”，因复起为左补阙，复直史馆，迁修撰，预修国史，以尚书户部员外郎知制诰。真宗时，胡旦因与内侍王继恩交好，王犯罪，胡为开脱，被贬为安远军行军司马。后复起，以秘书监致仕。晚年双目失明，闲居襄州。胡旦生平好书善史，每闻大臣、名士去世，必为之作传，记其善恶。双目失明后，犹令人诵经史，凭几而听，不知疲倦。著有《汉春秋》《五代史略》《将帅要略》《演圣通论》《唐乘》《家传》等300余卷。曾制一大砚，方五六尺，上刻“胡旦修汉春秋砚”字样埋于地下，以传后世。年80卒于襄州，子孙甚贫，寓柩民间。皇佑末年，襄州知州王田为言于朝，得钱20万以葬。

第八节　都宪牌坊

都宪牌坊，位于山东省滨州市滨城区滨北街道办事处西街居委会张西铭宅第门前，牌坊高约10.5米，宽约6.8米，进深约1.8米，为四柱三楹三楼式石质冲天式石质建筑。柱下抱鼓石须弥座上，正间两根立柱的前后各蹲坐着一尊雄狮，四根立柱上部各间分别有大、小额枋与立柱以榫卯的结构形式牢固地结合在一起。三架大额枋上各设置了数组三踩斗栱承托起蓝色琉璃瓦楼顶、与牌匾上题书的“都宪”二字、花心板上的深浮雕图案、立柱顶端上的浮雕云纹遥相呼应，组成了一座艺术珍品，亭亭玉立，威严壮观。连当时具有徽派建筑风格的张家宅邸，一时成为凤凰古城内的一道具有南方特色的景观。后来随着张世后裔的迁移，宅邸、牌坊随之变为废墟。

张西铭，字原仁，滨州西街人。嘉靖丁未（1547）进士，初授刑部主事，升郎中，三次主持秋考，出任长沙知府，历任陕西副使、浙江参政，所至皆有政绩。优选任巡抚辽左，边疆倚以为重。以病归。数年复起用，巡按畿辅，晋南京户部尚书，太子少保。卒赐谕祭。祀北直，浙江、山西名宦祠、乡贤祠。

第九节 滨州文庙棂星门

滨州文庙棂星门，位于山东省滨州市滨城区滨北街道办事处南街居委会文庙大门前，为一座四柱三楹三楼和两座双柱单楹一楼，三座牌坊组成的冲天式石质牌坊建筑。牌坊的左右两侧还各有一座双柱单楹三楼木质牌坊，大门前宽阔平坦。戟门三楹，中悬“万世师表”额匾。棂星门外，劈地为坊，额曰“海岱文源”，东牌坊，旧额“抡才”，康熙间为“德配天地”。西牌坊，旧额“毓秀”，康熙间为“道冠古今”。五座牌坊聚为一起，环抱广场，彰显了文庙气宇不凡，义高云汉，万人敬仰的圣人风范。

滨州文庙（圣庙）,又称“学宫”，是纪念中国历史上伟大的思想家、政治家、教育家，中国古代承上启下的集大成者孔子先生与其祖宗的场所，建于元中统二年（1261）时称：“大成至圣文宣王宫”，大门坐北面南，庙内有大成殿、崇圣祠、东西配殿、祀殿、西哲、北殿等建筑物，构成了一片宏伟的古建筑群体，里面分别供奉着孔子、与孔子有关的先贤、才子的牌位。高大威严的古代建筑群体，为凤凰古城增添了无限色彩，使滨州古文化底蕴更加浑厚，庄严宝相，灿若云霞，美不胜收。每逢节日庙会这里人声鼎沸，热闹非凡，平日里也有众多学子不断前来拜孔求教，愿孔圣人为自己的仕途定向如愿，前途似锦。不少老年学者定期前来祭奠供奉，以示尊孔纪念。至清朝，一时变为学堂，到了清末便无人问尊，逐渐破旧，濒临倒塌，民国初期兵燹之乱，搁置已久，墙倒楼塌，破烂不堪，即成废墟，逐渐消失在人们的记忆之中，庄严肃穆的棂星门与牌坊也随着文庙的销声匿迹而无影无踪了。

第十节 柏操凌霜牌坊

柏操凌霜牌坊，位于山东省滨州市滨城区滨北街道办事处南街居委会的大道上，传说为四柱三楹五楼式木质建筑，高9.8米，面阔7.5米，进深2.6米.四根圆形立柱两侧共八根戗柱戗撑着牌坊，蓝色琉璃瓦挂满楼顶，鸥吻、跑兽布满楼顶大脊、戗脊，大脊中央以宝葫芦为刹尖，成为牌坊的最高点。玲珑剔透，优美俊俏的孙氏柏操凌霜牌坊，彰显了坊主勤俭持家的优良家风、教子成才的杜氏教育理念。更彰显出了杜氏家族“和谐处事，低调做人”家风家训的严厉育人精神。

杜继业妻孙氏，杜诗、杜律、杜赋之母亲。杜继业早年去世，她勤俭持家，从严教三子成人，得到街巷人们的高度赞扬。长子杜诗高中进士，官至江西、湖广布政使；次子杜律以第一名的成绩被选为贡生，官至山西太原府通判；三子杜赋举孝廉。杜诗中进士后，皇帝特别恩赐为孙氏建立牌坊予以表彰，是滨州城内有名的“柏操凌霜坊”。

第十一节　四牌楼

四牌楼位于山西省大同市旧城中心，由四个相连的牌坊组合而成的建筑。四牌楼建于明代洪武年间（1368—1398），当时大将军徐达受命修筑大同城，为壮军威、颂功德，在城中心修筑了这座四牌楼建筑。建筑为木质结构，四个牌坊分别面向东西南北四个方向。每座牌坊均有三个门，即正中的正门和两边的侧门。牌坊高3丈余，宽约5丈余。正门上有五攒斗栱，旁门上各有四攒斗栱，顶为悬山顶，覆瓦。每座牌坊都有四根通天柱，均为朱红色，顶上覆黄色琉璃。正门的枋额上有清代大同书法家王德馨书写的街名，“和阳街”“清远街”“武定街”“永泰街”，均为黄底黑字，欧体。可惜的是，1952年，因妨碍交通，四牌楼被拆除。

四牌楼永泰街所拍

四牌楼一角

四牌楼被拆除后的2012

年，媒体报道大同市政府有意复建四牌楼在内的多个大同地标建筑。重修工程已于2012年9月时开工，2013年4月竣工。修复后的四牌楼宽19.2米，高14.43米，形制各为“四柱三楼式悬山顶跨街牌楼”。

该照片为原1937年9月13日，日军进入大同城所拍得四牌楼。

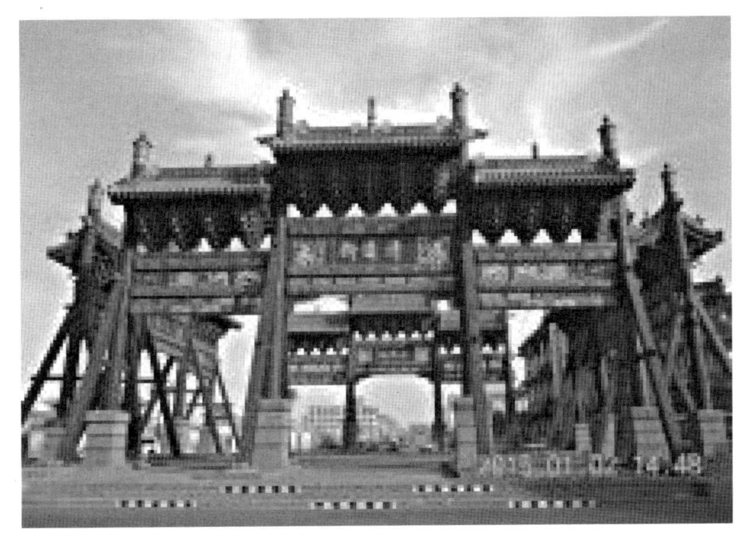

四牌楼清远街之门

第十二节 东单牌坊

东单牌坊，是一座四柱三楹冲天式木质结构牌坊。建于明永乐年间（1403—1425），东单牌坊牌匾题上书“就日”两字，与西单牌坊的“瞻云”相对，意为东边看日出，西边望彩云。1916年，袁世凯当政时，将匾额上“就日”改为“景星”，解放后拆除。东、西单市场是因只有一座牌坊，故称东单、西单。

第十三节 西单牌坊

西单牌坊，是一座四柱三楹冲天式木质结构牌坊。建于明永乐年间（1403—1425），西单牌楼额匾上书“瞻云”两字，与东单牌楼的“就日”相对，意为东边看日出，西边望彩云。1916年，袁世凯当政时，将匾额上“瞻云”改为“庆云”。1954年，因道路扩建需要，西单牌楼被拆除，但是作为地名，“西单”一直沿用至今。

第十四节　东、西长安街牌坊

“长安街”牌坊有两座，分别坐落于东、西长安街上。东长安街的牌坊在台基厂口外西边，横跨在东长安街上。西长安街的牌楼在北新华街北口外东边，横跨在西长安街上，在新华门以西。北新华街北头要向西拐一弯，然后正对着府右街，这个口是个十字路口（一般说的“六部口”指的是这个口），而到北新华街往西拐的地方还一直往北，这段叫双栅栏，出口顶在西长安街上，算是个丁字口，牌楼就在这俩口之间。民国初这段新华门外的西长安街被叫作“府前街”清朝时这两座牌坊牌匾上都是满汉双文的“长安街”三个字，不分东、西。民国后牌坊改成汉文，则东长安街的牌坊上就改成了“东长安街”，西长安街上的牌坊上就改成了“西长安街”。至1954年，以影响交通为名被拆除，但当时把拆下的“长安街”牌坊构件移建到了陶然亭公园内组装起来。遗憾的是在“文革”时的1971年以“封资修”的产物为名，彻底摧毁，从此长安街牌坊不见踪影。

第十五节　东四牌坊

东四西大街因东口是东四路口而得名。东四，是东四牌楼的简称，始称于明代，是北京内城三大商业中心之一，路口建有四座木牌楼。东四牌坊的牌匾上题书为：“履仁”和“行义”各二字。

第十六节　西四牌坊

西四牌楼一带的街道早在元代时已形成，但是，由于元代记载大都城的史书《析津志》早已散失不全。所以，无法查证西四牌坊的确切情况。有的文章说，元代时西四牌坊就是繁华的商业街。牌坊前后牌匾上题书“行仁”和“履义”各二字，究竟如何有待后人考究。

第十七节　满万县霏牌坊

满万县霏牌坊，位于北京地安门外火神庙门前，为一座四柱三楹七楼式木质建筑。四根立柱，八根戗柱，歇山式黄色琉璃瓦楼顶，鸱吻剑把、戗兽、跑兽样样俱全。在新中国成立前扩建马路时拆除。

北京山门外牌坊 ▶

第十八节　景升街牌坊

景升街牌坊，位于北京市朝阳门外大街路南的朝外市场街北口，始建于明嘉靖九年（1530），是明清两代皇帝在每年的春分时节祭祀太阳“大明之神”必经的道路。牌坊四根大粗圆柱，八根较细戗柱，黄色琉璃瓦楼顶，为四柱三楹七楼式木质建筑。因年久失修，民国年间已被拆除。

景升街牌坊

第十九节　大井牌坊

大井牌坊，位于北京市广安门外大井村，原为木质牌坊。拆除前为砖砌体琉璃贴面牌坊，称为琉璃牌坊。牌坊西面额匾上题书“荡平归极”四个大字。为四柱三楹三楼式建筑，三门发玄拱形门洞，歇山式楼顶，滴水瓦当参差排列，楼脊、戗脊、跑兽俱全，正宗式的京派建筑特点突出，威严壮观，巍巍屹立在大井村里。1954年12月被拆除。

北京大井牌坊

第二十节　金鳌、玉蝀牌坊

金鳌、玉蝀两牌坊，坐落在北京市北海公园团城脚下的北海大桥两端。原此桥称为金鳌玉蝀桥，又名金海桥，又称御河桥。俗称北海大桥。在两岸成交下，横跨于北海与中海之间，宽

北海大桥西“金鳌”牌坊

8米，长150米。桥的两端即为金鳌、玉蝀两座明代嘉靖皇帝所建造的牌坊。桥西为“金鳌”牌坊，桥东为“玉蝀”牌坊。1955年两牌坊被拆除，放在陶然亭公园内保存，在“文革”期间，被当作“四旧”销毁了。

北海大桥东“玉蝀”牌坊

第二十一节 大高玄殿前三座牌坊

北京市景山西街大三元酒家对面，原处于皇城之内西苑北海东南，陟山门街南侧大高玄殿门前有三座牌坊，东西各一座，南门冲殿一座，形成平面为品子形，三座牌坊均为四柱三楹九楼石木结构建筑，俗称“三座门”。三座牌坊的立柱均为楠木材质，据说东西牌坊上的题字为严嵩手稿。柱脚埋入地下部分很深，所以没有戗柱。每座牌坊的明间楼顶为最高；两次间楼顶矮于明间楼顶；明间两座夹楼顶矮于次间楼顶；此间两座夹楼与侧楼均矮于明间夹楼，分为四层，参差不齐。东面一座牌坊正面（东面）的牌匾上题书“孔绥皇祚”，背面（西面）题书“先天明镜”。西面牌坊的

北京大高玄殿前“弘佑天民”牌坊

北京大高玄殿牌坊

正面（西面）牌匾题书“弘佐天民”，背面（东面）题书“太极仙林”。南面一座牌坊正面（南面）题书“乾元自始”，背面（北面）题书“大德日生”。三座牌坊用料、造型、结构、彩绘基本相同，五彩缤纷，宏伟高达，蔚为壮观，是当时北京城中交高级别的牌坊。

大高玄殿与三座牌坊均为明嘉靖二十一年（1542）四月，在嘉靖皇帝宠幸的道士陶仲文的建议下才全部竣工，整个工程有工匠郭文英主持修建，所有木料全部由四川、贵州、湖南等地远途运来，耗尽了大量人力物力，换来了这座巍峨壮观的殿宇和牌坊，现下只存大高玄殿，三座牌坊于1956年为配和拓宽马路的需要被拆除。

第二十二节　观音桥头功德牌坊

观音桥头功德牌坊拆除现场

观音桥头功德牌坊，位于重庆市荣昌县盘龙镇龙王村4组观音桥桥头，与四川省隆昌县界市镇湖潭沟村十一组一桥之隔。据牌坊石刻记载，该牌坊修建于乾隆戊申年（1788），其所在的青石板路，曾经是荣昌县通往内江市的主要驿道。

乾隆戊申年间，此地河水陡涨，淹没了周围的村庄、良田和驿道，“罗善人”遂牵头捐建该功德牌坊。牌坊旁边的石碑上镌刻着捐款的数百个捐资者的名字，其中半数以上为罗姓人，故数百年来罗氏后人一直保护着这座古老的牌坊没受任何损坏，至今完好无损。

据重庆荣昌县文体广播新闻局一位副局长介绍，该牌坊系县级文物保护单位，属于可移动的一般文物，出于对该文物的更好保护，荣昌县决定将该牌坊迁移至城区海棠公园集中保护。至作者动笔时该牌坊整在拆除过程中。

第二十三节　大坪七牌坊

大坪七牌坊，位于重庆市渝中区大坪佛图关下，成渝东大路上，在清同治七年（1868）至宣统三年（1911）间，这里陆续修建起5座节孝坊、1座百岁坊和1座乐施坊，七牌坊因此得名。其中6座牌坊于1966年“破四旧”时被毁坏，最后一座牌坊也因种种原因于1976年被拆除。

记录七牌坊的石碑

七牌坊的最后一座

明清以来，重庆作为长江上游地区经济中心与交通枢纽的作用日益突出，境内驿道、盐道四通八达，促进了地区城镇的发展，这一时期一个个蔚为壮观的地方牌坊景观不断地出现在交通要道上，他们以其杰出的事迹向人们彰显榜样的力量，同时也是一部封建礼教束缚人性的血泪史。这其中最为著名的就是五座节孝坊：“余氏节孝坊、韩氏节孝坊、徐氏节孝坊、余氏节孝坊和杨氏节孝坊”；一座表彰善良乐于助人的“金陶氏乐施坊”；一座长寿坊“淡氏百岁坊”。这些集雕刻、绘画、匾联、书法等多种艺术于一体的牌坊，是当年成渝古驿道上一道独特的风景线。官员到此，文官下轿，武官下马，极是庄重。如今的七牌坊只剩下十多块古石碑，碑上的文字斑驳不堪，让人顿生沧桑感，现已搬至电信大楼旁边的公园中。

第二十四节　张氏贞节牌坊

张氏贞节牌坊，原位于河南省偃师市缑氏镇孙坡村，1958年“大跃进”时期拆除后在本村修建了一座桥。近几年里又想拆除旧桥，利用此石材建新桥，被当地文物部门发现，收集保存起来。这些牌坊上的构件有的长达2米余，上面雕刻着麒麟、凤凰、弥勒佛、花草缠枝图案等，据文物部门工作人员查找资料，该桥上的零构件为缑氏镇孙坡村张氏贞节牌坊上的构件。张氏贞节牌坊原为省级文物保护单位。可惜表彰张氏贞操清洁、勤俭持家的良好作风标识的牌坊构件，暗藏在桥下默默无闻地沉睡了几十年，终于原型显露，即将破镜重圆，展现出了原汁原味的民间文化风采。

第二十五节　单县牌坊群

我国古代牌坊不但是北京、安徽的徽州（今歙县）、四川的隆昌县、山东的滨州、浙江省乐清市牌坊群等地，均建造了近数十座或百余座牌坊，它们以宏伟壮观，造型精美、绚丽多彩的姿态耸立在祖国的大地上，讴歌弘扬了那些报效祖国，扶贫济民，廉正无私，德政突出的官吏；一生忠贞节操，扶幼孝老，取义成仁，敕褒贞烈的妇女；疆场上舍身忘死，英勇顽强，奋勇杀敌立下赫赫战功的民族英雄们…… 还有一个牌坊群，那就是山东省的单县牌坊群。新中国建立前山东省单县城邑内因其牌坊多而闻名国内外，传遍天涯海角，飨誉四面八方。据民国本《单县志》中记载，从宋代至清末，单县建牌坊百余座。民国末年还存有34座，城内主要街道上，凌空飞架着一座座精美的牌坊，从而形成了“牌坊园子”和“牌坊街”地名，给古老的县城增加了几分肃穆庄严。单县的牌坊突出的特点，均为节孝牌坊，这是全国未有的，皆为全石结构，四柱三楹，斗栱重檐，构筑精巧，气势巍峨。牌坊平面为“一”字形，四柱与额枋、龙门枋上均雕刻精美，或云龙缠绕，或鹤凤翱翔，或八仙庆寿，或二十四孝等。在牌坊群中，百狮坊与百寿坊以其雄伟的气势，严谨的结构，巧妙的设计和精致的施工领先于牌坊群之首，独占鳌头，被人们称为天下一绝。

黄孝子牌坊，位于县城南大门大街，乾隆三十九年（1774）为孝子黄琰建。居民国本《单县志》载，黄琰为父母守葬20年，食粗粝、卧蔓草，乃至病殁。该牌坊“文革”中被拆除。

徐氏节孝牌坊，又名二世三贞牌坊，位于县城南门大街黄子节孝牌坊北，乾隆十九年（1754）为贡生张国昶妻郭氏、子岔妻刘氏、子棨妻徐氏建，全部石质。宽8.8米，高9.7米,四柱三楹五楼，歇山顶，夹柱为四尊文臣武将，四尊石狮，正间小额枋透雕人物故事，中额枋透雕缠枝牡丹，龙门枋透雕二龙戏珠，正间檐下悬挂“圣旨”额匾，南面牌匾题书“敕褒节孝”，北面牌匾题书“联节维风”各四个正楷大字。该牌坊“文革”中扒掉。

牛氏节孝牌坊，位于徐氏节孝牌坊以北，乾隆十三年（1748）为贡生黄鲁妻牛氏建。黄孝子牌坊、徐氏节孝牌坊、牛氏节孝牌坊从南往北依次排列于南门大街。“文革”中扒掉。

苏氏节孝牌坊，位于县城西南小隅首南，清道光二十年（1849）为诰赠奉直大夫监生朱逢瑞妻苏氏建，四柱刻二十四孝。该牌坊在“文革”时期被扒掉。

李氏节孝牌坊，位于县城西南小隅首西边，清雍正十三年（1735）为诰赠中宪大夫朱晃妻李氏建，中额枋刻八仙过海，檐下悬挂“圣旨”额匾。明间龙门枋下面牌匾题书“完节纯孝”，北面题书“龙章宠锡”。可惜在“文化大革命”时期被毁掉。

刘氏节孝牌坊，位于县城贾隅首南，清康熙五十二年（1713）为太学生赵元旷妻刘氏建。牌匾南面题书“恩赐旌节”，后面题书“孝彻丹宸”。该牌坊“文革”中被毁掉。

朱氏节孝牌坊，位于县城西南小隅首西南角。清乾隆四十年（1775）建。四柱雕刻葡萄图案，明间下额枋雕刻二龙戏珠，中额枋雕刻凤凰戏牡丹，龙门枋雕刻云龙腾飞，檐下悬挂“圣旨”额匾。“文化大革命”中被扒掉。

白门双节牌坊，位于县城贾隅首北街西边，坐西面东，天启六年（1626）为白彻妻刘氏，妾刘氏建，明间两立柱刻人物故事。龙门枋刻八仙人物，抱鼓石雕刻八尊石狮。可惜“文革”中被毁掉。

贞烈牌坊，位于县城东南七里张庄。乾隆三十七年（1772）为农民张雨女张印姐建。前面牌匾琢“取义成仁”、背面琢“敕褒贞烈”，立柱楹联书：“礼义著洁闺想当年未婚守志；褒嘉膺旷典在弱息之死靡他”。“涞水无波长洁白；霞山虽小一贞恒”。“文革”中被毁掉。

第二十六节　范氏石牌坊

范氏石牌坊，位于山东省济宁市兖州区原县城内中山东路。四柱三楹五楼式建筑，崇祯年间明王朝为范淑泰所建。牌坊有两座，东面一座是“父子同朝”“忠孝名臣”牌坊；西面一座是“祖孙进士”“万邦为宪”牌坊。俗称范氏石牌坊。该牌坊为石质榫卯结构，通体采用透雕、浮雕、深雕等各种雕刻技艺相结合，琢有人物、花鸟、禽兽等，技艺精湛。额匾为大书法家王铎手书。素有“天下第一坊”之美称，名扬兖州，声誉齐鲁。1966年“文化大革命”初石牌坊被拉到、砸毁，残石运至南大桥和城西水库工地。

范淑泰（1603—1642）字通也，大来，又字木渐。自幼有大志，以天下事为己任。24岁中举，次年考中进士，授行人司行人，又升吏科左给事中等职。当时朝廷权某当政，吏治腐败，他奋不顾身，上奏言事百余次，激烈地抨击时弊，指斥某佞，表现出过人的胆识和强烈的社会责任感。崇祯十五年（1642）升吏科都给事中，奉旨去浙江主持乡试，试毕回故乡小住，时逢兖州大饥，人死过半，他捐出家产赈济，救活人无数。这时，清兵南下侵掠，他积极参与守城，捐赀助饷，又亲自上城巡逻。后由于内某的出卖，兖州城被攻破，范淑泰被清兵捉住。清兵要他投降，他说：“我头可断而志不可屈！”又以大官许，他说“杀即杀耳，何必用官爵诱我？”最后慷慨就义，年仅39岁。

曾耸立兖州数百年之久的两座范氏牌坊，美名远播，被誉为“天下第一坊”。民间流传“天下无二坊，除了兖州是庵上”（安丘县）的顺口溜，这说明庵上牌坊建造的也不错。兖州这两座两座美轮美奂的稀世牌坊和范氏祖孙紧密地联系在一起，建立牌坊的缘由，是为了表彰范氏一门忠烈，而其中主要是彰扬范淑泰以身殉国的壮举。牌坊早已被损毁。

第二十七节　烈竟秋阳牌坊

烈竟秋阳牌坊，位于山东省济阳市微山县夏镇南头运河东岸，为四柱三楹三楼式石质结构建筑，高约10米余，宽约8米之多。造型雄伟，刻工精细，为清雍正中生员王玉衡妻祁氏立。牌坊额匾楷书“烈竟秋阳”，明间两立柱题书：“玉碎珠沉化作秋风阵阵；山飞海立常留正气绵绵。”均为阴刻。该牌坊毁于“文化大革命”中。

第二十八节　金声玉振牌坊

金声玉振牌坊，原坐落在山东省微山县夏镇故城文庙前，仿曲阜孔庙门前“金声玉振”牌坊式样，只是高、宽略小于孔庙“金声玉振”牌坊。做工精致，技艺娴熟，可与其相媲美。可惜的是“文化大革命”中被毁，其残石下落不明。

第二十九节　莱芜城牌坊群

莱芜城牌坊群，位于山东省莱芜县古县城内，明清两朝共建，较为出名的有29座规模不同，造型各异的古牌坊，除一座“赵氏节孝牌坊”存至如今，其它都已无踪无影，只留在人们的记忆里和史册的记载中。

一、四豸史牌坊，位于莱芜县城西关，为四柱三楹三楼石质牌坊。明嘉靖二十六年（1547），莱芜县知县陈甘雨为莱芜第一位进士高朗所建，由董谨、李访、王冕等四人在县衙以西所立，清光绪年间被毁。

二、鸣凤牌坊，位于莱芜县城西关，为四柱三楹三楼石质牌坊。为嘉靖年间丙午举人王守身在县衙前所立，清光绪年间已废。

三、腾蛟起凤牌坊，位于莱芜县城西关，为四柱三楹五楼石木结合式建筑。清康熙年间已毁。

四、进士牌坊、云路牌坊、登云牌坊、益民牌坊等至光绪年间已毁。

五、五世恩光牌坊，坐落在东门外鸭子沟东侧，为明崇祯元年（1628）都察院御史朱童蒙及其功荫祖父、父、子、孙五人而立。清晚已毁。

六、文武持衡牌坊，位于东关街西首，明崇祯十年（1637）为陕西、宁夏兵粮学政副使谭性教而立。

至清光绪年间莱芜城只剩七座石牌坊，五座在西关街，一座在东关街，另一座在东关街与铁板街丁字路楼。这七座牌坊中最高的是李家牌坊，高达15米，宽10米。其他牌坊高约12米，下宽可通行车辆大轿，皆青石雕刻，四柱三楹，有三楼与五楼之分。蔚为壮观，以此来彰显莱芜名人的丰功伟绩。

西关街西首曾有坐落于小曹村的接官亭，从接官亭东至城西门依次排列着五座牌坊：

一、联捷牌坊，为四柱三楹三楼木质牌坊。明崇祯十一年（1638）夏为壬午进士亓之伟而立。

二、世科牌坊，为四柱三楹五楼石质牌坊。明崇祯十年（1637）冬为亓之伟之父、甲午举人亓才而立。

三、代天巡狩牌坊，在西鸭子沟东侧。明天启五年（1625）为浙江巡抚安御史李九官立。

四、登科牌坊，位于城西门附近。明万历四十一年（1612）为举人毕如松立。

五、亓诗教都宪坊（见第三十一节）

第三十节　亓之伟牌坊

亓之伟牌坊，故名“亓之伟联捷牌坊”，原坐落在山东省莱芜县羊庄村，为四柱三楹五楼石质牌坊，从古照片上分析，该牌坊造型典雅壮观，气势宏伟，各部分构件与整体协调一致，比例适当。五层楼顶大小得体，通体雕刻，浮雕与深雕相结合，精致别论，是一座我国北方珍贵的建筑，可惜抗日战争时期被日伪军破坏。

莱芜羊庄亓之伟牌坊

亓之伟，字坦之，号超凡。明万历九年（1581）出生。天启元年（1621）考取举人，天启二年（1622）考中进士。初为成安县令，不久调直隶大名府浚县县令。天启六年（1626）朝廷敕命褒嘉为文林郎。后调户部广西清吏司任主事，主管钱谷。崇祯元年（1628）被敕命褒嘉为承德郎。后为户部主事，晋升为员外郎，又升郎中，出任河间知府。他救助流离乡民，专设房屋70余间，解救并收容山东逃难妇女一百多人，发给路费送其还乡。崇祯十三年（1640）莱芜荒歉大饥，斗米数金，亓之伟捐谷800石，煮粥赈济，使一千多人赖以活命。

崇祯末年，李自成率农民起义军向明王朝都城进军，沿途势如破竹。攻下宁武城后便围攻朔州。亓之伟难以阻挡，退守朔州城，并在最关键的西门把手，同时，与其一同守朔州的守备已密降农民起义军并劝亓之伟开门纳降。亓之伟当面责骂，被已在城门后埋伏好的守备士兵刺伤，将其用毛毯裹身，打开城门投降。崇祯十七年（1644）二月二十一日，李自成在辛庄店见亓之伟，亲自劝降，亓之伟不从被杀，时年63岁，李自成进朔州城后，有感于亓之伟气节，将其家属找到后适当安排，并令为其制棺守尸，葬于朔州城西。后来，明代为亓之伟在城西建立“世科坊”“联捷坊”，追谥为“忠愍”，并崇祀为乡贤。

第三十一节　亓诗教都宪牌坊

莱芜李条庄亓诗教都宪牌坊

亓诗教都宪牌坊，坐落在山东省莱芜县李条庄村，为四柱三楹五楼石质牌坊。明天启六年（1626）夏为河南巡抚亓诗教立。该牌坊与亓之伟牌坊式样、结构、材质、做工等基本相似，由四根立柱、六架大小额枋，一架龙门枋和一架小横梁与五座楼顶结构而成，四根立柱分两个底座，一根主立柱与一根侧立柱各立在一个底座上，四根立柱前后各设置一尊抱鼓石，抱鼓石上蹲坐一尊石狮。立柱、侧柱、额枋、龙门枋、小横梁等均雕琢不同内容的图案，平板型的楼顶有板式斗栱承托，四角探出，大脊两端饰卷尾龙吻，平板式的栱，分别坐落在较大的斗上，显得更加稳固，牌坊通体比例适当，均衡得体。

亓诗教，字可言，号静初，晚号龙峡散人。明嘉靖三十六年（1557）生。七岁时即能背诵私塾先生所讲文章。37岁时，受到知县冯月祯的赏识。万历二十五年（1597）考取举人，万历二十六年（1598）考中进士。初任荆州、淮安二府推官，执法公平，无冤案和积压案件，受到朝廷褒奖，升礼科给事中，后转为吏科给事中。万历四十三年（1615）山东大旱，一岁皆空，千里如扫，饥民流离失所盗者蜂起。第二年亓诗教奉差归里，见此状上“饥民疏”，要求朝廷发放国库银十万两，并从上交税银中留十万两，再免去山东六郡包税二万三千两，约二十三万两，得到朝廷的准奏，救济灾民无数，平息了荒乱。

天启五年（1625）九月，亓诗教被冯佺召回京城，升为都察院右佥都御使，随后巡抚河南等处地方，并提督军务，监理河道。天启六年（1626）仲夏，亓诗教的靠山冯佺被罢，他又因得罪阉党的干将崔呈秀而被罢，便从开封抱病而归，过着淡泊清闲的生活。一生著述甚多，《礼垣疏草》《莱芜县志》《饥民疏》《清闲词》《胡公去思碑》

《石痴居士传》《石痴诗集序》等诗文留世，崇祯六年（1633）去世，葬在苍龙峡西侧。万历四十五年（1617），朝廷为其父亓隐山在城南夹谷山（今笔架山）前立“天恩崇锡坊”，在莱城西厢为其立“都宪坊”。两座牌坊均毁于清末民初。

第三十二节　即墨城牌坊群

山东即墨古城，自明朝以来名宦辈出，最有代表性的是闻名京畿，蜚声胶东的周、黄、蓝、杨、郭五大家族。他们为彰显德政、显示恩宠，宣扬贞操，光宗耀祖，在城内建起了42座石雕牌坊，其中功德坊33座、节孝坊9座。这些牌坊都是采用浮、高、透雕的技艺手法精雕而成，其造型精美，气魄壮观，堪称一大胜景。

即墨县城为高平知县立的进士牌坊

东关有5座牌坊：

①纶恩牌坊，为广西道监察御史袁三重立。②宪台牌坊，为钦差巡按直隶等处屯田马政监察御史袁耀然而立。③进士牌坊，为丁丑科进士黄嘉善而立。④周氏节烈牌坊，为举人江眉之妻周氏而立。⑤孙氏节孝牌坊，为江裕风之妻孙氏而立。

文庙有五座牌坊：

①垂宪万世牌坊。②道冠古今牌坊。③德配天地牌坊。④斯文正路牌坊。⑤万里云衢牌坊。

县署前南北大街有三座牌坊：

京尹牌坊，为江宁县知县蓝尹而立，正面牌匾题书“京尹”背面题书“世臣”，据

即墨县城总督三边牌坊

传说为蓝尹亲笔所题。

太保牌坊，牌匾下面为“前兵部尚书太子太保柱国光禄大夫黄嘉善”，（详见本章第三十四节）据说此坊的题字是礼部尚书、东阁大学士，书画家王铎所书。

李氏节孝牌坊，为廪生江芬之妻李氏而立。

东门里大街周围有10座牌坊：

①四世一品牌坊，为黄氏家族中的太子太保黄昭、黄正、黄作圣、黄嘉善而立。传说牌坊上“四世一品”四个正楷大字是明代礼部尚书、著名书画家董其昌所书。②恩宠贤臣牌坊，为周被所立。花心版上题书“成都府通判诰赠中贤大夫周被”。③保厘两省牌坊，为周鸿图而立。花心版上题书“整敕苛岚兼制陕西神木等处兵备道布政司右参政周鸿图”。④世恩牌坊，为周如砥所立。花心版上题书“乙丑科会魁国子监祭酒前翰林院侍读周如砥”。⑤绣衣牌坊，为监察御史蓝章而立。⑥都宪牌坊，为监察御史蓝章而立。⑦亚魁牌坊，为举人蓝田而立。⑧纶保牌坊，为宛平县知县而立。⑨九、江氏节孝牌坊，为庠生解应科之妻江氏而立。⑩矫江氏节孝牌坊，为儒童矫衮臣之妻江氏而立。

西门里大街有14座牌坊：

①少司寇牌坊，为蓝章而立。②蓝公祠牌坊。③登科牌坊。④进士牌坊。⑤太仆牌坊。⑥廷尉牌坊。⑦秋官亚卿牌坊，为赠刑部侍郎蓝福盛而立。⑧御史中丞牌坊，为赠刑部侍郎蓝铜而立。⑨开天恩宠牌坊，为蓝再茂而立。⑩总督三边牌坊，为兵部侍郎黄嘉善而立。⑪进士牌坊，为高平知县黄作孚而立。⑫抚植幼子牌坊，周如砥为伯父周民而立。⑬恩荣牌坊，为工部主事周如纶而立。⑭张江氏节烈牌坊，为张鸿儒之妻江氏而立。

北阁有两座牌坊：①经筵学士牌坊，为赠礼部右侍郎周如砥而建。②于氏节孝牌坊，为中允周赋之妻余氏而建。

另外还有两座牌坊：①大司成牌坊，在周氏墓前，为国子监祭酒周如砥而建。②黄氏节孝牌坊，为孙建嵋之妻黄氏而立。

沧海桑田，物随时迁。数百年来随着风雨的侵蚀，战乱的摧残，自然的风化，这些牌坊逐渐老化、坍塌，1958年扩展道路，房屋改造，牌坊相继被拆除。

第三十三节　山海名都牌坊

山海名都牌坊，位于山东省青岛市即墨区古县城大门前，为双柱单楹单楼木质牌坊，是明代即墨城牌坊群中的佼佼者，坊体小巧玲珑，美观大方。它既不是为光宗耀祖宣扬科举成就的家族牌坊，也不是贞节情操牌坊，而是一座地域标志性的牌坊，是由知县许铤建造、耸立于县署大门前的“山海名都”牌坊，两根圆形的木质立柱，前后各一根戗柱，大小额枋之间悬挂着长方形牌匾，正面题书“山海名都”，背面是“为国保民”各四个阳刻正楷大字，紫底金字，遒劲有力，刚柔相济，与县署大门遥相应和，使得衙署这片建筑群更加宏伟壮观，气势磅礴。清朝末年随着国外列强不断入侵，县署这片建筑群体无人管理，牌坊随着大堂的损毁逐渐奄奄一息，成了废墟。

许铤，号静峰，河北武清县（今天津武清县）人，进士出身。明万历六年（1578），许铤独身转任即墨知县。他一上任就不辞劳苦，跋山涉水，踏勘山海地理，了解民情，短时间找到了本县的优势，确定了施政大计。他先在县署前建起了山海名都坊，以唤起民众“清吏蠹，定户则，开荒田，招流移，筑堤岸，通商艘，戢营军，禁衙役，修志劝学，文教斐然”。黄嘉善称赞其“务求便民业以裕民财，还迁徙而劝耕稼，未期年而民称足”。许铤在即墨任期五年，开海通商是其突出政绩，其个人的胆识和作为，为即墨、青岛及金口的商贸繁荣打下坚实基础，即墨县由此“仓铺设，储畜豫，而政教亦达。市集开，有无通，而民用亦广”。五年后，许铤因政绩突出升任兵部主事。其事迹入方志，人列名宦。

第三十四节　四世一品牌坊

四世一品牌坊，位于山东省即墨县古城县衙前十字街东的文庙和崂山书院大门之间，为四柱三楹三楼石质牌坊。因即墨黄嘉善官至一品功绩卓越，曾任兵部尚书，进太子师，再叙前功进少保，又赠太保。追封诰赠黄嘉善的曾祖父黄昭、祖父黄正、父黄作圣皆一品。因此，明天启元年（1621）立“四世一品”牌坊。1958年拆除，2016年复建。

黄嘉善（1549—1624），字维尚，号梓山。清同治《即墨县志》中记载“边疆二十年，人枢府两受顾命”，官至一品，是即墨有史以来担任官职最高者。明万历四年（1576）中举人，翌年中进士。初受河南叶县知县，万历十八年（1590），升任山西平阳府府丞。万历二十年（1592）又升上西大同知府。万历二十三年（1595）升上西安察使司副使兼左卫兵备，整顿军纪，严加训练。万里二十九年（1601），任宁夏巡抚兼都察院右佥都御使，赴任后向朝廷申请减免宁夏的田赋，使百姓安居乐业。万历三十二年（1604），黄嘉善升都察院右副都御使，即之加兵部右侍郎。万历三十八年（1610）授黄嘉善总督山西三边军务，统帅延绥、宁夏、甘肃三边重镇的军事。万历四十三年（1615）黄嘉善因疾归即墨。第二年，“朝廷推兵部尚书，累辞不赴。无何抚顺失守，上急召嘉善，嘉善既至，条上战守机宜”。可惜此时宦官左右朝政，黄嘉善的御敌策略未被采纳。时值神宗、光宗相继崩，他两受顾命，稳定了朝廷的局势。明泰昌元年（1620），黄嘉善以病乞归，时值即墨大灾，他出粟百斛、银百两赈济灾民。朝廷“寻以平苗仲功，加太子太傅。叙延镇大捷功，进太子师，再叙前功进少保”。明天启四年（1624），黄嘉善卒于即墨家中，“讣闻，上辍朝，赐祭葬，赠太保。”

即墨县城兵部尚书黄嘉善的太保牌坊

黄嘉善著有《抚夏奏议》《总督奏议》《大司马奏议》《见山楼诗草》等文篇。

第三十五节　河间城内牌坊群

河间城内牌坊群，位于河北省沧州市河间古县城内，据清乾隆年间《河间县志》载，城内共有33座牌坊，多建于明代。1945年5月河间解放后，城内牌坊只剩5座，其中有四座为石牌坊、1座木牌坊。4座石牌坊是：

①三世都宪牌坊。②某某命疏荣牌坊。③三世某某牌坊。④贞寿牌坊。均位于城内西大街，建于明朝，高4丈，宽约3丈，用汉白玉雕琢、组装而成。此四座牌坊为冯、薛、白、柳四大官宦之家建立。1958年因修建街道拆除。

木质牌坊为畿南保障牌坊，坐落在府门街南口，建于明朝，是一座纯木结构的建筑，为四柱三楹三楼式建筑。檐下有多组斗栱。清雍正八年（1730）重修。民国年间，牌匾题字为专员黄维成亲笔、河间举人王伯龙所书“燕赵雄风”（原为“畿南保障”）。1963年，因修街道与府衙照壁同时拆除。

河间畿南保障木牌坊

河间石牌坊

河间石牌坊

还有为举人、进士而建造的牌坊有：

①世科牌坊。②进士牌坊。③甲辰进士牌坊。④双寿承恩牌坊。⑤参藩牌坊。⑥天

官大夫牌坊。⑦世科济美牌坊。⑧举人牌坊。

有为御史、主事所建造的牌坊：

①绣衣牌坊。②侍御牌坊。③豸绣承恩牌坊。④豸绣恩光牌坊。⑤褒封宠命牌坊。⑥承恩牌坊。⑦双寿荣光牌坊。

其他牌坊：

①寿国寿民牌坊。②八方通济牌坊。③三辅要津牌坊。④兴梁牌坊。⑤瀛洲南桥牌坊。⑥巨盈仓牌坊。⑦畿南保障牌坊。⑧敷化宣猷牌坊。⑨舆贤牌坊。⑩贞寿牌坊。⑪节古千古牌坊。⑫贞节牌坊。⑬三世都宪牌坊。⑭某某命疏荣牌坊。⑮三世某某卿牌坊。

河间石牌坊

第三十六节　鹏奋天池等牌坊

根据清康熙年间《滨州志》载，滨州城外还有四座牌坊：

一、桂林牌坊，为举人刘谦所立，位于山东省滨州李家口镇。

二、进士牌坊，为张诺而立，在山东省滨州南蒲台镇东北。明弘治九年（1496）丙辰科进士，初授主事，历员外、郎中，改河南道监察御史，调广平府统判，升四川佥事，参议、副使。

三、天恩赐宠牌坊，为谕祭张西铭而立，在山东省古滨州城西二里，张西铭墓神道前。张西铭，字原仁。明嘉靖丁未（1547）年进士，授刑部主事，升郎中，三次主持秋考。初任长沙知府。历任山西副使。所至皆有政绩。优选任巡抚辽左，边疆倚以为重。以病归。数年后复起用，巡按畿辅，晋南京户部尚书，太子少保。卒赐谕祭。祀北直、浙江、陕西名宦、乡贤祠。滨州有都宪牌坊、宫保尚书牌坊、天恩赐从宠牌坊，均为张西铭所立。

四、鹏奋天池牌坊，为知县董九仞所立，在滨州市高新区青田街道办事处董家集村。这四座牌坊清咸丰年间已牌毁坊失。

第三十七节　汪华墓前牌坊

汪华墓前牌坊，位于安徽省歙县城北3公里的云岚山，俗名“汪墓祠”。唐永徽二年（651）营葬。墓地依山南向，正对府城，左右冈峦屏护。墓前右为享堂，二进五开间，飞檐高脊，壮丽堂皇，现仅存遗址。左为家庙，两进，有左右廊房，现部分毁坏。原先还有神道、翁仲、牌坊，现皆不存。墓穴在唐末曾遭掘毁，今呈封土堆积。墓前牌坊民国年间被毁。

汪公宋朝被封为“灵惠公”；徽宗政和四年（1114）赐庙“忠显”；宋真宗祥符二年（1009）封汪华“英济王”；蒙古人当政封其为“昭忠广仁武烈灵显王”。可谓恩荣之至，光宗耀祖，是我国历史上显赫一时，大名鼎鼎的人物。

第三十八节　湖北钟祥古牌坊群

宋、明以后，湖北省钟祥县共建起数十座牌坊。至清朝末年城内还保存有大司空、少司马、父子进士、两朝纶名、状元坊、贞烈坊等。“大司空牌坊”为曾省吾时任工部尚书建造，六柱五楹七楼结构式石质建筑。“少司马牌坊”已迁至博物馆大门前（详见第三章第十六节）。“两朝纶名牌坊”，为标榜曾辉、曾璠荣膺两朝封典而立，在原“少司马牌坊”以东，为四柱三楹五楼式结构建筑。“父子进士牌坊”，为标榜曾璠、曾省吾父子南联捷而立。为四柱三楹五楼式结构牌坊。这些牌坊在雕刻工艺上，无一敢于少司马坊相媲美者，可见少司马牌坊之精湛，无与伦比。其余牌坊在解放前被毁于一旦，面对保留下来的“少司马牌坊”虽受到不同程度的损坏，经文物主管部门搬迁修葺，来此参观、欣赏牌坊，领略古文化者仍然络绎不绝，观者无不为古代劳动人民的智慧之光所折服。

第三十九节　许伯升墓道牌坊群

许伯升为安徽省歙县许村镇许村“五马坊”主人。明正德二年（1507）为福建汀州府知府，为官清正廉洁，敬贤爱士，恤寡怜贫，去暴惩恶，深得百姓崇敬，许伯升病故于福建汀州住所，卒于任上，汀人悲号如丧考妣。运灵柩回徽州时，百姓夹道数里，直出汀州地界。许村一本堂（许氏总祠）招东十门西八门筹资日夜赶建许公（伯升）墓道石坊，从入徽州地界至许村村头，共建有二柱一楼一门高一丈五尺的墓道石坊53座（许伯升享年53岁）。仅十里许村地段中就有杨峰岭头、善化亭边、里六路东、新角路口、天马山脚（许村村头）5座。1953年修建城（歙）许（村）公路时，歙县人民政府强调保护许伯升墓道坊，绕道另辟路基，使这一珍贵历史文物一直保存到1960年前后，最终还是被人为所毁。现下唯一能看到的就是许村的“五马坊”。

第四十节 艾叶滩牌坊

位于四川省自贡市贡井区成佳镇杨柳村，有一个叫高硐的地方，在昔日艾叶滩至威远新店的古盐道上。这里曾有两座牌坊，均为四柱三楹五楼式石质结构建筑，通体牌坊雕琢十分精致，是周围所有牌坊中的佼佼者。据附近一位年过七旬的姜永春老人告知，解放后，因修公路这一条盐道就被报废了。“文革”期间牌坊被捣毁，拆下来的构件都被扔进河里，如今还能看见石狮子待在河滩上，远远望去果真有一尊狮子形状的东西待在那里，见证着那些构件渐渐地被河水冲走，消失在岁月的流逝中。

参考资料

1.《营造法式》，[宋]李诫编，中国书店出版社，1989年3月影印。
2.《清式营造则例》，梁思成著，清华大学出版社，2006年4月第一版。
3.《建筑考古学论文集》，杨鸿勋著，清华大学出版社，2008年2月第一版。
4.《泰山》，张用衡著，山东友谊出版社。
5.《隆昌石牌坊》，郑论主编，重庆出版社，2006年9月第一版。
6.《歙县志》朱益新主编，中华书局，2006年9月第一次印刷。
7.《绩溪县志》，葛天顺主编，黄山出版社，1998年9月第一次印刷。
8.《蓬莱县志》，周恩惠主编，齐鲁出版社，1995年7月第一版。
9.《泰安地区志》，戴永和主编，齐鲁书社，1997年6月第一版。
10.《明史》，杨忠贤总审校；清张廷玉等撰，2000年10月第一版。
11.《山东省志·孔子故里志》，王众音主编，1994年7月第一版。
12.《桓台县志》，刘宗泽主编，齐鲁书社，1992粘月第一版。
13.《清史稿》，杨忠贤总审；赵尔巽撰，天津古籍出版社，2000年10月第一版。
14.《孝经》，孔丘著；陈书凯编译，中国纺织出版社，2007年1月第一版。
15.《曾巩文化读本》，王永明等主编，江西美术出版社。
16.《戚继光志》，诸子名家编纂委员会编，山东人民出版社，1999年出版。
17.《西递宏村》，吴旭峰、余治淮编著，2018年第二版第一次印刷。
18.《泰安市志》，泰安市方志编纂委员会编，齐鲁书社，1996年12月第一版。
19.《德州市志》，李艳华主编，齐鲁书社，1997年8月第一版。
20.《惠民地区黄河志》，1988年6月惠民地区修防处黄河志编纂委员会编。
21.《单县志》，惠正法、朱瑞宽等主编，山东人民出版社，1996年3月第一版。
22.《平阴县志》，夏宗江主编，济南出版社，1991年12月第一版。
23.《兖州市志》，马长友主编，山东人民出版社，1997年9月第一版。
24.《微山县志》，曹瑞民、盛振玉主编，山东人民出版社，1997年10月第一版。

25.《莱芜记忆》，泰安市方志编纂委员会、莱芜市政协编，中国文史出版社，2016年11月第一次印刷。
26.《史记即墨》，张克先主编，山东画报社，2013年1月第一版。
27.《即墨掌故》，张克先主编，济南出版社，2014年第一版。
28.《河间市志》，中国三峡出版社，2003年6月第一版第一次印刷。
29.《青州市志》，邢其典、张景孔主编，南开大学出版社，1999年2月第一次印刷。
30.《嘉祥汉代武氏墓群石刻》，贺福顺主编，香港唯美出版社，2018年1月第二版。
31.《中国建筑史》，梁思成著，百花文艺出版社，1998年2月第一版。
32.《辞海》，1979年版，缩印本1980年8月第1版，上海辞书出版社。
33.《德州往事》，2015年5月，中国文史出版社 。

编著始末

《中国古牌坊研究》是笔者出于对中国古建筑文化的爱好而著。巧遇2018年5月侯氏家族的“赵氏节孝坊”在黄河北岸大堤，渤海五路以东的建筑工地出土。一时震撼滨州，街谈巷议，众说纷纭，人们纷纷前往观看，笔者随同到达。早已失去牌坊顶楼的身躯，下枋梁已断，梁下有一铁质方梁托起，上下枋梁之间的花心版上书有“大清嘉庆十二年侯廷对妻赵氏坊”。整座框架伤痕累累、铁梁锈迹斑斑，笔者拍下照片，查阅资料，一探究竟，对此产生浓厚兴趣。考察全国古牌坊建造艺术，发掘其渊源、发展传承传统文化，继承民间传统建筑艺术，成为笔者责无旁贷，应担之荷的任务。故，下定决心，付诸实施，拉开了3年的编纂《中国古牌坊研究》一书的序幕。

2018年春至秋查阅资料，析疑古牌坊所在地址，大概情况。将所掌握牌坊划定区域，行程路线，用比例尺测量距离，计划时间等。全国共分了五个区域：北区有北京、辽宁、内蒙古、河北。西区有陕西、四川、青海、重庆、贵州、湖南、湖北。南区有广西、广东、福建、江西、台湾。东南区有浙江、安徽、江苏。南区山东、河南、山西。每年利用五一、十一前后一个月左右时间考察，记录牌坊的名称、建造、修葺时间，详细地址，坊主人出身，职务、简历等，尽可能地做好现场调查。在田野考察中并非一帆风顺，除坐落在古城内外、大街小巷、名人故居、陵寝、神道前的牌坊外，还有矗立在深山老林，岭顶丘尖上的牌坊，数十年，甚至数百年无人去过的地方，那儿荆棘丛生，悬崖峭壁，危险系数很大，稍不留神，有攘成重大事故的可能。如“两世冰操牌坊”坐落在四川省自贡市自流井镇磨刀岭村的磨刀岭上，常年无人前往，牌坊后面不足2米就是悬崖峭壁，深约20余米，无法靠近，只好在前面拍照、记录。“庙沟后石牌坊”坐落在浙江省宁波市鄞州区前湖镇韩岭村庙沟后山上，漫山遍野，林木遮阴，不是当地年长者，根本不知此地有牌坊，坊前不足4米就是10几米深的悬崖，只有根据环境做些力所能及的事情…… 困难虽多，事在人为，通过众多好心人的帮助，终于克服重重险阻艰难，完成任务。

在去重庆渝北区鸳鸯街道办事处牌坊四村“鸳鸯节孝牌坊”考察时，天逢蒙蒙细雨，牌坊已由村内迁至照母山公园。去时打的到山上，回时，前后张望山上无的车，只好冒雨徒步下山，海拔600余米高的山岭约有5000千米长的盘旋路，行30分钟左右，笔者和老伴已被雨水浸湿衣裳，尴尬无奈，困窘失措，正在路边缓慢前行中，忽然一辆白色小轿车停在笔者前，窗子打开，一位女士叫了一声大爷说："你们上车吧，到山下还很远呐。"没问缘由迅速上了车，笔者搭讪"你们是预约车吗？"女士说："我们不是预约车，见你们两位老人徒步走，天又下雨，顺路捎着你们到山下，省得被雨淋了着凉。"多么温暖的话，多么善良的心，多么尊贵的行动，钦佩景仰，令人永久难忘。

在去"庙沟后石牌坊"时，在镇驻地下了公交车，询问牌坊的准确位置时，有一人告之，距这儿约有3公里，但，牌坊被山上的树木遮挡，不知情者很难寻。你最好到村内找一位领路人才行。于是我们快步向村内走，见在村附近有几人修筑路边人行道，向前咨询，那人手指一位年长者说："你问他吧！"谁知那人不会讲普通话，笔者听不懂他说的什么，拿出笔写了写，他用手一指，便带我们前行，约30分钟来到一座小寺院，院内有十余位妇女在叠纸元宝，他领着笔者进了一间西厢房，指着一位躺在床上的老和尚让其问他。笔者一见此状，知道领路人未解问意，便出门，听见寺院内一位年龄约60左右的老婆婆在说普通话，便向前对话，说明来意，那老婆婆用地方语言与领路人讲了几句，领路人右手向东北方向一指，笔者便随他出院。出门步步攀登山岭，距牌坊不足50米笔者便隐隐约约看见了千里难寻的"庙沟后石牌坊"，不顾道路崎岖，坎坷不平，荆棘缠腿，鼓足勇气，加快步伐来到目的地。领路人手指山下要返回，笔者赶紧拿出50元钱，让他买饭食用，他婉言谢绝，坚决不肯，并说了一句话，笔者猜想可能说的是"再见"。笔者与领路人虽语言不通，但心心相通，中华民族的血脉相通。近1小时的领路，体现出不同地区、不同语言的炎黄子孙均是受一种儒家教育所结出的硕果，领路人的仁德、博爱、笃诚、更心善、诚实、以助人为乐，以善良为本，在平凡的生活中做出了不平凡的事迹。可歌可泣，值得赞颂。

在江西省抚顺市考察"父子兄弟叔侄同朝牌坊" 时，曾氏后裔组成的"曾氏文化研究会"得知后，派专车陪同笔者前往临川区邓坊镇锦溪村去考察，此地距牌坊约50公里，研究会长安排人员及区史志办专家在家准备好晚饭等候，笔者因晕车呕吐，虽未能参加，但，曾氏文化研究会的热情接待，帮助现场考察的事迹，感人肺腑，其情温暖脉脉，让人久久难忘，永记心扉。

2018年到四川省隆昌县古城考察南关、北关牌坊群，在南关牌坊群现场记录牌坊上的文字时，一位管理委员会的女服务员看见，走近作者说："你这样记录太费劲了，去管委会办公室拿一本牌坊介绍，上面非常全，牌坊上所有之物，书上都有。"真是喜出望外，渴望变现实，出乎预料，笔者未经思考，迅速找到管理委员会办公室，简单自我介绍，一位小伙子到书架上取了一本郑论主编的《隆昌石牌坊》递给我，我如获之宝，连声说："谢谢！谢谢了！"出门翻了几页未曾看清内容，由于急于拍照，顺手装进提包里。晚上回到宾馆，如饥似渴，取出认真阅读，一口气读到11点。这是我近三年来考察古牌坊所得到的唯一一本有关介绍古牌坊资料的书籍，难能可贵。该书全面、系统地介绍了隆昌县境内现存的十八座古牌坊修造年代、缘由，坊主人的功德业绩，节孝贞操等，内容丰富多彩，文字深入浅出，表达形式多种多样，使人爱不忍释，作者在编著中冒昧地摘录了许多，望郑论先生海涵 …… 诸如此类，助我者甚多，非诸件阐述。对以上各位，在此表示衷心感谢。

为了获得更多造型各异，材质不同，内容充实，功能各具特色的牌坊资料、照片，不惜代价要找到牌坊。四川省隆昌县渔箭镇王家店大柏林彭家大院内的牌坊是全国唯一的一座"嵌瓷欣赏牌坊"。距县城60余公里，那里山峦起伏，道路曲径拐弯，汽车在狭窄的山路上上蹿下跳，颠得人晕头转向，欲吐不出，实难忍受，到达后，见门上锁，询问邻居，房主人去县城办事，天黑方能回来。村里人告之要参观牌坊需由村书记告诉主人，方得入内，因该牌坊已是"全国重点文物保护单位"。无奈之下只好找到村书记的电话，讲明情况，村书记告之院主人后，明天再来。两个来回120公里，但，唯有如此，第二天9点赶到，经主人同意进入大院，果然名不虚传，独特的"嵌瓷欣赏牌坊"如一颗璀璨的明珠展现在笔者面前。颠簸劳累，头晕呕吐皆无，测量、拍照、记录忙个不停，虽然耗费了2天时间考察了一座牌坊，但，还是物有所值，收获颇丰。

田野考察共200余天，风雨无阻，每天平均考察2至3座牌坊，遇牌坊群可考察5到7座，每到一座，对牌坊的造型、额匾、楹联、牌匾、介绍和有关文字多拍照片或现场记录，并将所拍照片时间、地点做详细记录，以便回家查找、筛选。每次出发归来，立即整理带回的资料，分类收藏在微机里，还得做好备份。2000年全部考察结束，进入梳理，编著阶段，对照片进行梳理，剪裁、编号，对现场记录的文字进行分划章、节，没记录的文字对照照片，做笔记，与有关资料相对照，同时根据早已拟好的题纲着手写作。春去秋来，几经辗转，忙忙碌碌，2020年中秋终于付梓。由于时间较短，又加笔者水平较差，错误之处有所难免，敬请广大读者批评指正。

作　者

2020年10月于闲雅簃

附录

崖璞创作年谱

（1971年至2020年）

1971年6月博兴县举行庆祝中国共产党建党50周年中小学文艺汇演，创作女声表演唱《盐碱涝洼变良田》和对口快板《懒小三》进县城参加汇演，获创作表演奖。

1983年9月惠民地区组织全区文化馆、站人员创作汇演，创作歌曲《俺的家乡多美好》获创作奖。

1985年元月22日被“惠民地区民间器乐曲集成搜集整理委员会”吸收为委员，在惠民地区第二招待所召开成立会议，各县文化馆1人，共11人组成。会后自费购买了录音机，当年3月，为了发掘西河大鼓，联系了小营公社大营村西河大鼓演唱者刘观选、张官村张建恕、双庙村王秀荣三人集中在张官村张建恕家，两天时间，录制了《金精戏斗》《郭巨埋子》《小两口争灯》《许仙游湖》四段带伴奏的唱段，其录音至今还保存完美无损，声音清晰。

1985年5月创作歌曲《柳芽》（孙建中词），在惠民地区歌曲创作比赛中荣获优秀创作奖。并被刊登在《滨州文艺作品选》上。

1988年8月接受文化局安排，制作25套“滨州剪纸”作品，随“中国社会科学院考察团”赴美国考察，赠送美国友人，受到美国友人的高度赞扬。同年11月又制作30套“滨州剪纸”作品，随山东省教育考察团，赴日本考察，赠送日本友人，受到日本友人的好评。

1989年3月创作歌曲《柳枝号》（王相书词），在《天津歌声》第四期发表。

1990年7月创作剪纸《四莲并蒂》《龙凤呈祥》等四幅作品，参加惠民地区第四次人口普查书法、美术、摄影作品展览，获二等奖。

1990年8月23日在《惠民大众》报上发表篆刻“抗洪救灾”作品一幅。

1994年8月发掘整理的打击乐《九龙翻身》和曲艺西河大鼓《小两口争灯》被《中国民族民间器乐曲集成》专载，并被全国艺术科学规划领导小组批准为“国家艺术科研项目”。

1996年3月创作歌曲《我是一首歌家是一幅画》（《词刊》李昌明词）。

1996年5月创作歌曲《中华魂》(《词刊》霍建幸词)。

1996年6月创作歌曲《洗衣曲》(《词刊》陈万仕词),刊登在同年《天津歌声》第七期上。

1996年7月,由鲁滨准印〔1996〕第35号文批准,出版了《店面装饰与设计》一书。

1996年9月创作歌曲《中华之恋》(《词刊》任卫新词)。

1997年5月创作歌曲《沂蒙秋歌》(《词刊》申学敏词),同年“山东文艺”第四期刊登。

1997年6月由山东友谊出版社出版《校园美术字与图案》一书,被中共滨州地区委员会评为“五个一精品工程”,并向“滨州希望工程”捐献200册。

1997年6月18日创作歌曲《华夏情》(杨尊照词),惠民地区艺术馆第四期“活页歌选”刊登。

1997年7月创作歌曲《扎灯笼》(《词刊》白麟词),同年辽宁省《音乐生活》第10期刊登。

1997年7月创作歌曲《日夜战斗在交通战线上》(杨尊照词)。同年荣获滨州电视台创作歌曲大赛一等奖。1998年连同《让时代车轮飞向村镇城乡》被中国音像出版公司制成盒带,全国发行。

1997年9月参加滨州地区行业歌曲大赛,《让时代车轮飞向村镇城乡》(杨尊照词)荣获三等奖。

1997年11月2日创作歌曲《引路大旗》(杨尊照词)。

1997年12月10日创作歌曲《家》(《词刊》杨东鲁词)。

1998年3月创作歌曲《手足情》(孙建中词)。

1998年4月创作歌曲《和谐家园》(杨尊照词)。

1998年4月创作歌曲《丰碑》(杨尊照词)。

1999年6月10日为小营镇团包店联中创作校歌《和明天一起歌唱》(田林军词)。

1999年7月为小营镇朱全小学创作校歌《我们是祖国的希望》(孙建中词)。

2000年5月,剪纸作品《喜获丰收》《农家乐》参加“纪念毛泽东同志《在延安文艺座谈会上的讲话》五十八周年滨州地区‘良友防水杯’书画展览”。被评为二等奖。

2000年9月撰写论文《从蒲松龄故居谈齐鲁民间室内装饰》在广州佛山召开的中国建筑学会室内设计师分会研讨会上荣获三等奖。

2000年9月与淄博市图书馆长周雁翔、临沂市临城区图书馆长伏开兰同志共同编纂了《知识与信息的使者》一书,由中央编译出版社出版。

2000年11月撰写论文《基层图书馆在农村文化建设事业发展中的作用》在全国新

世纪图书馆建设与发展理论研讨会征文中被评为二等奖。

2004年7月创作歌曲《情满中海》(孙建中词)。

2005年6月创作歌曲《人民公仆之歌》(杨尊照词)。

2006年8月创作歌曲《趁我们年轻》(孙建中词),由滨州"夕阳红艺术团"演唱,本团乐队伴奏。

2007年3月创作舞蹈音乐《剪纸风俗过大年》在首届山东省农村文化艺术节,民间舞蹈、杂技、魔术比赛中荣获铜奖。同年参加滨州电视台春节文艺晚会,被评为创作、演出、歌唱二等奖。

2007年6月改编后的《剪纸风俗过大年》(改称《剪窗花》)在大连参加"夕阳秀——第五届华夏中国中老年艺术展演"中荣获牡丹花金奖。

2007年7月为滨城区技工学校创作校歌《凤聚凰来校园春》(孙建中词),学校制作成唱片,天天早操、课间操播放,收到良好效果。

2008年歌曲《趁我们年轻》(孙建中词)参加"鲁北风情歌咏大赛",荣获二等奖。同年被刊载在山东文化音响出版社出版的《鲁北风情滨州原唱歌曲集》上。

2008年创作《老渤海》歌曲一首(孙建中词),由滨州"夕阳红艺术团"演唱,本团乐队伴奏。

2009年2月创作歌曲《黄河尾上是故乡》(杨尊照词),在山东原唱歌曲征集大赛中荣获三等奖。并登载于《鲁北风情滨州原唱歌曲集》上。

2009年山东省人民政府232号文件公布多年来发掘整理的《黄河号子》为第二批省级非物质文化遗产。

2009年11月首届山东民歌大赛,发掘整理、填词改编的《黄河号子》获得一等奖第一名。

2009年11月29日在老干部活动中心为国家黄河委员会两名记者介绍黄河号子发掘过程和内容。并在《黄河报》上刊登,随后又在黄河网上登录。

2010年被滨城区政协委员会聘为《山东地域文化通览》滨城卷编辑。

2010年11月,《黄河号子》随中国滨州"中海合唱团"赴韩国文化交流,深受韩国友人欢迎,取得圆满成功。

2012年元月与他人合作撰写了《滨城区域文化通览》,由中国文史出版社出版发行。撰写了下篇第三、四、七、九章。

2012年5月创作歌曲《滨州,我心中的太阳》(孙建中词)。

2013年10月创作歌曲《凤凰腾飞》(杨尊照词),由滨州第三中学教师于春梅演唱,市委宣传部录制光盘发放至各党政机关企事业单位,宣传凤凰古城历史文化,传承中华民族优良传统。

2014年4月，编著了《滨城民间音乐》一书由山东友谊出版社出版发行了，内含230首民歌。32首器乐曲，兼有吕剧、秧歌腔（抡腔）、东路棒子、东路大鼓、西河大鼓等，该书是自解放后渤海文工团的音乐指挥苗晶先生编著的《渤海民间音乐选集》后，鲁北地区第一册民间音乐书籍。

2014年11月出版了《中国帝王陵寝》一书，由中国图书出版社出版。此书用去三个春秋，全国各地考察，跑遍近20个省市，考察了179座帝王陵寝，全书通述了各朝代帝王陵墓的建筑与每位皇帝的简历，兼有考古学、地理学、社会学、建筑学，堪舆学，雕刻艺术学等知识，是一本难得的古文化资料。经费全自费解决。

2015年7月撰写《杜受田故居》一书，以13万字加适当数量图片，综合性地将杜受田故居的建筑结构、造型、用料、工艺等，结合杜氏家风家训介绍了故居的基本情况，并附几幅在施工过程中所绘图纸。附录杜氏家训48则。

2015年10月由中国文化出版社出版发行了《蒲台史话》一书。该书是经过两个春秋调查走访，查阅历史事件真伪，跑山东省图书馆，奔北京国家图书馆查找最原始资料，方成文册，该书共计53万字。

2016年至2017年为故里17姓氏续修了《团包店村姓氏族谱》。又编纂了《团包店村志》。该书分二十一卷，54万字。以小村志，大视野，纵横捭阖，追本寻源地记述了自建村以来的村史嬗变。同时又囊括了该村近千年来的优秀人物，歌颂了勤劳勇敢的村民勇于奋斗，敢于攀登的大无畏精神。

2017年5月由天津科学出版社出版了本人编著的《王德荣与滨州民间剪纸》一书。较详尽地诠释了滨州国家级非物质文化遗产的传承人王德荣老人的一生艰苦学艺的历程，后半生继承发展滨州剪纸艺术的优良艺风及坚持不懈地传承精神。

2019年9月出版《凤凰古城探究》一书。并绘制了“凤凰古城平面图”，已交区人大领导和文化局领导各一份。

2017年10月经查阅梁才张集村张氏族谱，撰写了“红荆坟张家”一文，被滨城区政协出版的《滨城故事》刊载。

2017年12月30日，受台湾电视台之邀，录制了《黄河号子》，并邀本人介绍黄河号子的起源、发展、种类、用途及其号子音乐、歌词等。春节期间在台湾电视台播出后，深受赞扬。其活动经费全部自费解决。

2018年5月20日某建筑施工队在黄河五路以东大坝以北施工时挖出一座古牌坊，其上雕刻着“大清嘉庆十二年旌表节孝侯廷对妻赵氏坊”。5月24日赶到现场拍照、测量尺寸，做了记录。翌日调查了解侯氏家族，找到原侯氏家族的侯新芳与侯传光、侯氏族谱，查阅《武定府志》《滨州志》《惠民地区黄河志》等资料，终于弄清牌坊的前前后后，历史渊源。协助侯氏后裔在济宁市嘉祥县一家石雕厂按赵氏节孝坊1:1比例仿造一件，立在胜利居委会居民区内，并撰写了碑文。协助胜利居委会在居住小区院内建立了石质影壁，正面雕刻蒲北镇鸟瞰图，背面刻有本人为其撰文的《蒲北镇简介》。

2018年6月撰写“古代孝文化的标识”一文。同月12日、20日，《鲁北晚报》《滨州日报》分别刊载。

2018年本人撰写的“北镇侯廷对妻赵氏节孝坊”刊登在《滨州旅游》第三、四期合订本上，编辑虽忘落笔本人姓名，但在2019年第1季刊上91页做了更正，内容为:“《更正》: 2018年3—4期《滨州旅游》杂志第19页摄影图片作者为蒋树文；第69页《北镇侯廷对妻赵氏坊》文章，作者为孙玉良。特此更正”。

2019年5月最高检委来滨州市滨城区召井座谈会，了解杜氏家族的有关情况，本人向他们介绍了杜受田故居基本情况和有关杜氏家族的发展过程中涉及到的人和事件；杜氏家训的基本内容;儒家思想的教育理念；“学优则仕，不优则不仕，优侧不必仕也”的学习态度和有关杜家的几个故事。8月19日应最高检委电视剧创作组邀请，去北京参加历史正剧《杜家大院》剧本创作研讨会。19日按时到达，下午在达园宾馆6号楼会议室召开了座谈会。第二天，在中华全国总工会宾馆第三会议室展开对剧本大纲的讨论，电视剧著名作家汪海林先生参加。本人毫不讳言，直爽坦诚地谈了自己的看法。第三天，应创作组的要求，本人专题介绍了杜氏家族的仁、义、智、勇、信、德、忠、孝的思想根基和文化核心。第四天上午在达园宾馆召开总结会，下午返回滨州。一年余， 不断的解答《杜家大院》电视创作组提出的问题如:从乾隆年间至咸丰五年内与杜家有联姻关系的五品以上官员的简历，在哪里做官?官为何职?德政如何等等，本人通过查阅数部典籍，基本有求必应，一一作了答复。

2019年6月滨城区民政局地名办公室发聘书，聘本人为《滨城区地名志》主编，推辞不成，只好惟命是从。未料，写了7个月，提纲列毕，正文写了三章约30万字，糖尿病病发症发展到眼睛上去，成为“糖尿病视网膜病变”和“干眼症”并现。无奈之下交了差。至今《地名志》上的许多资料还时隐时现，断断续续地在眸孔里浮现，鸣呼!力不所及也。

2019年10月30日，开始将三年之余，利用每年的五一、十一前后一月的时间考察了解的中国国内的370余座古牌坊，进行整理分类，开始了《中国古牌坊研究》一书的撰写。此书共42万字，在现场拍摄的3000余幅照片中选出1300余幅刊登其上，历经19个月的笔耕砚田、拙识陋见地纂毕，终于付梓出版。

2019年9月被滨城区国家4A级风景旅游区杜受田故居管理委员会聘为“古滨州历史文化顾问”，特发聘书。

2019年11月18日经滨州市第六棉纺厂总经理、滨州市政协代表侯传光先生介绍推荐，滨州市政协电话邀请本人向以政协吴副主席、丁主任为代表的部分政协委员介绍北镇的来历、行政区划变化、经济发展、商业贸易、地方特产、集市贸易、文化教育、城镇发展等基本情况。经过三天资料整理，于本月22日上午在北镇街道办事处会议室向他们做了汇报，近1小时的发言，话音刚落，政协吴副主任就说："赶快去复印"。受到与会人员好评。

2020年10月24日向福建省泉州市"功夫动漫"四位创作、制作者及工作人员介绍滨城区黄河文化，重点以《黄河号子》《九龙翻身》为主，及渊源、应用、内容和《滨州剪纸》等基本情况。